근대전환기
토지정책과 토지조사

근대전환기 토지정책과 토지조사

초판 1쇄 인쇄 2018년 7월 15일
초판 1쇄 발행 2018년 7월 20일

지은이 이영호
펴낸이 성낙인
펴낸곳 서울대학교출판문화원

출판등록 제15-3호

주소 08826 서울 관악구 관악로 1
대표전화 02-880-5252 | 팩스 02-888-4148
홍보마케팅팀(주문 상담) 02-889-4424, 02-880-7995
이메일 snubook@snu.ac.kr
홈페이지 www.snupress.com

ISBN 978-89-521-2000-7 93910

근대전환기 토지정책과 토지조사

이영호 지음

서울대학교출판문화원

책머리에

이 책은 1894년 갑오개혁 이후 1910년대 토지조사사업에 이르기까지 한국정부와 일제 당국의 토지정책에 대해 검토한 논문들을 재구성한 것이다. 이 시기를 여기서는 '근대전환기'라고 표현했다. 1980년대 널리 사용되던 '근대이행기'라는 개념은 "봉건사회에서 자본주의 사회로의 이행"이라는 법칙적 의미를 담고 있다. 역사발전의 후진성을 수용한다면, 서양과 다른 동아시아의 지역성을 강조한다면, 근대 국민국가 수립 과정에서 경험한 식민성을 고려한다면, 이행의 법칙성으로는 한국의 근대화 과정을 설명하기 쉽지 않다. 후진성·지역성·식민성을 감안하여 근대화 과정을 유연하고 다양하게 사고할 필요가 있다.

이 시기는 긍정적이든 부정적이든 '근대'라는 화두가 던져진 때이다. 입헌군주제의 지향, 신분제의 붕괴와 평등한 개인의 등장, 자본주의 상품화폐경제의 활성화, 자유민권 사상의 신장이 부분적으로 이루어지던 시대였다. 그렇지만 그것은 결코 순조롭지 않았다. 한편에서는 근대 국민국가의 수립을 전망했지만 현실에서는 전제군주제가 강화되었고, 자주독립을 추구했지만 제국주의의 힘에 제압당해 식민지로 접어들고 있었다. 이러한 위기상황 속에서 근대를 향한 노선과 경로를 단선적으로 보지 않고 좌절과 우회의 곡절을 살피고, 다양한 경로의 경쟁이 이루어졌던 측면을 고려하며, 또 가지 않은 길에 대해서도 비교사적 시선을 동원하여 포용하려 했다. 일제 침략에 의한 토지수탈이나 한국정부의 내재적 토지개혁을 상호 대립적인 것으로 보지 않고 단절과 연속의 의미를 유연하게 포용하는 시각이 필요하다고 본다. 그러한 의미를 '근대전환기'라는 시대성에 담으려 했다.

근대전환기의 '토지정책과 토지조사'를 수행한 주체는 처음에는 한국정부였지만, 후에는 일제 당국으로 교체되었다. 갑오정권, 대한제국의 광무정권, 일제 통감부, 조선총독부가 연이어 권력을 장악하여 정책을 집행했다. 정책 수행의 주체가 교체된 사실은 자연히 정책의 연속성과 단절성의 문제를 야기한다. 갑오개혁에 의해 조선왕조의 경국대전(經國大典) 체제는 무너졌다. 갑오정권은 조세제도의 개혁에 중점을 두었고 토지제도의 개혁은 적극적으로 수행하지 않았다. 다만 각종 정부기관에 분산되어 있던 역토(驛土)·둔토(屯土)·궁장토(宮庄土)에 대해서는 이를 통폐합하면서 정리를 시작했다. '구본신참(舊本新參)'을 슬로건으로 내건 대한제국은 주체적 토지제도 개혁을 추구하여 광무양전지계사업(光武量田地契事業)을 실시하는 한편, 역시 역토·둔토·궁장토에 대한 정리도 추진했다. 그러나 개인의 경제적 주체성이 확립되지 못하여 토지소유권의 법인에는 이르지 못했다. 이어 한국이 일제의 보호국이 된 뒤 들어선 통감부는 재정정리를 실시하면서 재정의 근원인 토지조사를 위한 준비에도 착수했다. 통감부는 '국유미간지', 역둔토 '국유지'의 개념을 창출하여 국유지를 확장했고, 조선총독부는 토지조사를 실시했다. 한국의 근대전환기는 이처럼 주체적 개혁을 위한 노력이 경주되는 한편, 주체성 상실의 아픔을 겪은 시간이기도 했다.

이 책에서는 한국정부의 토지정책과 일제의 토지정책을 연속적인 관점에서 파악하고자 했다. 한국정부의 주체적 토지개혁의 성과를 살피고, 일제 당국이 그것을 활용 또는 배제하면서 식민지 토지조사를 추진했다는 점에 주목했다. 그리고 이 책에서 다룰 내용을 '토지정책과 토지조사'라고 표현했지만, 한국정부와 일제 당국이 위로부터 집행한 정책과 행정의 내용을 제도적으로 소개하는 것을 지양하고 구체적 자료를 발굴하여 사례연구를 수행함으로써 문제의 핵심을 구체적이고 실증적으로 규명하려 했다.

이 책의 각 장들은 몇 개씩 묶어 4부로 나누었다. 제1부는 '대한제국의 토지조사와 소유구조'로서, 광무양전지계사업이 지세수취를 목적으로 한 양전(量田)사업과 토지소유권 증서로서의 지계를 발급한 지계(地契)사업으로 단계적으로 전개되었다는 점을 해명한 것이다. 한국정부의 주체적 토지제도 개혁의 의의를 평가한 논문들을 배치했다. 제2부는 '일제 통감부의 토지정책'으로, 일본이 한국을 보호국화한 뒤 토지조사를 위해 법제적으로 준비해 가는 과정을 국유미간지이용법의 제정, 지권제도의 도입, 부평군 토지시험조사의 실시를 통해 검토한 것이다. 제3부는 '궁장토·둔토의 국유-민유 분기(分岐)'로서, 궁장토·둔토를 '조100두형'과 '조200두형'으로 유형화하여 조선 후기의 소유구조, 갑오개혁 이후 개혁의 양상, 일제의 사정(査定) 과정으로 나누어 그 근대적 운명의 귀결 양상을 살펴본 것이다. 제4부는 '일본제국의 식민지 토지조사'로서, 일본제국의 여러 식민지에서 실시된 구관토지제도 조사와 토지조사사업을 비교함으로써 조선토지조사사업의 특징을 포착하는 한편, 동아시아 토지제도 비교연구의 필요성을 강조한 것이다.

필자는 대학원에서 처음 사회경제사를 연구주제로 정한 뒤 상업문제와 농업·토지문제를 놓고 고심하다가, 조선사회의 기본구조를 이해하기 위해 토지문제를 연구하기로 작정하고 조선 후기 궁장토·둔토의 지대문제를 연구주제로 선택했다. 근대 자본주의 발생경로를 원격지 교역이라는 외부적 요인의 영향이라고 주장한 스위지(Paul Sweezy)보다는, 농촌의 농민층 분해와 사회적 분업을 통해 내부적으로 자생적으로 성장한다고 본 돕(Maurice Dobb)의 주장이 당시에는 더 설득력이 있는 학설로 받아들여졌다. 궁장토·둔토의 지대에 대한 연구를 통해 농업변동의 한 양상을 찾을 수는 있었지만, 그것보다는 그 과정에서 서울대학교 규장각한국학연구원에 소장되어 있는 궁장토와 둔토에 관한 수많은 양안(量案)과 추수기(秋收記)를 접함으로써 조선 후기 토지제도에 관한 사료의 실태를 파악할 수 있었던 것이 더 큰 소득이었다.

이렇게 출발한 토지제도에 대한 관심은 시대를 내려와 근대전환기에 집중되었다. 갑오개혁 이후 대한제국의 광무양전지계사업, 통감부의 재정정리, 그리고 일제의 토지조사사업에 이르기까지 근대 토지제도의 개혁에 관심을 가졌다. 대한제국기 토지제도 연구의 출발점은 광무양안(光武量案)이었다. 광무양안은 경기도·충청도 등지의 군 단위에 일부 남아 있지만, 그것만으로는 분석의 한계를 느끼고 지방의 시청·군청을 찾아다니며 토지조사사업에서 생산된 장부를 찾으려 노력했다. 다행히도 경기도 수원과 용인 지역을 답사하는 과정에서 농촌 지역인 용인의 이동면 토지조사부(土地調査簿)를 입수할 수 있었다. 그런데 뜻하지 않게 서울대학교 규장각한국학연구원에 용인의 광무양안이 두 종류 남아 있음을 알게 되었다. 양지아문에서 측량한 양전의 결과 토지결수(土地結數)가 지나치게 많아지자 토지소유자들이 민란을 일으켰고, 그래서 지계아문에서 재측량하게 되면서 양지아문양안과 지계아문양안 두 가지가 남게 되었던 것이다. 토지조사와 민중운동이 결합되어 나타난 용인의 사례에 큰 흥미를 느꼈다. 이렇게 민중운동을 배경에 깔고 이들 두 종류의 광무양안과 토지조사부를 비교하는 작업에서부터 토지제도 연구를 시작했다. 엑셀 프로그램이 없던 당시 통계작업은 지난한 일이었지만, 처음으로 광무양전지계사업과 토지조사사업을, 사업에서 생산된 장부들을 직접 대조하면서 비교할 수 있었다.

자료발굴의 경험 이후 손때 묻지 않은 생생한 자료를 발굴하여 사례연구를 통해 구체성을 얻는 데 신선함과 보람을 느꼈다. 국내외 각 도서관과 기관을 찾아다니며 근대전환기 토지조사 관련 자료를 수집했다. 광무양안과 토지조사부를 비교할 수 있는 지역을 확인하여 자료를 조사했다. 마산시청에 소장되어 있는 창원군 토지조사사업 관련 방대한 자료는 한국역사연구회 토지대장연구반의 공동작업으로 조사되었고, 그 가운데서 필자는 국유지 관련 자료를 분석했다. 개인적으로 또는 연구반원들과 함께 일본·오키나와·대만·미국·홍콩 등지에서 동아시아 토지제도에 관한 자료를 수집하여 비교연구에 참조했다. 이 책에 수록된 논문들에는 이렇게 직접 현장에서 수집한 자료를 분석한 내용이 다수 포함되어 있다. 시기적으로 다소 오래된 논문도 있지만 가능한 한 최근의 연구성과를 고려했으며, 내용적으로는 상당한 수정을 가하고자 노력했다.

이 책의 제4부에서 동아시아 토지제도 비교연구에 관한 시론을 제시했지만 근대전환기, 더구나 식민지를 경험하게 되는 동아시아 국가들의 토지제도를 일국사적으로 접근하는 것은 큰 한계가 있다는 점을 확실하게 느꼈다. 동아시아 비교연구는 물론 다른 권역의 근대전환기 토지제도에 관한 관찰도 필요하다. 동아시아에서는 홍콩이 흥미롭다고 생각한다. 그곳은 중국의 땅이었지만 영국에 의해 근대적 토지제도가 도입되었기 때문이다. 일본에 의해 근대적 토지제도가 성립된 식민지와 비교하기 좋은 준거가 될 것이다. 이렇게 비교연구는 앞으로 진전되어야 할 중요한 과제이다. 아직 비교연구를 제대로 하지 못하여 책임감을 느끼고 있는데, 이 책에서는 제4부의 시론으로 일단 위안을 삼는다.

필자의 토지제도 연구는 대학원 시절 김용섭 선생님의 강의를 듣고 연구서를 읽으면서 시작되었다. 그리고 토지제도의 근대화를 둘러싸고 역사학계와 경제사학계 사이에서 전개된 논쟁들을 통해서 많은 자극을 받았다. 무엇보다 한국역사연구회 토지대장연구반 구성원들과 함께 자료를 수집하고 논문을 집필하면서 학술연구의 경험을 쌓았다. 이영학,

최원규, 이세영, 박진태, 최윤오, 왕현종, 김건태, 김현숙, 허원영, 이승일, 남기현 등 선후배 동료들의 덕택으로 이만큼이나마 연구성과를 묶어낼 수 있게 되었다. 이분들께 감사드리고 앞으로도 토지제도 연구에 서로 격려가 되고 기쁨이 되기를 바란다. 또한 어려운 여건 속에서 출판할 수 있도록 허락해 주신 서울대학교출판문화원과, 양안의 사진을 활용할 수 있도록 허락해 주신 서울대학교 규장각한국학연구원에 감사드린다. 마지막으로 표와 그림이 많아 번거로운 원고를 보기 좋게 다듬어 주신 서울대학교출판문화원 관계자 여러분께 감사한다.

2018년 6월

이영호

차례

제2장 광무양안과 토지조사부의 비교

경기도 용인군의 사례

제3장 광무양안에 나타난 국유지의 소유구조와 중답주

제2부 일제 통감부의 토지정책

제4장 '국유미간지이용법' 제정과 식민지 토지정책

제8장 '조200두형=영작궁둔' 궁장토 소유권의 향방
경상도 창원 용동궁전답의 사례

제9장 조선토지조사사업에서 국유지조사와 활용

제4부 일본제국의 식민지 토지조사

제10장 일본제국의 식민지 토지구관조사 비교

제11장 일본제국의 식민지 토지조사 비교

표 차례

그림 차례

총론

한국 근대의 토지개혁과 식민지 토지법제

1. 문제의 제기

이 책은 1894년 갑오개혁 이후 한국이 일본의 보호국(保護國)을 거쳐 식민지가 된 1910년대에 이르기까지 토지정책과 토지조사의 진행 경로를 추적하는 것을 목표로 한다. 이 시기의 토지정책은 한국정부에 의해 추진된 것과 일제 당국, 즉 통감부와 조선총독부에 의해 집행된 것 두 단계로 나누어진다. 한국정부는 갑오개혁 이후 역토·둔토·궁장토조사(驛土·屯土·宮庄土調査, 1894~1904년)와 광무양전지계사업(光武量田地契事業, 1898~1904년)을 통해 토지제도 개혁을 시도했고, 일제 당국은 부동산 관습조사(慣習調査)를 통해 국유와 민유를 구분하면서 국유지조사(國有地調査, 1908~1910년)와 민유지조사(民有地調査, 1909~1918년)를 실시했다.

그동안의 연구는 한국정부와 일제 당국 두 정책 집행의 주체에 의해 수행된 토지정책 가운데 어느 쪽에 더 의미를 부여할 것인가, 양자를 단절적으로 볼 것인가 연속적으로 볼 것인가 등에 평가의 차이를 보였다.[1] 연구의 경향을 단순화해 본다면, 한국정부의 주체적 토지개혁을 중심에 두고 일제의 침략성을 강조하는 관점과, 일제의 토지조사사업 관점에서 소급해 전통적 토지제도의 후진성을 강조하는 관점으로 나눌 수 있다. 전자는 '주체적 개혁론', 후자는 '일제 근대화론'이라 부를 수 있다.

주체적 개혁론은 김용섭의 다음과 같은 연구에서 시작되었다.[2] 광무양전사업은 조선 후기부터 거론된 양전론(量田論)의 흐름 위에서 구본신참(舊本新參)의 기조하에 추진되었는데, 이전 지주소작제의 토지소유관계를 그대로 근대사회의 자본주의 체제에 적응시키고자 한 것이다. 나아가 근대적인 토지소유권 증서로서의 지계제도를 채택하여 구래의 소유권을 근대적 소유권으로 전환시켰다. 지계제도는 외국인의 토지소유를 배제하는 한편, 지배층인 지주의 토지소유를 법제적으로 보장하는 의미를 지녔다. 지주적 이해가 근대법제로 재편성 개장(開裝)된 것이다. 광무양안은 수세를 위한 기초대장으로서의 기능과 토지소유권 증서인 지계를 발행하기 위한 등기부로서의 기능을 모두 포함하고 있다. 이와 같이 김용섭은 광무양전지계사업을 주체적인 개혁으로 평가한 반면, 일제의 조선토지조사사업은 광무양안의 토지소유관계를 재법인하고 토지의 약탈을 위해 수행한 작업에 불과한 것으로 간주했다. 일제의 토지조사는 식민지 수탈을 위한 기초공사였다는 것이다.

주체적 개혁론은 조선 후기 이래 대한제국의 광무개혁에 이르기까지 진행된 내재적 토지개혁의 노력을 중시했다. 그러한 관점에서 일제

---

1 연구의 경향에 대한 정리는 한국역사연구회 토지대장연구반, 『대한제국의 토지제도와 근대』, 혜안, 2010, 제3부 「연구의 쟁점과 歷程」에 수록된 왕현종·이영학·이윤갑의 논문; 조석곤, 『한국근대 토지제도의 형성』, 해남, 2003, 제1장 「연구사 정리와 과제설정」, 보론 「식민지근대화론과 내재적 발전론 재검토」 참조.

2 김용섭, 「광무년간의 양전사업에 관한 일연구」, 『아세아연구』 11-3, 고려대학교 아세아문제연구소, 1968[「광무연간의 양전·지계사업」, 『한국근대농업사연구』(증보판) 하, 일조각, 1984 수록]; 「수탈을 위한 측량: 토지조사」, 『한국현대사』 4, 신구문화사, 1969.

의 토지조사를 주체적 개혁의 흐름을 차단하거나 바꾸어 놓은 것으로 평가하게 되는 것은 자연스러운 귀결일 것이다. 토지조사사업을 수탈적인 관점에서 정리한 것은 신용하에게서 두드러진다.[3] 그는 일제의 토지조사사업에 대해 조선시대에 누차 법인된 토지사유권을 등기제도를 도입해 재법인(再法認)한 데 불과하며, 오히려 식민지 토지점유 정책의 성격을 지녔다고 보았다. 등기제도 도입으로 토지사유권과 사유제도가 확립된 것이 아니라, 그 이전에 확립되어 있었기 때문에 등기제도 도입이 가능했다고 보는 것이다. 또한 토지조사사업에서 농민의 각종 권리를 부정하고 지주의 사유권만을 재법인하여 지주계급을 옹호했으며, 방대한 국유지를 강제 창출하여 식민통치의 물질적 기반을 마련했다고 그 수탈성을 강조했다.

주체적 개혁론에 입각한 연구는 한국역사연구회 토지대장반의 연구로 이어졌고,[4] 최근에는 왕현종에 의해 종합 정리되었다.[5] 그는 19세기 말 한국인의 주체적인 토지제도 수립 노력을 검토함으로써, 대한제국이 전통에서 근대로의 독자적인 이행의 길을 지향했음을 강조했다. 양전사업을 통해 개별 토지와 토지소유자를 조사하여 시주(時主)를 확정했고, 관계(官契)발급사업을 통해 관계의 소유자인 시주가 최종적으로 사정된 토지소유권자로서 일지일주(一地一主)의 배타적인 소유권을 획득했다고 보았다. 관계발급사업을 근대적 토지제도의 하나인 부동산

3 신용하, 『조선토지조사사업연구』, 지식산업사, 1982.

4 한국역사연구회 토지대장연구반, 『대한제국의 토지조사사업』, 민음사, 1995 중에서 왕현종의 「대한제국기 양전·지계사업의 추진과정과 성격」과 최원규의 「대한제국기 양전과 관계발급사업」 참조.

5 왕현종, 『한국근대 토지제도의 형성과 양안』, 혜안, 2016; 『대한제국의 토지조사와 토지법제』, 혜안, 2017.

증명제도에 근접한 것으로 평가했다. 이러한 내재적 노력은 일제의 관습조사와 부동산법 제정에 의해 좌절되었고, 이에 한국의 계몽운동가들이 일본인의 토지침탈을 방지하고 토지소유권을 보장할 수 있는 독자적인 토지법제를 제시하면서 저항했다고 설명했다. 그리하여 "대한제국의 양지아문에서 수행한 양전사업과 이후 지계아문의 관계발급사업이 완료되었다면, 한국 근대 토지제도로서 전국 토지조사와 함께 부동산 증명제도의 수립, 그리고 토지소유권 및 경작권의 보호로 귀결되었을 것"이라고 낙관적으로 전망했다.

한편 일제 근대화론의 연구는 주체적 개혁론에 대한 비판에서 시작되었다. 이영훈은 대록(代錄)·분록(分錄) 등으로 인해 시주가 농가세대가 아닌 점을 지적할 뿐만 아니라, 소유자와 경작자 파악이 부실하여 사실상 '허부(虛簿)'라고 광무양안의 토지대장으로서의 가치를 혹평했다. 광무양전은 국가적 수취의 입장에서 볼 때 수조지와 수조대상자를 확정하는 과정이었고, 결국 양안 자체가 징세기에 불과하다고 토지개혁으로서의 가치를 부인했다. 그는 지계발급에 대해서는 아예 무시했다. 이러한 시각의 연장선상에서 일제 토지조사사업의 수탈성을 부인하고 근대성을 반증하고자 애썼다.[6]

미야지마(宮嶋博史)는 결부제(結負制)적으로 토지를 파악한 양안을 국가에 의한 수조권(收租權) 분여를 위한 장부였다고 본다. 토지의 경제

6 이영훈, 「광무양전의 역사적 성격: 충청남도 연기군 광무양안에 관한 사례연구」, 『근대조선의 경제구조』, 비봉출판사, 1989; 「광무양전에 있어서 時主 파악의 실상: 충청남도 연기군 광무양안의 사례분석」, 『대한제국기의 토지제도』, 민음사, 1990; 「광무양전에 있어서 時主 파악의 실상: 경기도·충청남도 광무양안 사례분석」, 『省谷論叢』 23, 성곡학술문화재단, 1992; 「토지조사사업의 수탈성 재검토」, 『역사비평』 22, 역사문제연구소, 1993년 가을.

적 실체를 객관적으로 기록한 것으로 보지 않는 것이다. 그런데 갑오개혁 이후 수조권이 소멸하면서 국가적 토지소유제하의 결부제가 해소될 수 있는 기회가 왔을 때, 광무양전지계사업에서 절대면적으로서의 두락제를 도입할 수 있었다고 보았다. 그런 점에서 광무양전지계사업은 과도기적이면서 통감부 설치 이후 일제의 토지조사사업 과정에서 해결될 것을 준비하는 의미를 지닌 것으로 해석했다. 그는 토지조사사업에 의해 결부제가 해소되어 국가적 토지소유가 소멸함으로써 일지일주의 근대적 토지소유권 개념이 성립하고 자본주의 토지상품화에 적합한 등기제도가 도입된 점에 주목했다.[7]

일제 근대화론은 조석곤이 적극 수용하여 종합했다. 그는 토지조사사업이 '계승' 또는 '단절'을 통해 조선의 토지제도를 근대적 토지제도 및 근대적 지세제도로 성립시켰음을 강조했다. 그런데 계승의 의미는, 조선의 토지소유제도가 근대적 토지소유에 근접했기 때문에 조선의 토지소유자들이 신고주의를 거부감 없이 받아들였고, 일제는 이를 계승하여 근대적 토지소유에 근접한 토지의 신고를 받아 사정을 통해 원시취득된 근대적 토지소유권을 인정했다고 주장할 때 사용된다. 단절의 의미는, 일제의 국유지조사 과정에서 소유권 분쟁이 빈발한 것은 광무사검에서 무토(無土)를 공토(公土)로 무리하게 승총(陞總)한 데서 비롯된 것인데, 일제는 이 분쟁을 과감히 해결하여 국민유(國民有) 귀속을 확정지었다고 주장할 때 언급된다. 또 조선의 수조권적 토지지배를 단절시키고 사적 토지소유권으로 근대적 재편을 이룬 것도 근대적 토지제도

7 宮嶋博史, 「量案から土地臺帳へ」, 『朝鮮民族運動史研究』 5, 靑丘文庫, 1988; 「광무양안의 역사적 성격」, 『대한제국기의 토지제도』, 민음사, 1990; 『朝鮮土地調査事業史の研究』, 東京大學 東洋文化研究所, 1991; 「광무양안과 토지대장의 비교분석: 충남 논산군의 사례」, 『조선토지조사사업의 연구』, 민음사, 1997.

수립을 위한 필연적인 단절의 의미를 지닌 것으로 보았다. 모든 유토(有土)를 국유지로 파악한 뒤 개별적 분쟁을 거쳐 국민유 여부를 가린 점은 단기간에 소유권 귀속을 확정해야 하는 식민정책상 필연적인 것이었다고 변호한다. 결국 그에게는 계승과 단절, 양자 모두 일제가 실시한 토지조사사업이 근대적 토지제도와 근대적 지세제도를 수립했다는 점을 옹호하는 개념에 불과했다.[8]

이상의 두 가지 대립적인 입론의 배경에 조선시대 토지소유론에 대한 견해의 차이가 놓여 있음을 주목할 필요가 있다. 주체적 개혁론은 조선 후기에 토지사유가 발전하여 민전(民田)에서는 배타적 토지소유권이 형성되어 가는 한편, 국가기관의 장토(庄土)에서는 중층적 토지소유가 부분적으로 존재하고 있어서 근대적 토지소유는 그러한 중층성의 해소, 그리고 토지소유권의 근대법적 인정 및 토지거래의 안정성을 보장함으로써 성립될 수 있다고 보고 있다. 반면 일제 근대화론에서는 전통적으로 국가적 토지소유제하에 놓여 있다가 일제의 토지조사사업에 의해 수조권과 결부제가 해체됨으로써 자본주의 체제에 적합한 근대적 토지제도 및 지세제도가 성립되었다고 본다. 국가적 토지소유제도하의 양안은 수조권 분여의 기능을 할 뿐 토지소유자의 권리가 인정되지 않았다고 본 반면, 근대적 토지소유제도하의 토지대장은 일지일주의 토지소유권을 법인했다고 두 장부를 다르게 평가한다. 이렇게 조선시대 토지제도에 대한 인식에 기본적인 차이를 보이므로 그 근대적 전환의 양상을 해석하는 데 있어서도 차이가 드러나는 것은 어쩔 수 없어 보인다.

다른 한편 주체적 개혁론과 일제 근대화론의 어느 한쪽으로만 기울지 않고 양자를 연결시켜 아울러 살펴보려는 중간적인 견해를 배영순과

---

8 조석곤, 앞의 책, 2003.

최원규의 연구에서 살펴볼 수 있다. 배영순은 광무양전사업은 광무정권의 물적 토대인 지세수입을 확보하는 데 실패했고, 지계사업은 생산수단의 사적소유에 대한 국가적 법인이라는 획기적인 사업이었지만 성공하지 못했다고 진단한다. 반면 일제는 토지조사사업을 통해 처분권 중심으로 토지소유권을 법인하여 지주제를 체제적으로 확립시켰다고 보았다. 그런데 조선토지조사사업에 의한 근대적 소유권 형성과 근대적 지세제도 확립은 조선의 지주적 토지소유 발전단계에 부합한 것으로서, 한국정부가 수행하려 한 지주적 개혁의 지향과 배치되지 않았다고 평가했다. 이렇게 하여 일국적 의미의 근대화 구상에서 나온 지주적 개혁은 지주제의 체제적 성립으로 식민성을 띠게 되었다고 전망했다.[9] 그의 견해는 토지조사사업의 의의를 평가하는 데 초점을 두면서도 내재적 성과를 계승한 것으로 파악한 점에서 주체적 개혁과 일제 근대화의 양 측면의 연결성을 인정하고 있다.

최원규는 광무양전지계사업과 토지조사사업이 구래의 토지소유권을 조사하여 근대법으로 법인하려 한 점, 이에 근거하여 지가제(地價制)에 근거한 근대적 지세제도를 전망한 점에서 동일하다고 보아, 주체적 개혁과 일제 근대화의 연결성을 인정한다. 그러나 소유권과 물권(物權)의 정리 과정에는 차이가 있다고 보았다. 즉 갑오·광무 정권은 작인납세제(作人納稅制)의 원칙하에 시주(時主)와 시작(時作)을 조사하고 시주에게 그 권리를 법적으로 인정하는 관계(官契)를 발급해 주었으며, 작인의 경작권과 중답주의 물권적 성격도 인정했다고 보았다. 그러나 일제는 일본 민법의 배타적 소유권을 한국의 토지제도에 이식하는 방향으로 토지제도를 개편하여 지주중심적 토지·지세제도를 구축했다고 보았다.

9 배영순, 『한말 일제초기의 토지조사와 地稅改正』, 영남대학교출판부, 2002.

그러므로 공토에 존재한 중답주(中畓主)나 도지권(賭地權) 등 물권적 경작권은 대가 없이 박탈당했고, 여기에서 국유지의 토지소유권 분쟁이 빈발하게 되었다고 보았다.[10] 광무양전지계사업의 주체적 개혁에 초점을 두면서도 그것이 일제의 토지조사사업에 의해 연결된 양상을 추적하고 있다.

최근의 광무양안 연구는 토지문제뿐만 아니라 양안에 기록된 다른 사회사적 기록에 대한 관심으로 확대되어 광무양안의 자료적 가치를 중시하는 모습도 보이고 있다.[11] 광무양안을 중심에 두고 조선 후기 양안과 일제의 토지대장과의 비교연구도 심화되고 있다.[12] 일제의 토지조사사업에 대해서도 당시 작성된 장부 자료를 세밀하게 분석하여 그 실태를 확인하려는 실증적인 모습을 보인다.[13] 이들 경향은 아직 뚜렷한 논점을 형성하지 않은 단계이므로 평가를 생략한다.

이 책에서는 한국의 토지개혁과 일제의 토지조사 사이에 상당한 단절성이 존재한다고 보는 주체적 개혁론 및 일제 근대화론의 관점과 거리를 두면서, 연속성의 관점에서 이 문제에 접근할 수 있는 방법을 찾고

---

10 최원규, 「대한제국과 일제의 토지권법 제정과정과 그 지향」, 『동방학지』 94, 연세대학교 국학연구원, 1996; 최원규, 「한말 일제초기 공토정책과 국유민유 분쟁」, 『한국민족문화』 45, 부산대학교 한국민족문화연구소, 2012.

11 신영우 편, 『광무양안과 진천의 사회경제 변동』, 혜안, 2007; 신영우 편, 『광무양안과 충주의 사회경제구조』, 혜안, 2010.

12 김건태, 「광무양전의 토지파악방식과 그 의미」, 『대동문화연구』 84, 성균관대학교 대동문화연구원, 2013; 김소라, 「광무양안과 토지대장을 통해본 광무양전의 성격: 충남 한산군 창외리와 경북 경주군 구정동 사례를 중심으로」, 『한국사론』 60, 서울대학교 국사학과, 2014; 김건태, 「광무양전과 조선후기 양전의 관계: 경기도 용인 오산리 사례」, 『대동문화연구』 92, 2015.

13 한국역사연구회 토지대장연구반, 『일제의 창원군 토지조사와 장부』, 선인, 2011; 한국역사연구회 토지대장연구반, 『일제의 창원군 토지조사사업』, 선인, 2013.

싶다. 갑오정권과 광무정권의 주체적 토지제도 개혁이 지니는 의의를 충분히 인정하고, 일제 당국의 토지조사 및 토지법제가 지니는 침략성도 간과해서는 안 된다고 본다. 그러면서도 일제의 토지조사와 식민지 토지법제의 성립은 한국정부의 주체적 토지제도 개혁을 선택 또는 배제하면서 추진되었다는 점에 주목하고자 한다. 정책 집행의 과정에서 선택과 변형, 배제와 이식이 이루어진 측면을 충분히 고려할 필요가 있다고 본다. 이 책의 제1부에는 한국정부의 주체적 토지제도 개혁의 의의를 평가한 논문들을 배치했고, 제2부와 제3부에는 일제의 토지조사 및 토지법제가 선택과 배제의 양상으로 진행된 것과 관련된 논문들을 수록했다.

이 책에서 주목하고자 하는 또 하나의 관점은 토지제도 근대화의 다양성을 인정하면서 한국 토지제도 개혁의 특징에 대해 주목해야 한다는 점이다. 토지제도의 근대화는 반드시 일본식 제도이식의 방식으로 귀결될 것을 전제할 필요는 없다는 점을 강조하고 싶다. 일본식 토지제도가 내국(內國) 식민지인 홋카이도(北海道)와 류큐[琉球=오키나와(沖繩)], 해외(海外) 식민지인 대만(臺灣)·관동주(關東州)·만주(滿洲) 및 한국에 일방적으로 이식되어 전일화(專一化)된 것으로 보는 경향이 강한데, 그것만이 토지제도 근대화의 유일한 길은 아니다. 일본의 식민지가 아니었던 중국 지역의 토지제도 개혁이나, 중국 지역에 속하면서도 영국식으로 근대화가 된 홍콩의 토지제도, 그리고 제2차 세계대전 이후 중국·대만이나 남·북한에서 각기 다른 토지개혁이 이루어진 점 등을 염두에 두면 토지제도 근대화의 경로는 다양하다고 해야 할 것이다. 토지제도 근대화의 다양성을 인정한다면 전통과 식민지 사이의 관계를 단절이니 계승의 양자 대립적인 방식으로 보지 않고, 전통과 관습이 어떻게 취급되어 근대 및 식민지와 결합하는지 탐구하는 것이 중요해진다. 동아시아 토지구관(土地舊慣)에 대한 검토와 비교를 통해, 똑같이 일본의 식민지가 되었다 하더라도 토지제도 근대화에 나타나는 차이점을 살피고 이를 통해 각 나라의 근대화 노선의 특성을 파악하는 것이 필요하다고 본다. 이 책 제4부에서 이러한 문제를 제기했다.

이러한 관점에서 총론에서는 갑오개혁 이후 식민지에 이르기까지 한국정부와 일제 당국에 의해 수행된 토지조사와 토지법제의 변천 과정을 개괄적으로 살펴보고자 한다. 근대적 토지소유권 개념의 수용과 이식을 배경으로 삼으면서, 특히 토지소유권의 향방에 영향을 미치는 지세(地稅)와 지대(地代) 규정의 변화, 중층적(中層的) 토지소유의 해소와 토지소유 주체의 확정 문제, 국유(國有)·민유(民有)의 구분, 토지거래의 안전 보장을 위한 법제의 수립을 중심으로 개관하고자 한다. 이를 통해 이 책의 시각을 좀 더 분명히 하고 각 부, 각 장의 연구주제 사이의 공백을 메워 전반적인 흐름을 이해할 수 있도록 하려 한다.

2. 한국 근대의 토지개혁

1) 역토·둔토의 지세 및 지대

한국정부의 토지개혁은 1894년 갑오개혁에서부터 시작되었다. 먼저 탁지부가 정부재정을 총괄하는 기관이 되어 역토·둔토에서도 지세를 수취하게 됨으로써 발생하게 된 역토·둔토의 경영변화를 살펴보기로 한다.[14] 한국정부는 1894년 8월 다음과 같은 결정을 내렸다.

14 역토·둔토에 대한 연구는 김용섭, 「한말에 있어서의 中畓主와 驛屯土地主制」, 『동방학지』 20, 연세대학교 국학연구원, 1978[『한국근대농업사연구』(증보판), 하, 일조각, 1984 수록]; 배영순, 「한말 역둔토조사에 있어서의 소유권분쟁」, 『한국사연구』 25, 한국사연구회, 1979; 박찬승, 「한말 역토·둔토에서의 지

> 궁장토(宮庄土)의 수확은 종전과 같이 각 궁에서 관장하되 지세(地稅)는 신식(新式)에 의거하여 내고, 종전에 아주 낮은 세금을 내던 역토(驛土)나, 도조(賭租)를 내면서 지세를 내지 않던 둔토(屯土)에서는 모두 신식에 의거하여 작인(作人) 및 마호(馬戶)로부터 지세를 징수할 것[15]

첫째, 그동안 면제받았던 궁방의 궁장토나 아문의 역토·둔토의 지세는 전면적으로 탁지부에 납부하는 것으로 되었다. 면세의 특권은 폐지되고 전국의 모든 경작지에 대해 통일된 금납지세가 부과되었다.[16] 그동안 정부의 각종 기관은 운영자금의 상당 부분을 독자적인 농장경영을 통해 조달했는데, 이제 그 수입을 국가재정에 편입하고 경비는 별도의 예산제도에 의거하여 제공받게 되었다. 다만 궁장토는 각 궁에서 수입하여 재정에 충당하는 종전의 방식을 그대로 유지했다. 궁장토는 이 시기 개혁 대상에서 제외되어 있었던 것으로 볼 수 있다.

둘째, 역토·둔토의 지세는 작인(作人)이 부담하는 것으로 규정되었다. 조선 후기 농장이 성립될 때의 지대에는 국가로부터 면제된 지세까

주경영의 강화와 抗租」, 『한국사론』 9, 1983; 박진태, 「대한제국 초기의 국유지 조사」, 『대한제국의 토지조사사업』, 한국역사연구회 편, 민음사, 1995; 박성준, 「대한제국기 내장원의 역둔토 경영의 성격」, 『조선시대사학보』 6, 조선시대사학회, 1998; 김양식, 『근대 권력과 토지: 역둔토 조사에서 拂下까지』, 해남, 2000 참조.

15 『韓末近代法令資料集』(대한민국국회도서관, 1970) 1권, 1894년 8월 26일 議案, '宮土·驛土·屯土의 出稅에 관한 건.' "各宮所有田土收穫等節 如前歸各宮所管 地稅依新式准出 如有各驛之從前薄稅者 各屯土賭租而不出稅者 皆依新式 出於作人及馬戶事."

16 갑오개혁 때 작성된 『結戶貨法稅則』(규장각 古15127-10, 1895)에 의하면 역토·둔토·궁장토는 87,483.485결이다. 1894년 시기결총은 817,915결이므로 10.7%에 해당한다.

지 포함되었다고 볼 수 있다. 즉 지대와 지세는 미분리 상태였다. 그런데 갑오개혁의 출세(出稅) 조치로 지대와 지세가 분리되면서 지세의 납세자가 작인으로 정해진 것이다. 역토와 둔토는 정부기관의 관리하에 들어가 일원화되면서 작인은 지대 외에 지세까지 탁지부에 납부하게 된 것이다. 그런데 새로운 지세부과는 종래의 지대규정과 충돌할 수밖에 없었다. 그래서 작인들은 지세가 포함되어 있던 종래의 지대 외에 추가로 다시 지세를 내면 지세를 두 번 부담하는 '일토양세(一土兩稅)'가 된다고 반대했다. 지세의 부담은 단순한 부담의 증가에 그치지 않고 토지에 관한 권리의 크기를 변동시키는 것이므로 궁극적으로 토지소유권의 향방에 영향을 미치지 않을 수 없게 될 것이다. 나아가 종래의 지대 자체가 일반 민유지(民有地)에 비해 저렴했기 때문에 작인들은 그것을 '지세'라고 간주하면서 토지소유에 대한 욕망을 지녔는데, 새로운 시대를 맞아 일토양세를 부담하게 되니 역으로 도조(賭租 = 지대)도 안 내겠다고 공세적인 입장을 보이기도 했다.

지세부담을 둘러싼 수많은 분쟁은 결국 내연(內燃)하는 토지소유권 분쟁의 한 표현이었다. 지세를 추가 부담하면 작인은 토지소유권 상실의 위기에 몰릴 수밖에 없게 된다. 그래서 작인들은 거세게 저항했다. 농장의 소유구조가 다르고 관리하는 기관이 다르며 농장이 소재한 지역의 관행이 다르고 작인의 투쟁력에 차이가 있으므로 이 분쟁의 결과를 일률적으로 말하기 어렵고 많은 사례들을 확인해야 하지만, 작인들이 결코 밀리는 상황은 아니었다. 종래의 지대 외에 별도의 지세를 탁지부에서 수취하는 일이 쉽지 않았다.

지세부과 문제만이 아니라 지대책정 문제도 불거졌다. 갑오개혁 이후 역토·둔토를 정부기관에서 일원적으로 관리하게 되면서 관리의 통일을 위한 표준의 설정이 필요했다. 특히 정부는 전반적으로 낮게 설정된 지대 수준을 재조정 인상하여 재정을 확충하려고 시도했다.

정부에서는 1895~1896년 역토·둔토에 대한 조사를 실시했다[을미사판(乙未査辨)]. 을미사판에서는 실결(實結)을 파악하고 작인을 조사하며 금납정액지대의 성격을 지닌 도전(賭錢)을 책정하는 작업을 진행했다. 도전은 "100두락당 상·중·하 3등으로 나누어 그 토지의 비옥도에 따라 가감균배(加減均排)하되, 사음(舍音)과 동두민(洞頭民)과 작인(作人)이 의논하여 타결"하도록 했다. 지방별로 차이를 두어 비옥한 경상도와 전라도의 경우 "답의 도전은 100두락당 250냥씩이요, 전의 도전은 100두락당 50냥씩" 책정하도록 했다.[17] 필지별(筆地別)로 토지 비옥도에 따라 상·중·하 3등급으로 구분하여 차별적인 도전을 책정할 뿐만 아니라, 지방별(地方別)로도 생산력의 차이를 감안하여 차별적인 지대를 책정하려 한 것이다. 어쨌든 새로운 도전의 책정은 기본적으로 지대를 인상하는 방향이었다.

지대의 인상 방침은 농장의 성립기원과 소유구조를 고려하지 않고 모든 농장을 국가의 소유로 전제하고 일률적으로 규정하려는 조치라고 하지 않을 수 없다. 이것이 순조롭게 된다면 아문이 관리하던 농장은 모두 국가의 소유지가 될 것이다. 지대를 인상하면 종전에 지세와 같은 낮은 수준의 지대를 부담하던 작인은 토지에 대한 권리를 상실할 가능성이 높다. 따라서 작인은 사활을 걸고 저항했고,[18] 그 결과 실제 현장에서는 종래의 지대 수준이 그대로 유지된 채 봉합되는 경우가 많았다.[19]

---

17 『驛土所關文牒去案』(규장각 17898의 2) 1895년 9월 28일 訓令 各府觀察使.

18 그동안의 연구는 역토·둔토에서 지주경영이 강화됨으로써 작인이 저항하게 된 것으로 설명하고 있는데, 새로운 지세의 부과와 지대부담의 증대가 작인의 토지에 대한 일정한 권리를 소멸시키게 된다는 측면을 강조할 필요가 있다고 생각한다.

19 예를 들면 경기도 안산의 둔토, 경상도 창원의 궁장토에서는 종래의 지대 수준

대한제국은 1899년 황제의 전제권(專制權)을 명시한 대한국국제(大韓國國制)를 선포하면서 황실재정의 확대를 꾀했다. 황제는 내장원(內藏院)을 설립하여 아문의 토지를 모두 여기에 귀속시키고 다시 조사를 했다[광무사검(光武査檢)]. 광무사검에서도 이전 조사에서 아주 낮게 도조(賭租)를 책정한 곳은 상·중·하를 참작해 다시 도조를 인상할 방침을 정했다.[20] 광무사검의 강압적인 시행에도 불구하고 이때에도 지대인상에 성공한 것 같지 않다. 종래의 지대 수준이 그대로 유지된 사례들이 확인된다.[21]

문제는 역토·둔토·궁장토의 소유구조가 장토의 성립기원에 따라 다양하다는 점이고, 거기에 중층적 토지소유가 존재한다는 점이다. 갑오개혁 이후 토지소유권 분쟁의 대부분은 여기서 나온다. 종래에는 장토성립 기원의 차이에 따라 다양한 방식의 장토경영이 가능했으나, 이제는 지주제적 경영방식만을 강요하고, 지주의 토지소유권을 왕실이나 국가기관이 행사하고자 했기 때문이다. 따라서 을미사판이든 광무사검이든 지대가 인상되면 중답주의 존재기반은 상실될 수밖에 없다.

이상에서 논의한 바와 같이, 갑오개혁 이후 새로운 지세부과와 지대인상을 둘러싼 갈등은 토지소유권의 귀속에 영향을 미칠 수 있었지만, 종래의 지세 및 지대 수준이 대체로 유지됨으로써 소유권 문제로 비화하지는 않았다. 지세부과와 지대인상이 성공했다면 중층적 소유구조는 동요했을 것이다. 중층적 소유구조 속에 자리를 잡았던 중답주는 존재하기 어렵게 되었을 것이다. 중답주가 수취하던 중간지대(中間地代)가

이 그대로 유지되었다. 이 책의 제7장, 제8장 참조.

20 『內藏院章程』(규장각 18960) '査檢兼督刷章程'; 『內藏院各牧場驛土各屯土各樣稅額捧稅官章程』(규장각 20627).

21 이 책의 제7장, 제8장 참조.

정부기관으로 흡수되기 때문이다. 1904년 8월 내장원은 고종의 재가를 받아 전국의 농장에서 중답주를 금지하는 강력한 지시를 내렸다.[22] 그러나 엄금한다고 중답주가 사라질 수는 없었다. 토지소유권에 대한 관념과 애착이 상당한 수준으로 발전한 상태에서 궁방 및 아문과 연관된 토지라고 하여 관행을 무시하고 법제적 조치 없이 토지소유권의 국가귀속을 일방적으로 결정할 수는 없었다. 농장의 성립기원을 확인하여 중답주의 소유권을 인정하거나 소유권에 대한 부분적 권리를 보상하는 조치가 필요했다.

2) 대한제국의 토지조사와 소유권

대한제국은 1898년부터 1904년까지 양전 및 지계발급사업을 실시했다[광무양전지계사업(光武量田地契事業)]. 처음에는 전 국토에 대한 측량을 계획했다가 과세지만을 대상으로 양전하는 것으로 변경했고, 지계를 발급하면서 다시 대상을 진전(陳田)으로까지 확대했다.[23]

대한제국 정부에서 1898년 6월 처음 토지측량을 기획할 때에는 전답뿐만 아니라 원야(原野)·천택(川澤)·산림(山林)·해빈(海濱)·가옥(家屋)까지 조사하고, 나아가 토성(土性)과 도로사정까지 조사하고자 했다.[24] 이는 토지뿐만 아니라 지리·지질에까지 이르는 것으로서 토지대장뿐만 아니라 지도·지형도까지 작성하는 것을 의미했다. 전답 이외에 체계적으로 측량된 적 없는 산림 등 전 국토를 측량하고자 한 것은 근대적 국

22 『訓令照會存案』(규장각 19143) 1904년 8월 20일 訓令.

23 이 책의 제1장 참조.

24 『農商工部去牒存案』(규장각 18152) 1898년 6월 22일 '토지측량에 관한 청의서.'

토경영을 염두에 둔 것처럼 보인다. 그러나 당시 대한제국은 그럴 준비를 해두고 있지 않았다. 그래서 현실을 감안하여 고종은 토지를 대상으로 한 측량만을 실시했다. 경지의 황폐화로 해마다 정부재정이 줄어들고 있으므로 양전의 목표를 지세수입의 확대, 즉 시기전답결총(時起田畓結總)의 확대로 한정했다.[25] 즉 황무지는 제외하고 지세부과의 대상인 경작지만을 양전하는 것으로 한 것이다.

양지아문에서 시행한 양전사업의 원칙은 9개조의 양지아문 응행조례에서 살펴볼 수 있다. 9개조 내용 중 일부를 보면 다음과 같다.

> 應行條例
>
> 1. 成册式은 左開를 依할 事
>
> 某道某郡時起田畓字號夜味斗數落成冊
> 某面 某坪 或稱員 或稱里 依前日量案
> 某字田 幾夜味(或稱座) 幾斗幾升落(日耕息耕) 時主姓名 時作姓名
> 某字畓(上同)
> 已上某字田 合幾夜味 幾斗落, 某字畓 合幾夜味 幾斗落, 共合田 幾夜味 幾斗幾升落, 畓 幾夜味 幾斗幾升落, 年月日 郡守姓名 鈐章 踏勘有司姓名鈐章 該掌書記姓名鈐章
>
> 2. 田畓을 勿論 原結 還起 加耕 新起 火粟하고 但 從今日耕農하야 一體登載하야 毋或一夜味一座見漏하며 至若陳川等田畓은 雖昨年耕農이라도 今日 陳川이어든 勿爲入載할 事
>
> 6. 田畓時主가 朝暮變遷하며 一家異産하니 田畓主姓名相左는 勿爲究詰하야 民等의 便宜를 從케할 事
>
> 8. 驛土 屯土 及 各樣 公土도 一例入錄하되 區別標題할 事[26]

---

25 김용섭, 앞의 책, 1984, 270, 286쪽; 왕현종, 「대한제국기 양전·지계사업의 추진과정과 성격」, 『대한제국의 토지조사사업』, 민음사, 1995, 51-64쪽.

26 『時事叢報』, 1899년 5월 11일, 13일 量地發訓, '應行條例'; 왕현종, 앞의 책, 2016, 210-214쪽. 조항이므로 번역하지 않았다.

양안의 명칭을 '某道某郡時起田畓字號夜味斗數落成冊'(1항)이라고 표준을 제시했는데, '시기전답', 즉 현재 경작하고 있는 전답을 조사 대상으로 삼은 것을 말해준다. 심지어 작년에 경작하다가 금년에 황폐해진 전답은 등록하지 말도록 했다(2항). 실결(實結)의 가감(加減)이 없으면 재조사하여 처벌하고, 반면 결수가 증가하면 포상하는 비합리적인 방침을 두기도 했는데, 지세수입의 확대를 목표로 했기 때문이었다. 실제로 경기도 용인에서는 과세지 확대를 꾀하다가 농민들의 저항을 받아 민란으로 비화했고, 결국 재조사했다. 이렇게 하여 조사된 전국 203개 군의 결총(結總)은 571,527결에서 133,651결이 증가하여 705,178결이 되었다.[27] 약 23%의 과세지가 확대된 것이다.

시기전답의 조사를 목표로 했기 때문에 필지마다 '시주성명 시작성명(時主姓名 時作姓名)'을 기재토록 했을 때(1항), '시(時)'는 '현재'를 의미한다. 즉 '시주성명 시작성명'은 현재의 주인과 작인을 의미한다. 여기서 지적해야 할 중요한 점은 시주의 성명이다. 토지의 매매와 상속으로 인해 전답시주가 자주 바뀌므로 그 성명이 달라지는 것을 문제 삼지 않는다는 원칙이 있다(6항). 시주의 성명이 바뀌는 데 그치지 않고 성명이 실명인지 여부를 문제 삼지 않는다는 것으로도 해석할 수 있다. 조선시대 양안에 기재된 토지소유자는 실명이 아닌 경우가 많았다. 양안이 지세 수취를 위한 기초장부 역할을 했기 때문에, 과세지의 납세자를 확보할 수 있다면 조선정부는 누가 소유자인지 문제 삼지 않았다고 볼 수 있다. 대한제국에서 양전하면서도 마찬가지였던 것이다.

대한제국의 양전사업이 시기결총의 확대를 목표로 함으로써 토지소유권 문제를 등한시한 점은 비판의 대상이 되었다. 더구나 외국인 토

27 『地稅例規綴』(국가기록원), '新量案調製沿革調查書.'

지소유 금지령에도 한국인 명의를 활용한 일본인의 토지소유가 확산되고 있는 점을 우려하는 여론이 확산되었다. 그래서 개항장에서 이미 사용되던 지권(地券)제도를 적용하여 토지소유자에게 지권을 발급하자는 논의가 활발해졌다. 이에 대한제국은 양지아문(量地衙門)을 폐지하고 지계아문(地契衙門)을 설치하여 양전과 지권발급을 병행했다.

양지아문 대신 설립된 지계아문에서는 '전토시주(田土時主)'에게 지계를 발급하여 소유권을 분명하게 하고자 했다. 처음에는 전답에만 발급할 계획이었지만, 곧 '산림토지전답가사(山林土地田畓家舍)'에 계권(契券=地契=官契)을 발급하는 것으로 대상을 확대했다.[28] 지계아문의 사업에 대한 중요한 규칙을 소개하면 다음과 같다.

1. 地契를 所管地方에 前往實施하되 田畓山林川澤家舍를 一切 調査打量하여 結卜 及 四表의 分明함과 間數 及 尺量에 的確함과 時主 及 舊券의 證據를 必認한 후 成給 …
2. 各陵園墓宮校驛屯院塾寺刹의 關한 田畓山林川澤과 碓舂家舍도 官契를 成給할 事
3. 中草는 量案에 字號卜數를 一從하여 另具成冊이되 陳起와 時主姓名을 區別懸錄할 事
4. 各公土中에 年久未賣하여 仍作私土者는 這這査覈하여 從實懸錄할 事
5. 竹田蘆田楮田漆林을 分別懸錄할 事
6. 山林川澤을 行量하는 境遇에는 四表와 尺數를 昭詳케 할 事[29]

지계(地契)는 민간의 전답뿐만 아니라 산림(山林)·천택(川澤)·가사(家

28 1901년 10월 20일 칙령 제21호 지계아문직원 급 처무규정 제17, 18, 19조; 1901년 10월 22일 칙령 제21호 지계아문직원 급 처무규정 개정 제1조.

29 『完北隨錄』(규장각 古5121-1) 1903년 2월 27일 訓令, '地契監理應行事目.' 번호는 임의로 붙였고, 조항이므로 번역하지 않았다.

舍)에도 발급하는 것으로 대상을 확대했다(1, 5, 6항). 전 국토를 대상으로 한 것은 아니지만, 기경지(既耕地)뿐만 아니라 진전(陳田)도 조사대상에 포함하고 진전의 주인에게도 지계를 발급하도록 한 것이다(3항). 물론 역토·둔토·궁장토도 민유지와 똑같이 취급하여 그 소유자인 궁방과 아문에 지계를 발급했다(2항). 지계발급에 초점이 맞추어지면서 시작(時作)은 제외하고 시주(時主)만 양안에 등록하도록 했다(3항). 토지소유권 증서로서의 지계를 발급받을 대상인 토지 소유자만을 조사한 것이다.

지계는 매매할 때 구권(舊券)을 회수하고 신권(新券)을 발행하는 것으로 했다. 이것은 일본 지권제도를 본받은 것이다. 1872년 발급된 일본 지권 뒷면에는 "일본제국의 인민이 토지를 소유하는 자는 반드시 이 권장(券狀)을 가져야 한다. 일본제국 외의 인민은 이 토지를 소유할 권리가 없는 것으로 한다"라고 되어 있고,[30] 대한제국 전답관계(田畓官契)의 뒷면에는 "대한제국 인민이 전답을 가지는 자는 이 관계(官契)를 반드시 가지되, 구계(舊契)는 시행하지 않고 본 아문에 수납할 것. 대한제국 인민 외에는 전답 소유주 되는 권리가 없다"라고 되어 있다. 일본의 지권과 대한제국의 지계는 문구도 비슷하고, 외국인의 토지소유를 금지시킨 것도 동일하다. 외국인의 토지소유를 인정하지 않음으로써 근대 국민국가의 국토관리 원칙에 충실한 모습을 볼 수 있다. 대한제국은 토지소유자에게 지계를 발급하여 소유권을 보장함으로써 한국 중세사회의 지주를 근대사회의 토지소유자로 그대로 인정하고자 했다. 이렇게 보면 대한제국의 지계제도는 근대적 소유권 확인과 거래의 안전을 보장한 제도라고 할 만하다.

30 宮川澄, 『日本における近代的所有權の形成』(改裝版), 御茶の水書房, 1978, 178쪽.

그렇지만 대한제국이 작성한 양안과 지계는 면적의 부정확, 지적도(地籍圖) 미작성 등의 문제를 안고 있을 뿐만 아니라, 지계를 소유할 '대한제국 인민'의 이름이 실명이 아니라는 한계가 있었다. 양안과 지계에 의해 보장된 토지소유권을 법률적으로 행사할 주체가 국가의 지배체제 안에서 실체로서 확정되지 못했다. 대한제국의 양전지계사업을 평가한 일본인의 보고서에 의하면,[31] 양전할 때 지주 성명을 푯말에 써서 세우게 했는데 그렇게 하지 않은 자가 많아 면장·이장이 일러주는 대로 지주 성명을 등록함으로써 실제와 상이한 경우가 많았다고 한다. 지세의 수취에 중점을 둔 양지아문의 조사에서는 성명의 실명 여부에 개의치 않았지만, 토지소유권 증서로서의 지계를 발급하면서 소유자의 성명이 법적으로 확정되지 않는다면 소유권의 행사 주체가 불분명하여 그 법적 양식 자체가 무용지물이 될 수밖에 없다. 대한제국에서 호적을 조사해 호적대장을 만들었지만 호적에 등재된 성명을 양안에 등록하도록 의무화하지 않아 빚어진 결과였다. 대한제국이 국민과 토지를 통합 관리하는 법제를 아직 구비하지 못하고 있었던 상황이었다.

그런데 시주가 양안과 지계를 통해 '소유주'가 되었다고 했을 때 그 소유권은 무엇을 의미하는가? 민유지에서는 소유권을 놓고 다툼을 벌이는 상대가 없을 경우 그 소유권은 근대적 소유권으로 간주해도 무방할 정도로 사적 소유권은 발달해 있었다. 그렇지만 중답주가 존재할 경우 소유자로 누구를 등록할 것인가? 궁방이나 아문을 등록할 것인가, 중답주를 등록할 것인가? 중답주가 있을 때 그를 시주에 등록할 것인가, 시작에 등록할 것인가? 양지아문에서는 지세수취를 목적으로 하여 시주의 소유권에 관심을 가지지 않았으므로 시주로 궁방이 등록되든,

31 『地稅例規綴』, '新量案調製沿革調査書.'

중답주가 등록되든 문제 삼지 않았다고 볼 수 있다.

실제로 경기도 안산군에 소재한 석장둔(石場屯)을 기재할 때, 처음에는 '석장둔+시주+시작'의 형태로 등록했다가 나중에 '석장둔'을 지워 '시주+시작'의 형태로 수정했다. 이것은 석장둔을 관리하는 정부기관의 권리를 배제하고 민간인 시주를 소유자로 인정한 것을 의미한다.[32] 그런데 경기도 용인군의 경우 양지아문에서는 '둔결+전답주+작인'의 형태로 등록한 반면, 동일한 토지를 지계아문에서는 '둔토명+작인'의 형태로만 등록했다. 전자의 '전답주'가 후자에서는 '작인'으로 변했다.[33] 전자의 '전답주'와 후자의 '작인'은 중답주일 가능성이 높은 것이다.

지계아문의 규정 중에 "각 공토 중에 오래도록 화매(禾賣)하여 사토(私土)로 만든 자는 조사하여 사실대로 기록할 것"이라는 조항이 있다(4항). 정부 입장에서 공토를 사토로 만든 자는 중답주를 가리킬 것인데, 이 중답주를 조사하여 배제하라는 지침인 것이다. 용인군의 경우 중답주가 작인이 된 것은 이 때문이었다.

이처럼 대한제국 정부는 양안 및 지계 발급에서 중답주를 인정하지 않는 입장을 취했지만, 지계 발급이 중단되고 효력을 가지지도 못했기 때문에 생산 현장에서는 중답주도 관행대로 생산물 분배 과정에 참여하여 소유에 대한 부분적 권리를 그대로 유지하는 상황이었다. 중답주를 배제하려는 대한제국의 정책은 성공하지 못했다. 중답주를 배제하기 위해서는 별도의 사정(査定) 과정을 거쳐야 했지만, 대한제국은 그에 대한 대책을 마련하지 못한 채 강압적 훈령으로 제거하려 했고 이는 실현되지 못했던 것이다.

---

32 이 책의 제7장 참조.

33 이 책의 제3장 참조.

3. 일제의 토지조사와 토지법제

1) 부동산 관습조사와 국유-민유의 구분

1906년 1월 한국은 일본의 보호국이 되었고, 한국에는 통감부가 설치되어 초대통감 이토(伊藤博文)가 한국의 내정을 장악했다. 이토는 도쿄대학 법학교수 우메(梅謙次郎)를 초빙하여 한국의 부동산 관습을 조사시키고 그에 기초하여 토지법을 제정하고자 했다. 이에 우메는 1906년 7월 부동산법조사회를 조직하여 각 지방의 부동산 관습을 조사하기 시작했다. 그는 각 지방의 한국인과 일본인에게 설문하는 방법을 사용했는데, 그 결과 한국에는 '토지소유권'이 확실하게 존재하는 것으로 확인되었다. 설문에 응한 지방관들이 이구동성으로 한국에는 일찍이 토지소유권이 존재했다고 주장했다.

우메는 1년여에 걸친 부동산 관습조사를 기초로 "인민(人民)의 토지소유권을 공인(公認)할 것"을 한국 부동산법의 첫 번째 원칙으로 제시했다.[34] 인민이 소유한 사유지는 일본의 근대적 토지소유권 개념으로 보아도 인정할 수 있겠다는 의미로 해석된다. 우메가 206개 항에 이르는 민사관습(民事慣習)을 조사한 뒤 작성한 『관습조사보고서(慣習調査報告書)』에 의하면,[35] 토지에 관한 권리로는 일본 민법의 권리와 마찬가지로 소유권·차지권(借地權)·지역권(地役權)·입회권(入會權)·선취특권(先取特權)·전당권(典當權)이 거론되었다. 그중 소유권에 대해서는 "종전에

34 梅謙次郎, 『韓國立法事業担任當時ニ於ケル起案書類』(일본 法政大學 도서관 소장) 13. '不動産法要旨.'

35 이승일, 「일제의 관습조사와 전국적 관습의 확립과정 연구」, 『대동문화연구』 67, 2009 참조.

있어서는 소유권이라는 말을 사용하지 않아도 토지를 소유하는 것은 일찍이 인정되어 소유자는 법령 또는 관습으로 말미암은 제한의 범위 내에서 그 토지를 사용·수익하고 또 처분할 수 있다. 또 그 위에 권리를 설정하거나 그 토지를 양도할 수 있다"라고 했다.[36] 『관습조사보고서』는 조선에는 토지를 사용·수익·처분할 수 있는 소유권이 확실하게 성립되어 있음을 인정하고 있다.

이제까지 논의한 바와 같이 문제는 왕실 및 아문과 관련된 토지에 있었다. 부동산법조사회는 9개 항의 조사문항 가운데 '관민유(官民有) 구분의 증거', '국유(國有)와 제실유(帝室有)의 구별 여부'라는 조사사항을 설정하고 토지소유의 주체에 관해 조사했다. 우메는 "관유지(官有地)란 국가 또는 제실의 소유에 속하는 토지", "민유지(民有地)란 사인(私人) 또는 지방단체의 소유에 속하는 토지"라고 전제하고, 한국에서 관유지와 민유지의 존재 여부를 조사했다. 그리고 '관유지'를 다시 '국유(國有)'와 '제실유(帝室有)'로 나누고 한국에서도 이러한 구별이 있는지 또 그 기준은 무엇인지 조사했다.[37] '민유지'의 대척점에 국유지가 아닌 '관유지'를 설정하고 관유지 가운데서 국유와 제실유를 구분한 용어법은 오늘날과 전혀 다르다. 오늘날의 용어법에서 보면 국유 안에 관유와 제실유가 있는 것으로 보는 것이 타당하겠지만, 우메는 '관유' 안에 '국유'와 '제실유'가 있는 것으로 보았다.

부동산법조사회의 조사 결과, 지세를 납부하고 소유의 증빙으로서 사문기(私文記)를 가지고 있다면 '민유'지로 볼 수 있다고 결정했다. 그

36 朝鮮總督府, 『慣習調査報告書』, 1912, 제1편 民法 제2장 物權 제22 '土地ニ關スル權利ノ種類如何', 62-64쪽.

37 不動産法調査會, 『調査事項說明書』, 1906. 9.

리고 국유와 제실유의 구분에 대해서는 다음과 같이 결론지었다.

> **국유와 제실유의 구별 여하** 지금에는 국유의 토지와 제실유의 토지를 구별하여 전자는 탁지부에서 관장하고 후자는 궁내부에서 관장한다. 제실유의 지소(地所)로서는 궁전(宮田), 역전(驛田), 둔토(屯土) 등이 두드러진 것이고, 규장각(奎章閣)·기로소(耆老所) 등에 속하는 지소, 관아의 부지, 교전(校田), 기타 국유의 임야는 국유지가 확실한 것이다. 그렇지만 양자를 구별하는 데는 확실한 표준이 없다.[38]

국유와 제실유의 구분에는 확실한 표준이 없지만, 탁지부에서 관장하는 것은 '국유'이고 궁내부에서 관장하는 것은 '제실유'라고 판정했다. 대한제국에서는 궁내부 내장원에서 관장하는 것은 '공토', 궁내부 각 궁에서 관장하는 것은 '궁장토'로 보았는데, 우메는 궁내부에서 관장하는 이것들을 모두 제실유로 보고, 기타 탁지부가 관장하는 중앙정부 기관 및 지방관아 토지를 국유로 보았다. 내장원이 관장하는 역토·둔토 등 공토도 원래 중앙 정부기관 및 지방 관아의 토지였다는 점을 고려하면 우메의 국유지 개념은 매우 혼란스럽다.

우메의 '관유지'는 이후 '국유지' 개념으로 전환되어 간다. 1907년 7월 국유미간지이용법이 제정되면서 일시적 편의수단으로 사용한 '국유미간지' 개념이 뜻하지 않게 민유지와 대척적인 의미에서의 국유지 개념을 만들어냈다. 통감부는 1908년 6월 내장원 관할의 역토·둔토와 궁내부 소관의 궁장토를 통합하여 '역둔토' 또는 '국유지'라 통칭했다. 우메의 개념에 나오는 '제실유'는 사라지고 '국유'만 남게 된 것이다. 국

38 法典調查局, 『不動産法調查報告要錄』, 1908.

유는 일제 시기에 들어가 결국 조선총독부의 소유지로 되었다. 이렇게 제실유가 국유로 전환됨으로써 왕실의 경제기반을 약화시키려는 일제 식민정책의 의도가 관철되었다.

2) 궁장토의 처분과 역둔토=국유지의 조사

일제는 일지일주(一地一主)의 근대적 토지소유권 개념을 가지고 국유지를 정리하고자 했는데, 이에 정면으로 배치되는 것이 도장권(導掌權)과 중답주(中畓主) 등 중층적 토지소유의 존재였다.

궁장토의 경영은 직할경영(直轄經營)과 도장경영(導掌經營)으로 구분된다. 도장은 농장의 성립 또는 운영에 결정적인 기여를 한 존재로서 농장경영을 전적으로 책임졌다. 궁방에 대한 상납의 의무는 매우 적고 작인들로부터 수취하는 것은 지대라고 볼 만큼 막대한 것이어서, 도장은 사실상 지주적 성격을 지녔다고 평가받기도 한다. 물론 도장은 그러한 권리를 획득하는 데 막대한 자금을 투자했다. 궁방은 도장경영을 보호해 주는 대가로 지대의 일부를 수취하고 있을 뿐이어서, 도장의 존재는 궁방의 지주적 성격을 약화시키는 것이라고 해도 과언은 아니었다. 그래서 일제도 도장이 장토 형성에 기여한 부분, 예를 들면 납가액(納價額)이나 출자액(出資額)을 환급하거나 그에 해당하는 만큼의 토지를 제공할 것을 처음에는 검토했다. 그렇지만 그렇게 되면 한국인 대지주가 탄생하는 한편 국유지의 면적은 줄어들게 되어 일제의 식민지 토지정책에 장애가 될 수 있었다. 이에 일제는 도장의 토지소유권을 인정하지 않고 채권으로 간주하여, 도장의 순이익 3년분을 공채로 배상함으로써 236명의 도장권을 소멸시켰다. 이렇게 하여 도장의 소유가 되지 못하고 궁방의 직할경영하에 놓이게 된 모든 궁장토가 1908년 6월 역둔토=국유지에 편입되었던 것이다.[39]

도장권 처분은 일본이 지조개정(地租改正)을 통해 영주권(領主權)을 처분한 것이나, 대만에서 공채를 발행하여 대조권(大租權)을 유상처분(有償處分)한 것과 유사한 조치였다. 그러나 유상처분의 결과, 일본에서는 그 토지를 농민에게 귀속시키고 대만에서는 소조호(小租戶)의 토지 소유권을 인정함으로써, 즉 농민적 토지소유를 제도화함으로써 지세수입의 안정화를 꾀할 수 있었던 반면,[40] 한국에서는 국유화한 뒤 국가(대한제국 통감부의 탁지부 또는 조선총독부)가 지주가 되어 소작제로 운영하여 정부 수익으로 삼은 특징을 보인다.

한편 중답주는 대한제국 정부도 인정하지 않았는데, 그 배제의 절차와 원칙, 즉 사정 방식이 마련되지 않아 여전히 장토에 존재하고 있었다. 중답주는 지대투쟁 또는 소유권 분쟁을 벌이면서 장토의 국유화 과정에 저항했다. 그렇지만 일제는 중답주의 권리를 물권(物權)으로 인정하지 않고, 따라서 토지소유권 사정의 대상으로 보지 않았다. 오히려 중답주의 권리를 불법적인 것으로 간주했다. 일제가 역둔토의 소유권을 획득하기 위해서는 중답주의 권리를 인정해서는 안 된다고 판단했다. 그래서 도장권과는 달리 배상 없이 배제하는 정책을 취했다.

먼저 역둔토를 지주제로 경영함으로써 중답주가 설 자리를 없애려 했다. 탁지부는 1908년 8월 역둔토관리규정을 제정하여 국유소작제(國

---

39 배영순, 「한말 司宮庄土에 있어서의 導掌의 존재형태」, 『한국사연구』 30, 1980; 荒井賢太郎, 『臨時財産整理局事務要綱』, 탁지부, 1911.

40 江丙坤, 『臺灣地租改正の研究: 日本領有初期土地調査事業の本質』, 東京大學出版會, 1974, 225-227쪽; Lee, Young-ho, "Colonial Modernity and the Investigation of Land Customs: A Comparison of Japan, Taiwan, and Korea," *Korea Journal* Vol. 44-2, Korean National Commission for UNESCO, Summer 2004.

有小作制)로 운영할 방침을 마련했다.[41] 역둔토의 모든 필지는 이미 각 군에서 소작신고서를 바탕으로 작성한 역둔토대장에 등록되어 있었다. 역둔토대장에 등록된 토지를 경작하려면 소작인허증을 받지 않으면 안 되었다. 소작인은 소작신청서를 제출하고 소작 기한을 5년 이내로 하는 소작 계약을 체결하지 않을 수 없었다. 이렇게 하여 소작인들은 소유와 경작에 관한 관습적 권리를 상실하고 국유지의 계약제 소작인으로 전락했다. 중답주는 심각한 곤경에 처했다. 중답주의 물권적 권리는 배제되고 5년간의 소작 기간으로 제한당하는 차지권이 되고 말았다. 그것도 중답주가 스스로를 소작인으로 인정하고 소작신청서를 제출했을 때 가능한 일이었다.

소작료는 면장이 조사한 것을 토대로 탁지부에서 정했다. 새로운 소작료의 책정은 조선 후기 농장 성립 당시 형성된 지대규정의 해체, 곧 농장의 해체를 의미했다. 성립기원에 따른 농장의 고유성은 사라지고 고유한 명칭을 지녔던 각 농장은 동질적인 국유지로 변모했다. 낮은 지대 수준에 의해 토지에 대한 권리를 보유하고 있다고 믿었던 중답주 또는 작인의 권리는 송두리째 사라졌다. 중층적 토지소유를 일지일주의 소유권 개념으로 재편성하기 위해서는 적절한 보상·매매·양도의 절차를 규정하는 법제가 필요했지만, 대한제국도 통감부도 이를 마련하지 않았다. 대한제국이 중답주를 금지할 뿐 해소할 절차를 마련하지 못했다면, 통감부에서는 법령과 규정을 통해 행정적으로 중답주를 배제했다.

1909년 6월부터 1910년 9월까지 실시된 '역둔토실지조사(驛屯土實地調査)'는 중답주 제거를 중요한 정책목표로 제시했다.[42] 실제 소작인

41 朝鮮總督府, 『驛屯土實地調査概要』, 부록, 1911.

42 朝鮮總督府, 『驛屯土實地調査概要』, '凡例,' 1911.

을 파악하기 위해 소작인으로 하여금 성명을 적은 푯말을 세우고 실지(實地)를 조사할 때 입회(立會)하도록 하는 방법으로 중답주를 제거하려 했다. 현장에서 중답주가 있는지 파악하여 제거하려는 것이었다. 중답주가 나타나면 작인으로 승복해야 하고, 나타나지 않으면 자동으로 사라지게 되는 셈이었다. 통감부는 국유와 민유를 구별하는 데 필요한 개별 필지에 대한 사정도 하지 않았고, 잘못 편입된 국유지를 민유화하는 조치도 취하지 않았다. 일지일주의 소유권 개념에 적합하도록 중답주를 제거하여 소유권을 국가의 것으로 확정짓고자 할 뿐이었다. 이렇게 하여 "국가는 국유지의 지주로서 일반 민유지에서 지주와 조금도 다르지 않은 존재"로 되었다.[43]

중답주를 배제한 역둔토실지조사의 결과는 이후에 시행된 토지조사사업에서 추인됨으로써 역둔토는 국가의 소유로 확정되어 갔다. 물론 지대가 낮아 민유로 판정해야 할 것인데도 역둔토에 통합된 토지 또는 중층적 토지소유가 존재한 곳에서는 국유·민유 분쟁을 거쳐 소유권의 향방이 결정되었다.

1908년 하반기 작성된 '역둔토대장'과 동시에 제작된 민유지에서의 '결수연명부(結數連名簿)'는 전국의 토지를 국유지와 민유지로 구분하는 기준이 되었다. 역둔토대장에 올라간 토지는 국유지, 결수연명부에 올라간 토지는 민유지로 되었다.[44]

---

43 宮嶋博史, 앞의 책, 1991, 336, 338쪽.

44 국유와 민유의 구분은 1912년 2월의 '森林山野未墾地 國有私有區別標準'에서 명확하게 되었다. 지세를 수취하기 위한 장부인 '結數連名簿'에 등재되어 지세를 납부한 토지는 민유지로 판정받았다.

3) 민유지 소유권의 법인

통감 이토는 식민지 재정기반을 확보하고 일본인의 투자를 보장하기 위해 장기적으로 한국에 토지법제의 제정이 필요하다고 생각했다. 일제는 이미 식민지 대만에서 토지조사를 한 경험이 있었기 때문에 한국에서도 토지조사를 해야 한다는 것을 당연하게 여겼다.

그런데 이토에게 이것보다 시급한 문제가 나타났다. 일본인의 토지소유를 어떻게 할 것인가라는 문제였다. 일본인의 한국 진출과 자본주의적 투자를 위해서는 일본인의 토지소유를 보장하고 거래의 안전을 꾀할 필요가 있다고 판단했다. 그래서 이토는 토지가옥증명규칙(1906년 10월 26일)을 제정하여 외국인, 즉 일본인의 토지소유를 허용하는 조치를 취했다.[45] 그리고 소유권 및 전당권 두 가지에 한해 계약서에 동장의 인증을 거친 후 군수가 증명함으로써 공증이 되도록 했다. 종전 토지거래를 기록한 사문기나 지계는 인정하지 않고 새로운 매매계약서와 지방관리의 증명만을 인정하도록 한 것이다. 이로써 외국인 토지거래의 안전은 임시적으로 보장받을 수 있게 되었다.

또 하나의 문제는 대한제국의 금지조치에도 불구하고 이미 많은 일본인들이 한국인 명의를 이용하여 토지를 확보해 놓고 있었다는 점이

45 이토는 한국정부와 우메의 반대에도 불구하고 토지가옥증명규칙의 제정을 강행했다. 식민지 토지법제의 출발이라고 할 만한 토지가옥증명규칙에 대해서는 논의가 활발하다. 정연태, 「대한제국 후기 부동산 등기제도를 둘러싼 갈등과 그 귀결」, 『법사학연구』 165, 한국법사학회, 1995; 최원규, 「대한제국과 일제의 토지권법 제정과정과 그 지향」, 『동방학지』 94, 1996; 李英美, 『韓國司法制度と梅謙次郎』, 法政大學出版局, 2005, 제2장(김혜정 옮김, 『한국사법제도와 우메 겐지로』, 일조각, 2011) 참조.

다. 이토는 일본인이 비합법적으로 확보해 놓은 토지도 그 소유가 분명하면 합법적으로 인정하고자 했다. 1908년 7월 16일 제정된 토지가옥소유권증명규칙은 일본인의 불법적인 토지소유를 소급 인정하기 위한 조치였다.

이토는 이렇게 일본인의 토지소유를 합법적으로 인정해 주는 한편, 우메로 하여금 영구적인 식민지 토지법제를 제정하기 위한 방안을 마련하도록 했다. 우메가 구상한 것은 지권 발급을 내용으로 하는 토지법, 즉 지권가권법(地劵家劵法)이었다.[46] 민유 부동산에 대해서 지권 및 가권을 발급하여 토지소유권을 인정하되, 외국인의 소유권도 인정하는 내용을 담았다. 소유권을 인정하는 기준은 지세의 납부 여부였다. 그리고 관유지(국유 및 제실유)의 민유 분쟁은 5년 이내에 지방재판소에 소송을 제기할 수 있도록 했다. 통감부가 행정적 처분만으로 소유권의 귀속을 결정한 것과 달리 법률적 판단을 받을 수 있는 길을 열어 놓은 점은 우메의 법률가다운 면모라고 하겠다. 토지소유권의 확인과 거래를 위해서는 지권대장과 가옥대장을 제작하고 전당의 경우 전당등기부를 비치할 것을 구상했다. 이로써 토지거래의 안전과 신속함을 보장하려는 것이었다.

지권가권법은 한국의 토지관습을 고려한 것으로 보인다. 대한제국은 지계(地契)와 가계(家契)를 발급했었다. 우메는 한국에 지권제도를 도입할 생각을 메이지유신(明治維新)의 지조개정에서 가져왔다고 했지만, 그것은 한국민에게도 친숙한 제도였다. 실제로 지권가권법은 제정되지 않았지만, 거기에 담긴 '선토지조사(先土地調査) 후지권발행(後地劵發行)' 제안은 그대로 수용되어 1910년 8월 토지조사법에 반영되었다. 토지조

46 『朝鮮慣習調査報告一括』(하버드-옌칭 도서관 소장) 제15권 『地劵制度案』, '地劵家劵法'; 이 책의 제5장 참조.

사법 제10조는 “정부는 토지대장 및 지도를 갖추고 토지에 관한 사항을 등록하며 지권(地券)을 발행함”이라고 규정했다.

지권제도는 신속한 토지거래를 위해서는 편리한 제도로서, 영국·프랑스·미국 등의 식민지에서 그와 유사한 토런스(Torrens) 제도가 시행되고 있었다.[47] 일본은 선진 제국주의 국가들의 경험을 수용하여 한국에도 토런스 제도를 모방한 지권제도를 시행하고자 했다. 제국주의 본국 자본가들이 식민지에 투자하기 위해서는 토지소유권과 전당의 편리함을 보장하지 않으면 안 되었고, 이토도 이 문제를 고심하다가 증명제도를 도입했는데, 이 증명제도를 대체하는 데 지권제도가 가장 적합한 것으로 인정되었던 것이다.

한국의 전국 각 지방에서 세밀한 관습조사를 수행한 우메는 한국 관습에 기초한 독자적인 민법이 필요하다고 생각했다. 그의 지권제도안(地券制度案)도 한국의 관습을 배려한 것이라고 보아야 할 것이다. 사실 토지소유제도만 놓고 보면, 이제까지 논의해 왔듯이 한국에서 일본 민법의 개념을 거부하지 않았기 때문에 독자적 민법은 필요치 않았다. 더구나 1910년 8월 우메가 사망함으로써 독자적인 민법 제정의 길은 멀어져갔다. 일본에서 지권제도는 1889년에 이미 폐기되고 등기법이 도입되었는데, 한국에서 지권제도를 시행하면 일본 자본가의 투자에 방해가 될 뿐이었다.

결국 1912년 일본 민법을 인용(引用)한 조선민사령(朝鮮民事令)이 반포됨으로써 식민지 조선에서의 토지소유권은 일본 민법의 개념에 기초하는 것으로 되었다. 1898년 7월 시행된 일본 민법에는 “소유자는 법

47 『地券制度案』, ‘トレンス制度ニ付テ’; 臨時臺灣舊慣調査會, 『土地登記トルレンス氏制度』, 東洋印刷株式會社, 1910.

령의 제한 내에 있어서 자유로 그 소유물의 사용·수익 및 처분을 할 권리를 가진다"(제206조)라고 규정되어 있다. 토지조사사업의 사정(査定)에 의해 법인(法認)받은 토지소유권은, 사실상 이전의 사적 토지소유를 거의 그대로 인정했다 하더라도, 법적인 측면에서 볼 때에는 일본 민법에 규정된 소유권 개념에 의해 유일한 배타적 소유권으로 새롭게 확정된 것으로 보아야 한다. 토지조사사업의 결과, 식민지 조선의 모든 토지는 일본 민법 체계 안에서 일지일주의 배타적 소유권을 인정받게 되었다.[48] 조선총독부는 지권제도를 폐기하고 대신 일본의 부동산등기법(1899년 2월 법률 제24호)을 인용한 조선부동산등기령(1912년 3월 18일 제령 제9호)을 발포함으로써 토지소유권의 변동을 보장했다.[49] 일본의 등기제도가 조선에 그대로 이식, 적용되어 일본인 지주·자본가의 토지 투자가 일층 편리하게 됨으로써 자본주의적 상품화폐경제에 적합한 토지상품화의 조건이 마련되었다. 일제가 시행한 토지조사사업의 결과 인정된 소유권은 이러한 성격의 것이었다.

4. 이 책의 구성과 내용

이 책은 총론과 4부로 구성되어 있다. 총론에서는 갑오개혁 이후 식민지에 이르기까지 토지조사와 토지법제의 변천 과정을 개관하면서 필자의 시각을 정리했다. 전반적인 흐름과 경로를 포착하는 데 초점을 맞추었다. 한국정부는 일제 침략 이전에 주체적인 토지제도 개혁과 토지조

48 Lee, Young-ho, *ibid*, Summer 2004.

49 早川保次,『朝鮮不動産登記の沿革』, 大成印刷社出版部, 1921, 22-24쪽.

사를 시도했지만, 시간적 여유가 없을 뿐만 아니라 근대적 행정과 기술을 동반하지 못한 약점을 노정했다. 일제는 통감부를 설치하여 한국의 내정을 장악한 뒤, 근대적 토지소유권 개념을 적용해 중답주(中畓主)와 도장(導掌)을 제거하고 역토·둔토·궁장토를 역둔토=국유지로 통합하는 한편, 토지조사를 위한 준비작업에 착수했다. 일본 본토를 비롯하여 내국(內國) 식민지 오키나와(沖繩), 해외(海外) 식민지 대만(臺灣)에서 토지조사사업을 수행한 경험을 바탕으로 하면서도 한국의 사정을 고려해 왕실 재정의 기반이었던 국유지부터 먼저 조사·정리한 뒤 민유지 조사에 착수했다. 이 책의 각 장에서 취급하는 주제들은 한국정부와 일제 통감부 및 조선총독부가 준비하고 실시한 각종 토지정책과 토지조사의 이러한 흐름 위에서 중요한 쟁점을 구성하는 것들이다.

이 책의 각 장들은 크게 네 부분으로 구분하여 배치했다. 첫째, 대한제국이 실시한 양전사업과 지계사업의 성격과 지향을 해명하고, 둘째, 일본이 한국을 보호국화한 뒤 토지조사를 위해 법제적으로 준비해 가는 과정을 검토하며, 셋째, 궁장토·둔토의 국유-민유 분기(分岐)의 특징을 '조100두형'과 '조200두형'으로 유형화해 조선 후기의 구조, 갑오개혁 이후의 개혁, 일제의 사정(査定) 과정으로 나누어 살펴보고, 넷째, 일본제국 각 식민지의 토지조사사업을 비교함으로써 조선토지조사사업의 특징을 해명하고자 했다.

제1부는 '대한제국의 토지조사와 소유구조'이다. 갑오개혁 이후 한국정부의 토지개혁은 국유지 정리와 민유지 조사로 나누어 볼 수 있다. 국유지 정리 부분은 제3부에서 다룰 것이고, 제1부에서는 민유지 조사로서 광무양전지계사업을 검토했다. 광무양전지계사업에 대한 연구는 일찍부터 다방면에서 진행되어 왔는데, 이 책에서는 사업의 결과 작성된 광무양안(光武量案)을 활용하여 검토했다.

제1장은 광무양안의 성격을 고찰한 것이다. 먼저 광무양전이 실제

로 측량되었는지 여부에 대한 의구심을 해소하기 위해 구체적으로 측량된 양상을 여러 장부를 동원하여 확인했다. 그리고 이 장에서 주목한 것은 광무양전지계사업이 단일한 양전사업으로서만 전개된 것이 아니고, 양전사업(量田事業)과 지계사업(地契事業)이 단계적으로 전개되었다는 점이다. 양전사업은 지세수입의 확대를 위해 기경지(旣耕地)를 대상으로 한 반면, 지계사업은 토지소유권 증서로서의 지계(地契)를 발급하고자 소유주가 있는 진전(陳田)까지 조사한 특징을 보였다. 국가재정의 확대와 개인의 토지소유권 보장을 위한 '토지조사사업'으로서의 성격을 지녔다고 본 점은 한국역사연구회 토지대장연구반의 연구 결과와[50] 같다. 그렇지만 근대적 행정제도가 수립되지 않았고, 호적을 통한 개인의 경제적 주체성이 확립되지 못하여 토지소유권이 법인되기에 한계를 지녔던 점을 인정했다.

제2장은 경기도 용인군의 사례를 통해 양전사업과 지계사업의 차이를 구체적으로 확인하는 한편, 토지조사부와도 비교하여 토지조사사업과의 차이점도 검토한 것이다. 경기도 용인과 수원의 결민(結民)들이 광무양전의 결과에 불복하는 민란을 일으켜 지계아문에서 다시 측량하게 되었던 사실을 발굴했다. 필자는 이 사실을 토대로 서울대학교 규장각한국학연구원에 소장되어 있는 두 종류의 용인군 광무양안을 비교함으로써 두 사업 사이의 차이를 밝혀낼 수 있었다. 토지비옥도를 규정짓는 토지등급을 조절함으로써 결부수가 달라지게 되는 결부제(結負制)의 문제점을 지적했다. 두 아문에서 모두 실제로 측량했지만 결부수는 측량된 면적 못지않게 토지등급에 의해 좌우되었던 것이다. 또 용인시청에서 발굴한 토지조사부를 광무양안과 비교하여 서로의 특징을 초보적

50 한국역사연구회 토지대장연구반, 『대한제국의 토지조사사업』, 민음사, 1995.

으로 규명했다.

제3장은 국유지 정리의 관건인 중층적 토지소유, 즉 중답주(中畓主)의 존재를 광무양안상에서 확인해 본 것이다. 갑오개혁 이후 한국정부는 역토·둔토·궁장토를 정리하면서 중층적 토지소유를 인정하지 않는 조치를 취했는데, 대한제국 정부가 시행한 토지조사의 결과인 광무양안상에서도 중답주는 소유자로 인정받지 못한 것을 확인할 수 있었다. 대한제국은 이들 중층적 토지소유를 배제할 뿐, 별도의 사정 절차를 마련하지 않았다. 따라서 중층적 토지소유가 존재하는 역토·둔토·궁장토는 각종 소유권 분쟁에 휘말리지 않을 수 없었다. 반면 민전에서의 토지소유권의 발달은 이미 매우 높은 수준에 도달해 있었다. 이렇게 볼 때 대한제국기의 토지정책은 일지일주(一地一主)의 근대적 토지소유권 개념을 법제화하지는 못했지만, 정책의 방향은 그런 개념에 바탕하고 있었다고 평가할 수 있을 것이다.

제2부는 '일제 통감부의 토지정책'이다. 일제는 통감부를 설치하여 재정정리를 시작했다. 재정의 기초는 지세에 있었지만, 불안정한 정치정세로 인해 지세부과의 기초작업인 토지조사를 곧바로 실시할 수는 없었다. 일제는 먼저 지세수취제도를 정리한 뒤 국유지를 조사했고, 민유지 조사는 한국을 병합한 이후 실시했다. 다른 식민지와는 달리 한국에서 일제는 보호국 시기를 이용하여 재정정리를 먼저 실시하면서 토지조사를 준비한 특징을 보인다.

그동안 역토·둔토·궁장토를 역둔토=국유지로 만들어 수탈했다는 점에서 일제의 침략성을 찾는 경향이 없지 않았는데, 제4장은 1907년 7월 제정된 '국유미간지이용법'이 '국유지'의 개념을 도출하고 일본인이 경지를 확대할 수 있는 길을 열어놓은 점에서 침략성을 내포하고 있다는 점을 강조한 것이다. 이미 한국정부는 미간지 개간의 필요성을 인식하고 절차와 원칙을 마련하여 개간정책을 주체적으로 추진해 왔다.

그런데 일제 통감은 홋카이도의 경험을 토대로 일본인의 이주식민을 위해 일본인에게 미간지 개간을 허용하는 법제를 한국정부에 강요했던 것이다. 왕실이나 관부의 소유 및 사유가 분명한 것을 제외한 모든 미간지와, 사유를 증명하지 못한 많은 토지들, 그리고 공유지 등을 국유미간지로 규정한 점에 국유미간지이용법의 침략적 성격이 담겨 있다고 평가했다. 미간지의 대부 및 불하에 일본인이 적극 참여한 것은 말할 필요도 없다.

제5장은 일제의 토지정책이 증명(證明)제도에서 등기(登記)제도로 옮아가는 과정의 중간에 지권(地劵)제도가 있었음을 새로운 자료를 발굴하여 해명한 것이다. 증명제도는 일본인 토지소유의 합법화를 위해 1906년 10월 이토 통감이 주도적으로 도입한 것이고, 지권제도와 등기제도는 일본자본의 활동을 보장하기 위해 유리한 제도를 저울질하면서 마련된 것임을 확인했다. 지권제도는 1910년 8월 발포된 토지조사법에서 규정한 것인데, 그 원형으로서 1909년 5월 '토지정리법'이 마련되었었다는 점을 새로운 자료를 통해 소개했다. 그것은 부동산조사를 위해 이토 통감이 초빙한 우메(梅謙次郎)의 구상으로, 일본과 미국의 도서관에서 그가 기초한 원자료들을 발굴했다.

제6장은 토지조사사업 시행을 앞두고 실시된 시험조사를 소개하고 토지조사부와 비교 분석한 것이다. 1910년 8월 토지조사법이 제정되면서 조선토지조사사업이 진행된 것으로 알려져 있지만, 일제 통감부는 1909년 11월부터 1910년 2월까지 부평군 군내면·동면·서면에서 토지시험조사를 실시했고 이것이 조선토지조사사업의 실질적인 기원이었다. 토지시험조사의 목적은 주민의 반응을 떠보기 위한 것으로서 신고주의 조사방법도 시험되었다. 신고되지 않은 토지는 국유화되었기 때문에 신고주의는 수탈성의 상징으로 평가되기도 했다. 그러나 신고주의는 주민들이 자발적으로 토지조사에 순응할 것인지를 시험하는 데 더 목적이 있는 것이었다. 이러한 시험조사는 대만 토지조사에서 이미 시행되었

던 것으로, 일제의 식민지 토지조사는 상호 연계성을 보인다는 점도 드러난다. 시험조사의 여러 가지 경험은 본조사에 거의 계승되었고, 부평군 3개 면에 대한 토지조사 결과는 약간의 수정을 거쳐 사정의 대상으로 인정되었다. 사정의 결과 작성된 부평군 토지조사부를 통해 토지소유 실태도 구체적으로 분석했다.

제3부는 '궁장토·둔토의 국유-민유 분기(分岐)'이다. 갑오개혁 이후 통감부에 이르기까지 둔토·궁장토 정리의 핵심은 절수(折受)·사여지(賜與地)에서 발생한 중층적 토지소유의 처리 문제였다. 중층적 소유의 유형을 '조100두형'과 '조200두형'으로 구분하고, 경기도 안산·인천의 간척지 석장둔(石場屯)에 나타난 '조100두형'과, 경상도 창원 용동궁 전답(龍洞宮田畓)에서 기원한 '조200두형=영작궁둔(永作宮屯)'의 사례를 검토했다. 조선 후기부터 갑오정부, 대한제국을 거쳐 일제 통감부와 조선총독부에 이르기까지 토지소유권과 수조권의 귀속 과정을 실증적으로 추적했다.

제7장은 1720년 진휼청이 간척한 석장둔에서 개인의 토지소유권이 최초로 성립되고 그 둔토에 진휼청의 수조권이 발생한 양상을 검토하고, 그것이 갑오개혁 이후 한국정부와 일제 통감부에 의해 어떻게 처리되는지를 검토한 것이다. 석장둔의 수조권에 해당하는 조(租) 100두의 수준은 일반 민전의 납세액보다는 높지만 지대로 볼 수 없는 수준이어서 석장둔의 개간자는 토지소유권을 행사할 수 있었고, 이후 매매와 상속이 가능했다. 갑오개혁 이후 다른 둔토와 섞여 국가 관리대상이 된 뒤 을미사판(乙未查辦)과 광무사검(光武查檢)을 거치면서 소유권 상실의 위기에 놓이기도 했지만, 조 100두의 납부 수준은 그대로 유지되었다. 그러나 통감부에 들어가 역둔토에 포함되면서 다시 국유지가 되고 말았다. 이에 석장둔민은 격렬하게 저항하고 토지조사사업에서 분쟁을 제기하여 겨우 소유권을 되찾을 수 있었다. 이 사례에 대해서는 필자가 별도

의 책을 출판할 예정이므로 이 장에서는 '조200두형'과 비교하기 위한 차원에서 요약적으로 정리했다.

제8장은 17세기 중엽 사여(賜與)에 의해 성립된 창원 용동궁전답을 모델로 영작궁둔=조200두형이 성립된 과정을 해명하고, 갑오개혁 이후 역둔토에 편입되어 국유지가 된 과정을 검토한 것이다. 조 200두의 부과는 장토 전체가 아니라 실제로 경작되는 실결(實結)에 한정된다는 점을 명확하게 논증했다. 진결(陳結)이나 재결(灾結) 등은 조 200두의 부과에서 제외되므로 농장의 지대 또는 지세 수준을 확인할 때 총결수와 총납부액만을 가지고 산정하면 오류가 발생한다는 점을 강조했다. 갑오개혁 이후에는 창원 전답 역시 을미사판과 광무사검을 거치면서도 '조200두형'이 유지되었지만, 통감부 시기 역둔토에 편입되어 국유지가 되고 말았다. '조100두형'은 갑오개혁 이후 식민지 시기에 이르기까지 험난한 분쟁의 과정을 거쳐 소유권이 민간으로 귀속되었지만, 창원 용동궁전답에서는 존재 가능성이 없지 않았던 중답주의 소유권이나 작인들의 권리는 묵살되고 여지없이 국유화되고 말았다.

제9장은 토지조사사업에서 국유지조사가 어떻게 진행되었는지 그 구체적인 절차를 해명하고, 일제 시기 국유지 경영의 일탈적 경영사례를 소개한 것이다. 국유지조사에 의해 종래의 각 둔토·궁장토의 고유성은 소멸하고 오로지 국가의 소유지로 통합되었다. 국유지는 민유지와 구별되기보다는 민유지와 동등한 일지일주(一地一主)의 토지소유권으로 존재했다. 한편 경상남도 창원군에서는 이주일본인이 소작허가를 받은 뒤 다시 조선인에게 소작을 주는 파행적 성격의 전대소작제(轉貸小作制)가 유행했다. 이것은 중답주를 배제하여 일지일주의 근대적 토지소유권을 성립시킨 토지조사사업의 퇴행을 의미하는 일이었다. 근대성이 일직선으로만 전진하는 것은 아니었다.

제4부는 '일본제국의 식민지 토지조사'이다. 일본은 근대국가로 성

장하면서 본토에서는 물론이고 식민지에서도, 즉 오키나와(1899~1903년), 대만(1899~1904년), 조선(1910~1918년), 관동주(1914~1924년), 만주(1932년~) 등지에서도 토지조사를 실시했다. 각각 토지조사를 시행한 배경과 과정이 상이하여 비교연구가 필요하다는 점을 강조했다.

제10장은 일본제국 식민지에서 구관(舊慣) 토지제도가 어떻게 처리되었는지 그 과정을 비교한 것이다. 특히 구관 토지제도의 처리방침이 동화주의와 식민지주의를 놓고 갈등하던 일본제국의 식민지 통치방침과 어떻게 연관되는지 확인하고자 했다. 구관의 의미는 일본에서, 식민지 대만과 만주에서, 그리고 한국에서 각각 달랐다. 일본에서는 계승되어야 할 근대의 토대로서, 대만에서는 점진적 동화를 위해, 만주에서는 토지매입 또는 일본인의 토지에 대한 권리의 확보를 위해, 한국의 경우 보호국 단계에서는 일본인의 토지확보, 병합이 되면서는 일본과 동일한 법제의 시행을 위해 조사되고 검토되었다. 달리 말하면 궁극적으로는 번안된 서구로서의 일본의 토지제도와 동질적인 제도와 법을 마련하는 방향으로 나아갔다.

제11장은 일본제국이 식민지에서 실시한 토지조사사업에 대한 연구성과와 자료 상황을 개괄적으로 점검하고 비교함으로써 연구의 방향을 모색한 것이다.

제국주의 본토 및 식민지 각각에서 진행된 토지조사의 상호 관련과 비교사적 특징을 규명하는 작업은 앞으로 식민지 토지조사 연구의 과제이다. 일본제국 식민지의 범위를 넘어서서 제국주의-식민지 시대의 전체 구조를 거시적으로 살피고, 그 가운데 토지조사사업을 위치지우는 작업으로까지 진전되어야 할 것이다.

이 책의 기초가 된 논문들

총론: 「근대 토지소유제도의 변천」, 『동양학』 37, 단국대학교 동양학연구소, 2005, 123-133쪽; "Land Reform and Colonial Legislation in Korea, 1894-1910," *Korea Journal*, Vol. 44 No. 2 Summer 2014, Korean National Commission for UNESCO, pp. 149-173(Sui-Wai Cheung, eds., *Colonial Administration and Land Reform in East Asia*, Routledge: New York, 2017, pp. 160-180).

제1장: 「광무양안의 기능과 성격」, 『대한제국의 토지조사사업』, 한국역사연구회 토지대장연구반, 민음사, 1995, 121-192쪽.

제2장: 「대한제국시기의 토지제도와 농민층분화의 양상: 경기도 용인군 이동면 '光武量案'과 '土地調査簿'의 비교분석」, 『한국사연구』 69, 한국사연구회, 1990, 77-115쪽.

제3장: 「대한제국시기 국유지의 소유구조와 中畓主」, 『한국근현대의 민족문제와 신국가건설』, 지식산업사, 1997, 211-241쪽.

제4장: 「일제의 식민지 토지정책과 미간지문제」, 『역사와 현실』 37, 한국역사연구회, 2000, 289-325쪽.

제5장: 「일제의 한국토지정책과 '證明 → 地券 → 登記'로의 단계적 전환」, 『한국사연구』 142, 한국사연구회, 2008, 295-336쪽.

제6장: 「일제의 조선식민지 토지조사의 기원, 부평군 토지시험조사」, 『한국학연구』 18, 인하대학교 한국학연구소, 2008, 261-300쪽.

제7장: 「안산·인천 석장둔양안의 토지정보와 성격」, 『규장각』 35, 서울대학교 규장각한국학연구원, 2009, 39-150쪽; 「조선후기 간척지의 소유와 운영: 경기도 안산·인천 석장둔 사례」, 『한국문화』 48, 서울대학교 규장각한국학연구원, 2009, 45-71쪽; 「한말~일제초 근대적 토지소유권의 확정과 국유·민유의 분기: 경기도 안산 석장둔의 사례」, 『역사와 현실』 77, 한국역사연구회, 2010, 281-319쪽.

제8장: 「조선후기 '永作宮屯' 궁장토의 구조와 창원 모델」, 『지역과 역사』 30, 부경역사연구소, 2012, 305-339쪽; 「근대전환기 궁장토 소유권의 향방: 경상도 창원 용동궁전답 '永作宮屯=租200斗型'의 사례」, 『한국학연구』 24, 인하대학교 한국학연구소, 2011, 145-179쪽.

제9장: 「조선토지조사사업에서 국유지의 조사와 활용: 경남 창원지역 사례를 통해서」, 『역사와 현실』 65, 한국역사연구회, 2007, 351-382쪽.

제10장: "Colonial Modernity and the Investigation of Land Customs: A Comparison of Japan, Taiwan, and Korea," *Korea Journal* Vol. 44 No. 2 Summer 2004, Korean National Commission for UNESCO, pp. 149-173.

제11장: 「일본제국의 식민지 토지조사사업에 대한 비교사적 검토」, 『역사와 현실』 50, 한국역사연구회, 2003, 229-264쪽.

제1부

대한제국의 토지조사와 소유구조

제1장

대한제국의 토지조사와 광무양안의 성격

1. 머리말

대한제국은 1898년부터 1904년까지 양전 및 지계발급 사업을 실시했다. 1898년 6월 23일 내부대신 박정양과 농상공부대신 이도재가 산림(山林)·천택(川澤)·해빈(海濱)·도로 등 전국의 모든 토지를 측량할 것을 요청하는 '토지측량에 관한 청의서'를 의정부에 재출하면서 시작되었다. 한번도 체계적으로 측량된 적 없는 산림·천택 등도 포함하여 전 국토를 측량하고자 한 점에서 근대적 국토경영을 염두에 둔 것처럼 보인다. 그러나 재정확보가 시급한 과제로 대두하면서 1899년 4월 5일 시기전답결총(時起田畓結總)의 확대를 통한 지세수입의 확대를 양전의 목표로 재설정했다. 이렇게 하여 양지아문에 의한 양전사업이 시작되었다.

그런데 양전사업을 진행하면서 외국인이 불법적으로 토지를 소유하고 있는 문제가 발생하고, 또 토지소유권을 안정화할 필요성도 대두했다. 개항장에서 시행하던 지권(地券)제도를 도입하여 토지소유자에게 지계(地契)를 발급하자는 논의가 활발해졌다. 그리하여 양전도 병행하면서 전토시주(田土時主)에게 지계를 발급하여 소유권을 분명하게 하는 정책이 채택되었다. 즉 1900년 11월 중추원 의장 김가진은 관계(官契)를 실시할 것을 제안했고, 긴 논의 끝에 1901년 10월 20일 양지아문을 폐지하고 지계아문을 설치하여 양전을 실시하면서 아울러 지계를 발급하는 것으로 되었다.

이처럼 광무양전지계사업은 처음에는 과세지의 확보에 초점을 두었다가, 나중에는 토지소유권 확인을 위한 지계발급으로 전환되었다. 조사의 목표와 중점이 바뀌었지만 양지아문·지계아문 모두 현장에서 필지별로 토지를 측량하고 이를 양안에 등록하는 작업은 동일하게 진행했다. 러일전쟁이 발발한 이후 지계사업은 중단되었지만, 330여 개 군 가운데 양전사업과 지계사업을 합해 203개 군에서 측량이 완료되었다. 측량이 완료된 지역의 결총(結摠)은 571,527결에서 133,651결이 증가하여 705,178결이 되었다. 약 23%의 과세지가 증가한 셈이었다.

광무양전지계사업에 대하여는 상당한 연구가 축적되어 있다.[1] 양전사업의 추진 과정과 목적, 양전사업의 시행 여부, 양안의 체제, 시주(時主)와 시작(時作)의 실체, 광무양안에 나타난 농민층 분화의 양상, 근대적 토지소유권의 성립 여부, 그리고 광무양전과 조선시대 양전 및 토지조사사업과의 비교 등의 주제가 검토되었다.[2]

이 장에서는 기존 연구를 참조하면서 광무양안의 기능과 성격에 대하여 검토하고자 한다. 핵심적인 주제는 광무양전의 실지측량 여부, 양

1 이 책의 총론 참조.

2 광무양전지계사업에 대한 연구 상황에 대해서는 왕현종, 「광무 양전·지계사업의 성격」; 이영학, 「광무양전사업 연구의 동향과 과제」; 이윤갑, 「대한제국의 양전 지계발급사업을 둘러싼 제2단계 광무개혁 논쟁」, 『대한제국의 토지제도와 근대』, 한국역사연구회 토지대장연구반 편, 혜안, 2010 참조.

전사업과 지계사업의 관계에 대한 것이다. 광무양전이 실제로 측량된 것이 아니라 장부상의 재정리에 불과하다는 의문이 제기된 바 있는데, 이 문제를 해소하기 위해 광무양전의 측량 과정과 광무양안의 작성 과정, 광무양안 기재양식의 특징 등을 검토하고자 한다. 또 대한제국의 토지조사사업을 광무양전과 지계사업을 묶어서 검토해야겠지만, 내면적으로는 단계적인 차이가 있음에 주목한다. 양지아문양안(量地衙門量案)과 지계아문양안(地契衙門量案) 두 종류의 양안이 각각 상이한 양식으로 작성되어 있는 점에 착안하여, 양전사업과 지계사업의 공통성 내지 계승관계 못지않게 그 차별성 내지 두 사업의 전환 과정에 주목한다. 대한제국이 시행한 양전지계사업의 전체적 성격은 지세수취의 확대를 목적으로 한 양전사업과, 토지소유권의 국가적 법인을 목적으로 한 지계사업으로 구분하여 그 단계성을 인정해야 한다고 본다.

한 지역에 대한 집중적인 사례분석이나 광무양안상의 기재방식을 세밀하고 집중적으로 해명하는 방식보다는, 현존하는 광무양안의 여러 지역을 전반적으로 검토하여 광무양안의 기능과 성격을 종합적으로 파악하고자 한다.

2. 광무양안의 작성 과정과 특징

1) 광무양안 작성 과정

측량의 유무

광무양전이 구체적인 측량에 기초하고 그 결과 양안이 작성되었음은 주지하는 사실이지만, 측량에 기초한 것이 아니라 "행심책(行審冊)상의 호명(戶名)을 양안으로 이기(移記)하는 과정에 불과하였던 것"이라는 지적도 있으므로[3] 먼저 광무양안의 작성 과정을 구체적으로 검토해 보기로 한다.

조선 시기 수세의 기초대장은 '양안'이었다. 양안에는 토지의 위치, 지목(地目), 경계, 면적, 소유자 등이 기재되어 있다. 정부에서는 이 양안을 통해 각 군 단위로 납세할 결총(結摠)을 파악했는데, 그 내역이 '수조안(收租案)'이라는 장부에 기록되었다. 각 군에서는 이 수조안에 기록된 결총을 납세해야 한다. 각 군에서는 각 면 단위로 서원(書員)을 파견하여 간평(看坪)·고복(考卜)·작부(作夫)의 과정을 거쳐 결세(結稅)를 부과하고, 호수(戶首)·면리임(面里任)·이서(吏胥) 등을 통해 이를 징수했다.[4]

간평에 사용된 대장이 '행심책'인데, 이는 양안을 등서(謄書)한 것으로 행심책의 양식은 양안과 동일하다. 행심책 위에 해마다 첨지(添紙)를 붙여 사용하는 것이 보통이다. 간평을 통해 필지별로 진기(陳起)가 확인되고 이로써 납세결수가 확정되며 동시에 납세자도 확인되는데, 그것이 행심책에 그대로 기록된다.

행심책상의 간평 결과를 토대로 고복이 이루어진다. 이 과정을 거쳐 납세자별 납세액이 면별로 모여 '깃기(衿記)'라는 장부가 작성된다. 깃기는 납세자별로 납세할 필지의 자호, 지번, 납세결수를 병렬하여 놓고 다시 이를 합하여 납세자별로 납세결수를 산출해 놓은 장부이다. 양

---

3 이영훈, 「광무양전에 있어서 時主 파악의 실상: 경기도·충청남도 광무양안 사례분석」, 『省谷論叢』 23, 성곡학술문화재단, 1992, 2226-2228쪽. 이영훈은 이 논문에서 경기도 광주부 북방면의 사례를 분석하면서 "實面積과 實所有者에 대한 엄밀한 측량과 조사가 이루어졌다고 보기는 무리"라고 지적하고, 간접적 조사, 行審冊의 移記, 立會制의 미비를 광무양전의 치명적인 결함이라고 했다.

4 丁若鏞, 『牧民心書』 II(다산연구회 역주, 창작과 비평사, 1979), 제6부 戶典 제2장 稅法, 206-238쪽.

안과는 전혀 양식을 달리한다.

깃기의 결과를 놓고 호수를 차출하여 납세를 대표하게 하는데, 그 때 작성되는 장부가 '호수책'이다. 이는 개인별 납세결수를 확인한 후 8결 내지 4결 단위로 납세자의 납세결수를 모아 놓고 그 가운데서 한 사람의 납세자를 그 단위의 납세 대리인으로 세운 것이다.

이렇게 과세 및 수세 과정에서 행심책, 깃기, 호수책이 작성되었다. 그런데 새로 양전을 하게 되어 과거의 수세장부를 활용하려 한다면, 그것은 호수책이나 깃기라기보다는 양안의 양식을 갖추고 있는 행심책일 수밖에 없다. 호수책에서는 필지 자체를 확인할 수 없고, 깃기에서는 필지를 확인할 수 있지만 납세자별로 지역 내의 필지가 모아져 있기 때문에 원위치로 필지를 환원하지 않는 한 대조하기 어렵다. 반면 행심책은 양안을 등서한 위에 필지별로 납세자와 납세결수를 확정한 것이므로 구 양안의 기재내용을 확인할 수 있고, 실명이 아닌 호명(戶名)으로 기재되어 있는 납세자를 시작(時作)으로 짐작할 수도 있었다. 그러나 행심책에 기록되어 있는 납세자 호명을 새로운 양안의 새로운 자호 지번에 맞추어 대조하거나 옮겨 적으려면 적지 않은 수고가 필요할 것이다.

광무양전 과정에서 실제의 측량을 생략하고 이 행심책상의 호명을 그대로 광무양안에 옮겨 적었는지 경상도 동래군의 민전(民田)과 경기도 음죽군의 용동궁전답의 사례를 검토해 보기로 한다.[5]

경상도 동래의 경우 1871년 9월 수세에 활용하기 위해 등서해둔 행

5 서울대학교 규장각한국학연구원에 소장된 자료 중에 행심책은 동래·음죽·영암·진도 등지의 것이 일부분 남아 있고, 깃기류는 진주·언양·담양 등지의 것이 남아 있으며, 호수책으로는 김산의 것이 일부 남아 있다. 이 중 행심책과 광무양안을 비교할 수 있는 지역은 동래와 음죽뿐이다.

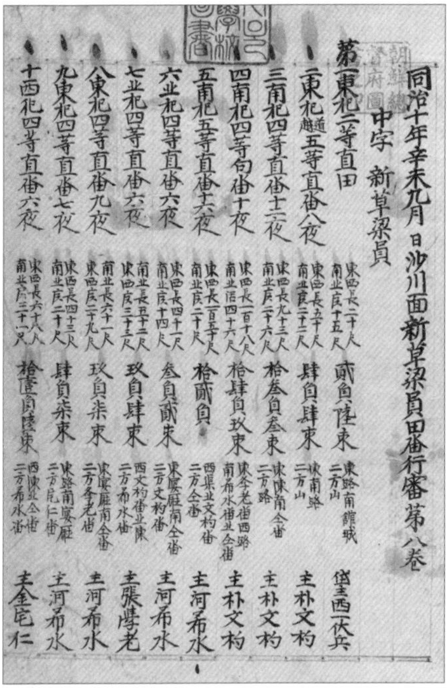
同治十年辛未九月 日沙川面新草梁員田畓行審第八卷

中字 新草梁員

第一東犯二等直田

二東犯五等直畓八夜

三南犯四等直畓十二夜

四南犯四等句畓十夜

五南犯五等直畓十六夜

六北犯四等直畓六夜

七北犯四等直畓六夜

八東犯四等直畓九夜

九東犯四等直畓七夜

十西犯四等直畓六夜

〈그림 1-1〉 경상도 동래부 초량의 행심책

출처: 『沙川面新草梁員田畓行審』(규장각 18110의2, 1871년)

심책과,[6] 1904년 5월 지계아문에서 작성한 양안을[7] 대조해 볼 수 있다.

행심책과 광무양안 사이에 33년의 격차가 있기 때문에 직접 비교하는 것은 무리라고 지적할 수도 있지만, 1870년의 양전 결과를 담고 있는 행심책은 다음 양전 때까지 계속해서 사용되었기 때문에 시간적 격차는 전혀 문제되지 않는다. 〈그림 1-1〉의 행심책과 〈그림 1-2〉의 광무양안은 같은 초량 지역인데 상호 대조해 보면 행심책의 면적이나 소유자를 자차(字

---

6 『沙川面新草梁員田畓行審』(규장각 18110의2, 동래부, 1871년 9월)은 1870년에 양전이 시행되고 1871년에 그 결총이 수세에 활용된[『日省錄』 고종 7년(1870), 11월 25일, 320쪽; 고종 8년, 11월 27일, 336쪽] 동래군 沙川面 新草梁員의 양안을 등서하여 행심한 자료이다. 따라서 행심책상의 字號, 地番, 量田方向, 土地等級, 地形, 地目, 長廣尺數, 結負數, 四標, 主姓名의 내용은 1870년의 양전 결과를 의미한다. 그리고 부분적으로밖에 표시되어 있지 않지만 등서된 양안의 하단 부분의 기록은 1871년 가을에 행심한 결과를 의미한다. 이 행심책을 해마다 수세에 활용할 경우에는 매년 그 위에 添紙를 붙여 기록하는 것이 일반적이었다. 그러나 이 행심책에는 첨지가 붙어 있지 않은데, 그것은 후에 첨지가 떨어져 나갔거나, 아니면 1871년 1회 사용되고 그친 것으로 추정할 수 있다.

7 『慶尙南道東萊郡沙中面量案』(규장각 18111의1, 지계아문, 1904년 5월). 1870년의 沙川面은 沙上面·沙中面·沙下面으로 분리되었는데, 사천면 초량동은 사중면에 속했다.

次)에 따라 광무양안에 직접 이기하는 것이 불가능하다는 것을 알 수 있다. 행심한 결과인 납세자 호명만을 옮겨 적으려 하더라도 두 양안의 필지별 상호 대조가 거의 불가능하기 때문에 있을 수 없다.

그러면 민전에 비하여 소유지가 분명히 확인될 수 있는 국유지에서, 그리고 거의 동일한 시기에서 행심책과 광무양안을 비교할 수 있는 경기도 음죽군의 용동궁장토를 검토해 보기로 한다. 음죽군 용동궁장토의 경우 구양안에 의거한 행심책과[8] 광무양안이[9] 1년 반 정도의 시차를 두고 거

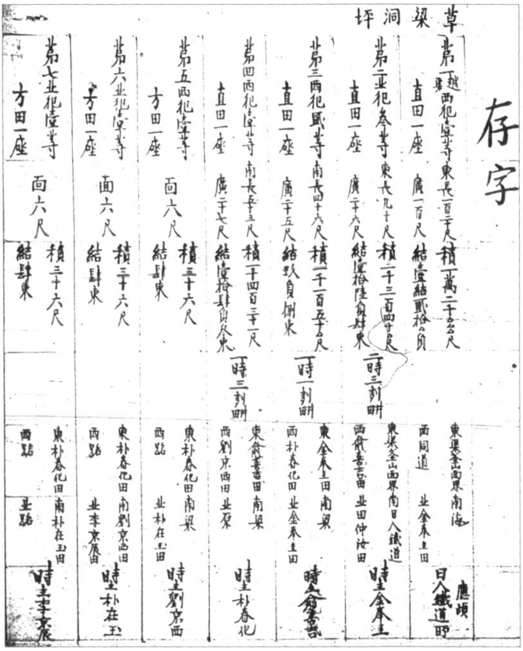

〈그림 1-2〉 경상남도 동래군 초량의 양안

출처: 『慶尙南道東萊郡沙中面量案』(규장각 18111의1, 지계아문, 1904년)

8 『陰竹郡所在龍洞宮屯田畓打量行審冊』(규장각 18296)은 1900년 5월 음죽군에서 용동궁장토만을 대상으로 지세의 수취를 위하여 별도로 작성한 행심책이다. 그것은 舊量案에 근거를 두어 자호, 지번, 양전방향, 지형, 전답구분, 장광척수, 토지등급, 결부, 사표, 陳起구별, 납세자 및 소유주의 표시를 내용으로 하고 있다. 납세자 및 소유주란에는 예컨대 '無主龍洞宮'·'命得龍洞宮'의 형태로 기록되어 있는데, '命得'과 같은 존재는 납세자이고, '龍洞宮'은 소유주를 의미한다. '命得'이 소유주가 아니라 납세자인 점은, 음죽군 용동궁장토에서 납세자별로 移去移來하여 納稅結負를 산출한 깃기[『龍洞宮秋收冊』(규장각 22041)의 11번째 책 『龍洞宮栗屯稅井冊』(1900년)]를 통해 분명히 확인된다.

의 동일한 시기에 존재하는데, 역시 두 자료는 자호 지번부터 상호 대조가 되지 않는다. 행심책에는 호명의 형태로 납세자가 기재되어 있는데, 광무양안에는 성명의 형태로 시주(時主) 및 시작(時作)이 기재되어 있어 상호 연관짓기도 어렵게 되어 있다. 따라서 행심책의 납세자 이름을 광무양안에 그대로 이기하는 것은 불가능하다. 행심책의 납세자 호명을 광무양안상에 나타난 용동궁전답의 시작과 비교하여 보면 110명의 동일명이 보인다.[10] 이것은 음죽군 광무양안의 용동궁전답 시작 415명에 대하여 26.5%를 차지하고, 행심책의 호명 420명에 대하여는 26.2%를 차지한다. 납세자 호명이 광무양안에서 상당히 나타나고 있다고 평가할 수 있다. 그러나 그것은 필지별로 대조될 수 있는 것은 아니었다. 행심책의 납세자 호명이 광무양안의 시작명(時作名)으로 그대로 이기된 것은 결코 아니었다.

이상의 논의에서 보듯이 행심책상의 호명을 광무양안에 그대로 이기한다는 것은 불가능한 것이지만, 행심책의 납세자 호명을 광무양안에 그대로 이기할 수 있다 하더라도 그 호명을 시주와 시작 가운데 어느 부분에 기록할 것인가 하는 문제가 제기되지 않을 수 없다. 납세자 호명은 지주일 수도, 납세자일 수도 있는 가공의 기호인데, 양지아문양안에 기재되어 있는 시주와 시작 가운데 누구를 호명으로 기재했을까 하는 의문이 들지 않을 수 없다. 따라서 행심책의 납세자 호명을 그대로 광무양안의 시주란(時主欄)에 이기했다는 주장은 실상과는 거리가 아주 먼 주장이다.

---

9 『京畿陰竹郡量案』(규장각 17659)은 量地衙門에 의하여 1901년 10월 측량 작성된 광무양안이다. 이 양안에는 지역에 따라, 조사자의 취향에 따라, 장토의 소유구조에 따라 용동궁의 존재 형태가 다양하게 기재되어 있다. 이 책의 제3장 참조.

10 행심책의 납세자는 성이 없이 이름만의 형태를 취하고 있기 때문에 광무양안의 時作에서 성을 지우고 이름만을 뽑아 행심책과 비교했다.

광무양안 작성 과정: 야초책→중초책→정서책

광무양전은 구체적으로 어떻게 측량되고, 광무양안은 어떠한 과정을 거쳐 작성되었을까? 광무양안의 구체적인 작성 과정에 대해서는 경상북도 의성군의 사례를 통해 살펴보기로 한다. 경상북도 의성군 북부면의 경우 광무양안 '중초책(中草冊)'이나 '정서책(正書冊)'은 남아 있지 않지만, 양전 과정을 살필 수 있는 '야초책(野草冊)'이 남아 있다.

야초책의 양식을 살펴보기 위해 『의성군북부면제이(義城郡北部面第二)』 가운데 첫 부분을 제시하면 〈그림 1-3〉과 같다.

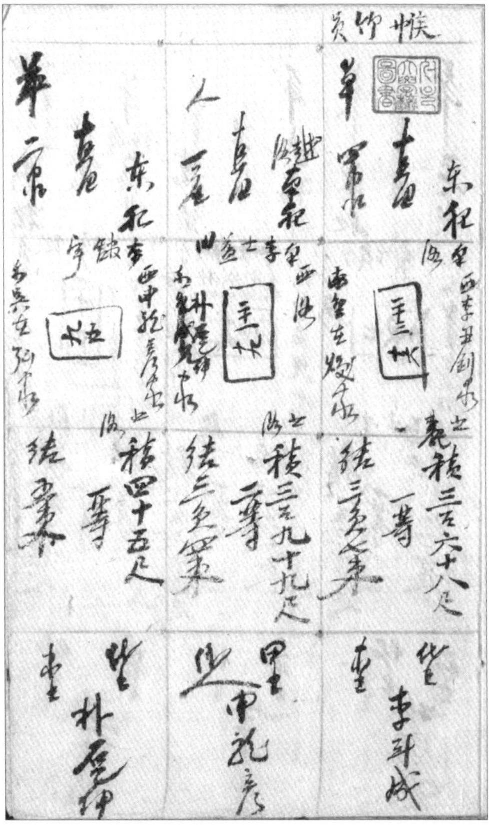

〈그림 1-3〉 경상북도 의성군 야초책의 기재양식

출처: 『義城郡北部面第二』(규장각 26311, 1900년)

야초책의 기재양식을 살펴보면, 상단에 지역명이 있고, 첫째 칸에는 토지 모양, 지목, 양전 방향, 대지의 경우 초가(草家) 및 와가(瓦家)의 칸수, 전답의 경우 좌수(座數)를 기재하고, 둘째 칸에는 지형도(地形圖) 및 사표(四標)와 장광척수(長廣尺數), 셋째 칸에는 면적척수, 토지등급, 결부수를 기재하고, 넷째 칸에는 대지의 경우 대주(垈主) 및 가주(家主), 전답의 경우 전답주 및 작인을 기재했다.

의성군 북부면 야초책의 특징으로는 다른 중초책이나 정서책 광무양안과는 달리 초가 및 와가의 칸수가 첫 칸에 들어가 있으며,[11] 자호와 지번은 없고, 작인이 기재되지 않은 점[12] 등을 들 수 있다. 야초책의 가장 뚜렷한 특징은 표지에 '적준(積準)'·'결준(結準)'이 기록된 데서도 볼 수 있듯이 토지의 면적, 즉 결부수와 면적척수를 정확하게 파악하는 데 그 목적이 있었다는 점이다. 야초책은, 적준과 결준에 주목하여 측량한 결과를 기록한 양안의 초보적인 자료라고 판단할 수 있다.

남아 있는 다섯 가지 야초책의 기재내용을 검토해 보면,[13] 1900년 9월 14일에 의성군 북부면 후죽원과 상성동에서 첫 번째 측량을 실시한 이후

---

11 『忠淸南道溫陽郡量案』(규장각 17667, 양지아문, 1900년) 中草冊의 경우에도 초가 및 와가의 표시 및 가옥의 칸수를 상단에 기록하고 있는데, 온양군은 최초의 양전이 시행된 아산군에 뒤이어 시행된 지역으로서 광무양전 초기의 시험적 성격이 나타나고 있는 지역이다.

12 대지나 전답이나 1인의 성명만이 기재되어 있는데, 四標에 '전답주 및 작인란(또는 대주 및 가주란)'의 인물이 등장하는 것으로 보아 이들은 전답 및 대지의 소유자임이 분명하고, 따라서 양안기재의 원칙으로 보면 모두 자작지이거나 대지와 가옥을 동시에 소유하고 있는 사례로 보아야 할 것이지만, 그렇게 보기보다는 작인 또는 가주가 아직 조사 기재되지 못한 것을 의미하는 것이 아닐까 생각된다. 어쩌면 아직 작인기재 원칙이 확정되지 못한 상황, 광무양전의 초창기를 의미하는 것이 아닐까 의심된다.

13 야초책은 다음 다섯 가지가 남아 있다. ① 『義城郡北部面第一起手』(규장각 20876, 1900년, 帿竹員, 上城洞)의 표지에는 '庚子 九月 十四日', '積準 結準', '甲部'라고 기재되어 있다. ② 『義城郡北部面第二』(규장각 26311, 帿竹員)의 표지에는 '庚子 九月 十五日', '都監 李哲興', '積準 結準', '甲部'가 기재되어 있다. 또 『未詳地量案』[『明禮宮秋收冊』(규장각 21913에 수록), 倉洞員]이 있다. ③ 『義城郡北部面中里第三』(규장각 20993, 中里)의 표지에는 '庚子 九月 十六日', '積準 結準', '甲部'가 기재되어 있다. ④ 『義城郡北部面野學第十五』(규장각 20994, 道吐洞)의 표지에는 '庚子 九月 二十八日', '積準 結準', '甲部'가 기재되어 있다. ⑤ 『義城郡北部面九習坪野草第十六』[『明禮宮秋收冊』(규장각 21913에 수록), 九習坪]에는 '庚子 九月 二十九日', '積準 結準', '甲部'가 기재되어 있다.

〈표 1-1〉 경상북도 의성군 북부면의 측량 성과

번호	지역	결-부-속	면적(척)	필지수	가옥 필지수
①	후죽원, 상성동	3-41-5	34,096	88	초가·와가 72
②	후죽원, 창동원	5-20-9	55,757	153	초가·와가 103
③	중리	6-80-9	103,665	114	초가·와가 36
④	도토동	14-10-8	181,428	120	초가 4
⑤	구습평	13-04-1	153,028	128	
평균		8-51-6	105,595	121	

출처: 각주 13 참조

매일 측량하여 야초책을 한 권씩 작성해 나가는데, 16일째 되는 29일에는 16번째 측량이 이루어지고 있음을 확인할 수 있다. 남아 있는 야초책은 14일, 15일, 16일, 28일, 29일의 5일분이다. 하루에 한 개 지역 이상 측량하여, 북부면의 경우 16일 이상 측량을 실시하고 있는 것으로 짐작할 수 있다.[14]

5개 지역의 측량 성과는 〈표 1-1〉과 같다. 하루에 평균 121필지, 8결 51부 6속, 105,595척의 면적을 측량하고 있는데, 대지를 측량할 경우 많은 시간이 소요된 것으로 나온다.

이상에서 볼 때 의성군의 야초책은 구체적으로 현장에서 측량한 결과임에 틀림없다. 야초책은 우선 측량 자체에 초점을 두었기 때문에 다른 부분에 대한 조사정리는 아직 완료되지 않았음을 보여준다.[15] 이와

14 宮嶋博史, 「광무양안과 토지대장의 비교분석: 충남 논산군의 사례」, 『조선토지조사사업의 연구』, 민음사, 1997, 204쪽 참조.

15 ① 및 ②의 자료에는 人, ③에는 人, 卜, 法 등, ④에는 卜, 曰, 木, 寸, 人 등, ⑤에는 木, 寸, 卜, 巾, 曰 등의 기호가 대지에는 없고 전답의 각 필지마다 첫 칸에 기재되어 있다. 이러한 기호가 무엇을 의미하는지 현재로서는 확인할 수 없

관련하여 의성군 북부면 야초책의 표지에 모두 기록되어 있는 '갑부(甲部)'라는 표현이 주목된다. 이것은 양전 과정의 첫 작업임을 표현한 것으로 생각된다. 즉 '갑부'에서는 기초적인 조사와 함께 주로 측량에 치중하여 적준과 결준에 주목했다면, 가령 '을부(乙部)' 또는 '병부(丙部)'에서 작인에 대한 조사 또는 자호 지번에 대한 정리가 진행된 것이 아닌가 생각된다.

양지아문양안 중초책의 표지에 붙어 있는 '조사안(調査案)'을 보면, 초사(初査), 재사(再査), 초서(初書), 재서(再書), 초준(初準), 재준(再準) 또는 삼준(三準) 등으로 구별되어 시행된 시기 및 시행자의 성명이 기록되어 있는데, 이러한 과정이 갑부 이후의 과정과 관련되지 않을까 짐작된다. 경기도 용인군 상동촌면 양지아문양안 중초책의 경우를 예를 들어 살펴보면 〈표 1-2〉와 같다.

초사에서 재준에 이르기까지 3개월 정도의 기간 동안 조사가 진행되었다. 초사는 보름에서 1개월 정도의 기간이 소요되었는데, 그 이전에 의성군의 사례에서 본 바와 같은, 초기 측량으로서 야초의 과정이 있었다. 광무양안 중초책의 조사안은 야초 과정을 의미하는 것은 아니고 중초책을 완성하는 과정의 기록을 의미한다.[16]

그러면 중초책은 언제 완성되었으며, 초사 및 재사, 초서 및 재서, 초

지만, 야초의 어떤 과정을 확인해 두는 것이거나 혹은 후일의 정서를 위한 어떤 표식일 것으로 추정해 볼 수 있다.

16 양전의 구체적 과정이나 야초책, 중초책, 정서책의 작성 과정에 대해서는 아직 충분히 해명되지 못했는데, 왕현종은 중초책의 표지에 붙어 있는 '조사안'의 내역을 중초책 안의 여러 수정 표시와 함께 정서책의 작성 과정, 정서책의 작성을 위한 중초책의 수정 과정으로 파악하여 필자와 견해를 달리한다. 왕현종, 「대한제국기 양전·지계사업의 추진과정과 성격」, 『대한제국의 토지조사사업』, 민음사, 1995 참조.

〈표 1-2〉 광무양안의 조사 과정(경기도 용인군의 경우)

상동촌면 상(제16책)			상동촌면 하(제17책)		
조사	조사자	기간	조사	조사자	기간
초사	김세목, 유한노	6.23.-7.18.	초사	김병준	6.25.-7.11.
재사	조경훈	7.23. 7.27.	재사	조경훈	-
초서	이용승	7.28.-8.07.	초서	정규영	8.02.-8.14.
재서	임전	-	재서	변득중	8.18.
초준	최두영, 정재겸	8.07.-8.13.	초준	이승옥, 임병교	8.16.-8.18.
재준	이승옥, 조정윤, 홍재진, 안호, 민평호, 고정규	9.24.-9월 9.26.-9.27.	재준	임병교, 고윤상, 이태환	9.14.-9.18.

출처: 『龍仁郡量案抄』(규장각 17645, 1900년), 제16·17책

준 및 재준의 기간에는 무엇을 했을까? 중초책 양안을 보면 자호와 지번이 부여되어 있고 작인이 조사되어 있으며 면적에 대한 점검이 이루어지고 있기 때문에, 중초책 양안의 이러한 특징에 비추어 보면 초사 및 재사의 기간에는 야초를 들고 작인을 '조사(調査)'하고, 초서 및 재서의 기간에는 이미 조사된 다른 기재사항을 자호와 지번을 부여하면서 중초책 양식에 '써 넣어' 중초책을 완성하고,[17] 초준 및 재준을 통하여 양안의 가장 중요한 부분인 절대면적과 그로부터 산출되는 과세대상 면적으로서의 결부를 이미 완성된 중초책 양안상에서 '확인'한 것으로 생각된다.[18] '사(査)'

17 『完北隨錄』(규장각 古5121-1), 1903년 2월 27일 訓令 各郡, '地契監理應行事目'의 "中草ᄂᆞᆫ 量案에 字號卜數를 一從ᄒᆞ야 另具成冊이되"라는 구절에서도 짐작된다.

18 양지아문양안 중초책에는 대체로 면적과 결부를 기재한 난에 붉은색 또는 검은색 잉크로 打點을 두고 있는데, 그것은 면적과 결부의 산정이 정확한 것인지 혹은 사실과 부합하는 것인지를 확인한 흔적으로 보인다.

의 과정은 작인의 조사 과정, '서(書)'의 과정은 자호 지번의 부여 과정, '준(準)'의 과정은 결부산정의 재확인 과정으로 볼 수 있을 것이다.

양무감리(量務監理)의 지휘하에 각 군 현장에서 작성된 중초책은 양지아문으로 인계되어 계속 조사·확인·수정의 과정을 거쳐 수세에 활용할 수 있는 양지아문양안 정서책으로 정리되었다. 따라서 정서책 양안은 중초책 양안과는 부분적으로 정리방식에 차이를 보이고 있는데,[19] 그러나 그것이 양지아문양안의 기본적인 특징을 손상하는 것은 아니다.

이와 같이 광무양안이 새로운 측량에 기초하여 작성되었다는 점은 의심의 여지가 없다. "양안은 혹 구안(舊案)을 따라 자호복수(字號卜數)와 사표(四標)를 소상히 현록하여 성안하되"라고[20] 한 데서 보면 구양안이나 행심책 등이 참고되었을 것이지만, 기본적으로 양전과 양안은 새로운 과정을 거쳐 이루어졌다. 1720년 경자양전 당시에는 측량에 기초하여 새로이 양전하면서도 구양안의 자호를 신양안 상단에 기재하여 구양안과 대조했는데, 광무양안에서는 구양안과의 연계관계를 전혀 확인해 두지 않았다. 완전히 새로이 측량 작성되었던 것이다. 만일 광무양안과 구양안의 관련성을 해명할 수 있다면, 광무양안과 구양안의 질적인

---

19 경기도 광주부의 경우를 보면 중초책의 책머리에 面總目과 자호가 소개되고, 田畓結數 및 居民數, 그리고 原結, 査起結, 原戶, 査起戶 등의 구별이 있었지만, 정서책에는 그러한 구별이 삭제되었다. 중초책의 면총목 다음에 기재된 委員, 學員의 성명이 정서책에서는 책 끝에 기재되었다. 중초책의 欄外 上段에 기재된 사항 중 指審人, 所任, 巡校와 量田日字는 삭제되고 지역의 명칭만 남았다. 중초책 책 끝에 山火結 등 여러 이름으로 따로 기재되었던 것은 정서책에서는 火粟結로 통일되었다. 그리고 중초책 일부 면에 있던 量田地圖도 정서책에서는 삭제되었다. 중초책과 정서책 사이의 이러한 차이는 중초책 작성 이후 계속 수정된 내용이다.

20 『完北隨錄』 1903년 2월 27일 訓令 各郡, '地契監理應行事目.'

차이를 분명히 인식할 수 있고, 실질적인 측량에 기초한 광무양전의 과정과 그에 의하여 작성된 광무양안의 신빙성을 확인할 수 있을 것이다. 이 점은 뒤에서 보성군 지주가의 개인 양안을 통해 간접적으로 추정해 보기로 한다.

지주의 입회 유무

측량 과정에 토지소유자가 입회하여 소유자 및 면적 조사에 관여했을까? 광무양전 과정에서 철저하게 지켜졌다고 보기는 어렵겠지만, 기본적인 방침으로서는 지주의 입회제가 마련되고 있었다. 양전방침의 확정에 직접적으로 영향을 준 오병일(吳炳日)의 양전조례(量田條例)[21] 가운데 양전 과정에서의 지주의 역할을 규정한 조항을 살펴보면 다음과 같다.

> 1. 타량(打量) 전에 각 군 각 리에 훈령을 발하여 해당 전주(田主)로 하여금 성명을 써넣은 표(標)를 세워 경계를 판별하여, 때에 당하여 어지러워지는 폐단이 없게 할 것
> 1. 타량할 때 집승(執繩) 등의 일은 해당 동임(洞任)과 전부(田夫)로 하여금 거행케 할 것
> 1. 보척(步尺)의 증감과 전지(田地)의 유루(遺漏)와 등제(等第)에 불공정한 것이 있으면 감색(監色)과 전주를 모두 벌줄 것[22]

동임·감색 등이 측량 과정을 구체적으로 관장하도록 되어 있고, 특

---

21 왕현종, 앞의 논문, 1995 참조.

22 『中樞院獻議』(국사편찬위원회 中B13G-89. 목록의 제목은 『田案式』임) 1899년 3월 10일 漢城郵遞主事吳炳日의 獻議案 및 量田條例.

히 토지소유자가 입회하여 경계의 구별과 측량 과정이 공정하도록 권리를 행사하도록 규정하고 있다.

전라도 구례군 오미동의 지주 유형업은 광무양전의 시행 과정을 일기에서 다음과 같이 기록해 두고 있다.

> 3월 1일 …오후에 양지인(量地人)들이 들어와 바깥 서쪽 담장 산수유나무 아래에서 땅을 측량하니 길이가 46척, 넓이는 50척이었고, 칸수는 23칸이었다. 일부는 가고 일부는 사랑에 머물렀다.
>
> 3월 2일 양지인들이 마을 앞 뜰을 측량하고 하죽으로 가서 머물렀다.
>
> 3월 3일 …양지인들이 다시 와서 연당전평(蓮塘前坪) 33두락을 측량하고 갔다.[23]

지주 유형업은 양지인들이 실제로 측량하고 있는 상황을 정확히 파악하고 있다. 길이와 넓이, 칸수를 지주가 정확히 알고 있다. 이는 지주가 입회하여 소유지의 경계와 면적을 확인했음을 의미할 것이다. 지주가 직접 입회하지 않았다 하더라도 지주의 대리인이 측량 과정에 입회했을 가능성은 높다고 보아야 할 것이다.

통감부 시기에 일제가 작부(作夫)체계를 개편하면서 광무양전의 결과에 대한 조사를 비밀리에 행한 적이 있는데, 그 조사보고에 나타난 광무양전에서의 토지측량 방법 가운데 지주의 역할을 규정한 조항을 살펴보면 다음과 같다.

---

23 『紀語』 권2, 1900년 3월[『구례 유씨가의 생활일기』 상(1851-1915), 한국농촌경제연구원, 1991, 173쪽].

1. 측량 착수 전에 전답의 각 소유주(所有主)로 하여금 필지마다 지주(持主)의 성명을 기재한 목찰(木札)을 입표(立標)하게 한다.
1. 측량할 때는 필지마다 지주(持主) 및 면장·이장으로 하여금 입회(立會)하게 하는 것을 상례로 한다.[24]

여기에서도 광무양전 과정에서 지주를 비롯히여 면장·이장이 입회하여 소유자를 정확히 판별하여 양안에 올리는 것을 원칙으로 했음을 알 수 있다. 그러나 실제로 지주입회제가 엄격하게 지켜졌다고 단정할 수는 없다. 지주가 입표하지 않는 경우가 있어서 면장·이장이 말하는 바에 따라 양안에 등재했기 때문에, 양안에 기재한 지주와 실제의 지주가 상위(相違)한 곳이 없지 않다고 동일한 조사보고서가 지적하고 있는 것이다. 입회의 목적이 소유자 판별에 있는데 실명으로 기재하지 않아도 큰 문제가 없었으니, 지주가 입회하지 않아도 그 집의 호명을 기재하는 데에 문제가 없었다면 지주입회 원칙이 부실하게 운영되었을 수도 있겠다. 그렇지만 지주입회를 원칙으로 했다는 점은 주목해 두어야 할 것이다.

신·구 양안의 비교

전라도 보성군의 한 지주가에서 1909년 작성한 개인 양안을[25] 통해 광무양안 작성 당시와 그 직전의 상황을 필지별로 대조해 볼 수 있다. 이 양안은 보성군 율어면에 흩어져 있는 소유지를 율어면을 가로지르는 도

24 『地稅例規綴』(국가기록원), '光武新量按調製沿革調査書.'
25 『寶城郡栗於面上下道新量案』(고려대학교 신암문고 B8-A142, 1909년 6월 3일, 1책).

로의 윗부분(上道)과 아랫부분(下道)으로 구분하여 조사한 것이다.[26] 그런데 소유지 조사가 신양안을 기준으로 하면서도 구양안을 참조하고 있다는 점이 주목된다.[27] 양안의 양식을 살펴보기 위해 양안의 첫 부분을 제시하면 〈그림 1-4〉와 같다.

양안은 모두 6칸으로 구분되어 첫째 칸에는 지역명(坪名), 둘째 칸에는 자호, 지번, 양전 방향, 지형, 전답 구분, 배미수, 셋째 칸에는 사표, 넷째 칸에는 면적척수, 토지등급, 결부수, 다섯째 칸에는 시작의 이름이 기재되어 있다.

이 양안은 지주가에서 소유권을 확인 보존할 목적으로 작성한 것이기 때문에 시작만이 기재되었다. 이러한 내용들은 모두 광무양안의 기재양식과 유사하다. 지주가가 광무양안에서 자신의 소유지를 조사하여 등서해 둔 것으로 이해된다. 보성군의 경우 양지아문에서 측량했는데,[28] 현재 광무양안이 남아 있지 않아 직접 확인할 길은 없지만 보성군 지주가의 신양안이라 한 것은 바로 이 양지아문양안일 것이다.

그런데 문제는 마지막 칸의 기재 내용이다. 마지막 칸에는 두락수 이

---

26 보성군 율어면에 소재하고 있는 이 지주가의 소유지는 上道의 경우 合畓이 113斗 5升落으로 新結은 6結 96負 9束, 舊結은 5결 54부 5속이고, 下道의 경우 합답이 101斗落으로 신결은 4결 21부, 구결은 2결 99부 8속이었다. 전체를 합하면 합답이 214두 5승락으로 신결이 11결 17부 9속, 구결이 8결 54부 3속이다. 광무양전의 결과 결부수가 2결 63부 6속이 증가되어 구결에 대해 31% 증가했다. 광무양전의 결과 전체적으로 23%의 增結이 이루어진 점에(『地稅例規綴』, '光武新量按調製沿革調査書') 비추어 보면 보성군 지주가의 소유지는 평균 이상으로 實結이 증가된 셈이다. 물론 그만큼 지세부담은 늘게 될 것이다.

27 양안의 內題는 『寶城郡栗於面上下道新舊量案』으로 되어 있어 신·구 양안이 대조되어 있음을 표시하고 있다.

28 度支部, 『土地調査參考書』 제1호, 1909년 10월, 26쪽.

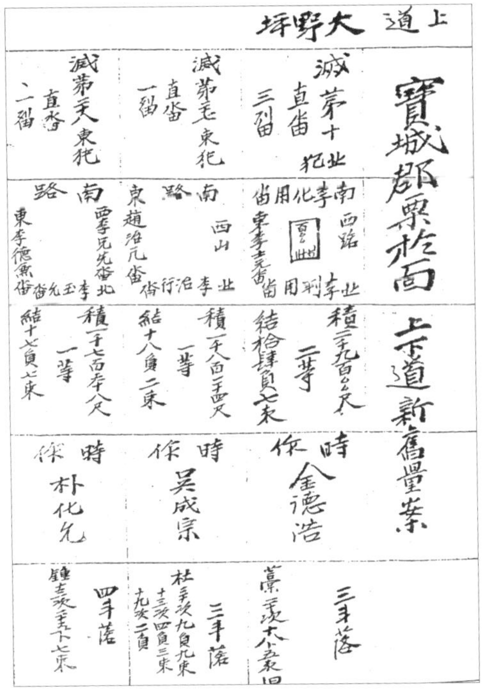

〈그림 1-4〉 전라남도 보성군 지주가에서 작성한 신·구 양안의 기재양식

출처: 『寶城郡栗於面上下道新量案』

외에 다시 자호, 지번,[29] 결부가 기재되어 있다. 여기서 특히 문제되는 것은 또다시 기재된 자호, 지번, 결부, 그리고 '구(舊)'의 의미이다. 그것은 광무양전 이전의 양안 내용을 가리킬 것으로 추정된다. 통감부 시기에 있어서 신양안은 광무양안을 가리키고, 구양안은 1720년 경자양안을 비롯한 광무양안 이전의 양안을 의미하기 때문이다. 이렇게 보면 양안이 첫 번째 필지의 경우 "고자(藁字) 20번, 18부 5속"의 토지는 광무

29 '次'는 지번을 가리키는 것으로 생각된다.

양전을 통해 "멸자(滅字) 10번, 14부 7속의 답"으로 재양전되었다고 해석된다. 이것은 광무양전이 구체적으로 측량에 의거해 결부가 재산정되고 자호와 지번도 다시 부여되었음을 의미하는 것이다.

보성군 율어면 상도 지역의 신·구 양안을 재정리해 보면 〈표 1-3〉과 같다. 신·구 양안을 대조해본 결과 모든 필지에서 자호와 지번이 달라지고 있다. 구양안의 자호는 천자문 481번째 두(杜)자로부터 531번째 이(伊)자에 걸쳐 있고, 광무양안의 자호는 576번째 횡(横)자로부터 624번째 정(亭)자에까지 걸쳐 있어서 두 양안의 상호 연관성이 충분히 확인된다. 구양안의 두락수는 농촌사회에서 관행적으로 사용되던 척도로 광무양전과는 무관하다. 구양안의 여러 자호와 지번이 광무양안상에서는 한 필지로 통합되고 있는 점도 특징으로 나타난다. 구양안 62필지가 신양안 30필지로 줄어들었다.

이상에서 볼 때 광무양전사업에서 구체적으로 측량이 실시되었고 그에 기초하여 양안이 작성되었음은 분명하다. 광무양안의 시주명이 호명으로 되어 있다 하더라도 그것이 광무양전의 측량 과정을 부정할 수 있는 증거는 되지 못한다.

2) 양지아문양안과 지계아문양안의 특징

1720년 경자양안은 구자호(舊字號)를 기재함으로써 이전의 양안과 그대로 연결되고 있다는 점, 기경전(起耕田)뿐만 아니라 진전(陳田)을 모두 파악한 점, 가경전(加耕田)의 발견에 주력한 점 등의 특징을 보인다.[30] 광무양안은 경자양안과는 아주 다른 특징을 지닐 뿐만 아니라, 양지아

30 한국역사연구회 토지대장연구반, 『조선후기 경자양전 연구』, 혜안, 2008 참조.

〈표 1-3〉 전라남도 보성군 지주가에서 작성한 신·구 양안의 내용 일부 비교

<table>
<tr><th rowspan="2">번호</th><th rowspan="2">지역</th><th colspan="6">신양안</th><th colspan="4">구양안</th></tr>
<tr><th>자호</th><th>지번</th><th>면적 (척)</th><th>등급</th><th>부-속</th><th>시작</th><th>자호</th><th>지번</th><th>부-속</th><th>두락</th></tr>
<tr><td>1</td><td>대야평</td><td>滅</td><td>10</td><td>2,900</td><td>2</td><td>14-7</td><td>김덕효</td><td>藁</td><td>20</td><td>18-5</td><td>3</td></tr>
<tr><td rowspan="3">2</td><td rowspan="3">대야평</td><td rowspan="3">滅</td><td rowspan="3">27</td><td rowspan="3">1,824</td><td rowspan="3">1</td><td rowspan="3">18-2</td><td rowspan="3">오성종</td><td>杜</td><td>30</td><td>9-5</td><td rowspan="3">3</td></tr>
<tr><td>杜</td><td>13</td><td>4-3</td></tr>
<tr><td>杜</td><td>19</td><td>2-0</td></tr>
<tr><td>3</td><td>대야평</td><td>滅</td><td>28</td><td>1,768</td><td>1</td><td>17-7</td><td>박화윤</td><td>鍾</td><td>13</td><td>25-7</td><td>4</td></tr>
<tr><td>4</td><td>장교평</td><td>遵</td><td>24</td><td>2,880</td><td>1</td><td>24-5</td><td>조의선</td><td>壁</td><td>27</td><td>29-9</td><td>5</td></tr>
<tr><td rowspan="4">5</td><td rowspan="4">대야평</td><td rowspan="4">途</td><td rowspan="4">13</td><td rowspan="4">8,000</td><td rowspan="4">1</td><td rowspan="4">80-0</td><td rowspan="4">박군성</td><td>鍾</td><td>30</td><td>24-6</td><td rowspan="4">9</td></tr>
<tr><td>鍾</td><td>2</td><td>12-6</td></tr>
<tr><td>鍾</td><td>1</td><td>9-3</td></tr>
<tr><td>鍾</td><td>2</td><td>1-7</td></tr>
<tr><td>⋮</td><td></td><td></td><td></td><td></td><td></td><td></td><td></td><td></td><td></td><td></td><td></td></tr>
<tr><td rowspan="3">26</td><td rowspan="3">대야평</td><td rowspan="3">途</td><td rowspan="3">2</td><td rowspan="3">1,650</td><td rowspan="3">1</td><td rowspan="3">16-5</td><td rowspan="3">박경선</td><td>杜</td><td>19</td><td>9-1</td><td rowspan="3">2</td></tr>
<tr><td>杜</td><td>8</td><td>1-0</td></tr>
<tr><td>杜</td><td>15</td><td>1-6</td></tr>
<tr><td>27</td><td>대야평</td><td>假</td><td>35</td><td>2,955</td><td>1</td><td>29-3</td><td>이관도</td><td>杜</td><td>32</td><td>25-1</td><td>5.5</td></tr>
<tr><td rowspan="4">28</td><td rowspan="4">가용동평</td><td rowspan="4">刑</td><td rowspan="4">62</td><td rowspan="4">2,392</td><td rowspan="4">2</td><td rowspan="4">20-3</td><td rowspan="4">염치선</td><td>封</td><td>15</td><td>1-2</td><td rowspan="4">4</td></tr>
<tr><td>八</td><td>22</td><td>2-2</td></tr>
<tr><td>八</td><td>21</td><td>3-5</td></tr>
<tr><td>八</td><td>21</td><td>7-1</td></tr>
<tr><td>29</td><td>가용동평</td><td>起</td><td>6</td><td>760</td><td>1</td><td>7-6</td><td>박태경</td><td>卿</td><td>71</td><td>7-1</td><td>2</td></tr>
<tr><td>30</td><td>제교평</td><td>州</td><td>8</td><td>1,900</td><td>1</td><td>19-0</td><td>제경일</td><td>富</td><td>81</td><td>11-3</td><td>2</td></tr>
</table>

출처:『寶城郡栗於面上下道新量案』

문에서 측량 작성한 양안(量地衙門量案)과 지계아문에서 측량 작성한 양안(地契衙門量案)의 두 종류 사이에도 차이가 있다.

현재 양지아문양안은 충청도와 경기도 군의 것이 일부 남아 있고, 지

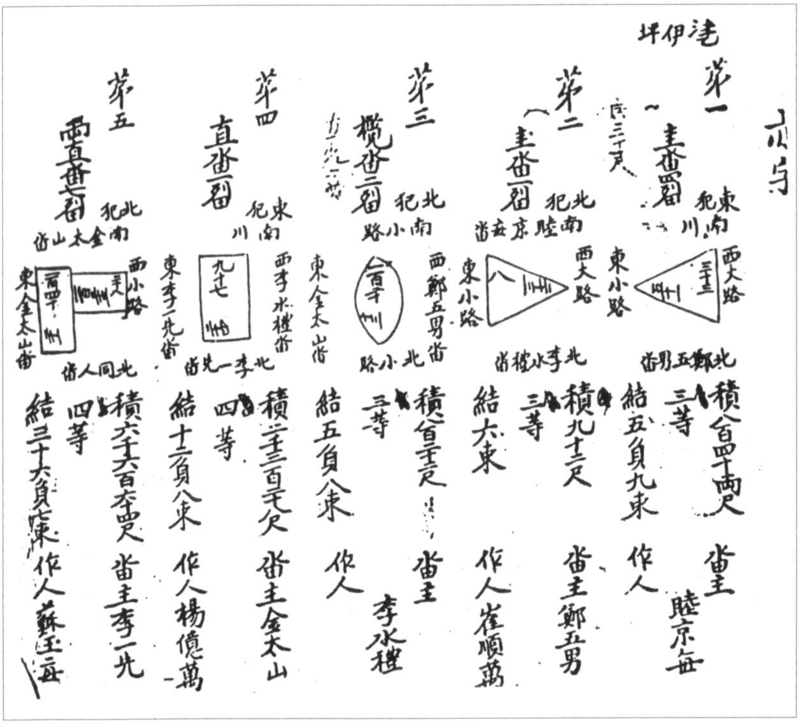

〈그림 1-5〉 양지아문양안의 기재양식

출처: 『龍仁郡量案抄』(규장각 17645) 제17책 上東村面 毬伊坪

계아문양안은 경상도 산청·합천·동래·진남, 강원도 간성·평해의 것이 남아 있다. 경기도 용인과 수원의 경우 양지아문양안 중초책과 지계아문양안이 동시에 남아 있는데, 그것은 양지아문에서 수행한 양전의 결과에 대해 농민들이 반발함으로써 지계아문에서 다시 양전했기 때문이다.

양지아문양안과 지계아문양안을 비교하여 광무양안 기재양식의 특징을 지적해 보기로 한다. 양지아문양안과 지계아문양안의 양식상 차이를 용인군의 경우에서 보면 〈그림 1-5〉, 〈그림 1-6〉과 같다.

양지아문양안은 5결 단위로 자호를 붙이고 자호 아래 필지마다 4칸으로 구별하여 첫째 칸에는 지번, 양전 방향, 지형, 지목, 야미수, 둘째

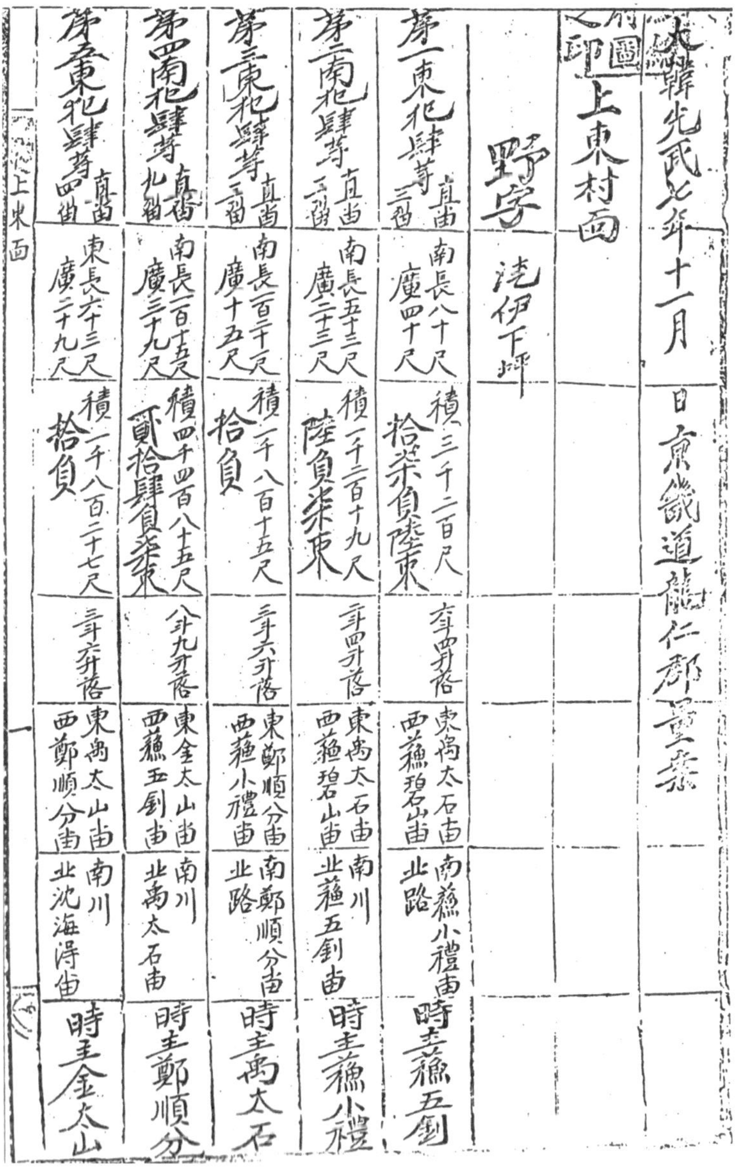

大韓光武七年十一月 日 京畿道龍仁郡量案

上東村面

野字 泩伊下坪

字號	長廣	積·結負	斗落	四標(東西)	四標(南北)	時主
第一 東犯 肆等 直畓 三畓	南長八十尺 廣四十尺	積三千二百尺 拾柒負陸束	六斗四升落	東禹太石畓 西蘊碧石畓	南蘊小禮畓 北路	時主蘊五釗
第二 南犯 肆等 直畓 三畓	南長五十三尺 廣二十三尺	積一千二百十九尺 陸負柒束	三斗四升落	東禹太石畓 西蘊碧石畓	南川 北蘊五釗畓	時主蘊小禮
第三 東犯 肆等 直畓 三畓	南長百二十尺 廣十五尺	積一千八百十五尺 拾負	三斗六升落	東鄭順分畓 西蘊小禮畓	南鄭順分畓 北路	時主禹太石
第四 南犯 肆等 直畓 九畓	南長一百十五尺 廣三十九尺	積四千四百八十五尺 貳拾肆負柒束	八斗九升落	東金太山畓 西蘊五釗畓	南川 北禹太石畓	時主鄭順分
第五 東犯 肆等 直畓 四畓	東長六十三尺 廣二十九尺	積一千八百二十七尺 拾負	三斗六升落	東禹太山畓 西鄭順分畓	南川 北沈海得畓	時主金太山

上東面

〈그림 1–6〉 지계아문양안의 기재양식

출처: 『龍仁郡量案』(규장각 17644) 제13책 上東村面 泩伊下坪

칸에는 지형도 및 사표와 장광척수, 셋째 칸에는 면적척수, 토지등급, 결부수, 넷째 칸에는 시주와 시작의 성명(대지의 경우 대주와 가주의 성명 및 와가·초가의 칸수)을 기재했다. 난외에는 지역명(중초책의 경우에는 양전 날짜와 지심인 성명도 기재)을 기재했다. 이전의 양안과 마찬가지로 면 단위로 작성되었다. 면별로 전답의 면적척수와 결부수, 거민호수와 초가·와가의 칸수를 합계하여 면총(面總)을 산출해 놓고 있다.

양지아문양안은 경자양안의 5개 유형을 10개 유형으로 확대함으로써 토지의 모양과 면적을 보다 정확하게 파악할 수 있도록 한 점, 지형도를 기재하여 토지의 위치와 모습을 파악할 수 있도록 한 점, 장광척수를 기재하는 데 그치지 않고 면적척수를 계산하여 기재함으로써 절대면적을 직접 알 수 있도록 한 점, 작인을 기재하여 납세자 및 전답주-작인 관계를 확인할 수 있도록 한 점, 대지의 경우 대지의 소유자뿐만 아니라 거주하고 있는 가옥주를 기재하고 또한 와가 및 초가의 칸수를 기재함으로써 거주실태를 확인할 수 있도록 한 점 등에서 특징을 보인다. 이전의 양안에 비하여 달라지고 진전된 모습이다.

반면 지계아문양안은 양지아문양안의 지형도, 작인 성명(대지의 경우 가주의 성명), 가옥(와가 및 초가)의 칸수를 삭제하고 두락(斗落) 및 일경(日耕)을 추가로 기재했다. 이러한 점들이 두 광무양안 기재양식의 차이점이다. 양지아문양안의 발전적 측면으로서 지적한 지형도, 작인 기재, 거주실태 등이 지계아문양안에서는 파악되지 않았는데, 그것은 양지아문양안과 지계아문양안의 기능과 성격이 상이하기 때문이었다. 지계아문양안에서는 소유권의 확인을 중요한 목표로 삼고 있었기 때문에, 관행적인 면적 단위였던 두락 및 일경을 토지등급에 관계없이 일정한 면적척수를 나타내는 절대면적 단위로 개편하여 소유면적을 측정하려 했고,[31] 양지아문양안과는 달리 진전(陳田)을 모두 조사 등재했으며,[32] 반면 소유권과 관계없는 작인관계 기록은 제외했던 것이다. 거주실태는 후술하듯이 별도로 '가사안(家舍案)'을 통해 작성하여 파악하는 것으로 변경되었다.

이상에서 보듯이 광무양안은 그 이전의 구양안과는 구별되는 양식을 지니고 있고, 그것은 광무양안의 발전적인 모습을 의미했다. 광무양안은 경자양안 이래의 조선 시기 양안과 비교해 보다 정확한 경계, 면적, 소유실태 등을 파악하기 위한 방식을 마련하고 있었다. 그런데 여기서 주목해야 할 것은 광무양안에는 양식이 다른 두 종류의 양안, 즉 양지아문양안과 지계아문양안이 존재하고 있다는 점이다. 두 양안의 양식상의 차이는 두 사업, 즉 양전사업과 지계사업의 차이를 의미한다.

양전사업이 추진된 광무정권 전기에는 국가재정 문제가 심각하게 제기되어 정부에서는 세원확대 정책을 추진하고 있었고, 양전을 통한 결총의 증가는 안정적인 세원확보에 기여할 수 있는 것이었다. 지계사업이 추진된 광무정권 후기에는 세원확보뿐만 아니라 외국인의 토지침탈을 막기 위해 양전사업에 지계발급사업을 추가하지 않을 수 없는 상황이었다. 즉 광무정권 전기에는 지세수취에 중점을 둔 양전사업을 추진했고, 광무정권 후기에는 지계발급을 고려한 지계사업을 양전사업에 추가하게 되었던 것이다.[33]

31 宮嶋博史, 『朝鮮土地調査事業史の研究』, 東京大學 東洋文化研究所, 1991, 264-267쪽.

32 1720년 경자양전에서도 陳田을 모두 파악하고 있는데, 그 이유는 당시 陳起의 전이가 매우 빈번하여 진전을 배제하면 收稅實結이 크게 줄어들기 때문이었을 것이다. 실제로 경자양전에서는 진전을 다수 起耕田으로 파악하여 농민의 부담이 증가하고, 이로 말미암아 진전의 등급을 강등하는 재양전 조치를 하지 않을 수 없게 되기도 했다.

33 양전사업과 지계사업의 차이는 각 사업이 추진된 정치적·정책적 배경과 관련될 것이다. 양전사업은 1897년 10월 대한제국이 선포되어 정치질서가 개편되고 개

따라서 광무양안을 평가할 경우 양지아문양안 또는 지계아문양안 어느 한쪽만을 중심으로 논하거나 또는 두 양안을 적당히 혼합하여 논해서는 안 되고, 두 양안이 대한제국의 양전사업과 이에 뒤이은 지계사업의 결과 작성되었다는 그 단계성을 인식할 필요가 있다. 광무양안의 성격은 이 두 종류 양안의 공통성과 차별성을 인식한 위에서 두 양안을 종합적으로 파악함으로써 확인될 수 있을 것이다.

3. 양지아문양안과 지세수취

1) 양지아문양안에 나타난 납세자

온양군 광무양안의 결명(結名) 또는 결호(結戶)

양안은 국가가 토지를 파악한 대장이다. 국가가 토지를 파악하는 일차적인 목적은 지세의 수취에 있기 때문에 양안을 통해 과세대상 토지의 상황과 그 납세자를 정확하게 파악하지 않으면 안 된다. 양지아문양안의 경우 과세대상 토지는 장광척수 및 그 산출 결과인 면적척수, 6개 등급의 토지비옥도로써 산정된 결부수, 사표와 지형도를 통해 확인되는 토지의 위치 등을 통해 파악되었다. 따라서 과세대상 토지는 이전의 양

혁의 속도와 방향이 수정되는 과정에서 근대화 정책의 일환으로 1898년 6월 이후 착수되었다. 반면 지계사업은 광무정권이 독립협회의 정치적 도전과 개혁 요구를 힘으로 누르고 1899년 8월 大韓國國制를 반포함으로써 국왕의 전제권을 강화한 이후인 1901년 10월에 착수되었다. 이 장에서는 이를 상세히 분석할 여유가 없어 양전사업을 추진한 정치적 상황과 정치세력이 지계사업을 추진한 정치적 상황 및 정치세력과 상이했던 점만 지적해 둔다.

안에 비하여 훨씬 정확하게 파악될 수 있었다.

문제는 납세자 부분이다. 1720년 경자양안에서는 납세자를 직접 파악하지 않고 소유자만을 파악했다. 납세자는 별도의 수세장부에서 파악되었는데, 납세자는 지주일 수도 있고 작인일 수도 있고 실제로 지주가 납세하든 작인이 납세하든 관계없이 제3의 호명(戶名)으로 붙여졌을 수도 있었다. 광무양전 과정에서는 이제까지와는 달리 납세자를 어떻게 파악할 것인가 하는 점을 새롭게 문제 삼았다고 생각된다. 최초의 양전인 충청남도 아산군에 뒤이어 시행된 온양군의 양전 과정을 통해 확인해 보기로 한다.[34]

온양군의 양안은 1899년 11월에서 1900년 3월에 걸쳐 양지아문에서 작성했다. 주목되는 것은 온양군 일북면·남상면·서면의 경우 전답주(田畓主)와 작인(作人) 사이에 결명(結名)이 기재되거나 또는 시주(時主)와 시작(時作) 사이에 결호(結戶)가 기재되어 있다는 점이다. 일북면과 남상면의 경우, 전답주 및 작인 이외에 결명이 기재되어 있다가 수정 과정에서 모두 삭제되었다. 이 양안은 중초책이기 때문에 이 중초책 이전에 야초책이 있었을 것이고, 야초의 과정 또는 중초책 작성 과정에서 결명이 조사되었을 것이다. 소유자는 전주(田主) 또는 답주(畓主)로 되어 있고, 경작자는 작인(作人)으로 되어 있으며, 결명은 성(姓)이 없이 이름의 형태만을 취하고 있다. 서면의 경우에는 시주와 시작 사이에 결호가 기재되어 있고, 역시 수정 과정에서 삭제되었다. 소유자는 시주(時主), 경작자는 시작(時作)으로 되어 있고, 결호는 성명의 형태를 취하고 있

34 온양군의 양전 과정과 기재양식에 대해서는 최윤오·이세영, 「광무양안과 時主의 실상: 충청남도 온양군 양안을 중심으로」, 『대한제국의 토지조사사업』, 민음사, 1995 참조.

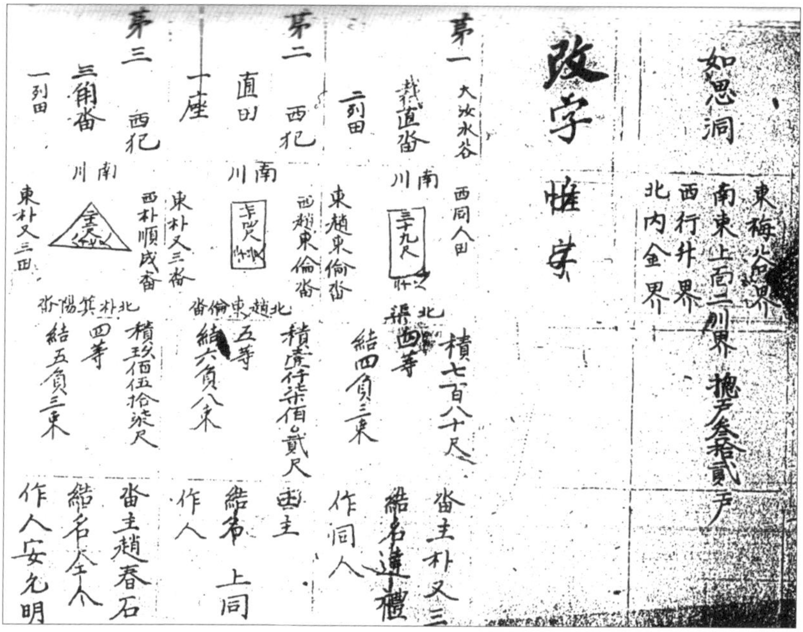

〈그림 1-7〉 충청남도 온양군 양안의 결명 표기

출처: 『忠淸南道溫陽郡量案』(규장각 17667, 1900년) 중초책 제9책(일북면)

다. 결명 또는 결호는 납세자명이 분명한데, 일반적으로 일북면의 경우와 같이 성이 제외되는 것이 보통이었지만,[35] 서면과 같이 성명의 형태를 취하는 경우도 없지 않았다.[36]

이들 자료는 납세자를 기재하는 방식에 약간의 차이를 보이기는 하지만, 기본적으로 납세자를 양안에 기재하려 했던 점에서는 동일하다.

35 예를 들면 『南川面小名成冊』(규장각 27076, 金山郡, 1897년), 『代項面各洞小名成冊』(규장각 27075, 金山郡, 1897년), 『潭陽郡各面類草』(규장각 27468, 1908년) 등의 호수책 또는 깃기에는 호명의 형태로 기록되어 있다.

36 『襄陽郡改所耕衿記』(국립중앙도서관 한80-27, 1905년)에는 성명과 호명의 형태가 섞여 있다.

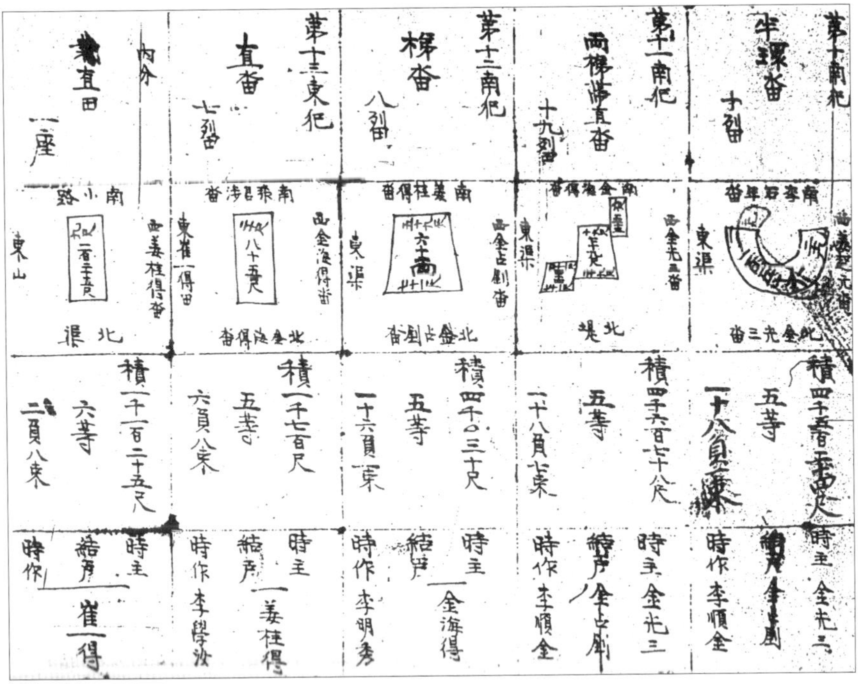

〈그림 1-8〉 충청남도 온양군 양안의 결호 표기

출처: 『忠淸南道溫陽郡量案』(규장각 17667, 1900년) 중초책 제10책(서면)

양전의 역사상 납세자를 기재한 적은 일찍이 없었던 일이다. 이 시기에 납세자를 양안에 기재하려던 것은 무슨 이유에서일까?

양전을 초기에 시행한 양지아문에서는 주로 수세실결(收稅實結)의 확보에 관심을 가지고 있었다. 양전은 수세실결의 증가에 그 목적이 있었고, 양전의 결과 각 군의 결총이 증가될 것을 기대하고 있었다.[37] 이러

37 다음 자료는 이러한 측면을 잘 보여준다. 『地稅例規綴』, '光武新量按調製沿革調査書' 내의 光武 3년 4월 칙령 제13호 各道 量務監理 설치의 건.

1. 측량의 결과 測量結이 原帳摠結과 증감 없는 경우에 있어서는 아문에서 首技師 일행을 별도로 파견하여 다시 측량시켜, 만약 洩結 있을 때는 감리 이

한 관점에서 양지아문에서는 진전(陳田)을 배제하고 수세할 수 있는 실결만을 파악하고자 했던 것이다. 수세실결의 파악에 많은 관심을 가진 것이 양지아문양안의 기본적인 특징이라고 보면, 그와 병행하여 납세자를 어떻게 파악할 것인지 관심을 가지는 것은 당연한 일이다.

그런데 납세자를 파악한 방식은 여러 형태로 나타나고 있다. 온양군 일북면 양지아문양안을 사례로서 살펴보면, 정서책의 경우는 시주-시작의 형태로 파악되어 있지만, 중초책의 경우는 시주·시작 이외에 납세자가 다양한 유형으로 파악되어 있다. 온양군 일북면 양안 중 결명이 기재되어 있는 여사동·갈산·내금동의 자료를 통해 납세자의 존재 형태를 살펴보면 〈표 1-4〉와 같이 6개 유형으로 구분해 볼 수 있다.[38]

I·II 유형은 자작농을 의미하고, III·IV·V·VI 유형은 지주-작인관계가 형성되어 있는 토지를 의미한다. 결명이나 결호를 납세자로 보면 자작지는 본인의 이름으로 납세되기도 하고(I), 본인의 이름과는 상관없는 결명으로 납세되기도 한다(II). 지주-작인관계가 형성되어 있는 경우에는 지주가 납세하기도 하고(III·IV·VI), 작인이 납세하기도 한다(V). 지주가 납세하는 경우 지주 본인의 이름으로 납세되기도 하고(IV), 결명으로 납세되기도 한다(III·VI). 지주 또는 자작농이 자신의 이름이 아닌 결명으로 납세하는 경우(II·III), 결명은 노비명 등에서 유래된 호명으로서 이들 토지소유자의 과거 신분적 지위를 유추하게 한다.

온양군의 사례는 광무양전사업에서 처음에는 시주·시작과 동시에 '납세자'도 별도로 기재하고자 했음을 말해 준다. 그런데 정서책에서 보

하 擧行 諸員을 범죄로 묻고 혹은 免官한다.

1. 一郡의 측량이 끝나면 아문에 송부하고, 아문에서는 考訂精査하여 그것을 탁지부에 轉送한다. 만약 增加結 많을 때는 당해 감리 이하 諸員을 포상한다.

38 최윤오·이세영, 앞의 논문, 1995 참조.

〈표 1-4〉 충청남도 온양군 일북면 납세자의 존재 형태

유형	중초책			정서책		필지(%)	토지 위치 (중초책)
	전답주	결명	작인	시주	시작		
I	A 이득희	A 동인	A 동인	A 이득희	A 이득희	98(14)	내금동 靡3전
II	A 이기연	a 금봉	A 동인	A 이기연	A 이기연	190(28)	내금동 靡1전
III	A 이종필	a 한봉	B 이득희	A 이종필	B 이득희	243(35)	내금동 靡25답
IV	A 이제전	A 동인	B 이순철	A 이제전	B 이순철	141(20)	내금동 靡29전
V	A 이기연	B 이철연	B 이철연	A 이기연	B 이철연	13(2)	내금동 恃22대지
VI	a 금쇠	a 동인	B 김완녀	a 금쇠	B 김완녀	5(1)	能67답
계						690(100)	

주: 1. 여사동·갈산·내금동 3개 마을의 궁방토지 및 종중토지는 제외하고 민전만 조사했다.
2. 영문자 대문자는 성명의 형태, 소문자는 성이 없이 이름만 있는 형태를 의미한다.
3. VI 유형의 '今釗' 옆에는 '姓不知'라고 기재되어 있다.

출처: 『忠淸南道溫陽郡量案』(규장각 17667, 1900년) 중초책 제7·8·9책(일북면); 『忠淸南道溫陽郡量案』(규장각 17666, 1901년) 정서책 제5책(일북면)

듯이 결명이나 결호를 기재하지 않고 시주와 시작만을 기재하더라도 시주와 시작 가운데 어느 한편을 납세자로 지정하는 데 아무런 문제가 없다. 양지아문에서 시행한 양전 과정에서 시주 외에 시작을 파악한 것은 이와 같이 납세자를 확인하려는 뜻과 일치하는 것이라고 해석된다. 납세자를 직접 파악하려는 초기의 시도는 시작을 파악해 둠으로써 달성될 수 있는 것이었다.

그러나 온양군에서와 같이 지주가 납세하는지, 작인이 납세하는지, 납세대리인이 납세하는지를 일일이 조사하여 그에 따라 시주와 시작을 기재하는 방식을 바꾼다는 것은 매우 어렵고 번거로운 일이

다. 따라서 시주와 시작은 그들이 납세자가 될 수 있는 가능성이 있는 존재라는 것만으로 필지마다 전면적으로 파악되지 않을 수 없는 것이었다. 그렇게 된다면 종래의 수세장부, 즉 행심책 또는 깃기에 지주 또는 작인과는 관계없는 납세자 호명이 다시 기재되고 그 호명으로 납세되던 번잡한 관행, 다시 말하면 양안과 깃기의 괴리가 극복될 수 있게 된다.

납세자로서의 시주(時主)와 시작(時作)

시주 및 시작의 파악과 양안에의 등재는 어떠한 방식으로 이루어졌을까? 이미 살펴본 바와 같이 행심책이나 깃기류를 가지고 양안의 시주 및 시작 등재에 활용하기는 어려웠다. 새로이 양전을 시행했기 때문에 자호 및 지번이 달라져 장부상으로 이를 직접 대조하기 어렵고, 또한 행심책이나 깃기류의 납세자명은 호명·지주명·작인명 중 하나를 등재한 것이지만, 등재된 납세자명이 호명인지 지주명 또는 작인명인지 분별하기 어렵기 때문이다. 따라서 시주와 시작의 파악은 별도의 방식을 동원하지 않으면 안 되었다.

시주의 파악은 시작의 파악에 앞서 진행되었을 것으로 생각된다. 앞서 본 바와 같이 지주가 측량 시 입회하여 토지의 소유주임을 분명히 했기 때문에 이를 시주로 등재할 수 있었다. 그러나 의성군의 사례에서 볼 때 시작은 '갑부(甲部)'의 야초책 작성 과정에서 파악되지 않았다. 의성군의 사례가 작인이 전혀 없는 자작지인 것으로 상정할 수도 있지만, 북부면 5개 리에서 작인이 전혀 나오지 않는 것은 있을 수 없는 현상이다. 자작지라고 보기보다는 작인이 파악되지 않은 것으로 보아야 할 것이다. 따라서 '을부(乙部)' 또는 '병부(丙部)'의 작업 과정, 즉 야초책 작성 이후 중초책이 작성되기까지의 과정에서 시작이 파악되었을 것으로 짐작된다.

시주와 시작은 어떠한 방식으로 파악되었을까? 경기도 양무감리 이종대(李鍾大)가 용인과 수원의 양전 결과 결총이 과다하게 증가되어 구속 기소된 뒤[39] 재판받는 과정에서 진술한 내용을 통해 살펴볼 수 있다.

> 지난해 10월 법부의 훈령을 받고 전 양지감리(量地監理) 이종대(李鍾大)의 안건을 심시했는데, 이종내의 신술은 다음과 같습니다. 수원의 결세장부로 말하면 300년 전의 결총이 11,000여 결인데, 그 가운데 진황지로 오래된 것을 제외하면 시기결은 6,700여 결로 이전에 비해 부족한 것이 4,000여 결입니다. 이번에 개량하여 결총이 합하여 8,900여 결이 되어 신잉결(新剩結)이 2,200여 결이 되었습니다. 이것은 모두 관은(官隱)·이은(吏隱)·민은(民隱)이 탄로난 것입니다. 따라서 자연히 사람들이 일어나 억울함을 호소하여 군보(郡報)·민소(民訴)하는 지경에 이르렀습니다. 그렇지만 경계(經界)가 모호하고 시작(時作)이 착란된 것을 어찌 양지인(量地人)에게만 책임을 돌릴 수 있겠습니까? 읍에는 어린성책(魚鱗成冊)이 있고 동에는 지심민인(指審民人)이 있어서 두민(頭民)·동장(洞長)의 보고에 따라 작인(作人) 및 답주(畓主)를 각각 현록하는 것인데, 읍동에서 잘 살피지 않고 오히려 다른 사람에게 허물을 돌리니 어찌 모호하지 않습니까? 또 개량비(改量費)로 말하면 수원과 용인 양군의 공전을 유용한 것이 36,000여 냥이지만, 양지아문 장정에 따라 감리 및 위원, 학원, 자수군(尺數軍), 순교 등의 일비를 계산하여 분급하고 사용하는 물품도 명세서에 일일이 시가를 계산하여 양지아문에 올린즉 아문에서 조사하여 명확히 한 연후에 탁지부에 넘겨 결재를 받아 집행한 것이니, 애초에 인비에

39 『照牒』(규장각 17277의11), 內藏院卿兼任地契衙門總裁李容翊의 法部大臣에 대한 제3호 照會.

날짜를 더하거나 식비를 제한 적 없습니다. 물가 또한 가격을 부풀리거나 계산을 숨긴 것이 없음은 아문에서 모두 잘 아는 바입니다. 개량이 잘못되었다고 칭하면서 소모비용을 추징하니 어찌 억울하지 않습니까라고 했습니다. 진술한 바를 자세히 살펴보니, 당초 개량한 본의가 오로지 사실대로 결수 확인하는 데 있는데 관은·이은·민은이 2,200여 결 사출되는 바람에 군보·민소에 이르렀습니다. 측량이 공평하지 않다고 질책하면서 그 비용을 추징하니, 비단 감리가 억울할 뿐만 아니라 사리에도 맞지 않는 것 같습니다.[40]

이 자료에서 읍(邑)의 어린성책(魚鱗成冊)에 따라 경계(經界)가 확인되고 동(洞)의 지심인(指審人)이나 두민(頭民)·동장(洞長)의 보고에 따라 작인(作人)과 답주(畓主)가 양안에 등록되는 것임을 알 수 있다. 작인과 답주가 지심인이나 두민·동장의 보고에 따라 양안에 등록되는 것이었

40 『司法稟報』乙(규장각 17279)의 제42책, 1904년 6월 15일 平理院檢事洪鍾檍의 法部大臣李址鎔에 대한 제64호 報告書. "上年十月分承准部訓令前量地監理李鍾大案件審查 則該員所供 內水原結簿言之 三百年前結總 爲一萬一千餘結 除減陳荒廢久 則時起結 爲六千七百餘結也 比古不足 爲四千餘結 而今番改量也 執摠結 合爲八千九百餘結 則新剩結 爲二千二百餘結矣 此皆官吏民隱綻露者 故自然衆起呼寃 而至有郡報民訴 然經界之模糊 時作之錯亂 不可歸責於量地人也 邑有魚鱗成冊 洞有指審民人 而頭民洞長之所告 作人及畓主 各爲懸錄 以其邑洞之不審 反爲歸咎於他人 豈不模糊 且以改量費言之 水原龍仁兩郡公錢那用 合爲三萬六千餘兩 而依本衙門章程 監理及委員學員尺數軍巡校等日費 計日分給 應用物品亦一一計時價於明細書 納于本衙門 則自本衙門調查明確 然後越移度支部 捺印成帖 則日費之初無加日除食者 物價之又無加價計隱者 是本衙門之共知者也 稱以改量之不善 推徵消耗費額 豈不寃抑云矣 細究所供 則當初改量之本意 亶在於結數之指實妥定 而因官隱吏隱民隱 二千二百餘結之查出 致有郡報民訴 責之以量地不公平 而推徵其費 非但該員之抑寃 似不合於事理."

지만, 작인의 착란이 없지 않았음도 지적되어 있다. 그리고 결총이 과다하게 증가한 것은 양무감리 자신이 아니라 지심인·두민·동장의 책임이라고 변명했다. 이 자료에서 보면 양지아문양안에 등재된 전답주 및 작인, 즉 시주 및 시작의 기록은 현실적인 토지소유자와 경작자를 의미하는 것이 분명하고, 부분적으로 착란될 가능성을 전제한다면 그것은 현실의 지주-작인관계를 나타내는 것이다.[41]

국가가 일차적으로 수세를 위해 작성한 토지대장인 양안에 사적 경영관계에 속하는 작인을 파악해 기록한 것은 매우 의외의 일이다. 그것은 이미 언급한 바와 같이 작인이 납세하는 경우가 적지 않았기 때문이다. 이전의 양안도 기본적으로 수취를 위한 기초장부로 기능하는 것은 마찬가지인데, 광무양전사업에서 새삼스럽게 수세와 관련하여 작인을 파악한 것은 양안을 '수세대장'으로서까지 활용하고자 했다고 이해하지 않을 수 없다. 시주와 시작이 동시에 기록됨으로써 그들 가운데 누가 납세하든 간에 곧바로 납세자를 확인할 수 있도록 양안의 형식을 개조하려 했던 것으로 해석할 수 있다. 달리 말하면 양안을 토대로 새로이 수세장부를 작성하던 번거로운 과정을 생략하기 위한 방편으로 양안에 그러한 내용을 미리 담아 보았던 것이다. 그렇지만 이것은 측량 당시의 상황이기 때문에 매년의 지세수취를 위해서는 보완작업이 진행되지 않으면 안 되었으므로 근본적인 개혁에는 이르기 어려웠다.

어쨌든 양안에 시주와 동시에 시작을 파악한 것은 납세자로서의 시

41 해변가의 염전도 토지와 마찬가지로 측량되고 그 소유자(鹽田主)와 경영자(鹽幕主)가 시주와 시작으로 간주되고 있었다. 시주와 시작의 관계는 소유와 경영의 생산관계를 의미하는 것이다. 『京畿安山郡量案』(규장각 17654, 양지아문, 1900년) 제10책 와리면 초지, 제11책 잉화면 고잔염전, 제13책 마유면 도현염전 참조.

주와 시작의 파악을 의미하는 것이라고 생각된다. 납세자로서의 시주와 시작을 구체적으로 납세자가 시주인지 시작인지 가리지 않고 파악할 수밖에 없었기 때문에 시주와 시작은 전면적으로 파악될 수밖에 없었다. 다만 납세자가 지주인 경우 시작 파악이 무의미하다는 관념 가운데, 그리고 작인이 빈번하게 이동된다는 점에서 시작 파악의 부정확성, 그 결과로서 소작지 파악이 실제보다 축소될 여지는 없지 않았을 것으로 추정된다.

그러나 시주와 시작이 기본적으로 지주와 작인의 관계를 의미하는 것은 분명하다. 그것은 시주와 시작이 실명(實名)이 아닌 호명(戶名)이나 기타 다양한 가명(假名)으로 표현되어 있다 하더라도 무방했다. 양지아문양안은 수세실결의 확보에 중점을 두고 있었기 때문에 기왕의 수세 과정에서 사용된 가명이나 호명, 노비명 등이 시주 또는 시작으로 등재되는 것을 용인하고 있었다. 한 개인이 여러 가지 이름과 호칭을 가지고 있었던 당시 관행에서 볼 때 가명은 실명과 다름없는 것으로 인식되고 있었고, 근대적 민법체계가 형성되지 않은 상태에서 그것을 그대로 용인했던 것이다. 이러한 문제는 토지제도, 호적제도, 민법체계 등이 상호 얽히는 문제로서 사회체제의 전면적인 개혁을 전제하지 않으면 해소되기 어려운 것이었다.

이상에서 양지아문양안에 나타난 납세자의 존재 형태와 그 의미에 대하여 살펴보았다. 양지아문양안에 시주와 시작, 그리고 대주(垈主)와 가주(家主)를 등록한 것은 이들 가운데 어느 쪽이든 납세자로 확정하기 위한 것이었다. 여러가지 제약이 있음에도 불구하고 전면적으로 파악되었기 때문에 시주와 시작, 그리고 대주와 가주의 관계는 본질적으로 지주와 작인, 대지의 소유자와 대지의 임차인(가옥의 소유자)이라는 관계를 나타내고 있음에 틀림없다. 사실상 이들 관계를 지주-전호관계로 파악함으로써 우리의 관심이 지주제의 실상을 확인하려는 방향으로 양지아문양안을 활용하고자 하고 있으나, 양지아문양안의 작성이 기본적으로 결총의 안정적 확보에 있음과 병행하여 납세자를 파악함으로써 지세수취체계의 변혁을 꾀하고자 했던 측면을 간과해서는 안 될 것이다. 여기서 분명히 해두고 싶은 것은 양지아문양안이 납세자를 파악하고자 한 특징이 양안의 기본적 속성인 토지소유권 파악을 배제하는 것을 의미하는 것은 아니라는 점이다.

그러나 지계아문에서 양안을 작성하게 되면서 변화가 발생했다. 지계아문에서는 시작을 배제하고 시주만을 등재했기 때문에 양지아문양안의 지세수취체계 개혁의 내용은 변경되지 않으면 안 되게 되었다. 양지아문에서처럼 시주와 시작 가운데 하나를 납세자로 정할 수는 없게 되었고, 이제는 납세자를 시주 즉 토지소유자로만 규정해 두지 않으면 지계아문양안은 그 이전과 마찬가지로 납세 과정에서 많은 문제를 안게 된다. 지계아문양안이 토지소유권 증서로서의 지계를 발급하는 데 중요한 목적이 있었지만, 이것 역시 지세수취를 위한 대장으로서 활용되지 않으면 안 되었기 때문에, 일단 지주납세의 방향으로 전환되지 않으면 예전의 수취방식으로 돌아갈 수밖에 없게 되었다.

2) 광무양안을 이용한 지세수취

지세수취대장으로서의 광무양안

이미 지적한 바와 같이 양지아문양안은 국가에서 지세수취를 안정적으로 확보하기 위해 작성되었다. 작성이 완료된 양지아문양안은 실제 지세수취에 활용되기 위해 어떻게 준비되었을까?

『황성신문』 보도에 의하면 최초로 양전이 시행된 충청남도 아산군의 경우 양지아문에서는 11개 면의 측량 결과 원결 2,500결 이외에 873결을 사득(査得)했고, 작성한 양안을 수세에 활용할 수 있도록 탁지부에 이송했다고 한다.[42] 양안을 통해 아산군의 양전 결과를 직접 확인해 보면 전답결총(田畓結摠) 3,399결 1부 3속 가운데 응탈(應頉)이나 진결(陳結)을 제외하면 실전답결총(實田畓結摠)이 3,382결 68부 3속이 된다.[43] 『황성신문』 보도에 나온 3,373결과 유사하다. 이렇게 작성된 양안은 양지아문에 올려지고, 양지아문에서는 이를 다시 자세히 검토해 목적한 바에 합당하다고 인정되면 탁지부에 보내어 수세에 활용하도록 했던 것이다.[44]

탁지부에서는 양지아문에 의해 완성된 양안을 수세에 활용하기 위한 계획을 세웠다. 탁지부에서는 양안 한 부를 남겨두고 다른 한 부를 각 군에 다시 내보냈다.[45] 1903년 1월 12일 탁지부에서 경기관찰사와 충청남북도관찰사에게 보낸 훈령을 보면 다음과 같다.[46]

> 토지를 측량하여 결총을 회복하고 세금을 고르게 하여 폐단을 제거하게 되니, 오랫동안 겨를이 없던 나라의 큰 정책이 이제 정돈되었습니다. 진실로 민국의 다행인바, 각 군이 차례로 사업을 마치는 데 따라 양안을 편찬하여 먼저 각 군에 하송할 것입니다. 해당 군에서는 마땅히 이를 시행하는 데 지세상납이 법례에 확연하니 다시 논의할 필요는 없지만, 작년

42 『皇城新聞』 1900년 6월 9일 잡보, '査結加料.'

43 『忠淸南道牙山郡量案』(규장각 17664, 양지아문, 1900년).

44 『地稅例規綴』, '光武新量按調製沿革調査書.' "一郡의 측량이 끝나면 아문에 송부하고, 아문에서는 考訂精査하여 그것을 탁지부에 轉送한다. 만약 增加結이 많을 때는 당해 감리 이하 諸員을 포상한다."

45 『度支部各部院等公文來去文』(규장각 17877)의 제24책(量地衙門), 1900년 6월 7일 量地衙門總裁官의 度支部大臣에 대한 照會.

46 『訓令編案』(규장각 17876, 탁지부) 제8책, 1903년 1월 12일 훈령 京畿觀察使·忠淸南北觀察使.

에 큰 흉년이 든 나머지 읍세와 민정을 마땅히 동정하지 않을 수 없으므로 특별히 은전을 베풀어 안도하게 하는 것이 역시 예외적으로 백성을 품어 안는 방법이므로 양안을 하송한 각 군을 다음과 같이 안내하니, 도착하면 바로 효유하여 전결 출세를 내년으로 미루어 양안 결총에 따라 계묘조(癸卯條)부터 시행하여 정부의 구휼하는 은택을 나타내게 함이 가할 일.[47]

- 다음 -

경기: 과천, 수원, 죽산, 안산, 용인, 음죽, 광주, 여주, 이천

충남: 아산, 천안, 연기, 연산, 진잠, 온양, 정산, 문의, 부여, 전의, 목천

충북: 회인, 진천, 괴산, 음성, 연풍, 청안

이 자료에 의하면 경기도와 충청남북도 일부 군에는 작성된 양지아문양안이 송부되어 수세에 활용하도록 계획되었음을 알 수 있다.[48] 이

47 "量其田而復其摠ᄒᆞ고 均其稅而袪其弊ᄒᆞ야 有國大政之積年未遑을 到今修擧ᄒᆞ니 固民國之耦幸인바 隨其各郡之次第竣役ᄒᆞ야 彙輯成案ᄒᆞ야 先有下送之郡인즉 應自當該郡으로 照此施遵ᄒᆞ야 征稅上納이 法例卽然ᄒᆞ니 毋容更議이되 窃念昨年歉荒之餘에 邑勢民情을 宜存顧恤인즉 特施曠典ᄒᆞ야 使之安堵가 亦是格外懷綏之方故 量案下送各郡을 左開發訓ᄒᆞ니 到卽曉諭ᄒᆞ야 田結出稅를 退展明年ᄒᆞ야 一依量案摠數 自癸卯條施行ᄒᆞ야 以示朝家惠恤之澤케 ᄒᆞᆷ미 可ᄒᆞᆯ 事."

48 훈령에 기록된 지역의 광무양안은 묘하게도 현재 모두 서울대학교 규장각한국학연구원에 소장되어 있는 지역이다. 그런데 훈령의 지역은 모두 양지아문에서 측량하여 양안을 작성한 지역으로서, 양지아문에서 중초책·정서책을 작성한 뒤 정서책이 탁지부에 송부되고, 탁지부에서는 이 정시책을 각 군에 하송했을 것으로 생각된다. 1900년 6월 7일 아산군양안이 양지아문에 의해 탁지부에 교부된 이후, 이들 지역의 정서책 양안은 광무 5년 7월 5일, 12월 5일 양지아문에 의해, 그리고 광무 6년 6월 24일, 9월 4일 지계아문에 의해 완성되어 탁지부

자료는 1902년 임인조(壬寅條) 수세에 양안을 활용하고자 했지만, 1902년의 농사에 흉년이 들어서 이전의 결총보다 증가된 광무양안을 활용한다면 농민들의 부담이 과중할 것을 우려하여 1903년 계묘조 지세의 수세에서부터 광무양안을 활용할 것을 탁지부에서 훈령한 것이다. 이를 통해 광무양전사업은 양지아문에서 양전하여 양안을 작성한 뒤, 탁지부에서 이를 다시 각 군에 하송하여 지세수취에 구체적으로 활용하려는 단계에 도달하고 있었음을 알 수 있다. 1903년 계묘조 지세수취에 광무양안이 활용되었는지는 현재 자료로써 확인할 수는 없지만, 양지아문에서 작성된 양안은 이상에서 논의한 바와 같이 수세를 위한 장부로서 활용될 예정이었음에 틀림없다.

광무양전의 결과 수세실결(收稅實結)은 상당히 증가했다. 203개 군

에 교부되었다(『度支部各部院等公文來去文』 제24책 양지아문, 1900년 6월 7일, 1901년 7월 5일, 1901년 12월 5일, 1902년 6월 24일, 1902년 9월 4일 참조). 그런데 현존하는 훈령 지역의 양안은 모두 중초책이 남아 있는 곳이며, 정서책이 동시에 있는 지역은 광주·아산·온양이며, 중초책이 없고 정서책만이 있는 곳은 연풍·진천·회인이다. 그런데 각 군에 송부된 양안은 정서책일 것이기 때문에, 현존하는 양안에 중초책이 다수 남아 있는 것으로 보아 현존하는 양안은 각 군에 하송된 것이 아니라 별도로 보관된 것으로 보인다. 1907년 봄 탁지부 측량과의 대화재(『萬歲報』 하, 1907년 4월 5일 論說, '大火災', 278쪽)와, 총독부의 폐기처분(朝鮮總督府中樞院, 『朝朝鮮田制考』, 1940, 332-333쪽)에 의해 대부분의 광무양안이 소실되었지만, 용케도 훈령 지역은 잔존하게 되었다. 경기도와 충청남북도에서 현존하는 양안 가운데 위의 훈령 지역 이외에는 경기도의 안성·양성·양지·진위, 충청남도의 석성·한산, 충청북도의 영춘·충주군의 양안이 있는데, 이들 지역은 모두 양지아문에서 작성한 중초책 양안을 지계아문에서 정서하여 중초책과 정서책이 동시에 남아 있는 지역으로서, 정서의 시기가 늦었기 때문에 지세수취를 위해 각 군에 하송될 때 아직 정서가 완성되지 않았다. 안성·진위·양지·영춘·석성군의 양안은 광무 7년 1월 12일, 3월 5일에 탁지부에 인계되었다(『度支部各部院等公文來去文』 제24책 양지아문, 1903년 1월 12일, 1903년 3월 25일 참조).

의 측량결이 705,178결로서 구결(舊結) 571,527결에 비해 133,651결이 증가했다.[49] 증가결은 구결에 대하여 23%의 증가율을 보인다. 특히 이 증가율은 순전히 수세실결이기 때문에, 이로 말미암아 상당한 지세수취의 증가를 도모할 수 있는 것이었다. 광무양전사업이 진행되던 1900년 정부에서는 1결당 지세액 30냥을 3분의 2 증액하여 50냥으로 인상하고, 1902년에는 다시 60% 인상하여 80냥으로 정함으로써 지세수취의 획기적 증가를 꾀하고 있는데, 이때의 결가인상은 미가의 상승, 백동화 인플레이션의 영향을 받은 것으로서 인상액 자체의 절대적인 증가를 의미하는 것은 아니었다. 그러나 양전의 결과 23%의 수세실결을 증가시킨 것은 23%의 지세수입이 안정적으로 확대된 것을 의미하기 때문에, 양전의 결과가 국가재정의 확대에 기여한 측면이 큰 것이다. 당시 토지 80부를 1결로 재조정하려는 논의가 전개되고 있었는데,[50] 증가된 수세실결의 비율과 유사함을 알 수 있다. 이것은 양전의 결과 25% 정도의 결총이 증가될 것으로 일반적으로 인식되고 있음을 의미한다. 양지아문양안은 이와 같이 수세실결의 정확한 파악과 그 증가를 목표로 하고 있었고 어느 정도 성공을 거두고 있었다.

광무양안의 활용

광무양전지계사업은 1904년 러일전쟁 이후 중단되고 말았다. 러일전쟁에서 승리한 일본은 1904년 10월 메가다(目賀田種太郎)를 한국정부의 재정고문으로 임명하여 재정정리의 일환으로 지세제도 정리에 착수했

49 『지세예규철』, '光武新量按調製沿革調査書.'

50 金允植, 『續陰晴史』(국사편찬위원회 간행) 下, 권10, 1902년 11월 27일, 33쪽; 『황성신문』 1902년 11월 21일 잡보, '加結議決.'

다. 일제는 1906년 10월 '조세징수규정'을 제정하여 징세권을 면장에게 돌리고, 1907년 작부체계(作夫體系)의 개편에 착수하여 서원(書員)의 작부를 배제하는 한편, 은결(隱結)의 승총(陞摠)을 통해 결총의 증대를 꾀했다. 그러나 일제는 각 군, 각 면의 결총을 장악하지 못하고 있었고, 과세대상 토지의 면적과 결수, 소유자와 작인 등도 제대로 파악하지 못하고 있었다. 그래서 일제는 1908년 각 군, 각 면의 결총을 파악할 수 있는 장부로서 '지세징수대장'의 작성를 꾀하는 한편, 개인별 납세결수를 파악하기 위해 신고제(申告制)에 입각한 '결수신고서(結數申告書)'의 작성을 추진했다. 이 과정에서 그동안 지세수취에 활용되지 못한 채 탁지부와 각 군에 사장되어 있던 광무양안이 중요한 자료로 활용되었다.[51]

전주재무감독국 관하 지역에서는 광무양안에 입각한 새로운 작부사업을 추진했고, 대구재무감독국에서는 결수신고서에 입각하여 새로운 지세대장을 작성했다. 이 과정에서 광무양안이 활용되었다.

전주재무감독국에서는 광무양안을 지세징수대장의 작성과 작부사업이라는 두 가지 차원에서 활용했다.[52] 지세징수대장을 작성하여 면

51 이영호, 『한국근대 지세제도와 농민운동』, 서울대학교출판부, 2001, 제4장 참조.

52 다음에 제시한 전주재무감독국의 1908년 작부방침을 통하여 이러한 사실을 확인할 수 있다. 『財務週報』 71호, 彙報, 1908년 7월 26일 監督分任官署長及地方委員會會議顚末, 903-904쪽.

1. 지세징수대장을 조제할 때에는 근일 送付한 新量案을 참고하여 소작인 및 토지소유자의 성명을 조사하여 그 토지소유자에게 지세를 징수하는 경우의 준비를 할 것.

1. 금번 지세율이 일정하므로 국고수입이 감소됨에 따라 이를 보충함은 은결 기타 탈루지의 발견을 기다리지 않으면 안 되니 근일 송부한 新量案을 참고하여 탈락지 발견에 힘쓸 것.

1. 근일 송부한 新量案은 일찍이 정부로부터 조사한 것이나 사정에 따라 발표를 정지함으로써 금일 이를 공연히 외부에 표시하여 規矩함이 불가하므로

단위로 결총을 확인하려 할 경우 현재의 과세결수와 광무양안의 결수를 대조하는 것이 필요한 작업으로 인식되었다. 이러한 대조를 통해 구양안에 비해 수세실결이 증가되어 있는 광무양안을 준거로 하여 은결을 발견함으로써 결총을 확대하고자 한 것이다. 그뿐만 아니라 광무양안은 작부 과정에서도 활용되었다. 광무양안을 작부사업에 활용한다는 것은 구양안의 지호, 지번, 결부, 납세사(지주 또는 작인)에 의거하여 작성된 기왕의 깃기를 배제하고 작부체계를 완전히 개편하여 광무양안의 그것을 사용하는 것을 의미한다. 그러한 사례를 전라남도 구례군 토지면 오미동에서 발견할 수 있다.[53] 즉 광무양안의 성과가 1908년 작부에 반영되었고, 그것은 곧 광무양전사업을 공인하는 것을 의미했다.[54] 이와 같이 볼 때 전주재무감독국 관내에서는 광무양안에 기초한 새로운 작부사업을 진행했음을 알 수 있다.

대구재무감독국에서는 새로운 작부를 꾀하는 대신에 결수신고서를 제출케 하여 이를 취합함으로써 수취체계를 변경하는 한편, 광무양안은 결총의 증가를 위하여 대조 자료로서 활용했다.[55] 광무양안이 당시의

단지 내부의 資斷에 제공하여 활용함에 주의할 것.

1. 新量案은 전항과 같으나 다른 종류가 없으므로 그 보관에 주의하여 散逸 또는 毁損함이 없도록 주의할 것.

53 이종범, 「1908-09년 일제의 과세지조사에 관한 실증적 검토: 전라남도 구례군 토지면 오미동 사례」, 『역사와 현실』 5, 한국역사연구회, 1991.

54 전주재무감독국 관하 전라남북도와 충청남도의 94개 군 가운데 52개 군에서는 광무양전지계사업에 의하여 광무양안이 작성되었지만, 나머지 42개 군에서는 광무양안이 작성되지 않았기 때문에, 이들 지역에서는 구양안에 기초한 구래의 작부방식을 그대로 답습할 수밖에 없었다. 그 대표적인 사례를 담양군에서 발견할 수 있다. 『潭陽郡各面類草』(규장각 27467) 제6책, 戊申八月日 武上面類抄 참조.

55 다음 자료를 통해 이를 확인할 수 있다. 大丘財務監督局, 『隆熙二年財務一

결총에 비해 20~30%가량 증가된 결총을 보이고 있기 때문에, 이를 당시의 결수신고서와 대조하여 결총을 증대시킬 근거로 활용했던 것이다. 광무양안의 면 및 군 단위의 결총을 결수신고서의 그것과 대조하는 한편, 결수신고서의 개인별 필지를 대조하기 위해서는 이전 3개년 동안의 작부책을 활용했다. 따라서 광무양안을 지세수취를 위한 기초대장으로 활용할 의도는 지니고 있지 않았다.

이상에서 광무양안은 지세수취를 위해 작성되었음을 알 수 있다. 특히 양지아문양안은 지세수취 및 그 증가에 작성의 목적이 집중되어 있었고, 물론 지계아문양안도 지세수취를 외면할 수 있는 것은 아니었다. 그러나 광무양안은 일제의 침략 과정에서 측량 작성이 중단되고, 일제 통감부의 결총 확대정책 추진 과정에서 부분적으로 활용되는 데 그쳤다.

斑』, 1908, 77-78쪽, 結數申告取扱方法(隆熙 2년 7월 25일 제1131호).

1. 면장으로부터 제출받은 결수신고는 근일 송부할 新量案 面別結數를 등사한 것에 따라 각 면에서 대체적인 결수를 考査하고, 그리고 그 신고서를 기왕 3개년 作夫成冊과 일일이 대조하여 기타 적당한 방법을 案出하여 相當하지 않을 때는 재조사를 명하고, 그래도 상당하지 않을 때는 標杭을 세울 것을 명하여 이를 검사할 것을 표시할 것. 단 실지검사를 하려고 할 때는 미리 稟請할 것.

1. 금번 지세율 개정 때문에 국고의 수입에 감소를 초래하여 당국 관내에 있어서도 812,773원을 減하게 되어 그 보충은 은결 기타 탈세지의 발견에 기대하지 않을 수 없다. 근일 송부할 新量案을 참고하여 탈세지의 발견에 노력할 것.

4. 지계아문양안과 토지소유권

1) 지계 및 가계의 분석

지계의 분석

지계아문양안은 두락 및 일경을 기재한 점, 시작을 제외하고 시주만을 기재한 점, 기경전만이 아니라 진전을 동시에 파악한 점 등을 특징으로 하고 있는데, 이와 같은 지계아문양안의 특징은 양지아문양안과는 상당히 다른 것이다. 양지아문양안이 시작을 기재하고 결부를 중시하고 있는 점에 비해, 지계아문양안은 두락을 기재하고 시주를 중시하고 있는 것이다. 이러한 차이는 양지아문양안이 수세에 중점을 두고 있는 반면, 지계아문양안은 지계의 발행을 통하여 토지소유권을 확인하는 데 중점을 두고 있기 때문이다.

지계아문양안이 토지소유권 확인을 위해 지계발행을 목표로 작성된 기초대장이지만, 지세수취를 위한 기초대장으로서의 기능이 없는 것은 아니었다. 예컨대 지계아문양안에서 진기(陳起)를 구별한다든지 관공서의 땅을 응탈로 처리한다든지 하여 지세수취 대상 여부를 구별하고 있는 점은 지계아문양안이 지세수취대장으로서도 기능하고 있음을 의미한다. 여기서는 이러한 점을 전제로 하면서 주로 토지소유권 문제를 중점적으로 검토하고자 한다.

현재 확인되는 지계를 분석함으로써 지계발행의 의미를 확인해 보기로 한다. 국유지에 반급된 지계와 민전 지계의 두 종류를 검토한다.[56]

---

56 현재 확인되는 지계로는 강원도 춘천·강릉 明禮宮庄土의 지계, 충청남도 평택 內需司庄土의 지계, 그리고 강릉의 民田 지계, 춘천의 개인에게 발급된 지계,

〈표 1-5〉 강원도 춘천군 명례궁장토의 구양안(舊量案)과 지계 비교

지역	1857년 양안		1902년 지계		증감 비율(%)	
	필지	결-부-속	필지	결-부-속	필지(%)	결-부-속(%)
남부내면	29	1-19-1	13	1-86-8	-16(-55)	0-67-7(+57)
동내면	154	5-61-5	72	7-72-0	-82(-53)	2-10-5(+37)
동산외일작면	37	1-30-8	26	2-03-4	-11(-30)	0-72-6(+56)
부내면	122	4-65-6	67	5-42-9	-55(-45)	0-77-3(+17)
합계	342	12-77-0	178	17-05-1	-164(-48)	4-28-1(+34)

출처: 『春川所在田畓量案』(규장각 18588), 『大韓帝國田畓官契』(규장각 20990)

먼저 강원도 춘천군 남부내면·동내면·동산외일작면·부내면 명례궁장토(明禮宮庄土)의 지계를 검토한다. 이곳에서는 1902년 11~12월에 지계가 발급되었다.[57] 그런데 이 지역의 명례궁장토 양안으로는 1857년의 것을 찾을 수 있다.[58] 1857년의 양안과 1902년의 지계를 비교하여 보면 〈표 1-5〉와 같다.

1857년의 양안에 비해 1902년 지계의 경우 필지수는 342필지에서 178필지로 164필지가 줄어들어 48%의 감소를 보이는 반면,[59] 결부수는 12결 77부에서 4결 28부 1속이 증가하여 17결 5부 1속이 되어 34%의 증가를 보인다. 결부의 증가에도 불구하고 필지마다 별도로 토지소유자

평택의 민전지계 등이 있다.

57 『大韓帝國田畓官契』(규장각 20990, 1902년).

58 『春川所在田畓量案』(규장각 18588, 1857년). 이 양안의 표지에는 남부내면·동내면·동산외일작면·부내면의 토지소재 지역이 표시되어 있다. 또한 '明'이라는 표기가 있는데 이것은 명례궁의 토지를 의미할 것이다.

59 광무양전에서 필지수가 감소되는 양상은 〈표 1-3〉의 전라남도 보성군 지주가의 양안에서도 구체적으로 확인되었다.

에게 발급된 지계가 1902년 토지소유자 명례궁에 의해 한 권의 책으로 묶여져 있어, 대체로 1857년 양안의 면적과 일치한다고 볼 수 있다. 광무양전의 결과 23% 정도의 결총이 증가하고 있었던 점에서 볼 때, 춘천군 명례궁장토의 34% 증가는 다소 과중하지만 대체로 광무양전의 결과가 잘 반영되어 있다고 볼 수 있다.

1857년의 명례궁장토 양안에는 두락 또는 일경과 야미, 그리고 작인의 성명이 기록되어 있는데, 정액의 도조(賭租)가 책정되어 있는 경우에는 도조의 액수가 기록되어 있고, 그 경우 작인이 지세를 담당하고 있음을 표시했다. 4개 면 전체를 합하여 볼 때, 명례궁은 전 69부 3속인 14일반경(日半耕)에서 도조 10석 8두를 거두고, 답 16두락에서 도조 10석 7두, 또 답 5승락에서 도전 3전을 거두었다. 이와 같이 타작과 도조가 구분되고 도조의 경우 작인이 지세를 부담하고 있는 장토의 경영방식에서 볼 때, 이들 전답은 명례궁이 소유권을 가진 장토임이 분명하다. 따라서 지계는 명례궁이 소유권을 장악한 전답에 대하여 필지마다 그 소유권을 인정하는 증서로서 발급되었던 것이다.

춘천군 북내일작면 명례궁장토 지계의 경우에도 이와 유사한 성격을 보여준다. 명례궁에서 1856~1857년 3결 37부 8속을 매입하고,[60] 현찰방댁노재갑(玄察訪宅奴再甲)으로부터 5결 4속(24石 2升 5合落)의 토지를 15,000냥을 주고 매입하고,[61] 1891년 12월 신석효(申錫孝)로부

60 『江原道庄土文績』(규장각 19304) 제13책 『江原道春川郡北內面所在庄土明禮宮提出圖書文績類』에 수록되어 있는 「丙辰七月日柒山田畓興成記」(1856년) 및 「丁巳閏五月十五日柒山田畓價數爻」(1857년), 그리고 각종 매매문기 참조.

61 『江原道春川郡北內面所在庄土明禮宮提出圖書文績類』 내의 「春川府量案」(1872년 11월) 및 매매문기.

터 6결 29부 4속[정답(正畓) 28석락, 전 16일경]을 매입해[62] 장토를 형성했는데, 매입함으로써 명례궁이 완전한 소유권을 가진 이들 토지에 대해 지계아문에서는 1902년 12월 〈그림 1-9〉와 같은 지계를 발급했다.[63]

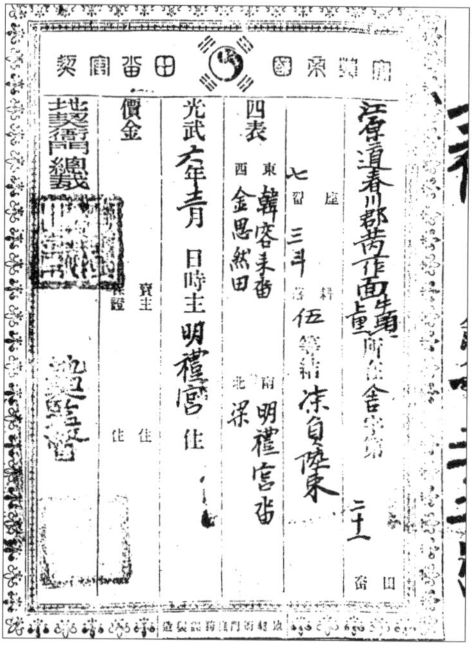
大韓帝國 田畓官契
江原道春川郡北內一作面
光武六年十二月 日
時主 明禮宮

〈그림 1-9〉 강원도 춘천군 명례궁장토의 지계

출처: 『강원도장토문적』(규장각 19304의 제13책 내)

이상에서 국유지에 발급된 지계의 기능과 성격을 살펴보았다. 국유지에서의 소유구조는 다양한 형태를 취하고 있어서 일률적으로 평가할 수는 없다. 중층적 소유구조를 보이는 전답에서는 지계를 어떻게 발급했을까 하는 점이 의문이지만, 국가기관(궁방, 아문)에서 소유권을 직접 장악한 장토에서는 국가기관에 소유권증서로서의 지계를 발급했다.

일반 민전에서 지계가 발급된 실태에 대해서는 강원도 강릉군의 사례에서 확인할 수 있다. 1903년 9월 강원도 강릉군 정동면의 토지에 지계아문이 발급한 지계를 살펴보기로 한다.[64]

62 『江原道春川郡北內面所在庄土明禮宮提出圖書文績類』 내의 매매문기.

63 『江原道春川郡北內面所在庄土明禮宮提出圖書文績類』 내의 강원도 춘천군 北內一作面의 지계. 합계 13결 74부 1속.

64 『대한제국전답관계』(국립중앙도서관 古6741-2).

강릉군 정동면의 지계는 효자문원 치자(馳字) 34~38, 40~49, 대전후곡원 치자 50~80, 예자(譽字) 1~22, 홍산곡원 예자 23~40, 42~44, 구례곡원 예자 45~57, 단자(丹字) 1~16, 하조산원 단자 17~38, 40~48번 등이다. 예자의 경우에는 41번을 제외하고는 1~57번까지 모두 수록되어 있다. 일자오결(一字五結)의 원칙에서 추정해 보면 41번의 토지는 5부 3속의 토지로 산출된다. 지계의 내용은 〈표 1-6〉과 같다.

강릉군 정동면 지계에서 특이한 점을 지적해 보면, 먼저 진전에 대해서도 지계를 발급했다는 점이다. 정동면 '효자문원 치자 41번 직전(直田) 6등 1부 9속'은 1903년 9월 시주 어문쇠(魚門釗)에게 발급된 지계이고, '대전후곡원 예자 3번 직전 6등 1부 9속'은 시주 심문쇠(沈門釗)에게 발급된 토지인데, 모두 '진(陳)'으로 표시되었다. 그리고 속전(續田) 10필지에 대해서도 지계를 발급하고 있다.

또한 '효자문원 치자 49번 직답 5등 4부 8속'의 토지는 3부 8속은 기(起), 1부는 복사(伏沙)로 표시되어 있다. 한 필지의 토지에 지계를 발급하면서 진전(陳田)이 되고 기전(起田)이 된 사항을 구분하여 기재하고 있는 이유는 어디에 있을까? 그것은 지계 또는 그 발급대장인 지계아문

〈표 1-6〉 강원도 강릉군 정동면 민전의 지계

지역	자호 및 지번	전		답		합	
		필지	결-부-속	필지	결-부-속	필지	결-부-속
효자문원	馳34-38, 40-49	9	0-14-3	6	0-49-2	15	0-63-5
대전후곡원	馳50-80, 譽1-22	21	0-57-5	32	3-55-3	53	4-12-8
홍산곡원	譽23-40, 42-44	12	0-62-0	9	0-77-1	21	1-39-1
구례곡원	譽45-57, 丹1-16	12	0-36-9	17	1-93-7	29	2-30-6
하조산원	丹17-38, 40-48	12	0-33-5	19	2-16-2	31	2-49-7
합계		66	2-04-2	83	8-91-5	149	10-95-7

주: 義親宮庄土 1필지, 大昌馬位 8필지, 橫溪馬位 2필지가 포함되어 있다.
출처: 『대한제국전답관계』(국립중앙도서관 古6741-2)

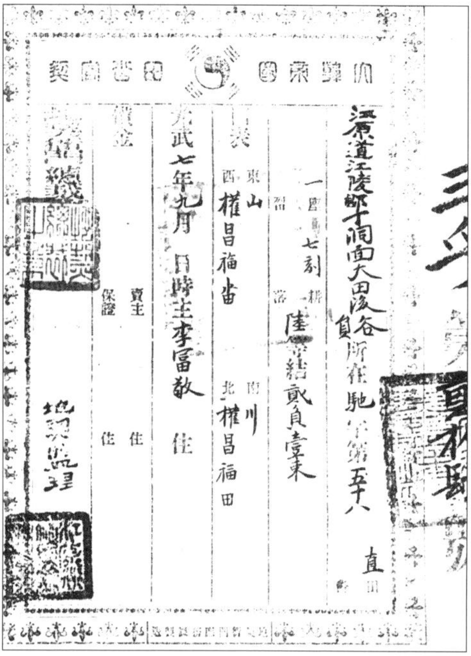

〈그림 1-10〉 강원도 강릉군 정동면 민전의 지계

출처: 『대한제국전답관계』(국립중앙도서관 古6741-2, 1903년)

양안이 소유권을 확인하기 위한 대장으로서뿐만 아니라, 양안의 기본적인 기능인 지세수취를 위해서도 활용되고 있음을 의미한다고 생각된다.

정동면 민전 지계의 전체 규모는 149필지, 10결 95부 7속이었다. 여기서 주목해야 할 점은 이들 민전의 지계를 지계아문에서 어떠한 방식으로 발급했는가 하는 점이다. 〈그림 1-10〉에서 볼 수 있듯이 강릉군 정동면의 지계에는 지계아문총재의 직인 및 지계감리의 직인과[65] 함께 발급순서를 의미하는 순차가 매겨져 있다. 정동면의 지계는 모두 '삼호(三乎)'의 단위 아래 호수(號數)가 매겨져 제 1~149호로 되어 있다.[66]

65 춘천 명례궁장토에는 지계감독, 평택 내수사장토에는 지계감리의 직인이 있는데, 지계감독은 관찰사가 겸하고 있었고 지계감리는 별도로 임명되었다. 지계감독인 강원도관찰사가 춘천군의 지계감리를 겸하고 있었던 것이다.

66 발급번호 三乎 제5는 馳字 38번이고 제6은 치자 40번으로서 치자 39번이 빠져 있고, 譽字 41번, 丹字 39번도 마찬가지로 빠져 있는데, 이것들은 無主陳田일 것으로 추정된다. 최원규, 「대한제국기 양전과 官契발급사업」, 『대한제국의 토지조사사업』, 민음사, 1995 참조.

'삼호(三乎)'의 단위와 호수는 무엇을 의미하는 것일까? '호(乎)'는 천자문 안에 포함되어 있는 문자이다. 춘천 명례궁장토 등 다른 지역의 지계와 함께 분석해 보면 '지계발급 단위'에 나타난, 두 글자 중 뒷부분 문자는 모두 천자문 안에 포함되어 있고, 같은 지역의 지계발급 단위를 상호 대조해 보면 그것들은 천자문에서 연속되어 있는 문자로 나타나고 있어서, '호(乎)' 의 의미는 양안의 자호에 붙여진 것과 마찬가지로 천자문임에 틀림없다.

그러면 '삼(三)'은 무엇을 의미하는 것일까? 춘천 북내일작면 명례궁장토의 지계발급 단위는 예컨대 '일비(一非)'와 같이 나타나고 있는데, '일(一)'과 '삼(三)'은 어떤 차이를 말하는가? 남아 있는 강원도 간성군양안은 299자호, 평해군양안은 195자호로 구성되어 있는데, 이를 평균하여 강원도 1개 군의 자호가 247개에 달한다고 가정하면 강원도 26개 군의 자호는 모두 6,422자호에 이르게 된다. 한 지계발급 단위의 면적을 정확하게 추정할 수는 없지만, 강릉군 정동면의 사례에서 보아 1개 면의 지계면적을 10결 정도, 즉 5결 단위 자호 2개에 걸친다고 가정한다면 강원도 전체의 지계발급 단위는 3,211개에 이르게 된다. 여기에 천자문의 자호를 붙인다면 천자문을 네 번까지 사용하지 않으면 안 된다. '삼(三)'은 천자문을 두 바퀴 돌고 세 번째 돌고 있음을 의미한다고 생각된다.[67] 따라서 '삼호(三乎)'는 강원도 전체에서 세 번째 붙여진 '호(乎)'를 의미하는 것이다. 즉 '삼호(三乎)'는 강원도 전체에서 2,999번째 붙여진 지계발급 단위이고, '일비(一非)'는 235번째 붙여진 단위인 것이다.

---

67 『충청북도충주군양안』(규장각 17682, 양시아문, 1900년)에 보면 충주군양안의 총자호가 '天'에서부터 '三矜'까지 2,979자호로 되어 있는데, 여기의 '三'자가 바로 천자문을 세 번째 돌고 있음을 의미한다. 정동면 지계에 보이는 '三乎'의 '三'도 같은 의미임이 틀림없다.

하나의 지계발급 단위에 대하여는 149호의 지계를 발급했음이 확인된다. 춘천군 북내일작면 칠산동 소재 명례궁장토의 지계발급 단위에서 그것을 확인할 수 있다.[68] 양안상의 '납자(納字) 제39번 4등급 23부 4속의 답'은 지계발급 번호로는 '일벽(一璧)' 제147호였고, '납자(納字) 제43번 3등급 1부 6속의 토지'는 지계발급 번호로는 '일비(一非)' 제2호였다.[69] 그 사이의 번호를 상호 연결지으면 '일벽(一璧)'의 지계발급 단위에 149호의 지계가 필지별로 발급되었음을 확인할 수 있다. 나머지 지계들도 이에 합당하게 배열되어 있음은 물론이다. 필지마다 호수(號數)를 달리하여 지계를 발급해야 했기 때문에, 지계발급 단위는 토지면적을 기준으로 하지 않고 필지수를 기준으로 하여[70] 하나의 지계발급 단위에 149호를 부여했던 것이다. '삼호(三乎)'의 단위로 발급된 강릉군 정동면 지계가 제1호부터 제149호까지 완전한 모습으로 남아서 한 권의 책으로 묶여져 있는 데서도 증명된다.

지계는 도 단위로 순차적으로 준비 발급된 것으로 보인다. 춘천군의 경우 현존하는 지계는 모두 '일(一)'이 붙여져 있어서 강원도의 지계발급 번호는 춘천 지역이 앞선 편에 속함을 알 수 있다.[71] 춘천이 관

---

68 『江原道春川郡北內面所在庄土明禮宮提出圖書文績類』 내의 춘천군 북내일작면의 지계.

69 천자문상에서의 璧은 234번째 문자이고, 非는 235번째 문자이다.

70 양안의 한 자호는 5결을 단위로 했는데, 지계발급 단위가 정동면의 경우를 보더라도 5결을 훨씬 상회하고 있는 것은 필지수를 기준으로 했기 때문이다. 따라서 적은 면적으로 세분되어 있는 필지들이 많은 경우에는 하나의 지계발급 단위에 포함된 면적이 양안의 한 자호에 포함된 면적보다 적을 수도 있는 것은 당연한 일이다.

71 춘천군 남부내면·동내면·동산외일작면·부내면의 명례궁장토 지계는 모두 예컨대 '一文'(천자문의 83번째)과 같이 천자문의 처음 부분에 해당되고 있어서 (『대한제국전답관계』, 규장각 20990), 북내일작면의 지계발급 천자문과 마찬

찰사 소재지이기 때문에 이 지역에서부터 지계발급 단위가 부여되지 않았을까 짐작해 볼 수 있다. 지계발급 단위에 '일(一)'이 부여되어 있는 춘천 지역 명례궁장토에 대한 지계는 1902년 11~12월에 발급되고 있고, '삼(三)'이 부여되어 있는 강릉군 명례궁장토 및 민전은 1903년 9월에 발급되는 것으로 보아 도 단위로 순차적으로 지계발급 번호를 부여하고 그에 기초하여 지계를 발급하고 있는 것으로 보인다. 도 단위로 지계아문양안에 의거해 지계의 발급이 일괄적으로 준비되고 계획되었던 것이다. 도 단위로 지계가 발급된 것은 경기도 평택 내수사장토의 지계에[72] '일득(一得)' 등의 지계발급 단위가 부여되어 있는 것에서도 분명히 알 수 있다.

강릉군 정동면의 지계는 제1호부터 제149호까지 한 지역의 것이 집중적으로 묶여 있는 점이나 지방관청분, 토지소유자분, 지계아문분의 세 쪽으로 나뉜 지계의 양식상에서 볼 때,[73] 강릉군 정동면에서 보관하고 있던 지계철이었다.

이상에서 볼 때 앞에서 본 명례궁장토의 지계는 소유자의 자격으로 명례궁이 발급받은 지계로서, 명례궁에서는 이 지계를 통해 소유권을 확인하고 이를 장토별로 묶어 정리해 두었던 것이다. 반면 강릉군 정동면의 지계는 관에서 제1호부터 제149호까지 묶어서 보관하고 있던 지

가지로 춘천 지역이 강원도 전체 지계 가운데 제일 처음 발급된 것임을 증명하고 있다. 또한 강릉군 진부면 도임면의 명례궁장토 지계는 예컨대 '三嘗'(천자문의 2,872번째)과 같이 붙여져 있는데(『대한제국전답관계』, 규장각 20814), 이것은 강릉군 정동면과 함께 강릉군 지역에 상당히 뒤늦은 지계발급 단위가 부여되어 있음을 확인해 주고 있다.

72 『충청도장토문적』(규장각 19300) 제7책 『忠淸南道平澤郡所在庄土朴弘來提出圖書文績類』 내의 내수사장토 지계.

73 최원규, 앞의 논문, 1995, 291쪽.

계철로서 토지소유권을 확인하기 위한 대장으로 기능한 것으로 보인다.

가계의 분석

지계아문에서는 전답의 지계와 동시에 가계(家契)의 발급을 계획하고 있었다. 가계는 지계사업을 실시하기 훨씬 이전에 한성부 및 개항지에서 발급되고 있었다.[74] 즉 외국인에게 가옥을 매매했을 때 한성부에서 이를 증명해 주고 있었다. 1890년 외국인에게 팔린 집에 대하여 한성부가 발급한 가계가 확인되고 있다.[75] 대한제국 시기에는 내국인 사이의 가옥 매매에 대해서도 구매매문기를 첨부하여 증명을 요구하면 한성부에서 가계를 발급해 주었다.[76] 그러나 광무지계사업에서 매매와 관련없이 모든 가옥에 대해 지계와 마찬가지로 발급하려 한 가계는, 한성부에서 매매증명을 위해 발급한 가계와는 그 양식과 의미를 달리한다. 〈그림 1-11〉은 광무 7년 2월 강원도 춘천군 북내일작면 칠산동의 가주(家主) 김종우(金鍾佑)에게 발급된 가계이다.[77]

김종우의 가옥은 제24통 제1호 초가 2칸이었다. 가계에는 지계아문 총재와 지계감독의 직인이 찍혀 있고, 발급번호는 '일결(一結)' 제81호로 확인된다. 지계의 발급방식과 가계의 방식은 어떠한 관계가 있는 것일까? 지계가 발급번호에 따라 발급되는 과정에 가계도 그 사이에 끼여

---

74 왕현종, 「대한제국기 한성부의 토지·가옥조사와 외국인 토지침탈 대책」, 『서울학연구』 10, 서울시립대학교 서울학연구소, 1998; 최원규, 「19세기 후반 지계제도와 가계제도」, 『지역과 역사』 8, 부산경남역사연구소, 2001.

75 『漢城府去來案』(규장각 17984) 제1책.

76 『家舍文券』(규장각 21927, 한성부, 1902년).

77 『江原道春川郡北內面所在庄土明禮宮提出圖書文績類』의 지계에 이 가계 한 장이 포함되어 있다.

발급된 것일까? 아니면 지계와 가계를 분리하여 가계는 별도로 발급되었을까? 춘천군 명례궁장토의 지계를 살펴보면 북내일작면에 소재한 토지의 지계발급 천자문은 앞에서 본 바와 같이 '일비(一非)'(천자문의 235번째) 전후에 속한다. 그런데 북내일작면에 소재한 가계 발급 천자문은 '일결(一結)'(천자문의 81번째)로서 지계와는 거리가 멀다. 이 점에서 지계와 가계는 분리되어 별도로 정리되고 별도로 발급번호가 붙여진 것을 알 수 있다.

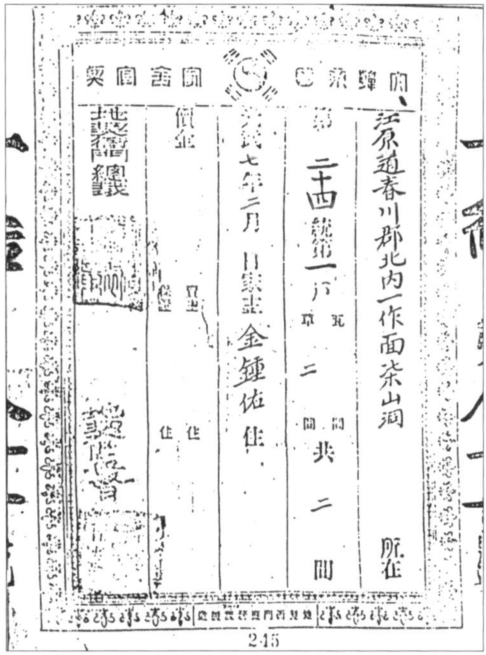

〈그림 1-11〉 강원도 춘천군 민가의 가계

출처: 『江原道春川郡北內面所在庄土明禮宮提出圖書文績類』

그러면 가계는 어떠한 근거에 의하여 발급되었는가? 지계아문양안을 보면 가옥에 대한 기록이 보이지 않고, 대지(垈地)도 전으로 취급되어 가옥이 들어선 대지 자체가 확인되지 않는데, 어떻게 그 대지 위에 건축되어 있는 가옥에 대해 가계를 발급할 수 있었을까? 지계아문양안이 남아 있는 강원도 간성군의 사례에서 이 문제를 확인해 보기로 한다.

간성군의 경우에는 지계아문양안을 작성하면서 동시에 '가사안(家舍案)'도[78] 작성하고 있다. 간성군 군내면 상리의 한 부분을 제시하면 〈그림 1-12〉와 같다.

이 가사안은 거주자를 지방사회의 통제를 위한 오가작통(五家作統)의 형태로 파악하고 있다. 가계를 발급하기 위해 작성된 가사안은 지방

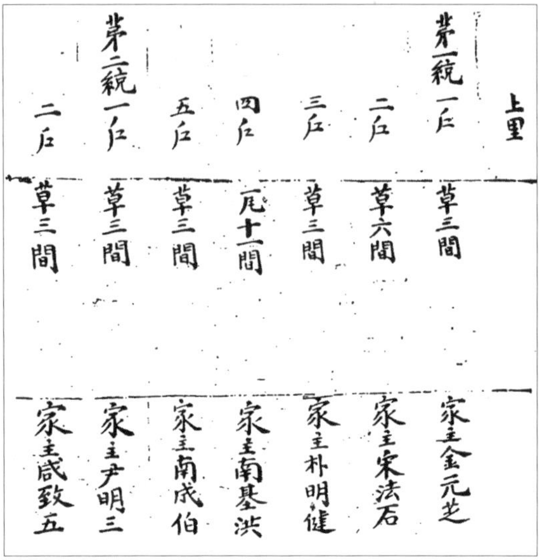

上里

第一統一戶 草三間 家主金元芝
二戶 草六間 家主宋法石
三戶 草三間 家主朴明健
四戶 瓦十一間 家主南基洪
五戶 草三間 家主南成伯
第二統一戶 草三間 家主尹明三
二戶 草三間 家主咸致五

〈그림 1-12〉 강원도 간성군 가사안의 기재양식

출처: 『江原道杆城郡家舍案』

사회의 동요를 막고 통제 수단으로도 기능할 수 있는 것이었다. 김종우의 가계도 오가작통 방식에 의해 발급된 것으로 볼 수 있다.

가사안에 보이는 가주(家主)는 어떻게 파악된 것일까? 간성군 지계아문양안에서 이를 확인해 보기로 한다.[79] 간성군 지계아문양안에서는 대지를 전(田)으로 기재했다. 따라서 지계아문양안에서 대지를 확인할 수는 없게 되어 있다. 가주는 가옥을 소유하여 거주하는 자를 의미하는데, 지계아문양안에는 전답의 소유자만을 기록했기 때문에 '전으로 표시된 대지'의 소유자가 나타날 뿐이다. 가사안과 지계아문양안을 대조해 보아도 간성군 군내면에 있는 소수의 관사(官舍)를 제외하고서는 대

78 『江原道杆城郡田畓量案』(규장각 17692, 지계아문, 1903년)의 제11책 『江原道杆城郡家舍案』.

79 『강원도간성군전답양안』(규장각 17692).

지를 양안상에서 확인할 수는 없었다. 물론 관사의 대지도 모두 전으로 표기되었다. 따라서 지계아문양안을 가지고 가계를 발급할 수는 없는 것이었다. 가계를 발급하기 위해서는 별도로 가옥의 실태와 거주자를 파악하지 않으면 안 되었고,[80] 그것이 바로 간성군에서 보이는 가사안이었다. 가사안은 지계아문양안과 동시에 작성되기는 했지만, 전혀 다른 계통으로 작성되었다. 가사안은 가계발급의 기초자료로서 기능하는 것이었지만, 오가작통의 지방사회 통제조직으로서도 기능할 수 있도록 배려되었다.

가계의 발급을 위한 가사안이 다른 지역에서도 지계아문양안과 동시에 작성되었는지 확인할 수는 없다. 간성군에서 보이는 가사안은 다른 지역에서 발견되지 않는다. 그러나 경상남도 지방의 경우에는 가사안과 유사한 '가호안(家戶案)'이라는 것이 존재한다. 경상남도 기장·김해·단성·동래·삼가·진남·진주·진해·창원·함안·함양의 11개 군에 1904년 10월 작성된 가호안이 남아 있다. 이들 지역에서는 지계아문에서 양전을 시행했다. 그중 지계아문양안이 현재 남아 있는 지역은 경상도 동래·진남 두 지역이다. 동래군과 진남군의 지계아문양안은 1904년 5월에 작성되었고, 가호안은 1904년 10월에 작성되어 시간적인 차이가 있다. 가호안은 지계아문양안을 근거로 하되 지계아문양안이 완성된

80 『完北隨錄』(규장각 古5121-1) 1903년 2월 27일 訓令 各郡, '地契監理應行事目'에 보면 "公廨와 民家를 丈量하되 瓦草家間數와 戶主姓名을 詳錄할 事"라는 조항이 있는데, 이로써 보면 지계아문에서는 양지아문에서와 마찬가지로 가옥의 대지를 측량하고 동시에 와가 및 초가의 칸수, 그리고 가옥주인 호주 성명을 조사한 것으로 된다. 그러나 실제로는 지계아문양안에 이러한 내용이 포함되지는 않았다. 위의 규정을 가옥에 대한 조사가 반드시 양안에 수록되어야 한다는 것을 의미하는 것은 아니라고 해석한다면, 가옥에 대한 조사는 별도의 장부로 마련되지 않으면 안 되었을 것이다.

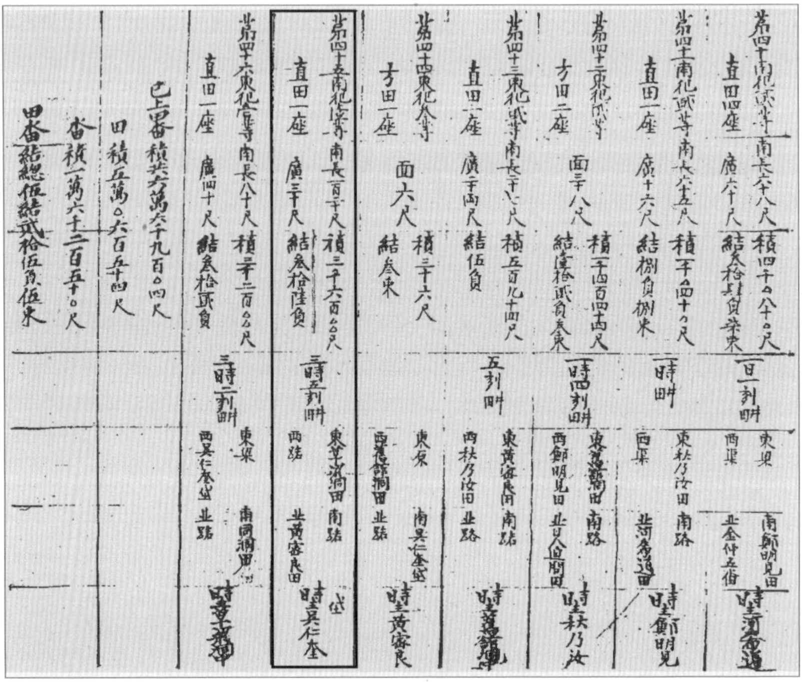

〈그림 1-13〉 경상남도 동래군 사중면 지계아문양안의 대지

출처: 『慶尙南道東萊郡沙中面量案』(규장각 18111의1)

훨씬 뒤에 작성된 것이다. 경상남도 동래군의 사례에서 이 문제를 살펴보기로 한다.

동래군 사중면 지계아문양안 가운데 초량동(草梁洞)에 있는 대지의 기재양식을 살펴보면 〈그림 1-13〉과 같다. 동래군 사중면 지계아문양안은 일반적인 지계아문양안의 양식과 유사한데, 초량동 감자(甘字) 제45번의 대지에서 보듯이 대지의 경우 전으로 간주하여 기재하고 있으며, 시주란(時主欄)에 '대(垈)'라고 표시하여 대지임을 밝히고 있음이 주목된다.[81]

대지의 시주명은 오인규(吳仁奎)로 기재되어 있는데, 이들 시주명은 대지의 소유주를 의미하는 것일 뿐 대지 위에 대부분 존재하는 가옥에 대해서는 아무런 설명도 하지 않는다. 양지아문양안에서는 대주와 가주를 기재함으로써 대지의 소유자와 그 위에 건축되어 있는 가옥의 소유자를 구분해 놓고 충청도 일부 지역의 경우 협호(俠戶=借屋者) 여부를 기재하기도 했지만, 지계아문양안에서는 가옥에는 관계하지 않고 대지의 소유자만을 기재해 놓은 것이다.

지계아문양안은 지계의 발급에 기초가 된 대장으로, 대지의 경우 대지의 소유자만이 지계를 발급받아 소유권을 보장받게 된다. 그렇게 되면 대지 위에 건축되어 있는 부동산 가옥에 대해서는 지계아문양안이 소유권을 보장할 근거를 전혀 마련하지 못하는 것으로 된다. 이에 간성군에서는 가사안을 작성하여 가옥의 가계발급을 위해 준비했던 것이고, 경상도 지방의 가호안도 유사한 성격을 지닌다고 볼 수 있다. 그래서 가호안에는 대지의 소유자 외에 가옥의 소유자를 기재해 놓고 있다. 동래군의 가호안에서 이 문제를 살펴보기로 한다.

앞에서 제시한 동래군 사중면 초량동 대지의 일부분을 가호안에서 찾아 제시하면 〈그림 1-14〉와 같다. 동래군 가호안은 지계아문양안에서 자호, 지번, 토지등급, 지목, 좌수, 대지의 소유자 등을 옮겨 적고 있다. 그런데 지계아문양안에서는 대지의 시주만 기재한 데 비해, 가호안에서는 대지의 소유자와 가옥의 소유자가 동일한지 여부를 조사하여 기록하고 가옥만을 소유한 경우에는 가주를 기록하는 방식을 채택하고 있다. 즉 감자(甘字) 제45번의 경우 지계아문양안에서는 '전 1좌'로 되어 있었지만, 가호안에는 오인규(吳仁奎)의 가옥 외에 오인규가 소유한 대지 위에 건축되어 있는 27좌의 가옥주에 대해서도 일일이 조사하여 기

81 경상도 산청·동래·합천의 지계아문양안에서도 대지를 전으로 기재하면서도 시주 성명 옆에 '垈'라는 부기를 달았다.

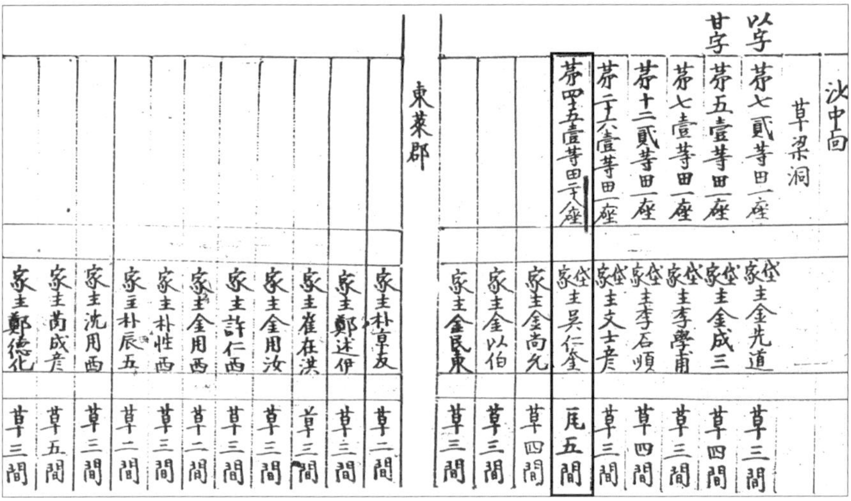

沙中面 草梁洞
以字 第七貳等田一座 家垈主金先道 草三間
第五壹等田一座 家垈主金成三 草四間
甘字 第七壹等田一座 家垈主李學甫 草三間
第十二貳等田一座 家垈主李石順 草四間
第二十六壹等田一座 家垈主文士彦 草三間
第四十五壹等田一座 家垈主吳仁金 瓦五間
家主金尚允 草四間
家主金以伯 草三間
家主金民東 草三間
東萊郡
家主朴章友 草二間
家主鄭述伊 草三間
家主崔在洪 草三間
家主金用汝 草三間
家主許仁西 草三間
家主金用西 草二間
家主朴性西 草三間
家主朴辰五 草二間
家主洪用西 草三間
家主尚成彦 草五間
家主鄭德化 草三間

〈그림 1-14〉 경상남도 동래군 사중면 가호안의 기재양식

출처: 『慶尙南道東萊郡家戶案』(규장각 17947)의 沙中面 草梁洞

재했다. 그리고 초가와 와가의 칸수도 기재했다. 지계아문양안에는 수록되어 있지 않은 이러한 조사내용은 양지아문양안에서는 이미 조사대상이 되었던 것으로서 지계아문에서는 소유권을 중심으로 조사했기 때문에 이를 제외했었다. 이미 지적한 바와 같이 가계발급을 위해 가옥주를 조사하지 않을 수 없었고, 그것이 이러한 가호안의 형태로 별도로 작성될 것으로 기대되었던 것이라고 생각된다.

그러나 여기서 제시한 가호안은 가계발급을 위해 작성될 것으로 기대되는 것이기는 하지만, 실제로 가계발급을 위해 지계아문에서 작성한 것은 아니고, 1904년 4월 지계아문이 탁지부 양지국으로 개편된 이후 그해 10월 탁지부에서 작성한 것이었다. 양전뿐만 아니라 이미 지계 및 가계의 발급을 중단한 상황이었기 때문에 가계를 발급하기 위해 가호안을 작성한 것이라고 보기는 어렵다. 호총(戶摠)을 파악하고 호세(戶稅)를 부과하기 위한 것이 아니었을까 짐작된다.

지계아문이 탁지부 양지국으로 개편된 후 지계 및 가계의 발행은 중단되고 말았지만, 지계아문에서 의도한 것은 전답에 대해 지계를 발급함과 동시에 가옥의 소유자에게는 가계를 발급하려는 것이었다. 가계를 발급한 가옥의 대지에 대해서는 지계를 발급하려 했다. 처음에는 전답과 가옥에 대해 전면적으로 지계와 가계를 발급하게 되겠지만, 이후에는 매매 등 소유권 변동 시에만 지계와 가계를 재발급하는 것으로 되었을 것이다.

이상에서 지계아문양안에 근거를 두고 발행되는 지계 및 가계에 관해 검토했다. 지계아문양안은 지세의 수취뿐만 아니라, 특히 토지소유권 확인을 위한 기초대장으로서의 목적을 분명히 가지고 있었다. 지계아문양안에 의거하여 토지소유권 증명으로서의 지계를 발급하고자 했다. 지계를 가지고 매매가 가능하도록 하고, 지계를 발급함으로써 외국인의 토지침탈을 차단하고자 했던 것이다.

2) '철도범입전답'을 통해 본 토지소유권 존재방식

지계아문양안이 토지소유권을 보장하기 위한 기초대장이었지만, 거기에는 한계도 있었다. 소유권자가 각종 가명·호명·노비명·대리명으로 등재되고 있는 점도 한계 가운데 하나로서 지적된다. 그것은 민법체계와 호적제도의 정비를 동반하지 않으면 해결하기 어려운 문제였다. 아직 근대적 법체계가 확립되지 않았고 그것만이 시급한 문제는 아니었던 것이 당시의 상황이었다.

사실 개인의 성명을 확정하여 각종 재산관계를 증명할 필요가 조선사회에서 시급한 문제는 아니었다. 대리인의 이름으로도 얼마든지 재산권 행사가 가능했다. 당시의 각종 가명·호명·노비명 등으로 기재되어 있는 재산관계 문서가 증명원으로서의 효력을 충분히 지니고 있었고,

국가에 의해서도 인정되고 있었다. 토지소유권자가 가명으로 기재됨으로써 그것이 농촌공동체의 범주를 벗어나 국가사회 전체적으로 인정받지 못하는 것은 아니었다. 가명의 형태로도 국가가 소유권을 인정하고 있었다. 가명으로 등재된 토지에 대해 국가가 개인의 소유권을 법적으로 인정한 경우를 '철도범입전답(鐵道犯入田畓)'에서 확인해 볼 수 있다.

철도부설을 위해서는 철도용지(鐵道用地)를 확보하지 않으면 안 되었다. 철도부설권을 일본이 장악했지만, 철도용지는 한국정부가 마련하여 일본의 철도회사에 제공하는 것으로 되었다. 한국정부는 현지를 답사하여 산출한 지가(地價)를 기준으로 토지·가옥·분묘 등 수용지에 대한 보상비를 지급하고자 했다. 경부철도의 경우 수용된 전답은 23개 군에서 2,697,000평(692결 3부 1속)으로서 보상가액은 456,700원이었다. 관련된 토지소유자는 1만여 명을 훨씬 상회했다. 수용된 토지 가운데 국유지는 5%에 불과하고 대부분이 사유지였다. 철도용지의 수용에 토지소유자는 강력하게 반발했는데, 그 주된 이유는 보상가액 때문이었다. 한국정부에서는 철도용지로 범입(犯入)된 전답의 지목·면적·소유자 등을 자세히 조사했지만, 지급된 보상가는 시가(時價) 수준보다 훨씬 낮은 것이었다.

각 군에서는 철도용지로 편입된 전답의 실태를 파악하여 보고했는데, 시방마다 상이한 방식으로 전답을 파악하고 있었다. 경기도 양성군의 경우 자호, 지번, 전답구분, 결부수, 토지소유자 성명의 방식으로 파악했다. 토지소유자 성명은 예컨대 '주춘삼(主春三)'의 형식으로 기재되어 있다.[82] 과천군의 경우에는 동리명 아래에 토지소유자 성명, 결부수, 두락수를 기재했는데, 토지소유자 성명은 이노덕성(李奴德成), 노갑복

82 『陽城郡鐵道犯入田畓成冊』(규장각 16348, 1904년 5월).

(奴甲福), 금례(今禮), 김봉이(金奉伊) 등 다양한 형태를 취하고 있다.[83]

경기도 시흥군의 경우에는 〈그림 1-15〉와 같은 방식으로 파악되었다. 동리명 다음에 '호운보(戶云甫)'와 같이 호명이 기재되어 있고, 그 아래에 자호, 지번, 전답구분, 결부수, 두락을 기재하되 같은 호명의 토지를 한곳에 모아 두었다. 마치 깃기의 이거이래(移去移來)한 것과 같은 형태를 취하고 있다.[84]

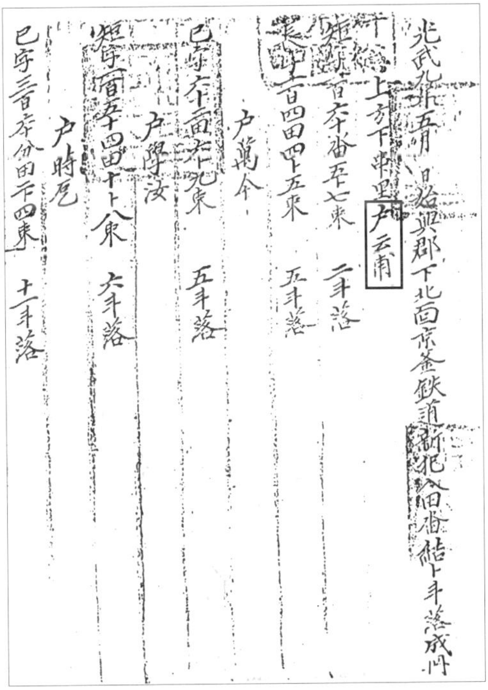

〈그림 1-15〉 경기도 시흥군 철도범입전답의 기재방식

출처: 『始興郡鐵道犯入田畓成冊』

이들 철도범입전답의 기재양식에서 볼 때,[85] 그것은 양

83 『果川郡鐵道犯入田畓成冊』(규장각 16357, 1906년 12월).

84 『始興郡鐵道犯入田畓成冊』(규장각 16353, 1905년 5월).

85 경인철도나 경의철도, 그리고 군용철도의 경우에도 유사한 양상을 보인다. 다만 경기도 고양의 경우 '主作'의 성명이 있고, 평안도 정주의 경우 지주인지 경작자인지 알 수 없는 '作人' 성명이 나오며, 경기도 개성의 경우 '金進士奴一同'의 형태가 있고, 경기도 교하(1904년)의 경우 성명별로 토지가 모아져 있는 것이 특이하다. 『富平郡鐵路犯入田畓斗落結卜査執成冊』(규장각 16347, 1899년 12월), 『高陽郡境內鐵道犯入成冊』(규장각 16354, 1905년 12월), 『交河郡鐵路犯入田畓成冊』(규장각 16350, 16355. 전자는 1904년 11월, 후자는 1906년 1월), 『長湍郡鐵道犯入田畓成冊』(규장각 16349, 1904년 11월), 『豊德郡鐵路犯入田畓成冊』(규장각 16351, 1905년 1월), 『平安北道定州郡鐵路犯入田畓斗落耕數及結負與作人姓名成冊』(규장각 16453, 1905년 1월), 『漢

안 또는 수세장부의 내용이었던 것으로 보인다. 특히 토지소유자가 양안 또는 수세장부의 가명·노명·호명·대리명 등으로 다양하게 파악되고 있음이 주목된다.

각 군에서 보상을 위해 철도용지의 실태를 조사 보고한 것 외에 철도원(鐵道院)에서도 실태를 조사했다. 경부선의 경상도 밀양군과 청도군의 경우에는 비교적 일련된 번호에 토지소유자 성명, 면적척수 및 결부수, 전답구분 및 평수, 공토(公土) 여부를 조사하고 있다.[86] 여기서 보면 평수에 정확히 4를 곱하여 면적척수를 산정하고 있다. 평수를 먼저 측량한 뒤 면적척수와 결부를 산정하는 방식이었다. 토지등급을 고려하지 않고 일률적으로 4를 곱하여 거칠게라도 결부를 산정한 것은 양안 또는 수세장부에 근거를 두고 작성될 밀양군과 청도군의 '철도범입전답성책(鐵道犯入田畓成冊)'과의 대비, 또는 양지아문에서 이미 작성한 밀양군과 청도군 광무양안과의[87] 대조를 염두에 둔 것으로 보인다.

경부선의 종착역인 부산의 초량역 및 선로(線路)의 경우에는 산정 방식이 다르다. 이들 토지는 별도로 번호를 붙이고, 토지소유자의 성명을 기재하고, 토지등급을 상·중·하로 평가하고, 면적을 평수로 측량 계산하고, 평당 단가에 따라서 보상가를 기재하는 방식으로 파악하고 있

城府軍用鐵道犯入成冊』(규장각 16358, 16359, 1906년 12월, 조사대상 시기는 전자는 1904년, 후자는 1905년), 『開城府軍用鐵道犯入田畓成冊』(규장각 16352, 1905년 4월) 참조.

86 『鐵道用地明細書』(규장각 19478)의 제1책 『光武六年度 京釜鐵道第二工期用地明細書』 密陽郡 및 제3책 『光武七年度 釜第三工期內淸道郡鐵道用地明細書』 참조. 상단에 指審人의 성명이 기재되어 있다.

87 탁지부, 『토지조사참고서』 1호, 1909, 26쪽. 현재 밀양군과 청도군의 광무양안은 남아 있지 않다.

〈표 1-7〉 초량정차장 용지보상 실태

지목	필지수(필지)	평수(평)	평당 단가	보상가
전	40	18,490	30전	5,547원
답	1	155	40전	62원
묘전(墓田)	3	385	15전	57원 75전
합계	44	19,030		5,666원 75전

출처: 『鐵道用地明細書』(규장각 19478)의 제4책 『光武五年度 釜第一工期鐵道用地明細書 가운데 첫 부분 「釜山草梁停車場及線路犯入地段坪數價額」

다.[88] 밀양군이나 청도군과는 달리 면적척수와 결부를 산정하지 않고 있는데, 그것은 이곳에서는 아직 광무양전을 시행하지 않았고[89] 따라서 참고할 구양안이 존재하지 않거나 대조하기 어려웠던 때문이 아닌가 짐작된다. 따라서 이곳에서는 별도로 측량하여 보상가를 산정했다. 초량정차장(草梁停車場) 용지만을 사례로서 살펴보면 〈표 1-7〉과 같다.

44필지 19,030평의 보상가는 5,666원 75전이었다. 철도용지로 범입된 이들 토지는 1904년 5월 지계아문에서 동래군을 양전하는 과정에서 응탈(應頉)로서 처리되었다. 즉 광무양전이 시행되기 이전에 이미 철도용지로 수용되었기 때문에, 광무양전 과정에서는 이들 토지를 철도용지로 수용되었던 것만을 확인하고 이를 과세대상에서 제외한 것이다. 그러나 과세대상에서 제외된 응탈된 토지지만 토지소유권이 존재하는

88 『철도용지명세표』(규장각 19478)의 제4책 『光武五年度 釜第一工期鐵道用地明細書』 가운데 첫부분 「釜山草梁停車場及線路犯入地段坪數價額」(광무 5년 11월) 참조. 이러한 기재양식은 양산군의 경우에도 마찬가지였다(『鐵道用地明細書』의 제2책 『光武六年度 釜第二工期鐵道用地明細書』).

89 동래군과 양산군의 경우에는 철도용지의 수용이 이루어진 뒤에 지계아문에서 양전했다. 『토지조사참고서』 1호, 28쪽.

〈표 1-8〉 경상남도 동래군 광무양안상의 철도용지(초량역의 경우)

자호	지번	면적(척)	결-부-속	시주	비고
存	1	12,000	1-20-0	日人鐵道所	응탈
存	16	14,250	0-99-8	철도	응탈
存	17	18,750	1-31-3	철도	응탈
		45,000	3-51-1		

출처: 『慶尙南道東萊郡量案』, 沙中面

토지기 때문에, 지계아문양안에서는 파악의 대상으로 삼았다. 동래군 사중면 초량동의 철도용지를 광무양안에서 확인해 보면 〈표 1-8〉과 같다.

45,000척의 면적이 철도용지로 수용된 것으로 동래군 광무양안상에 나타나고 있다. 밀양군의 사례에서 산정한 방식으로 평수에 4를 곱하여 면적척수를 산정하면, 초량정차장 19,030평의 면적은 76,120척이 되어야 하지만, 동래군 양안상에는 45,000척으로 축소되어 있다.[90] 대체로 철도용지로 수용된 토지에 대해 광무양안은 이를 지역적으로 단일한 필지로 묶어 측량 기재하고 있다. 그런데 여기서 문제삼고 싶은 것은 수용된 토지의 소유자에 관한 것이다. 각 군에서 양안 및 수세장부를 토대로 작성한 철도범입전답의 기재내용 가운데 토지소유자는 가명·호명·노명·대리명 등으로 기재되어 있는데, 이들 이름으로 과연 토지소유권을 국가가 인정하여 토지에 대한 보상을 시행하고 있는가 하는 점이다.

보상이 시행된 초량정차장 용지 44필지의 토지소유자는 어떠한 존재들일까? 보상을 위해 1901년 조사된 토지소유자의 성명을 1904년에

90 실제로는 甲戌量田尺 10,000평방척이 3,273.1평이므로 면적척수는 평수에 약 3배를 곱하여 산정하는 것이 옳다. 또한 광무양안상에서 확인한 철도용지가 보상된 용지와 완전히 일치하는지 확인하기는 어렵다. 이러한 이유로 면적척수의 산정에 差錯이 나타나는 것으로 보인다.

작성된 동래군의 지계아문양안에서 확인해 보기로 한다. 이미 지적한 바와 같이, 1904년의 동래군 양안에서는 철도용지로 수용된 토지를 몇 필지로 묶어 '철도용지'라고 응탈시켜 놓았고, 그래서 개별 필지마다 토지소유자를 조사하고 있지 않기 때문에, 철도용지로 수용된 토지를 개별적으로 양안에서 확인하는 것은 불가능하다. 그러나 철도용지로 수용되어 토지 보상을 받은 토지소유자의 존재를 광무양안의 다른 부분에서 확인하는 것은 가능하다. 초량역 정차장 용지로 수용되어 보상받은 토지소유자의 성명을 동래군 사중면의 지계아문양안에서 확인해 본 결과는 〈표 1-9〉와 같다.

철도용지 1, 5, 16, 42번은 동일인으로 추정되는 경우이고 나머지는 모두 동일인으로 나타난다. 즉 철도용지의 토지소유자로서 국가적으로 보상의 대상자로 인정받은 자들이 광무양안상에서도 토지소유자로 등장하고 있다는 점이 확인된다. 이런 점에서 유추해 보면, 각 군에서 양안이나 수세장부에 근거를 두고 조사 보고한 철도용지 수용대상자의 경우에도 그 이름 형태와는 관계없이 보상이 이루어졌을 것으로 생각된다. 국가에서 이들 호명이나 가명으로 기재된 토지의 소유자와 그 소유권을 분명히 인정하고 있었던 것이다. 일제에 의하여 근대적 자본과 기술로 건설된 철도의 수용대상지 토지소유자 성명에 호명과 가명이 사용되고 있음에도 불구하고 일본인 철도회사에서도 그 소유권을 인정했던 것이다. 〈표 1-8〉은 일본인이 한국인 이름을 빌려 토지를 소유하는 경우도 적지 않았던 것을 보여주는데, 한국인 이름은 바로 양안상의 이름이었다. 강조하고 싶은 것은 철도용지로 수용된 토지를 국가가 보상하면서 그 소유자를 파악하는 데 그 소유자의 성명은 반드시 실명인 것은 아니고 가명·노명·호명의 형태를 띠고 있는 것이 적지 않았고, 그럼에도 불구하고 이들 토지의 소유자는 분명하게 파악되고 그 소유권이 국가에 의해 보상을 받을 수 있을 정도로 보장되고 있었다는 점이다. 근대

〈표 1-9〉『철도용지명세서』와 『광무양안』의 토지소유자 비교

철도용지명세서		광무양안	
일련번호	토지소유자	자호 지번	토지소유자
1	秋乃有	甘42	秋乃汝
5	金仲益	甘38	金俊益
6	金文五	裳26, 去15, 22	金文五
7	草梁洞	甘46, 裳1, 2, 去1, 26	草梁洞中
8	丁致國	詠4	丁致國
10	裵正憲(일본인 白井)	樂5	裵正憲
13	吳仁彦	而22	吳仁彦
15	李圭化	以2	李奎和
16	金仲浩	甘22, 39, 裳6, 31	金仲五
21	鄭明顯(일본인 迫間)	甘41, 去10-13, 23, 24	鄭明見
22	李俊伊	去35	李俊伊
	李俊伊	去20	李俊
24	河漢明	去16	河漢明
26	李明瑞	甘10	李命西
32	金聖佑	去38, 39	金聖友
33	俞喜吉	存3	俞喜吉
	俞喜吉	樂60	劉希吉
42	黃奉伊	以23	黃鳳

출처: 『鐵道用地明細書』(규장각 19478)의 제4책 『光武五年度 釜第一工期鐵道用地明細書』 가운데 첫 부분 「釜山草梁停車場及線路犯入地段坪數價額」; 『慶尙南道東萊郡沙中面量案』

적 토지소유권의 관념에서 토지소유자를 법률적으로 확정할 수 있는 증명이 없음에도 불구하고, 토지소유에 대한 보상이 정확하게 토지소유자를 찾아내어 이루어지고 있었던 것이다. 더구나 그것이 양안에 존재하는 토지소유자와 동일하기 때문에, 역으로 광무양안상의 토지소유자가

가명·호명·노명 등으로 기록된다 하더라도 그것은 국가에 의한 법인(法認)에는 장애가 되지 않았다고 할 수 있다. 호적에서 실명제가 확립되지 않았고 그래서 개인의 신분이 확정되지 않은 시대의 한계였다.

이상에서 토지소유권이 지계아문양안을 통해 확인되고 보장되는 것이었음을 알 수 있다. 지계아문양안은 지세수취를 위해 기능하는 것은 물론이지만, 특히 토지소유권을 확인하는 지계를 발급하기 위해 작성되고 있었다. 아직 완비된 등기제를 갖추고 있지는 못했고 소유자의 법률적 확정도 보류되어 있었지만, 지계의 발행을 통해 사적 근대적 소유권을 보장하려고 시도하고 있었던 점은 부인할 수 없다. 동시에 강조해 두지 않으면 안 되는 점은 이러한 노력이 외국인의 토지침탈과 소유를 저지하기 위한 목적을 포함하고 있었다는 점이다. 근대 국민국가 수립을 위해서는 국내적으로 근대화를 꾀해야 할 뿐만 아니라 제국주의의 간섭을 막아내야 했다. 토지소유의 근대화 과정에서도 제국주의의 침략을 막아내야 하는 점이 중요한 과제로 부각되어 있었다.

5. 맺음말

이상에서 광무양안의 기능과 성격을 검토해 보았다. 먼저 광무양안의 작성 과정에 대해 검토했다. 광무양안이 측량에 의거한 것임은 주지하는 바이지만 측량을 부정하는 주장에 대한 비판으로서, 광무양안이 행심책(行審冊)이나 구양안(舊量案)을 베낀 것이 아니라 구체적인 측량에 기초하고 '야초책(野草冊)→중초책(中草冊)→정서책(正書冊)'의 작성 과정을 거쳐 완성되었음을 실증했다. 그리고 충분히 지켜지지는 못했지만 지주의 입회제(立會制)를 기본원칙으로 했음도 확인했다.

다음으로 광무양안의 기재양식의 특징을 간략히 살펴보았다. 이전의 양안에 비하여 광무양안은 정확한 경계, 면적, 납세자, 소유자를 확인하려 했던 점에서 양전의 발전상을 보여주었다. 그러나 이전의 양전사업의 기본적인 원리를 완전히 벗어난 것은 아니었다. 양지아문양안이 기경전(起耕田)을 중심으로 지형도(地形圖), 면적척수(面積尺數), 작인을 파악하고 있는 데 비해, 지계아문양안은 기경전만이 아니라 진전(陳田)까지 포함해 두락(斗落) 및 일경(日耕) 파악, 지형도 삭제, 작인 삭제의 특징을 보여주고 있었다. 이러한 차이는 양전사업과 지계사업이라는 두 사업의 단계적 전개 및 성격의 차이를 의미하는 것이다.

이 장에서 주목한 것은 광무양전지계사업이 단일한 양전사업으로서만 전개된 것이 아니라 양전사업(量田事業)과 지계사업(地契事業)이 단계적으로 전개되었다는 점이다. 양전 및 지계 발행의 두 과정은 처음부터 모두 고려되고는 있었지만, 현실적으로는 양전사업을 추진할 때의 정치 사회적인 분위기 및 주도세력과 지계사업을 추진할 때의 상황은 매우 달랐다. 따라서 양전사업과 지계사업을 단계적으로 고찰하면서 그 공통성과 차별성을 이해하고 이를 종합하여 대한제국의 토지제도 개혁의 방향을 파악하는 것이 필요하다고 보았다. 양전사업의 결과 작성된 양지아문양안과 지계사업의 결과 작성된 지계아문양안이 그 양식을 달리하고 있는 데서도 두 사업의 구별은 당연하다.

양지아문양안은 기본적으로 지세수취의 확대를 목적으로 하여 측량 작성되었다. 국가재정의 위기 상황에서 결총(結摠) 증가를 통한 국가재정의 확대를 목표로 하여 양전사업이 추진되었던 것이다. 양전사업과 지계사업은 결국 완결을 보지 못하고 중단되었지만, 측량된 지역의 결총을 이전의 수세실결(收稅實結)과 대조해 보면 23%의 증가를 보이고 있다. 지세수취의 확대를 꾀하려는 목적을 달성할 수 있는 기초를 마련했다고 볼 수 있다.

양지아문양안이 지세수취의 증가를 꾀하기 위해 작성되었기 때문에 양지아문양안에는 이전의 양안과는 달리 지세수취체계의 개혁을 위한 시도도 담겨져 있었다. 종래에는 지세를 부과하기 위해 양안과는 별도로 납세자를 파악하여 깃기를 작성했다. 그런데 양지아문양안을 작성하면서는 이러한 양안과 깃기의 괴리를 극복하기 위해 양안에 처음부터 납세자를 파악하여 등록하고자 했다. 납세자는 토지의 소유자 또는 경작자일 것이기 때문에 납세자를 파악하기 위해 전답주(또는 시주)와 작인(또는 시작)을 동시에 기록했던 것이다. 최초의 양전에서는 납세자로서 결명(結名) 혹은 결호(結戶)를 시주 및 시작과 동시에 기재하다가, 시주 및 시작의 파악으로도 납세자를 충분히 확인할 수 있는 것으로 보고, 결국 시주와 시작을 기재하는 것으로 전환되었다.

양지아문양안이 납세자를 확인하기 위해 시주와 시작, 즉 토지의 소유자와 경작자를 동시에 파악하여 양지아문양안에 등록해 놓았기 때문에 양지아문양안은 토지소유관계의 실태에 대한 정보도 제공해 주고 있다. 토지소유관계, 즉 지주-작인관계는 매우 잦은 변동을 보이고 있고, 본래부터 토지의 경작자를 확인하기 위해 시작을 조사한 것이 아니라 납세자를 조사하는 과정에서 시작이 파악되었기 때문에 시작의 조사가 부정확할 가능성이 없지 않아, 양안을 통해 확인되는 토지소유관계와 실제 상황은 상당한 차이가 있었을 것이지만, 지주-작인관계라는 토지소유관계의 실태가 전무후무하게 국가 지세수취의 기본대장인 양안에 수록되었다는 점은 주목해 두어야 할 것이다.

한편 지계아문양안은 지계를 발급하기 위해 측량 작성되었다. 대한제국에서는 토지소유권을 국가적으로 증명 확인하고자 시도했고 이를 위해 지계를 발급하려 했는데, 지계아문양안은 지세수취를 위한 양안의 기능을 포기한 것은 아니지만 지계발급을 목표로 작성되었던 것이다.

이 장에서는 특히 지계아문양안에 의거해 발급된 지계(地契)와, 가사안(家舍案)에 의거해 발급된 가계(家契)를 분석해 보았다. 지계는 지계아문양안에 의거해 도 단위로 일괄적으로 발급이 준비되고 구문기(舊文記)와 교환하여 발급되었다. '지계발급 단위'는 천자문(千字文)으로 부여되고 1개 단위에 대략 149필지의 지계가 묶여져 지계철로서 보관되었다. 가계는 지계와는 별도로 가사안에 의거해 발급되었다. 지계아문양안을 통해서는 전(田)으로 기재된 대지(垈地)에 지계가 발급될 뿐이었고, 대지 위의 가옥은 가사안에 근거를 두고 별도의 가계발급 단위에 의해 가계로서 발급되었다.

그런데 광무양안에는 양지아문양안이나 지계아문양안을 막론하고 토지소유자의 성명에 실명(實名)이 아닌 가명이 많이 사용되었다. 따라서 소유자의 성명이 공인되지 못하는 한 토지소유권도 불안정한 것이다. 이러한 문제에 대한 답을 찾아 '철도범입전답(鐵道犯入田畓)'을 검토했다. 철도범입전답성책은 철도부설을 위해 수용된 용지에 보상하려고 그 토지의 위치, 면적, 소유자 등을 파악한 것인데, 여기에 호명(戶名)·노명(奴名) 등의 가명이 다수 사용되고 있음이 확인되었다. 토지소유자가 호명·노명 등의 가명으로 등록되어 있음에도 불구하고 국가에서는 그들을 토지소유자로 인정하여 정확하게 보상을 하고 있었다. 이들 이름 형태가 광무양안에 등재된 것과 동일한 성격의 것이었기 때문에, 광무양안의 이름이 호명·노명 등의 가명으로 되어 있다 하더라도 토지소유권이 성립되고 그것이 국가에서 법인받는 데에는 문제가 없었다고 판단할 수 있다. 실명제의 도입은 토지제도의 측면에서만이 아니라 호적제도, 민법체계의 개혁 등 근대사회의 국가체계, 법체계가 확립되는 과정에서 수용될 수밖에 없는 문제였다.

광무양안은 지세의 수취와 토지소유권의 확인이라는 두 가지 기능을 지니고 있었다. 양지아문양안에서는 지세수취의 기능을 중시했고, 지계아문양안에서는 토지소유권의 확인 기능을 중시했다. 즉 양지아문양안의 경우 그것이 토지소유권을 보증하는 역할을 포기한 것은 아니지만 지세수취를 위한 조사와 기록에 중점을 두고, 지계아문양안의 경우에는 그것이 지세수취를 위한 기능을 포기한 것은 아니지만 지계를 발행함으로써 토지소유권을 확인하고자 하는 데 치중했다. 이와 같이 양자는 작성의 목적에 그 중점을 달리하지만, 어느 쪽이든 지세를 수취하고 토지소유권을 확인하는 토지대장으로서의 역할을 기대하지 않을 수 없는 토지대장으로서의 성격을 지니고 있었다. 이 양자의 역할을 양지아문양안과 지계아문양안 각각에게 모두 요구할 경우, 양지아문양안의 경우 시주(時主)에게 지계를 발급할 수는 있지만 진전(陳田)의 소유자는 확인할 수 없기 때문에 이를 보완하기 위해 별도로 진전 소유자의 조사가 필요하게 되고, 지계아문양안의 경우 시작을 조사하지 않고 시주만을 등록했기 때문에 납세자를 추가로 조사하거나 아니면 납세자를 토지소유자 시주로 변경하는 부대적인 조치를 할 필요가 있었다. 광무양전지계사업이 총체적으로 완성되기 위해서는 이 두 양안의 기재양식의 차이를 보완하는 작업이 병행되어야 한다는 것이다. 그러나 지계아문에서 그러한 작업에 착수할 여유를 가지지는 못했다.

광무양안은 전국적으로 지세를 수취하고 토지소유권을 확인할 수 있는 대장으로서 기능하는 데까지 완성되지 못하고, 러일전쟁, 일제의 통감부 설치, 일제의 지세수취체계 정비 및 토지조사사업으로 이어지는 식민지화 과정에서 폐기되고 말았다. 지세 및 토지 문제의 전통적 해결 방안으로서의 양전과 그 성과가 자주적 근대화의 한 과정으로서 결실을 맺지 못했던 것이다. 일제는 지세수취체계 정비 과정에서 수세실결의 증가를 꾀하여 결충을 확대하는 정책을 취했는데, 이 과정에서 광무양안이 활용됨으로써 광무양안은 그 역사적 역할을 마감했다.

제2장

광무양안과 토지조사부의 비교

경기도 용인군의 사례

1. 머리말

광무양전지계사업의 성격을 파악하기 위해서는 생산된 장부를 분석하는 것이 유용하다. 최초의 광무양안 분석은 토지소유와 차경(借耕)의 실태 분석을 통해 대한제국기 농민경제의 실상을 파악하려는 목적에서 시작되었다.[1] 최근에는 이전의 양안과는 달리 전답주뿐만 아니라 작인도 기재되어 있는 광무양안의 특성을 활용하여 농민경제의 실상을 천착하거나, 양안에 기록된 정보를 가지고 농촌사회의 실상에 접근하는 사회사적 연구도 진전을 보이고 있다.[2] 한편 광무양전지계사업과 조선토지조사사업 및 조선 후기의 양전과 비교하는 연구도 나오고 있다.[3]

---

1 김용섭, 1968, 「광무년간의 量田·地契事業」, 『한국근대농업사연구』(증보판) 하, 일조각, 1984.

2 신영우 편, 『광무양안과 진천의 사회경제 변동』, 혜안, 2007; 신영우 편, 『광무양안과 충주의 사회경제구조』, 혜안, 2010.

3 이영호, 「대한제국시기의 토지제도와 농민층분화의 양상: 경기도 용인군 이동

광무양전지계사업은 한편으로는 중세사회의 토지제도와 관련해서, 다른 한편으로는 일제의 토지조사사업과 관련해서 상호 비교되어야 할 것이다. 이 장에서는 일제의 토지조사사업과 관련한 부분을 중점적으로 다루고자 한다. 광무양전지계사업과 토지조사사업을 비교하는 방법은 여러 가지가 있을 수 있지만, 두 사업의 결과 작성된 '광무양안'과 '토지조사부'를 비교해 보는 방법이 있다.

광무양전지계사업은 대한제국에 의해 수행된 양전사업(1898~1902년)과 지계사업(1901~1904년) 두 단계로 나뉘는데, 양전사업의 결과 양지아문양안이 작성되었고, 지계사업의 결과 지계아문양안이 작성되는 한편 그에 따라 소유권 증서로서의 지계(地契)가 발급되었다. 물론 이 사업은 중단되고 말았기 때문에 양안이 지세수취에 활용되지 못했고, 지계가 소유권 증서로서 효력을 발휘하지도 못했다. 한편 조선토지조사사업에서도 토지소유권 조사를 통해 토지대장(土地臺帳)을 작성하고, 그리고 토지등기부(土地登記簿)를 작성하여 토지소유권의 귀속을 분명히 했다. 토지조사부(土地調査簿)는 토지대장을 작성하기 전에 사용된 토지소유권의 사정원부(査定原簿)로서 광무양안과 대비하기 좋은 장부이다. 두 자료는 기재방식의 스타일도 유사하다.

이 장에서는 경기도 용인군 이동면(二東面)을 사례로 선택했다.[4] 용

면 '광무양안'과 '토지조사부'의 비교분석」, 『한국사연구』 69, 한국사연구회, 1990; 宮嶋博史, 「광무양안과 토지대장의 비교분석: 충남 논산군의 사례」, 『조선토지조사사업의 연구』, 민음사, 1997; 김소라, 「광무양안과 토지대장을 통해 본 광무양전의 성격: 충남 한산군 창외리와 경북 경주군 구정동 사례 중심으로」, 『한국사론』 60, 서울대학교 국사학과, 2014; 김건태, 「광무양전과 조선후기 양전의 관계: 경기도 용인 오산리 사례」, 『대동문화연구』 92, 성균관대학교 대동문화연구원, 2015. 이 장은 광무양안과 토지조사부를 최초로 비교한 이영호의 논문을 수정 보완한 것이다.

인군에서는 1899년 농민들의 항세(抗稅)운동이 일어나는데, 이 운동이 광무양전사업의 시행과 연결되기 때문에 사례연구의 좋은 조건을 형성하고 있다. 광무양전사업에 대한 농민들의 반응을 살피면서 광무양전사업의 성격에 접근할 수 있는 사례다. 용인 농민의 저항 때문에 용인군에서는 두 번 양전하게 되는데,[5] 그래서 양지아문양안과 지계아문양안을 필지별로 대조할 수 있어 두 양안의 차이도 밝힐 수 있다. 그리고 토지조사부와 비교하여 광무양안이 어떤 특징을 지니는지도 살필 수 있다. 광무양안과 토지조사부는 필지별로 직접 대조할 수 없지만, 각각의 토지소유 양상을 분석하여 농민층 분화의 실상에 접근해 보고 이를 통해 광무양전지계사업의 역사적 성격에도 접근해 보기로 한다.

먼저 용인군 이동면의 지역적 특성에 대해 개관해 둔다. 경기도 용인군은 한말 당시 동으로는 양지, 남으로는 진위, 서로는 수원, 북으로는 광주와 경계를 이루고 있었다. 사례로 택한 상동촌면(上東村面)은 읍치로부터 남쪽 30~50리에, 하동촌면(下東村面)은 40~60리에 위치했다. 일제에 의해 지방행정구역이 변경되기 이전인 1912년 1월 현재 용인군은 16개 면 136개 동리로 구성되어 있었다. 그 가운데 상동촌면에는 묵동·덕성동·천동·원촌·서동의 5개 동이, 하동촌면에는 시미동·모산동·요산동·묘봉동·어비동·송전동의 6개 동이 포함되어 있었다.[6] 일제에 의해 지방행정구역이 개편된 이후인 1917년 4월 1일 현재에는 12개 면 115개 동리로 축소되었다. 상동촌면과 하동촌면은 이동면으로 통합되

4 분석 대상은 『京畿道龍仁郡量案抄』(규장각 17645, 양지아문, 1900년, 제29책); 『京畿道龍仁郡量案』(규장각 17644, 지계아문, 1903년, 제27책); 『土地調査簿』(국가기록원, 경기도 용인군 이동면)이다.

5 양지아문과 지계아문 두 군데서 양전한 지역은 수원과 용인 두 곳이다.

6 朝鮮總督府, 『舊韓國地方行政區域名稱一覽』, 1912.

고 산하에 9개 동이 포함되었다.

상동촌면의 경우 원촌이 천리에 병합되고 묵동이 덕성리와 북리로 나뉜 것 외에는 행정구역의 변경이 거의 없다. 반면 하동촌면 지역은 모산동과 요산동이 합해 화산리가 되고, 남촌면 방목동이 어비동과 합해 어비리가 되었다.[7] '동리'는 주로 호구를 기준으로 하고 '면'은 호구와 함께 토지를 기준으로 했기 때문에 동리의 경계는 불명확하지만 면의 경계는 분명하다고 볼 수 있다.[8] 따라서 상동촌면의 면적은 이동면 천리·서리·덕성리·묵리의 4개 리와 같은 면적으로 간주해도 좋을 것이다.

2. 용인 농민의 항세운동과 양전사업

1) 용인 농민의 항세운동

용인 농민의 항세운동은 1899년 음력 6월 29일에서 7월 2일에 걸쳐 일어났다. 그것은 반체제 농민항쟁과 비슷한 유형이지만 그 이상의 각별한 의미를 지녔다. 용인농민항쟁의 문제제기는 광무양전사업으로 연결되었기 때문이다. 광무양전의 결과 지나친 결수(結數)의 증가로 농민들이 저항하면서 결국 재양전(再量田)하는 곡절을 겪었던 것이다. 이러한 사정은 용인농민항쟁을 광무양전사업과 연관지어 이해할 수 있는 좋은 사례가 되게 했다.

용인농민항쟁은 수세원총(收稅元摠)에 충당하기 위해 민간에서 추

7 越智唯七 編纂, 『新舊對照朝鮮全道府郡面里洞名稱一覽』, 1917.

8 度支部, 『土地調査參考書』 제3호, 1909, 3-6쪽.

가로 징수한 가결(加結) 또는 첨복(添卜) 문제로 말미암아 발생했다. 가결 문제는 1841년에도 있었던 해묵은 문제였다. 당시 축결(縮結) 306결 29부 8속을 시기결(時起結)에 분배하여 보충 상납토록 한 일이 있었다. 이에 대해 용인 농민들이 어떤 문제제기를 했는지 밝혀져 있지 않지만, 이렇게 폐단이 누적되어 갔다. 이러한 조치 이후에도 다시 축결이 92결 17부 9속이나 되었고, 갑오개혁 이후 이은결(吏隱結) 33결을 찾아내 상쇄했지만 나머지 59결 17부 9속은 여전히 남아 있었다. 1895년부터는 이은결 53결이 원총에 잡히는 바람에 남아 있던 59결 17부 9속과 합해 모두 112결 17부 9속을 상납할 길이 없게 되었다.[9] 납세대상자가 존재하지 않은 이 결수를 용인 농민 전체에 추가로 과세한 것이 가결이다.

용인 농민들은 이러한 가결 문제를 해결하기 위해 여러 차례 정부에 호소했으나, 합당한 처분을 받지 못했다. 1898년 11월 19일에는 용인군 지내면의 김병하(金秉夏)가 각 면에 통문을 돌려 면회(面會)를 개최하고 가결(첨복)의 폐단을 시정해 줄 것을 용인군에 요청했다. 12월 2일에는 탁지부에 올라가 소장을 올리려 시도하기도 했다. 탁지부주사의 권고에 따라 12월 20일 면회를 열고 면회가 주체가 되어 부담할 여지가 있는지 작부(作夫)해 보았지만, 수세실결과 비교하여 오히려 376결 62부 6속이나 부족한 결수가 나왔다. 1899년 정월에서 3월에 걸쳐 탁지부에 상소해 상납액의 감소를 청원하기도 했으나, 은루니생환기(隱漏泥生還起), 즉 은결을 조사하여 원총에 보충하라는 답변만을 들었다. 농민들은 3월 28일 다시 면회를 열고 이 문제를 논의했고, 4월 말경에는 다시 탁지부에 청원했지만 은결을 조사해 보충하라는 지시가 반복되었다. 그러나 용인군수는 은결의 색출에 적극 나서지 않고 양전을 기다리고 있

9 『度支部內部公文來去牒』(규장각 17881-5책), 1898년 1월 14일 조회.

었다. 어차피 양전한다면 결총이 새로 책정될 것이기 때문이었다.

이러한 상황에서 인내심이 바닥난 농민들의 집단적인 실력행사가 일어났다. 1898년 음력 6월 29일 장두 김병하는 용인의 결민(結民) 천여 명을 이끌고 읍내로 들어가, 탁지부에서 은결을 색출하여 농민에게 추가된 가결을 대신하라는 명령을 내렸음에도 불구하고 가결을 탕감하지 않는다고 항의했다. 용인군수는 가결이 상납원총에 포함되어 있기 때문에 탕감할 수 없다고 해명했다. 이에 농민들은 관정으로 몰려가 수서기(首書記) 박희종(朴熙宗)을 결박 구타하고 면회가 열리던 김량장(金良場)으로 끌고가 요구조건을 관철시키고자 대치했다. 이서(吏胥)의 목숨이 걸린 급박한 상황에서 군수는 가결의 탕감을 허락하지 않을 수 없었다. 그러나 군수는 양지아문이 설치되어 이제 양전을 실시하려고 하는 시점에 있었기 때문에, 양전을 실시하여 은결이 발견되면 이 문제는 자연히 해결될 수 있으리라 기대하고 있었다.

그러나 박희종의 동생 박희순이 형을 구원하기 위해 김량장을 습격하고, 여기서 70여 명의 농민이 부상하면서 사태는 악화되었다. 박희종은 도주하고 장두 김병하는 이튿날 체포되었다. 이에 7월 2일 부상당한 농민들의 가족을 중심으로 각 면에서 수천 명의 분노한 농민들이 읍내로 모여들어 군수를 끌어내고 이서를 구타하고 공공건물과 관속의 주택을 파괴했다. 전봉준의 고부농민항쟁 때처럼 사발통문을 돌렸기 때문에 주동자를 가려낼 수 없었다. 사태의 방향이 모든 농민의 분노를 사고 있어 쉽게 농민들의 결집이 이루어졌다.[10]

---

10 이상은 『司法稟報』 甲(규장각 17278), 1899년 8월 28일 보고서, 1899년 8월 龍仁郡民擾事査官竹山郡守行査文案, 1899년 8월 龍仁郡民擾時公廨及人家破碎摘奸記, 1899년 9월 23일 報告書; 『司法稟報』 乙(규장각 17279), 1899년 8월 29일 기사를 참고했다.

7월 12일 용인 농민의 항쟁을 수습하기 위해 사관(査官)으로서 죽산군수가 파견되었다. 농민들은 등장(等狀)을 올려 가결의 폐단, 이속의 협잡, 군수의 무능, 박희종의 간활 등으로 항쟁이 발생했다고 호소하면서 항쟁의 정당성을 주장했다.[11] 가결 문제를 해결하기 위해 장두로 나섰던 김병하의 석방운동도 전개했다. 법부에 김병하의 석방을 탄원했는데, 탄원서에 서명한 농민의 수만도 400명이 넘었다.[12]

사관은 용인군의 가결 문제를 두 가지 방법으로 해결하려 했다. 하나는 수세실결(收稅實結), 즉 상납원총(上納元摠) 중에서 가결을 탕감하는 방법이고, 다른 하나는 양지아문에서 경기도의 양전사업을 먼저 시작하여 은결을 찾아내어 원총에 보충하는 방법이었다. 이미 그 전해부터 양전사업의 실시가 결정되어 준비작업이 진행되고 있었지만, 우선 가결의 탕감으로 민심을 무마하지 않으면 안 되었고, 또한 용인군수처럼 곧 뒤이어 양전사업을 통해 소유관계를 재조정함으로써 자연히 은결의 문제가 해결될 것을 기대한 것이었다.

그런데 사관은 은결에는 이서(吏胥)의 은결 즉 이은(吏隱)과, 민인(民人)의 은결 즉 축결(縮結)의 두 가지가 있다고 하면서, 민인의 축결은 대개 대민(大民)이 그 장본인이라고 파악했다. 흔히 군에는 이서의 은결이 민인의 축결보다 많은 편이지만, 용인의 경우에는 민인의 축결이 훨씬 많다고 보았다. 그것은 주변 전토의 태반이 서울의 사음(舍音)과 향대부(鄕大夫)의 땅이기 때문이라는 것이다. 따라서 민인의 축결은 시정하기가 어렵고 사관은 이것을 일단 탕감하자는 것이었고, 양전을 시행

11 『司法稟報』 甲, 1899년 8월 龍仁郡民擾事查官竹山郡守行査文案.

12 『訴狀』(규장각 17281-18책, 법부), 1899년 9월 경기용인군대소민인등의 소장 2건 참조.

하면 민인의 축결도 자연히 드러날 것이라고 생각했다.[13] 그러나 탁지부에서는 은결을 색출하여 보충하지 않고 탕감한다는 것은 있을 수 없는 일이라는 종래의 주장을 완강하게 되풀이했다.[14] 결국 용인군의 가결 문제는 양전을 기다리지 않으면 안 되는 형편이었다.

용인군의 가결 문제는 양전을 엄격하게 시행하여 토지의 경계와 토지소유자를 파악하지 않으면 해결하기 어려운 문제였다. 오랫동안 양전을 시행하지 않아 토지의 소유관계가 불명확했고, 따라서 지세수취는 이서의 현란한 깃기에 의존할 수밖에 없는 상황이었던 것이다. 은결이 발생하고 이를 보충하기 위해 가결을 시행하지 않을 수 없었다. 농민들은 가결의 탕감을 요구했지만, 가결에 대한 탕감은 은결의 색출을 통한 수세실결의 보충이 없다면 지세수입의 감소를 의미하는 것이었다. 은결의 색출은 지세징수대장만을 조사해서는 실효를 거둘 수 없는 것이고, 오히려 은결을 가진 자들의 불만을 초래할 뿐이었다. 용인군수가 은결의 색출을 위한 구체적인 조사작업에 착수하지 않은 이유도 여기에 있었다. 양전을 시행하여 토지소유자를 재확인하는 수밖에 도리가 없었다. 광무양전사업은 정부 차원에서 그 필요성이 인정되어 추진되고 있었지만, 용인군의 사례에서 보면 양전을 통한 은결의 발견과 가결의 폐지, 그리고 궁극적으로는 수세실결의 보전 및 그 확대에 양전의 목적이 있었던 것이다.[15]

13 『司法稟報』 甲, 1899년 8월 龍仁郡民擾事査官竹山郡守行査文案.

14 『度支部內部公文來去牒』 1899년 8월 29일 照會, 1899년 9월 8일 照復. 이때에 탁지부에서 용인군 지세장부를 조사하여 官隱과 吏隱 중에서 100여 결을 査出하여 보충했다는 보도도 있었다(『皇城新聞』 1899년 9월 16일 잡보, '査隱補結').

15 양전한 결과가 원총결수와 증감이 없을 경우에는 재조사하게 하거나, 증가결이 많은 경우 양무감리 등을 포상하도록 한 점에서 볼 때, 광무양전사업을 통

2) 두 차례의 용인군 양전

광무양전사업의 결과 지나친 결수의 증가현상이 나타났다. 이 문제를 구제석으로 검토하기 위해 먼저 용인군의 결수 및 수세 현황을 살펴보면 〈표 2-1〉과 같다.

〈표 2-1〉의 '원장부전답(元帳付田畓)'은 탁지부의 양안에 기록되어 있는 전답결수를 말하는데, 이것은 새로이 양전을 실시하여 재조정하지 않는 한 변하지 않는다. 20년 간격으로 양전을 실시하게 한 경국대전(經

〈표 2-1〉 경기도 용인군의 결수(結數) 및 수세(收稅) 현황

연조 (年條)	원장부전답 (결–부–속)	원총전답 (결–부–속)	실전답 (결–부–속)	실상납액 (兩–錢–分)
1896	4719–31–9	2549–25–5	2415–95–5	72478–6–5
1897	〃	2528–29–1	2366–30–0	70989–0–0
1898	〃	〃	2372–69–7	71180–9–1
1899	〃	2549–15–5	2396–82–9	71904–8–7
1900	〃	〃	2365–40–3	118270–1–5
1901	〃	〃	2130–59–0	106529–5–0
1902	〃	〃	2380–29–1	179653–2–8
1903	〃	〃	2397–85–5	191828–4–0
1904	〃	〃	2425–96–5	194077–2–0
1905	〃	〃	2428–45–5	19427환64전

출처: 『京畿管下四府三十四郡收租成冊』(규장각 17899); 『京畿管下三府三十五郡收租成冊』(규장각 17900)

해 은결을 확보함으로써 결총을 확대하고자 했음을 알 수 있다. 실제 광무양전사업 결과 전국 203개 군에서 측량이 이루어져 舊結摠 571,527결의 23%인 133,651결의 증가를 보여 203개 군의 新結摠이 705,178결에 달했다. 『地稅例規綴』(국가기록원) 제4책 (秘)光武新量按調製沿革調查書 참조.

國大典)의 규정에도 불구하고 양전은 조선 시기 전체를 통털어 불과 서너 차례에 불과했기 때문에 원장부전답은 실제 상황을 반영해 주지 못했다. 이러한 원장부전답에서 실제 수세결수를 산출하려면 면세결(免稅結)을 제외해야 한다. 조선 후기에는 많은 면세결이 있었으나, 갑오개혁에서 국유지를 출세(出稅) 조치함에 따라 면세결이 출세결(出稅結)로 승총(陞摠)되었고, 남은 면세결은 이미 오래전부터 진전화(陳田化)되어 실제로 결세를 부과할 수 없게 된 토지가 대부분이었다. 반면 수세결(收稅結)에는 국유지에서 출세결로 승총된 토지를 비롯해 새로 개간된 토지, 조사 발견된 은결 등이 포함되었다. 이러한 면세결과 승총결을 증감(增減)하면 각 연도의 '원총전답' 결수('元摠田畓' 結數) = 결총이 산출되는 것이다. 바로 이 원총전답 결수가 지세부과의 기준이 되는데, 용인군에서는 이 액수를 채우기 위해 가결의 폐단이 생겼다.

'실전답(實田畓)'은 당해연도의 재결(災結)과 다른 국가기관으로 이획(移劃)된 것을 제외하고 탁지부에 실제로 상납해야 하는 결수를 의미한다. 풍흉에 따라 해마다 약간씩의 변화를 보이고 있다. 이 실전답 결수를 화폐로 환산하면 '실상납액(實上納額)'이 산출되는데, 여기에서 용인군의 재정으로 매년 10,770냥을 넘기고 나머지를 상납했다. 화폐로 환산한 결가(結價)는 1896~1899년조는 1결에 30냥씩, 1900~1901년조는 50냥씩, 1902~1904년조는 80냥씩, 1905년조는 8환씩의 비율로 책정되었다. 수세결수의 증가를 꾀하는 것 이외에 미가의 상승과 화폐가치의 변화에 따라 결당(結當) 수세액 즉 결가를 인상하고 있는데, 이와 같은 방법으로 농민들의 지세부담은 가중되었다.

그런데 사실에 입각한 원총전답 결수의 결정이 중요한 문제인데, 이는 양전을 통해 해결할 수밖에 없는 문제였다. 용인군의 원총전답 결수가 대체로 2,549결 15부 5속으로 되어 있는데, 1900년 양지아문양안의 전답결총은 3,542결 97부 4속이었고, 응탈(應頉)과 진전(陳田)을 제외한 실전답결총(實田畓結摠)은 3,540결 65부 6속이었다.[16] 원총전답 결수와 비교하면 양전의 결과 991결 50부 1속의 증가를 보임으로써[17] 1899년의 가결 문제를 훨씬 초월하는 결수의 증가를 초래했다.[18] 지나친 결수의 증가는 농민의 반발을 불러일으켰다.[19] 정부에서도 용인의 경우 결수가 지나치게 증가했음을 인정하여 그 책임자인 양무감리(量務監理) 이종대(李鍾大)를 구속하고 지계아문으로 하여금 다시 양전하도록 지시했다. 이리하여 용인의 경우 양지아문과 지계아문에서 두 번에 걸쳐 양전을 시행하게 되었다.[20] 재양전의 결과 용인군 상동촌면의 경우 〈표 2-2〉와 같은 변화가 나타났다.

양지아문양안에 비해 지계아문양안의 실면적은 219,332평방척이 증가한 반면, 필지수는 174필지, 결부는 14결 74부 2속이 줄어들었다. 그런데 양지아문양안에서는 진전을 거의 파악하지 않았지만, 지계아문양안에서는 다수의 진전을 파악했다. 상동촌면 지계아문양안의 진전은 139필지(起耕田과 중복된 27필지 포함), 231,204평방척, 6결 6부 4속이었다. 지계아문양안의 증가한 실면적은 진전의 면적과 비슷했다. 이러한 점에

---

16 『京畿道龍仁郡量案抄』(1900년) 제1책 참조.

17 『황성신문』 1900년 1월 25일 잡보, '龍仁査結'.

18 이것은 39%의 결총 증가율을 나타내는 것으로서, 앞서 203개 군의 평균 증가율이 23%였던 점과 비교하여 보면 결총이 급격하게 증가된 것이다.

19 경기도 지역에서는 양전을 시행하는 과정에서 이전의 결수보다 많으면 결민들이 욕설을 퍼붓고 尺軍輩를 구타하는 등 반발을 보이고 있었다(『황성신문』 1900년 10월 25일 잡보, '量務難處'). 과천의 경우에는 新結을 반포한 뒤 결민 수십 명이 지계아문 앞에 모여 이전의 결수보다 크게 증가했음을 호소했다(『황성신문』 1903년 9월 19일 잡보, '民訴結漲').

20 『高宗實錄』 1903년 9월 25일; 『司法稟報』 乙, 1903년 10월 9일 평리원검사의 보고서; 『照牒』(규장각 17277의 11) 1903년 10월 2일 지계아문총재의 법부협판에 대한 조회.

〈표 2-2〉 경기도 용인군 상동촌면 양지아문양안과 지계아문양안의 면적 변화

양안명	필지수	면적(평방척)	결-부-속
양지아문양안	2,978	4,394,149	199-35-2
지계아문양안	2,831	4,613,481	184-61-0

주: 지계아문양안에서 1필지의 토지가 일부는 起耕田이고 일부는 陳田인 경우 2필지로 산정했다. 그러한 필지는 모두 27건이므로 이를 제외하면 지계아문양안의 실제 필지수는 2,804필지이다.

출처: 『京畿道龍仁郡量案抄』(1900년) 제29책; 『京畿道龍仁郡量案』(1903년) 제27책

서 볼 때 양지아문양안이 지세를 담당할 수 있는 수세실결의 파악에 주안점을 둔 것이었다고 한다면, 지계아문양안은 지계발급을 위한 대장으로서 진전까지 파악하여 그 소유자에게 지계발급을 계획한 것이었다고 해석할 수 있다.[21]

지계아문양안에서는 진전이 포함되었음에도 불구하고 필지수는 전반적으로 감소되고 면적은 진전이 포함되어 증가했기 때문에 한 필지의 면적은 상당히 늘어났다. 그러나 결부수는 감소했다. 양지아문양안의 필지당 평균면적은 1,476평방척, 평균결부는 6부 7속인 데 반해, 지계아문양안의 필지당 평균면적은 1,645평방척, 평균결부는 6부 6속이었다. 이러한 현상은 토지등급(土地等級)의 조정에서 비롯된 것이었다.

지나친 결수의 증가로 재양전을 실시하게 되면서 고려하지 않으면 안 되었던 점은, 궁극적으로 결수의 일정한 감소를 꾀하지 않으면 안 된다는 사실이었다. 실면적을 그대로 두고 결수의 감소를 꾀할 수 있는 방

21 최원규는 지계아문양안의 陳田을 거의 모두 양지아문양안의 6등전으로 보고 양지아문에서부터 모든 토지를 대상으로 소유권을 파악하여 지계를 발급할 계획이었던 것으로 보아(최원규, 「대한제국기 양전과 관계발급사업」, 『대한제국의 토지조사사업』, 민음사, 1995, 241-253쪽) 필자와는 견해의 차이를 보인다.

〈표 2-3〉 경기도 용인군 상동촌면 광무양안의 토지등급별 면적

등급	양지아문양안			지계아문양안		
	필지수 (%)	면적(평방척) (%)	결-부-속 (%)	필지수 (%)	면적(평방척) (%)	결-부-속 (%)
3등급	188 (6)	120,579 (3)	8-45-2 (4)	84 (3)	88,175 (2)	6-18-2 (3)
4등급	1,140 (38)	1,919,576 (44)	105-25-5 (53)	552 (21)	1,046,729 (24)	57 67 3 (32)
5등급	1,181 (40)	1,811,917 (41)	71-98-3 (36)	1,294 (48)	2,225,965 (51)	88-84-7 (50)
6등급	469 (16)	542,077 (12)	13-66-2 (7)	762 (28)	1,021,408 (23)	25-84-4 (15)
합계	2,978 (100)	4,394,149 (100)	199-35-2 (100)	2,692 (100)	4,382,277 (100)	178-54-6 (100)

출처: 『京畿道龍仁郡量案抄』(1900년) 제29책; 『京畿道龍仁郡量案』(1903년) 제27책

법은 토지등급의 조정, 즉 토지등급을 하향조정하는 방법뿐이었다.[22] 그렇게 되면 면적은 넓어지지만 결수는 줄어들게 된다. 상동촌면 지계아문양안의 경우 진전 6결 6부 4속이 포함되었음에도 불구하고 결부는 14결 74부 2속이나 줄어들었고, 필지당 평균면적은 크게 늘었음에도 불구하고 평균결부는 늘지 않았던 것이다.

이제 이러한 사정을 보다 구체적으로 살펴보면 〈표 2-3〉과 같다. 전·답·대지를 토지등급별로 모두 합계하고, 지계아문양안의 진전은 제외했다. 〈표 2-3〉에서 보면 양지아문양안의 3·4등급 필지수와 면적(평방척)이 지계아문양안에서는 급격히 감소한 반면, 5·6등급은 급격히 증

22 토지등급과 면적의 상관관계를 살펴보면, 1등급 1結(100尺×100尺)의 토지는 2등급의 경우 85負, 3등급은 70부, 4등급은 55부, 5등급은 40부, 6등급은 25부로서 6등급 1결은 1등급 1결에 비하여 면적이 4배나 넓었다.

가했다. 그 결과 결부수는 양지아문양안에서 57%이던 3·4등급 토지가 지계아문양안에서는 35%로, 43%이던 5·6등급의 토지는 65%로 급격히 변화하게 되었다. 재양전에서는 토지등급을 하향조정함으로써 결수의 감소를 꾀할 수 있었던 것이다. 바꾸어 말하면 양전을 통한 결수의 증가는 토지등급의 상향조정에서 비롯된 것이었다. 결부제는 생산량을 단위로 한 것이기 때문에 생산량을 추정하는 방법으로 토지등급을 사용하는데, 이 토지등급을 어떻게 매기는가에 따라 실면적에는 많은 차이가 있을 수 있고, 실면적에 변동이 없더라도 토지등급을 상향조정하면 결수의 증가를 가져올 수 있는 것이었다.

가결 문제로 발생한 1899년 용인 농민의 조세저항운동은 은결의 색출을 통한 가결의 상쇄 방향으로 그 문제가 해결될 수밖에 없는 것이었고, 은결의 색출은 양전의 시행으로 가능한 것이었다. 그러나 양전의 결과 토지등급을 상향조정함으로써 지나친 결수의 증가를 가져오게 되었고, 이것이 다시 용인 농민의 저항을 불러일으켰다. 결수를 재조정하지 않으면 안 되었다. 재조정은 이전의 상납원총을 기준으로 할 수밖에 없었고, 그것은 양전사업이 지닌 한계였다. 토지등급의 상향조정에 의해 개인별 결수가 이전에 비해 증가함으로써 농민들이 다시 저항하고 있는 것은 결부제(結負制) 및 결총제(結摠制)의 모순에서 비롯된 것으로서, 사실 결총제의 개혁은 시대적 과제로서 오래전부터 제기되어 왔다.

3. '광무양안'과 '토지조사부' 자료의 특징

1) 광무양안과 토지조사부의 기재방식

광무양전지계사업에서 양지아문양안이 124개 군, 지계아문양안이 94개

군에서 작성되었는데, 현재 남아 있는 양안은 41개 군에 불과하다. 양지아문양안과 지계아문양안이 동시에 남아 있는 곳은 12개 군으로 용인·수원·광주·안성·양성·양지·진위·석성·한산·연산·온양·충주군이다. 대체로 양지아문양안은 중초책(中草冊), 지계아문양안은 정서책(正書冊)이다. 이러한 경우의 지계아문양안은 양지아문이 폐지되어 양전의 사무가 지계아문으로 넘어간 뒤 중초책 양지아문양안을 지계아문에서 정서한 것이기 때문에 사실상 양지아문양안과 다를 바 없다. 그러나 수원군의 양안과 용인군의 양안은 양지아문과 지계아문에 의해 두 번 양전이 시행되었고, 따라서 양지양안과 지계아문양안의 내용이 전혀 다르다. 필지가 대조되면서도 다시 작성된 것이다.

광무양안은 '면'을 양전의 가장 기초적인 단위로 삼았다. 면 이하의 촌이나 동리는 양전 단위와는 상관없고, 따라서 작성된 양안에도 그것을 적당히 두주(頭註)로 달아 놓는 데 그쳤다. 전통적인 토지대장의 작성 과정에서 그 기초단위가 되어 왔기 때문에 면 사이의 경계를 구분하지 않을 수 없었고, 따라서 면은 토지를 중심으로 한 행정 단위로 발전한 데 비해, 촌이나 동리는 토지와는 관계없이 호구를 중심으로 구분되었기 때문에 토지측량의 단위로는 부적절했다. 동리뿐만 아니라 들이나 산간 지역을 칭하는 명칭도 평(坪)·원(員)·곡(谷) 등으로 막연하게 붙여졌다. 반면에 토지조사부는 행정구역의 개편에 따라 동리의 통폐합이 시행된 뒤 동리 단위로 작성되었다. 지적도뿐만 아니라 조선총독부 육지측량부의 지도작성도 병행되었기 때문에 동리의 경계가 분명하게 그어졌다.

광무양안은 5결 단위로 자호(字號)를 붙이고 자호 아래 필지마다 순서대로 지번(地番)을 달았다. 양지아문양안은 지번 아래에 양전 방향, 지형, 지목, 야미(夜味)의 수, 전답의 모형 그림과 장광(長廣)의 길이 및 4표(四標), 면적(평방척수), 토지등급, 결부수, 전답주와 작인[또는 시주(時

主)와 시작(時作)의 성명, 대지의 경우는 대주(垈主)와 가주(家主)의 성명 및 와가(瓦家)·초가(草家)의 칸수]이 기재되어 있다. 반면 지계아문양안에는 일련 지번 아래 양전 방향, 토지등급, 지형, 전답 구분, 야미의 수, 장광의 길이, 면적(평방척수), 결부, 두락(斗落) 또는 일경(日耕), 4표, 시주 또는 진주(陳主)의 성명이 기재되어 있다. 양지아문양안에는 전답의 모형 그림과 작인 성명, 그리고 가옥보유관계가 기재된 점, 지계아문양안에는 두락과 일경이 기재된 점, 시작을 제외하고 시주만 기재한 점 등이 두 양안의 뚜렷한 차이다.

용인의 지계아문양안에는 별도로 대지가 표시되지 않고 전에 포함되었다. 양지아문양안의 폐자(陛字) 95~139호, 지계아문양안의 주자(主字) 92~124호, 운자(云字) 1~24호에 걸치는 '원촌'의 원둔(院屯)은 양지아문양안에서는 모두 원둔의 '대지'로 나타나고, 지계아문양안에서는 모두 '전'으로 표시되어 있는 점을 예로 들어 보더라도 분명하다.[23] 그리고 양지아문양안에는 진전이 거의 파악되지 않은 데 반하여, 지계아문양안에는 진전이 다수 파악되어 있다. 지계아문양안은 토지소유권 증서로서의 지계발급을 목표로 했기 때문에 진전까지 그 소유자를 파악했고, 소유자가 없는 진전은 '진무주(陳無主)'로 확인해 두고 있었다.

한편 토지조사부에는 지번, 지목, 가지번, 지적(평수), 신고 또는 통지 연월일, 소유자 주소, 소유자 씨명, 적요를 기재하도록 양식이 마련되었다. 지번은 동리 단위로 일련번호가 주어졌다. 지목은 전·답·대·임야·잡종지·분묘지·사사지·지소 등으로 되어 광무양안에 비해 늘었다. 임야는 산림을 말하는 것이 아니라 경작지 인근에 끼여 있는 숲에 한정

23 경상도 동래·산청·합천의 지계아문양안에는 대지의 경우 시주 성명 옆에 '垈'라는 부기를 달았다. 지역마다 표기방식이 통일되지 않았던 사실을 알 수 있다.

했다. 지적은 삼각측량법을 동원해 정확히 산출했고, 그 단위는 평(坪)이었다. 주소는 어느 지역에 거주하는지 동리 단위까지 기재되어 있어 부재지주 여부를 가릴 수 있게 되어 있다. 그리고 소유자 이름은 민적부(民籍簿)에 등록된 실명을 사용함이 원칙이었다. 국유지의 경우에는 '국(國)'으로 표시되고, 공동소유지의 경우에는 대표자가 기재되고 동리 단위의 말미에 공동소유자의 성명이 연명되어 있는 것이 보통이다. 적요란에는 공유의 여부, 신고의 여부, 분쟁 사실 등이 기재되어 있다.

광무양안과 비교해 볼 때 토지조사부에는 토지의 비옥도나 생산성과는 관계없이 평수로 절대면적이 정확하게 산출되어 있는 점, 주소가 정확하게 기재되어 있는 점, 소유자의 성명이 실명으로 기재되어 있는 점 등이 특징으로 나타난다. 토지조사부의 이러한 특징을 근대성이라 할 수 있다면, 광무양안은 그 대척점에 놓여 있는 것이 사실이다. 반면 양지아문양안에는 작인과 가옥보유관계가 기재되어 있고, 지계아문양안에는 두락과 일경이 기재되어 있는 점이 특징으로 나타난다. 그것을 근대적인 것이라고 단정할 수는 없지만, 전통적인 양안의 개혁을 추구한 측면이 없다고 할 수도 없다.

2) 결부제(結負制)와 두락일경제(斗落日耕制)

양지아문양안의 면적은 평방척수와 결부로 기재되어 있고, 지계아문양안은 그 외에 두락 또는 일경이 추가로 기재되어 있다. 평방척수는 장광(長廣)의 척수로 산출된 것인데, 조선 시기의 양안이 장광의 척수만을 기재하는 것이 일반적이었다면, 광무양안에서는 장광의 척수와 그 산출의 결과인 평방척수를 기재하고 있는 점이 특징이다. 결부의 산출은 지세부과를 위해 반드시 필요한데, 여기에 산출 과정의 일부라 할 수 있는 평방척수를 기재한 것은 정확한 실면적(實面積)을 산출하려는 의도로 보아도 좋을 것이다. 평방척수와 결부, 두락일경 가운데 측량기술 수준의 한계를 감안하면 평방척수가 가장 정확한 면적 단위라고 할 수 있다.

광무양전 시에 사용된 자는 물론 양전척(量田尺)이었다. 양전척의 길이는 계속 변화해 왔다. 조선 전기에는 세종연간의 양전척으로 측량했는데, 임진왜란 이후 이를 분실하여 1634년 갑술양전 시에 재조정했다. 그런데 그것이 구 양전척에 비해 포백척(布帛尺)으로 1촌(寸)이 길었다. 그러나 논란은 많았지만 이를 가지고 갑술양전과 1720년 경자양전을 실시했고, 1819년 이후에는 완전히 갑술양전척으로만 측량하기에 이르렀다.[24]

면적은 양안에 표시된 전답의 모양에 따라 장광의 척수를 가지고 산출된다. 그런데 문제는 전답의 모양이 장광척수의 측량에 부적합하다는 점이다. 지형을 예전의 5개 유형에서 10개 유형으로 늘려 토지 모양을 보다 정확하게 규정함으로써 보다 정확한 면적의 산출을 의도했지만,[25] 삼각측량법과 지적도에 의거한 면적의 산출과 비교할 수 있는 것은 아니었다. 그러나 양전척에 의해 전답의 모형에 따라 산출된 평방척수가, 이를 토대로 다시 산출되는 결부 또는 두락·일경보다는 정확한 면적을 나타내는 편이다.

결부는 토지등급에 따라 평방척수를 가지고 산출된다. 양전척이 1등전척이기 때문에 양전척 사방 100척, 즉 10,000평방척은 1등전의 1결이 되고, 2등전으로는 85부, 3등전 70부, 4등전 55부, 5등전 40부, 6등전 25부로 되어 등급에 따라 10,000평방척의 실면적이 결부로는 무려 4배까지 차이가 난다. 결부는 실면적과는 거리가 먼 생산량의 단위

---

24 박홍수, 『도량형과 국악논총』, 박홍수선생화갑기념논문집간행회, 1980, 187쪽.

25 『完北隨錄』(규장각 古5121-1) 1903년 2월 27일 地契監理應行事目.

였던 것이다. 생산 수준을 파악하기 위해서는 결부가 적절한 방법이라고 할 수도 있지만, 이 시기에 이르면 이미 토지등급의 자의적 설정 때문에 결부는 실질적인 생산 수준과는 별개로 지세수취를 위한 단위로서만 기능하게 되었다. 따라서 결세의 증가, 곧 지세의 증가를 위해서는 양전을 시행하여 토지등급을 높게 책정하면 얼마든지 가능했다.

토지등급은 토질과 수리관계, 지형을 고려하고 지가와 생산량을 참작하고 지심인(指審人)의 평론과 구양안의 등급을 고려해 책정되는 것이었지만,[26] 과학적인 정확성을 지니는 것은 아니었다. 따라서 토지등급에 의한 결부의 산정은 지세부과 단위로서는 적절했을지 모르지만, 면적 파악은 훨씬 복잡하게 만드는 결과를 초래했다.

토지등급의 조작에 따른 결부수의 증감현상은, 이미 지적한 바와 같이 용인 양지아문양안의 결수를 줄이기 위해 지계아문양안의 토지등급을 하향조정했던 데서 발견할 수 있는데, 그 외에 전·답·대 등 지목에 따라 토지등급의 책정이 달라지는 현상도 발견할 수 있다. 전·답·대의 생산량과 경제적인 효용성이 다르기 때문에 그럴 수밖에 없을 것으로 예상되는데, 상동촌면 양지아문양안에서 이를 살펴보면 〈표 2-4〉와 같다.

전의 경우에는 5등급이 57%로 가장 많고, 5·6등급이 전체의 80% 이상을 차지했다. 답은 4등급이 68%로 가장 많고, 4·5등급을 합하면 98%에 달했다. 대지는 4등급이 53%로 가장 많고, 3·4등급을 합하면 92%에 달했다. 토지등급은 대지가 가장 높고, 다음은 답이며 전이 가장 낮은 등급에 속한다. 지계아문양안의 전답별 분석에서도 이와 유사한 결론을 얻을 수 있다. 지계아문양안의 경우에는 대지가 전에 포함되어

26 각주 25와 같음.

〈표 2-4〉 경기도 용인군 상동촌면 양지아문양안의 토지등급별·지목별 면적

등급	전 평방척(%)	답 평방척(%)	대지 평방척(%)	합계(%)
3	6,083(1)	18,102(1)	96,394(39)	120,579(3)
4	341,089(17)	1,447,819(68)	130,668(53)	1,919,576(44)
5	1,162,180(57)	629,884(30)	19,853(8)	1,811,917(41)
6	515,644(25)	26,433(1)	0(0)	542,077(12)
합계	2,024,996(100)	2,122,238(100)	246,915(100)	4,394,149(100)

출처: 『경기도용인군양안』(1900년) 제29책

있지만 전(평방척수)은 5등급이 45%, 6등급이 40%에 달하고, 답은 4등급이 38%, 5등급이 58%에 달했다. 이와 같이 토지등급은 지목에 따라 상당한 차이를 보이는데, 대체로 대지는 3·4등급, 전은 4·5등급, 답은 5·6등급이 다수를 차지했다.

한편 지계아문양안에 기재되어 있는 두락과 일경은 이상에서 논의한 평방척수 또는 결부와 어떠한 관계가 있을까? 1두의 종자를 파종하는 답의 면적을 1두락(斗落)이라 하고, 1일간 우경(牛耕)할 수 있는 전의 면적을 1일경(日耕)이라 하는데, 두락·일경이 일정한 면적을 의미하는 것은 틀림없지만 그 기준이 애매하여 그 면적을 정확하게 산출하는 것은 불가능하다. 두락은 토지의 비옥도, 파종의 후박(厚薄)에 따라, 일경은 토질, 쟁기, 우경(牛耕) 시 소의 수 등에 따라 그 면적을 달리할 수밖에 없는 것이다. 따라서 지역마다 두락과 일경의 실면적은 상당한 차이를 보인다. 그러나 결부에 비하면 실면적에 다소 가깝다고 할 수 있지만 결국은 생산량을 고려하여 설정되기 마련이어서, 두락과 일경은 면적과 생산량을 아울러 고려한 단위라고 해야 할 것이다.[27] 두락·일경은 생산

27 山口精, 『朝鮮産業誌』 上, 寶文館, 1910, 313-314, 385-387쪽; 『財務週報』 1호,

량과 면적 개념이 혼동되어 있고 지역적 관행에 따라 그 면적을 달리했던 면적 단위로 이해된다. 이러한 두락일경제는 주로 민간에서 매매 또는 지대납부 시에 사용되었다.

그러면 두락과 일경은 어떠한 방식으로 지계아문양안에 기재되었을까? 그것은 실지조사(實地調査) 과정에서 동장과 지심인의 지적에 따라 기재되었는가, 아니면 면적을 산술적으로 산출한 것인가? 지계아문양안에서 두락·일경은 토지등급에 관계없이 그 평방척수가 일정한 양상을 보여주는데, 상동촌면의 지계아문양안에서 보면 전의 경우에는 3등급의 1각경(刻耕)당 평균 평방척수가 128척, 4등급은 129척, 5등급은 128척, 6등급은 127척으로 나타나고, 답은 1승락당 평균 평방척수가 4등급은 50척, 5등급은 51척, 6등급은 55척으로 나타났다. 지계아문양안의 두락과 일경은 토지의 비옥도와는 전혀 상관이 없고 면적에 따라 달라지는 단위임을 보여주는 것이다. 이것은 위에서 두락과 일경이 면적과 생산량을 동시에 고려한 단위라고 한 결론과는 상반되는 현상이다. 여기에 광무양전지계사업의 특징이 있다. 즉 지계사업을 통해 실면적을 나타내는 순수한 면적 단위로서 두락·일경의 개념을 새롭게 정립하려는 의도가 있었던 것이 아닌가 생각된다. 일반적으로 두락·일경은 면적과 생산량을 동시에 고려한 면적 단위로서 관행적으로 지방마다 그 면적을 달리했기 때문에, 실지조사를 했다면 지역적으로 또 지역 내에서도 필지마다 두락과 일경의 평방척수는 많은 오차를 나타냈을 것이다. 그러나 상동촌면 지계아문양안상에서는 두락과 일경의 평방척수에 대한 상관관계의 오차가 매우 적었고, 경상도 합천, 강원도 간성, 경기도 용인 등 그 지역적 관행을 달리하는 지역들을 비교해 보더라도 두락

'결 및 두락 등에 대하여' 참조.

과 일경의 면적이 거의 동일하게 나타나는 것을 발견할 수 있다. 두락·일경이 실지조사에 의한 것이 아니라 일정한 평방척수를 기준으로 산술적으로 산출된 것임이 분명하다. 즉 전국적으로 지역의 관행에 따라 그 면적을 달리하는 두락과 일경의 면적을, 지계아문양안의 작성에서는 동일한 면적을 기준으로 산정했던 것이다. 민간에서 주로 사용하고 지역적으로 면적을 달리하고 있었던 두락과 일경을 전국적인 새로운 면적 단위로 확립하려는 의도가 있었을 것으로 해석된다.[28]

한편 토지조사부에는 평(坪)이 면적 단위로서 채택되어 있다. 이것은 오늘날 사용하고 있는 미터법으로 환산할 수 있는 단위로서 실면적을 그대로 표현해 준다. 토지조사사업을 통해 결부법에 의한 토지면적 측정의 방법은 폐지되고 삼각측량법과 도근(圖根)측량에 의해 정반평(町反坪)의 절대면적으로 토지의 면적이 측정되었다. 이러한 절대면적에 의한 토지면적의 측정은 오늘날 미터법으로 전환되어 유지되고 있다.

3) 시주(時主)와 시작(時作)의 관계

양지아문양안에는 전답주 또는 시주와, 작인 또는 시작의 성명이 기재되어 있고, 지계아문양안에는 시주(진전답은 陳主)의 성명만이 기재되어 있으며, 토지조사부에는 토지소유자의 주소와 성명이 기재되어 있다. 이러한 기재사항을 놓고 검토해야 할 문제는 기재된 인물의 실명 여부, 시주와 시작의 관계, 거주관계 및 부재지주 여부 등이다.

먼저 광무양안에 기재된 인물의 성명은 실제 성명인가? 조선시대

28 宮嶋博史, 『朝鮮土地調査事業史の研究』, 東京大學 東洋文化研究所, 1991, 264-268쪽 참조.

에는 토지소유 등 재산이나 물질에 관계되는 부분은 노비명이나 호명을 사용하는 것이 보통이었고, 광무양안도 마찬가지였다. 반면에 토지조사부는 민적부에 등록되어 있는 실명의 사용을 원칙으로 했다. 따라서 실명이 분명하지 않았던 평민이나 노비 출신도 모두 실명을 정하여 민적부에 등록하고 토지조사부의 소유권 행사에도 사용하지 않으면 안 되었다.

토지조사부의 소유자 성명을 실명이라고 전제하고 이를 기준으로 광무양안의 실명제 비율을 조사해 보기로 한다. 상동촌면의 경우 전·답·대의 소유자로서 양지아문양안에 등장하는 인물은 모두 613명이고, 지계아문양안은 653명, 토지조사부는 651명이었다. 토지조사부에 등장하는 인물 가운데 양지아문양안이나 지계아문양안 어느 하나에든 등장하는 인물은 모두 73명으로서 토지조사부 기준으로 11.2%에 불과하고, 이 중 3개의 토지대장에 모두 등장하는 인물은 43명으로서 6.6%에 불과하다. 광무양안의 실명제 비율이 매우 저조함을 알 수 있다. 양지아문양안(1900)과 지계아문양안(1903) 두 양안에 모두 등장하는 인물은 399명으로 65%를 점하고 있는데, 이것은 3년 사이에 35%의 소유변동률을 나타내는 셈이다. 이러한 추세로 소유관계가 변화했다면 토지조사부에 등장하는 인물은 광무양안과 비교하여 상당히 바뀌었을 것으로 예상할 수 있다. 그러나 당시의 향촌사회의 상황이나 토지상품화의 수준에 비추어 볼 때 이러한 소유변동률이 현실을 그대로 반영한다고 믿어지지는 않는다.

그래서 향촌사회에 큰 변동이 일어나지 않았던 동족부락에서 소유자의 변화를 살펴보았다. 상동촌면 딕싱리에는 사천(泗川) 목씨(睦氏) 직장공파(直長公派)와 진주(晉州) 소씨(蘇氏) 남강공파(南岡公派)가 동족부락을 이루고 있어서 토지소유자의 변동이 매우 적었을 것으로 예상되지만, 광무양안과 토지조사부를 비교한 결과 정반대의 결론에 이르렀다. 즉 양지아문양안의 토지소유자 목씨 29명 가운데 지계아문양안에는 동일명으로 19명이 등장하고 7명은 새로운 이름이지만, 토지조사부의 목씨 24명은 전혀 새로운 이름이었다. 그리고 양지아문양안의 소씨 28명 가운데서 지계아문양안에는 15명이 등장하고 14명이 새로이 등장했지만, 토지조사부의 소씨 17명 가운데 16명은 전혀 새로운 이름이었다. 양지아문양안과 지계아문양안상에서는 동일인이 상당히 발견되지만, 토지조사부에서는 거의 발견되지 않았던 것이다. 목씨의 경우 족보를 대조해 본 결과 토지조사부의 인물은 22명이 족보에서 발견되었지만, 광무양안상의 인물은 전혀 발견되지 않았다. 다만 토지조사부의 인물 3명이 광무양안에서는 자(字)로 기록된 것이 발견되었을 뿐이었다. 이러한 점에서 볼 때 광무양안상의 인물은 상당수가 여러 방식으로 붙여진 가명이었다고 판단된다.[29]

그러면 시주와 시작란에 기록된 인물은 과연 어떤 존재인가? 지계아문양안의 시주는 진주와 대비되는데, 그렇게 보면 '시(時)'의 의미는 1720년 경자양안의 '기(起)'의 의미와 마찬가지로 경작이 가능한 기경지를 의미하는 것으로 여겨지고, 시주는 그 토지의 현재 소유자를 의미하게 된다. 황폐하여 경작하기 어려운 농지는 주인이 없으면 '진무주(陳無主)'라고 표시하고, 주인이 있으면 진주의 성명을 밝혔다. 시주와 진주는 분명 토지소유자임에 틀림없다. 토지조사부에서는 기경전과 진전을 구별하지 않고 토지소유자만을 밝히고 있다. 시작(작인)은 양지아문양안에만 기록되어 있고, 지계아문양안이나 토지조사부에는 기재되어 있지 않다. 그것은 지계아문양안은 소유권 증서로서의 지계를 발급하려는 것

29 이영훈은 연기군의 광무양안과 광무호적 및 족보를 대조하여 조상이나 자손, 자(字) 등의 익명을 이용한 '分錄'과 '代錄'의 현상이 광범하게 나타나고 있는 사정을 지적한 바 있다. 이영훈, 「광무양전의 역사적 성격: 충청남도 연기군 광무양안에 관한 사례연구」, 『근대조선의 경제구조』, 비봉출판사, 1989.

이 목적이었기 때문이고, 토지조사부 역시 토지소유권의 조사에 일차적인 목적이 있었기 때문이다.

조선시대의 양안에는 소유자인 기주만 기재되는데 유독 양지아문 양안에만 작인이 기록된 이유는 무엇일까? 양지아문양안의 전답주와 작인은 과연 실제 지주-작인의 생산관계를 의미하는가? 그것은 분명히 현실의 지주-작인관계를 나타내고 있다고 생각된다. 수원과 용인의 양전을 시행한 양무감리 이종대가 결수의 남증(濫增)으로 재판에 회부되고 그 재양전의 비용을 부담하게 되었을 때 진술한 내용 가운데서 그 증거를 찾을 수 있다.

> 경계가 모호하고 시작이 착란된 것을 양지인에게 책임을 돌릴 수는 없습니다. 읍에는 어린성책(魚鱗成冊)이 있고 동에는 지심인(指審人)이 있습니다. 그리고 두민(頭民)과 동장(洞長)이 지시한 바에 따라 작인(作人) 및 답주(畓主)를 각각 등록합니다. 읍과 동에서 잘 살피지 않고 오히려 타인에게 허물을 돌리니 어찌 모호하지 않겠습니까?[30]

여기서 보면 작인과 답주는 두민과 동장이 보고한 대로 양안에 등록이 되었는데, 두민과 동장이 보고한 바로 이 작인과 답주는 실제 지주와 작인을 의미하는 것으로 해석된다. 주로 지세의 수취에 관심이 있었던 국가의 양안에 지주-작인관계를 기재한다는 사실은 지주-작인관계의 법제적 확인으로 해석할 수도 있고, 작인을 기재했다는 사실을 중시하여 경작권의 성장을 법적으로 인정한 것으로 해석할 수도 있다. 그

30 『司法稟報』乙, 1904년 6월 15일 平理院檢事洪鍾櫶의 法部大臣李址鎔에 대한 제64호 報告書.

러나 저자는 이를 국가의 조세수취와 관련지어 이해하고자 한다. 양전의 시행이 전정(田政)의 문란을 시정하려는 것이었고 전정의 문란 가운데는 징세대장의 문란이 중요하다는 점을 상기하면, 양전의 목적이 토지소유자의 확정뿐만 아니라 납세자의 확인에도 있었다고 해야 할 것이다. 납세자는 지역적 관행과 지대수취 관행에 따라 지주가 되기도 하고 작인이 되기도 했다. 따라서 시주는 토지소유자임과 동시에 납세자의 가능성으로서 파악되었고, 시작은 오로지 납세자의 가능성만으로 전면적으로 파악되었다고 보고 싶다. 양전은 토지소유자의 확인과 함께 '납세자로서의 시주와 시작'의 파악에도 그 목적이 두어졌던 것이다. 지세수취의 기본대장으로서 양안은 오히려 후자에 초점을 둔 장부라고 보는 것이 더 타당할 것이다.[31]

지계발급을 목적으로 한 지계아문양안에는 작인이 기재되지 않았던 점, 통감부의 징세대장 정비 과정에서 납세자를 토지소유자로 일원화하고 '납세자로서의 토지소유자'를 파악하고자 했던 점 등이 이를 반증한다. 납세자로서 파악된 지주와 시작의 관계는 현실의 지주-작인관계를 반영하고 있다고 생각된다.

그런데 시주와 시작이 가명으로 기재된 것이 많다는 점과 함께 그것이 정확하게 파악되었을까 하는 점에는 의문의 여지가 적지 않다. '대록(代錄)'과 '분록(分錄)' 현상이 광범하게 나타나고, 소작지 비율이 극히 낮게 나타나는 점 등에서 특히 시작에 대한 파악이 부정확했을 것으로 추정하게 된다.

이상에서 시주와 시작의 관계를 검토해 보았다. 이들의 관계가 현실의 지주-작인관계를 표현하는 것은 틀림없는 사실이다. 그러나 그들

31 이 책의 제1장 참조.

은 실명으로 기록되어 있지 않고, 시주의 경우 분록에 의하여 현실적인 소유관계가 혼란되어 있으며, 거주지가 기록되지 않아 부재지주의 여부 및 경영에의 참여 여부를 가려내는 데 많은 어려움을 주고 있다. 또한 시작에 대한 파악은 정확성과 신뢰도에 문제가 있다. 따라서 지주-작인 관계를 표시하고는 있지만 사실상의 지주-작인관계로 인정하기에는 한계가 있다.

4) 국유지와 중답주

상동촌면의 양지아문양안에는 훈둔(訓屯)·원둔(院屯)·경영둔(京營屯)·둔결(屯結) 등으로 표시된 토지가 있고, 지계아문양안에는 훈둔·원둔·경영둔이 있다. 둔결은 훈둔과 동일한 것인데 조사자에 따라 명칭을 달리 붙인 것으로 확인된다. 둔결은 여러 가지 둔토를 총괄할 때 사용할 수 있는 개념이다. 그런데 토지조사부에는 국유지의 항목이 세분되지 않고 그저 '국(國)'으로만 표시되어 있어 광무양안과 비교하기 쉽지 않다. 먼저 국유지의 면적을 살펴보면 〈표 2-5〉, 〈표 2-6〉과 같다.

양지아문양안과 지계아문양안의 국유지 면적은 유사하게 나타나는데, 그 가운데 훈둔이 가장 많은 양을 차지하고 있다. 원둔은 대부분 대지였고, 천리에 병합되어진 원촌에 모여 있었다. 경영둔은 답 4필지에 불과했다. 반면 토지조사부의 국유지는 광무양안에 비해 그 면적이 현저하게 적다. 이러한 현상을 어떻게 해석할 것인가? 광무양안의 훈둔·원둔·경영둔은 과연 국유지인가, 그 소유구조는 어떠한가 하는 문제가 제기된다.

훈둔은 훈련도감둔전을 의미하는데, 선조 26년(1593) 훈련도감을 설치하면서 그 군수(軍需)에 충당하기 위해 황무지 개간, 공전 절수(折受), 적몰(籍沒)전답 이속, 민전 매입, 민전의 투탁이나 탈입, 민전징세권

〈표 2-5〉 경기도 용인군 상동촌면 광무양안의 국유지

종류	양지아문양안			지계아문양안		
	필지	면적(평방척)	결-부-속	필지	면적(평방척)	결-부-속
훈둔	323	395,695	17-61-5	314	428,801	16-50-6
원둔	38	11,845	0-65-5	49	31,355	1-19-2
경영둔	4	8,462	0-46-5	4	10,062	0-55-9
계	365	416,002	18-73-5	367	470,218	18-25-7

출처: 『경기도용인군양안초』(1900년) 제29책; 『경기도용인군양안』(1903년) 제27책

획득 등의 방법으로 설정된 둔전이다. 후에 현종 7년(1665) 일부는 양향청(糧餉廳)으로 이속되고 일부는 훈련둔으로 그대로 남았다가 개항 이후 무위영(武衛營)·친군영(親軍營)으로 옮기기도 했는데, 갑오개혁 때 국가의 관리로 넘어갔다.[32]

훈련도감에서 민전징세권을 획득했다는 것은 훈련도감이 민전의 조세를 확보한 것을 말하고, 공전의 절수, 적몰전답 이속, 민전 매입은 훈련도감에서 토지소유권을 확보한 것을 말한다. 이 두 경우의 소유구조는 명확하다. 그러나 황무지의 개간, 민전의 투탁(投托)이나 탈입(奪入) 등의 경우에는 복잡한 문제가 발생한다. 민전의 투탁이나 탈입의 경우에는 애초에 민전이었는데, 조세부담의 가중을 피하거나 피역을 위해

32 和田一郎, 『朝鮮土地地稅制度調査報告書』, 宗古書房, 1920, 341-347쪽. 대한제국 내장원의 조사에 의하면 훈련둔은 답 1,400여 石落, 전 600여 日耕으로 전답이 700여 결에 이르렀다고 한다. 훈련둔은 갑오개혁 당시에는 전국에 33개소가 남아 있었고(朝鮮總督府 取調局, 『小作農民ニ關スル調査』, 1912 참조), 그 결수가 유토(有土)·무토(無土) 합하여 3,508결 91부 8속이었다(『結戶貨法稅則』, 1895 참조). 갑오개혁에 의해 무토는 모두 일반수세지로 전환되었기 때문에 700여 결이란 지적은 유토만을 의미한다.

〈표 2-6〉 경기도 용인군 토지조사부의 국유지

지목	필지	면적(평)	소재지	비고
전	1	543	묵리	無申告
답	4	3,850	덕성리	
대지	1	8,797	천리	
계	6	13,190		

출처: 『토지조사부』, 경기도 용인군 이동면

지주가 스스로 군영에 투탁하거나 아니면 군영에서 빼앗은 토지이기 때문에 도조(賭租)의 액수가 결세(結稅)를 약간 상회하는 수준에서 결정되고, 따라서 소유구조는 군영 아래에 지주-작인관계가 성립되는 중층적인 형태를 띠기 마련이었다. 황무지 개간의 경우에도 역시 개간에 투자한 자본과 노동력 여하에 따라 소유권리의 행사에 차별이 발생하고, 여기에서 중층적인 소유권이 형성되며 중답주(中畓主)가 나타났다.[33]

중답주는 전국 여러 지역에 존재했는데, 평안도의 원도지(原賭地)·굴도지(轉賭地), 황해도의 중도지(中賭地), 전주의 화리(禾利) 등이 대표적이었다. 경기도에도 중답주가 있었다. 경기도 이천에 내린 내장원의 훈령은, 경기도 각 군 공토에 중답주가 존재하여 민전과 마찬가지로 타작을 시행하고 문권을 가지고 매매하는 데 거리낌이 없다고 지적하면서 이러한 중답주의 폐단을 금지할 것을 지시하고 있다.[34]

용인에서도 중답주의 존재를 확인할 수 있다. 용인군의 양지아문양안은 1900년에 작성되었고 지계아문양안은 1903년에 작성되었는데, 그 와중인 1901년의 기록에 의하면 용인군의 모현둔·도촌둔·훈련둔·사복

33 이 책의 제7장, 제8장 참조.

34 『訓謄冊』(규장각 古5120-149), 1904년 8월 30일.

둔은 민전으로 인식되어 매매되는 현상을 보여주었다. 즉 갑오개혁 이전에는 부담이 결세 수준에 불과했기 때문에, 농민들은 이를 민전으로 인식하고 '전상매매(轉相賣買)'했던 것이다. 갑오개혁 이후에도 여전히 도세(賭稅)를 결세로 간주하여 계속 매매했으며, 이들 토지는 모두 '호세가(豪勢家)'의 소유가 되어 '허민병작(許民幷作)'되고 있다고 했다.[35]

또한 1906년 용인군 수진면의 이진현은 도촌면에 있는 둔토 중 '매득답(買得畓)' 가운데 7두락을 1877년 150냥을 주고 사서 경작하면서 이제는 경리원에 도조 1석을 상납하고 결전은 용인군에 상납하고 있는데, 이운서가 감관을 통해 탈경(奪耕)하려 한다고 호소했다. 그러면서 도촌면 등지에 이러한 '전수답(傳受畓)'이 수십 석락이 넘으며, 구 작인이 특별히 방매하고자 하면 사려는 자는 가격을 정하여 전수하고 옮겨서 경작한다고 증언했다.[36] 여기서는 전수답의 인계인수자들이 모두 '작인'으로 인식되고 있다. 그리고 1907년에는 임선녀가 경작하던 도촌둔 5두락을 조치서가 2,000냥에 '전집(典執)'했다는 주장이 나오기도 했다.[37]

이상에서 볼 때 '전상매매'·'전수'·'전집'의 구체적인 내용을 알 길은 없으나, 이러한 것들은 일정한 토지소유권을 전제로 해야만 성립될 수 있다는 점은 분명하고, 따라서 여기에 중답주가 존재할 가능성이 높다는 것을 추측할 수 있다.

---

35 『京畿各郡報告』 3책(『各司謄錄』 2, 국사편찬위원회), 1901년 7월 5일, 7월 7일.

36 『京畿各郡訴狀』 9책(『각사등록』 3), 1906년 3월. 둔토 중 買得畓이란 둔토의 설치방법이 매득에 의한 것이라는 뜻으로 받아들여진다. 7두락에 도조 1석은 상당히 저렴한 액수이므로 여기에 중답주가 존재할 수 있는 객관적 가능성이 주어져 있는 것으로 생각된다.

37 『경기도각군소장』 22책(『각사등록』 3), 1907년 1월 龍仁道村倉洞 이만철의 소장. 『추수기』(규22036-제3책)의 『丙申十月日龍仁道村屯』에는 임선녀가 창촌의 답 3두락을 경작하고 1석 14두의 도조를 낸 것으로 기록되어 있다.

중답주의 존재는 조선 후기 이래 지속되어 온 것인데, 이를 용인 사복시둔(司僕寺屯)을 통해서도 확인할 수 있다. 용인 사복시둔은 도지를 납부하던 토지로 작인들이 이미 오래전부터 전상매매해 왔는데, 1791년 수진궁에서 사복시로 이속된 뒤 사복시에서 매매를 금지하면서 분규가 발생했다. 작인들은 전상매매하면서 값싼 도지만을 상납하던 자신의 소유지로 생각했다. 작인들은 매매문권에 '수진궁도지답(壽進宮賭地畓)' 또는 '사복시도지토(司僕寺賭地土)'라고 기재하면서도 자신들의 소유권을 주장했다. 주로 양반들인 대작인(大作人)들이 서울에 올라가 등장(等狀)을 올리는 등 사복시의 조치에 저항했다.[38] 이러한 사실은 이 장토의 성립기원을 분명히 알 수는 없지만 궁장토·둔토 아래에 중답주가 존재하고 있음을 말해 준다. 용인 사복시둔의 중답주는 갑오개혁 이후에도 여전히 분쟁의 대상이 되면서 존재하고 있었다.

이와 같이 보면 상동촌면의 훈둔에 중답주가 존재했을 확률이 매우 높아진다. 이제 훈둔의 중답주는 광무양안상에 어떤 형태로 존재하고 있었는가를 살펴보기로 한다. 상동촌면 양지아문양안에는 ① '훈둔+인명'의 형태, ② '둔결+(시주명+시작명)'의 형태('둔결+인명'의 형태도 포함) 두 형태의 훈둔이 존재했다. 상동촌면 양안은 상·하 두 책으로 되어 있는데 상권에는 ①의 형태, 하권에는 ②의 형태로 나타나 작성자에 따라 기재원칙이 달라진 것 같다. ①의 형태에는 ②의 형태의 '시작명'이 기재되지 않은 것으로 보인다. ②의 형태에서 중답주의 존재가능성을 짐작할 수 있고, '시주명'에 해당하는 자가 중답주로 추정된다. '시작명'은 중답주의 토지를 경작하는 작인으로 이해된다. ①의 형태에서는 중답주

38 『牧場色謄錄』(규장각 19561) 戊辰(1808년) 11월, 己巳(1809년) 2월, 己巳(1809년) 4월 5월.

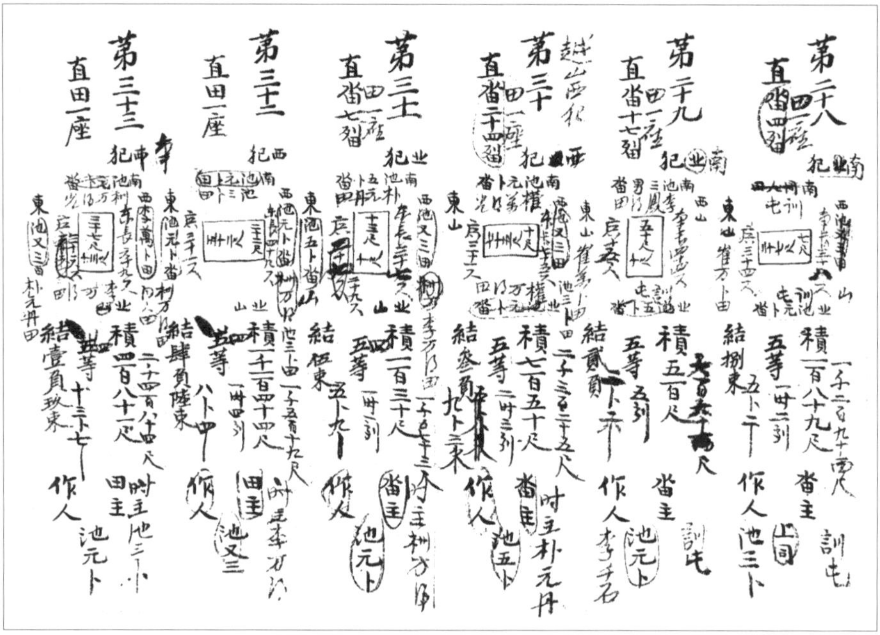

〈그림 2-1〉 경기도 용인군 양지아문양안의 훈둔

출처: 『京畿道龍仁郡量案抄』(규장각 17645, 양지아문, 1900년, 제29책)

만이 기재되어 있는 것으로 해석된다.

한편 지계아문양안에는 둔결이 모두 훈둔에 합쳐져 있고 그 기재방식은 '훈둔+작+인명'이다. 토지소유권 증서로서의 지계발급을 위해 작성한 지계아문양안에 '훈둔'이 표현되어 있고 거기에 또 '작'인이 기재되어 있는 것은 어떠한 의미를 지니는 것인가? 동일한 지역에서 양지아문양안과 지계아문양안의 기재방식을 비교해 보면 〈표 2-7〉과 같다.

〈표 2-7〉을 볼 때 양지아문양안의 전답주와 지계아문양안의 '작'인은 훈둔(둔결)의 중답주였음이 틀림없다. 이 중답주는 실질적인 소유자였다. 그러나 일지일주(一地一主)의 소유권을 누구에게 귀속시켜야 할 것인가는 아직 결정되지 않았다. 실질적인 소유자인 중답주는 작인으로 인식되고 있는 것이다.

그런데 토지조사부에는 훈둔으로 간주할 만한 국유지가 거의 나타나지 않는다. 일제는 토지조사사업에서 가급적 많은 국유지의 창출을 위해 노력했고, 창출된 국유지를 일본인에 불하하여 식민지지주제를 창설하려 했다. 따라서 광무양안에 나타난 국유지가 토지조사부에 보이지 않는 현상은 광무양안상의 국유지인 훈둔이 사실상 민전이거나, 중답주가 존재하여 토지조사사업 과정에서 민전으로 그 소유권이 사정된 것으로 여기지 않을 수 없다.

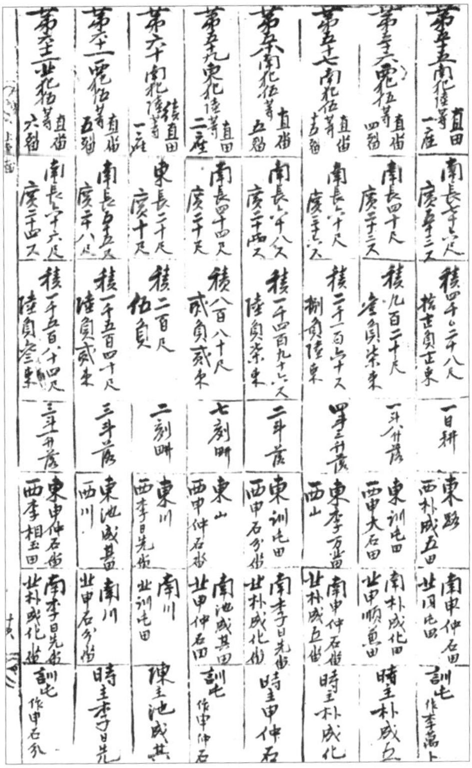

〈그림 2-2〉 경기도 용인군 지계아문양안의 훈둔

출처: 『京畿道龍仁郡量案』(규장각 17644, 지계아문, 1903년, 제27책)

다음으로 원둔은 서원둔을 의미하는데, 유림의 제사와 후진의 장려를 위해 설치된 서원의 경비에 충당하기 위한 것으로 주로 선현의 후예 또는 유림이 갹출하여 마련하는 것이 일반적이었다. 사액서원(賜額書院)의 경우에는 3결에 한해 면세를 받았다.[39] 용인군에는 정몽주를 배향한

39 최원규, 「조선후기 서원전의 구조와 경영」, 『손보기박사정년기념한국사학논총』, 1988 참조.

〈표 2-7〉 경기도 용인군 광무양안 국유지의 중답주

양지아문양안								지계아문양안						
書字	둔결	전답주	작인	지목	등급	尺數	束數	沓字	시주	작	지목	등급	尺數	束數
61	–	김덕손	문호연	대	4	400	22	89	김덕손	–	전	4	400	17
62	둔결	이임산	–	전	4	414	23	90	훈둔	이임산	전	5	414	17
63	둔결	이임산	안득순	대	4	361	20	91	훈둔	이임산	전	4	361	20
64	둔결	이임산	김기돌	대	4	4,400	242	92	훈둔	이임산	전	5	4,400	176
65	둔결	이임산	–	전	4	392	22	93	훈둔	이임산	전	4	392	22
66	둔결	김덕손	최봉팔	대	4	1,496	82	94	훈둔	김덕손	전	4	1,496	82
67	둔결	이임산	양승서	대	4	700	39	95	훈둔	이임산	전	4	700	39
68	–	이만갑	목의선	대	4	228	13	96	훈둔	이만갑	전	4	221	13
69	둔결	김덕손	양승서	답	5	896	36	97	훈둔	김덕손	답	5	671	27

출처: 『경기도용인군양안초』(1900년) 제29책; 『경기도용인군양안』(1903년) 제27책

모현면의 충렬서원(忠烈書院)과 조광조를 배향한 지내면의 심곡서원(深谷書院)과 함께 이재를 배향한 상동촌면의 한천서원(寒泉書院)이 있었는데, 이들은 모두 사액서원이었다.[40] 상동촌면의 원둔은 바로 이 한천서원에 소속된 둔토였다. 마침 원둔은 원촌에 존재하고 있고, 원촌은 한천서원이 있었던 고을의 지명으로 사용되었다. 한천서원의 원둔은 갑오개혁 이전에는 경기감영에서 관할했는데, 그 이후 둔토에 포함되어 관할기관이 옮겨지다가 1899년 이후 내장원에 소속되었다.[41] 1899년 조사에 의하면 한천서원위(寒泉書院位)는 답이 1석 3두락으로서 도전이 46냥이고, 대지 도조가 4석이었다.[42] 광무양안상의 원둔과 비교하여 그 규모가

40 『京畿誌』(1942-1943년경), 용인.

41 『경기도각군소장』 4책 (『각사등록』 2), 1901년 3월 청원서.

42 『內藏院各道公土案』(규장각 19614-제11책), 경기각군공토안(1899년 7월).

비슷한 것을 알 수 있다. 이상에서 볼 때 원둔은 국유지로서, 작인란의 인물을 바로 실작인으로 보아 큰 무리는 없을 것이다. 〈표 2-6〉의 토지조사부 천리에 있는 대지 8,797평이 원둔을 의미하는 것으로 추정된다.

경영둔은 4필지에 불과한데 양지아문양안과 지계아문양안 사이에 작인이 변화하고 있는 것으로 보아 국가의 소유지로 여겨진다. 〈표 2-5〉, 〈표 2-6〉에서 볼 때 양지아문양안상의 8,462평방척(46부 5속)과 지계아문양안상의 10,062평방척(55부 9속, 20두 7승락)을 환산하면 각각 2,770평과 3,293평이 되는데, 이 경영둔이 덕성리에 있었다면 토지조사부에 나오는 덕성리의 국유지 답 3,850평이 바로 이 경영둔이 아닐까 생각된다.

이상에서 볼 때 광무양안에는 중답주가 기재되어 있었다고 판단된다. 국가에서는 중답주의 존재를 부정하고 있고 내장원과는 도조수취를 둘러싸고 심각한 대립을 보이고 있는 상황에서, 국가가 조세수취를 위해 작성한 토지대장에 중답주와 그 아래의 작인을 기재했다는 점은 특기할 만하다. 어떻게 보면 국가에서는 중답주가 있든지 없든지 조세수취 또는 내장원의 도조수취에 장애만 되지 않으면 무방하다는 입장이었을 것이며, 만약 수취상 제약이 발생한다면 중답주는 제거되지 않으면 안 될 것이다. 오히려 조세수취에 관련되는 한 중답주의 존재는 국가에 의해 파악되어야 할 것이다. 수세실결의 확보와 그 납세자로서의 시주와 시작의 확인을 기도한 양지아문양안에서는, 그 토지가 국유지와 관련된다는 사실과 그 납세자로서의 중답주와 작인의 파악이 필요했을 것이다. 그러나 지계아문양안은 토지소유권자를 파악하는 것이 목적이었기 때문에 중답주 아래의 실작인은 파악의 대상에서 제외되었고, 국가기관의 소유인가 중답주의 소유인가 하는 점이 문제되었다. 국가에서는 이를 국가기관의 소유지로 잠정적으로 확인했고, 중답주는 일반적인 작인과는 다른 도지권(賭地權)을 가진 작인으로서 지계아문양안에 출현했을 것이라고 생각된다. 광무정권에서는 중답주의 존재를 부정했지만 그들의 권리를 전적으로 제거할 수는 없었다. 국유지에서는 아직 중세적이고 중층적인 토지소유권이 일지일주의 근대적인 토지소유권과 병행되어 있었다.

일제가 토지소유권 정리 과정에서 국유지에서의 도장권(導掌權) 배제와 함께 중답주의 도지권을 배제하려 했지만, 용인의 경우 쉽지 않았던 것 같다. 1910년 용인군 모현면에서 민유지를 국유지로 측량하려다가 주민들이 민회를 열어 저항한 사례에서 볼 때,[43] 여기서 말하는 '민유지'는 중답주가 존재한 장토를 의미하는 것은 아닐까 생각된다. 또 용인군 모현면에 있는 홍계희의 토지가 적몰되어 향고(餉庫)에 부속되었다가 후에 그 자손에게 환급된 뒤 전전매매(轉輾賣買)되어 서울의 민판서댁에서 소유하게 되었는데, 1896년 봄 둔토사판할 때 다시 향둔(餉屯)으로 침책되었지만 여러 문적으로 증명이 되어 사유지로 인정되었던 사례에서도[44] 국유와 민유 사이의 분쟁이 민유로 해결된 사례를 발견할 수 있다. 상동촌면의 경우도 이처럼 중답주의 권리가 인정되어 민전으로 환원되었을 것으로 추정된다. 이러한 문제는 광무양전지계사업의 중답주 처리 방향, 토지조사사업의 처리 방향, 그리고 그 역사적 성격 등을 중심으로 별도로 세밀하게 검토되어야 할 것이지만, 이 장에서는 상동촌면의 사례를 분석하는 데 그쳤다.

---

43 『황성신문』 1910년 6월 3일, '龍仁不穩.' "용인군 모현면에서는 지난 28일에 재무감독국원 高井有親 외 2명이 수비대 日兵 2명을 대동하고 와서 민유지를 국유라 하여 측량하므로 그곳 인민이 집합하여 호소하였더니, 그 일행은 수원 헌병대에 請援하여 會民을 해산하고 계속 조사한다더라."

44 『各道各郡訴狀』(규19164-제2책) 1896년 5월과 9월의 京居閔判書宅舍音金俊業原情 참조.

4. 광무양전지계사업의 성격

이 장에서는 광무양전지계사업의 역사적 성격을 해명하기 위해 광무양안과 토지조사부를 비교 분석했다. 광무양안과 토지조사부에 대한 한 지역 사례연구를 가지고 그 성격을 규정한다는 것은 매우 어려운 일이지만, 연구의 결과를 사업의 역사적 성격과 관련하여 정리함으로써 결론에 대신하기로 한다.

광무양전지계사업을 양전사업과 지계사업으로 구분하여 볼 때, 양전사업은 수세실결(收稅實結)의 확보에 그 목적이 있었다고 할 수 있다. 그것은 1899년 가결(加結) 문제로 말미암아 일어난 용인 농민의 항세운동을 통해 확인할 수 있다. 용인 농민의 항세운동에서 제기된 가결 문제는 은결의 색출을 통해 해결될 수밖에 없는 것이었고, 은결의 색출은 양전의 시행으로 가능한 일이었는데, 양전의 결과 토지등급을 상향조정함으로써 지나친 결수의 증가를 초래하고 말았다. 용인 농민들은 이에 대해 다시 저항했고, 그에 따라 실시된 재양전은 이전의 수세실결을 기준으로 놓고 각 개별 필지의 토지등급을 하향조정함으로써 결수를 축소하는 방향으로 절충되었다. 토지등급의 조정에 의한 결수의 '조작'은 그 이전과는 달리 면적을 평방척수로 기재하는 등 양전의 방향이 정확한 실면적을 파악하려는 데로 전환되는 과정에서 아직 결부제(結負制)의 한계를 극복하지 못한 현실을 보여주었다. 국가의 토지파악이 조세수취와 밀접하게 연결되어 있었기 때문에, 조세수입을 감소하지 않고 가급적 증가시키거나 현상 유지하는 선상에서 기존의 문란한 징세대장을 정비하고 징세의 원활함을 기하려는 데 양전의 목적이 있었던 것이다. 무엇보다도 수세실결의 보전 및 확장에 광무양전사업의 중요한 의의가 있었다고 생각된다.

광무양전사업이 결세를 담당할 수 있는 수세실결의 확보에 주안점을 두었기 때문에, 시주와 시작의 파악이 결과적으로는 지주-작인관계를 보여주는 것이라 하더라도 그 기본적인 의도는 '납세자로서의 시주와 시작'을 파악하려 한 것이었다. 지대수취 관행이 타작제(打作制)와 도지제(賭地制) 사이에서 언제든지 변동이 가능한 것이었기 때문에, 필지마다 개별적으로 실제 납세자를 파악하여 시주나 시작을 기재한 것이라기보다는 납세자로서의 가능성만으로 시주와 시작을 전면적으로 파악한 것이라고 생각된다. 진실한 납세자를 확정짓는 것보다는 납세자의 가능성이 있는 자를 대상으로 삼았다. 그 납세자의 이름이 실명인지 가명인지 호명인지는 문제삼지 않았다. 납세자가 현실적으로 존재하면 수세상의 문제는 제기되지 않는 것이었고, 굳이 실명의 여부를 가릴 필요도 없었다. 양전사업의 목적이 이와 같기 때문에 수세결수에 포함시키기 어려운 진전은 파악의 대상에서 제외되었다. 기본적으로 광무양전사업의 목적에 적합하게 양지아문양안이 작성되었다는 점을 이해해야 할 것이다. 그러나 토지등급을 조정함으로써 실면적과는 별개로 결부를 조작할 수 있었던 점은 광무양전사업의 토지파악의 한계를 보여주는 것이었다.

광무지계사업에서는 토지소유권 증서로서의 지계를 발급하기 위해 진전을 포함한 모든 경지를 파악했다. 진전은 개간과 수리시설의 확보를 통해 기경지가 될 수 있는 토지였고, 사실 이전에 이미 기경지로서 경작되다가 황폐해진 것이기 때문에 엄연히 소유자도 존재했다. 따라서 진전의 소유권도 확인해 두어야 하는 것이었고, 소유자가 없는 황폐한 진전은 또한 그것대로 조사하여 개간이나 국유화에 대비해야 할 것이었다. 지계사업은 토지소유권의 확인에 목적이 있었기 때문에 시주 파악을 중요하게 여겼다. 시작은 파악할 필요가 없어졌다. 또한 지계사업에서는 민간에서 주로 사용하는 면적 단위로서 두락과 일경의 단위를 기재했는데, 지역과 관행에 따라 그 실면적을 달리하는 것임에도 불구하고 지계사업에서는 그것을 일정한 면적을 기초로 하는 단위로 확정하면서 이를 전국적으로 통일하려는 의도를 보여주고 있다. 미터법이나 정보(町步)의 단위가 도입되지 않은 상태에서 전통적인 면적 단위를 활용해 근대적으로 개량하려는 의도를 엿볼 수 있다. 이와 같이 광무지계사업에 의해 작성된 지계아문양안도 기본적으로 그 목적에 적합하게 작성되었다. 그러나 특히 시주가 실명이 아닌 가명으로 기재되어 있어서 아직 근대법적으로 소유권을 확인해 주는 데에는 한계를 갖는 것이었다.

이와 같이 광무양안은 오늘날의 연구자가 알고 싶어하는 지적 욕구와는 무관하게 사업의 목적에 충실하게 작성되었다. 양전사업은 결부제에 입각한 수세실결의 확보에, 지계사업은 토지소유권의 확인에 그 목적이 있었고, 그러한 목적을 달성할 수 있는 차원에서 양안이 작성되었다. 지주제의 성격이나 농민층 분화의 양상을 보여주는 것이 양안 작성의 목적은 아니었다.

그러나 토지조사부와 비교해 볼 때 광무양안은 중세적인 성격을 여전히 가지고 있었음을 확인할 수 있다. 토지조사부에는 토지의 비옥도나 생산성과는 관계없이 평수로 면적이 정확하게 산출되어 있는 점, 주소가 정확하게 기재되어 있는 점, 소유자의 성명이 실명으로 기재되어 있는 점 등이 특징으로 나타난다. 토지조사부는 토지의 위치와 면적, 소유자를 정확하게 반영하고 있어서 근대적인 토지대장으로서의 체계를 갖추고 있었다.

광무양안과 토지조사부를 비교한 연구의 결과를 정리해 보면, 광무양전지계사업은 중세사회 토지제도의 최종적인 모습을 보여주면서 국가 또는 지배층을 중심으로 한 내재적 근대화의 방향을 암시해 준다고 평가할 수 있겠다. 수세실결의 확보, 실면적 산출의 의지, 국가의 납세자 파악 방식, 중답주의 제거 방향, 소유권 증서로서의 지계발급 등을 그러한 노력으로 평가할 수 있다. 그러나 결부제의 한계, 실명제가 아닌 점 등은 중세사회 토지제도의 한계를 보여준다. 그 이전의 양전사업에 비해 중세적 성격을 탈피하려는 노력을 보이고 있었지만, 아직 완전히 극복하고 있지는 못했다.

제3장

광무양안에 나타난 국유지의 소유구조와 중답주

1. 머리말

일제의 식민정책 및 토지정책의 한 축을 형성한 것은 국유지의 조사와 정리·불하이다. 일제의 국유지조사사업은 갑오개혁 이후 대한제국기에 이르기까지 한국정부의 조사정리사업을 한편에서는 계승하고 다른 한편에서는 부정하는 과정을 밟았다. 특히 대한제국의 중답주(中畓主) 배제 방침을 적극 수용한 것으로 이해된다. 이 장에서는 일제의 국유지조사사업의 성격을 규명하기 위한 전제로서 갑오개혁 이후 대한제국이 국유지의 소유구조를 어떠한 방향으로 재편하고 그 과정에서 중답주를 어떻게 처리하고자 했는지 광무양전지계사업(光武量田地契事業)과 관련하여 검토하고자 한다.

대한제국기 국유지(國有地)에[1] 대한 연구는 수로 갑오개혁 이후 전

1 '國有地'는 국가 또는 국가기관의 소유지를 의미하는데, 중세의 왕조국가가 근대의 국민국가로 이행하는 과정에서 국가의 성격이 변했기 때문에 국가의 소

부의 조사 과정과 그 과정에서 나타난 국가와 민 사이의 소유권 분쟁, 작인의 지대저항운동, 그리고 지주적 경영의 실태 등에 집중되어 왔다.[2] 국유지의 소유구조에 대한 실태적 연구는 부족한 편이다.

이 장의 주제인 국유지 및 중답주에 대한 연구는 풍부하지는 않지만 몇 가지 쟁점이 제기되어 있다. 첫째로, 국유지의 소유구조에 대한 것이다. 국유지의 소유규조를 민전의 소유구조와 같은 선상에서 파악하되 그 예외적인 현상으로서 중답주의 존재를 지적하는 견해와,[3] 국유지의 중층적 소유구조가 민전에 외연적으로 확장되어 있다고 파악하는 견해가[4] 대립되어 있다. 둘째로, 중답주의 권리가 어떻게 소멸되었는가 하는 점이다. 중답주의 권리가 일제의 토지정책에 의해 소멸되었다는 주

유지를 규정하는 데에 있어서도 그 개념을 달리한다. 실제로 '국유지' 개념은 통감부 때 일본 당국자의 조사 과정에서 사용되기 시작한 새로운 용어이다. 대한제국기에는 정부기관이 관장하는 역토·둔토·목장토가 있고, 또 궁방이 관장하는 궁장토가 있었다. 이들은 후에 일제의 정리 과정에서 '역둔토'='국유지'로 통합된다. 이 장에서는 서술의 편의상 '역토·둔토·궁장토'를 지칭하는 표현으로 '국유지'를 사용하기로 한다.

2 權寧旭, 「日本統治下の朝鮮における所謂驛屯土問題の實體」, 『朝鮮近代史料集成』 3, 友邦協會, 1970; 배영순, 「한말 역둔토 조사에 있어서의 소유권분쟁」, 『한국사연구』 25, 한국사연구회, 1979; 박찬승, 「1895-1907년 역토·둔토에서의 지주경영의 강화와 抗租」, 『한국사론』 9, 서울대학교 국사학과, 1983; 박진태, 「대한제국 초기의 국유지 조사」, 『대한제국의 토지조사사업』, 한국역사연구회 토지대장연구반 편, 혜안, 1995; 박진태, 「갑오개혁기 국유지조사의 성격」, 『성대사림』 12·13, 성대사학회, 1997; 박성준, 「대한제국기 내장원의 역둔토 경영의 성격」, 『조선시대사학보』 6, 조선시대사학회, 1998; 김양식, 『근대권력과 토지: 역둔토 조사에서 불하까지』, 해남, 2000.

3 중세사회의 토지소유를 私的 土地所有로 파악하는 견해는 대체로 이 경향에 속한다.

4 安秉珆, 『朝鮮近代經濟史硏究』, 日本評論社, 1975; 이영훈, 『조선후기사회경제사』, 한길사, 1988.

장과,[5] 일제의 정책에 의해서가 아니라 향촌사회의 자율적인 조정과 지주제의 발달로 소멸되었다는 견해가[6] 대립적으로 제시되어 있다. 셋째로, 일제의 역둔토조사사업에 의해 국유와 민유가 확정되었고, 그 이전에는 유토면세지(有土免稅地)의 소유구조 및 그로 인한 소유권 분쟁으로 말미암아 국유와 민유의 구분이 불확실했다는 지적이다.[7]

국유지의 소유구조에 대한 이러한 쟁점을 염두에 두면서 이 장에서 문제 삼고 싶은 것은, 첫째, 과연 국유지의 중층적 소유구조가 광범하게 확산되어 존재하는가, 즉 국유지의 중층적 소유구조는 국유지에서 어떠한 비중을 차지하는가, 둘째, 대한제국은 국유지와 민전을 구분하여 파악하고 있는가, 그리고 대한제국은 중층적 소유구조를 광무양안상에서 어떻게 처리하고자 했는가 하는 점이다. 이러한 문제를 대한제국의 국유지 정책, 특히 중답주에 대한 정책을 중심으로 광무양안을 활용하여 해명해 보기로 한다.

---

5 신용하, 「이조말기의 賭地權과 일제하의 永小作의 관계: 소작농 도지권의 소유권으로의 성장과 몰락에 대하여」, 『경제논집』 4-1, 서울대학교 경제연구소, 1967[『조선토지조사사업연구』, 지식산업사, 1979 수록]; 김용섭, 「한말에 있어서의 中畓主와 驛屯土地主制」, 『동방학지』 20, 연세대학교 국학연구원, 1978[『한국근대농업사연구』(증보판) 하, 일조각, 1984 수록].

6 이영훈, 「토지조사사업의 수탈성 재검토」, 『역사비평』 22, 역사문제연구소, 1993년 가을.

7 宮嶋博史, 『朝鮮土地調査事業史の研究』, 東京大學 東洋文化研究所, 1991, 332-350쪽.

2. 갑오개혁 이후 국유지 소유권의 정리 방향

국유지의 소유구조는 장토의 성립기원에서 비롯된 다양한 양상을 보여왔다.[8] 국유지는 매득, 적몰지(籍沒地)의 사여(賜與), 국가소유지의 사패(賜牌), 무주진황지(無主陳荒地)의 개간, 민전의 편입 등을 통해 형성되었고, 편입된 토지의 처지에 따라 지대액이 차별적으로 적용되었다.[9] 특히 무주진황지 개간과 민전 편입 과정에서 지대액이 저렴해졌고 정부로부터 면세 혜택을 받는 것이 일반적이었다. 저렴한 지대의 빈 공간에서 소위 중답주와 같은 형태의 중간소유자가 나타날 수 있었다. 이 경우 토지에 대한 소유의 지분은 지대액 수준에 의해 규정되는 셈이었다.

그런데 이들 장토가 갑오개혁의 출세(出稅) 조치로 지대 이외에 지세를 부담하지 않을 수 없게 되면서, 자연히 지대 수준에 의해 규정된 토지소유권에 대한 정리도 요청되었다.

갑오개혁 당시의 국유지는 유토면세지(有土免稅地)와 무토면세지(無土免稅地)로 구분되어 있었다. 각 궁방(宮房)의 무토면세결은 21,474결 91부, 유토면세결은 7,126결 55부, 각 아문의 유·무토 면세결은 22,757결 70부로서 합계가 51,359결 16부(陳田 포함)에 달했다. 각 도의 역결(驛結) 26,846결 42부 5속을 더하면 78,205결 58부 5속이 된다.[10] 그러

---

8 이 책의 제7장, 제8장 참조.

9 安秉珆, 앞의 책, 1975, 64-80쪽.

10 『結戶貨法稅則』 '免稅結收入表,' '各道各都驛結.' 그러나 같은 책 '八道五都田結總攷'에 의하면 국유지의 면적은 各陵園位免稅結 2,082결, 各宮房免稅結 24,757결, 各衙門免稅結 44,743결, 各樣雜位免稅結 117,553결 등 모두 합해 189,135결로 많아져 1894년 時起結摠 817,915결의 23%에 달했다. 그렇지만 관청·향교·사원 등의 부지인 각 양잡위면세결을 제외하면 국유지는 71,582결이 되고 이것은 9% 정도로 줄어들게 된다.

나 무토면세결은 갑오개혁 때 폐지되었으므로 순수한 국유지는 유토면세결에 한정될 수밖에 없고, 그것은 매우 적은 양이었다. 궁장토의 경우 유토면세결은 7,126결 55부로서 무토면세결을 포함한 1894년 당시의 국유지 면적 전체의 9%, 1894년 시기결총(時起結摠) 817,915결의 0.9%에 불과했다. 여기에 역도·둔토의 유토면세결을 합해도 그 양이 많지 않다는 것은 분명하다.

그럼에도 불구하고 갑오개혁 이후 역토·둔토·궁장토에 대한 정리는 매우 중요한 의미를 갖는다. 민전의 토지소유권은 이미 배타적 토지소유권의 수준에 도달해 있었다. 문제는 국유지였다. 근대적 토지소유의 성립에 필요한 조건으로서 국유지의 소유구조에 대한 개혁이 요구되는 상황이었다. 국유지에는 상당히 많은 중층적 토지소유(중간소유자, 중답주)가 존재하고 있었기 때문이다. 갑오정권이 역토·둔토·궁장토의 조사 정리에 착수한 것은 당연한 일이었다.

갑오정권은 역토·둔토·궁장토를 어떻게 정리하려 했는가? 많은 연구에서 이 시기뿐만 아니라 조선 시기 국유지 소유구조를 해명하는 단서로 삼고 있는 『결호화법세칙(結戶貨法稅則)』의[11] 국유지 인식내용을 살펴보면 다음과 같다.

11 『結戶貨法稅則』은 1895년 하반기에 편찬된 국한문 혼용의 재정관계서이다. 서울대학교 규장각한국학연구원에 1책 66장(규장각 古15127-10), 1책 71장(규장각 想白古8351.71-G989) 두 책이 보존되어 있다. 이 책의 작성 경위는 잘 알려져 있지 않으며 편자도 알 수 없다. 그렇지만 내용이 갑오개혁 이후의 토지·호구·화폐 등 재정관계를 종합 정리한 기록이므로 탁지부에서 편찬했을 가능성이 가장 높은 것으로 보인다. 당시 탁지부에 파견된 일본인 고문관 니오(仁尾惟茂)의 지휘를 받았을 것으로 추정된다.

1. 유토면세결(有土免稅結)에 두 종류가 있어서 그 구별이 다음과 같으나, 단 이 두 종류의 결수는 호조에서도 판명치 못함.
   - 제1종. 각 궁의 재산으로써 매입한 토지에 그 조세를 면제하여 유래한 것을 말하는데, 단 각 궁은 대개 소작인으로부터 매년 수확의 절반을 징수하는 예가 있음.
   - 제2종. 관으로부터 혹은 민유지를 한하여 그 세금을 주는 것을 말함.
2. 무토면세결(無土免稅結)이라 함은 혹은 민유지를 한하여 그 세금을 주는 것을 말하는데, 앞에 기록한 유토면세 제2종과 차이는 다음과 같음.
   - 유토는 그 토지를 영구히 변치 아니하나, 무토는 대개 3~4년에 그 토지를 변환함.
   - 무토는 반드시 관에서 징수하여 각 궁에 주지만, 유토는 그렇지 아니하여 각 궁으로부터 직접으로 징수하거나 또는 각 읍으로부터 각 궁에 송납(送納)케 하거나 둘 중 하나에 있음.
3. 인민소유(人民所有)의 토지로서 명(名)을 황족의 유토(有土)에 자탁(藉托)하여 탈세를 꾀하는 폐습이 종래 황해도에 많이 있었으나, 작년부터는 유토면세도 징세하므로 이 폐단이 장차 없어질지로다. 다만 제1종에 속한 유토지(有土地)에 있어서는 각 궁에서 직접 소작인에게 수확 일반(一半)을 의연히 징수함.

이 기록은 『결호화법세칙』 '면세결수입표(免稅結收入表)'의 부록으로 제시한 '각궁방유토면세결(各宮房有土免稅結)', '각궁방무토면세절수결(各宮房無土免稅折受結)', '각아문면세결(各衙門免稅結)'의 통계에 대한 '비고(備考)'에 나온 것으로서, 면세결에 대한 해설을 목적으로 한 것이다. 기본적으로는 궁장토에 대한 설명이고 아문둔토에 대한 것은 아니지만, 유토·무토의 구분 기준은 아문둔토에도 해당되는 설명이다. 또한 국유지의 소유구조를 설명한 기록이 아니라 재정관계 기록으로서 면세결의 종류를 설명한 것이지만, 그 과정에서 국유지의 소유구조에 대한 단서도 제공하고 있다.[12] 또 한 가지 이 기록이 가지는 중요한 의미는, 조선 시기의 소유구조를 설명한 것이 아니라 갑오개혁의 국유지 정리 방향을 나타내고 있다는 점이다.

이러한 점을 전제하고 이 기록을 검토해 보면, 우선 면세결은 유토면세결(有土免稅結)·무토면세결(無土免稅結)·민전투탁지(民田投托地) 세 종류로 구분되는 것을 알 수 있다. '무토면세지'는 관에서 지세를 징수하여 궁방에 전달하며 3~4년마다 지역을 옮겨 윤회하는 곳이고, '유토면세지'는 장토가 고정되어 있고 궁방에서 직접 그 장토에서 지세를 징수하거나 각 읍으로부터 징수하는 곳으로 설명되고 있다. '민전투탁지'는 국가에서 궁방에 절수해 준 것이 아니라 민 스스로 궁방에 투탁한 것이다. 이러한 국유지 유형 구분은 지세수취의 주체와, 과세대상인 장토의 고정 여부에 의해 규정된 것이다. 즉 유토·무토면세지는 장토의 기원이나 지대 수준과 관련하여 규정된 것은 아니었다. 소유구조의 차원에서 설명한 것은 아니었다.

갑오개혁의 무토면세지 폐지와 출세조치로 무토면세지와 민전투탁지는 궁방과의 관련이 차단되고 국가의 과세지에 편입되었다. 물론 유토면세지도 출세조치에서 제외된 것은 아니었다. 국가의 모든 토지가 국가재정의 근원으로서 과세의 대상이 되었다. 갑오정권은 이와 같이 기본적으로 국가의 과세지를 확대하고, 그 세원을 정확히 파악하며, 이를 국가재정의 기본으로 삼는 것을 목적으로 했다. 이러한 점이 『결호

12 『結戶貨法稅則』은 免稅結을 중심으로 했기 때문에 궁방의 소유지 가운데 일반 出稅田畓, 즉 면세되지 않은 별도의 사적 소유지에 대해서는 논의하지 않고 있다. 그러나 출세전답의 소유구조도 면세전답과 큰 차이가 없을 것이다.

화법세칙』을 작성한 기본적인 의도였다.

그런데 국유지의 소유구조와 관련하여 주목되는 것은 유토면세결에 제1종과 제2종 두 가지 종류의 소유형태가 있다고 지적한 점에 있다. 그동안의 연구는 제1종은 궁방의 소유지로서 의심치 않고, 제2종은 민전임에도 불구하고 궁방의 지배하에 놓여 있어 여기에 중답주가 존재하는 것으로 파악하고 있다. 갑오개혁 이후 국유지 정리 과정에서 제2종 유토면세결이 민전임에도 불구하고 국유지로 편입되었고, 궁방에서 징수하는 것이 지대가 아닌 지세임에도 불구하고 다시 탁지부에서 지세를 부과함으로써 이중적인 부담을 지게 되었으며, 중답주 산하의 작인은 중답주에게 지대를 다시 납부함으로써 3중의 부담을 지게 되었다는 것이다. 이 장에서는 이 문제에 대하여 재검토해 보고 싶다.

제1종 유토면세결과 제2종 유토면세결의 구분에 대해 용동궁의 예를 『용동궁봉상전간책(龍洞宮捧上井間冊)』에서 살펴보기로 한다. 용동궁의 경우 1870년 전후의 시기에 각읍원결(各邑元結) 1,537결 35부 2속, 영작궁둔(永作宮屯) 90결, 면세전답(免稅田畓) 986결 2부, 출세전답(出稅田畓) 101결 83부 8속, 화전 107결 50부를 보유한 것으로 나타난다.[13] '각읍원결'은 분명 무토면세결을 의미하고 『용동궁봉상정간책』에도 갑오개혁 때 폐지된 것으로 나타난다. '면세전답' 중 단양의 용주사위답(龍珠寺位畓) 96부 5속을 제외하고, 전라도 보성(50결), 순천(120결 및 247결 22부 2속), 옥과(53결 62부 7속) 등 471결 81부 4속은 모두 갑오승총(甲午陞總)으로 폐지되고 있다. 순천은 용동궁에서 직접 관리하던 곳이었고, 옥과는 도장(導掌)을 두었던 곳인데도 불구하고 폐지된 것이다. 특히 보성의 경우에는 1867년조부터 전주로 이속되어 전주의 다른 무토면세결과 통합 운영

13 『龍洞宮捧上井間冊』(규장각 19575) 제6책(1869-1878년).

되고 있었다. 따라서 이들 면세전답은 『결호화법세칙』의 '유토면세결 제2종 유토'의 규정에 가장 합당한 장토이다. 용동궁의 제2종 유토면세결 471결 81부 4속은[14] 면세전답 986결 2부의 48%에 이른다. 중답주가 존재한다면 각읍원결과 유토면세결을 제외한 나머지 면세전답과 영작궁둔, 출세전답 등에서 존재할 수 있을 것이다.

그러나 『결호화법세칙』에는 제1종과 제2종으로만 구분되어 제1종은 각 궁의 재산으로서 매입지로, 제2종은 민전으로만 규정됨으로써 중답주가 존재하는 장토에 대한 규정이 결여되어 있다. 이것은 『결호화법세칙』이 중층적 소유구조의 존재를 인정하지 않고 있는 것을 의미한다. 궁방의 소유지와 민전을 명백하게 구분하고 단일한, 일지일주(一地一主)의 토지소유권만을 기준으로 국유지의 소유형태를 설명하고 있다. 제1종 유토면세지는 궁방의 소유지, 제2종 유토면세지는 민전으로 파악하고 있다. 이와 같이 중답주를 인정하지 않고 국유지와 민전을 구분한 것이 갑오개혁의 국유지 처리 방향이었다고 생각된다.

한국정부의 국유지 처리 방향은 역토·둔토의 조사 과정, 즉 1896년 을미사판(乙未査辦), 1899년 광무사검(光武査檢)에서도 나타난다. 국유지로 인정된 장토에서 파악하고자 했던 것은 작인이었지 중답주가 아니었다. 작인의 개념 속에 중답주를 포함할 수도 있지만, 중답주와 작인의 관계는 국가의 입장에서는 전혀 인정치 않는 사적(私的) 관계로만 존재했다. 중답주 권리의 성장 정도와 갑오정권 및 광무정권의 정책 사이에

14 『結戶貨法稅則』에는 용동궁의 有土免稅結이 581결 76부 7속으로 되어 『龍洞宮捧上井間冊』의 986결 2부보다 109결 95부 3속이 많다. 그리고 용동궁의 無土免稅結은 1,904결 9부 6속으로 『龍洞宮捧上井間冊』의 1537결 35부 2속보다 366결 74부 4속이 많아 통계상 약간의 차이를 보인다. 이것은 통계작성 시기와 방법의 차이에서 비롯되었을 것으로 생각된다.

는 상당한 괴리가 존재하고 있었다. 이 장에서는 토지관계 장부 속에서 이 문제가 어떻게 처리되었는지에 대해 몇 가지 사례를 들어 검토하기로 한다.

3. 국유지 경영과 중답주

갑오개혁 이후 국유지에서 단일한 소유구조를 확립하고자 한 시도는 대한제국기에 이르러서도 실현되지 못했다. 그것은 역으로 중답주의 권리가 소유권을 주장할 정도로 성장해 있음을 반증하는 것이기도 했다. 그렇다면 국가의 토지대장인 광무양안에 중층적 소유는 등재되었는가 배제되었는가, 등재되었다면 어떤 방식으로 되었는가? 경기도 음죽군 용동궁장토의 사례를 통해 이 문제에 접근해 보기로 한다.

경기도 음죽군 광무양안의 용동궁장토에서는 중층적 소유구조가 나타나고 있다. 용동궁장토는 음죽군 군내면·남면·동면·서면·상율면·하율면 등지에 분산되어 있는데, 각 지역마다 상이한 양식으로 기재되어 있다. 그 일부 양식을 제시하면 〈그림 3-1〉과 같다.

음죽군 광무양안의 용동궁장토를 기재한 유형을 구별해 보면 〈표 3-1〉, 〈표 3-2〉와 같다. 〈표 3-1〉, 〈표 3-2〉에서 주목되는 것은 용동궁전답 아래에 별도로 시주-시작관계가 존재하고 있다는 점이다. 필지를 중심으로 볼 때 '용동궁전답(龍洞宮田畓)'은 68%에 달하고, '용동궁결(龍洞宮結)'은 32%에 달하는데, '용동궁-시작'관계가 형성된 유형(II·IV)은 79%, 용동궁하에 '시주-시작'관계가 형성된 유형(I·III)은 21%에 이른다. '용동궁전답'과 '용동궁결'의 표현은 각각 상이한 개념을 지닌 것으로는 보이지 않는다. '전답(田畓)'과 '결(結)'의 표시는 조사자의 인식의 차이에서 비롯된 것이고, 결국 수정 과정에서 '결'을 삭제하고 '전답'으

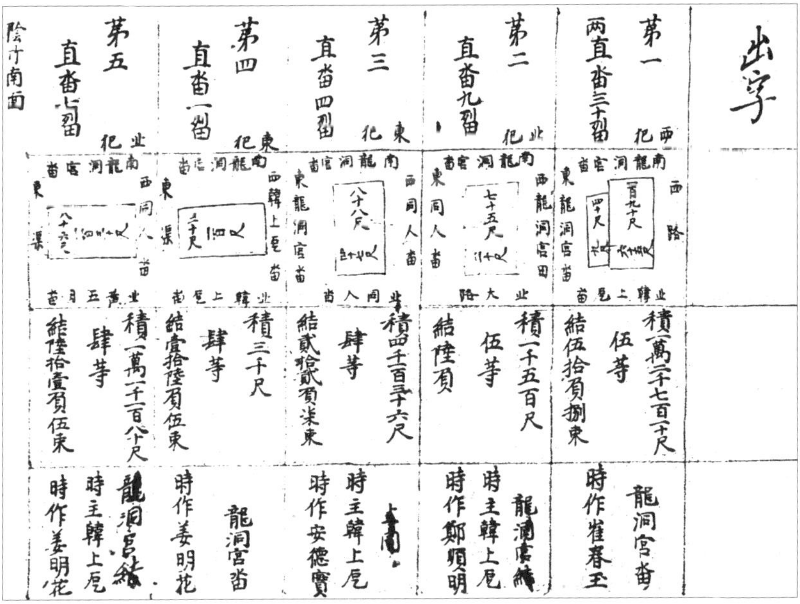

〈그림 3-1〉 경기도 음죽군 광무양안상의 용동궁장토 기재사례 일부

출처: 『京畿陰竹郡量案』(규장각 17659, 양지아문, 1901년 10월, 전 17책)

〈표 3-1〉 경기도 음죽군 용동궁장토의 소유구조 유형

유형	소유구조	지역
I	龍洞宮田畓-時主 姓名-時作 姓名	동면, 남면
II-1	龍洞宮田畓-時主 및 時作 姓名 1인	남면, 동면, 상율면
II-2	龍洞宮田畓-時作 姓名	남면, 동면, 상율면, 하율면
III	龍洞宮結-時主 姓名-時作 姓名	남면
IV	龍洞宮結-時主 및 時作 姓名 1인	남면

주: 광무양안에 '龍洞宮畓', '龍洞宮田畓', '龍洞宮屯田畓' 등으로 표현되어 있는 것은 모두 '龍洞宮田畓'으로 통일했다. '龍洞宮結'은 그대로 두었다.

출처: 『京畿陰竹郡量案』(규장각 17659, 1901년 10월)

로 통일하고 있기 때문이다. 따라서 같은 면에서도 다양한 기재방식이 병행되고 있는 것을 곧 소유구조의 차이라고 볼 수는 없을 것이다.

〈표 3-2〉 경기도 음죽군 용동궁장토의 유형별 분포

유형	면적척수(%)	결-부-속(%)	필지(%)
I	135,714(6)	6-81-7(6)	66(8)
II	1,283,466(57)	60-96-7(57)	519(60)
III	311,761(14)	15-43-5(15)	92(11)
IV	523,116(23)	23-39-2(22)	184(21)
합계	2,254,057(100)	106-61-1(100)	861(100)

주: II-1 유형은 II-2 유형과 동일한 것으로 간주했다.
출처: 『京畿陰竹郡量案』(규장각 17659, 1901년 10월)

문제는 21%를 점하는 I, III 유형에 있다. 이들 장토에는 용동궁의 소유권 산하에 시주-시작관계가 형성되어 있기 때문이다. 용동궁의 소유지에서 이와 같이 시주-시작관계가 형성되어 있는 것은 어떤 의미일까?

궁장토·둔토에서의 중층적 소유구조는 장토성립 기원과 그에 따른 지세 및 지대 규정에서 비롯되었다고 보거나,[15] 갑오개혁 이후 역둔토 지주제가 창출되는 과정에서 민전 지주의 중답주화에서 비롯된 것으로[16] 이해되어 왔다. 음죽군 용동궁장토는 "본래 사패받은 땅으로서 수백 년 동안 수확하여 수용(需用)"하던 땅이라거나, "원래 본궁에서 축보기간(築洑起墾)한 땅"이라는 지적에서 볼 때, 사패를 받고 보를 쌓아 개간한 장토로 보인다. 그 과정에서 중답주가 발생했을 가능성을 배제할 수 없다. 그렇지만 이 장토에서는 후술하듯이 '타작(打作)'과 '도지(賭地)'의

15 이영훈, 앞의 책, 1988; 도진순, 「19세기 궁장토에서의 中畓主와 抗租」, 『한국사론』 13, 1985 참조.

16 김용섭, 앞의 논문, 1978 참조.

지주제적 경영을 시행하고 또 '세조(稅租)'를 별도로 납부하고 있어서 지대와 지세가 모두 부과되고 있는 점, 그리고 1907년 10월에 작성된 추수기(秋收記)[17] 표시에 있는 "정리소 방매(放賣)"라는 부기(附記)가 용동궁의 음죽둔을 방매한 것을 의미한다고 볼 때, 음죽둔의 장토는 용동궁의 완전한 소유지였던 것이 틀림없다. 그럼에도 불구하고 용동궁장토에 시주-시작관계가 형성되었다면 그것은 어디서 연유한 것일까? 음죽군 용동궁장토의 경영실태를 추수기를 통해 확인하면서 이 문제에 접근해 보기로 한다.

음죽군장토에 대한 용동궁의 경영실태를 추수기에서 조사해 보면 〈표 3-3〉과 같다. 음죽군 용동궁장토는 율둔·본둔·동서둔의 농장으로 구분되는 한편, 타작(打作) 지역과 도지(賭地) 지역으로 구분되었다. 타작 지역에서는 종자를 궁방에서 부담하고 풍흉을 참작하여 금재(今災)를 시행한 반면, 도지 지역에서는 종자를 작인이 부담하고 금재를 인정하지 않았다. 그리고 타작 지역이든 도지 지역이든 '세조(稅租)', 즉 지세(결세)는 모두 작인이 궁방에 납부했다. 결세를 탁지부에 납부하지 않고 용동궁에 납부한 것은 특이한 일이다. 율둔 중 3결 37부 4속과 본둔 및 동서둔 중 20결 87부 5속, 합하여 24결 24부 9속이 구진전(舊陳田)으로 이것들은 도지로 경영되었는데, 〈표 3-3〉의 '진전(陳田)'의 액수가 그것을 의미한다. 추수기들에서 볼 때 율둔에는 금재가 없는 것으로 보아 모두 도지 지역으로 보이며, 본둔 및 동서둔에는 구진과 함께 금재가 있는 것으로 보아 타작과 도지가 병행된 것으로 해석된다.

타작 지역에서는 해마다 타작하여 분배하기 때문에 궁방이 수취하

17 『陰竹屯秋收成冊』(규장각 20784, 1907). 各宮事務整理所는 1907년 3월 설치되었다.

〈표 3-3〉 경기도 음죽군 용동궁장토의 경영 실태

연도	打作(石-斗)			賭地(石-斗)			稅租(石-斗)		합계(石-斗)	實結(結-負-束)	結當負擔(石)
	打租	種子	實	賭租	陳田	實	栗屯	本屯 및 東西屯	打賭稅 합계		
1876	112-5	36-1	76-4	166-10	50-9	116-0	125-1	364-10	682-0	85-06-6	8.0
1877	317-6	〃	281-5	〃	〃	116-0	〃	397-10	920-1	91-06-6	10.1
1878	282-14	〃	246-13	〃	〃	116-0	〃	〃	885-9	〃	9.7
1879	276-2	〃	240-1	165-14	〃	115-4	〃	〃	878-1	〃	9.6
1893	274-11	35-11	239-0	167-7	57-0	110-6	〃	404-5	878-12	92-28-2	9.5
1896	224-11	〃	189-0	〃	67-3	100-4	〃	〃	818-10	〃	8.9
1897	142-14	〃	107-3	〃	65-13	101-9	〃	〃	736-13	〃	8.0
1898	179-7	〃	143-11	〃	65-13	103-1	〃	〃	776-3	〃	8.3
1901	115-8	〃	79-12	〃	96-9	70-13	〃	257-9	533-5	88-56-4	6.0
1905	198-2	〃	162-6	〃	87-1	80-5	175-7	461-3	879-6	110-18-2	8.0
1906	214-0	〃	178-4	-	-	-	-	-	-	-	-
1907	192-9	〃	156-13	167-7	87-1	80-5	169-11	461-9	868-8	109-05-7	8.0

주: 1. 1石의 斗數는 묶는 방식에 따라 상이한데 이를 1石=15斗로 환산했다.
2. 升 이하의 단위는 버렸다.
3. '實結'은 陳田, 移去, 光武量田에 의한 增結 등을 加減하여 산정했다.

출처: 『龍洞宮陰竹屯打賭稅冊』(규장각 19297, 전4책, 1876~1879년), 『龍洞宮陰竹屯秋收成冊』(규장각 20323, 1893년), 『龍洞宮陰竹屯秋收成冊』(규장각 20324, 1896년), 『陰竹屯秋收冊』(규장각 20563, 1897년), 『龍洞宮陰竹屯秋收成冊』(규장각 20337, 1898년), 『陰竹屯秋收冊』(규장각 20569, 1901년), 『龍洞宮陰竹屯秋收成冊』(규장각 20317, 1905년), 『陰竹郡屯田打賭稅成冊』(규장각 26482, 1906년), 『陰竹屯秋收成冊』(규장각 20784, 1907년)

는 타조(打租)가 매년 심하게 변동했다. 그러나 〈표 3-3〉에서 보듯이 대한제국기로 내려오면서 타조액이 감소하는 양상을 보인다. 특별히 흉년인 1901년은 별도로 하더라도 1870년대(1877~1879년)와 1890년대 이후(1896~1898년, 1905~1907년)를 비교해 보면 100여 석, 40% 정도의 감소를 나타내고 있다. 도지 지역에서는 정해진 도조(賭租)를 납부하는 것으

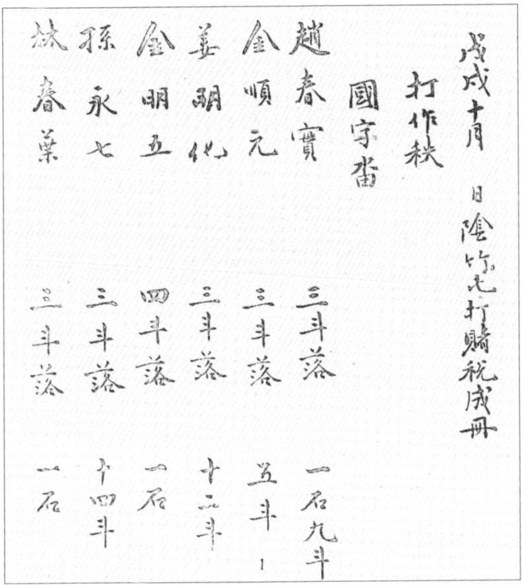
戊戌十月 日 陰竹屯打賭稅成冊

打作秋

國字畓

趙春實 三斗落 一石九斗

金順元 三斗落 五斗

姜問化 三斗落 十二斗

金明五 四斗落 一石

孫永七 三斗락 十四斗

林春業 三斗落 一石

〈그림 3-2〉 경기도 음죽군 용동궁둔 추수기

출처:『龍洞宮陰竹屯秋收成冊』(규장각 20337, 1898년)

로 되어 타조에 비해 크게 안정된 모습을 보인다. 그러나 도지 지역에서도 구진전 외에 특별히 성천(成川)·복사(伏沙) 등은 추가 면제되어 시기가 내려올수록 도조가 줄어들었다. 대한제국기에 들어와 지대액이 줄어든 것은 생산력의 발전이 정체되었다기보다는 정치적 혼란과 변동, 작인들의 지대저항운동, 용동궁의 장토관리 소홀 등에서 연유한 것이 아닌가 생각되지만, 통계에서 확인할 수 있는 사항은 아니다.

추수기를 통해 보면 '세조'는 '율둔'과 '본둔 및 동서둔'을 구별하여 산정하고 있다. 그것은 두 지역이 장토 성립기원을 달리하고 있다는 것을 의미하며, 또한 지리적으로 천미천(天尾川)을 경계로 두 지역이 분리되어 있어 그 가능성이 더욱 높아 보인다. 율둔의 경우에는 1부에 1두의 세조를 부과하여 결당 조 100두의 세조가 부과되었고, 본둔 및 동서둔에는 1부에 8승 2홉 5작을 부과하여 결당 조 82두 5승의 세조가 부과되었다. 이 가운데 율둔은 금재에 대한 제감(除減)이 없고, 본둔 및 동서둔은 매년 금재를 제외하여 장토의 납세결수를 산출해내고 있다. 이러한 세조율(稅租率)은 결당 미 23두(약 조 60두)의 민전 지세율에 비해 훨씬 높은 편에 속한다.

그런데 세조의 경우 갑오개혁 전후에서 동일하게 나타나고 있음이 주목된다. 갑오개혁에서는 지세를 금납화하고 그 액수를 최고 결당 30냥으로 정했는데, 1900년 50냥, 1902년에는 80냥으로 인상했다. 음죽둔에서는 갑오개혁 이전과 마찬가지로 여전히 현물로서 결당 조 82.5~100두를 걷고 있는 것이다. 그렇다면 이 '세조'의 성격은 일반적인 지세와는 그 개념을 달리하는 것이 될 것이다. 『용동궁봉상정간책(龍洞宮捧上井間冊)』에 의하면 '음죽둔답면세(陰竹屯畓免稅)'로 표현되어 있고 또한 추수기에도 '타도세(打賭稅)'를 합하여 수취하고 있기 때문에, 여기서의 세조는 국가로부터 면세받은 부분을 용동궁에서 수취하는 것을 의미한다. 세조를 국가에 납부하는 것은 아니었다. 갑오개혁 이후에는 모든 국유지가 출세 조치되었기 때문에, 용동궁에서도 수취된 타도세 액수 가운데 국가에 내는 지세를 별도로 산정하여 이를 탁지부에 납부했다.[18] 1907년조 추수기에 의하면 읍결(邑結) 45결 18부 1속의 지세는 결당 80냥씩 총 3,614냥 4전 8푼이 지불된 것으로 되어 있어, 별도로 지세가 탁지부에 납부되었음을 알 수 있다.[19]

18 『龍洞宮公事冊』(규장각 19574) 丁酉(1897년) 10월 手本宮內府. "금년 가을에 이르러 작인들이 元結陞總을 빙자하여 완강하게 납부하지 않는다. 작인들로 말하면, 갑오년에 각결을 승총했지만 가을 수확할 때 이전처럼 궁에서 구관하여 結錢 역시 궁에서 담당하여 탁지부로 이송했다. 陞總 문제가 작인에게 무슨 상관인가?"

19 〈표 3-3〉에서 보면 1907년의 實結은 109결 5부 7속으로 1907년조 추수기에 나오는 45결 18부 1속과 차이가 나는데, 추수기상에서는 설명되지 않는다.

타조와 도조, 그리고 세조를 합한 총액은 음죽군 용동궁장토의 작인이 납부하는 총액수이다. 작인 부담을 살펴보면, 타조·도조·세조를 합해 작인은 최소 1901년조 88결 56부 4속에서 결당 6석(90두),[20] 최대 1877년조 91결 6부 6속에서 결당 10석(152두)을 부담하는 것으로 나타난다. 대체로 결당 8~10석의 부담을 지고 있다고 볼 수 있다. 이것은 결당 조 400~800두의 생산량을 가정할 때[21] 반타작에 훨씬 미달하는 액수이다. 타조액수가 풍흉에 따라 달라지기 때문에 일률적으로 말하기는 어렵지만, 지대의 합이 평균적으로는 세조수입의 52% 수준에 머물고 있다. 지대는 세조의 절반에 불과한 실정이다. 이렇게 보면 용동궁 음죽둔의 작인 부담은 일반 민전의 반타작보다 저렴하다. 바로 여기에 중답주가 존재할 수 있는 경제적 조건이 형성된다.

그런데 추수기상에서는 확인되지 않는 중답주가 광무양안상에서는 왜 표출되어 있을까? 이 문제의 실마리를 행심책(行審冊) 및 깃기(衿記)와 광무양안, 그리고 추수기를 대조하면서 찾아보기로 한다.

〈그림 3-3〉의 '행심책'은 1900년 음죽군수가 지세수취를 위해 구양안의 용동궁장토만을 자호순(字號順)으로 발췌하여 진전(陳田)과 기경전(起耕田)을 구별하고, 진전에는 납세자가 없음을 '무주'로 표현하고 기경전에는 납세자의 호명(戶名)을 기재한 장부이다. 타작 지역이든 도지 지역이든 세조(지세)는 모두 작인이 부담하는 것으로 되어 있었기 때문에 행심책에서 납세자 작인을 파악해 두는 것은 매우 당연한 일이었다.

---

20 1901년의 本屯 및 東西屯의 지세가 극히 적어진 것은 舊陳, 今陳 외에 또다시 今災로서 126석 4두 8승을 감면했기 때문이어서 이를 포함하면 결당부담은 7.4석이 된다.

21 다산 정약용은 結當 租 생산량을 많으면 800두, 적으면 600두, 더 적으면 400두라고 지적하고 있다. 『牧民心書』 戶典 稅法 참조.

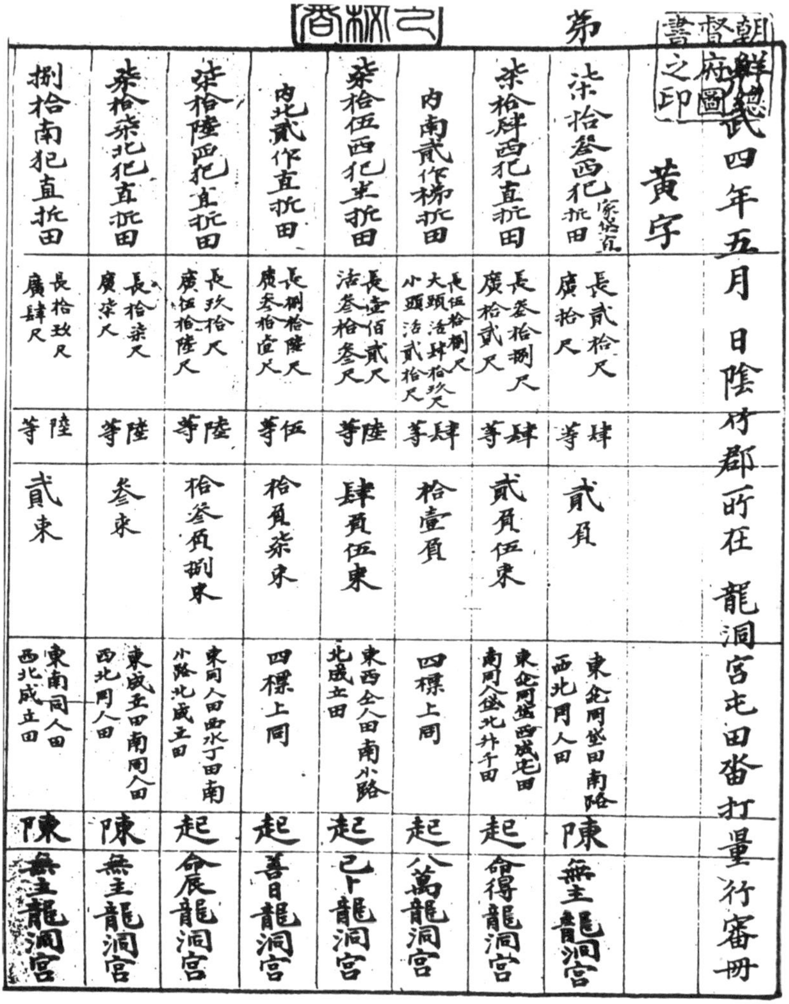

〈그림 3-3〉 경기도 음죽군 용동궁둔 행심책

출처: 『陰竹郡所在龍洞宮屯田畓打量行審冊』(규장각 18296, 1900년 5월)

반면 〈그림 3-4〉의 '깃기'는 1900년 음죽군에서 행심책에 의거해 용동궁장토를 율둔·본둔·동둔·서둔으로 구분한 뒤 다시 납세자별로 납세결수를 모아놓은 수세장부이다. 음죽군 용동궁장토의 행심책과 깃기는 상

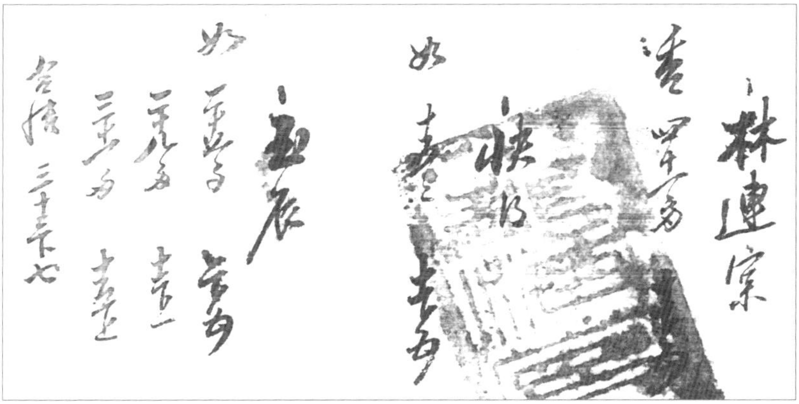

〈그림 3-4〉 경기도 음죽군 용동궁둔 깃기

출처: 『龍洞宮栗屯稅井冊』(규장각 22041, 1900년)

호 분명하게 일치하고 있다.

행심책 및 깃기상의 납세자와 광무양안상의 시주 및 시작, 그리고 추수기상의 경작자를 1900~1901년 동일 시기에서 비교해 보기로 한다. 광무양안은 구양안에 기초한 행심책 및 깃기와는 자호·지번이 전혀 상관관계를 갖지 않는다. 그런 점에서 볼 때, 광무양안은 구양안과는 관계없이 새로이 측량 작성된 것이 분명하다. 행심책 및 깃기에는 호명의 형태로 기재되고, 광무양안에는 성명의 형태로 시주 및 시작이 기재되어 소유자·경작자·납세자의 상호 관계를 찾기 어렵다. 행심책의 납세자 호명을 광무양안상의 용동궁장토 시작명에서 성을 뺀 이름과 비교해 보면 110명의 동일인이 보인다. 이것은 광무양안의 용동궁장토 시작 415명에 대해 26.5%를 차지하고, 행심책의 호명 420명에 대해서는 26.2%를 차지한다. 행심책 및 깃기의 납세자 호명은 광무양안의 시작과 상당한 관련을 가지지만, 납세자 호명이 곧 시작명인 것은 아니었다.

또한 행심책과 추수기를 대조해 보면 40명의 동일인이 보인다. 마찬가지로 추수기의 성명에서 성을 뺀 이름만을 행심책의 납세자와 대조한 것이다. 행심책 납세자의 수효는 420명이고, 추수기의 작인 수효는 175명이다. 40명의 수효는 행심책의 호명 420명에 대해서는 9.5%이고 추수기 작인 175명에 대해서는 22.9%에 달한다.

그리고 추수기와 광무양안의 시작을 비교해 보면 58명이 동일하다. 추수기 작인 175명에 대해 33.1%에 달하고, 광무양안 시작 488명에 대해서는 11.9%에 해당한다. 한편 행심책, 추수기, 광무양안의 시작에서 모두 확인되는 인명은 23명이다.

세 종류의 장부를 비교해 볼 때 상호 간에 긴밀한 관계 속에서 장부가 작성된 것이 아님을 알 수 있다. 지대수취를 위해 작성된 용동궁의 농업경영 장부인 추수기와, 지세수취를 위해 작성된 행심책 및 깃기, 그리고 지세수취와 토지소유권을 확인하기 위한 토지대장으로서의 광무양안이 각각 별도의 관리주체와 상이한 목표하에 작성되고 관장되었다. 이 점 사적 토지소유권이 국가의 관리체계하에 일률적으로 편성되어 있지 못한 상황을 보여준다고 생각된다.

이러한 장부 작성상의 한계를 전제하면서도 주목하고 싶은 것은 납세자와 경작자 사이에 상당한 괴리가 존재한다는 점이다. 동일하게 경작자로 추정할 수 있는 광무양안의 시작과 추수기의 경작자 사이에 심각한 괴리가 존재했다. 그것은 납세자가 곧 경작자가 아니고, 납세자 중에는 경작자가 아닌 인물이 존재하고 있음을 의미한다고 해석할 수도 있다. 그런 해석이 가능하다면 거기서 중답주의 존재를 유추할 수 있다. 이 문제를 시주-시작관계가 형성된 지역의 시주를 다른 장부에서 추적함으로써 실마리를 찾아볼 수 있다. 앞에서는 시작을 비교했었는데, 이제 광무양안의 시주-시작관계 속의 시주를 성을 빼고 행심책과 비교하면 48명의 동일인이 확인되고, 이것은 시주 143명 중 33.6%를 점하며, 추수기와 비교하면 8명, 5.6%에 달한다. 광무양안의 토지소유자 시주가 수세장부인 핵심책에 납세자로 올라간 것이 3분의 1이나 된다는 것은 어떤 의미일까? 납세자는 시주가 될 수도, 시작이 될 수도 있었기 때문에 광무양안상에 등재되었다. 양안에 시주 외에 시작이 등재된 것은 납세자가 될 수 있는 가능성 때문이라고 판단된다.[22] 같은 논리로 광무양안에 용동궁장토 아래 시주-시작관계가 기록된 이유는 시주·시작 모두 납세자일 가능성이 있었기 때문이라고 추정할 수 있다. 중답주의 권리를 인정했다기보다는, 납세자의 자격으로 광무양안에 등재되었다고 보는 것이 옳을 것이다.

어쨌든 음죽군 용동궁장토의 일부에서는 용동궁하에 지주-작인관계가 형성되어 있는 장토도 존재하고 있다. 이들 토지가 소위 중층적인 소유구조를 보이는 부분으로 이해된다.

4. 광무양안에 나타난 중답주

1) 용인군 훈련도감둔전의 사례

광무양안상에 중답주는 어떻게 등장하는가? 경기도 용인군 상동촌면 훈련도감둔전의 사례와 경기도 안산군 초산면 석장둔(石場屯)의 사례를 검토하기로 한다.

용인군의 사례에서는 광무양안의 두 종류의 양안, 즉 양지아문양안과 지계아문양안에서 중답주가 어떻게 등장하는지 살펴볼 수 있다.[23]

---

22 이 책의 제1장 및 제2장 참조.

23 필자는 이 문제에 대해 이미 정리한 바 있지만(이영호, 「대한제국시기의 토지제도와 농민층분화의 양상: 경기도 용인군 이동면 광무양안과 토지조사부의 비교분석」, 『한국사연구』 69, 1990; 이 책의 제2장), 여기서는 중답주에 초점을

용인군 상동촌면의 양지아문양안은 『경기도용인군양안초(京畿道龍仁郡量案抄)』의[24] 제16책(상권)과 제17책(하권)에 해당되는데, 상권에는 '훈둔(訓屯)'이 나타나고 하권에는 '훈둔' 5필지 외에 대부분 '둔결(屯結)'로 표시된다. 그런데 상권의 훈둔으로 표시된 토지는 전답주란(田畓主欄)에 '훈둔', 작인란(作人欄)에 개인 성명이 나란히 기재되어 있고, 하권에는 전답주 및 작인란의 변방에 별도로 '둔결'임을 표시하고 있어서 상권과는 기재방식을 달리한다.

양지아문양안에 '훈둔+인명(訓屯+人名)'의 형태와 '둔결+인명(屯結+人名)'의 형태 중 한 가지로만 기재되어 있다면 이것은 훈련도감의 소유지에 작인의 성명이 수록된 것으로 보아야 할 것이다. 그러나 상동촌면 하권에는 '둔결+전답주+작인'으로 기재된 경우가 있기 때문에 여기에서 '전답주'와 '작인'은 누구를 의미하는가 하는 점이 문제로 제기된다. 용인군은 지계아문에서 재차 양전을 했기 때문에 동일한 지역에 두 개의 양안이 남아 있어 상호 대조가 가능한데, 지계아문양안에서는[25] 양지아문양안의 두 가지 기재방식이 모두 '훈둔+작인명(訓屯+作人名)'의 형태로만 나타난다. 양지아문양안의 훈둔에 보이는 '작인', 둔결에 보이는 '전답주 및 작인', 지계아문양안의 '작인'은 무엇을 의미하는가? 동일 지역에 존재하는 양지아문양안과 지계아문양안의 상호 대조를 통해 구체적으로 그 실상을 살펴보기로 한다.

용인군 상동촌면 양지아문양안과 지계아문양안의 상호 대조를 통해 먼저 확인되는 것은, 양지아문양안 상동촌면 상권의 '훈둔'이나 하권

맞추어 좀 더 구체적으로 분석해 보기로 한다.

24 『京畿道龍仁郡量案抄』(규장각 17645, 양지아문, 1900년).

25 『京畿道龍仁郡量案』(규장각 17644, 지계아문, 1903년).

의 '둔결'은 지계아문에서는 모두 동일한 '훈둔'으로 나타난다는 점이다. 동일하게 훈련도감둔전이면서도 조사자에 따라 '훈둔' 또는 '둔결'이라고 표기된 것이 분명하다. 문제는 양지아문양안 하권의 '전답주+작인(田畓主+作人)'이 기재된 '둔결' 부분이고, 이 문제를 살펴보기 위해 지계아문양안과 대조해 보기로 한다.

양지아문양안 상동촌면 하권의 둔결은 202필지, 지계아문양안의 훈둔은 182필지이다. 둔결 202필지 가운데 지계아문양안에서 대체로 확인되는 것은 186필지이고, 훈둔 182필지 가운데 양지아문양안에서 확인되는 것은 170필지이다. 양자 사이에 확인된 필지수에 차이가 있는 것은 인접한 토지는 지계아문양안에서는 필지가 통합되었기 때문이다. 필지 통합의 조건은 적어도 지목과 토지등급이 같아야 하고, 인접된 토지여야 하며, 소유자가 동일인이어야 했다. 소유자가 동일인이라고 하여 통합할 수 있는 것은 지계아문양안이 토지소유권의 확인을 중요한 목표로 삼았기 때문이다. 필지가 통합된 경우는 한결같이 양지아문양안에 전답주 외에 작인이 필지마다 별도로 존재한 토지들이고 모두 대지이다. 양지아문양안의 작인은 그 대지에 들어선 가옥의 소유자들이다.

양지아문양안에 전답주와 함께 작인명이 기재된 경우는 65필지로서 202필지의 32%에 이른다. 65필지 중 지계아문양안에서 확인되는 것은 56필지로서 186필지에 대하여 30%에 달한다. 이 30%의 장토에서 나타난 전답주-작인의 관계를 어떻게 이해해야 할까? 무토면세결이 폐지된 이 시기에 이것을 순수한 민전으로 볼 수는 없다. 이들 전답주가 중답주임은 용인군 국유지에서의 소유관계가 형성 변천해 온 역사적 배경에서도 확인되는 것으로서[26] 그것이 양안상에서도 증명된 셈이다.

26 이영호, 앞의 논문, 1990 참조.

지계아문양안의 토지 중 양지아문양안에서 전답주-작인관계로 나타난 이 56필지는 전 7필지, 답 4필지, 대지 45필지로서 대지가 압도적 다수를 차지하고 있다. 186필지 가운데 대지는 45필지인데 대지에서는 모두 중답주가 존재한 셈이다. 대지소유자에게 지세를 부과하고 가옥에 거주하는 사람에게 호세를 부과하기 때문에, 대지는 지세담당자로서 중답주를 전적으로 기재한 것이 아닌가 짐작된다. 지계아문양안에서는 대지를 '전'으로 표시하고 있는데, 그것은 이처럼 대지의 납세자를 확인하고 여기에 지세를 부과하면 되었기 때문에 굳이 대지임을 밝혀 호세대장으로서의 역할을 감당시킬 필요가 없었기 때문일 것이다.[27]

이와 같이 용인군 상동촌면 양지아문양안 둔결에서 나타난 전답주-작인의 관계에서 '전답주'를 중답주로 볼 경우, 작인이 나타나지 않은 나머지 130필지의 전답주는 어떠한 존재일까? 그것은 '전답주로 나타난 작인' 또는 '작인으로 나타난 전답주'로도 볼 수 있는데, 어떻게 해석할 것인가? 이들을 일률적으로 중답주라고 할 수는 없지만, 개연성은 없지 않다고 본다.

양지아문양안에서는 납세자를 파악하는 것을 중요시했다. 따라서 훈련도감의 토지임을 밝히면서도 납세할 대상으로서 중답주 및 작인을 동시에 파악하지 않으면 안 된다고 보았다. 경우에 따라서는 중답주가 파악되지 않을 수도 있고, 반대로 작인이 파악되지 않을 수도 있다.[28] 아니, 경우에 따라 중답주가 납세할 수도 있고, 작인이 납세할 수도 있었다. 어쨌든 양지아문에서는 납세대상자를 파악해 두는 것이 중요했다.

---

27 戶稅 부과를 위해서는 양안과는 별도로 '家舍案' 또는 '家戶案'을 작성했다. 이 책의 제1장 참조.

28 상동촌면 양지아문양안 상권은 작인이 파악되지 않은 것으로 생각할 수 있다.

반면 지계아문양안에서는 소유권을 누구에게 돌려야 할 것인가 하는 점을 중요시했다. 따라서 중층적인 소유구조를 형성하고 있다 하더라도 국가기관인 훈련도감의 소유권만을 인정하고 중시했다면, 지계아문양안에는 훈련도감의 토지임을 표시하는 것으로 충분하다고 할 수 있다. 그러나 지계아문양안에서도 소유권의 확인뿐만 아니라 과세대상의 확인이 필요했다. 지세수취제도를 개정하여 지주 납세제를 실현한다면 민전에서와 같이 지주로서의 국가기관을 기재함으로써 충분히 납세장부로서의 근거를 마련할 수 있었다. 그러나 국유지의 지세수취제도는 앞서 음죽군 용동궁장토의 사례에서 보듯이 별도로 행심책과 깃기를 작성하여 작인이 납부하게 할 수도 있었기 때문에, 그 기초대장으로서 지계양안에 납세자가 될 가능성이 있는 '작인'을 파악할 필요가 있었다. 따라서 지계아문양안의 국유지에 작인을 기재한 것은 그 작인이 반드시 중답주임을 의미하는 것은 아니었다. 중답주는 납세자로서의 작인으로 규정받고 있는 것이다. 양지아문양안에서 확인되던 중답주의 권리는 지계아문양안에서 오히려 약화되어 가는 양상을 보였다.

2) 안산군 석장둔의 사례

석장둔은 1720년 진휼청에 의해 간척된 둔토로서, 개간자는 토지소유권을 행사하여 매매 상속할 수 있었지만 진휼청에 대해서는 조 100두를 납부해야 하는 유토면세지였다. 정조 때 장용영 둔전에 소속되었다가 이후 화성부 총리영으로 옮겨졌다. 갑오개혁 때 줄세 조치되고 다른 둔토와 함께 중앙정부의 관리에 들어갔다.[29]

---

29 이 책의 제7장 참조.

주지하듯이 대한제국은 1899년 4월부터 양전사업을 개시하여 시기전답(時起田畓)의 결총, 즉 실결(實結)을 파악하여 지세수입의 안정화를 꾀하려 했다. 양지아문에서 시행한 양전사업의 원칙에는 "역토·둔토 및 각양 공토도 같은 예로 입록하되 구별하여 표제(標題)할 것"이라는 규정이 있었다.[30] 규정에 따라 광무양안에는 과세대상이 된 역토·둔토와 각종 공토(公土)가 민전과 마찬가지로 똑같이 측량·조사·등재되었다. 한편 양전사업을 뒤이어 1901년 시작된 지계발급사업의 원칙에는 "각 공토 중에 오래도록 화매(禾賣)하여 계속 사토(私土)로 된 것은 낱낱이 조사하여 실제대로 기록할 것", "각 공토도 사토례(私土例)를 따라 정등집결(定等執結)할 것"이라는 항목이 있다.[31] 궁장토·둔토·역토, 그리고 기타 공유지도 민유지와 똑같이 취급하여 양전하고 소유자인 해당기관에 관계(官契)를 발급하도록 한 것이다. 여기에 공토를 사토로 만든 것, 즉 중답주가 있는 경우에는 그 소유권을 인정하지 않는 원칙을 정한 것이 눈에 띈다. 안산군의 광무양안에는 이러한 점이 어떻게 반영되어 있으며, 석장둔의 위상은 어떻게 파악되어 있을까?

경기도 안산군 양전은 양지아문에서 1900년 8월부터 시작되었다. 현재 남아 있는 안산군 양안은 수세를 위하여 중초책 위에 재점검 수정한 것이다. 즉 중초책이지만 정서책에 수록될 내용이 수정의 형식으로 담겨 있나.

경기도 안산군 초산면 광무양안에서 석장둔 관련 필지를 추출하면 〈표 3-4〉와 같다. 석장둔 시주를 표기한 것은 3필지에 불과하며, 〈그림 3-5〉와 같이 삭제한 것은 75필지인데, 그 가운데 6필지는 시주를 '용동

---

30 『時事叢報』 1899년 5월 11, 13일 量地發訓, '量地衙門應行條例' 제8조.

31 『完北隨錄』(규장각 古5121-1) 1903년 2월 27일, 地契監理應行事目.

〈표 3-4〉 경기도 안산군 초산면 광무양안상의 석장둔

석장둔 관련 표기	필지수	면적(결-부-속)
① 시주란에 '석장둔' 표기	3	0-26-3
② 시주란의 '석장둔' 표기 삭제	69	9-63-8
③ 시주란의 '석장둔' 표기를 삭제하고 '용동궁'으로 표기	6	1-04-1
합계	78	10-94-2

주: 지목은 모두 답이다.
출처: 『京畿安山郡量案』(규장각 17645, 양지아문, 1900년) 초산면

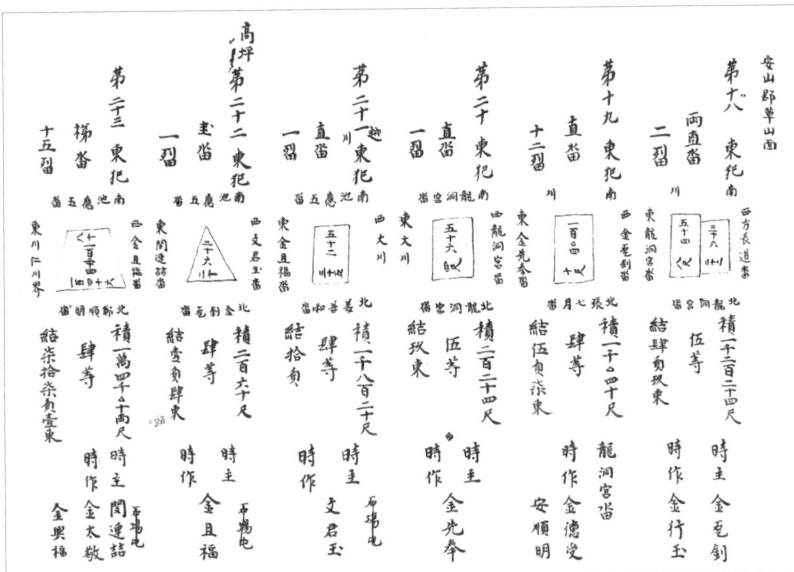

〈그림 3-5〉 경기도 안산군 초산면 광무양안의 석장둔 표기
출처: 『京畿安山郡量案』(규장각 17645, 양지아문, 1900년) 초산면

궁'으로 교체했다. 75필지에서 '석장둔'을 표기했다가 수정하면서 삭제했으니 석장둔 표시를 모두 삭제하는 조치를 한 것으로 판단된다. 석장둔을 공토에서 제외하는 것으로 보는 것이 타당할 것이다. 석장둔 시주를 삭제하고 용동궁 시주를 표기한 6필지 1결 4부 1속은 1839년경 용동

궁에서 '매득'한 안산 석장둔 1결 93부 2속과 관련될 것으로 추정된다.[32] 용동궁이 매득하여 소유한 석장둔에서도 석장둔 표기를 삭제한 것은 용동궁도 다른 석장둔민과 마찬가지로 토지소유자 시주로 취급된 것을 의미한다. 다시 말하면 석장둔을 상속 또는 매득한 경우 소유권이 인정되고, 따라서 거기서는 시주-시작의 지주제적 경영이 가능했던 것이다.

이렇게 안산군 광무양안의 중초책에서는 석장둔을 시주로 표시했지만, 정서책을 만들기 위해 중초책을 수정하면서 석장둔을 모두 삭제했다. 광무양안은 처음 석장둔을 시주로 삼았다가 곧 이를 부인한 것이다. 석장둔은 결당 조 100두(미 40두)를 내야 하는 일종의 수조권으로 존재할 뿐, 석장둔의 관할기관에서 소유를 주장할 수는 없었던 것이다. 별도의 납세장부를 통해 그 수조권을 보장받지 못한다면 석장둔은 광무양전을 통해 완전히 민전화될 수도 있어 보인다. 적어도 광무양안상에서 석장둔은 민전의 지위를 인정받았다고 평가할 수 있다.

이로써 광무양안상에서 소유의 여부는 분명하게 가려졌다. 중간적 소유, 중답주는 존재하지 않는다. 소유에 영향을 미칠 수 있는 수조의 권리가 있다면, 그것은 광무양안상에서가 아니라 생산물의 분배 과정에서 나타날 것이다. 그 지점에서 내장원과 양지아문의 입장은 충돌할 수밖에 없다. 양지아문은 내장원의 석장둔 소유를 인정하지 않았지만, 내장원은 석장둔에서 결당 미 40두의 수조권을 행사함으로써 토지에 대한 권리를 일정 부분 확보하려 했던 것이다. 물론 그것은 18세기 전반 간척이 이루어진 석장둔의 성립 단계에서부터 전승되어 온 것으로서, 내장원에서도 그 이상의 권리를 주장하지는 않았다. 처음 시주를 석장둔으

32 『龍洞宮安山草山面下上里秋收冊』(규장각 20558, 1869년 9월, 舍音 安再祿) 참조.

로 표시했다가 삭제한 것은 두 기관 사이의 역학관계의 변화를 나타낸다고도 볼 수 있다. 내장원에서 공토확대 정책이나 지주경영의 강화를 추진했더라도 그것은 양전을 주관한 탁지부 및 양지아문의 견제를 받았다고 해석할 수 있겠다.

광무양안상에서 용인의 경우 중답주가 인정된 것이 아니라 납세자가 될 가능성에 따라 등재 여부가 결정되었다면, 안산의 경우 석장둔은 수조권이 존재하는 민전으로 취급되어 표기가 삭제되었다.

5. 지계와 중답주

여기서는 지계아문에서 소유권을 증명하기 위해 국유지에 발급한 지계를 분석함으로써 대한제국이 국유지의 소유권을 어떻게 처리하려 했는지 검토해 보기로 한다. 현재 강원도 춘천군·강릉군 명례궁장토(明禮宮庄土), 충청남도 평택군 내수사장토(內需司庄土)와 명례궁장토, 그리고 강릉군과 춘천군의 민전에 발급된 지계가 남아 있다. 그 가운데 강원도 춘천군 명례궁장토와 충청남도 평택군 내수사장토·명례궁장토의 지계를 검토해 보기로 한다.

강원도 춘천군 북내일작면 명례궁장토의 지계는 1902년 12월 지계아문에서 명례궁에 발급한 것이다. 지계상의 장토 규모는 191필지, 13결 74부 1속이다. 명례궁장토의 지계가 수록된 『강원도장토문적(江原道庄土文績)』에는 각종 전답 매매문기와 양안이 함께 묶여 있는데, 1856~1857년에 걸쳐 명례궁에서 전답을 매입할 당시 확보한 구문기 및 신문기가 포함되어 있다. 명례궁에서는 1856년 752냥, 1857년 256냥을 지불하고 칠산원·현암원·송정원 등지의 전답 3결 37부 8속을 매입했다.[33] 또한 1862년 24석 2승 5홉락(5결 4속)의 장토를 15,000냥에 현찰방댁노

재갑(玄察訪宅奴再甲)으로부터 매입했다.[34] 이 외에 명례궁에서는 1891년 12월 답주 신석효(申錫孝)로부터 춘천 북내면 칠산리 소재의 정답(正畓) 28석락지, 전 16일경, 합하여 6결 29부 4속과 사음가사(舍音家舍) 및 추수한 정조(正租) 265석을 75,000냥에 매입했다.[35] 이상에서 볼 때 춘천군 북내일작면 명례궁장토의 규모는 3결 37부 8속, 5결 4속, 6결 29부 4속을 합하여 14결 67부 6속이 되고, 그것은 지계상의 장토 규모 13결 74부 1속과 유사하다.[36]

여기서 지적하고 싶은 것은 명례궁장토의 형성 과정이 전적으로 매입에 의해 이루어졌다는 점이다. 지계아문에서 지계를 명례궁에 발급함으로써 명례궁의 토지소유권을 확인하고 인정한 것은 당연한 일이었다. 강원도 춘천군의 지계아문양안이 존재하지 않기 때문에 이들 장토가 양안상에서 어떻게 표기되었는지 직접 확인할 길은 없다. 초기에 양전한

33 『江原道庄土文績』(규장각 19304)의 제13책 『江原道春川郡北內面所在庄土明禮宮提出圖書文績類』 내의 「丙辰七月日柒山田畓興成記」(1856년) 및 「丁巳閏五月十五日柒山田畓價數爻」(1857년), 그리고 각종 매매문기 참조.

34 『江原道春川郡北內面所在庄土明禮宮提出圖書文績類』 내의 『春川府量案』(1872년) 및 매매문기. 『春川府量案』에는 田이 44부 3속, 畓이 4결 83부 9속, 합하여 5결 28부 2속으로 나타나고 있어 매매문기상의 5결 4속과는 약간의 차이를 보인다.

35 『江原道春川郡北內面所在庄土明禮宮提出圖書文績類』 내의 매매문기. 申錫孝는 대한제국기 용동궁 평산 稅錢 600냥의 수취를 책임진 인물인데(『龍洞宮捧上井間冊』), 동일인인지는 분명치 않다. 동일인이라면 導掌·宮監·監官 등 장토관리인의 경제적 능력이나 궁장토 매입 과정에서의 그들의 관련성을 반영하는 사례가 될 것이다.

36 장토 규모가 약간 줄어든 것은 1856년 봄 扈衛廳에서 築堰防洑하면서 북내면 명례궁장토의 일부가 堰內陳址로 편입되었기 때문으로 보인다. 『江原道春川郡北內面所在庄土明禮宮提出圖書文績類』 「淵陳災頉完文」(己未 1859년 4월, 陶井 柒山 板尾 支石) 및 「己未四月日奴順得淵陳成冊」 참조.

강원도 간성군과 평해군 양안에는 국유지의 작인을 파악하지 않았지만, 후에는 지계아문양안의 국유지에서도 작인을 파악했다. 그런데 국유지의 지계에는 왜 작인이 기재되지 않았을까? 그것은 지계의 기능이 오로지 토지소유권의 확인과 그 변동에만 있었기 때문일 것이다. 지계아문양안이 토지소유권의 확인뿐만 아니라 지세부과를 위해서 국유지에서 작인을 파악했던 점과는 분명히 다른 의미를 지닌다.

충청남도 평택군 군내면·남면·북면·서면에 산재해 있는 내수사장토는 일제의 도장권 정리 과정에서 박홍래(朴弘來)가 도장으로서 인정받기 위해 서류를 제출한 곳이다.[37] 그러나 박홍래는 도장권을 인정받지 못했다.[38] 박홍래가 제출한 근거서류는 내수사장토의 지계, 평택군 내수사전답 양안, 그리고 감관차첩(監官差帖)이었다. 박홍래는 이들 서류를 제출하고 도장권을 인정받고자 했지만, 이들 서류가 오히려 박홍래의 도장권을 부인하는 근거로 작용했다. 내수사장토의 지계는 당연히 그 시주가 내수사임을 분명하게 기록하고 있었다. 장토의 성립기원을 확인할 수 있는 양안은 『평택군읍남서북4면소재내수사전답양안(平澤郡邑南西北四面所在內需司田畓量案)』인데, 작성일이 1898년 3월이어서 도장권의 성립 여부를 확인할 수 있는 증거능력이 부족할 뿐 아니라 오히려 내수사의 소유지로서 작인이 기록되어 있었다. 박홍래가 내수사로부터 받은 차첩은 1899년 1월 평택군 남면 송중리 답 9석 12두 5승락을 관리할 책임을 진 감관으로 임명하는 내용이었다.[39] 도장임명 첩문이나

37 『忠淸道庄土文績』(규장각 19300)의 제7책 『忠淸南道平澤郡所在庄土朴弘來提出圖書文績類』.

38 荒井賢太郎, 『臨時財産整理局事務要綱』, 1911, 124쪽.

39 지계를 종합해 보면 畓 31필지에 9석 7두 6승락(3결 2부 1속), 田 1필지에 2刻耕(2부 4속)으로서 監官差帖의 면적과 대체로 일치한다. 『임시재산정리국사

도장권 매매문기는 전혀 확인되지 않고, 오히려 감관으로 임명된 첩문만이 제시된 것이다. 그뿐만 아니라 박홍래는 내장원에서 평택군 명례궁 제언답(堤堰畓)의 사음으로 임명한 기록도 있었다.[40] 이렇게 보면 그는 명례궁장토의 사음, 내수사장토의 감관이었지 내수사장토의 도장이라는 증거는 없었다.

여기서 주목되는 것은 내수사의 지계를 박홍래가 제출했지만, 그것은 박홍래의 도장권을 확인한 것이 아니라 오히려 내수사의 소유권을 확인하는 역할을 수행했다는 점이다. 지계가 소유권의 확인을 분명히 하는 기능을 담당했던 측면을 다시 한 번 엿볼 수 있다. 일제는 국유지의 소유권을 정리하는 과정에서 국유지에 성립한 중층적 토지소유를 일지일주의 소유권으로 정리하고자 했다. 그리하여 국유지에 성립한 다양한 권리를 토지소유권을 제외하고 모두 배제하려 했다. 장토에서 상당한 수익을 가져 갔던 도장은 그 수익의 3년치를 배상함으로써 소멸시키고, 그 과정에서 투탁이나 혼탈입지(混奪入地)의 장토는 민전으로 환원했다.[41] 장토의 관리는 도장 대신 '궁장감관(宮庄監官)'으로 교체했다. 평택 내수사장토의 사례는 그곳이 중층적 소유가 형성된 것임은 확인되지 않았지만, 내수사가 소유자로서 지계를 발급받은 사실 자체를 가지고 일제가 그것을 국유지로 판단하는 근거로 삼았다.

문제는 중답주가 존재하는 장토에서는 누구에게 토지소유권이 귀속되어 지계발급이 이루어졌을까 하는 점이다. 현존하는 지계를 통해서는 이 문제를 확인할 길이 없다. 그런데 충청남도 평택군 남면의 명례궁

무요강』 124쪽에는 9석 12두 5승락으로 되어 있다.

40 『訓令照會存案』(규장각 19143, 內藏院) 1899년 12월 14일 평택군수에 대한 훈령.

41 『임시재산정리국사무요강』 참조.

장토에서 한 단서를 발견할 수 있다.

명례궁에서 제출한 도서문적에는[42] 많은 매매문기와 함께 시주가 명례궁인 지계가 85장 포함되어 있다. 매매문기와 지계는 이 장토가 모두 명례궁의 소유임을 의미하는 증거였다. 명례궁에서 명례궁의 소유임을 증명하는 근거로서 제출한 것이다. 지계상의 총면적은 43석 3두 7승락, 즉 15결 92부 7속이었다. 이 장토는 명례궁에서 1886년 10,550냥에 16석락, 1887년 550냥에 17두락, 1888년 16,000냥에 21석 13두락, 합하여 39석을 매입하여 장토를 형성한 것이다.[43] 제출 서류에 포함된 매매문기는 매입 시 인계받은 것이다. 따라서 평택군 남면의 명례궁장토는 명례궁의 사적 소유지임이 분명하다.

그런데 이 지계상에는 다른 지계에서 보이지 않는 특이한 점이 있다.[44] 지계발급 번호 일모(一慕) 9, 11, 107~113, 115~119의 14장의 지계 우변 상단에 별도로 인명이 기재되어 있다. 예를 들면 "일모 119, 중자(重字) 28호, 직답 2열(翻), 9두 5승락, 6등급, 11부 8속, 시주 명례궁" 토지의 우변 상단에는 '박만석(朴萬石)'이라는 인명이 기재되어 있다. 이 존재가 무엇을 의미하는지는 확인할 길이 없다. 작인을 의미할 수도 있

42 『충청도장토문적』의 제39책 『忠淸南道平澤郡南面所在庄土明禮宮提出圖書文績類』.

43 『明禮宮新買新屬田畓收稅摠案』(內別置)(규장각 19580). 면적에 약간의 차이가 있지만 대체로 유사하다.

44 강원도의 경우 지계는 道 단위 郡別로 千字文에 따라 민전과 함께 순서대로 발급번호가 붙여져 발급되었는데(이영호, 「광무양안의 기능과 성격」, 『대한제국기의 토지조사사업』, 민음사, 1995; 이 책의 제1장 참조), 충청남도 평택군 명례궁장토와 내수사장토에서는 소유자의 출원에 따라 불규칙하게 발급되었다. 그래서 지계발급 번호와 字號·地番이 불일치하고 같은 궁방의 장토도 발급 시기가 상이한 경우가 적지 않다. 또한 천자문 한 字號에 강원도의 149호와는 달리 150호가 발급되었다. 지계발급 과정에서 강원도와 충청남도는 차이를 보이고 있다.

고, 중답주일 수도 있고, 혹은 민전이 침탈된 것일 수도 있을 것이다. 만약 이들이 어떤 식으로든 소유에 관여할 수 있는 자 혹은 중답주라면, 이들이 지계상에서는 역시 전혀 소유권을 인정받지 못하고 있는 것을 보여주는 셈이다.

이상에서 국유지에 발급된 지계를 검토해 보았다. 춘천군 명례궁장토와 평택군 내수사장토의 지계에서는 명례궁과 내수사가 소유권으로서의 지계를 발급받았다. 대한제국 정부는 사적 토지소유권의 차원에서는 국가기관도 일개 지주와 동일한 권리를 가진 것으로 인정한 것이다. 그렇지만 중답주에게 지계가 발행된 것으로 보이지는 않는다. 대한제국은 중답주의 존재를 인정하지 않았다. 광무양전지계사업 과정에서도 누락된 국유지나 중답주의 철저한 확인을 양전의 원칙으로 채택했다.[45]

특히 1904년 8월에는 내장원에서 고종의 재가를 받아 중답주를 금지하도록 전국에 지시함으로써[46] 중답주의 권리는 정부나 내장원에 의해 부인되었다. 갑오개혁 이후 대한제국에서는 일지일주의 사적 토지소유권을 확립하려 했고, 그 과정에서 중답주의 권리는 인정치 않는 방향을 취하고 있었다.

6. 맺음말

궁방과 아문에서 독자적으로 관장하던 장토는 갑오개혁 이후 단일한 관리체계와 통일된 국가수취체계 속에 편입되어 통합 관리되었다. 아문의

45 『完北隨錄』 1903년 2월 27일 地契監理應行事目 제24조.

46 『訓令照會存案』 1904년 8월 20일 訓令.

각종 둔전은 역토 또는 둔토로 통합되고, 대한제국기에는 궁장토와 함께 내장원에 의해 통일적으로 관리되었다. 갑오개혁 이후의 국유지조사사업, 즉 을미사판(乙未査辦)과 광무사검(光武査檢)은 국유지의 통합과 통일적 관리의 과정이었다.

그러나 국유지의 각 장토는 그 성립기원을 달리하고 지대규정을 달리 받았으며 관리체계를 달리하여 왔던바, 그에 따라 소유구조에도 큰 차이를 내포하고 있었다. 갑오개혁 이후의 통일적 관리체계하에서도 그러한 소유구조의 차이를 근본적으로 해소하지는 못했다. 국유지의 출세조치로 지대와 지세 규정에 혼란이 초래되었으며, 그것이 지대 및 지세 저항운동으로 나타나고 문제의 근본적인 출발점인 소유권 분쟁으로 비화되었다.

갑오개혁 이후 대한제국기에 이르기까지 이러한 사태를 근본적으로 해결할 토지소유 구조의 개편은 이루어지지 못했다. 그러나 국유지 조사사업과 광무양전지계사업 실시 과정에서 이 문제가 제기되지 않을 수 없었다. 중층적(重層的) 소유구조를 양안에 어떻게 반영할 것인가, 토지소유권은 누구에게 귀속시켜야 할 것인가 하는 문제가 발생했다.

내장원의 토지수입을 황제권의 경제적 기반으로 삼았던 대한제국은 내장원이 관리하는 국유지의 중답주를 인정하지 않는 방침을 선명하게 표명했다. 광무양안에는 중답주를 등재하는 것을 원칙적으로 허용하지 않았다. 그러나 현실적으로 납세자가 작인으로 규정되어 있고 중답주가 납세자로서도 기능하고 있는 한 이들을 양안에서 배제할 수는 없었다. 그리하여 광무양안에는 납세자를 확인하는 차원에서 중답주를 기재하는 경우도 나오게 되었다. 광무양안이 토지소유권을 확인하고 지세수취의 근거를 제공하는 이중적인 기능을 수행하는 과정에서 중답주에 대한 일시적인 처리방식이었던 것으로 해석된다. 그러나 광무양안에 등재되었다고 하여 국유지의 중답주에게 토지소유권을 인정한 것은 아니었다. 지계상에는 시주만을 기재하도록 제한되었고 중층적인 토지소유권리는 기재되지 않았다. 현존하는 지계를 통해서는 중답주의 권리가 전혀 확인되지 않는다. 중답주는 토지소유권을 확보하는가 상실하는가의 갈림길에 서 있었다. 이와 같이 중답주의 권리는 갑오개혁 이후 부정되는 과정을 밟아갔다. 대한제국 정부는 이와 같은 방법으로 토지소유권의 중층성을 제거하고자 했다.

일제가 설치한 통감부도 국유지 정리 과정에서 중답주의 권리를 인정하지 않았다. 도장권에 대해서는 배상의 절차를 밟았지만, 중답주 또는 국유지의 이중소작(二重小作)은 인정하지 않았다. 일제 통감부의 중답주 정책은 대한제국의 그것을 수용·활용하는 방향을 취했다.

제2부

일제 통감부의 토지정책

제4장

'국유미간지이용법' 제정과 식민지 토지정책

1. 머리말

일본은 메이지유신(明治維新) 이후 근대국가로 성장하고 제국주의적 대외 침략정책을 추진했다. 홋카이도(北海道)를 내국식민지(內國植民地)로 개척하고, 대만(臺灣)과 한국을 해외식민지(海外植民地)로 만들었다. 이들 지역의 토지와 주민을 지배하기 위해 일제는 여러 방면으로 식민지 지배정책을 마련했다. 그중 토지정책은 근대적 소유제도와 등기제도를 마련함으로써 자본주의적 산업발전의 토대를 구축하는 방향으로 추진되었고, 일본인의 토지확보와 소유권의 보장에도 중점이 두어졌다.

일본이 식민지에서 일본인의 이주를 통한 자작농 육성의 방향으로 갈 것인가, 지주제의 온존과 일본인 대농장의 경영으로 나아갈 것인가는 식민지의 조건이나 일본 제국주의 정책의 향방에 달린 것이지만, 어느 경우에도 경작지를 확보하는 것이 과제가 된다. 홋카이도는 사람이 살지 않는 개척되지 않은 토지가 광범하여 토지의 확보는 문제되지 않고 어떠한 방식으로 일본인을 이주시켜 개간·개척할 것인가 하는 점이 과제였던 데 비해, 대만과 한국은 이미 많은 주민들이 경작할 만한 땅을 차지하여 농업생산에 종사하고 있었기 때문에 일본인이 이주나 농업생산을 위해 차지할 수 있는 토지가 넉넉지 않다는 문제가 있었다.

토지소유가 금지되어 있음에도 불구하고 일본인은 한국에서 일찍부터 여러 가지 불법적인 방법으로 토지를 소유했는데, 통감부에서 법률을 제정하여 일본인의 토지소유를 소급해서 합법화해 주었다. 또한 역토·둔토·궁장토를 국유화한 뒤 이를 동양척식회사를 통해 민간에 불하(拂下)하기도 했다. 토지가격이 저렴하기 때문에 합법적인 매매 과정을 통해 일본인이 토지를 집적하는 것도 용이했다. 그러나 식민정책의 실현을 위해서는 보다 대량의 토지를 확보하는 것이 필요했다. 이에 주목한 것이 미간지(未墾地)였다.[1] 농업개발 수준이 낮은 한국에 개간·간척할 수 있는 미간지가 광범하게 널려 있다고 보았던 것이다. 1900년 이후 한국 토지실태에 대한 일본 측의 수많은 조사보고서는 기본적으로 이러한 인식에 바탕을 두고 있었다. 그래서 일제는 일본인 및 일본인 농업개발회사에 의한 토지의 집적 및 경영과 이주식민을 장려하는 이외에, 미간지의 개간과 이를 이용한 국가적 차원의 일본인 이주 및 농업경영을 시도했던 것이다.

이 장에서는 식민지 토지정책의 본질과 성격을 파악하기 위한 작업의 한 방법으로서 미간지의 개간 문제를 고찰하고자 한다. 먼저 연구의 상황을 살펴보면,[2] 윤병석은 1904년 러일전쟁 와중에 일본이 한국의 황

1 未墾地는 陳田, 陳荒田, 荒蕪地, 閒曠地, 未耕地, 未開地 등 다양하게 불렸지만, 이전에 개간·경작하던 것이 황폐해진 陳田과 이전에 개간된 적이 없는 閒曠地로 대별할 수 있다. 이 장에서는 전체적으로 '미간지'로 통일하여 표현하면서 일제침략 이전에는 진전, 진황전, 황무지, 한광지 등의 용어를, 일제침략 이후는 황무지, 미경지, 미개지, 미간지 등의 용어를 혼용해서 쓰기로 한다.

2 윤병석, 「일제의 황무지개척권 요구에 대하여: 1904년 長森명의의 위임계약기

무지 개간권을 총체적으로 탈취하려 한 시도를 밝히고 한국인의 적극적인 반대·저항으로 좌절된 과정을 소개했다. 김재훈은 1907년부터 1910년까지 국유미간지 대여 실태, 한국인과 일본인의 대여 비교, 대여받은 한국인들의 출신 등 국유미간지이용법에 의한 국유미간지 개간의 실태를 분석했다. 송규진은 일제의 미간지 정책에 대한 개관적 연구로서 미간지의 실태와 미간지의 국유화를 통한 침탈정책의 수행 과정을 고찰했다. 이들 연구를 통해 일제의 황무지 개간권 침탈에 대한 많은 정보를 얻을 수 있고, 일제의 미간지 침탈정책과 미간지 개간의 실태를 확인할 수 있다. 그 밖에 일본의 농업식민정책[3] 및 동양척식주식회사를 비롯한 농업회사의 척식이주정책에 대한 연구성과도[4] 미간지 문제와 관련된다.

이 장에서는 이러한 연구성과를 활용하면서 다음과 같은 점에 주목하여 논의를 진전시키고자 한다.

첫째, 조선 후기 이래 미간지의 개간 과정을 정부의 정책과 왕실의

도를 중심으로」, 『역사학보』 22, 역사학회, 1964[『근대한국민족운동의 사조』, 집문당, 1996 재수록]; 김재훈, 「한말 일제의 토지점탈에 관한 연구: 국유미간지이용법(1907년)을 중심으로」, 한국정신문화연구원 경제학 석사학위논문, 1983; 송규진, 「구한말·일제초(1904-1918) 일제의 미간지 정책에 관한 연구」, 『사총』 39, 고려사학회, 1991.

3 김용섭, 「일제의 초기 농업식민책과 지주제」, 『한국근현대농업사연구』, 일조각, 1992; 최원규, 「일제의 초기 한국식민책과 일본인 농업이민」, 『동방학지』 77·78·79, 연세대학교 국학연구원, 1993; 정연태, 「대한제국후기 일제의 농업식민론과 이주식민정책」, 『한국문화』 14, 서울대학교 한국문화연구소, 1993 참조.

4 田中喜男, 「明治後期朝鮮拓殖への地方的關心: 石川縣農業株式會社の設立お通して」, 『朝鮮史硏究會論文集』 4, 朝鮮史硏究會, 1968; 黑瀨郁二, 「日露戰爭後の朝鮮經營と東洋拓殖株式會社」, 『朝鮮史硏究會論文集』 12, 1974; 조기준, 「일인농업이민과 동양척식주식회사」, 『한국근대사론』 1, 지식산업사, 1977; 君島和彦, 「日露戰爭下朝鮮における土地略奪計劃とその反對鬪爭」, 『朝鮮歷史論集』 下, 龍溪書舍, 1978 참조.

재정확충 기도라는 두 측면에서 비교 고찰하고자 한다. 특히 개간업무를 둘러싼 대한제국 정부와 왕실의 갈등양상에 주목한다.

둘째, 일제의 미간지 침탈 과정을 살펴본다. 1904년 전국의 황무지 개간권을 한꺼번에 침탈하려다 실패한 일제가 왕실의 영향력을 배제하면서 통감부의 행정적 지배하에 놓인 농상공부에 개간허가권을 전관시킴과 동시에, 일본인의 토지소유 및 개간을 합법화한 과정을 고찰한다.

셋째, 일제 통감부가 1907년 7월 '국유미간지이용법'을 제정하여 '국유미간지'를 창출하고, 그 개간과 불하의 절차를 법제화함으로써 미간지를 이용하여 식민의 조건을 마련하려 한 양상을 살피고자 한다.[5]

넷째, 일제의 토지정책과 미간지 문제는 식민지화 과정에 놓인 한국에서만의 문제는 아니었다. 일본은 이미 홋카이도를 영유 개척하면서 미간지의 개간과 식민의 방식을 실험했고, 식민지 대만에서도 토지조사를 실시했으며, 이 과정을 통해 식민지 토지정책의 방향을 설정했다. 한국의 사례를 규명하는 것을 핵심과제로 하면서 일본이 내국식민지로서 개척한 홋카이도, 해외식민지로서 지배한 대만의 경우와 비교함으로써 식민지 토지정책의 본질에 다가서고자 한다. 일제가 한국에 시행한 지배정책의 본질을 파악하기 위해서는 일본 제국주의 본국이나 다른 식민지에서 시행한 정책과의 비교가 필요하다고 생각한다.[6]

---

5 미간지 대여와 불하의 구체적 양상이나 한국인과 일본인 사이의 양적·질적인 비교 등의 구체적 분석은 김재훈, 앞의 논문, 1983 참조.

6 비교사적 연구방법에 의한 연구성과로는 淺田喬二, 『增補 日本帝國主義と舊植民地地主制: 臺灣·朝鮮·滿洲における日本人大土地所有の史的分析』, 龍溪書舍, 1989; 淺田喬二, 『日本帝國主義下の民族革命運動』, 未來社, 1973; 宮嶋博史, 「동아시아에 있어서 근대적 토지변혁: 구일본제국의 지배지역을 중심으로」, 『경제사학』 17호 별책, 경제사학회, 1993 참조.

2. 개항 후 토지개간정책의 추이

1) 개화파의 개간정책

개항 이후 서양 문물과 함께 서양의 농업정책에 대한 소개가 이루어지면서 토지개간사업에 대한 관심도 한층 진전되었다. 개화파는 부국강병책의 일환으로서 제언(堤堰)의 수축과 황무지의 개간을 촉구했다.[7] 1885년과 1894년 농상회사(農桑會社)의 설치는 개화파의 주장을 수용한 정부의 개간정책이 구체화된 조치였다.

1884년 말 1885년 초 정부는 민간에서 자금을 모아 중앙에 경성농상회(京城農桑會)를 조직하고 투자에 따라 수익을 분배하도록 조치했다.[8] 경성농상회는 산과 들의 미간지 및 강변과 해변의 미간지를 개간하고, 저수지를 쌓아 밭을 논으로 전환하는 개발사업을 주로 추진했다. 중앙의 경성농상회를 본받아 경기도 장단과 교하에도 농상사(農桑社)가 설치되었다.[9]

갑오개혁기에는 농지개발회사의 설치가 보다 적극 추진되었다. 1894년 10월 관허농상회사(官許農桑會社)가 설치되었다.[10] 관허농상회사는 농사개량 및 농지개간과 양잠·직조 사업을 위해 농상아문 산하 회

---

7 개화파와 정부의 토지개간정책에 대해서는 김용섭, 「갑신·갑오개혁기 개화파의 농업론」, 『한국근대농업사연구』 증보판, 하, 일조각, 1984, 74-86쪽; 이영학, 「개항기 조선의 농업정책」, 『한국근현대의 민족문제와 신국가건설』, 지식산업사, 1997, 40-49쪽; 이영학, 「갑오정권의 농업정책」, 『이화사학연구』 52, 이화사학연구소, 2016 참조.

8 『交河農桑社節目』(규장각 古4256-44, 1885년 2월), '我朝鮮京城農桑會章程.'

9 『交河農桑社節目』, '傳敎', '完文', '節目.'

10 『農桑會社章程』(규장각 15322, 1894년 10월).

사로서 조직되었다. 개간과 관련하여 살펴보면, 묵은 땅은 개간하여 땅에 적합한 대로 뽕·마·감자·인삼·연초 등을 심고, 해변 저지대는 제언을 수축하여 범람을 막고 도랑을 뚫어 개간할 것을 사업으로 제시하고 있다. 황무지의 실태를 파악하고 구체적인 개간방법을 생각하고 있는 점에서 정책적 경향이 강화된 모습이 보인다. 중요한 점은 제언을 쌓아 관개하고 황무지를 개간하는 등의 일을 모두 농상아문의 윤허를 받아 시행케 한다는 것이다. 즉 농상회사가 황무지 개간의 업무를 담당하지만, 황무지 개간의 허가권은 농상아문이 장악하고 있다. 종래 왕실이나 세도가들이 권력의 힘을 믿고 임의로 황무지를 개간하여 소유권을 확보하던 방식을 지양하고, 정부기관이 황무지 개간정책의 책임과 의무를 담당하게 되었음을 의미한다.

정부의 토지개간정책의 기본 방향은 개간 허가권을 정부가 장악하여 정부 계획하에 토지개간을 추진하면서도, 실제 개간은 민간자본을 조달할 수 있는 회사조직의 형태를 취하도록 한 점에 있다. 대체로 개화파의 농업개발회사론이 수용 실천된 것으로 이해된다.

2) 광무정권의 개간정책

개화파와 정부의 토지개간정책의 방향은 대한제국기에 들어와 수정된다. '황제권'과 왕실의 권한이 점차 강화되고 모든 재원이 왕실에 집중되는 상황에서 개간 문제에도 왕실이 직접 관여했다.

개간 문제에 왕실이 관여하기 시작한 것은 독립협회운동이 좌절된 직후인 1899년 2월이었다. 왕실의 재정을 관장하던 궁내부 소속의 내장사에 수륜과(水輪課)를 두어 개간사업을 관장토록 한 것이다.[11] 산록의 건조한 곳에는 수차(水車)를 이용하여 관개하고, 연해안의 범람지와 갯가는 물을 막아 간척하는 것이 수륜과의 임무였다. 수륜과에서는 공토

가운데 황무지를 개간하여 내장사의 경영지로 삼는 한편, 일반 인민의 황무지 개간에 대한 허가권과 개간한 토지에 대한 과세권을 행사하고자 했다. 1900년 3월에는 수륜과 관제를 개정하여 13명씩의 외과장(外課長)과 주사를 전국 각 도에 파견하여 업무를 수행하게 함으로써[12] 수륜과의 업무체계를 강화했다. 수륜과 설치에 의해 개간을 관장하는 기관과 개간규정이 구체적으로 마련된 것은 큰 의미가 있는 것이며,[13] 광무개혁의 근대화 정책의 한 양상으로 평가할 수 있을 것이다.

그런데 개간업무는 왕실에 독점된 것만은 아니었다. 여전히 농상공부에서 개간허가권을 행사하고 있었다. 1899년 11월 목포의 자방포에 제방을 쌓아 토지를 개간하고자 한 것, 1900년 6월 광주에서 일본인이 한국인 명의로 개간하고자 한 것, 1900년 12월 서울의 오평묵이 개간회사를 세우고 경상도 성주 대매동, 상주 장대터, 대구 효곡동, 의흥 인각촌 등지를 개간하고자 한 것, 1900년 12월 서울의 문경호가 합자회사를 세워 남장동 공한지에 과수원을 경영하고자 한 것, 1901년 1월 과천의 김성중이 무주공한지 400일경을 개간하고자 한 것 등의 사례에서는

---

11 『韓末近代法令資料集』(국회도서관, 1970~1972) 2, 1899년 2월 7일 '宮內府所屬內藏司水輪課章程', 443-444쪽.

12 『皇城新聞』 1900년 3월 21일 雜報, '水輪課改制.'

13 1899년 인천항 월미도 개간 사례는 수륜과장 강면희 및 관리들의 부당하고 부패한 허가권 행사와 일본인의 토지침탈을 보여주는 사례인데, 사건처리 과정에서 수륜과의 각지 토지사정의 조사·파악과 개척성책 작성, 개간자의 수륜과에 대한 개간허가 신청, 기사의 파견에 의한 개간지의 경계 파악, 지방관의 지역주민에 대한 고시 등의 개간 허가절차가 마련되어 있음을 확인할 수 있다. 『平理院來去文』(규장각 17813, 외부) 1900년 6월 20일 평리원재판장의 외부대신에 대한 조회; 『宮內府案』(규장각 17801) 1900년 9월 12일 외부대신의 궁내부대신에 대한 조회; 『高宗實錄』 1901년 11월 22일 참조.

모두 개간자들이 농상공부에 청원하여 개간허가를 받고 있다.[14] 이것은 개간허가권을 둘러싸고 왕실과 정부 사이에 갈등이 존재하고 있음을 의미한다.

왕실에서 개간업무의 주도권을 강화하게 되는 것은 수륜과가 확대 개편되어 수륜원이 설치된 1902년 4월 이후다.[15] 1902년 8월 6일에는 수륜원에 공상과(公桑課)를 두고, 1902년 11월에는 수륜원 관제를 개정하여 수륜과·제언과·공상과를 관장하는 체제로 다시 확대 개편했다.[16] 정부의 제반 업무가 궁내부 산하기관으로 편입되는 양상을 보이는 상황에서 농상공부에서 관장함직한 개간·제언·잠업과 같은 업무를 수륜원에서 장악하여 왕실 수입의 재원을 확대하고자 한 것이다.

이렇게 하여 수륜원은 관유지와 민유지, 그리고 한광지의 개간사업을 주도하고 민간의 개간을 허가하는 권한을 가졌다. 관유지와 민유지를 개간한 경우 소출의 분배와 수세규정도 자세히 마련되었다.[17] 개간의 절차와 원칙이 보다 세밀하고 명백하게 규정되었다고 하겠다.

수륜원의 개간, 양잠사업의 실제를 살펴보면, 1902년 8월에는 수륜원에서 13도의 관찰부에 뽕나무를 심을 수 있는 황무지를 조사하도록 했고, 진황지를 조사하기 위해 전라남북도에 검쇄관을 파견하기도 했으

14 『황성신문』 1899년 11월 28일 잡보, '倘許借名'; 1899년 12월 21일 잡보, '自防浦의 日人測量'; 1900년 6월 8일 잡보, '外人墾土의 不許'; 1900년 12월 5일 잡보, '開墾會社; 1900년 12월 17일 잡보, '請願設圃'; 1901년 1월 25일 잡보, '請墾曠地'.

15 『한말근대법령자료집』 3, 1902년 4월 11일 포달 제80호 궁내부관제 개정, 364-365쪽.

16 『한말근대법령자료집』 3, 1902년 8월 6일 포달 제86호 궁내부관제 개정(435쪽), 1902년 11월 18일 포달 제91호 궁내부관제 개정(469-470쪽).

17 『한말근대법령자료집』 3, 1902년 11월 19일 수륜원장정 附 규칙, 470-471쪽.

며, 10월에는 검쇄관을 각 도에 파견하여 물레방아와 진황처에 과세하고자 했다. 1903년 4월에는 검사위원을 각 도에 파견하여 수리시설에 과세하고 개간을 권유하는데, 평안북도에서는 과도한 과세로 쫓겨나기도 했다. 1903년 6월에는 수륜원 검쇄관이 옥구에서 물레방아에 과세하고, 또한 하천과 개천의 물을 조금이라도 사용하면 과세하여 농민들이 반발하기도 했다.[18] 이상의 단편적인 수륜원 업무상황을 통해 볼 때 수륜원에서는 과세에 중점을 두고 있었던 것으로 보인다. 수입은 정부재정으로 귀속되지 않고 왕실재정의 확대에 기여했다.

이와 같이 1902년 4월 이후 수륜원에 의한 개간과 양잠사업 장악력이 확대 강화되었지만, 이 시기에도 농상공부의 역할이 소멸된 것은 아니었다. 농상공부는 1902년 1월 잠상(蠶桑)에 대해 전국 각 도에 훈칙을 내리고 각 면에 권업위원을 두어[19] 업무를 강화했다. 1902년 11월에 농상공부에서 각 군에 뽕나무를 심을 것을 훈칙하고 위원을 파송 조사했을 때, 영친왕궁과 수륜원 공상과에서도 뽕나무를 심고 있는 사실이 확인된다.[20] 12월에도 각 부군에서 뽕나무를 더욱 심도록 하면서 이듬해부터는 농상공부 양잠 졸업생을 각 군에 파견하여 지도할 계획을 세우기도 했다.[21]

이상에서 대한제국기에는 개간을 관장하는 기구와 개간의 원칙 및 절차가 마련되었던 것을 알 수 있었다. 다만 개간을 관장하는 기구는 왕

18 『황성신문』 1902년 8월 20일 잡보, '桑課訓飭'; 1902년 8월 22일 잡보, '輪院檢刷'; 1902년 10월 25일 잡보, '水春調査'; 1903년 4월 16일 잡보, '逐出境外'; 1903년 6월 5일 잡보, '何以措處.'

19 『황성신문』 1902년 1월 25일 別報 및 잡보, '勸業委員.'

20 『황성신문』 1902년 11월 22일 잡보, '公桑廣栽.'

21 『황성신문』 1902년 12월 25일 잡보, '蠶課實施.'

실과 농상공부로 이원화되어 있었다. 적어도 개간 문제에 관한 한 정부 기관은 왕실과 갈등을 빚으면서 고유한 업무를 지속시켜 나가고 있었다고 보아야 할 것이다.[22]

그런데 궁내부 수륜과와 수륜원에는 일본인 촉탁이 임명되어 활동하고 있었다. 즉 일본인 오오에(大江卓)가 1901년 7월 이후 수륜과와 수륜원의 감독 두 사람 중 한 사람으로서 임명되었다.[23] 1902년 7월에는 일본인 가토(加藤增雄)가 수륜원 부총재로서 추가로 특별 임명되었다.[24] 그런데 그는 8월, 3개년간 최고등 대우로 농상공부 고문관 계약을 체결하여 농상공부 대신의 자문에 응하기로 했다.[25] 그는 농상공부에 매일 한 번씩 출근했다고 한다.[26] 수륜원의 감독과 부총재에 임명될 뿐 아니라 농상공부 고문관까지 겸함으로써 일본 측은 한국의 황무지 실태와

---

22 광산의 경우에도 정부의 농상공부와 왕실의 궁내부 사이에 이권의 관할을 둘러싼 갈등이 격렬하게 전개되었고(양상현, 『대한제국기 내장원 재정관리 연구: 인삼·광산·포사·해세를 중심으로』, 서울대학교 국사학과 박사학위논문, 1997, 89-100쪽), 1902년 2월에 가서 서북 금광은 궁내부, 강원도 금광은 농상공부, 삼남지방은 금지하는 것으로 되어(『황성신문』 1902년 2월 19일 잡보, '政府議案') 개간 문제와 유사한 갈등양상을 보인다.

23 『황성신문』 1901년 7월 25일 잡보, '監督技師'; 『고종실록』 1902년 4월 13일, 8월 9일. 1903년 10월의 기록(『宮內府案』 1903년 10월 6일 수륜원 총재의 외부대신에 대한 조회)에는 大江卓가 수륜원 부총재로도 등장한다.

24 『고종실록』 1902년 7월 15일, 1903년 8월 31일. 일본공사를 역임한 加藤增雄(1853-1922)에 대해서는 이상찬, 「일제침략과 왕실재정정리」(1) 『규장각』 15, 서울대학교 규장각, 1992; 서영희, 『대한제국 정치사 연구』, 서울대학교출판부, 2003, 171-172, 251-252쪽; 김현숙, 『근대한국의 서양인 고문관들』, 한국연구원, 2008, 280쪽 참조.

25 『황성신문』 1902년 7월 30일 別報; 7월 31일 논설, '論加藤增雄氏農商工部顧問官雇聘'; 8월 5일 잡보, '參贊否決'; 8월 23일 잡보, '加藤決聘.'

26 『황성신문』 1902년 9월 10일 잡보, '請撥俸○.'

개간 실태를 파악할 수 있는 기회를 얻었고, 이를 토대로 한국의 황무지를 장악할 계획을 마련한 것으로 보인다. 대한제국의 농상공부와 궁내부 수륜원이 개간 문제를 이원적으로 취급하여 갈등을 빚고 있었지만, 일본인은 양쪽의 관리·고문직을 차지하여 실태를 정확하게 읽고 있었다. 이제 개간 문제는 한국침략의 한 방편으로서 일제의 주된 관심사로 넘어간다.

3. 일제의 황무지 침탈 기도와 한국의 대응

1903년 말부터 일본은 한국침략 정책의 일환으로서 황무지 개간권을 획득하기 위한 방책을 강구하기 시작했다. 일본 대장성 관리를 지낸 바 있는 나가모리(長森藤吉郎)가 1903년 12월 한국으로 들어와 실황을 점검하여 타당성을 확인한 뒤, 일본공사와 협의하여 황무지 개간사업을 실행할 것을 계획했다.[27] 농상공부 고문이면서 수륜원 부총재를 역임한 가토가 이미 한국의 토지개간사업을 관장하여 그 실태를 정확하게 파악하고 있었다. 일제는 우선 궁내부에 소속되어 있던 수륜원을 폐지하고자 한 것으로 보인다. 황무지의 개간을 관장하던 수륜원은 러일전쟁의 위기가 임박한 1904년 1월 11일, 고종이 한만(閒漫)한 관청을 혁파하는 등의 개혁조치를 취하는 과정에서, 특히 왕실의 권력이 팽배했을 때 확대된 궁내부 산하의 여러 관청과 함께 폐지되었다.[28] 국가와 왕실의 안

27 『日本外交文書』 37권 1책, 1904년 4월 '長森藤吉郎具狀及約案', 573-575쪽.

28 『한말근대법령자료집』 3, 1904년 1월 11일 포달 제110호 '궁내부관제 개정', 1월 11일 주본 '박문원을 혁거하여 예식원에 소속시키고 수륜원·평식원·관리서를 혁거하여 정부로 하여금 품처케 하는 건', 567-569쪽.

위가 위태로운 상황에서 취해진 정치적인 개혁조치였지만, 이 장의 주제와 관련하여 보면 황무지 개간권을 장악하려는 일제의 의도와 맞물려 있는 것으로 보여진다. 수륜원의 개간업무는 의정부에서 논의한 끝에 2월 3일 가토가 고문으로 있는 농상공부로 이속되었다.[29] 황무지 개간 문제가 궁내부의 손에서 벗어나 완전히 농상공부로 넘어간 것이다.

1904년 3월 17일 이토(伊藤博文)가 한국을 방문하고 돌아간 뒤, 일본은 본격적인 한국식민 정책을 구상하게 되고 황무지 개간 문제는 그리하여 본격 거론된다. 러일전쟁에서 우세를 점한 일제는 광범한 면적의 황무지 개간권을 독점하고자 했다.[30] 일본정부에서는 1904년 5월 '대한방침', '대한시설강령', '대한시설세목'의 척식방안을 확정했는데, 대한시설강령 제6항에 의하면[31] 일본 농민의 한국 진출이 과잉인구의 방출과 식량공급의 확대라는 효과를 얻을 것으로 보고, 이를 위해 일본은 한국의 관유 황무지의 개간을 특허받고 한국 내륙의 민유지를 매매·임대할 수 있도록 한다는 계획을 세웠던 것을 알 수 있다.

이러한 방침에 따라 하야시(林權助) 일본공사는 1904년 6월 6일 황무지 개간을 위한 계약을 정식으로 한국정부에 요청했다. 일본이 요구한 황무지는 "궁내부 소유 및 관유에 속한 기간지지(旣墾之地)와 민유지로 그 소유의 사장증적(事狀證跡)이 명백한 토지·전답·산림·원야를 제외한 대한제국 8도, 즉 경기·충청·경상·전라·강원·황해·평안·함경 제

29 『한말근대법령자료집』 3, 1904년 2월 3일 주본 '前水輪院·전평식원을 농상공부로, 전관리서를 내부로 이속시키되 그 冗官을 減下하는 건', 572쪽.

30 이에 대해서는 윤병석, 앞의 논문, 1964; 君島和彦, 앞의 논문, 1978; 최창희, 「황무지개척권 반대운동」, 『한국사』 43, 국사편찬위원회, 1999에 잘 정리되어 있다.

31 『일본외교문서』 37권 1책, 355쪽; 윤병석, 『근대한국민족운동의 사조』, 집문당, 1996, 83-84쪽.

도(諸道)에 산재하는 토지·산림·원야·기타 일체 황무지"였다.[32] 즉 왕실과 정부기관에서 소유한 토지 가운데 미간지와, 민유가 명백한 것을 제외한 기타 모든 황무지를 의미하는 것이다. 황무지를 일본인 자본주 나가모리에게 위임하고 개간한 후에는 소유권을 한국정부가 가지지만, 사용·수익권은 50년간 나가모리가 독점하도록 한다는 계획이었다. 5년간은 면세하고 5년 후부터 납세하되, 수확이 없을 때에는 감면할 수 있는 세제혜택도 포함되었다. 전 국토의 '국유미간지'의 독점적 개간권을 세제혜택을 전제하여 일본인에게 넘기라는 것이다. 물론 아직 '국유미간지'의 개념은 성립되어 있지 않았다.

한국정부는 1904년 5월 개간업무를 다시 궁내부에서 관장하도록 하는 조치를 취했다. 수륜원을 폐지하여 개간업무를 농상공부로 넘긴 뒤 황무지 개간권을 획득하려는 일본의 시도가 나가모리를 통한 왕실과의 비밀교섭과, 외교채널을 통한 공식적인 교섭으로 진행되는 상황에서 이를 거부하기 위한 조치였다. 그리하여 궁내부에 "국내 원야·산림에 광한황무(曠閒荒蕪)한 토지를 개간·종식(種植)하며 천택강해(川澤江海)에 폐기한 제언과 어렵(漁獵)을 확장 정리하여 어공(御供)의 진배(進排)하는 사무를 전관"하는 기관으로서 어공원(御供院)이 새로이 설치되었다.[33] 어공원의 설치는 황무지 개간권을 탈취하려는 일본의 시도에

32 『舊韓國外交文書』(고려대학교 아세아문제연구소, 1970) 日案 7, 1904년 6월 6일 '長森請願荒無地原野山林開墾案의 認准慫慂 附 上件契約書案', 119쪽.

33 『한말근대법령자료집』 3, 1904년 5월 19일 주본 '궁내부관제 개정에 관한 건'(603-694쪽), 5월 19일 포달 제115호 '궁내부관제 개정'(604쪽), 6월 4일 포달 제116호 '궁내부관제 개정'(608쪽). 어공원경은 궁내부대신이 겸임했다. 개간업무를 궁내부 어공원에서 관장하는 점에 대해서는 이견이 없지 않았는데, 어떤 이는 농상공부에서 관할해야 한다고 주장했고, 또는 탁지부에서 관할할 것을 주장하기도 했다(『고종실록』 1904년 7월 10일 봉상사 부제조 이순범

대한 고종을 비롯한 왕실의 강력한 저항을 의미했다. 한국정부는 일본의 독점적인 황무지 개간권 요구에 대해 오히려 이를 궁내부 어공원에서 담당하여 주체적으로 시행하겠다고 선언한 것이다. 어공원이 황무지 개간권을 양여하는 창구가 아니라 개간사업의 주체적인 시행기관임을 천명한 것이다. 그리고는 정부관료와 유지들이 중심이 되어 설립된 농광회사에 개간특허권을 허가했다.[34] 전국의 진황지를 이 회사가 중심이 되어 한국인의 주체적인 힘으로 개간한다는 것이었다.

지속적인 일제의 황무지 개간권 요구에 대해 보안회(輔安會)를 중심으로 격렬한 반대운동이 전개되었고, 7월 하순 결국 정부도 국토를 외국인에게 절대 대여하지 않겠다는 방침을 발표하지 않을 수 없었다. 이에 일제는 황무지 개간 계획을 철회하면서, 동시에 황무지 개간의 원칙은 인정하되 단지 이를 보류할 뿐이라는 점을 인정하도록 한국정부에 요구하는 한편, 궁내부 어공원의 폐지와 농광회사의 특허를 취소하게 만들었다.[35] 일제는 차후 적당한 기회에 황무지 개간을 본격 추진할 의도를 숨기고 있었다. 이후에도 일제의 요구와 한국정부의 대응, 그리고 민간의 대안 제시 등 황무지 개간을 둘러싼 갈등은 지속되었다.[36] 한국의 입장에서 볼 때 황무지 개간 문제는 그 자체뿐만 아니라 국토의 사

의 상소, 7월 15일 중추원 의관 안종덕의 상소).

34 윤병석, 앞의 책, 1996, 110-112쪽; 『駐韓日本公使館記錄』(국사편찬위원회) 22책, '농광회사규칙', 135-136쪽.

35 윤병석, 앞의 책, 1996, 118-120쪽; 『주한일본공사관기록』 22책, 「1904년 미경지경영」; 『일본외교문서』 37권 1책, '어공원 기타 폐지의 건', 604쪽.

36 『일본외교문서』 37권 1책, 604-606쪽; 『韓日外交未刊極秘史料叢書』(김용구 편, 서울아세아문화사, 1995) 17, 「日韓同志組合組織一件」, 168-170쪽; 서영희, 앞의 책, 2003, 290-303쪽; 『各官廳公文原本』(규장각 17272) 南署筆洞居前主事盧鳳洙獻議書의 '陳荒地開墾規則' 참조.

수라는 측면에서도 초미의 현안이었다.

4. 일제의 '국유미간지' 창출과 개간의 법제화

1) 개간허가권의 농상공부 일원화

황무지 개간권 획득에 실패한 일제는 그 원인을 고종을 비롯한 왕실의 강력한 저항 때문으로 보았다. 그래서 황무지 개간권 요구를 포기하면서 궁내부 어공원의 폐지와 어공원에서 허가한 농광회사의 특허를 취소하게 함으로써 개간 문제에서 왕실을 배제하고자 했다. 왕실의 영향력을 약화시키는 조치는 일제의 정치적 침략 과정을 동반했다. 농상공부 고문이던 가토가 궁내부 고문이 되어 왕실의 제도와 재정을 정리 축소하기 시작했고, 개간허가권도 이러한 흐름을 타고 농상공부로 넘어가고 있었다.

1904년 7월 30일 궁내부 어공원이 폐지된 이후 농상공부는 다시 개간허가권을 확보했다. 농상공부의 고시에 의하면, 미간지의 개간허가는 농상공부에 의해 1905년 1월부터 시작되어 1907년 7월까지 지속되었다.[37] 1905년 1월 7일 보도로는[38] 평택군 원야 800정보의 개간을 유인완에게 인허했는지를 일본헌병사령관이 농상공부에 조회하고 있는데, 이것은 농상공부에서 개간허가권을 행사하고 있음을 말해주는 것이다.

---

37 『舊韓國官報』 제4115호, 1908년 7월 2일; 제4191호, 1908년 10월 1일; 제4495호, 1909년 10월 2일.

38 『황성신문』 1905년 1월 7일 잡보, '認許示明.'

1905년 4월 농상공부에서 기간인허규칙(起墾認許規則)을 마련했다는 보도가 나왔는데, 그 내용은 다음과 같다.

1. 해당 토지와 그 인허장을 외국인에게 전당(典當)치 못할 일
1. 인허 후 1년 내에 기간(起墾)치 아니하면 인허장은 저절로 폐지될 일
1. 그 인허장을 본국인에게 전급(轉給)하는 경우에는 본부(농상공부)에 청원하여 허가를 득한 후 시행할 일
1. 위의 여러 조항을 범하면 본 인허장은 시행하지 않고 그 범인은 당감중률(當勘重律)할 일[39]

농상공부에서는 개간허가의 절차를 마련하면서 외국인에게 전당할 수 없다는 점을 강력하게 제시했다. 사실 이것은 일제가 바라던 바는 아니었다. 전당은 일본인이 한국에서 토지를 획득하는 유력한 방법이었는데, 이를 금지한다면 농상공부로 개간허가권을 일원화하는 것은 무의미한 일이었다.

이와 같이 농상공부가 개간허가권을 가졌지만, 농상공부의 힘으로는 왕실이나 궁방이 임의로 황무지를 소속시켜 개간허가권을 행사하는 것을 막을 수 없었다.[40] 일제가 황무지 개간권을 장악하기 위해 1906년 왕실과 궁방의 개간허가권을 박탈하는 조치를 한 것도 이러한 이유에서였다.

통감부가 설치된 이후 1906년 4월 13일에 열린 제4회 시정개선협

39 『황성신문』 1905년 4월 13일 잡보, '起墾認許規則'.

40 영종도 개간 사건에는 궁내부가, 후술하는 인천·부평 황무지 개간 사건[『宮內府來去案』(규장각 20054) 1906년 8월 29일 의정부참정대신의 궁내부대신에 대한 조회, 9월 7일 궁내부대신의 의정부참정대신에 대한 照覆]에는 영친왕부가 관련되어 있다.

의회에서는 이토 통감이 새로 제정할 광업법을 왕실 소유의 광산에도 적용해야 하며, 왕실이 소유한 전답·임야·황무지 등도 모두 법률의 지배를 받아야 한다고 강조했다. 법률의 바깥에서 왕실이 자유로 계약을 체결하는 것은 안 된다고 강력하게 주장했다.[41] 1905년 4월 농상공부에서 기간인허규칙을 마련했음에도 불구하고 왕실이 임의로 황무지를 부속시켜 개간하여 조세나 지대를 수취하는 상황을 막고자 한 것이었다.

일제가 왕실을 배제하는 입장은 1906년 7월 27일 궁내부의 황무지 개간허가권을 박탈하는 구체적인 조치로 나타났다.[42] 왕실과 궁방의 황무지 개간허가권을 박탈하고 이미 허가한 것도 무효로 하며, 왕실과 궁방의 소속 토지도 개간을 제한하는 것을 골자로 했다. 이러한 조치는 왕실의 권한을 약화시키고 재정을 축소함으로써 광무정권의 기반을 제거하는 의미를 지니는 한편, 그동안 황무지 개간에 관여한 왕실의 권한을 박탈함으로써 일제의 황무지 수탈 및 개간의 주도권을 마련하려는 의도를 지닌 것이었다. 왕실과 궁방이 관여할 수 없는 '국유미간지' 창출의 첫 단계라고 볼 수 있다. 그것은 일제의 한국침략 계획의 한 부분이었다. 어쨌든 이제 개간허가권은 농상공부에서 장악하는 것으로 되었다.

농상공부에 의한 황무지 개간허가권 행사는 1906년 10월 16일의 조치에서 다시 한 번 확인된다.[43] 즉 황무지 개간에 관한 청원 절차를

---

41 金正明編, 『日韓外交資料集成』 제6권 상, 巖南堂書店, 1964, 197쪽. 광업법은 1906년 6월 29일 제정되었는데, 모든 광산 영업의 허가를 농상공부에서 관장하는 것으로 했다. 왕실 소유의 광산도 예외 없이 이 규정의 적용을 받게 했다(『한말근대법령자료집』 4, 1906년 6월 29일 법률 제3호 '광업법', 590-595쪽).

42 『한말근대법령자료집』 5, 1906년 7월 27일 궁내부령 제4호 '토지개간에 관한 건', 55쪽.

43 『한말근대법령자료집』 5, 1906년 10월 16일 칙령 제62호 '각종 인허의 효력·기한에 관한 건', 255쪽; 朝鮮總督府殖産局, 『朝鮮の灌漑及開墾事業』, 1922, 33쪽.

거쳐 인허를 받은 자는 1년 이내에 개간사업에 착수하지 못할 경우, 또 농상공부의 허가를 받지 않고 양여할 경우 무효로 한다는 것이다. 이 규정은 황무지 개간만을 위한 규정이 아니라, 각종 회사의 인허와 관련된 것이었다. 그렇지만 이 조치로 궁내부를 배제하고 농상공부에서 황무지 개간사업의 청원에 대한 허가권을 행사한다는 점이 확고하게 되었다. 그리고 최종적으로 1907년 7월 국유미간지이용법에 의해 국유미간지의 개간허가권은 농상공부에서 관장하는 것이 법률로써 확정되었다.

2) 일본인의 토지소유 및 개간권 보장

왕실을 배제하고 통감부 지휘하에 놓인 농상공부에서 개간허가권을 행사한다고 할 때, 일제의 입장에서 이제 문제가 되는 것은 어떻게 일본인의 토지소유와 개간권 획득을 보장할 것인가 하는 점이었다. 앞에서 본 것처럼 1905년 4월 기간인허규칙에 의하면 외국인에게는 개간을 허가하지 않을 뿐 아니라 인허장을 전당할 수도 없게 했다. 일본인의 토지소유권을 보장하려는 통감의 정책 결정이 임박한 1906년 9월에도 농상공부의 '개간규칙'은 외국인에게 토지개간의 인허장을 잠매(潛賣)하거나 양여하는 것을 엄금했다.[44]

---

44 『大韓自强會月報』 3호, 1906년 9월, 65-66쪽. '개간규칙'의 내용은 다음과 같다(최원규, 『한말 일제초기 토지조사와 토지법 연구』, 연세대학교 사학과 박사학위논문, 1994, 159-160쪽 참조).

"국유(國有)·관유(官有)·공유(公有)·민유지(民有地)에 개간기업(開墾起業)하되, 국유지는 산악·구릉·임수(林藪)·원야(原野)·피택(陂澤)·하안(河岸)·해포(海浦) 등지요, 관유지는 각 관청 관할에 속한 토지요, 공유지는 사원 촌리사(村里社) 등에 속한 공중이 관리 사용하는 땅이요, 민유지는 인민의 사유로 계권(契券)이 있어 서로 매매하는 것을 이름이니, 개간할 때에 토지에 장광 일제가 한국에 고문을 파견하는 한편 보호국화를 추진하고 있었지만, 외국인의 토지소유나 황무지 개간허가 및 전당은 당시에는 허용되지 않고 있었다. 러일전쟁을 개시하면서 일제가 대한제국의 영토를 보전한다고 선언했기 때문이다.

그러나 한국인 명의를 이용한 토지획득 및 개간사업은 이미 광범하게 진행되고 있었다. 앞에서 살펴본 1899년 11월 목포의 자방포에 제방을 쌓아 토지를 개간할 때 일본인을 고용하여 측량함으로써 실질적으로는 일본인 사업인 것으로 오해를 받았는데, 1904년 6월의 기사에 의하면[45] 이곳을 궁내부에서 개간하려다가 여의치 않아 일본인에게 개간시키려 한다는 것이었다. 실제로 황무지 개간권 갈등이 해소된 1904년 9월 일본인 오오우치(大內)가 240칸의 제방을 축조하고 약 700정보의 수전을 개간할 계획으로 공사에 착수하여 1907년 초에 이르면 일본인 소작인이 15호, 40여 명이 이주하게 된 것을 볼 수 있다.[46] 일제의 황무지 개간권 양도를 거부한 후 내부에서 전국에 훈령하기를, 일본인들이 표목을 세워 개간하는 일이 있으면 금지하고 보고하라고 했지만,[47] 이에 관계없이 일본인 개인은 한국인 명의를 빌리기도 하고, 은밀히 정부부서의 내락을 얻어 개간사업을 벌여 이득을 얻고 있었다. 다만 그것이 일본인 명의가 되지 못하여 그 소유권을 보장받지 못하고 있는 점이 문제였다.

척수(長廣尺數)를 측량도형(測量圖形)하여 농부대신과 그 지방관의 인준이 있은 후에 기공(起工)하되, 분쟁이 있을 때에는 기사(技師)와 기수(技手)를 파송 조사하며, 인허장(認許狀)을 외국인에게 잠매 혹 양여하는 경우에는 법사(法司)로 이송하여 조율(照律)케 하고, (……) 이상 규칙에 위반한 자는 농상공부대신이 그 인허장을 취소한다더라."(현대어로 약간 수정함).

45 『황성신문』 1904년 6월 20일 잡보, '築堰讓日.'

46 『韓國中央農會報』 2호(1907년 2월), 櫻圃山人, 「한국농사경영록」.

47 『황성신문』 1904년 7월 28일 잡보, '內部訓飭.'

영친왕부 소속 인천·부평 황무지 개간 사건은[48] 1905년 2월 일본인이 한국인을 앞세워 개간허가권을 획득한 후 개간공사에 자본을 대고 토지에 대한 권리를 확보하려 했는데, 1906년 6월 일본인 상호 간에 개간권을 이전하는 과정에서 문제된 사건이다. 여기서 일본인들은 개간의 권리를 토지소유권처럼 상호 이전하고 있고, 일제 통감부는 한국정부와 교섭하여 일본인의 권리를 옹호하고자 하는 모습을 볼 수 있다. 그러나 당시에는 외국인의 토지소유가 법적으로 허용되어 있지 않고, 한국정부도 외국인의 토지소유를 완강히 거부하고 있는 상황이었다. 일본의 입장에서는 토지소유를 보장받지 못함으로써 일본인의 토지투자와 농업식민에 큰 장애가 되었던 것이다.

앞에서 살펴본 1906년 10월 16일 농상공부에서 마련한 개간규칙이나, 같은 날 법률 제6호 '토지·건물의 매매·교환·양여·전당에 관한 건'에서도 외국인의 토지소유와 매매를 인정하지 않고 있었다. 그래서 통감 이토는 법률고문 우메(梅謙次郎)가 입안한 이 법률을 폐기하고 1906년 10월 26일 토지가옥증명규칙을 제정하여 외국인의 토지소유를 12월부터 허용하는 조치를 취했던 것이다.[49] 이에 따라 그동안 일본인이 불법적으로 매입하여 개간해 오던 '민유'미간지의 소유와 개간은 법적으로 인정받게 되었다. 그러나 '국유미간지'의 소유와 개간에 관한 규정은 국

48 『궁내부래거안』 1906년 8월 29일 의정부참정대신의 궁내부대신에 대한 조회, 9월 7일 궁내부대신의 의정부참정대신에 대한 조복 및 부속서.

49 『한말근대법령자료집』 5, 1906년 10월 26일 칙령 제65호 '토지가옥증명규칙'(291-292쪽), 1906년 11월 9일 법부훈령 '토지가옥증명규칙·시행세칙 실시에 관한 건'(318-320쪽). 외국인 토지소유의 합법화 과정에 대해서는 정연태, 「대한제국후기 부동산 등기제도의 근대화를 둘러싼 갈등과 그 귀결」, 『법사학연구』 16, 한국법사학회, 1995; 최원규, 「대한제국과 일제의 토지권법 제정과정과 그 지향」, 『동방학지』 94, 1996 참조.

유미간지의 개념규정과 함께 아직 확정되어 있지 않았다. 1907년 7월의 국유미간지이용법이 발포될 때까지 과도적인 단계에 놓여 있었다.

3) '국유미간지'의 창출과 개간의 법제화

통감 이토는 한국정부의 내각총리대신 이완용에게 국유미간지이용법의 제정 공포를 요청하는 다음과 같은 조회를 보냈다.

> 한국 내지 각처에 원야·소택 등지가 황폐에 속한 것 심히 많고, 더욱 서남연해 일대의 땅은 진흙과 모래가 멀리 이어져 토공(土功)을 시행하면 양전(良田)을 적지 않게 얻을 수 있겠으며, 종래 이들의 유리(遺利)를 개발치 못함은 사람들이 희박하고 농민의 지식이 결핍된 데 말미암은 바이나, 또한 농정의 기초가 안정되지 않고 토지의 사유권(私有權)이 확립되지 못하고 재산권(財産權)이 공고치 못함에 실로 기인된 바이오니, 지금에 법률을 제정하고 양민(良民)으로 정근(精勤)한 자를 유도 장려하여 이들 황폐지를 대여(貸與)·매불(賣拂) 및 부여(付與)하는 길을 열고 그 사권(私權)을 존중 보호하오며 크게 국본배양(國本培養)을 강구함이 타당하고 마땅함.[50]

통감은 이러한 내용과 함께 국유미간지이용법안을 제시하고 급히 제정 공포할 것을 요청했다. 따라서 통감의 이 조회는 국유미간지이용법의 전문(前文)과 같은 성격을 지니는 것이라고 하겠다. 여기서 국유미

50 『統監府來去案』(규장각 17850) 및 『統監府來文』(규장각 17849) 1907년 6월 21일 통감후작 伊藤博文의 내각총리대신 이완용에 대한 조회.

간지를 적극 개간하지 못한 핵심적인 원인으로 거론된 것은 토지의 사유권과 재산권이 확립되지 못했다는 점이었다. 그래서 국유미간지이용법을 제정하여 미간지의 대여, 불하, 무상부여의 길을 열어 토지사유를 보장해야 한다는 것이다. 이미 1906년 10월 26일 토지가옥증명규칙의 제정에 의해 12월부터 일본인의 토지소유가 보장되면서도 전 국토에 걸쳐 토지소유권이 확립되어 있지 못해 불안정한 상태에 있었는데, 사실 그것은 토지조사사업을 기다릴 수밖에 없는 것이었다. 아직 토지조사사업을 시행하지 못하고 있는 상황에서, 일본인이 새로이 획득할 토지의 사유권을 보장할 수 있는 법적 근거로서 토지가옥증명규칙과 함께 국유미간지이용법을 제정하고자 한 것이다.

이에 대해 이완용은 "황폐한 국유토지를 개발하고 농정의 기초를 정립하여 국본(國本)을 배양함이 급무"라고 하면서 농상공부로 인계하여 타결하도록 지시하고 있다.[51] 이에 따라 농상공부대신 송병준은 이완용에게 1907년 7월 2일 국유미간지이용법안을 청의한다고 보고했고,[52] 7월 4일 법률 제4호로 국유미간지이용법이 일제가 요구한 원안대로 제정되었다.[53] 유명한 친일정치가 이완용과 송병준의 조연에 의해 국유미간지이용법은 순조롭게 제정되었다.

국유미간지이용법 제정에 따라 일본인도 한국인과 똑같이 이 법에 의해 개간지의 대여와 대여 후의 무상부여 및 불하를 요구할 수 있게

---

51 『農商工部來去文』(규장각 17782) 1907년 6월 27일 내각총리대신 이완용의 농상공부대신 송병준에 대한 조회.

52 『농상공부래거문』 1907년 7월 2일 농상공부대신 송병준의 내각총리대신 이완용에 대한 照覆.

53 『한말근대법령자료집』 5, 1907년 7월 4일 법률 제4호 '국유미간지이용법', 574-575쪽.

되었다. 1904년 일제가 황무지 개간권을 요구할 당시에는 한국이 일제의 보호국이 아닌 주권국가였기 때문에 국가적 차원에서 황무지 전체의 개간권을 특권으로 위임받고자 했지만, 이제는 법률적으로 요건만 갖추면 일본인도 개인적 차원에서 개간사업에 참여할 수 있게 되었다. 개간을 통한 무상부여와 불하는 일본인이 불법적으로 취득한 토지를 증명을 통해 소유권을 확보하는 것과는 달리 소유권의 '원시취득'이 되는 것이어서,[54] 토지조사사업에 기초한 등기제도의 성립 이전에 개간을 통한 토지소유권의 확보가 보장되게 된 것을 의미한다.

국유미간지이용법에 의해 '황무지'가 '국유미간지'로 개념화되었다. 국유미간지는 "민유 이외의 원야·황무지·초생지·소택지 및 간석지"로 규정되었다. '민유 이외의'는 '민유가 아닌' 것을 의미하며,[55] 그것은 당시로서는 민유를 증명하지 못한 것을 포함하는 것이었고, 식민지 토지수탈의 성격은 이런 방식으로 은폐되었다.

문제는 국유-민유의 구분이 분명치 않은 상황에서 국유미간지의 개념이 도출된 데 있다. 국유미간지이용법이 제정되고 그에 의해 미간지의 국유화가 이루어진바, 국유-민유에 대한 조사와 구별은 토지조사사업과 등기제도의 실시를 기다려야 하는데도 불구하고, 일제는 '일시적 편략(便略) 수단'으로서 국유미간지이용법을 제정하여 '민유가 아닌 것'을 국유로 삼아 개간을 추진한 것이다.[56]

종래 민인들이 비교적 자유롭게 개간할 수 있었던 무주한광지(無主閒廣地)가 모두 국유미간지에 포함되었는데, 그 개간이 농상공부대신의

---

54 不動産法調査會, 『韓國ニ於ケル土地ニ關スル權利一斑』, 1907년 6월, 46쪽.

55 『統監府來文』 1907년 6월 21일 첨부 '국유미간지이용법.'

56 『한국중앙농회보』 2권 9호(1908년 9월), 농상공부 鈴木外次郎, 「韓國森林山野의 國有私有區別方策」.

허가를 요하고 통감부에 의해 통제됨으로써 농민들은 개간의 권리를 상실한 셈이 되었다.[57] 또한 경작된 적이 있는 진전(陳田)의 경우, 이를 개간한 뒤 주인이 나타나면 주인에게 돌려주는 것이 관습이었지만,[58] 국유미간지이용법에 의해 지방관 및 농상공부의 행정적인 판단에 따라 국유미간지로 확정하여 대부 허가를 하게 되면 원주인의 권리는 완전히 사라지게 된다. 따라서 국유와 민유를 구분하는 행정적인 판단이 문제가 되며, 그것은 매우 자의적일 수밖에 없었다.

특히 문제가 되는 것은 공유지로 볼 수 있는 토지들이다. 대표적으로 초생지(草生地)와 노생지(蘆生地)를 들 수 있다. 초생지에는 초평주(草坪主)라는 권리자가 있고, 공동소유인 경우도 있었다. 노생지는 촌락에서 갈대를 채취하는 곳이었다. 이러한 사실을 명확하게 조사하지 않고 이용허가를 해준 경우 초평주의 고소나 촌락의 저항이 일어나 사업을 진행하기 어려운 경우도 있었다. 그런데 이것들이 국유미간지이용법의 제정에 의해 모두 국유미간지로 편입되었다.[59] 지역민의 목축 부지 및 연료 생산지가 국유미간지에 편입된 것이다. 국유초생지의 경우, 그 소유가 국유임이 분명해도 그것이 초생지라는 점 때문에 국유미간지의 대상이 되는 것인지에 대해 정부 당국 자체에서 혼란을 겪고 있을 정도로[60] 초

57 신용하, 『조선토지조사사업연구』, 지식산업사, 1982, 182쪽.

58 不動産法調査會, 『韓國不動産ニ關スル調査記錄』, 1906년 8월, 5-6쪽.

59 『한국중앙농회보』 2권 10호(1908년 10월), 농무국장 中村彦, 「국유미간지이용법 실시 후의 상황」.

60 동대문 밖 면목리의 국유초생지 548정보를 정부에서는 민간에 매각하여 개간하고자 했는데, 그것이 국유지로서 매각의 대상인지 국유미간지로서 개간을 위해 대부신청할 수 있는 것인지, 정부부서 사이에서도 논란이 되고 있었다. 『면목리 국유초생지가 국유미간지이용법에 해당하는지 여부에 관한 내각청의서』(규장각 24526, 1910년 2월 24일); 『내각회의(東大門外 면목리 국유초생

생지의 민간이용이 일반화되어 있었는데, 국유가 아닌 초생지까지도 모두 국유미간지에 편입했던 것이다. 초생지는 민유를 증명할 만한 문기나 납세실적이 없는 경우가 많아 국유미간지에 편입되기 쉬웠다.[61]

국유미간지이용법이 실시된 이후 미간지의 국유와 사유 분쟁은 계속되었고, 그것은 토지조사사업에서 등장할 중요한 분쟁 소재였다. 이 문제를 해결하기 위해 일제는 1912년 미간지의 국유와 사유를 구분하는 기준을 마련했다.[62] 즉 미간지 가운데 사유로 인정하는 토지는 결수연명부(結數連名簿)에 등재된 토지, 현재 지세를 납부하거나 납부한 적이 있는 토지, 토지가옥증명규칙 또는 토지가옥소유권증명규칙의 증명에 따라 사유로 인정된 토지, 토지조사법의 처분에 의해 사유로 인정된 토지, 기타 사유의 확증이 있는 토지, 특히 조선총독이 사유로 인정한 토지 등이었다. 그러나 지세를 납부한 적이 있더라도 이용하지 않아 황폐해진 토지나 화전(火田)은 사유로 인정하지 않았다. 또 삼림 산야의 경우 1908년 1월 21일 반포된 삼림법(森林法)에 따라 3년 이내에 신고하지 않은 것은 국유로 간주했다. 미간지의 경우 이러한 명확한 증명력을 갖춘 경우는 매우 드물기 때문에 결과적으로 대부분의 미간지가 국유미간지로 되었다고 볼 수 있다. 신고하지 않은 토지는 국유로 되었기 때문에, 특히 미간지의 경우 국유로 편입된 것이 매우 많았다.[63] 많은 기

지 매각에 관한 건)』(규장각 24527, 1910년 2월); 『국유초생지매삭청의서』(규장각 24557, 1910년 2월 9일) 참조.

61 統監府地方部, 『土地建物證明ニ關スル諸法令及實例要錄』, 1909년 11월, 52-53쪽.

62 1912년 2월 3일 조선총독부훈령 제4호, '森林山野及未墾地 國有私有區分標準'; 『매일신보』 1911년 3월 10일 잡보, '국유민유의 표준.'

63 신용하, 앞의 책, 1982, 182-188쪽 참조.

록이 미간지는 대부분 국유라고 한 것도 이러한 상황 때문이었다. 후술하듯이 일본이나 다른 지역과 구별되게 한국의 미간지 가운데 국유가 압도적으로 많은 것은 이러한 과정으로 국유미간지가 창출 확대된 식민지적 특성에서 비롯된 것이다.

국유미간지를 대부받고자 하는 사람들에게 부담이 된 것도 국유-민유의 구분 문제였다. 청원과 대부 과정에서 국유로 확정하기도 어렵고, 미간지의 사유권을 주장하는 자도 적지 않다는 보도도 있었다.[64] 그럼에도 불구하고 행정적 판단에 의해 국유로 판정되는 것이었다. 국유미간지이용법에 의해 국유미간지로 규정된 것 자체가 엄밀한 토지조사와 그 결과로서의 국유-사유 구별에 의해 이루어진 것이 아니라, 미간지를 대부분 국유로 편입한 폭력적인 성격을 지니고 있었던 것이다. 그렇기 때문에 어떤 식민정책론자는 다음과 같이 말한다.

> 식민국이 식민지에서 국유지를 얻는 데는 원주민의 국유지를 식민국의 국유지로 삼는 이외에 무주지를 국유지로 하는 원칙에 따른다. 아울러 국유지 혹은 무주지의 법적 관념은 식민자와 원주민에 있어서 반드시 일치하는 것은 아니다. (……) 원주민에 대하여 근대국가에 있어서의 원칙을 적용하는 것은 법률의 이름으로 불법적인 몰수를 하는 경우가 많을 것이다.[65]

이는 국유미간지이용법과 같은 근대법의 제정을 통해 제국주의의

64 『매일신보』 1910년 12월 8일 잡보, '조선의 농사개량'; 1911년 9월 16일 잡보, '미간지 조사착수.'

65 矢內原忠雄, 『植民及植民政策』, 有斐閣, 1926, 443-444쪽.

침략이 이루어지고 있었음을 지적한 것이다.

5. 식민지 개간정책의 성격

1) 일제의 식민지 개간정책

일본은 본토에서 사람이 살지 않는 땅에 농민을 이주시켜 황무지를 개간하여 농업을 경영하도록 유도하는 정책을 시행했다.[66] 대규모 개간보다는 소규모 개간을 장려하여 자작농을 양성함으로써 인구 문제를 해결하고 생산력도 확충하려 했다. 그런데 개간의 여지가 많은 것은 아니었다. 생산력의 확대를 위해서는 오히려 수리조합이나 경지정리가 필요할 것으로 판단되었다. 그래서 1890년 수리조합조례를 공포하고, 1898년 경지정리법을 제정했다.[67] 1900년 1월 경지정리법의 시행 이래 1939년 말까지 전답의 경지는 168,392정보가 증가했는데, 공공용지로 편입된 전답을 제외하면 총면적에서는 64,641정보가 증가했다. 주로 개간, 황지(荒地) 복구, 매립, 간척 등에 의한 것이었다.[68] 경지정리 과정에서 미간지도 전답으로 개간되었지만, 개간사업은 부수적인 것이었다. 이와

66 사람이 살지 않던 小笠原諸島의 경우, 개간지에 대해 조세와 토지소유권에 대한 특전을 베푸는 한편, 개간지를 방치하는 데 대해서는 세한을 가해 이주와 개간을 장려하는 정책을 추진했다. 津下剛, 「明治政府の勸農政策と小笠原諸島の農業」, 『近代日本農史研究』, 光書房, 1943 참조.

67 馬場昭, 『水利事業の展開と地主制』, 御茶の水書房, 改裝版, 1978, 제4장 地主制の確立と耕地整理事業 참조.

68 拓殖銀行調査科, 『我國特に北海道に於ける耕地擴張及改良事業に就て』, 調査要錄 63호, 1940년 3월, 2-3쪽.

같은 자국에서의 토지정책은 다른 식민지에서 이주를 위한 경작지의 확보, 농업경영을 이용한 이윤의 확대, 일본제국의 미곡수급 확대를 위한 수전농업의 경영 및 황무지 개간 등의 정책과는 대비된다.

메이지유신 이후 일본이 제일 먼저 개척·개간의 대상으로 삼은 곳은 홋카이도였다. 홋카이도는 근대 일본의 초기 내국식민지로서 '식민'의 시험장이었다.[69] 홋카이도에서의 경험은 이후 대만·조선 등에서 시행된 식민방식의 원형이 되었다.

홋카이도는 막부 또는 영주의 소유였는데, 메이지유신 이후 전체가 국유지로 되어 국가적 척식의 대상이 되었다.[70] 대부분 토지가 미간지로서 개간의 대상이었다. 따라서 북해도에서의 척식정책은 개간정책과 병행하여 진행되었다.[71]

먼저 1869년 개척사(開拓使)를 설치한 이후 막부시대보다 더 이주농민을 보호하고 개간을 장려하는 정책을 추진했다. 1872년 9월 홋카이도토지매대규칙(北海道土地賣貸規則)을 제정하여 토지를 개간하는 일반 농업이주자에게 그 토지를 무상으로 대부·급여하거나, 자본가·사족들에게 1인당 10만 평 이내의 면적을 저렴한 가격으로 매각했다. 급여제도는 자작농의 이주장려를 꾀한 것이고, 매각은 자본가의 척식을 고려한 조치였다. 1886년 5월에는 홋카이도토지불하규칙(北海道土地拂下

69 東鄉實, 『日本殖民論』, 文武堂藏版, 1906, 329쪽.

70 安田泰次郎, 『北海道移民政策史』, 生活社, 1941, 57-58쪽.

71 홋카이도의 척식 과정에 대해서는 『한국중앙농회보』 2권 12호(1908년 12월), 「北海道 瞥見(2)」; 3권 8호(1909년 8월), 「北海道 瞥見(6)」; 『我國特に北海道に於ける耕地擴張及改良事業に就て』, 24-25쪽; 片山敬次, 『北海道拓殖誌』, 北海道廳拓殖部開墾科, 1931; 安田泰次郎, 『北海道移民政策史』, 生活社, 1941 참조.

規則)을 제정하여, 개간의 성공을 촉구하기 위해 반드시 대부하여 성공한 뒤에서야 불하하는 조치를 취했다. 1897년 4월에는 홋카이도국유미개지처분법(北海道國有未開地處分法) 및 시행규칙을 시행하여 미개지의 불하, 부여, 교환 및 대부의 처분 등을 규정했다. 개간·목축·식수(植樹)를 목적으로 하는 경우는 무상으로 대부하고, 전부 성공한 후 부여하는 조치를 취했다. 대부 면적이 크게 확대됨으로써 자본가 계급의 진출이 유리하게 되었다. 1908년 4월에는 홋카이도국유미개지처분법 및 시행규칙을 개정하여 미개지 처분을 불하와 특정지대부로 구분했다. 불하의 경우 일정 기간 내에 사업을 성공시킬 만한 자에게 1인당 500정보까지 불하하고, 특정지대부는 자작농에 한해 1인당 10정보의 구획지를 무상으로 대부하여 성공 후 부여하는 것으로 했다. 이러한 규정이 1930년대에 이르기까지 유지되었다. 자본가에 의한 산업의 발전을 추구함과 동시에, 자작농의 이주를 통해 견실한 농촌을 구축하는 방향으로 홋카이도 이주개간 정책이 추진되었던 것이다.

홋카이도로의 이주와 개간은 상당한 성과를 거두었다고 할 수 있다. 그러나 홋카이도는 원주민이 거의 소멸함으로써 사실상 일본의 영토로 되어버린 내국식민지라는 특수한 조건하에 있었던 지역임을 고려해야 할 것이다.

일본이 처음으로 확보한 해외식민지는 대만이었다. 대만은 일본보다 인구밀도가 높고 경지면적이 72만 정보에 불과하여 많은 농민을 수용할 여지가 없었다. 대만 인구의 조밀함과 함께 기후가 일본인의 영주에 불편하여 원료공급시, 제품판매시상으로 인식되었다.[72] 대만의 농업식민보다 내국식민지로서의 홋카이도나 내지의 동북지방에

72 東鄕實, 앞의 책, 1906, 242-247쪽.

대한 이주개간이 더 낫다는 주장도 있었다.[73] 그러나 점차 일본인의 이주가 증가하고 기후·풍토를 극복할 수 있게 됨으로써 이주에 관한 관심은 증대했다. 또한 대만 동부지방에 비옥한 미간지가 많고 서부 지방에도 개간되지 않은 땅이 적지 않다고 파악하면서 개간과 이주를 더욱 장려했다.[74]

대만에 일본인의 농업식민을 추진할 경우 이미 집약적으로 농경이 진행되고 있는 대부분의 경지에서 대만인을 몰아내고 경영하기는 어렵다고 보고, 일제는 미간지를 개간하고자 했다. 미간지는 동부대만에 41,716갑(1甲은 0.9724정보), 서부대만에 147,824갑으로, 합하여 189,540갑에 이르러 경지 711,292갑에 대해 26.6%에 달하는 것으로 파악되었다.[75]

대만총독부는 미간지 개간을 출원하는 일본인 자본가들에게 일본인 이민을 수용하는 것을 조건으로 하여 개간을 허가하는 방법으로 일본인의 대만이주를 장려했다. 그래서 1912년 말까지 38건, 38,145갑의 미간지 개간을 허가했다. 그러나 미간지 개간을 통한 농장의 형성과 일본인 이민사업은 모두 실패했다.[76] 1909년부터 국가적 사업으로 추진한 이민사업도 이주자 1호에 약 3갑의 경지를 대여하여 이민을 장려했지만, 1917년 말까지 이주자는 687호, 3,417명에 불과했다.[77] 이것은 매우 미미한 성과였다. 대만의 경우 인구가 많고 기후가 적합하지 않으며 농경지가 대만주민에 의해 점유되어 있었기 때문에 일본인의 이주와 개간

73 持地六三郎, 『臺灣殖民政策』, 富山房, 1912, 420쪽.

74 持地六三郎, 위의 책, 1912, 415-417쪽.

75 東鄕實, 『臺灣農業殖民論』, 富山房, 1914, 414-420쪽.

76 臺灣總督府殖産局, 『臺灣に於ける母國人農業植民』, 1929, 2-6쪽.

77 臺灣總督府殖産局, 위의 책, 1929, 9-15쪽.

은 전반적으로 불안정했다.

홋카이도의 경우 기후가 좋지 않고 미곡생산지로 부적합하지만 개간의 여지가 많아 이주와 개간이 상당한 성과를 거둔 데 반해, 대만은 기후나 경작의 조건이 좋지 않고 이미 많은 주민이 거주하고 있어서 일본인의 이주와 개간지로는 적합하지 않았다. 반면 한국의 경우는 기후와 경작조건이 뛰어나고 미곡생산지로도 적합한데, 이미 많은 주민이 거주하고 있고 농사에 적당한 곳은 모두 개간되어 있다는 점이 문제였다.

그래서 한국에서의 농업경영을 위해서는 경작지를 확보할 수 있는 방안을 찾아야만 했다. 그런데 한국에서는 토지가격이 저렴한 점이 장점이었다.[78] 그뿐만 아니라 농장 주변의 미간지를 매입하여 개간함으로써 경지를 확장할 수 있을 것으로도 파악되었다. 나아가 1900년경부터 조사해 본 결과,[79] 한국에는 상당한 미간지가 산재하여 개간을 통해 충분히 경작지를 확보할 수 있을 것으로 파악되었다. 당시 가경지(可耕地)는 230여만 정보였는데 미간지가 140만 정보로까지 추산되었다. 1922년 조선총독부 식산국의 추계에 의하면 미간지는 산록완경사지 818,000정보, 하변황무지 73,849정보, 간석지 207,469정보, 합하여 1,099,318정보로 파악되었다.[80] 이러한 엄청난 규모의 미간지를 개간하기 위해 일제는 1904년 황무지 개간권을 요구했었고, 결국 1907년 국유미간지이용법을

78 山崎喜八郎의 「한국농사경영론」(『한국중앙농회보』 3호, 1907년 9월)에서는 조선의 지가가 일본의 10%에 불과하다고 했다. 일본에서 1정보를 구입할 돈으로 조선에서 10정보를 구입할 수 있다는 것이다. 또 『韓國ノ土地ニ關スル調査』(度支部 司稅局, 33쪽)에 의하면 개간비용을 가지고 상당한 기경지를 구입할 수 있다고도 한다.

79 김용섭, 「일제의 초기농업식민책과 지주제」, 앞의 책, 1992; 정연태, 앞의 논문, 1993, 464-465쪽 참조.

80 조선총독부 殖産局, 『朝鮮の灌漑及開墾事業』, 1922, 23쪽.

제정한 것이다.

한국의 국유미간지이용법은 홋카이도의 그것을 모델로 하여 제정된 것이다. 그러나 홋카이도는 처음부터 전체 토지가 국유지였던 데 반해, 한국의 토지는 대부분 개간되어 있었기 때문에 새로이 국유미간지를 창출하는 것이 과제로 되었다. 그래서 역토·둔토·궁장토 등 정부기관과 왕실의 토지를 국유화하는 것과는 별도로, 민유이지만 그것을 증명할 수 없는 토지와 민유와 국유 사이에 놓여 있는 수많은 미간지가 국유지에 포함되어 '국유미간지'로 창출되었던 것이다. 또한 엄청난 양의 미간지가 존재하는 홋카이도에는 대부면적의 제한을 두었지만, 대부분이 기경지인 한국에는 오히려 그 제한을 두지 않음으로써[81] 자본가적 투자를 유인하여 식민지 대지주 형성의 조건을 마련하고자 했다.

2) 개간정책의 결과와 성격

일본은 생산력 확대를 위해 처음에는 수리조합이나 경지정리사업을 전개하고 개간사업은 부수적으로 추진했지만, 제1차 세계대전 이후 식량사정이 급속도로 악화하고 독일의 패망원인을 식량부족에서 찾는 등 위기의식이 조성되자 경지개량뿐만 아니라 경지확장도 추진하게 되었다. 1919년 4월 개간조성법을 제정하여 개간·간척 등의 공사에 정부 차원에서 자금을 지원했다.[82] 개간조성법에 의한 개간 성공 면적은 1940년 3월 말 현재 답 71,435정보, 전 29,836정보, 합하여 101,271정보였다.[83]

81 矢內原忠雄, 앞의 책, 1926, 469-470쪽.

82 『朝鮮農會報』 14권 5호(1919년 5월), 農界時事, 「내지개간조성법(北海道 제외)」.

83 『我國特に北海道に於ける耕地擴張及改良事業に就て』, 4쪽.

20년 동안 일본정부의 전폭적인 지원에 힘입어 10여만 정보의 경지를 확보한 셈이었다.

홋카이도의 경우는 1869년부터 1885년까지 국유미개지의 급여와 불하가 39,960정보였다. 1886년부터 1908년 6월까지 대부한 것은 1,830,393정보, 불하 및 부여한 것은 1886년부터 1910년까지 742,656정보에 달했다. 1910년부터 1925년까지는 불하 1,079,593정보, 대부 268,730정보, 합하여 1,348,323정보였다.[84] 홋카이도는 척식과 이주 자체가 개간을 배경으로 한 것으로 대대적인 성과를 거두었다.

조선의 경우는 1922년 말 현재 일본인 농업자의 소유토지 면적은 답 137,260정보, 전 77,142정보, 기타 40,785정보, 합계 255,187정보인데, 그중 동양척식주식회사가 소유한 면적이 79,912정보였다.[85] 국유미간지이용법에 의한 미간지의 부여 및 불하는 10,464정보인데, 대여 중인 것은 128,820정보이다.[86] 개간되어 소유하게 된 미간지 면적은 많지 않지만, 대여 중으로서 개간사업이 진행되고 있는 면적은 매우 많은 비중을 차지한다. 1941년까지는 국유미간지의 부여 및 불하 면적은 37,698정보, 공유수면의 준공인가는 54,755정보로서 모두 92,453정보의 개간지를 확보한 것으로 된다.[87] 많은 기경지와 인구가 존재하고 있는 식민지 조선의 상황을 감안하면 적지 않은 개간의 붐을 조성했다고 할 것이다. 미간지 개간은 대부청원과 공사개시, 미착수로 인한 반환처분, 상속과 이전, 용도변경 등으로 전 국토에 걸쳐 지방사회를 동요시키는 요인이 되었고, 구체적으로는 지방사회의 구조를 변화시키는 배경이

84 片山敬次, 앞의 책, 1931, 245-246, 391-392, 396-402쪽.

85 朝鮮總督府, 『朝鮮に於ける內地人』, 調査資料 제2집, 1923, 47-48쪽.

86 『조선총독부통계연보』 1922년분, 농업, 36-39쪽.

87 『조선총독부시정연보』 1941년분, 230-231쪽.

되었다.

일본의 경우 본토의 개발에는 정책적 차원에서 적극 후원하는 방침을 취했다. 홋카이도에 대해서도 그곳이 내국식민지였기 때문에 해외식민지에 비할 바는 아니었다. 토지정리와 개간사업에 각종 지원을 아끼지 않았다. 그것은 홋카이도가 일본 내지와는 다르면서도 식민지가 아닌 일본 영토로서의 독특한 지위에 놓여 있는 것을 의미한다. 그러나 식민지 조선에서는 개간지원금을 일률적으로 제공하지는 않았으며, 은행을 통해 조절하는 정책을 취했다. 거기에는 조선인과 일본인의 차별문제가 놓여 있었고, 그것이 식민지의 위상을 말해준다.

조선의 식민지로서의 위상을 확인할 수 있는 것은 대부분 황무지가 국유지로 편입되었다는 점이다. 반면 일본의 경우 1938년 8월 말 현재 경지확장을 예상할 수 있는 면적으로 산정된 것은 개간 1,390,583정보(전 다수), 매립 간척 61,115정보(답 다수), 지목변환 175,079정보(답 다수), 합계 1,626,777정보로 추정되었다. 내지 총면적 38,559,300정보에 비하면 약 4.2%, 기경지 6,098,435정보(1937년 말)에 비하면 약 26.7%에 달한다. 관유지로는 283,521정보, 공유지 200,154정보, 사사유지(社寺有地) 3,703정보, 사유지 1,139,401정보, 합계 1,626,779정보이다.[88]

주목되는 것은 일본에는 국유미간지가 없고 개간 대상지에 관유지나 공유지보다 사유지가 압도적으로 많다는 점이다. 조선의 경우 미간지를 대부분 국유지로 편입하여 취급한 것과는 매우 대조되는 점이고, 그것이 식민모국과 식민지의 다른 점이라고 하겠다. 홋카이도는 원주민이 거의 소멸되고 인구가 희박하기 때문에 문제가 되지 않고, 대만에 대해서는 개간을 통한 농업식민에 소극적이었던 데 반해, 조선에서는 광

88 拓殖銀行調査科, 『我國特に北海道に於ける耕地擴張及改良事業に就て』, 15쪽.

범한 국유미간지를 창출하고 이를 대대적으로 대부하여 개간을 유도 촉진했던 것이다. 조선에 대한 일제의 정책은 마치 인구가 희박한 신천지에 대한 개척과 같은 성격을 지녔다. 그러나 일본이나 조선과 같이 이미 많은 주민이 거주하고 많은 토지가 개간되어 있는 상황에서는 개간·간척을 통한 경지의 확장은 제한적일 수밖에 없었다. 식민지 개척의 의도와 현실과의 사이에 적지 않은 격차가 있었다.

6. 맺음말

이상에서 일제의 식민지 토지정책의 성격을 규명하기 위한 일환으로서 미간지 문제를 검토했다. 일제가 한국침략 이전에 추진한 개간정책의 방향과 미간지 정책의 내용을 검토하고, 일본 본토를 비롯한 내국식민지로서의 홋카이도, 그리고 식민지로서의 대만과 조선의 경우를 비교해 보았다. 일제가 식민지로 지배한 전체 시기를 대상으로 하기는 어렵기 때문에 일제의 지배 초기에 중점을 두고 전체적인 윤곽을 파악하는 것으로 했다.

한국의 경우 개항 이후 서양의 농업정책을 수용한 개화파와 정부는 개간허가권을 정부가 장악하여 정부 계획하에 개간을 추진하되, 민간자본의 조달을 위해 농업개발회사를 설립하는 방향을 모색했다. 그러나 대한제국의 수립으로 황제권이 강화되어 왕실이 재정과 개혁의 중심이 되면서 개간정책에 왕실이 개입했다. 궁내부 산하의 '수륜과→수륜원'이 황무지 개간허가권, 개간한 토지에 대한 과세권 또는 때로는 소유권까지 행사하고자 했다. 그러나 그것이 왕실에 의해 일방적으로 행사되지는 못했다. 주무부서인 농상공부의 개간허가권은 여전히 유효했다. 이러한 양상은 대한제국이 왕실과 그 측근에 의해 일방적으로 주도된 것이 아니라, 단계적으로 왕실의 주도권이 강화되면서도 왕실과 정부 사이의 긴장과 갈등이 지속되었던 것을 말해준다.

그런데 일본인이 수륜원의 감독과 부총재 그리고 농상공부 고문의 직책을 담당하면서 일제는 한국의 황무지 실태와 개간 가능성을 파악하게 되었다. 인구와 식량문제를 해결하기 위해 해외이민과 식민지 개척에 골몰하던 일제는 한국의 황무지를 중요한 부원(富源)으로 인식했다. 1904년 일제가 한국 전체의 황무지를 일거에 침탈하여 50년 동안 사용한다는 특권을 가지려고 한 것은 바로 이러한 이유에서 시도된 일제의 제국주의적 침략정책이었다.

황무지 개간권 획득에 실패한 일제는 그 원인을 왕실의 영향력에 있다고 보고 궁내부를 개간업무에서 배제하기 시작했다. 통감부를 설치한 일제는 정부행정에 왕실의 개입을 막고 통감의 결재를 거쳐 행정업무를 시행하는 체제로 바꾸면서, 궁내부와 왕실의 황무지 개간허가권을 박탈하는 조치를 취했다. 그리고는 일본인의 토지소유와 개간을 허용했다. 이러한 조치들은 1907년 7월 4일 국유미간지이용법의 제정에 의하여 완결되었다. 이로써 민유를 증명할 수 없는 많은 종류의 토지가 '국유미간지'로 규정되었고, 이에 의한 미간지의 대여 및 무상부여·불하는 소유권의 원시취득이 됨으로써 일본인의 미간지 개간과 소유를 법적으로 가능하게 했다. 일제의 미간지 침탈 과정이 합법적으로 행정절차를 통하여 이루어질 수 있게 된 것이다.

일본은 국내에서는 수리정책과 토지개량 정책을 추진하면서 개간·간척은 부차적인 것으로 삼았고, 대신 홋카이도의 미간지를 개간하여 일본인을 이주시키는 정책과 한국의 미간지를 개간하는 정책을 추진했다. 대만은 농업식민지로 크게 주목되지 않았다. 홋카이도 개척 과정에서 미간지 개간의 원칙과 절차가 마련되었고, 그것은 한국의 국유미간지이용법 제정에 직접적인 영향을 주었다. 그러나 홋카이도는 처음부터 전체 토지가 국유지였던 데 반해, 한국은 대부분의 토지가 개간되어 있었기 때문에 새로이 '국유미간지'를 창출하는 것이 과제로 되었고, 따라서 민유를 증명할 수 없는 수많은 미간지가 모두 국유로 되었다. 일본의 경우 개간 대상이 대부분 사유지였던 점과도 크게 대비된다. 한국은 홋카이도의 모델을 적용하는 과정에서 신천지를 개척하는 것과 같은 식민지 토지정책의 대상이 된 것이다. 한국에 대한 개간정책은 인구가 드물고 미간지가 대부분인 홋카이도에 적용함직한 방법인 식민지 개척 방식이었다. 한국에서 개간 및 이민을 통한 식민정책이 충분히 성공을 거두지 못한 것은 개척의 방식과 한국의 조건이 일치하지 못한 때문이었다.

이 장은 국유미간지이용법에 의한 미간지 대여와 불하의 실태, 식민지 원주민과 일본인 사이의 차별 여부 및 그 실태, 미간지 개간 과정과 그것이 지방사회에 미친 영향, 그리고 일본 제국주의 본국과 각 식민지의 사정에 대한 구체적인 연구에까지 이르지는 못했다. 특히 식민지 조선의 경우 미간지 개간의 성과가 처음 예상에 비해 양적으로는 크게 미달한 편이지만 전 국토에 걸쳐 개간의 붐이 조성되었는데, 미간지의 조사, 대부신청, 공사진행, 완성 후의 농업경영, 또는 대부반환이나 허가 취소 등 개간을 둘러싼 소동이 지방사회 변화의 동인이 되었을 것으로 생각된다.

제5장

토지소유권 제도의 단계적 전환

증명→지권→등기

1. 머리말

일제의 한국 토지소유권 정책에 대해서는 통감부 시기 토지가옥증명규칙(1906년 10월 26일 칙령 제65호)의 제정과 조선총독부의 조선토지조사사업(1910년 8월~1918년)으로 이원화하여 접근하는 것이 일반적이다. 전자는 일본인의 토지소유와 거래를 '증명'의 방식으로 보장하고자 한 임시적인 증명규칙이고, 후자는 토지조사를 통해 토지소유권을 확인한 후 이를 등기함으로써 토지소유권과 그 권리의 변동을 보장하고자 한 영구적인 토지법제를 지향한다.

토지가옥증명규칙에 관한 연구는 상당히 진척되어 있다. 대한자강회(大韓自强會), 대한제국의 법부, 일본 민법학자 우메(梅謙次郎), 통감 이토(伊藤博文) 사이에 외국인의 토지소유를 인정할 것인가, 토지조사를 먼저 실시해야 하는가, 어떤 내용을 담아 토지법을 제정할 것인가 등의 문제를 둘러싸고 의견대립이 있었고, 결국 통감의 주장이 관철되어 토지거래증명에 관한 임시법으로서 토지가옥증명규칙이 제정되었다고 평가된다.[1] 그러나 이 증명제도가 이후 일제의 한국 토지정책 속에서 어떻게 변모하게 되는지, 어떤 경로로 토지조사사업의 등기제도 시행으로 연결되었는지 확인되지 않고 있다. 증명제도와 등기제도 양자는 관련성보다는 단절성의 측면이 강한 것으로 지적되었다.[2] 그런데 일제의 한국병합 직전인 1910년 8월 23일 발포된 토지조사법에서는 지권의 발급을 규정하고 있고, 1912년 8월 제정된 토지조사령에서는 지권 발급을 중단하고 등기를 시행하는 것으로 전환했다. 증명제도와 등기제도 사이에 지권제도가 존재하고 있는 셈이다.

지권제도에 대해서는 통감의 의뢰를 받은 우메가 대한제국의 가계·지계제도를 계승하여 부동산법을 마련했지만 실현되지 않았다는 지적이 있다.[3] 또 지권을 발행하여 그 교부수수료를 토지조사비로 활용해야 한다는 제안이 있었다고 한다.[4] 지권의 발행을 토지조사비 마련과 관련지은 것이다. 등기제도의 시행에 관한 논의도 식민지 독자법을 제정할 것인지, 일본법을 적용할 것인지의 논쟁에 관해서는 충분히 논의되었지만,[5] 지권 발급에서 등기 시행으로 전환된 이유에 대해서는 토지매매의 안전화, 토지담보능력의 고도화, 일본인의 신속한 조선 진출을 위한 부동산등기령의 조기도입 때문이라는 짤막한 지적이 있을 뿐이다.[6]

---

1 宮嶋博史, 『朝鮮土地調査事業の硏究』, 東京大學 東洋文化硏究所, 1991, 360-371쪽; 정연태, 「대한제국 후기 부동산 등기제도의 근대화를 둘러싼 갈등과 그 귀결」, 『법사학연구』 165, 한국법사학회, 1995; 최원규, 「대한제국과 일제의 토지권법 제정과정과 그 지향」, 『동방학지』 94, 연세대학교 국학연구원, 1996; 이영미, 『韓國司法制度ト梅謙次郎』, 法政大學出版局, 2005, 67-86쪽(김혜정 옮김, 『한국사법제도와 우메 겐지로』, 일조각, 2011).

2 宮嶋博史, 위의 책, 1991, 360, 369쪽.

3 이영미, 앞의 책, 2005, 58-62쪽.

4 宮嶋博史, 앞의 책, 1991, 384쪽.

5 鄭鍾休(Jeong Jong-Hyu), 『韓國民法典ノ比較法的硏究』, 創文社, 1989; 최원규, 앞의 논문, 1996; 이영미, 앞의 책, 2005 참조.

요컨대 증명제도와 등기제도 사이에 지권제도의 도입이라는 중간 단계가 있었는데 이에 대한 이해가 특별히 결여되어 있다.

이 장에서는 한국에 대한 지배권을 장악한 일제가 한국 토지소유권의 보장을 위한 법제화 과정을 '증명 → 지권 → 등기'로 단계적으로 전환하게 된 구체적인 경로를 살펴보고자 한다. 토지조사법에 지권발급을 규정하게 된 과정의 해명을 중심에 두고, 그 이전 증명제도와 그 이후 등기제도의 시행 과정을 고찰하고자 한다. 이 장은 일본 민법학자 우메의 부동산법 관련 기초자료와, 지권제도 및 등기제도로의 전환을 둘러싼 논의에 관한 기초자료를 발굴함으로써 가능하게 되었다.[7]

2. 증명제도의 성립

대한제국의 외국인 토지소유 금지조치와 양전 및 지계발급사업의 시행에도 불구하고 일본인의 토지소유는 급격히 확대되어 갔다. 잠매(潛賣), 도매(盜賣), 전당(典當), 차명(借名) 등의 불법적인 방법이 성행했다. 일본인이 불법적으로 확보해 놓은 토지의 소유권을 어떻게 처리할 것인가, 또 앞으로 획득하게 될 토지소유권의 보장과 거래의 안전을 어떻게 확보할 것인가의 문제는 일본인의 한국진출을 장려하려는 통감부로서는

6 宮嶋博史, 앞의 책, 1991, 448쪽.

7 일본 法政大學 도서관에 소장되어 있는 梅謙次郎의 『韓國立法事業担任當時ニ於ケル起案書類』, 하버드-옌칭 도서관에 소장되어 있는 『朝鮮慣習調査報告一括』 제15권 『地券制度案』, 일본국회도서관 『藤田家文書』의 '土地整理法'이 그것이다. 『韓國立法事業担任當時ニ於ケル起案書類』는 이영미의 앞의 책에 일부 소개되어 있다.

시급히 해결해야 할 현안이었다. 광무양전지계사업(光武量田地契事業)이 중단됨으로써 토지조사의 재개 문제나 새로운 토지법의 제정도 시급한 과제였다. 이러한 문제를 둘러싸고 대한자강회, 대한제국의 법부, 일본 민법학자 우메, 통감 이토 사이에 견해의 차이가 노정되었다.

이토는 처음에는 토지정책의 방향을 분명하게 설정하지 못했다. 1906년 4월 19일 제5회 한국시정개선에 관한 협의회에서[8] "먼저 토지에 관한 법률을 제정하여 내외인(內外人)의 소유권 및 소유주의 국가에 대한 의무를 명확히 하고, 그런 후 지권을 교부하고 또 등기소를 설치하여 소유권의 이동을 등록하는 것"이라고[9] 언급하여, '토지법 제정 → 지권 교부 → 등기소 설치와 소유권 이동 등록'의 순서로 토지제도를 정리하고자 구상한 것처럼 보인다. 그런데 6월 25일 제6회 협의회에서 통감은 이 토지법의 제정을 위해 도쿄대학 법학교수 우메를 초빙했음을 밝히면서, 그에게 "먼저 재산소유권을 공고히 하기 위해 토지소유자에게 지권을 교부하는 것에 관한 법률을 기안"시키겠다고 말했다.[10] 여기에는 4월 19일에 언급한 토지법 제정과 지권 교부가 하나로 합해져 '지권을 교부하는 것에 관한 법률'로 표현되었다.

우메가 도착한 후 열린 7월 12일 제8회 협의회에서는 토지법의 내용을 더욱 구체화했다.[11] 통감은 "토지에 관한 법률의 제정을 박사에

---

8 통감과 한국정부대신의 합동회의인 '한국시정에 관한 협의회'는 사실상 통감의 일방통행을 은폐하기 위한 형식적인 협의회에 불과했다. 유재곤, 「일제통감 伊藤博文의 대한침략정책(1906-1909)」, 『청계사학』 10, 한국정신문화연구원, 1993; 권태억, 「1904-1910년 일제의 한국침략 구상과 '시정개선'」, 『한국사론』 31, 서울대학교 국사학과, 1994 참조.

9 金正明編, 『日韓外交資料集成』 6권 상, 巖南堂書店, 1964, 217쪽.

10 『일한외교자료집성』 6권 상, 220쪽.

11 『일한외교자료집성』 6권 상, 256-260쪽.

게 위임하려고 한다"고 밝히면서, 문란한 한국 토지제도의 정리를 위해 "먼저 법률로써 토지소유자에게 지권을 발급할 것을 규정"해야 한다고 주장했다. 이 지권은 종래 한국에서 문기를 분실했을 때 지방관이 증명하던 '변태(變態)'적인 입지(立旨)가 아니라 '상태(常態)'의 것으로서, "평수는 오류가 있더라도 지권을 발급하고 타일 그것을 매매·양여할 때 정밀한 실측을 하려고 하므로 먼저 소유권을 확정하는 방법에 착수"하고, 소유권 분쟁에 관한 법률, 지세납세 의무에 관한 법률 등도 포함하여 소유권에 관한 법률 일체를 제정하겠다고 했다. 이러한 "법률 편찬에 대해서는 토지소유에 관한 종래의 제도습관을 명확히 하여 취할 것은 채택하고 폐할 것은 폐하고 또 새로이 규정할 것은 규정하지 않으면 안 된다"고 하여 토지구관(土地舊慣)의 조사에 의거할 뜻도 피력했다. 우메를 초빙하면서 통감이 생각한 것은 "한국의 토지구관에 기초하여 지권을 발급하는 것을 내용으로 한 토지법의 제정"이었다고 정리할 수 있겠다. 그것은 일본의 지조개정(地租改正)에서 경험한 것이기도 했다.

그런데 7월 23일 제9회 협의회에서 지권 발급을 내용으로 하는 토지법 제정에 대한 통감의 생각이 바뀌었음이 확인된다. 영구적인 토지법은 우메가 실시할 구관조사의 결과에 입각해 제정하는 것으로 하고, 일본인의 토지거래의 안전을 보장하기 위해 임시적인 토지증명에 관한 규정을 시급하게 마련해야 한다는 것이었다. 통감은 일본인이 위조문기에 속아 토지를 담보로 대부했다가 입게 될 피해를 막고, 또 여전히 금지된 외국인의 토지매매를 합법화하기 위해 한국의 구(舊)문권을 군수로 하여금 증명하게 하자는 것이다. 지권 발급을 미루어두고 토지를 매매·전당하는 데에 증명방법을 도입하려는 것이었다. 통감은 "면밀한 법률을 만들어도 군수가 시행하기 어려울 것이므로 이 법률은 지극히 간단한 것으로 해도 좋다고 믿는다. 우메 박사의 조사는 영원히 이어질 법률이기 때문에 아주 면밀한 조사를 요하지만, 이것은 단지 현재의 급한 상황에 대응하려는 데 불과한 것"이라고 했다.[12] 통감은 "토지소유권 문제에 관하여는 별도로 정세(精細)한 법률을 만들려고 현재 우메 박사가 담당 조사 중에 있다. 단지 본 법은 토지건물의 전당매매 때 생기는 사기를 예방하기 위한 단행법(單行法)을 반포하려는 데 불과하다"고 언급하기도 했다.[13]

통감이 제안한 임시적인 토지증명을 위한 법안으로 대한제국 법부에서는 '부동산권소관법(不動産權所關法)'을 만들었고, 이에 대한 우메의 수정안에 약간의 손질을 거쳐 1906년 10월 16일 법률 제6호 '토지건물의 매매·교환·양여·전당에 관한 법률'이 제정되었다. 지권 또는 계권이라 표현된 구문기(舊文記)와 이장 및 면장의 증인(證印)을 가지고 군수(또는 부윤)의 인허를 받음으로써 토지 및 건물의 권리변동을 보장하는 조치였다.[14] 그러나 이 법률 제6호는 시행되지 못하고 1906년 10월 26일 칙령 제65호 '토지가옥증명규칙'으로 대체되었다.[15] 통감부의 설명에 의하면 토지가옥증명규칙은 "한국 개발을 위하여, 한국 신민의 복리를 증진하기 위하여" 외국인의 토지 투자를 보장해야 하고 이를 위해 한국의 내륙에까지 개방하고 사기를 방지하기 위해 증명제도를 시행하는 것이라고 했다.[16] 즉 토지소유권 자체의 법인은 토지조사사업에 미

---

12 『일한외교자료집성』 6권 상, 298-300쪽.

13 『일한외교자료집성』 6권 상, 326쪽.

14 『일한외교자료집성』 6권 상, 326-348쪽.

15 『한말근대법령자료집』(대한민국국회도서관, 1971) 5, 1906년 10월 26일 칙령 제65호 '토지가옥증명규칙', 291-292쪽; 『통감부법령자료집』(대한민국국회도서관, 1972) 상, 1906년 11월 16일 통감부령 제42호 '토지건물증명규칙', 232-233쪽. 대체된 이유는 이미 등기제도가 시행되던 개항장의 조계지를 제외하고 한국의 내륙을 대상으로 한다는 점을 명확하게 규정하기 위한 것이었다고 이해되고 있다(宮嶋博史, 앞의 책, 1991, 367-369쪽; 정연태, 앞의 논문, 1995, 102-103쪽 참조).

16 內閣不動産法調査會, 「1907年 3月 土地家屋證明規則要旨」, 『土地及建物ノ

루어 두고, 소유권 및 전당권 두 가지에 한정하여 계약서에 통수(統首) 또는 동장(洞長)의 인증을 거친 후 군수 또는 부윤이 증명함으로써 공증한다는 것이다.[17] 지권이나 계권(契券) 대신에 매매계약서를 작성하고 그것을 기록한 토지가옥증명부, 토지가옥인증부가 증명대장이 된다. "종전 지계 및 가계에 관한 규칙은 폐지"하되 "종전 발행한 지계 및 가계는 그 효력을 인정"하도록 했다.[18] 법부안, 우메 수정안, 법률 제6호가 구문기의 증명을 제안한 것과는 달리, 토지가옥증명규칙은 종전의 지계 및 가계와 단절한 점에 특징이 있다. 영구적인 토지법과 분리하여 임시적인 토지증명의 노선을 확실하게 한 것이다.

토지가옥증명규칙의 보완을 위해 증명을 받은 전당권의 강제집행에 대한 규정으로서 토지가옥전당집행규칙(1906년 12월 28일 칙령 제80호)이 제정되고, 토지가옥증명규칙 이전에 일본인이 획득한 토지의 소유권을 인정하기 위해 토지가옥소유권증명규칙(1908년 7월 16일 칙령 제47호)이 제정되었다. 이렇게 하여 일본인의 부동산 소유권과 전당권이 증명에 의해 소급하여 합법화되었다.

이러한 법제화는 부동산법조사회의 조사에 근거한 것처럼 발표되었지만, 그 회장인 우메는 다음과 같이 이를 비판했다.

賣買贈與交換及典當ノ證明ニ關スル規則及指令等要錄』, 103-107쪽.

17 早川保次, 『朝鮮不動産登記の沿革』, 大成印刷社出版部, 1921, 15-16쪽.

18 『한말근대법령자료집』 5, 1906년 11월 12일 법부훈령 '토지가옥증명규칙 시행세칙 실시에 관한 건', 318-320쪽. 종전 발행한 지계 및 가계는 개항장이나 한성부의 것이 있고(왕현종, 「대한제국기 한성부의 토지·가옥조사와 외국인 토지침탈 대책」, 『서울학연구』 10, 서울시립대학교 서울학연구소, 1998; 최원규, 「19세기 후반 지계제도와 가계제도」, 『지역과 역사』 8, 부경역사연구소, 2001 참조), 대한제국의 지계아문이 강원도와 충청도 일부 지방에서 발행한 것이 있다.

토지제도에 대해서는 이미 발포한 것은 토지가옥증명규칙입니다만, 이것은 1906년 발포된 것입니다만, 나의 발의는 아닙니다. 당시 나는 한국에 막 건너갔을 뿐이고 지난 사정을 충분히 알지 못했는데, 진실로 고식(姑息)적인 일은 좋아하지 않았습니다. 그렇지만 한국정부에서 이 안이 돌아오고, 통감도 그것에 동의하여 그 발포를 보는 데 이른 것입니다. 이 규칙의 목적은 사기를 방지하는 것이고 당사자가 한국인이라면 사위(詐僞)도 적을 것이지만, 이것이 우리나라 사람 또는 외국인이면 그 폐가 많기 때문에 토지가옥의 매매·증여에는 한국의 지방관리 및 이서의 증명을 요하는 것으로 한 것이고, 나는 그것이 효력이 있다면 발포하여도 마땅하다고 말했는데, 금일은 어느 정도 효력이 있습니다. 그렇지만 한국의 관리 또는 이원(吏員)이 증명을 하는 것이기 때문에 아주 오류가 많고, 또 우리나라의 관아가 그것을 조정하는 것은 상당히 곤란합니다만, 아울러 가능한 만큼 조정한다면 효력이 있을 것이라고 생각합니다.[19]

우메는 토지가옥증명규칙은 통감이 주장하여 발포된 것이라고 하면서, 자신은 그러한 고식적인 일은 좋아하지 않는다고 토로했다. 법안의 정치적인 결정에 불만이고 또 한국 지방관리에 의한 증명의 부정확성을 우려했지만, 한국의 토지에 관한 법률 일체의 제정을 책임지고 있던 그는 통감의 지시를 거부할 수 없었다.[20]

증명규칙의 제정은 대한자강회도 요구한 바 있었다. 통감이 임시

---

19 梅謙次郎, 「韓國の法律制度に就て(上)」, 『東京經濟雜誌』 1512호, 1909년 10월 16일, 經濟雜誌社, 8-9쪽.

20 『韓國立法事業担任當時ニ於ケル起案書類』 5~10에 '토지건물증명규칙' 및 그 시행세칙, '토지건물소유권증명규칙' 및 그 시행세칙과 여러 양식을 제정하는 작업을 진행한 우메의 초안이 남아 있다.

적인 증명과 영구적인 토지법 두 방향으로 구분하여 임시적인 증명을 방침으로 확정하기 훨씬 이전인 1906년 5월 25일 정부에 제출한 '건의서'에서, "지금부터는 모든 전답 기지(基址)와 산림 원야를 혹 전상매매(轉相賣買)이거나 혹 양여전당(讓與典當)할 때, 그 정당한 소유자가 확실한 계권(契券)으로 반드시 먼저 동장 및 면장을 거쳐 그 신증(信證)을 받은 연후에 지방관청에 제출하거든, 관에서 확실하게 조사하여 증명서를 선급(繕給)한 연후에 매매 및 전당을 허용하되, 만약 증명서가 첨부되지 않으면 매매 및 전집(典執)이 모두 무효로 돌아가도록"하는 법안을 제정할 것을 요구했다.[21]

이 법안을 요구한 이유는 토지가옥증명규칙 제정 이후 그에 대한 불만으로 1907년 1월 30일 내놓은 '정부질문서'에서, "본 회에서 토지가옥 부동산의 매매 및 전집에 대하여 증명규칙을 법률에 제정하기로 건의한 본뜻은, 대개 근래 우준한 인민 및 부랑한 자제가 부동산물을 외국인에게 금령을 어기고 몰래 매매하며 혹 계권을 위조하여 도매 및 투전(偸典)하는 폐로 말미암아 소송의 분라(紛拏)와 청리(聽理)의 형혹(熒惑)이 흘무지박(汔無止泊)할 뿐더러, 이와 같이 밀매·도매 및 투전하는 토지산업은 일체 외국인 수중에 전귀(專歸)하여 막대한 폐해를 양성하겠기로 이를 방제(防制)하기 위함"이라고 했듯이,[22] 외국인 토지소유 금지 원칙을 강화하기 위한 것이었다. 토지매매와 전당의 문란함을 막기 위한 동일한 목표에서 동일한 법제를 추구했음에도 불구하고, 대한자강회와 통감은 일본인의 토지소유 허용 여부를 놓고 정반대의 방향을 취했다.

---

21 『大韓自强會月報』 1호, 1906년 7월, 39-40, 53-55쪽; 2호, 1906년 8월, 49-51, 57, 63쪽.

22 『대한자강회월보』 8호, 1907년 2월, 50, 70-71쪽.

3. 지권제도 도입과 토지조사

1) 부동산법으로서 지권가권법 구상

부동산법과 지권가권법 비교

임시적인 토지증명을 위한 토지가옥증명규칙과는 별도로 영구적인 토지법 제정을 위해 우메는 부동산법조사회(不動産法調査會)를 조직하여 한국의 부동산에 관한 조사에 착수했다. 그는 1906년 7월 24일부터 각 지방의 부동산 관행을 조사하기 시작했다. 우메는 1개년에 걸쳐 토지의 관습을 조사했는데, "1907년 7월 신협약이 이루어져 크게 취지가 변했기 때문에 그 조사는 급속히 종료하고, 조사 결과를 기초하여 이토 통감에게 보고하고 1907년 말에 전부 이 사업을 종료했다"고 진술했다.[23] 조사 결과란 부동산 관습조사일 것이지만,[24] 우메는 이를 기초로 하여 토지법을 성안(成案)했다.[25]

우메는 '부동산법요지(不動産法要旨)'(뒤의 부록 1 참조)로 토지법의 밑그림을 그리고,[26] 그것을 다듬어 '지권가권법(地劵家劵法)'(뒤의 부록 2 참조)으로 성안했다.[27] 두 법안을 비교하면 〈표 5-1〉과 같다.

---

23 梅謙次郎, 「韓國の法律制度に就て(上)」, 『東京經濟雜誌』 1512호, 1909년 10월 16일, 7쪽.

24 朝鮮總督府中樞院, 『朝鮮舊慣制度調査事業概要』, 1938, 4-17쪽.

25 이영미, 앞의 책, 2005, 58-62쪽.

26 『韓國立法事業担任當時ニ於ケル起案書類』 13. '不動産法要旨'. 이 자료는 별지에 메모된 형태로 단어의 삭제와 추가, 순서의 교체 등 수정된 흔적을 그대로 보인다. 메모한 시기는 기록되어 있지 않다. 이영미의 연구(앞의 책, 2005, 59쪽)에 일부 소개되어 있다.

27 『韓國立法事業担任當時ニ於ケル起案書類』 14. '地劵家劵法'; 『地劵制度案』

〈표 5-1〉 우메(梅謙次郎)의 부동산법요지와 지권가권법 비교

번호	항목	부동산법요지	지권가권법
1	대상	• 인민의 토지소유권 • 건물 포함.	• 민유(民有) 부동산 • 국유(國有) · 제실유(帝室有) 부동산은 별도 공고
2	외국인 소유	인정	언급이 없지만 이미 허용
3	시권의 기재사항	규정 없음.	지목, 소재지명, 번호 및 면적, 소유사의 씨명과 주소, 발행일
4	가권의 기재사항	규정 없음.	건물의 종류, 구조, 소재지명, 번호 및 건평, 소유자의 씨명과 주소, 발행일
5	지권 · 가권 발행자	지방관	부윤 또는 군수
6	지권 · 가권 발급의 상세 절차	규정 있음.	규정 있음.
7	신구 지권 및 가권	종래의 지권은 신권과 인환(引換)하여 반납	종래 법령 또는 관습에 의해 발령한 지권 · 가권은 신권을 교부받을 때 반납
8	지권 · 가권의 발행 지역 및 시기	규정 없음.	칙령으로 정함.
9	수수료	납부	납부
10	토지측량	한 마을 전부 지권을 받을 경우 정부의 직권으로 측량	토지대장 및 건물대장의 제작을 규정했지만 토지측량은 명시하지 않음.
11	장부	• 지권대장 또는 토지대장 • 가권대장 • 저당등기부	• 토지대장 • 건물대장 • 전당등기부
12	소유권 매매와 저당(전당)	• 지방관의 발행 • 제3자 대항권 설정	• 부윤 또는 군수의 발행 • 제3자 대항권 설정 • 한국 관행의 '전당(典當)'으로 용어 교체
13	소유권 분쟁	규정 없음.	5년 이내 지방재판소에 소송제기 가능
14	채무불이행	저당물의 공매처분 및 변제 규정	1906년 12월 28일 칙령 제80호 토지가옥 전당집행규칙으로 불필요 추정
15	감독기관	관찰부의 재판소직원 · 경찰관	구(區)재판소 및 법부

출처: 각주 26, 27의 자료를 근거로 저자 정리

먼저 우메는 외국인의 토지소유권을 인정하도록 했다(〈표 5-1〉의 2번 참조). 통감은 일본에서는 외국인에게 토지소유권을 부여하지 않지만, 한국에서는 이미 외국인의 소유를 묵인하여 그것을 회수할 수도 없고 회수하려 해도 거액이 들게 되므로 오히려 외국인에게 토지소유권을 허용하되, 토지에 관해서는 치외법권을 철회하고 한국의 법률에 따라 소유하고 한국인과 똑같은 부담을 져야 한다고 주장했다. 이에 대해 우메는 부담은 물론 앞으로 제정할 한국의 부동산법에 따르지 않으면 외국인은 토지를 소유할 수 없다고 못박고 있다.[28] 우메는 일본에서도 외국인의 토지소유가 체제를 위협하는 것은 아니므로 허용해야 한다는 입장을 지녔다.[29] 사실 한국에서는 일본인의 토지소유가 국가체제를 위협하는 것이 되고 있어서 허용해서는 안 되지만, 통감은 일본인의 소유를 위해 모든 '외국인'에게 토지소유를 허용했다. 토지가옥증명규칙의 제정으로 외국인의 토지소유는 이미 허용되어 있었다. 1907년 7월 4일 법률 제4호 국유미간지이용법에서 외국인의 대부신청도 허용되었다.

지권가권법에서는 국유 및 제실유는 제외하고 민유 부동산에 대해 지권 및 가권을 발급하는 것으로 규정했다(1번 참조). 우메는 토지의 소유를 관유지와 민유지로 나누고 관유지를 다시 국유와 제실유로 구분하는 생각을 가지고 있었다. 국유 또는 민유 사이의 소유권 분쟁은 5년 내에 소

'地券家券法'. 『韓國立法事業担任當時ニ於ケル起案書類』의 것은 초안으로서 부동산법조사회 용지를 사용했고 수정한 부분이 많다. 『地券制度案』의 것은 성안으로서 갱지에 등사되었고 '不動産調査會調査'라는 붉은 글씨의 필기와 '秘' 도장의 날인이 있다.

28 『일한외교자료집성』 6권 상, 1906년 8월 15일, 326-327쪽.

29 梅謙次郎, 「外國人ノ土地所有權」(講演), 『法學志林』 4, 法政大學 法學志林協會, 1900(梅謙次郎 CD2-058).

송을 제기하여 법률적 판단에 따르도록 했는데(13번), 토지조사사업에서 신고와 사정(査定)의 행정적인 절차에 의해 그 원시적 취득을 확정한 것과는 크게 대비되는 구상이다. 그리고 '종래의 법령 또는 관습'에 의해 발령한 지권·가권을 반납하도록 할 때(7번), 종래의 법령뿐 아니라 '관습'까지 포함한 점은 구문기로부터 지계에 이르기까지 각종 토지소유권과 관련한 문서를 모두 포함한 것으로 보인다. 그리고 지권가권법에서는 지권과 가권의 기재내용이 구체화되었다(3, 4번). 지권 및 가권을 실제 발급할 수 있을 정도로 구체성을 보인다(6번). 시가(時價)를 기재하지 않은 것은 부동산 가치평가를 위한 조사가 되어 있지 않고 시가를 과세대상으로 삼고 있지 않은 사정으로 말미암은 것이다. 또한 지권·가권의 발행자가 '지방관'에서 '부윤 또는 군수'로 구체화되었다(5번). 그렇지만 지권가권법의 초안을 보면 처음 토지가옥증명규칙의 인증자이기도 한 '통수 또는 동장'이라 했다가 '부윤 또는 면장'으로 고치고, 최종적으로 '부윤 또는 군수'로 정했다. 지방제도가 정비되지 못하고 면장과 동장의 지위가 확정되지 않은 것을 반영할 뿐 아니라, 발행자를 군수로 정하는 것을 적절하다고 판단한 것이다. 물론 이때는 부윤도 군수와 동급이다.

매매와 전당의 경우 제3자 대항권을 설정하기 위해 지권, 지권대장 또는 토지대장, 전당등기부 등에 기재하도록 한 것은(12번), 구문기를 증명하는 데 그친 우메 자신의 '토지 건물의 매매·교환·양여·전당에 관한 법률'에서 크게 진전된 것이다. 채무불이행의 경우(14번) 그 해결을 위해 마련된 저당물의 공매처분 및 변제 규정은 실제로 1906년 12월 28일 칙령 제80호 토지가옥전당집행규칙으로 제정되었다.[30] 선당으로 도

30 부동산법요지 제21조의 내용이 1906년 12월 28일 칙령 제80호 토지가옥전당집행규칙이나 1907년 7월 4일 법률 제4호 국유미간지이용법에 반영된 것으로

지를 확보하던 일본인의 투기활동을 보장해 주는 조치이다. 그리고 관장하는 기관이 법부로 되고 구(區)재판소가 사무를 감독하고(15번) 문제가 발생할 때 소송을 통해(13번) 판결을 구하는 점에서 토지소유권의 관리를 법률적인 통제하에 두고자 한 것으로 볼 수 있다.

종합한다면 우메는 지권 발급을 내용으로 한 영구적인 토지법과 이토의 임시적인 토지증명에 관한 규칙을 통합한 부동산법을 구상한 것으로 해석할 수 있다. 아니, 영구적인 토지법에 임시적인 토지증명규칙을 포함시킨 것이다. 지권가권법은 우메가 통감에게 제출한 영구적인 한국 부동산법의 결정판이었다고 볼 수 있다.

지권·가권 발급과 토지조사의 관계

우메의 지권가권법의 구상은 어디서 발상된 것일까? 지계·가계, 토지대장, 문기 모두 증거력이 박약하여 한국의 토지소유권이 불확실하다고 진단하면서 우메는 자기가 구상하는 토지법의 방향을 다음과 같이 소개했다.

> 금일 이 토지소유권을 확정한다고 하는 것은 곧 한국민의 재산을 공고하게 하고 따라서 한국민을 그 생업에 안정시킨다고 하는 것으로, 소유권에 관한 법률을 제정한다고 하는 것은 한국에 있어서 극히 중요한 것이다. 대체의 방침은 명치(明治) 초년에 우리나라에서 행하여진 지권과 같은 것을 토지소유자에게 교부하는 것으로 하고, 그때의 우리 지권

보면 이 자료의 메모 시기를 이 법안들이 제정되기 이전으로 보아야 하겠지만, 많은 수정이 있는 점을 감안하면 구상이 계속 진화한 것으로 보아 부동산법조사회가 폐지되는 1907년 말까지로 신축적으로 이해하는 것이 좋을 것 같다.

에 관한 규칙보다도 조금 정비한 법률을 제정하여 될 수 있는 한에서 토지의 권리, 즉 재산을 안전하게 하고 싶은 생각이다.[31]

우메의 부동산법은 메이지유신의 지조개정(地租改正)을 모방하여 시권을 빌급하되, 일본인의 토지소유권을 안전하게 할 수 있도록 더욱 정비된 법률을 제정하는 방향을 취했다.

그런데 우메의 구상에서 주목해야 할 부분은 지권·가권 발급과 토지조사의 관계이다. 토지조사가 지권 발급의 전제인가 하는 문제이다. 이 문제의 해명이 토지조사사업으로 이어지는 경로를 밝히는 결정적인 부분이 될 것이다. '부동산법요지'에서는 지권을 발급하고 남은 대지(臺紙)를 모아 지권대장으로 제작하는 것을 기본 원칙으로 했다(부록 1. '부동산법요지'의 4번 참조). 한 동리 전체가 지권을 발급받았을 때는 토지대장을 작성하고, 한 마을의 다수가 지권을 받기를 원한다면 정부의 직권으로 토지를 측량하여 토지대장을 작성하고 지권을 발급할 수 있는 것으로 했다('부동산법요지'의 7번 참조). '토지측량'을 통한 토지대장의 작성은 강제되지 않았다. 일본의 지조개정에서는 정부가 통일적으로 토지측량을 하지 않고 지주나 농민대표가 스스로 측량하여 신고하거나 옛 장부를 참고하여 토지면적과 지가를 신고하도록 했는데,[32] 부동산법요지의 구상도 이와 유사하다.

그런데 지권가권법에서는 초안에 기재한 '지권대장'이라는 표현을 지우고 토지대장의 제작을 전제하고 있는 점에서(부록 2. '지권가권법'의

31 梅謙次郎, 「韓山所感」, 『大日本』 11-2, 1907, 53쪽(梅謙次郎 CD4-259).

32 塚田利和, 『地租改正と地積調査の研究』, 御茶の水書房, 1986; 佐藤甚次郎, 『明治期作成の地籍圖』, 古今書院, 1986 참조.

제24조 참조), 전면적인 토지조사를 실시한 후 지권을 발급하는 방향으로 향하고 있다. 그렇지만 지권의 기재사항이 먼저 제시된 후 토지대장을 제작하여 거기에 그것을 기재하도록 했으므로 지권에 앞서 토지대장이 먼저 만들어지는 것인지는 여전히 명확하지 않다. 2년여 뒤 우메는 다음과 같이 회고했다.

> 첫째, 경계를 분명하게 하기 위해, 둘째, 사기행위를 방지하기 위해, 셋째, 부동산은 한국인의 유일한 재산이기 때문에 그것을 보호하기 위해, 지권과 같은 것을 만들어 토지의 보호를 기도하는 것으로 하고, 또 토지대장을 만들기 위해 토지를 측량하는 것이 필요하다고 느끼고, 나는 이들의 안을 만들어 이토 통감의 손에 감히 올렸습니다. (……) 한국의 부동산상의 권리를 보장하는 것은 우리나라가 한국을 보호국으로 하여 한국민의 이익을 증진하기 위해서도 필요하고, 토지대장을 만들고 지권을 발행한다고 하는 것은 극히 필요한 것입니다.[33]

우메는 '토지측량→토지대장 작성→지권 발급'을 내용으로 한 토지법안을 구상한 것으로 확실하게 말하고 있다. 지권가권법에 연관하여 토지조사를 위한 법안을 별도로 제정하면 이 문제는 해결될 것이다.

'지권·가권 발행의 순서'(부록 3 참조)는 바로 그것으로 향하는 징검다리다.[34] 여기에서 첫째, '토지측량→지권 및 가권 교부'의 순서가 명확하게 되었다. 지권 및 가권 발급의 전제는 토지측량이다. 특히 경성과

33 梅謙次郎, 「韓國の法律制度に就て(上)」, 『東京經濟雜誌』 1512호, 1909년 10월 16일, 8쪽.

34 『韓國立法事業担任當時ニ於ケル起案書類』 15. '地劵家劵發行ノ順序'. 부동산법조사회 용지에 '梅' 도장이 찍혀 있다.

한두 도회부터 먼저 실시하도록 순서까지 지정하고 있다. 둘째, 토지측량을 하지 않은 지방에는 가지권(假地券)과 가가권(假家券)을 교부할 수 있도록 했다. 셋째, 지권대장, 가권대장, 전당등기부, 토지증명부, 가옥증명부를 구(區)재판소에서 감독하도록 했다. 넷째, 토지정리국(土地整理局) 설치를 세안했다.[35] 토지정리국에서는 부동산법조사회의 사무와 제실유급국유재산조사국(帝室有及國有財産調査局)의 사무를 통합하여 국유 및 제실유의 토지정리까지 관장하도록 했다.[36]

토지정리국을 설치할 경우 우메가 구상한 토지정리국관제에 의하면 "토지정리국은 내각총리대신의 감독에 속하여 국유 및 제실유의 부동산을 조사 확정하고, 지권 및 가권의 발행, 토지대장 및 건물대장의 조제, 아울러 토지 및 건물의 권리의 증명에 관한 사무를 관장한다"고 했다.[37] 토지정리국을 설치하여 지권·가권의 발행, 토지대장 및 건물대장의 작성을 위한 측량, 국유 및 황실 부동산의 조사를 맡기는 것으로 계획한 것이다. 그렇지만 부동산법조사회는 1907년 말로 역할을 종료했다. 이어서 법전조사국이 설치되었지만, 우메는 위원장이 아닌 고문으로 물러나고 그 임무도 민법·형법의 제정과 재판제도의 개선으로 옮겨졌다.[38] 이제 토지조사나 지권 발급에 대한 임무는 가칭 '토지정리국'으로 넘겨진 셈이다.

35 지권가권법에서는 그 초안에 국유 및 제실유 토지의 관리 주체로서 '토지정리국'이 등장했지만, 성안에서는 삭제되고 내각으로 교체되었었다.

36 초안에는 미간지 처분의 사무까지 취급하는 것으로 되었지만, 1907년 7월 국유미간지이용법이 제정되어 그 사무가 농상공부로 넘어가면서 제외되었다.

37 『韓國立法事業担任當時ニ於ケル起案書類』 25. '土地整理局官制'. 부동산법조사회용지를 사용했고, '秘' 도장이 찍혀 있다.

38 이영미, 앞의 책, 2005 참조.

2) 토지조사법 제정과 지권 발급

토지조사 후 지권 발급

한국시정개선에 관한 협의회에 참석한 한국 측 대신들은 증명규칙의 제정보다는 근본적으로 토지조사를 실시한 후 지권을 발급할 것을 주장했다.[39] 탁지부대신 고영희는 "경성에 양지아문을 설치하여" 지조 수취를 위한 "토지대장의 개정"을 제안하기도 했다.[40] 통감이 토지조사실시론을 거부하고 증명제도를 시행한 것은 앞에서 살펴보았지만, 토지조사는 재정고문 메가다(目賀田種太郎)에 의해 일본차관의 반환을 위한 세입증가 방안의 일환으로 거론되기 시작했다.

- 토지정리를 하지 않으면 모든 행정의 기초를 정할 수 없다. 조세의 징수, 인민의 소유권 등에 관해서도 첫째로 필요한 것은 토지정리이다. 따라서 전국의 토지를 장량(丈量)하여 정확한 조사를 충분히 진행하려고 한다. 그 경비는 약 900만 원을 요한다. 이 정리를 완성한 때에는 정부의 세입 약 300만 원이 증가할 수 있을 것으로 예상한다.
- 세입 증가에 관해서는 아직 진술할 기회가 없었기 때문에 여기서 부언해야 할 것이다. 토지정리는 광무 17년(1913년)부터 해마다 300만 원의 증가를 가져올 것이다.
- 먼저 장량에 착수하고 그것을 완료한 곳에서부터 발포할 토지에 관한 법규에 따라 소유권을 확정할 생각이다.

---

39 최원규는 이를 '선토지조사 후법률제정안'이라 하고(최원규, 앞의 논문, 1996, 117-118쪽), 정연태는 '지계제도안'이라 했다(정연태, 앞의 논문, 1995).

40 『일한외교자료집성』 6권 중, 1907년 6월 4일 제17회 협의회, 514쪽.

• 오키나와 및 대만의 예에 비추어보면 한국의 토지정리는 900만 원을 들이면 반드시 5년간에 완성할 수 있을 것이다.[41]

메가다가 '토지정리'라는 개념을 사용하고 있는 점이 주목된다. 토지정리는 전국에 걸쳐 토지를 필지 단위까지 통째로 조사하는 것을 의미하지 않는다. 오키나와(沖繩)에서 토지의 성격과 종류에 따라 소유권의 귀속을 행정적 법적으로 규정한 것을 '토지정리'라고 했다. 반면 전국적으로 필지별로 토지측량을 실시한 대만(臺灣)에서는 '토지조사'라고 했다. 용어 사용의 부정확성을 염두에 두면 이 시기 한국에서의 토지측량 문제는 확정되지 않았다고 말할 수 있다. 통감이 토지정리에 10년이 걸릴 것을 걱정했지만, 메가다는 방해를 받지 않는다면 5년이면 충분하다고 자신감을 피력했다. 메가다의 계획은 사실 1906년에 작성한 '한국세계계획안(韓國歲計計劃案)'에 입안되어 있다. 거기서는 '토지조사'의 개념을 사용했다. 토지조사사업을 할 경우 1907년부터 조사기간을 5년간으로 잡으면 1916년에 이르러 비용 약 1천만 원을 상계하고 매년 380여 만 원의 지세 증가가 가능할 것으로 예상했다.[42] 메가다가 언급한 "먼저 장량에 착수하고 그것을 완료한 곳에서부터 발포할 토지에 관한 법규에 따라 소유권을 확정"하는 작업은 결국 우메가 구상한 토지정리국에서 관장하게 될 것이었다. 측량 후 지권가권법과 같은 법규에 따라 소유권을 확정할 지권을 발급하는 것을 의미할 것이다. 그렇지만 메가다의 적극적인 토지조사 의지에 대해 통감은 쉽게 행하기 어렵다고 하면서 수용하지 않고 미루어 두었다.[43]

---

41 『일한외교자료집성』 6권 중, 1907년 6월 18일 제18회 협의회, 530-538쪽.

42 統監府 財政顧問部, 『韓國歲計計劃案(參考資料)』, 1906년 6월, 32쪽.

1907년 7월 한일신협약을 체결한 일제는 각 부에 차관을 두어 한국의 내정을 실질적으로 장악하여 한국식민정책을 본격적으로 추진하기 시작했다. 먼저 우메의 토지정리국 설치안은 국유 및 황실 부동산을 정리하던 복잡한 기구들이 집결하여 1908년 6월 설립된 임시재산정리국의 기능으로 흡수되었다. 주임무는 아니었지만 근본적인 토지조사는 여기서 준비되고 있었다. 메가다가 일찍부터 양성한 측량기술자도 임시재산정리국에서 실지연습을 계속했다.[44]

문제는 비용이었다. 소위 '한국시정개선'을 위한 사업에 예산이 막대하게 소요되고 이를 차관에 의존하고 있던 상황이었다.[45] 우메는 이 문제에 대해 다음과 같이 언급했다.

> 내가 위임을 받아 토지제도를 조사하는 데 대하여 토지를 측량하는 것은 전술한 바와 같이 필요하기는 하지만 거기에는 비용을 요한다. 때문에 나의 안은 도저히 실행이 — (불명: 필자 주) — 1907년의 협약 후 국채를 일으켜 그것을 실행하는 것으로 결정했기 때문에, 조만간 그에 착수하여 10개년 내외에 걸쳐 이 사업을 결료할 수 있을 것이라고 생각합니다.[46]

우메가 언급한 국채는 1908년 말 토지조사의 필요성에 대한 공감

---

43 『일한외교자료집성』 6권 중, 1907년 6월 25일 제19회 협의회, 559쪽.

44 荒井賢太郎, 『臨時財産整理局事務要綱』, 度支部, 1911, 159-163쪽; 荒井賢太郎, 『韓國財政施設綱要』, 度支部, 1910, 202-206쪽.

45 권태억, 앞의 논문, 1994 참조.

46 梅謙次郎, 「韓國の法律制度に就て(上)」, 『東京經濟雜誌』 1512호, 1909년 10월 16일, 9쪽.

대가 확산되고 마침 일본흥업은행으로부터의 제2회 기업자금 차관 중에서 1,100만 원을 토지조사비로 충당하기로 논의된 후 1909년 2월 확정되었다.[47] "아국의 토지를 조사하여 일본과 같이 개량하기로 탁지부에서는 이미 성안탈고(成案脫稿)했는데 신차관을 사용하여 7, 8년의 사업으로 착수할 터라"고 한 보도도 이를 의미한다.[48] 그동안 토지조사에 소극적이었던 통감도 토지정리를 하면 면적과 소유가 명확하게 되고, 과세면적이 증가하여 정부의 세입도 증가하며, 그래서 차관 상환에도 편리할 것이라고 적극 찬성했다.[49]

토지조사를 위한 준비는 임시재산정리국 장관을 겸한 탁지부차관 아라이(荒井賢太郎)에게 맡겨졌다. 아라이는 대구재무감독국장 가와카미(川上常郞)로 하여금 토지조사사업을 실시하기 위한 구체적인 정책 방향에 대해 검토할 것을 지시했고, 그 결과는 1909년 2월 『토지조사강요(土地調査綱要)』로 제출되었다. 이 책에서 제안된 내용들 가운데는 1910년부터 시행된 '조선토지조사사업'에 그대로 반영된 것이 적지 않다.[50] 지권제도에 대해서는 다음과 같이 언급하고 있다.

> 원래 등기제도가 구비된 우리나라에서는 그것을 토지대장에 등록하는 데 그치고 그 권리의 보존 및 이전에 관하여 임의로 등기를 신청하는 것으로 족하지만, 이 나라와 같이 토지소유권은 일체 공부(公簿)에 등록되지 않고 겨우 당사자 사이에 작성된 일종의 사증서(私證書)인 문기

47 宮嶋博史, 앞의 책, 1991, 376-378쪽; 『일한외교자료집성』 6권 하, 1057, 1108, 1170쪽; 『朝鮮總督府施政年報』 1909년판, 1911, 24쪽.

48 『大韓協會會報』 2-1, 1909년 2월, 40쪽.

49 『일한외교자료집성』 6권 하, 1908년 12월 1일 제62회 협의회, 1108쪽.

50 宮嶋博史, 앞의 책, 1991, 379-406쪽.

(文記)의 수수에 의해 권리이전의 빙증(憑證)으로 하는 관행에 비추어, 특히 최근 토지증명규정이 실시되었지만 오히려 사기 편취의 폐단을 유도하여 토지의 매매이전에 관하여 불안한 생각을 품는 상황에 비추어, 단지 그것을 토지대장에 등재하는 데 그치는 것은 득책이 아니다. 토지대장의 등본을 하부(下付)하는 것이 하나의 방법이겠지만, 차라리 나아가 공증적 문권을 하부하여 단지 권리의 증명(證明)뿐만 아니라 그 수수로써 권리의 이전(移轉)으로 하고 그 점유자를 권리자로 인정하는 것, 흡사 무기명 채권의 수수 점유에 있어서와 같이 법적 효력을 가지는 지권(地券)의 발행 교부로써 해야 할 것이다. 그리고 권리 이전의 공증을 필요로 하는 것에 대해서는 곧 지권의 서환(書換)을 신청하는 것으로 하여, 현행 토지증명규정을 폐하고 대신에 지권서환법(地券書換法)으로써 하고, 점차 다른 법제의 진보와 함께 완전한 등기(登記)제도의 실시를 할 수 있는 기회를 기다리는 것이 가장 적당한 방책이라고 인정한다.[51]

가와카미는 토지소유권의 공증적 효력을 위해 토지가옥증명규칙을 폐지하고 오히려 지권을 발행할 것을 제안했다. 가와카미가 우메의 부동산법요지 또는 지권가권법을 직접 참고했을지는 의심스럽지만, 공론화된 지권발급론은 수용했을 것이다. 가와카미의 주장은 우메의 지권법을 한 단계 발전시켜 토지조사와 확실하게 결합시켰다. '토지조사 → 지권 발급'이 정식화된 것이다.

토지정리법과 토지조사법 비교

우메는 토지정리국 설치를 제안했고 통감이나 메가다도 '토지정리'라

51 川上常郞, 『土地調査綱要』, 1909년 2월, 34-35쪽.

표현했지만, 가와카미가 '토지조사'의 개념을 사용함으로써 토지정리와 토지조사의 개념을 둘러싼 논쟁이 일었다. "한국의 토지에 관하여 그 소유권을 확인하고 면적을 측량하고 그 지위등급 등을 정하기 위해" 사무집행 관아를 둘 때 그 명칭을 어떻게 할 것인가 하는 문제였다. '토지조사국'과 '토지정리국' 중에서 어떤 명칭이 명실에 부합하는지 탁지부와 임시재산정리국에서는 소속 한국인 관리들의 의견을 조사했다. '조사국', '정리국' 외에 '조정국'과 같은 절충안도 있었지만, "한국에서의 관아 호칭의 연혁과 한국인의 감상에 비추어 토지정리국이라는 호칭을 채택하는 것이 시의적절한 것으로 인정"되었다.[52] 1909년 5월 5일 만들어진 법안의 이름도 토지정리법이다.[53]

그러나 이후 토지정리의 개념보다는 토지조사의 개념이 더 널리 사용되었다. 1909년 10월 탁지부에서 발간한 토지구관 조사보고의 제목은 '토지조사참고서'였다. 토지조사국이라는 용어는 한국 측 관리보다는 탁지부의 일본인 관리들이 더 선호했다. 그들이 제안한 논리는 다음과 같다.

> 조사국이라는 이름은 대만에서 채용되고 정리국이라는 이름은 오키나와에서 채용된 바이지만, 대만에서는 주로 현상을 조사하는 것을 본지로 삼고 지조개정을 시행하는 것은 부수사업으로 함으로써 명실적합하고, 오키나와에서는 개인의 소유권이라는 것이 존재하지 않고 납조법(納租法)도 전혀 일본 내지와 다르므로 그것을 내지와 동일한 정도로 개선하려고 하여 처음부터 토지의 정리를 목적으로 했기 때문에 그 이름도 정리라는 문자를 채택했던 것 같다. 한국의 현상에 있어서는 완전한 소

52 『藤田家文書』 '局名呼稱'(1909년 5월 3일 調).

53 『藤田家文書』 '土地整理法'(1909년 5월 5일 調).

유권이 존재하는 것으로 단언하기 어렵다고 하여도 본조 이래 이미 토지의 소유를 인정하여 온 것은 사실이기 때문에, 그 존재를 확인하기 위해 토지소유자, 면적 등을 조사하는 사무를 시행하는 관청은 흡사 대만의 실례와 같으므로 그 이름의 호칭을 토지조사국으로 하는 것이 이론상 정곡을 얻은 것이 아닐까?[54]

통감부는 1909년 5월부터 8월에 걸쳐서 전국의 재무서로 하여금 토지관계의 구관(舊慣)을 조사하도록 했다. 임시재산정리국에서는 각국의 토지제도도 조사·연구했다.[55] 1909년 11월부터 부평군 3개 면에서 토지시험조사(土地試驗調査)를 실시하는 한편,[56] 그 성과를 보면서 1910년 1월 토지조사계획을 수립했다. 전국의 택지 및 경지를 대상으로 토지를 측량한 후 토지대장을 제작하고 지권을 발급하는 것으로 계획되었다. 총경비는 8년 동안 14,129,707원으로 차입금 1,000만 원 외에 나머지 41,322,500원은 지권하부(地券下附) 수수료로 충당토록 계획되었다. "지적대장을 완성하면 등기 혹은 토지증명의 제도를 시작할 수 있을 것이고, 또 각인에게 지권을 교부하면 토지에 대한 금융의 편의는 일층 증진을 볼 수 있을 것"이라고 판단했다.[57]

토지조사 실시 결정에 따라 1910년 3월 15일 껍데기만 남은 한국정부는 토지조사국관제를 공포했다. 임시재산정리국 직원 전부를 토지조사국 직원으로 임명하여 그 사업을 계승할 수 있도록 했다. "토지조

54 『藤田家文書』 '局名呼稱'(1909년 5월 3일 調).

55 『임시재산정리국사무요강』, 243-428쪽.

56 度支部, 『土地調査參考書』 4호, 1910, '土地調査試行報告'; 이 책의 제6장 참조.

57 度支部, 『韓國土地調査計劃書』, 1910년 1월, 1-4쪽.

사법 기타 본 사업에 필요한 제 법규는 임시재산정리국 시대에 대략 그 준비를 완료했지만, 토지조사국에서 다시 심의 토구(討究)하는 것으로 하여 지금 심의 중에 속한다"라고 한 것은, 임시재산정리국 시대에 마련한 토지정리법 대신 새로이 토지조사법을 마련한다는 의미일 것이다.[58] 이렇게 해서 1910년 8월 23일 법률 제7호 토지조사법이 발포되었다.

토지정리법과 토지조사법을 비교하면 〈표 5-2〉와 같다. 두 법안은 지목의 편성, 재결 과정과 소송금지 문제, 무신고지의 국유화 등에 약간의 차이가 있으나, 지주의 토지신고와 실지입회 원칙, 토지대장 및 지도의 작성, 토지조사 후 지권 발행 등의 골격은 일치했다. 1909년 5월 기초된 토지정리법은 1910년 8월 법률로 공포된 토지조사법의 원형이었다.

토런스 제도 연구와 지권규칙 제정

토지조사법 제10조는 "정부는 토지대장 및 지도를 갖추고 토지에 관한 사항을 등록하며 지권(地券)을 발행함"이라고 규정했다. 조선총독부 임시토지조사국에서는 지권 발행의 유리함을 선전했다. "장부를 조제한 때는 일필지마다 지권을 발행하여 이를 지주에게 하부(下付)하여 토지 소유권을 증명하는 증좌(證左)되게" 할 수 있고, "또 지권의 교부를 받는 고로 타인에게 대하여 그 소유권을 증명함에 당하여도 그 지권을 보이면 족할지요, 종래의 관습과 같이 수십 내지 수백 장의 문기(文記)를 보존할 필요가 없을시며, 가령 지권의 분실 또는 소실 등의 일이 있나하여도 토지대장에 의하여 즉시 이의 재도(再渡)를 받을 수 있어서 소유

58 『韓國財政施設綱要』, 210쪽.

〈표 5-2〉 토지정리법과 토지조사법 비교

토지정리법	토지조사법
제1조 토지는 이 법률이 정하는 바에 의하여 정리한다. 단, 산림, 원야로서 전답 사이에 개재하지 않은 것은 이 한에 있지 않다.	제1조 토지는 이 법률의 정하는 바에 의하여 이를 조사함. 제14조 이 법률은 임야에 이를 적용치 아니함. 단, 다른 조사지 사이에 개재하는 것은 이 한에 있지 아니함.
제2조 토지의 지목은 다음에 게재한 바에 따른다. 1. 전, 답 2. 대, 염전, 광천지, 지소, 산림, 원야, 목장 3. 사묘지(祠墓地), 분묘지, 철도용지, 공원지, 연병장, 사적장(射的場), 포대용지, 등대용지 4. 도로, 철도선로, 구거, 용악수로(用惡水路), 하천, 제방 5. 잡종지	제3조 토지의 지목은 다음에 게재한 바에 따름. 1. 전답, 대, 지소, 임야, 잡종지 2. 사사지(社寺地), 분묘지, 공원지, 철도용지, 수도용지 3. 도로, 하천, 구거, 제방, 성첩, 철도선로, 수도선로
제3조 토지는 지목을 정하여 지반을 측량하고 일구역마다 지번을 붙인다. 단, 제1조(제2조의 오기: 필자주) 제4호에 게재한 토지는 이 한에 있지 않다.	제2조 토지는 지목을 정하여 지반을 측정하고 일구역마다 지번을 붙임. 단, 제3조 제3호에 게재한 토지에 대하여는 지번을 붙이지 아니할 수 있음.
제4조 지반의 측량에 사용하는 척도 및 지적(地積)의 명칭 명위(名位)는 융희 3년 법률 제00호 도량형법의 규정에 따른다.	제4조 지반의 측량에 사용하는 척도 및 지적의 명칭 명위는 도량형법의 규정에 의함.
제5조 지주는 지번, 지목 및 면적 등을 정부에 신고(申告)해야 한다.	제5조 지주는 정부의 정하는 기간 내에 그 토지를 정부에 신고(申告)함이 가함.
제6조 지반을 측량하는 데 당하여 필요하다고 인정할 때는 지주 혹은 그 대리인으로 하여금 실지(實地)에 입회하게 할 수 있다.	제6조 토지의 조사를 행함에 당하여 필요로 인정하는 때는 정부는 지주 또는 대리인으로 하여금 실지에 입회케 할 수 있음.
제7조 토지의 지목, 경계 및 소유주는 지방토지정리위원회에서 사정(査定)한다. 전항 지방토지정리위원회의 사정에 대하여 불복 있는 자는 사정일로부터 60일 이내에 고등토지정리위원회에 신립(申立)하여 재결을 구할 수 있다. 고등토지정리위원회의 조직, 권한은 별도로 정한다. 지방토지정리위원회의 조직은 토지정리국 총재가 정한다.	제7조 지주 및 토지의 강계는 지방토지조사위원회에 자문하여 토지조사국 총재가 이를 사정함. 전항 사정한 지주 및 토지의 강계는 이를 공시함. 제8조 토지조사국 총재의 사정에 대하여 불복이 있는 자는 그 공시일로부터 90일 이내에 고등토지조사위원회에 신고하여 그 재결을 구할 수 있음. 토지조사국 총재의 사정을 거친 사항에 대하여는 전항에 의하여 재결을 구하는 외 소송을 제기할 수 없음. 제9조 고등토지조사위원회 및 지방토지조사위원회의 조직은 칙령으로써 이를 정함.

〈표 5-2〉 계속

토지정리법	토지조사법
제8조 제5조(제6조의 오기: 필자 주)의 입회를 하지 않은 자는 지방토지정리위원회의 사정에 대하여 불복을 신립(申立)할 수 없다.	제11조 정당한 사유 없이 제6조의 입회를 아니한 자는 토지조사국 총재의 사정에 대하여 불복을 신립할 수 없음.
제9조 정부에 토지대장 및 지도를 갖추어 토지에 관한 사항을 등록한다.	제10조 정부는 토지대장 및 지도를 갖추고 토지에 관한 사항을 등록하며 지권(地券)을 발행함.
제10조 토지의 정리를 행한 때는 정부는 지권(地券)을 발행해야 한다.	
제11조 신고를 하지 않은 토지의 소유권은 국고에 귀속한다.	
제12조 허위의 신고를 한 자는 100원 이하의 벌금에 처한다.	제13조 허위의 신고를 한 자는 100원 이하의 벌금에 처함.
제13조 제5조(제6조의 오기: 필자 주)의 입회를 하지 않은 것은 200원 이하의 벌금에 처한다.	제12조 정당한 사유 없이 제5조의 신고 또는 제6조의 입회를 아니한 자는 20원 이하의 벌금에 처함.
부칙 제14조 이 법률 시행의 구역 및 시기 기타 시행에 관하여 필요한 규정은 토지정리국 총재가 정한다.	제15조 이 법률 시행에 관하여 필요한 규정은 탁지부대신이 이를 정함.

출처: 토지정리법은 『藤田家文書』 '土地整理法'(1909년 5월 5일 調), 토지조사법은 법률로 공표

권의 보존이 극히 안전함을 득(得)할" 것이라고 했다.[59]

임시토지조사국에서는 지권 발급을 위한 규칙을 만들기 위한 조사에 착수했다. 1911년 6월의 보고에 의하면 "토지제도의 계획 및 관계법규의 기초에 관해서는 일본 본토, 오키나와 및 대만의 제도는 물론 보스니아, 헤르체코비나, 인도 및 이집트 등의 제도를 조사하여 참고에 제공했지만, 지권제도 및 그와 관계 있는 토런스 제도 기타에 대해서는 목하

59 朝鮮總督府 臨時土地調査局, 『土地調査事業의 說明』, 팸플릿, 4, 7쪽.

조사 중에 속한다", "토지대장규칙, 지권에 관한 법규 및 이동지(異動地) 신고에 관한 법규도 역시 심의 연구 중에 속한다"고 했다.[60] 1911년 12월의 보고에서는 "토지대장규칙, 지권에 관한 법규 및 이동지 신고에 관한 법규는 아직 심의 연구 중에 속하지만, 이제 외업사무가 점차 진척됨으로써 급속히 그 심의를 종료하여 그 결정을 기다리고 있다"고 했다.[61] 이 보고에서 1911년 말에 이르기까지 지권에 관한 규칙이 제정되지 않은 사실을 알 수 있다.

우메는 한국에 지권제도를 도입할 생각을 메이지유신의 지조개정에서 가져왔었다. 일본의 지권제도는 전통적인 고권(沽券)제도와 토런스 제도를 결합한 것이었다.[62] 토런스 제도는 1858년 1월 27일 남부 호주에 실시된 부동산법으로서, 이후 여러 국가와 지역에서 채택되었다. 등록의 대상은 토지와 건물이며, 등록이 완료되면 제3자 대항권을 내포하는 지권을 발급했다. 이 제도는 토지에 자본을 투자하는 데 유리한 제도로서 농업 본위의 식민지에서 특히 유효하고, 프랑스는 튀니지 보호국에 실시하여 효과를 거두었다.[63] 즉 "토런스 제도는 토지에 관한 권리의 등록과 이 등록에 근본을 두고 발행한 증권에 의하여 토지의 소유권을 확실하게 함과 동시에, 그 이전 및 변경을 안전, 용이 또 민활하게 함으로써 토지에 관한 금융의 편리를 도모하는 데 있다"고 했다.[64] 독일의

---

60 山縣伊三郎, 『土地調査事業現況報告書』, 1911년 6월, 2쪽. 토런스 제도에 대한 연구로는 『地券制度案』의 관련 기록; 臨時臺灣舊慣調査會, 『土地登記トルレンス氏制度』, 東洋印刷株式會社, 1910 등이 있다.

61 『토지조사사업현황보고서』, 2쪽.

62 福島正夫, 『地租改正の硏究』(增訂版), 有斐閣, 1970, 56-58쪽.

63 『地券制度案』, 蜷川新, 「Torrens Systemニ付テ」.

64 『地券制度案』, 'トレンス制度ニ付テ'.

등기주의와 프랑스의 등록주의와 함께 등기제도의 한 변형이다. 즉 두 통의 지권 중에 한 통은 토지소유자에게 발급하고, 나머지 한 통을 편찬하여 등기부로 삼는 방법으로서 일종의 등기제도이다. 이것은 부동산 물권의 득상(得喪)을 간편하게 하여 비용을 줄이고 토지거래를 활성화시키는 긍정적 측면 외에, 사기를 용이하게 할 우려가 있는 것으로 평가되기도 했다.[65]

처음 지권제도를 도입한 일본은 1889년 그것을 폐기하고 토지대장과 등기법을 도입했다. 그렇지만 농업 대부를 위해 은행에서 요구하는 등기나 공정증서는 시간과 비용이 많이 소요되므로 종전의 지권법을 도입하여 토지저당 같은 경우 지권만 인도하면 저당권 설정의 효력을 얻도록 하자는 제안이 나오기도 했다. 경제학자 다지리(田尻稻次郎)는 1896년경부터 지권법을 다시 도입하자고 주장했다. 소유와 상속을 위해서는 등기법을 따르고, 토지저당을 하여 은행에서 자금을 빌리려면 지권을 발급받을 수 있는 지권법을 도입하여 등기법과 병행하자고 주장했다.[66]

식민지 조선에서 토런스 제도, 즉 지권제도를 도입하면 "토지조사를 완료하고 소유권의 사정이 확정된 후 단지 지권을 발행함으로써 족"한 것으로 판단했다. "토지조사의 종료와 함께 지권을 발행하는 것으로 하면 전국의 토지는 일률적으로 모두 등록되는 것으로 될 것"이라는 것이다. "조선에서의 토지소유권의 확실 안정은 토지조사에 의한 소유권의 사정으로써 완료한다. 그렇지만 토지에 관한 권리의 이전, 변경을 명

---

65 『地劵制度案』, '登記制度概記'.

66 『地劵制度案』, '地劵制度ノ恢復'; 田尻稻次郎, 『生きるの道』, 東亞堂, 1920, '地劵制度の恢復', 338-343쪽; 『地劵制度案』, 'トレンス制度ニ付テ'.

료, 간명 또 용이하게 하는 데는 소위 토런스 제도의 취지를 채용하여 일종의 지권제도를 기다리지 않으면 안 된다"라고 했다.[67]

영국, 프랑스, 미국 등의 식민지에서 대체로 토런스 제도가 시행되었다. 일제 당국자들은 선진 제국주의 국가들의 경험을 고려하여 조선에도 토런스 제도를 모방한 지권제도를 시행하려 했다. 제국주의 본국 자본가들이 식민지에 투자하기 위해서는 토지소유권과 저당의 편리함을 보장하지 않으면 안 되었고, 통감 이토도 이 문제를 줄곧 고심하여 증명제도를 도입했는데, 증명제도를 대체하기 위해 가장 적합한 제도가 지권제도라는 것이다.

이때 작성되었을 것으로 추정되는 '지권규칙'은[68] 토지조사가 완료되지 않은 지역은 '토지증명령'을 시행하고, 완료된 지역에는 부동산등기령과 함께 지권규칙을 실시하도록 했다. 부윤 또는 군수가 토지소유자에게 지권을 발급하되, 지권에 소유권, 질권, 저당권, 영소작권을 등록할 것을 규정했다. 토지에 관한 권리의 설정·변경·이전·소멸은 지권 및 지권대장에 등록하지 않으면 효력을 발생하지 않는 것으로 되었다.[69] 그렇지만 지권규칙의 구체적인 내용은 전하지 않는다.

---

67 『地券制度案』, 'トレンス制度ニ付テ.'

68 『地券制度案』, '地券規則施行ノ時期及區域'. 이것은 갱지에 등사된 것으로 '秘' 도장이 찍혀 있다. 이 문서에 토지증명령, 부동산등기령이 언급되고 있는 점으로 보아 그것이 제정된 1912년 3월 이후로부터 토지조사령에 의해 지권 발급이 폐지된 1912년 8월 사이에 지권규칙이 마련되었을 것으로 추정된다.

69 『地券制度案』, '地券規則施行ノ時期及區域.'

4. 지권제도 비판과 등기제도로의 전환

토지조사법에 의해 지권을 발행하는 것으로 되었지만, 지권규칙은 제대로 마련되지 못한 채 실지조사(實地調査)가 완료되면서 지권제도 시행 여부에 대하여 부정적인 의견들이 제기되기 시작했다. 일본 본토에서도 지권제도의 부활을 통한 토지금융의 활성화를 제안한 다지리(田尻稻次郎)의 주장은 비판을 받았다. 등기제도와 지권제도의 병용은 일을 번잡하게 하고 양자의 충돌을 초래할 뿐이라는 것이다. 채권자가 안전한 등기의 길을 버리고 위조·변조·도용의 위험이 있는 지권의 수수를 통해 대부하려 하지는 않을 것이라는 비판도 나왔다.[70] 지권 발행에 대한 부정적 논리는 다음 글에 잘 표현되어 있다.

> 지권제도는 현시 구미 제국의 식민지에 시행하여 현저히 그 효과를 거두고 있다. 우리나라에서는 명치(明治) 5년경 그것을 채용하여 명치 22년 등기법 시행에 이르기까지 계속했다. 그리고 조선의 현상(現狀)은 많은 점에 있어서 우리 명치 4, 5년경의 상태와 자못 방불한 것이 있다. 따라서 토지제도를 정하는 데 대하여 우리 유신 당시의 시설에 비추고 또 그것을 구미 제국 식민지의 예를 따라 단지 지권제도를 행하고, 타일 시기의 도래함을 기다려 등기법을 시행하여도 감히 늦다고 하지 못할 것 같다. 그렇지만 한편에서는 이미 등기법을 시행한 지방도 있고, 또 전토(全土)에 걸쳐 증명수속을 실행하고 있고, 그리고 다른 한편에서는 토지조사에 착수하여 수년을 지나지 않아서 그 사업을 완료한다고 한다. 오직 기왕의 경험에 의거하면 이들 등기 및 증명의 제도는 아직 충분히 큰

70 『地劵制度案』, '田尻博士ノ地劵制度復活說.'

효과를 거두는 지경에 이르지 못하여 왕왕 폐단을 동반하고 있다고 하지만, 이것은 하나는 토지의 소재 및 구역이 명확하지 않은 것과, 또 하나는 증명수속의 규정이 간략한 것에서 되어진 바로서, 토지조사사업이 종료하여 토지대장의 정비를 봄과 동시에 일층 완전한 증명수속을 정함에 있어서는 등기 및 증명의 제도는 아주 확실한 공시방법으로 되어 조금도 흠잡을 바 없는 데 이를 것이다. 그리고 지권제도는 그 실질에 있어서 등기 및 증명의 제도에 전혀 미치지 못한다. 따라서 문명국의 제도로서 채용할 가치 없는 것은 우리나라에 있어서 등기법으로써 그것을 대신하고, 또 구미 각국에 있어서 아직 그 본국에 그것을 채용한 것 없는 것을 보아 극히 명확하다. 조선에 있어서는 이미 등기 및 증명의 제도를 시행한 데도 불구하고 그것을 폐하고 미치지 못하는 지권제도를 채용할 이유가 만번 없을 뿐 아니라, 지권제도에 비하여 일층 확실한 등기 및 증명의 제도가 존재하는 이상은 다시 지권제도를 병용하여 한갓 번잡을 가할 필요가 있음을 보지 못한다. 하물며 지권 발행의 목적은, 첫째, 토지소유권을 명확히 하고, 둘째, 토지에 관한 권리를 안정되게 하며, 셋째, 권리의 설정·이전을 편하게 함으로써 토지이용을 충분하게 하는 데 있지만, 이것들은 토지대장이 갖추어지지 않고 토지소유권이 안고(安固)하지 못하며 따라서 토지의 이용이 충분하지 못한 시기에 있어서만 모두 필요하고, 이미 토지대장을 편성하여 토지소유권을 확정한 이상은 지권에 의하여 그것을 명확하게 할 필요 없다. 또 지권에 의하여 토지에 관한 권리를 안고하게 한다고 해도 다른 법제와의 관계상 오히려 그 불안을 초래하고, 특히 토지이용에 대하여는 지권의 수수(授受)는 편리한 것 같지만 오히려 불편을 초래하여 토지이용을 방해하는 결과를 볼 것이다. 도저히 금일의 시세에 적당하지 않다. 이미 진부한 지권제도를 다시 사용하는 어리석음을 범해서는 안 된다. 토지대장의 편성과 동시에 등기 또는 증명의 제도를 확립함으로써 토지이용을 확실하게 하지 않으면 안 된다.[71]

요지는 토지조사를 하여 토지대장을 작성하게 됨으로써 토지소유권이 확고하게 되었고, 개항장에서는 이미 등기법을 시행하고 있으며, 내륙에는 증명제도가 유효하므로 지권 발급은 불필요하다는 것이다. 지권 발급의 무용성은 1912년 3월 부동산등기령과 그 임시조치법인 부동산증명령을 통해 등기를 하는 것으로 규정되면서 확실해졌다. 또한 지권제도는 토지소유권의 차압을 집행하기 어려운 점, 토지담보의 경우에도 제3자 대항을 위해서는 등기를 해야 하는데 지권의 이서(裏書)는 불필요한 일이 된다는 점, 담보권과 소유권이 충돌하는 점 등으로 말미암아 지권 발행은 무용하다는 지적이었다.[72] 지권의 목적을 토지소유권의 증서로 본다면 토지대장의 등본으로 대체할 수 있기 때문에 불필요하고, 지권의 목적을 권리설정에 둔다면 지권 기입의 수속 외에 등기 수속을 해야 하기 때문에 이중일 뿐이라는 비판이 나왔다.[73] 등기의 효력이 지권을 압도하기 때문에 어떤 경우에도 지권은 등기에 중복과 번거로움을 줄 뿐이라는 것이다. 이렇게 하여 지권제도는 폐지하는 방향으로 흘러갔고, 1912년 8월 개정된 토지조사령에서 부동산등기령을 수용하면서 지권 발행은 정지되었다.[74]

한국에 독자적인 민법을 제정할 것인가, 일본 민법을 적용할 것인가에 대해서는 당시 치열한 논쟁이 일었다. 우메는 1908년 1월부터 법전조사국(法典調査局)을 중심으로 독자적인 민법 제정을 목표로 한국의 관습조사를 시작했다.[75] 206개의 조사항목을 작성하여 일본 민법과의

71 『地券制度案』, '地券發行ノ可否'. 지권제도 비판에 관한 유력한 글이므로 길지만 소개해 둔다.

72 『地券制度案』, 제목이 없는 문서.

73 『地券制度案』, '地券ノ發行ト登記トノ關係'.

74 『朝鮮總督府施政年報』, 1912년판, 1914, 28쪽; 宮嶋博史, 앞의 책, 1991, 445쪽.

이동(異同)을 중심으로 1908년 5월부터 민사관습조사에 착수하여 1910년 말 민법의 기초에 착수할 예정이었는데, 1910년 8월 그가 사망하고 동시에 일본의 한국병합으로 중지되고 말았다.[76] 이렇게 독자적인 민법 주장은 좌절되고 일본 민법을 한국에 적용하는 방향으로 전환되었다. 그래서 제정된 1912년의 조선민사령은 『관습조사보고서』를 비롯한 구관제도를 무시하고 일본 민법을 준용하는 것으로 했다.

조선민사령은 조선의 민사관습조사에 기초하여 1912년 3월 18일 제령 제7호로 반포되어 4월 1일부터 시행되었다. 조선민사령이 일본 민법을 인용(引用)하는 것으로 됨으로써 토지소유권 개념은 일본 민법의 개념에 기초하는 것으로 되었다. 부동산에 관한 물권의 득상(得喪) 변경(變更)은 등기에 의하여 확보되었다. 조선민사령 제13조 "물권의 득상과 변경에 관하여 등기 또는 증명을 받지 않으면 이로써 제3자에 대항할 수 없다"는 규정의 적용을 받아, 일본의 부동산등기법(1899년 2월 법률 제24호)을 인용한 조선부동산등기령(1912년 3월 18일 제령 제9호)을 발포하여 등기제도를 확립하고자 했다. 그러나 토지조사가 완료될 때까지는 소유권과 전당권 두 가지에 한해 조선부동산증명령을 제정하여 임시 운영하고, 조선부동산등기령 또는 조선부동산증명령에 의해 등기 또는 증명을 받지 않으면 제3자에 대항할 수 없는 것으로 했다. 그 뒤 1913년 시가지

75 梅謙次郎, 「韓國の法律制度に就て(下)」『東京經濟雜誌』 1514호, 9-10쪽.

76 법전조사국의 조사는 1910년 9월 법전조사국이 폐지될 때에는 거의 완성되어 『慣習調査報告書』(1910년 12월)로 편찬되고, 조선총독부 取調局에서 추가 조사를 하여 1912년 3월 『관습조사보고서』로 조선총독에게 보고했다(『朝鮮舊慣制度調査事業概要』, 17-19쪽). 이승일, 「일제의 관습조사와 전국적 관습의 확립과정 연구: 『관습조사보고서』의 편찬을 중심으로」, 『대동문화연구』 67, 성균관대학교 대동문화연구원, 2009 참조.

사정 작업이 종결되어 토지대장이 완성되면서 1914년 5월 1일부터 종래의 증명제도를 폐지하고 일본식 등기제도를 전면 시행하게 되었다.[77] 등기의 대상은 소유권과 저당권을 비롯하여 지상권, 영소작권, 지역권, 선취특권, 임차권 등 물권 전반으로 확대되었다. 일본의 등기제도가 조선에 그대로 적용됨으로써 일본인 지주, 자본가의 토지투자는 일층 편리하게 되고, 자본주의적 상품화폐경제에 적합한 토지상품화의 활성화를 가져왔다. 식민지 토지수탈의 합법적 통로가 활짝 열리게 된 것이다.

5. 맺음말

일제의 한국 토지정책 연구에서 종래에는 지권제도를 도입한 과정과 의미에 주목하지 않았다. 이는 자료의 결핍 때문이기도 하지만, 통감부 시기의 임시적인 증명제도와 토지조사사업의 등기제도 사이에 연결성보다 단절성에 더 무게를 둔 탓이기도 했다. 이 장에서는 새로운 자료의 발굴에 따라 지권제도의 도입과 소멸 과정을 해명함으로써 '증명 → 지권 → 등기'로의 단계적 전환의 경로를 확인할 수 있었다.

통감 이토(伊藤博文)는 한국 토지법제를 두 가지 방향으로 생각했다. 영구적인 토지법은 일본 민법학자 우메(梅謙次郞)에게 맡겨 한국 부동산의 구관조사 결과를 고려하여 제정하도록 하고, 일본인의 한국 진출을 장려하기 위한 방책으로 일본인의 토지소유와 거래의 안전을 보장하기 위한 임시적인 증명규칙으로서 토지가옥증명규칙을 먼저 제정했다. 이미 획득한 일본인의 불법적인 토지소유는 토지가옥소유권증명규

77 早川保次, 앞의 책, 1921, 22-24쪽.

칙을 통해 합법적으로 보장되었다. 이러한 조치는 이전의 연구를 통해 충분히 해명되어 있지만, 이 장에서는 특별히 통감의 한국 토지법제 구상이 두 가지 방향으로 구분된 점에 초점을 두어 고찰했다.

영구적인 토지법은 우메가 부동산법조사회를 결성하여 1년여에 걸쳐 조사한 한국 부동산의 구관에 따라 구상되었다. 그는 기본적으로 '토지측량→토지대장 작성→지권 발급'을 내용으로 한 부동산법으로서 지권가권법(地券家券法)을 구상했다. 지권가권법은 지권에 증명하게 함으로써 통감이 제정한 임시적인 증명규칙도 수렴했다. 지권이 증명을 포함하여 등기로 가는 과도적 성격을 띠게 된 것이다. 일본 메이지유신의 지권 발급을 모방했지만, 토지측량의 방향으로 나아간 점에 진전이 보인다.

통감의 측근으로 재정정리를 담당했던 메가다(目賀田種太郎)도 세입확대의 입장에서 토지정리를 주장했다. 약 900만 원의 예산으로 5년간 토지측량을 실시하고 토지법에 따라 소유권을 확정하면 매년 300만 원의 지세수입 증가를 올릴 것이라고 장담했다. 그러나 토지측량 비용을 마련하지 못해 즉각 실시되지는 못했다. 대신 탁지부차관 아라이(荒井賢太郎)가 중심이 되어 제실 및 국유재산 정리를 먼저 진행했다. 1908년 6월 설치된 임시재산정리국은 역둔토의 정리에 착수하면서 민유지의 토지조사를 위한 준비도 병행했다. 1908년 말 차관을 도입해 토지조사를 하기로 결정됨으로써 토지조사를 위한 준비가 본격화되었다.

당시 '토지정리'와 '토지조사'의 개념을 둘러싼 논란이 일어났는데, 처음에는 토지정리의 개념을 채택하여 토지정리국을 설치하고 토지정리법을 마련했다. 이제까지 전혀 알려지지 않은 1909년 5월 작성된 '토지정리법'은 한국 토지조사를 위한 최초의 법안으로 1910년 8월 정식으로 법률로 공포된 '토지조사법'의 원형이었다. 두 법안은 토지소유자의 신고와 실지입회 원칙, 토지조사 후 토지대장의 작성, 토지대장에 따른 지권의 발급이란 점에서 동일했다. 이 법안들의 지권발급 규정은 우메가 구상한 지권가권법이라는 중간 가교가 있었기 때문에 가능했다고 판단된다.

토지조사법에 따라 지권을 발급하는 것으로 되었지만, 구체적인 발급규칙은 마련되지 않았다. 임시토지조사국에서는 그 규칙을 만들기 위해 조사연구를 개시했다. 호주의 토런스 제도에 대한 연구를 통해 지권법의 장단점을 파악했다. 이렇게 해서 소유권, 질권, 저당권, 영소작권을 등록할 수 있도록 한 지권규칙이 마련되었다. 정확한 규칙의 내용은 알려져 있지 않지만 얼개는 확인된다.

지권규칙의 제정을 둘러싸고 지권제도에 대한 비판도 나오기 시작했다. 지권제도가 오히려 토지상품화와 담보활동을 방해하는 것으로 진단되었다. 등기를 시행하면 지권은 전혀 필요 없다는 것이다. 1912년 3월 일본 민법을 인용(引用)하기로 한 조선민사령에 따라 부동산 물권의 득상(得喪)·변경(變更)은 등기 및 증명을 거쳐야 하는 것으로 되고, 동시에 마련된 조선부동산등기령과 조선부동산증명령의 병행조치로 지권제도는 그 수명을 다했다.

일제의 한국 토지법제 제정은 시차와 거리를 둔 일본제도의 모방이었다. 일본 막부 말기의 고권(沽券) 증명, 메이지유신 초기의 지권, 1889년 지권 및 지권대장의 폐지와 토지대장의 제작, 1899년 민법에 따른 부동산 등기로 이어지는 일련의 토지법제는 통감부 시기 이후 한국 토지법제가 추종하기로 예정된 경로였다. 일본과 한국 사이의 문명화 괴리는 식민지에 시행된 내지화 법제에 의해 크게 좁혀졌지만, 그것은 진면적인 식민화를 위한 인프라였다. 시차와 거리를 두고 베풀어진 일본식 문명의 세례는 식민화의 가속화를 의미했다. 이 장에서 검토한 식민지 토지법제의 실현 과정에서 그 전형적인 양상을 확인할 수 있다.

부록 1. 不動産法要旨

출처: 『韓國立法事業担任當時ニ於ケル起案書類』 13, '不動産法要旨'

1. 人民의 토지소유권을 公認할 것
2. 外國人의 토지소유권을 認할 것
3. 人民이 이미 地租를 납부한 토지는 그 隱結에 係한 것이라도 원칙으로서 그 소유권을 認할 것(이것은 法文에 揭하지 말고 오직 법률 실시 때 본 항의 心得을 가지고 지권을 교부할 것)
4. 地券臺帳을 제조하는 데 그 每葉을 臺紙와 지권으로 구분하고, 지권은 순차 출원자에게 교부하되, 一町村의 토지에 대하여 모두 지권을 교부한 때는 그 各筆에 번호를 붙여 土地臺帳을 제조할 것
5. 지권은 실비에 상당하는 수수료를 납하고 출원하는 자에게 그것을 교부할 것
6. 지권을 교부하기 전 토지를 丈量하는 것은 단지 실비에 상당하는 수수료를 납하게 할 것
7. 一町村의 토지소유자의 다수가 이미 지권을 請受한 때는 정부는 직권으로써 토지를 장량하여 지권을 교부하는 것 있어야 할 것으로 할 것. 단, 이 경우에 있어서도 전 두 항의 수수료를 납하게 할 것
8. 지권의 교부를 청구하는 자가 있을 때는 출원자의 비용을 가지고 하고 그 者 및 이해관계인은 지방청에 나아가 願書를 열람할 수 있어야 하는 뜻을 공고할 것
9. 지권의 교부에 대하여 故障을 申出하는 자가 있을 때는 확정 판결을 기다려 그것을 교부할 것
10. 종래의 지권은 신권과 引換하여 그것을 반납하게 할 것
11. 토지소유권 양도의 경우에 있어서는 지방관으로 하여금 그 뜻을 지권 및 지권대장(또는 토지대장)에 기입하지 않으면 國('정부'를 지움: 필자 주, 이하 동일) 기타의 제3자에 대하여 그 양도를 주장할 수 없는 것으로 할 것
12. 차지권 중에 대하여 건물을 위해서 하는 것과 그렇지 않은 것을 구별하여 건물을 위해서는 家劵을 발행할 것
13. 가권에는 모두 지권에 관한 규정을 준용할 것
14. 토지 또는 건물을 저당으로 한 때는 지방관으로 하여금 지권 또는 가권 및 특히 비치한 저당등기부에 그 뜻을 기재하지 않으면 제3자에 대하여 저당권을 주장할 수 없는 것으로 할 것. 단, 이 경우에는 수수료를 징수할 것
15. 저당권 소멸 후 지권 또는 가권의 書換을 요구하는 자가 있을 때는 수수료를 징수

하고 그것을 서환할 것. 지권 또는 가권 중 양도 또는 저당을 기입할 여백이 없을 때 또는 汚損 등으로 서환을 청구할 때 역시 마찬가지

16. 지권 또는 가권을 분실했다고 주장하는 자가 있을 때는 상당한 담보를 제공하고 다시 지권 또는 가권을 교부할 것
17. 지권 또는 가권을 再渡한 후 선의로써 구권에 의하여 권리를 취득한 자가 있을 때는 전항의 담보에 의하여 손해의 贖債를 받아야 할 것으로 할 것
18. 출원자가 담보로서 보증인을 세운 때는 그 보증인은 출원자와 연대하여 그 責에 임해야 하는 것으로 할 것
19. 지권 또는 가권을 再渡한 후에는 지체 없이 출원자의 비용으로써 구권이 무효로 된 것을 공고할 것
20. 관찰부에 속하는 재판소 직원 또는 경찰관은 때때로 지방청에 나아가 지권대장(또는 토지대장), 가권대장 및 저당등기부의 검사를 하여 위법의 점이 있으면 그 정정을 명하고, 만약 부정행위가 있다고 인정할 때는 공소제기의 수속을 할 것
21. 토지권리에 대하여 간략한 규정을 設할 것. 그중
    갑. 타인의 토지(관유지 역시 마찬가지) 위에 건물 또는 분묘를 設하려고 하는 자는 미리 소유자의 동의를 얻어야 할 것으로 할 것
    을. 관유지를 개간하려고 하는 자는 미리 관청의 특허를 받아야 할 것으로 할 것
    병. 저당권자는 특약이 있는 경우를 제외하고 채무불이행의 경우에 있어서 저당물을 공매하여 그 대가로써 변제를 받고 餘剩하면 그것을 채무자에게 반환하고 부족하면 다시 채무자에 대하여 청구를 할 수 있는 것으로 할 것

    (본 항은 별도의 법률로 하고 먼저 앞 20항의 규정을 設하여도 可할 것이다.)

부록 2. 地券家券法

출처: 成案인『地券制度案』, '地券家券法'의 내용을 원문으로 하고 수정이 있는 것은 ( )에 표시했다. 草案인『韓國立法事業担任當時ニ於ケル起案書類』14. '地券家券法'은 [ ]에 표시했디.

제1조 지권 및 가권의[은] 민유부동산에 대하여 부윤 또는 군수가[면장이] 그것을 발행한다. 지권 및 가권을 발행하는 지역 및 시기는 칙령으로써 그것을 정한다.

제2조 지권에는 다음 사항을 기재할 것을 요한다.

1. 지목, 토지의 소재지명, 번호 및 면적

2. 소유자의 씨명, 주소, 또는 소유자가 법인일 때는 그 명칭 및 사무소

3. 지권 발행의 연월일

제3조 가권에는 다음 사항을 기재할 것을 요한다.

1. 건물의 종류, 구조, 소재지명, 부지[토지]와 건물의 번호 및 건평

2. 부속건물이 있을 때는 그 종류, 구조 및 건평

3. 소유자의 씨명, 주소, 혹은 소유자가 법인일 때는 그 명칭 및 사무소

4. 가권 발행의 연월일

제4조 전 두 조에 게재한 사항에 변경이 생긴 때는 부윤 또는 군수는[면장은] 소유자의 청구에 의하여 지권 또는 가권의 기재를 변경할 것을 요한다.

제5조 부윤 또는 군수는('통수 또는 동장'을 지움)[면장은] 토지대장('지권대장'을 지움) 및 건물대장('가옥대장'을 지움)을 調製하여 거기에 지권 및 가권에 기재해야 할 사항을 기재할 것을 요한다.

제6조 부윤 또는 군수는[면장은] 지권 및 가권 발행 때 소유자로 하여금 수수료를 납부하게 하고, 지권 또는 가권의 기재를 변경할 때 역시 동일하다.

제7조 지권 또는 가권을 발행한 토지 또는 건물의 소유권의 이전은 부윤 또는 군수[면장]에 있어서 그것을 지권 또는 가권에 기입하지 아니하면 그것을 가지고 제3자에 대항할 수 없다.

제8조 부윤 또는 군수가[면장이] 지권 또는 가권에 소유권 이전의 기입을 하지 않고 기타 지권 또는 가권의 기재를 변경한 때는 직접 토지대장('지권대장'을 지움) 또는 건물대장('가옥대장'을 지움)에 그 기입을 할 것을 요한다.

제9조 지권 또는 가권을 발행한 토지 또는 건물이 멸실된 때는 부윤 또는 군수는[면장은] 소유자로 하여금 지권 또는 가권을 반납하게 하고 또 토지대장('지권대장'을 지움) 또는 건물대장('가옥대장'을 지움) 중에 그 토지 또는 건물에 관한 기재를 말소할 것을 요한다.

제10조 지권 또는 가권에 소유권의 이전을 기입해야 할 여백이 없는 데 이르거나 또는 지권 또는 가권이 汚損됨으로 말미암아 소유자가 그 書換을 청구한 때는 부윤 또는 군수는[면장은] 수수료를 납부하여 舊券과 引換하여 新券을 교부할 것을 요한다.

제11조 소유자가 지권 또는 가권의 상실[멸실]을 이유로 하여 신권의 교부를 청구한 때는 부윤 또는 군수는[면장은] 상당한 담보를 제공하게 하고 또 수수료를 납부하게 하고 그 교부를 할 것을 요한다.

제12조 전조의 경우에 있어서는 부윤 또는 군수는[면장은] 곧 토지대장('지권대장'을 지움) 또는 건물대장('가옥대장'을 지움)에 신권을 교부한 뜻을 기재하고 또 소

유자의 비용을 가지고 공고를 할 것을 요한다. 공고의 방법은 법부대신이 그것을 정한다.

제13조 전조의 규정에 따라 공고를 한 때[후]는 구권은 그 효력을 잃는다.

제14조 공고 전 신권에 의하여 또는 공고 후 구권에 의하여 선의로 권리를 취득한 자는 제11조의 규정에 의하여 제공한 담보를 가지고 손해의 배상을 받을 수 있다.

제15조 소유자가 담보로 하여 보증인을 세운 때는 그 보증인은 소유자와 연대하여 그 책임을 진다.

제16조 종래의 법령 또는 관습에 의하여 발령한 지권 또는 가권을 가진 자는 본 법에 의한 지권 또는 가권의 교부를 받은 때 그것을 반납할 것을 요한다.[종래의 법령에 의하여 발령한 지권 또는 가권을 가진 자는 그것을 반납하고 본 법에 의한 지권 또는 가권의 교부를 청구할 수 있다.]

제17조 內閣[土地整理局]은 지권 및 가권의 발행 전 그 발행지역 내의 國有 및 帝室有의 부동산을 공고한다. 그 방법은 칙령으로써 정한다.

제18조 내각이 국유 또는 제실유로서 공고한 부동산을 民有라고 주장하는 자는 공고 후 5년 내에 한하여 지방재판소에 소송을 제기할 수 있다. 이 경우에 있어서는 國 또는 帝室은 지방장관이 이를 대표한다.[토지정리국이 국유 또는 제실유로서 공고한 부동산을 민유라고 주장하는 자는 공고 후 5년 내에 한하여 제1심으로서 공소원에, 제2심 또 종심으로서 대심원에 訴를 제기할 수 있다.]

제19조 민유부동산이 지권 또는 가권의 명의인의 소유에 속하지 않는 것을 주장하는 자는 지권 또는 가권의 발행 후 5년 내에 한하여 그 명의인에 대하여 지방재판소에 소송을 제기할 수 있다.[민유부동산이 지권 또는 가권의 명의인의 소유에 속하지 않는 것을 주장하는 자는 그 명의인에 대하여 사법재판소에 소를 제기할 수 있다.]

제20조 부윤 또는 군수는[면장은] 전당등기부를 비치하여 당사자의 청구로 인하여 거기에 지권 또는 가권을 발행한 토지 또는 건물의 전당에 관한 등기를 할 것을 요한다.

제21조 전당등기부에는 다음 사항을 기재할 것을 요한다.

1. 제2조 제1호, 제3호 및 제3조 제1호 내지 제3호에 게재된 사항
2. 전당권자의 씨명, 주소, 또는 전당권자가 법인일 때는 그 명칭 및 사무소
3. 채무자가 소유자가 아닌 때는 그 씨명, 주소, 또는 채무자가 법인인 때는 그 명칭 및 사무소
4. 전당을 가지고 담보하는 채권의 금액
5. 채권의 辨濟期, 이식, 그 발생기와 지불기 및 조건. 단, 당사자가 이들 사항을

약정한 때에 한한다.

제22조 지권 또는 가권을 발행한 토지 또는 건물의 전당은 그것을 전당등기부에 등기하지 아니하면 그것을 가지고 제3자에 대항할 수 없다. 등기한 사항에 변경이 생긴 때 또는 전당이 소멸한 때 역시 마찬가지다.

제23조 제6조의 규정은 전당등기의 경우에 그것을 준용한다.

제24조 토지대장('지권대장'을 지움), 건물대장('가옥대장'을 지움) 및 전당등기부는 어떤 사람이라 하더라도 수수료를 납부한 자에게 그 열람을 허용하거나 또는 그 등본을 교부한다.

[제25조 아직 지권 및 가권을 발행하지 않은 지역에 있어서는 부윤 또는 면장은 소유자의 청구로 인하여 토지건물증명대장에 기초하여 수수료를 납부하게 하고 假地券 또는 假家券을 교부할 수 있다.]

[제26조 전조의 규정은 상당한 증거에 의하여 소유자인 것을 증명하는 자가 있는 경우에 그것을 준용한다. 이 경우에 있어서는 토지건물증명대장에 등기를 할 것을 요한다.]

제25조[제27조] 본 법의 규정에 따라 납부해야 할 수수료는 칙령으로써 정한다.

제26조[제28조] 부윤 또는 군수가[면장이] 고의 또는 중대한 과실로 말미암아 본 법의 규정에 의한 직무의 집행에 대하여 당사자 또는 제3자에게 손해를 끼친 때는 그것을 배상할 책임을 진다.[질 것을 요한다.]

제27조[제29조] 본 법의 규정에 따른 사무는 區재판소에서 그것을 감독한다.

제28조[제30조] 본 법의 시행에 관한 세칙은 법부대신이 정한다.

부록 3. 地券家券發行ノ順序

출처: 『韓國立法事業担任當時ニ於ケル起案書類』 15, '地券家券發行ノ順序'

1. 먼저 경성 기타 한두 도회에서부터 먼저 수수료를 징수하여 토지를 장량하고 지권 및 가권을 교부할 것
2. 지권, 가권대장을 제조하여 거기에 토지, 家屬의 표시 및 소유자를 기재하고 변경이 있을 때마다 거기에 기입할 것
3. 별도로 전당등기부를 제조하여 거기에 전당에 관한 등기를 할 것
4. 아직 토지의 장량을 하지 않은 지방에 있어서는 토지, 가속증명부에 기초하여 청구에 따라 수수료를 징수하여 假地券·假家券을 교부하고, 상당한 증거에 의하여 소

유자인 것을 증명하는 자에게는 가지권·가가권을 교부하고 또 증명부에 등기할 것
5. 토지, 가옥대장, 전당등기부 및 토지, 가옥증명부의 기재 및 지권, 가권, 가지권, 가가권의 발행에 관해서는 구재판소로 하여금 그것을 감독하게 할 것
6. 토지정리국을 설하여 위의 사무를 관장하게 하고 아울러 國有, 帝室有 토지의 정리를 관장하게 할 것
7. 토지정리국은 부동산법조사회, 내부, 탁지부, 법부, 궁내부의 대표자로써 조직할 것
8. 부동산법조사회와 아울러 제실유급국유재산조사국의 사무는 토지정리국에 인계할 것

부록 4. 土地整理局官制

출처:『韓國立法事業担任當時ニ於ケル起案書類』25, '土地整理局官制'

제1조 토지정리국은 내각총리대신의 감독에 속하여 국유 및 제실유의 부동산을 조사·확정하고, 지권 및 가권의 발행, 토지대장 및 건물대장의 조제, 아울러 토지 및 건물의 권리의 증명에 관한 사무를 관장한다.

제2조 토지정리국에 다음의 직원을 둔다.

1. 장관('총재'를 지움) 1인. 칙임으로 하여 국무를 總理하고 국원을 지휘 감독한다.
2. 사무관 전임 5인. 주임으로 하여 장관의 명을 받아 국무를 掌理한다.
3. 기사 전임 2인. 주임으로 하여 장관의 명을 받아 토지의 장량, 기타의 기술에 관한 사무를 장리한다.
4. 위원 약간 명. 내각, 내부, 탁지부, 법부 및 궁내부의 고등관 기타 학식 경험 있는 자 중에서 내각총리대신의 주의에 따라 거기에 임명하고 국무에 관하여 장관의 諮詢에 응한다.
5. 서기 전임 25인. 판임으로 하여 상관의 지휘를 받아 국무에 종사한다.
6. 기수 전임 20인. 판임으로 하여 상관의 지휘를 받아 토지의 장량, 기타의 기술에 종사한다.
7. 통역 20인. 판임으로 하여 상관의 지휘를 받아 통변 및 문서의 번역에 종사한다.

제3조 위원에게는 연 300원 이내의 수당을 지급할 수 있다.

제6장

조선토지조사사업의 기원, 부평군 토지시험조사

1. 머리말

일본제국은 식민지를 영유하게 될 때마다 곧바로 토지를 조사했다. 최초는 1898~1904년에 시행된 대만(臺灣)토지조사사업이었다. 이어서 1899~1903년 오키나와(沖繩)토지정리사업, 1910~1918년 조선토지조사사업, 1914~1924년 관동주(關東州)토지조사사업, 1923~1932년 남양군도(南洋群島)토지조사사업이 이루어졌고, 1936년에 시작된 만주국(滿洲國)토지조사사업은 전쟁으로 중단되었다. 식민지 토지조사사업은 일본이 본토에서 실시한 지조개정(地租改正) 및 지압(地押)조사사업을 기준으로 하여 식민지의 사정에 따라 변경되었다. 따라서 일본 본토와 식민지, 그리고 식민지 상호 간에 비교할 만한 측면이 적지 않다.[1]

식민지마다 지리적·역사적·관행적 사정이 다르므로 토지조사사

---

1 宮嶋博史, 「동아시아에서의 근대적 토지변혁: 구일본제국의 지배지역을 중심으로」, 『경제사학』 17 별책, 경제사학회, 1993; 이 책의 제4부 참조.

업이 똑같은 방법으로 시행될 수는 없었다. 토지조사사업의 시행에 앞서 해당 지역의 토지제도와 관행, 지세징수의 상황 등에 대한 사전조사가 필요한 것은 당연하다. 그렇지만 대만처럼 갑자기 식민지로 된 경우에는 미처 깊이 있는 조사를 할 겨를도 없이 토지조사의 압박을 받았다. 한국에서는 통감부라는 보호국 기간을 거치게 됨으로써 일제가 토지조사를 준비할 수 있는 시간을 확보할 수 있었다. 본격적인 토지조사를 시행하기 이전에 토지시험조사를 한 것도 그러한 여유가 있었기 때문에 가능했다.

일제는 한국을 보호국으로 만든 뒤 재정정리를 먼저 한 후 재정의 기초가 되는 토지의 근본적 조사에 착수하고자 했다. 1909년 6월부터는 국유지조사사업도 시작되었다. 민유지조사사업에 착수하지 않으면 안 될 시점에 이르렀지만, 전국적으로 한국인의 국권회복운동이 치열했다. 지식인들은 계몽운동을 전개하고, 유학자와 민중들은 의병전쟁을 벌이고 있었다. 토지조사를 시행하면 이를 지세의 증가 또는 토지의 수탈로 간주하여 격렬한 저항을 일으킬지도 모를 일이었다. 이에 일제는 토지시험조사를 시행해 보기로 했다. 그 대상지로 선정된 곳이 바로 경기도 부평군이었다.

일제는 1909년 11월부터 1910년 2월까지 부평군에서 '토지조사시행(試行)'에 착수했다. 그 목적은 토지조사에 대한 민심의 동향을 살피고, 측량의 경험을 축적하기 위한 것이었다. 토지시험조사는 일제의 식민지 대만에서 처음 실시한 것을 한국에도 도입한 것이다. 대만의 경우 토지조사사업을 시행하기 이전에 시험조사를 한 것은 아니고, 사업 초기 6개월여의 토지조사를 실험적 의미로 관찰 조사하여 그 결과를 활용했다.[2]

2 臨時臺灣土地調査局, 『臨時臺灣土地調査局 第1回事業報告』, 1902, 27쪽; 江

그에 반해 한국에서는 토지조사 준비단계의 최종국면이자 토지조사사업의 기원으로서 시험조사를 한 특징을 지닌다. 보호국을 거치게 됨으로써 토지조사를 위한 사전준비와 시험조사를 한 것은 한국만의 특기할 만한 일이다.[3]

이 장에서는 부평군 '토지조사시행'이 시험에 그치지 않고 토지조사의 기원으로서 '조선토지조사사업'으로 연결된 과정을 살펴보고자 한다.[4] 시험조사의 결과가 어떻게 사정(査定)의 대상이 되었는지 살펴보고, 또한 신고의 실태와 신고주의의 의미는 무엇인지 재검토해 본다. 그리고 부평군 군내면·동면·서면의 『토지조사부』에 대한 분석을 통해 시험조사의 결과와 그 의미를 살펴보고자 한다.

丙坤, 『台灣地租改正の硏究: 日本領有初期土地調査事業の本質』, 東京大學出版會, 1974, 123쪽.

3 부평군 토지시험조사에 대한 별도의 연구는 없으며, 宮嶋博史의 『朝鮮土地調査事業史の硏究』(東京大學東洋文化硏究所, 1991, 423-429쪽)를 참고할 수 있다. 그는 토지시험조사의 의미를 "첫째, 이 단계에서 이미 조사방법의 골격이 결정되고 있다는 것, 둘째, 申告主義에 의한 소유권의 확정이라는 방법이 혼란을 일으키는 것은 아니라는 것이 확인된 것, 셋째, 소유권의 문제에 비하여 지세 문제에 대하여 토지소유자들이 극히 민감하고 조사 측도 신경을 쓰고 있다는 것, 넷째, 면농리 경계의 미확성, 조사원의 미숙련, 기후조건 등 조사 실시상의 문제점이 이 조사를 통하여 파악된 것"이라고 지적했다. 이 장에서는 첫째, 둘째의 의미를 비판적으로 검토하고자 한다.

4 度支部, 『土地調査參考書』 제4호, 「土地調査試行報告」(1910년 4월 28일 임시재산정리국장관 荒井賢太郞의 탁지부대신 高永喜에 대한 보고). 이하 부평군 '土地調査試行'은 '시험조사'로, 1910~1918년의 '조선토지조사사업'은 '본조사'로 표현한다.

2. 토지조사 준비 과정

토지조사 준비 과정은 '토지측량(土地測量)'을 위한 기술적인 과정과, 지세부과 및 토지소유권 확정을 위한 '토지조사(土地調査)' 과정 두 갈래로 진행되었다.

대한제국 정부는 1898년부터 1904년까지 광무양전지계사업(光武量田地契事業)을 실시했다. 토지를 측량하여 경계와 면적, 결부를 확인하고 소유자 및 작인을 확정할 뿐 아니라, 소유자에게 소유권 증서로서의 지계(地契)를 발급했다. 그러나 러일전쟁 와중인 1904년 4월 지계아문이 폐지되면서 양전지계사업은 중단되었다.

광무양전지계사업은 측량과 토지조사를 병행했는데, 사업이 중단되면서 '토지측량' 부분은 탁지부 양지국으로 이관되고, 1905년 2월에는 탁지부 사세국 양지과로 넘겨졌다. 그 뒤 1908년 1월 탁지부 임시재원조사국으로 옮겼다가, 1908년 7월 임시재산정리국에 이속되었다.[5] 그리고 1910년 3월 토지조사국이 설치되어 토지측량사업을 계승했다.

통감부 시기에는 측량사업에 종사할 측량기술자도 양성되었다. 한국정부의 재정고문 메가다(目賀田種太郎)는 1905년 6월 일본인 기사를 고용하여 탁지부 양지과에 양지학교를 창설하고 6개월 과정의 단기기술강습을 통해 한국인 기수(技手) 및 고원(雇員)을 양성했다. 그러나 이때는 양성기간이 짧아 세부측량(細部測量)을 강습하는 데 그쳤다. 1907년 12월에는 대만과 오키나와의 측량법을 참고하여 측량규정을 제정하고 도근(圖根) 및 소삼각측량술(小三角測量術)을 강습했다. 이렇게 하여

5 荒井賢太郎, 『臨時財産整理局事務要綱』, 度支部, 1911, 159쪽.

모두 420명의 측량기술자가 배출되었다.[6]

측량기술자의 실지 연습을 위해 탁지부 양지과 대구출장소에서는 1907년 대구시내를, 평양출장소에서는 1908년 평양시가지와 부근을 측량하여 완성하고, 전주출장소에서도 전주시가지와 부근을 측량했다. 서울과 용산의 시가지와 부근도 측량하여 1908년 완성했다. 측량하여 완성된 도면은 행정기관에 송부하여 참고하도록 했다.[7] 또한 군용지, 염전, 노전, 동양척식주식회사가 인수한 국유지 및 건축부지도 측량했고, 특히 인천각국거류지도 이들 측량기술자들이 측량했다.

1908년 이후에는 측량기술자의 실지 연습을 겸하여 경기도와 대구 부근에서 소삼각측량을 시작했다. 경기도에서는 가장 먼저 강화군을 비롯해 교동, 김포, 시흥, 양천, 통진, 남양, 인천, 부평 등지에서 시작했다. 강화의 망산, 부평의 계양 등지에 소삼각원점을 설치하고 여기서부터 측량했다. 부평을 시험조사 지역으로 선택한 것은 소삼각측량을 끝낸 지역 가운데 조건이 유리한 곳이었기 때문이다.[8] 또한 임시재산정리국의 기수 107명을 재무감독국 기수로 겸용하여 1909년 6월부터 시작된 역둔토 국유지의 측량에 종사하여 측량기술을 향상시키도록 했다.[9]

토지조사 준비 과정의 다른 갈래로서 '토지조사'는 재정정리와 관

---

6 松本重威, 『男爵 目賀田種太郎』, 男爵目賀田種太郎編纂會, 1938, 498-499쪽; 『임시재산정리국사무요강』, 160-164쪽.

7 서울시가지 측량의 결과 1:500의 서울시 지적도가 제작되었고, 현재 서울시에 29매가 소장되어 있다. 서울역사박물관, 『1908 한성부 지적도』, 2015 참조.

8 지종덕, 「경기지역의 토지와 지적」 『경기지역의 향토문화』, 한국정신문화연구원, 1997, 243쪽.

9 度支部, 『韓國財務經過報告』 제2회, 1908년 하반기, 476쪽; 『임시재산정리국사무요강』, 161-163쪽; 荒井賢太郎, 『韓國財政施設綱要』, 度支部, 1910, 203-205쪽.

련되어 있었다. 재정고문 메가다는 재정정리를 통해 지세를 비롯한 재정의 안정화를 꾀하면서 토지조사를 위한 검토에 착수했다. 그 자신이 일본의 지조개정, 오키나와의 토지정리, 홋카이도의 토지정리사업에 관여한 경험을 지녔다. 1906년 1월 통감부가 설치된 이후 이토(伊藤博文) 통감은 한국정부의 각 대신과 '시정개선에 관한 협의회'를 열어 정책의 입안과 시행을 실질적으로 총괄했다. 1906년 6월 이 협의회에 제출된 메가다의 자료에 최초로 토지조사계획이 거칠게 입안되어 있다. "토지조사는 실로 일대 사업으로서 쉽게 결행하기 어렵지만 재정정리상 거액의 수입증가를 얻을 수 있는 유일한 방법이고, 아울러 지적(地籍)을 명확히 하여 토지소유권을 확인해야 할 가장 중요한 사항이기 때문에 정부는 반드시 그것을 결행하지 않을 수 없고, 다만 현안은 오직 그 결행할 시기의 문제에 불과하다"고 판단하고 토지조사계획을 수립했다.[10] 토지조사사업을 할 경우 그 조사비로 약 1,000만 원이 든다고 하더라도 3년 이내에 이를 상환하고도 잉여가 생길 것으로 보았다. 그러나 일제는 한국민의 반발을 고려하여 재정수입의 확대를 위한 당면한 조치 이외에 근본적인 토지조사는 일단 미루었다.

1908년 7월 이후 탁지부 임시재산정리국에서는 측량기술자의 양성, 토지조사를 위한 예산의 마련, 토지조사 방법의 연구, 토지조사의 시험 실시, 토지조사사업을 담당할 독립기구의 설치 등의 작업을 준비했다.[11] 탁지부차관 아라이(荒井賢太郎)는 1909년 2월 대구재무감독국장 가와카미(川上常郎)로 하여금 토지조사사업을 하기 위한 구체적인 정책의 방향에

10 統監府 財政顧問府, 『韓國歲計計劃案(參考資料)』, 1906년 6월, 31-32쪽; 이영호, 『한국근대 지세제도와 농민운동』, 서울대학교출판부, 2001, 541-548쪽.

11 宮嶋博史, 앞의 책, 1991, 379-421쪽.

대해 검토할 것을 지시했고, 그 결과가 『토지조사강요(土地調査綱要)』로 제출되었다. 1909년 5~8월에는 전국의 재무서로 하여금 토지조사와 밀접한 관련을 가지는 토지관계의 구관(舊慣)을 조사하도록 했다.[12]

측량과 토지조사를 위한 준비가 어느 정도 이루어진 뒤, 탁지부 임시재산정리국에서는 1909년 11월부터 1910년 2월에 걸쳐 경기도 부평군 일부에서 경험적 토지조사를 실시했다.

3. 부평군 토지시험조사와 사정

1) 시험조사의 경험과 토지조사사업의 연계성

부평군을 토지시험조사의 대상으로 선택하고 그중에서도 군내면·동면·서면 3면부터 착수한 것은, 그곳이 소삼각원점이 설치된 계양산 바로 아래 지역으로서 소삼각측량점에서부터 바로 측량을 시행할 수 있었기 때문이다. 〈그림 6-1〉은 부평군 계양산과 서울 동편 용마산을 중심으로 한 소삼각점망도이다.

경성을 중심에 놓고 서쪽은 계양산, 동쪽은 용마산에서부터 소삼각점이 시작되어 사방으로 점망이 뻗어 나갔다. 따라서 토지시험조사를 하려 할 경우 계양산이나 용마산 아래가 측량하기에 유리했을 것인데, 평야지대가 펼쳐져 있고 서울과 인천의 중간에 위치한 계양산 아래 부평이 대상으로 선정되었다.

시험조사는 '측량'과 '조사' 두 측면에서 준비되어 온 토지조사계획

12 川上常郎, 『土地調査綱要』, 1909년 2월; 『土地調査參考書』, 제2, 3호, 1909.

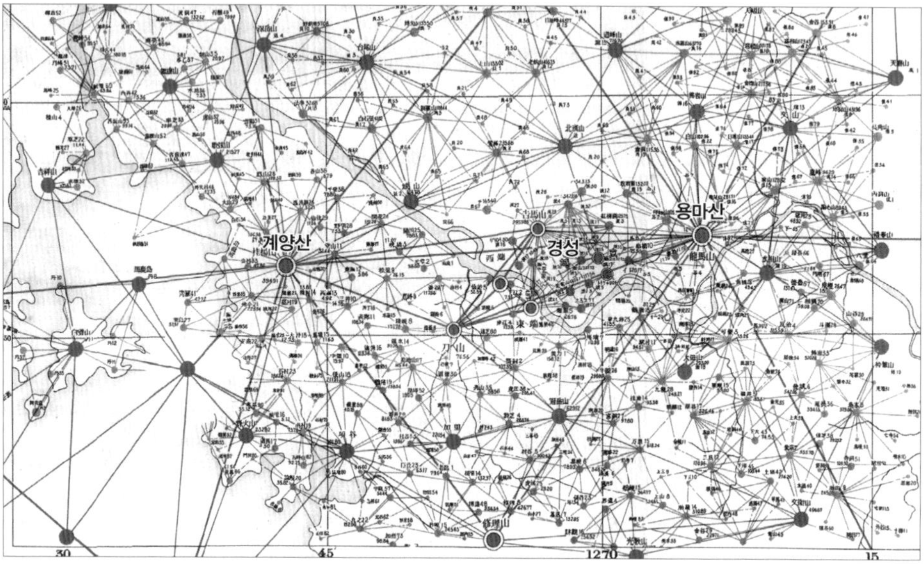

〈그림 6-1〉 계양산과 용마산을 중심으로 한 구 소삼각점망도

출처: 林一見, 『土地測量』, 1942(리진호 외 엮음, 『사진으로 엮은 측량의 역사』, 우물, 2006, 97쪽)

을, 한 지역을 대상으로 실험적으로 적용해 본 작업이었다. 1909년 6월부터 이미 역둔토 국유지에 대한 조사를 1년 기한으로 진행하고 있었고, 그것은 1910년 9월에 일단락되었다. 시험조사는 민유지뿐만 아니라, 당시 진행 중이던 국유지 측량과는 관계없이 국유지도 포함하여 산림을 제외한 한 지역의 토지 전체를 대상으로 했다. 그런 점에서 시험조사는 역둔토조사와는 차원을 달리하는, 1910~1918년 진행될 조선토지조사사업의 실질적인 기원이었다.

시험조사의 절차는 다음과 같다.

① 토지조사 설명회: 면장 및 동리장을 대상으로 조사취지 및 조사방법 설명

② 사무[13]: 준비조사[면동리의 강계(疆界) 조사 및 신고서(申告書) 수집],

실지(實地)조사[=일필지(一筆地) 조사]

③ 측량: 도근(圖根)측량, 세부(細部)측량

시험조사는 사무와 측량으로 구분하여 진행되었지만, 1910년 1월 수립된 토지조사계획에서는 총무·조사·측량의 3부로 구분했다. 총무부에서는 토지소유권의 쟁의, 토지의 구관 및 토지제도 등의 조사를 하고, 조사부에서는 토지의 경계, 소유주, 지목 및 지위등급 등을 조사하여 대장을 작성하며, 측량부에서는 대삼각측량, 소삼각측량 및 일필지측량을 하고 또 도면을 제작하는 것으로 했다.[14]

'본조사'에서는 현장에서의 실지조사 또는 측량을 외업(外業)이라 하고, 조사 또는 측량한 것을 실내에서 검사 정리하는 것을 내업(內業)이라 했는데, '시험조사'에서는 그러한 구분 절차와 개념이 제시되어 있지 않다. 또한 본조사 초기에는 조사와 측량을 구분하여 시차를 두고 현장에서 실시했지만, 경기도 진위군에서의 시험을 거쳐 1912년 11월부터는 인원과 경비를 절약할 수 있는, 동일인에 의한 조사와 측량의 동시 시행 방식으로 전환했다.[15]

토지조사 설명회

임시재산정리국 직원은 면장 및 동리장을 부평군 관청에 소집하여 설명회를 열었다. 토지조사의 목적은 토지측량과 지도제작을 통해 지적을 명확하게 하려는 것으로서, 결코 결세(結稅)의 증징을 목적으로 한 것이

13 '事務'는 본조사에서는 '調査'로 용어가 바뀌었다.

14 度支部, 『韓國土地調査計劃書』, 1910년 1월.

15 『測地課業務顚末書』 제1편 제2장 '측지사무의 연혁'.

아님을 강조했다. "지주는 자기의 소유지를 빠짐없이 신고하여 양안(量案)에 등록"하도록 해야 하며, 결세는 당시의 작부장(作伕帳)에 의거할 것이라고 했다.[16] 지주가 신고한 소유지를 토지대장이 아닌 '양안'에 등록할 것이라 하고, 1909년 7월 이후 전국적으로 작성된 결수연명부(結數連名簿) 대신 '작부장'을 거론한 점이 기만적이다. 양안과 작부장이라는 종전의 장부를 존중한다는 입장을 제시함으로써 일제의 식민지적 토지·지세정책에 대한 한국민의 저항을 완화하려는 의도였을 것이다. 그렇지만 양안과 작부장은 그 이후 더 이상 거론되지 않고, 장부 명칭으로서는 신고서, 약도, 개황도, 실지조사부, 토지대장 등이 등장한다.

대만의 경우 토지시험조사는 대북현(臺北縣) 3개 보(堡)에서 실시되었다. 당국은 업주(業主=하급소유자) 대표들로 하여금 토지조사를 청원하게 함으로써 자발성을 위장했다. 청원을 제출한 자들조차 당초에는 심히 냉소적이었다고 한다. 조사반은 현장에 나아가 기로(耆老), 명망가 또는 토지의 사정에 정통한 자로 업주 대표를 선출했다. 그리고 업주에게 조사의 취지, 즉 토지조사는 업주의 권리보호를 목적으로 한다는 점을 이해시키기 위해 홍보활동에 나섰다. 파출소에 위원들을 모아놓고 설득작업을 벌였다.[17] 이러한 홍보활동이 한국에도 원용되었던 것이다.

토지조사설명회는 본조사에서도 재현되었다. 먼저 1910년 3월 15일 토지조사국이 설치된 뒤, 1910년 5월 21일 전 직원을 모아놓고 고영희 총재, 다와라(俵孫一) 부총재 등이 훈시 연설했다. 고영희는 토지조사사업이 지적과 토지소유권을 명확히 하기 위한 사업이라고 강조했다. 다와라는 토지조사사업의 목적을 국세조사의 기초가 되고 시정개선의 근

16 『토지조사참고서』 제4호, 「土地調査試行報告」, 3쪽.

17 江丙坤, 앞의 책, 1974, 126-127쪽.

원이 됨, 토지소유권을 확보하고 토지에 관한 분쟁을 방지함, 토지의 생산력을 증진함, 경제발달의 기초가 됨 등으로 설명하고, 이 사업에 임하는 자신의 각오와 직원의 자세에 대해 길게 훈시했다.[18]

1910년 5월 30일부터 개시된 부평군 남부 지역의 측량에서는 다와라 부총재가 직접 나서서 오류동에 면·동장, 지주총대 등을 소집하여 토지조사의 취지에 관하여 간곡하게 호소했다. 당시 주민 중에는 토지조사에 대하여 의구심을 품은 사람이 적지 않았기 때문이다. 당국의 보고에서조차 7월 초순이 되어서야 주민의 의향이 호전되었다고 평가했다.[19] 본조사에서는 『토지조사사업의 설명』이라는 팸플릿을 제작하여 배포했다.[20] 1910년 12월에는 주민의 토지조사사업에 대한 오해를 풀어준다는 취지로 설명서를 제작하여 경기도 부평, 양천, 인천, 안산, 시흥 등지의 도근세부측량반 작업지, 소삼각측량 작업지, 대삼각측량 작업지에 배포했다.[21] 김포군의 경우에는 다와라 부총재의 토지조사취지서를 인쇄하여 각 면 동장 및 지주총대들에게 반포했다.[22] 지방관과 토지조

18 『朝鮮土地調査法關係一件』(일본국립공문서관 아시아역사자료센터 소장)에 수록된 문건들.

19 朝鮮總督府 臨時土地調査局, 『臨時土地調査局局報』 제9호, 1911년 6월 25일 발행, '토지조사상황발췌: 부평군 남부'(1910년 10월 22일 제출)(한국역사연구회 편, 『국보』 1호, 국학자료원, 2004, 741쪽).

20 『토지조사사업의 설명』에서는 종래의 양안이 지세부과의 기초일 뿐 지주의 토지소유권을 보장하지 못하므로 토지의 조사측량을 통해 강계 및 면적을 분명히 하고 개인의 토지소유권을 확인하여 官簿에 등록하여 지주로 하여금 안전하게 토지를 이용할 수 있도록 하려는 취지라는 점을 강조했다. 그리고 토지조사의 절차, 경제발전에 끼치는 영향, 토지조사에 대한 의구심의 해소 등에 대해 설명하고 있다.

21 『임시토지조사국국보』 3호(1910년 12월 28일 발행), '1910년 12월 19일 토지조사사업설명서 배부의 건'(『국보』 1, 225-227쪽).

22 『임시토지조사국국보』 9호(1911년 6월 25일 발행), '토지조사상황보고발췌:

사 관계자를 동원할 뿐 아니라, 헌병경찰관도 동원해 토지조사의 목적을 설명하도록 했다.[23] 종합적으로 보면 지방관, 면동장, 공립보통학교, 지주총대, 지방유력자, 지주 등에 토지조사사업의 취지를 설명하는 인쇄물을 배포했다.[24] 주민 설득을 위한 이러한 홍보는 시험조사에서 효과를 본 이후 본조사에서도 지속적으로 이루어졌다.

사무: 준비조사, 실지조사

부평군 군내면·동면·서면의 토지조사 '사무'는 1909년 11월 17일 개시하여 1910년 2월 4일 종료되었다. 사무는 준비조사와 실지조사로 구분되었다.

준비조사는 면동리의 강계조사 및 신고서를 수집하는 작업이다. 면동리의 강계조사를 위해 축척 약 1/12,000 약도(略圖)를 제작했다. 1908년 동면과 서면 일부를 잘라 군내면을 설정했는데, 그 경계가 명확하지 않아 면·리장 사이에 분쟁이 일었고 군수의 중재에 의해 겨우 해결된 일도 있었다. 이처럼 면동리 강계의 문제는 토지조사의 전제로서 확정지어야 할 중요한 작업이었다. 1914년 이후 대대적으로 군면동리의 행정구역이 개편됨에 따라 토지조사사업의 대상 지역도 큰 변동을 겪었다.[25]

지주가 제출한 신고서를 가지고 소유권을 확인하고자 한 방침은 시

김포군'(1911년 4월 15일 제출)(『국보』 1, 746쪽).

23 『임시토지조사국국보』 15호(1911년 10월 5일 발행), 휘보(『국보』 2, 265쪽).

24 山縣伊三郎, 『土地調査事業現況報告書』, 1911년 6월, 2쪽.

25 부평군 3개 면의 경우 『임시토지조사국국보』 11호(1911년 8월 5일 발행)의 부록 '경기도면동리명칭일람'(『국보』 2, 142-144쪽); 越智唯七 編纂, 『新舊對照朝鮮全道府郡面里洞名稱一覽』, 1917, 59-60쪽 참조.

험조사에서 명확하게 되었다. 지주의 토지신고 요령은 다음과 같이 제시되었다.

1. 지주는 소유지의 신고서(申告書)를 제출할 일. 단, 신고서의 용지는 특히 관급(官給)하고 또 그 조제방법을 지시해야 할 것이다.
2. 지주는 그 소유지에 자호(字號), 사표(四標), 지목(地目) 및 지주명 등을 기재한 표항(標杭)을 건설하고 또 실지의 조사에 입회하여 지계(地界)의 안내를 할 일. 이것은 지주 성명 및 경계에 오류가 없도록 하기 위해서이다.
3. 지주는 동리마다 1명 혹은 2명의 위원(委員)을 두어 조사에 관한 사무를 담당하게 할 일. 이것은 지주 각자의 번거로움을 줄이기 위해 두는 편법으로서, 위원은 많은 경우에 있어서 지주를 대신해 신고서의 조제에 종사하고 또는 실지의 안내 등을 겸행하는 자로 한다.[26]

지주가 소유지를 신고해야 한다는 소위 토지조사 신고주의(申告主義)의 원칙이 여기에 분명하게 제시되어 있다. 그런데 이 신고주의 원칙은 어디에서 기원한 것인가? 이미 조세수취 과정에서 신고주의가 시험되었다. 신고주의는 1906년 10월 제정된 조세징수규정의 토지이동검사보고서(土地異動檢査報告書)에서부터 보이기 시작하고,[27] 그리고 1907년 작부에서도 경남 일부 지방에서 결수신고가 있었다.[28] 작부 방침으로서

26 『토지조사참고서』 제4호, 「土地調査試行報告」, 4쪽.

27 조세징수규정 시행세칙의 土地異動檢査報告書는 課稅物件인 토지의 변동상황에 대해 소유자의 신고를 요구하고 신고에 대한 實地檢査를 규정하고 있다.

28 大邱財務監督局, 『隆熙二年財務一斑』, 1908, 77쪽; 度支部, 『財務週報』 제29호, 휘보, '제2회 진주지방위원회', 411-412쪽.

신고주의를 채택한 것은 대구재무감독국의 1908년 7월 신고주의에 입각한 결수신고(結數申告)라는 형태로 나왔다.[29] 대구재무감독장 가와카미의 토지정책 구상에도 토지신고의 원칙이 제안되어 있다. 분쟁이 없는 토지는 지주로 하여금 현지에 표항을 세우고 그 소유지를 신고하도록 하자는 것이다.[30] 1909년 4월부터 시작된 민적조사(民籍調査)도 신고주의를 채택하고 신고의 불확실함을 보완하기 위해 경찰관에 의한 실지조사를 병행했다.[31]

지세수취 과정에 도입된 신고주의와는 달리 토지조사에서 신고주의의 원칙이 정해진 것은 대만토지조사사업에서였다. 1887년 유명전(劉銘傳)의 대만청부(淸賦)사업에 의한 지조개정이나 1898~1904년의 대한제국 광무양전지계사업, 1909~1910년 역둔토조사사업은 신고주의를 채용하지 않고 조사원을 파견하여 토지를 측량하고 소유자 또는 작인을 조사했다. 그러나 일제의 식민지 토지조사는 신고주의 방식을 채용하여, 신고하지 않은 토지와 신고될 수 없는 토지를 국유지화함으로써 이를 식민지 통치의 목적에 활용하고, 민유지의 소유권을 법적으로 확정하여 자본의 지배하에 두고자 했다. 대만의 경우 신고를 유도하기 위해 일본 지조개정의 개조총대인(改租總代人)과 유사한 위원(委員)을 마을에 2명 이상 선출하여 토지조사에 관한 사무를 처리하게 했다. 실지조사

29 『융희이년재무일반』, 77쪽. "작부에 있어서 申告制度를 채용한 것은 이미 丁未條(1907년)에서 시작하지만, 그 효과를 얻은 것은 겨우 경남 일부에 그치고 대부분은 因襲制度의 작부로서 볼 만한 것이 없다. 작부의 전반을 純申告制度로 한 것은 戊申條(1908년)를 효시로 한다."

30 川上常郎, 『土地調査綱要』, 32쪽. 宮嶋博史는 이것을 토지조사사업에서 신고주의를 제안한 효시라고 평가한다(宮嶋博史, 앞의 책, 1991, 403쪽).

31 內部 警務局, 『民籍事務概要』, 1910, 27-30쪽.

때 업주 혹은 대리인을 입회하게 하고 응하지 않으면 벌금에 처했다.[32] 한국의 신고주의는 바로 이러한 대만토지조사사업의 신고주의 원칙을 수용한 것이다.

그런데 부평군 시험조사에서 위원이 지주를 대신해 신고서를 작성할 수 있게 한 점은 본조사에서 지주 본인의 신고를 강조한 점과 배치된다. "지주의 다수는 대개 문자를 해독하지 못하기 때문에 용이하게 이를 작성할 수 없을 뿐 아니라 아직 신고사항에 익숙하지 못한 자가 많아 당초는 수집에 적지 않은 곤란을 느꼈지만, 점차 면장, 동리장, 위원 등의 조력 또는 대필 등에 의해 착착 진행하는 데 이르렀다"고 했지만,[33] 위원의 신고서 대리작성은 신고주의의 원칙을 크게 훼손하는 것이었다. 신고서의 수집은 토지조사에서 핵심적인 사안으로 동리의 위원을 통해 작성된 신고서를 수집 정리한 것은 일본인 조사원이었다.

본조사에서는 토지신고심득(土地申告心得)과 지주총대심득(地主總代心得)의 규정을 통해 토지신고 요령을 구체화했다.[34] 토지신고심득에서는 공공단체의 소유지, 분쟁지, 외국인의 소유지 신고에 대한 규정, 동리 단위로 신고서를 조제한다는 원칙, 특히 "성명은 민적에 등록함과 동일한 문자 및 자획을 사용하여 기재한다"는 원칙 등 토지신고의 방법을 구체화했다. 지주총대는 신고서를 수집하고 표항의 내용과 부합 여부를 대조하는 데 그칠 뿐, 시험조사에서처럼 지주를 대신하여 신고서를 작성하는 것은 허용하지 않았다. 그러나 실제로는 문자해독의 문제, 한자 정서체 기재원칙, 양식상 신고사항의 생소함 등으로 인해 동리장,

32 江丙坤, 앞의 책, 1974, 114쪽.

33 『토지조사참고서』 제4호, 「土地調査試行報告」, 9-10쪽.

34 1910년 8월 24일 토지조사국고시 제2호 '토지신고심득', 제3호 '지주총대심득'.

지주총대의 협력 없이는 신고서 작성이 불가능했다. 시험조사에서의 대리신고 경험은 본조사에서도 지주총대가 신고서를 작성하는 결과를 낳은 것으로 보인다. 창원군에서 대량으로 확인되는 토지신고서는 동리별 혹은 마을별로 대부분 같은 날 작성되었는데, 글씨체를 감정하건대 소수의 대표자가 일괄 정리한 것으로 판단된다.[35]

다음으로 실지조사(實地調査)는 일필지를 조사하는 것으로서 지주와 위원을 입회시키고 지주가 소유지에 세운 표항의 내용(자호, 사표, 지목, 지주명)과 신고서를 대조하여 축적 약 1/1,200 개황도 및 실지조사부를 작성하는 작업이다. 실지조사부에는 가지번, 지목, 지주 성명이 기입되고, 세부측량에 의해 얻어진 면적을 기입하여 토지대장 작성의 원부로 삼게 된다. 시험조사는 조사와 측량을 거쳐 면적을 산출하여 작성한 실지조사부에까지 이르렀다. 지위등급 및 수확고 조사는 조사의 형평성을 위한 표준 제정이 필요하고, 또 증세의 의혹을 불식시키기 위해 시험조사에서는 보류했다. 물론 본조사가 시작된 이후 시험조사 지역인 부평 지역에서도 그러한 조사가 추가로 진행되었을 것으로 추정된다.

본조사에서의 실지조사는 소유권 조사, 분쟁지 조사, 개황도 작성, 실지조사부 작성, 수확 및 지위등급 조사를 내용으로 했다. 개황도 작성은 측량의 기초를 이루고, 수확 및 지위등급 조사는 지세 개정을 위한 대비였다. 그리고 내업에서 개황도 및 실지조사부를 검사하여 측량원도 및 토지신고서와 대조 조사하는 작업을 진행했다.[36]

35 이영호, 「조선토지조사사업에서 국유지의 조사와 활용」, 『역사와 현실』 65, 한국역사연구회, 2007, 359쪽.

36 『토지조사사업현황보고서』, 1911년 6월, 5-8쪽.

측량: 도근측량, 세부측량

측량은 도근측량과 세부측량으로 구분되는데, 부평군 군내면·동면·서면 3개 면에 대해서는 1909년 11월 20일 개시하여 1910년 2월 20일 종료했다.

도근(圖根)측량은 소삼각측량점 사이에 세부측량의 기준으로서 도근점을 배치하는 작업이다. 당시에는 아직 대삼각측량점이 확인되어 있지 않았고, 그에 따라 변동하는 소삼각측량점도 설정되지 않았다. 그래서 시험조사에서는 부평군 계양산에 설정된 소삼각측량점에 의거했다. 본조사에서는 대마도와 부산 절영도, 거제도를 잇는 대삼각측량점을 설정함에 따라 소삼각측량점, 도근점의 재배치가 이루어졌고, 부평군 시험조사 지역은 이 재배치에 따라 수정을 하지 않을 수 없었다.[37]

세부(細部)측량은 도근점을 기준으로 개황도와 표항을 근거로 축적 1/1,200 도면을 제작하고 일필지를 측량하여 면적을 산정하는 과정이다.

시험조사는 도근측량과 세부측량을 통해 토지측량의 경험을 얻는 것을 중요한 목표의 하나로 삼았다. 농촌지역이 대부분을 차지하는 토지조사사업을 위해 부평과 같은 농촌지역 측량에 대한 경험이 요청되었고, 성공적으로 수행된 것으로 보인다.

총평 및 본조사와의 연계성

시험조사의 사무 및 측량은 예정된 공정을 올리지는 못했다. 단기간의 작업이고 조사원은 경험이 없어 감독원의 지휘에 따라 연습적으로 할

37 『三角測量作業結了報告』(저자 불명, 이진호 역주, 우물, 2001), 83, 141-145, 158-159, 241-243쪽.

수밖에 없었다. 측량원도 경험이 부족하고 기술에 익숙지 못할 뿐 아니라 측부(測夫)의 미숙함으로 인해 감독원의 감독 및 검사가 필요할 정도였다. 또 인원이 많아 담당구역이 협소한 것도 효율적이지 못했다. 수십일 동안 실지의 입회, 신고서 수집 및 지주 소환, 표항매설장비 구비 등의 일에 종사한 면·리장이나 위원들은 보수를 제공받지 못해 불만이었고, 현지 측량원도 보수가 열악하여 동맹파업을 꾀했다.[38]

주민의 반응은 보고되어 있지 않지만, 부평군 본조사에서 토지조사설명회를 강화한 것으로 보아 시험조사 지역의 주민들이 순응적이었다고 하기는 어렵다. 후술하듯이 신고면적은 조사면적의 4분의 3에 불과했다. 4분의 1의 면적이 신고되지 않은 것이다. 또 시험조사의 결과는 25%의 징세액 증가를 초래하는 것으로 나왔다. 증세의 의도가 아니라고 한 설명회의 주장이 기만적임이 드러난 것이다. 그럼에도 주무관청인 임시재산정리국에서는 민정이 극히 평온하여 어떤 장애도 없었고, 예상 이상의 좋은 성적을 거두어 토지조사사업에 관한 유익한 경험을 얻었다고[39] 호도했다.

시험조사의 방식은 본조사에 연계된 측면이 적지 않다. 토지조사사업설명회, 면동리의 강계조사와 경계구분, 신고서의 수집, 준비조사와 실지조사의 방식, 도근측량과 세부측량 등은 본조사에서도 그대로 수행되었다. 대만토지조사사업의 경험, 『토지조사강요』 등의 정책구상과 함께 시험조사의 경험은 본조사의 밑거름이 되었다.

그렇지만 본조사와 비교하여 시험조사에서 실시되지 못한 것도 많다. 토지신고서와 결수연명부(結數連名簿)의 대조는 이루어지지 않았고,

38 『토지조사참고서』 제4호, 「土地調査試行報告」, 13-20쪽.

39 『임시재산정리국사무요강』, 163쪽.

1911년부터 작성되기 시작한 과세지견취도(課稅地見取圖)도 당시에는 없었다. 1910년 8월 토지조사법에 규정된 지권 발급이라든지, 1912년 3월 조선부동산등기령의 등기에 대한 고려를 할 수도 없었다. 측량에서는 소삼각측량점에서 시작했기 때문에 대삼각측량과 연동되지 못했다. 위원에 의한 신고서 대리작성을 허용한 것도 본조사와는 다른 점이다.

그 가운데 결수연명부와 토지신고서의 대조는 토지조사사업의 정확성에 대한 지표로 평가되므로 주목할 필요가 있다. 토지조사사업은 일반적으로 '지주의 토지신고서 제출 → 결수연명부와의 대조 → 실지조사 및 측량 → 토지조사부와 지적도 작성 → 공시와 사정 및 불복신립(不服申立)과 재결 → 토지대장과 등기부 등재'의 순서로 진행된다. 이때 1909년, 1910년, 1912년 수정 작성된 결수연명부는 1911~1913년 작성된 과세지견취도와의 대조, 그리고 결수연명부에 등재된 토지증명사실 여부를 통해 "토지에 관한 공부(公簿)"의 성격을[40] 지니게 된 것으로 평가되고 있다. 과세장부이면서도 토지대장의 성격을 지닌 결수연명부와 토지신고서의 대조는[41] 토지소유권 확정의 핵심적인 절차에 속한다고 할 수 있다.[42] 토지소유권 조사의 정확성을 인정한다면 그것은 이러한

40 『임시토지조사국국보』 26호, 관통첩제260호 1913년 8월 15일 '부동산증명령 제15호에 의하여 면장이 부여하는 인증에 관한 건'(『국보』 3, 543쪽).

41 창원군 『토지조사부등본』은 토지의 조사 및 측량의 결과 작성된 토지조사부와 결수연명부를 다시 대조하고 있다. 대조의 대상은 토지조사부의 '소유자'와 결수연명부의 '지주'이다. 토지소유권 확정에 있어서 결수연명부의 중요성은 이 장부에서 최고단계로 대우받고 있다. 최원규, 「창원군 토지조사사업 관계장부의 종류와 성격」, 『일제의 창원군 토지조사와 장부』, 한국역사연구회 토지대장연구반, 선인, 2011, 98-105쪽 참조.

42 토지조사사업의 절차에서 결수연명부의 중요성은 宮嶋博史(「量案から土地臺帳へ」, 『朝鮮民族運動史研究』 5, 青丘文庫, 1988; 『朝鮮土地調査事業史の研究』, 東京大學東洋文化研究所, 1991)와 최원규(「일제초기 토지조사 법규정비

엄격한 절차를 전제한 것이다. 그렇지만 부평군 시험조사에서는 1909년 7월부터 전국적으로 작성되기 시작한 결수연명부가 어떤 형태로 존재하고 있었는지 알 수 없고,[43] 설사 작성되어 있었다 하더라도 그것은 아직 토지에 관한 공부의 성격을 지닌 것은 아니기 때문에 토지신고서와의 대조를 거론할 수는 없는 상황이었다. 부평군의 시험조사에서 신고서는 결수연명부와 대조되지 않은 것은 분명하다. 시간적으로 불가능한 것이었다. 본조사에 들어가서 그러한 대조 과정이 진행되어 소유자 확인 절차를 걸쳤을 것임은 물론이다.

2) 부평군 토지조사와 사정

부평군에서 시험조사를 실시한 성과를 보면서 탁지부에서는 1910년 1월 토지조사계획을 수립했다. 1차연도에는 3월부터 토지조사를 시작하여, 4월에 소삼각측량, 6월에 준비조사, 9월에 지압조사와 도근측량, 12월에 세부측량에 착수하고, 대삼각측량은 측량원을 양성한 뒤 9월에 착수하는 것으로 계획되었다.[44]

와 토지신고서」, 『역사문화연구』 17, 한국외대 역사문화연구소, 2002)의 제도사적 연구, 조석곤(「조선토지조사사업에 있어서 소유권조사과정에 관한 한 연구」, 『경제사학』 10, 경제사학회, 1986)과 배영순(『한말 일제초기의 토지조사와 지세개정』, 영남대학교출판부, 2002)의 김해 사례 연구, 왕현종(「경남 창원지역 토지조사의 시행과정과 장부체계의 변화」, 『역사와 현실』 65, 2007)의 창원 사례 연구에서 모두 강조되고 있다.

43 앞서 언급한 것처럼 「土地調査試行報告」에 결수연명부의 표현은 나오지 않고 작부장만 등장한다. 결수연명부는 일제 통감부가 작부장을 폐기하고 그 대신 작성토록 한 장부이다.

44 『한국토지조사계획서』, 1910년 1월.

이러한 계획에 따라 일제는 1910년 3월 15일 토지조사국관제를 공포했다. 임시재산정리국 직원 전부를 토지조사국 직원으로 임명하여[45] 그 사업을 계승하도록 했다. 토지조사국에서는 앞에서 언급한 대로 1910년 5월 21일 직원을 모두 모아놓고 고영희 총재, 다와라 부총재 등이 훈시 연설한 뒤 토지측량에 착수했다. 신문기사에 의하면 5월 말부터 측량을 위해 기수들을 현지에 파견했다고 한다.[46] 6월 초부터는 기선측량, 대삼각본점측량, 대삼각보점측량, 소삼각측량 등 삼각측량을 진행했다. 대마도(對馬島)의 아리아케산(有明山)과 온다케(御嶽), 그리고 한국의 절영도와 거제도를 잇는 대삼각측량점을 설정함에 따라 소삼각측량점, 도근점의 재배치가 시작되었다. 대삼각측량은 식민화될 조선의 국토를 일본과 연결하여 영토화하는 과학적 작업의 일환이었다. 도근측량과 세부측량은 부평군 시험조사 지역 인근으로 확장되어 나갔다.

일제는 한국병합 직전인 1910년 8월 23일 토지조사법을 제정함으로써 본격적인 토지조사사업에 착수했다. 부평군 시험조사 결과는 토지조사법 발표 이전이기 때문에 그것을 그대로 사정 자료로 삼을 수는 없었다. 토지조사국에서는 8월 24일 토지신고심득, 지주총대심득을 제정하여 신고방법을 안내하는 한편, 토지신고서를 제출하도록 고시했다. 부평군 및 부근 지역 토지신고 고시 상황은 〈표 6-1〉과 같다.

시험조사가 실시된 부평군의 경우 군내면·동면·서면에서 시험측량의 결과가 이미 나왔고, 또 부분적으로 진행된 나머지 지역도 6월부터 다시 측량을 시작했기 때문에 신고기간을 다른 지역의 90일에 비해

45 『한국재정시설강요』, 211쪽.

46 『대한매일신보』 1910년 5월 31일 잡보, '조사의 착수'. "탁지부 토지조사국에서 한인 기수 및 일인 주사 합 20명을 再昨日 부평 통진 等郡에 파송하여 실지조사에 착수하였다더라."

〈표 6-1〉 부평군 및 부근 지역 토지신고 고시 일정

고시일	지역	신고서 제출기간
1910년 08월 24일	부평군, 양천군	30일
1910년 08월 24일	김포군, 통진군	90일
1910년 09월 15일	시흥군, 안산군, 과천군	1910년 12월 15일까지
1910년 10월 13일	인천부	1911년 01월 20일까지
1910년 11월 08일	강화군, 교동군	1911년 02월 28일까지

출처: 『국보』 1, 30-33쪽

크게 단축한 30일로 정했다.

부평군 군내면·동면·서면의 경우, 이동(異動)이 없는 것은 이전에 제출한 신고서를 이용하고, 이동이 생긴 것은 다시 신고서를 제출하게 했다. 토지신고심득, 지주총대심득에 의거해 검사원 2인, 부속원 각 1인씩 조를 조직하여 각 필지에 나아가 이전에 작성한 도서(圖書)에 따라 정밀한 지압(地押)검사를 행하여 이동이 있는 것을 수정하도록 했다. 수정 내용은 〈표 6-2〉와 같다.

수정한 것은 3개 면에 걸쳐 36건으로 전체의 1%에 불과한 미미한 수준이다. 지주씨명의 문자 수정이 22건으로 가장 많다. 지주의 성명은 1910년 8월의 토지신고심득에 규정한 대로 민적부에 등록된 것과 동일한 문자 및 자획을 사용해 기재해야 했다. 민적은 1909년 4월부터 신고되기 시작하고, 경기도의 경우 1909년 9월 1일부터 1910년 2월 20일에 걸쳐 실지조사가 이루어졌다.[47] 토지시험조사 때 부평군 민적조사가 완료되었는지 알 수 없지만, 지주씨명의 문자 수정이 22건에 그치고 대부분의 지주명이 민적부와 일치한 것은 위원의 대리작성 과정에서 민적부

47 『민적사무개요』, 30쪽.

〈표 6-2〉 부평군 시험조사 지역의 수정 내용과 건수

지역	지주 수정	지주씨명의 문자 수정	경계 수정	지목 수정	분할	추가	계
군내면	2	0	1	1	1	0	5
동면	0	10	1	3	1	0	15
서면	1	12	2	0	0	1	16
계	3	22	4	4	2	1	36

출처: 『측지과업무전말서』 제1편 제2장 제1절 '試行調査'

의 한자 이름을 그 자획까지 준수했던 것을 의미할 것이다. 지주명에 민적부의 이름을 사용하도록 한 토지조사심득이 고시되기 이전에 이미 민적부의 이름을 사용했고, 차이를 보여 수정한 것이 3,432필지 중 22건에 불과하다는 것은 신고자의 의사라기보다는 행정적 정리라고 해석할 수밖에 없다.

그러나 후술하지만 시험조사 이후에 추가된 신고가 50필지이고, 시험조사에서의 원야(原野)와 산림(山林)은 임야(林野)로, 초평(草坪)과 잡종지(雜種地)는 잡종지로 통합된 데 따른 대대적인 지목변경은 〈표 6-2〉에 반영되어 있지 않다. 조사면적의 4분의 1인 108만여 평이 신고되지 않아 별도로 조사하지 않으면 안 되었던 점도 알 수 없다. 수정률이 낮은 것은 그만큼 신고에 맡겨놓기보다는 직접적인 조사에 의존한 측면이 강하다는 점을 의미할 것이다. 미신고지의 조사와 추가신고, 본조사의 지목변경까지를 포함해 1909년 시행한 부평군 군내면·동면·서면의 조사 결과는 〈표 6-2〉의 수정 이후 사정의 절차를 거쳐 유효한 것으로 전환되었다.

시험조사는 군내면·동면·서면 3면에서 시작하여 부평군 전체를 조사할 예정이었지만, 예정대로 진행되지는 못했다. 시험조사 진행 상황을 살펴보면 〈표 6-3〉과 같다.

〈표 6-3〉 부평군 시험조사 진행 상황

시험조사 내용	지역
조사 및 측량 전부 종료	군내면, 동면, 서면
준비조사 및 도근측량 일부 시행	당산면, 주화곶면, 상오정면, 하오정면, 옥산면, 수탄면
도근측량 일부 시행	석천면, 동소정면, 마장면, 석곶면
전부 착수하지 못함	황어면, 모월곶면

출처: 『토지조사참고서』 제4호, 「土地調査試行報告」

당산면 등에서는 신고서를 수집하는 준비조사 등을 진행했고, 석천면 등에서는 일필지 측량을 위해 도근점 배치작업을 진행했다. 토지조사국관제가 제정된 이후 5월 말부터 이들 지역에서는 조사와 측량이 재개되었다. 토지조사법이 발포되는 1910년 8월 이전인 점을 고려하면 조사측량의 재개는 곧 시험조사의 연장선상에 놓여 있는 것을 의미한다.

부평군 토지시험조사 당시에 작성된 부평군과 각 면의 배치를 살펴보면 〈그림 6-2〉와 같다. 군내면·동면·서면은 부평읍을 둘러싼 계양산 동남쪽 일대의 중심 지역임을 알 수 있다.

시험조사 지역 이외의 부평군 토지조사는 북부와 남부로 나뉘어 수행되었다. 1910년 6월 1일 도근측량, 7월 2일 세부측량에 착수하고, 9월까지 토지신고가 이루어진 이후, 10~12월에는 실지조사와 개황도 작성, 12월에는 도근측량과 세부측량의 교정, 1911년 1~10월에는 면적계산과 검산이 이루어지고, 3~10월에는 제도(製圖)를 거쳐 지적원도가 제작되었다.[48] 이후로도 미진한 작업은 계속되었다. 1913년 8월 말 현재 부평군에서는 토지신고서, 실지조사부, 개황도 검사가 완료되고, 원

48 『임시토지조사국국보』 1호(1910년 11월 25일 발행), 휘보, '측량사업개황'(『국보』 1, 56-64쪽); 『임시토지조사국국보』 1호·2호, 1-19호의 각호 통계 참조.

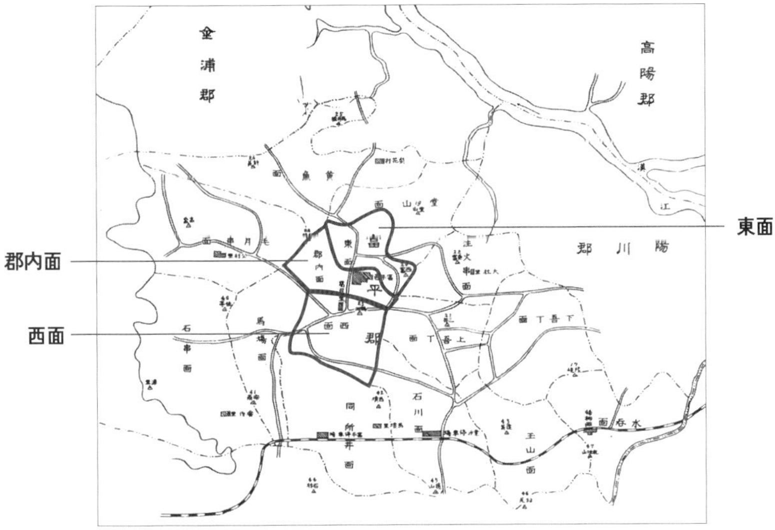

〈그림 6-2〉 부평군과 각 면의 위치 및 경계

출처: 『토지조사참고서』 제4호, 「土地調査試行報告」, 1910

도의 교정과 적산 및 제도가 끝났으며, 실지조사부, 토지조사부, 토지대장의 정리도 끝났다. 이를 바탕으로 한 토지대장집계부, 지세명기장 작성은 착수되지 않은 상태였다.[49] 1914년에는 지세명기장의 작성에 들어갔다.[50]

1910년 9~10월의 부평군 토지조사 실태보고의 일부를 살펴보면 다음과 같다.[51]

49 『임시토지조사국국보』 31호(1913년 11월 20일 발행), 통계, '내업진행비교표'(1913년 8월 말일 현재)(『국보』 4, 420쪽).

50 『임시토지조사국국보」 43호(1914년 6월 5일 발행), 통계, '내업진행비교표'(1914년 2월 말일 현재)(『국보』 6, 462쪽).

51 『임시토지조사국국보』 9호(1911년 6월 25일 발행), '토지조사상황보고발췌', 부평군 남부(1910년 10월 22일 제출), 부평군 북부(1910년 9월 13일 제출)(『국

[부평군 남부]

민정: 주민은 대개 온화한 것 같지만 철도연선의 각지에서는 교통이 편리함으로써 일반민인의 지식 견문의 증진에 따라 교활한 길을 낳는 데 이르는 것 같다. 그들은 지가가 조금 등귀하는 데 따라 피아(彼我) 토지의 경계, 소유권 등에 간여하여 분의(紛議)를 야기하는 데 이른다. 분쟁지의 대부분은 이 지방에 가장 많다.

면동장 지주총대의 면부(勉否): 당 지방에서는 면동장 등은 비교적 극히 그 직무를 다했다. 지주총대는 빈부를 막론하고 주로 고로(古老) 혹은 지사인(知事人)에서 선정함으로써 그 가운데는 가정(家政) 풍족하지 않은 자도 있다. 이들은 하루 가업을 게을리하면 심하게 영향을 받는 상태이므로 몰래 보수를 요구하는 자 있다. 특히 삽앙기(揷秧期)에 즈음하여 농가가 번망(繁忙)한 때에는 혹은 때로 조사 진행상 불편을 느끼는 자 있지만, 대개 극히 그 직책을 다했다고 말할 만하다.

사업 진척의 상황: 본군의 준비조사(準備調査)는 1910년 5월 30일 개시하여 7월 말일 수료했다. 먼저 수탄면으로부터 착수했다. 당시 인민 중에 혹 토지조사에 대하여 다소 의구심을 품는 자 있었지만, 부총재 스스로 실지에 나아가 오류동에서 면동장, 지주총대 등을 소집하여 토지조사에 관하여 간유(懇諭)하는 바 있음으로써 민심을 해빙하는 데 이르른 것 같다. 실지조사(實地調査)는 6월 2일부터 시작하는데, 조사에 즈음하여 지주총대로서 입회를 기피하는 자가 있음으로써 지주총대를 개선(改選)했는데, 7월 초순경부터 인민의 의향이 크게 양호하게 되어 사업의 진행 역시 현저해졌지만, 7월 중순에 이르러 강우가 잦고 쾌청하지 않고 따라서 출수(出水)가 심하고 또 곳곳에 분쟁지를 보게 되는데 화해하는 데 이르지 못해 공정을 진척시킬 수 없었지만,

보』 1, 739-745쪽).

하순에 이르러 천후(天候)가 점차 회복되고 출수가 감퇴함과 함께 이들 장해가 점차 제거되어 현저히 진척되어 10월에 들어가 서부(西部)의 조사를 끝냈다. 이제 그 조사공정을 들면 다음과 같다. 조사 총필수 11,218필지, 1일 평균공정 14.6필지.

[부평군 북부]

민정: 토지조사에 대한 태도를 보면, 동남부 및 중부는 다소 그것을 기피하는 모습이 있어도 대개 평온하다고 할 만하고, 서남부 황어, 모월곶에서는 크게 환영하는 것 같다. 토지관계자는 조사의 현장에 입회하고 또 미리 각자에 있어서 경계, 휴반(畦畔) 등에 주의함으로써 직접·간접으로 조사를 보조하고 작업의 진척상 다대한 편의를 주었다.

면동장 및 지주총대의 면부: 본군 조사에 즈음해 면동장 및 지주총대 중 특히 관명을 따르지 않거나 태만하여 직책을 행하지 않는 자 없지만, 능히 정려(精勵)했다고 칭찬할 만한 자도 역시 보지 못했다. 요컨대 그들은 규정에 따른 수속을 다했던 것뿐이다.

사업 진척의 상황: 1910년 5월 30일 조사를 개시하여 먼저 상오정동에서 착수할 때, 마침 농업 삽앙기를 맞아 지주총대는 공직에 전념할 수 없고, 나아가 곧 장마철에 들어가 연일 강우가 내려 공정을 방해했지만, 각원 노력하여 다시 주화곶 및 당산 두 면으로 나아갔다. 7월에 들어가 장마가 그쳤지만, 비 온 뒤의 출수가 심하고 내가 범람하여 휴반이 깊이 빠져 초평이 많고 노초가 총생(叢生)하여 작업의 진척을 방해했다. 7월 중순에 이르러 일부 조사를 결료하고, 8월 상순에 이르러 다시 황어, 모월곶 양면의 조사에 착수했다. 이때 더위가 점차 물러나고 그 지방의 동장, 면장, 지주총대 등이 극히 그 직무에 노력하여 공정의 진척이 현저하여 9월 13일로써 전부의 조사를 마쳤다. 이제 그 조사공정을 들면 다음과 같다. 조사 총필수 10,821필지, 1일 평균공정 18.6필지.

토지조사법이 발포되기 이전 시험조사의 방식을 계승하여 부평군 남부와 북부에서 진행된 준비조사와 실지조사의 상황을 인용문에서 볼 수 있다. 주민의 의구심을 해소하기 위해 토지조사국 부총재가 직접 나선 일, 면동리장이나 지주총대가 보수를 요구한 일 등은 시험조사에서의 양상과 비슷하다. 그리고 곳곳에 분쟁지가 발생하는 데도 화해하지 못하고 갈등하는 모습이 새롭게 등장한다.

토지의 신고와 조사 측량이 완료된 뒤에는 토지 사정(査定)을 위해 토지조사부와 지적부를 공시하고, 이어서 불복신립의 신청을 받았다. 부평·인천 지역의 공시 및 불법신립 기간은 〈표 6-4〉와 같다.

부평군이 흡수된 부천군의 공시기간은 1914년 12월 25일부터 1915년 1월 23일까지 1개월간이고, 불복신립 기간은 1915년 1월 24일부터 3월 24일까지 2개월간이었다. 고등토지조사위원회에서 재결이라는 행정처분을 통해 사정을 완료하는 불복신립의 경우를 제외하면 대부분의 토지는 공시를 통해 토지소유권의 귀속이 확정되었다. 부평군 시험조사 지역의 토지도 이로써 신고일 기준으로 소유권의 법적 효력을 인정받았다. 양안과 문기에 의해 인정되었던 조선시대의 토지소유권은 일본의 민법을 인용한 조선민사령(朝鮮民事令)이 인정하는 근대적 토지소유권으로 전환되었다.

〈표 6-4〉 부평·인천 지역 토지공시 및 불복신립 기간

지역	공시 기간	불복신립 기간
인천부	1913. 12. 27.~1914. 01. 25.	1914. 01. 26.~03. 26.
인천부 거류지	1914. 06. 01.~06. 30.	1914. 07. 01.~08. 29.
부천군, 강화군	1914. 12. 25.~1915. 01. 23.	1915. 01. 24.~03. 24.
강화군 도서	1917. 04. 02.~05. 01.	1917. 05. 02.~06. 30.
부천군 도서	1917. 08. 01.~08. 30.	1917. 08. 31.~10. 29.

출처: 조선총독부, 『조선토지조사사업보고서』, 1919, 415-437쪽

4. 부평군 토지시험조사의 귀결

1) 시험조사의 결과

사정의 결과인 『토지조사부』를 통해 시험조사 지역의 민유지 신고 연월일 또는 국유지 통지 연월일을 시험기간 이전과 이후로 구분하여 조사해 보면 〈표 6-5〉와 같다.

시험조사 이전의 20필지는 한국의 토지조사사업 역사상 가장 빠른 시기에 소유권을 법인받은 토지이다. 물론 후에 사정받아 소급된 결과이다. 국공유지, 한국인 재지지주 및 부재지주의 소유지로서, 왜 시험조사 이전의 시점을 신고(통지) 연월일로 삼게 되었는지 연유를 알 수 없다. 추측할 수 있는 것은 소송에 의해 소유권이 확정되었을 가능성이다.

시험조사 이후의 50필지는 국공유지 21필지, 한국인 재지지주 9명의 11필지, 부재지주 5명의 7필지, 일본인 부재지주 3명의 11필지로 구

〈표 6-5〉 부평군 시험조사 지역의 신고 및 통지 연월일

• 시험기간 이전

연월일	필지수	내역
1909. 01. 27.	1	국유지
1909. 08. 30.	3	한국인 재지지주
1909. 10. 28.	5	한국인 부재지주
1909. 10. 30.	4	한국인 재지지주 2필지 한국인 부재지주 2필지
1909. 11. 01.	1	공유지
1909. 11. 13.	6	국유지 4필지 한국인 재지지주 1필지 한국인 부재지주 1필지
계	20	

〈표 6-5〉 계속

• 시험기간

연월일	필지수	연월일	필지수	연월일	필지수
1909. 11. 17.	1	1909. 11. 21.	13	1909. 11. 22.	233
1909. 11. 23.	79	1909. 11. 24.	121	1909. 11. 25.	346
1909. 11. 26.	483	1909. 11. 27.	995	1909. 11. 28.	193
1909. 11. 29.	384	1909. 11. 30.	293	1909. 12. 01.	48
1909. 12. 02.	45	1909. 12. 03.	12	1909. 12. 07.	3
1909. 12. 18.	22	1909. 12. 21.	3	1909. 12. 22.	1
1909. 12. 25.	29	1909. 12. 27.	27	1909. 12. 29.	17
1910. 01. 08.	5	1910. 01. 26.	3	1910. 01. 27.	4
1910. 01. 29.	1	1910. 01. 30.	1	계	3,362

• 시험기간 이후

연월일	필지수	내역
1910. 06. 30.	10	공유지 4필지, 한국인 재지지주 3인 3필지 한국인 부재지주 1인 1필지, 일본인 부재지주 1인 2필지
1910. 10. 16.	3	한국인 재지지주
1910. 11. 27.	2	한국인 재지지주 2인
1911. 01. 27.	1	한국인 재지지주
1911. 01. 28.	1	공유지
1911. 06. 30.	1	공유지
1911. 08. 30.	1	한국인 재지지주
1911. 12. 29.	15	국유지
1913. 09. 06.	3	한국인 부재지주 2인
1013. 09. 27.	4	일본인 부재지주 松尾元之助
1913. 10. 26.	1	한국인 재지지주
1914. 03. 04.	2	한국인 부재지주
1914. 03. 29.	5	일본인 부재지주의 대지
1914. 05. 04.	1	한국인 부재지주
계	50	

출처: 『토지조사부』 부천군 군내면·동면·서면의 해당 동리

성되어 있다. 후술하듯이 부평군의 본조사는 1911년 말이 되면 거의 완료되는데, 〈표 6-5〉에서 보듯이 이때 국공유지로 추가된 토지, 한국인 재지지주의 미신고지 등이 본조사에서 신고된 것으로 판단된다. 1913~1914년에도 부재지주의 토지가 신고되고 있다.

시험조사의 사무(事務)는 1909년 11월 17일 개시하여 1910년 2월 4일 종료되었다. 이 기간 내에 신고하여 토지조사부에 등록됨으로써 사정된 토지는 총 3,432필지의 98.0%인 3,362필지에 달한다. 11월 21일부터 30일까지 열흘 동안 91.5%인 3,140필지가 신고되었다. 시험조사 지역 3개 면의 『토지조사부』를 검토해 보면, 신고서 제출은 동리별로 동시에 일제히 개시되어 일정 기간 계속되었음을 볼 수 있다.

본조사에서는 시험조사와는 달리 몇 가지로 정해진 일정한 날에 일괄 신고되었다. 동리마다 같은 날로 정해지기도 하고, 면 사이에도 같은 날이 잡히기도 했다. 분명한 것은 정해진 날이 있었다는 것이다.[52] 그것은 행정 편의와 효율성을 도모한 것으로 해석된다. 지주 개개인이 90일이라는 신고기간 내에 자유의사에 따라 임의로 신고한 것이 아니다. 동리마다 매일 조금씩 신고서를 수집한 부평군 시험조사와도 다르다. 시험조사는 위원의 대리작성과 신고를 허용했다는 점에서, 본조사는 '행정지도적 신고주의'의 성격을 띠고 있다는 점에서 이제까지 자율적 신고주의로 이해한 신고주의의 개념에 재고를 요한다.

부평군 시험조사의 결과는 어떠한가? 조사 결과를 징세면적, 신고면적, 조사면적으로 나누어 비교해 보면 〈표 6-6〉과 같다. 전답(田畓)의 경우 신고면적 이외에 16.2%의 면적을 추가로 조사했고, 초전(草田)의 경우에는 무려 60.2%나 추가로 조사했다. 공동지로 인식되어 신고주체

52 창원군의 『토지신고서』 및 시험조사 지역 외의 부평군 『토지조사부』 참조.

〈표 6-6〉 부평군 시험조사 지역의 징세면적, 신고면적, 조사면적 비교

지목	징세면적	신고면적	조사면적	조사면적의 증가	
				징세면적에 대해(%)	신고면적에 대해(%)
전답	9351.804	9548.800	11389.503	2037.699(17.9)	1840.703(16.2)
초전	1670.725	1165.029	2928.121	1257.396(42.9)	1763.092(60.2)
계	11022.529	10713.829	14317.624	3295.095(23.0)	3603.795(25.2)

주: 1. 면적 단위는 段步, 1단보는 300평.
2. 징세면적 및 신고면적은 원래 결부로 집계된 것을 보고자가 等級結數表에 기초해 단보 단위로 재산출한 것이다.
출처: 『토지조사참고서』 4호, 「土地調査試行報告」

가 명확하지 않은 초전은 신고되지 않는 경향을 보였기 때문에 추가 조사한 것이다. 전체적으로 조사면적의 25.2%인 3603.795단보(1,081,138평)는 신고되지 않은 면적이었다. 무려 4분의 1의 토지가 신고되지 않았다. 위원에 의한 대리작성에도 불구하고 신고되지 않은 토지가 많았던 것이다. 조사면적은 당시의 징세면적에 비하여 23%나 증가한 결과를 보여준다. 조사면적에 의거해 지세를 부과하면 징세액도 25% 정도 증가한 것으로 된다.[53] 증세와 무관하다는 일제의 선전과는 달리 시험조사에서부터 큰 폭의 지세 증가를 초래한 결과를 보였다.

조사 및 측량을 전부 종료한 군내면·동면·서면의 「토지조사시행보고」와 『토지조사부』를 비교해 보면 〈표 6-7〉과 같다. 시험조사에서는 조사대상을 민유지와 국유지로 구분한 뒤, 이를 다시 전, 답, 대, 원야, 산림, 초평, 잡종지, 분묘지로 구분했다. 주목할 것은 시험조사의 지목구분과 토지조사부의 지목구분이 달라진 점이다. 1909년 6월부터 시작된 역둔토실지조사에서의 지목편성은 전, 답, 대, 산림, 초평, 잡종지, 화

53 『토지조사참고서』 제4호, 「土地調査試行報告」, '結數及稅額比較', 28쪽.

〈표 6-7〉 부평군 시험조사 결과와 『토지조사부』 비교

• 군내면

지목		민유지				국유지				합계			
		필수		면적		필수		면적		필수		면적(%)	
A	B	A	B	A	B	A	B	A	B	A	B	A	B
전	전	309	310	645.001	646.503	12	12	25.718	25.707	321	322	670.719(17.7)	672.210(18.2)
답	답	305	304	1671.304	1701.950	7	7	23.501	23.533	312	311	1694.805(44.7)	1725.483(46.8)
대	대	126	126	88.326	88.160	23	23	61.201	61.323	149	149	149.527(3.9)	149.483(4.1)
원야	산림	7	15	22.117	75.713	0	5	0	4.987	7	20	22.117(0.6)	80.700(2.2)
산림		8		53.511		5		4.929		13		58.440(1.5)	
초평	잡종지	33	35	1178.119	1043.193	0	0	0	0	33	35	1178.119(31.1)	1043.193(28.3)
잡종지		2		0.318		0		0		2		0.318(0.0)	
분묘지	분묘지	9	9	19.213	19.183	0	0	0	0	9	9	19.213(0.5)	19.183(0.5)
	사사지		0		0		0		0		0		0
계		799	799	3677.909	3574.703	47	47	115.349	115.550	846	846	3793.258(100)	3690.253(100)

• 동면

지목		민유지				국유지				합계			
		필수		면적		필수		면적		필수		면적(%)	
A	B	A	B	A	B	A	B	A	B	A	B	A	B
전	전	384	383	945.623	945.220	1	1	3.412	3.467	385	384	949.035(21.7)	948.687(22.4)
답	답	489	490	2774.724	2643.937	0	0	0	0	489	490	2774.724(63.4)	2643.937(62.3)
대	대	96	97	97.427	97.853	0	0	0	0	96	97	97.427(2.2)	97.853(2.3)
원야	산림	2	15	2.504	101.380	0	0	0	0	2	15	2.504(0.1)	101.380(2.4)
산림		13		98.902		0		0		13		98.902(2.3)	
초평	잡종지	49	49	416.403	416.223	3	3	17.427	17.480	52	52	433.830(9.9)	433.703(10.2)
잡종지		0		0		0		0		0		0	
분묘지	분묘지	12	12	20.016	20.047	0	0	0	0	12	12	20.016(0.4)	20.047(0.5)
	사사지		0		0		0		0		0		0
계		1045	1046	4355.599	4224.660	4	4	20.839	20.947	1049	1050	4376.438(100)	4245.607(100)

〈표 6-7〉 계속

• 서면

지목		민유지				국유지				합계			
		필수		면적		필수		면적		필수		면적(%)	
A	B	A	B	A	B	A	B	A	B	A	B	A	B
전	전	620	621	2015.703	2023.740	4	4	7.201	7.177	624	625	2022.904(26.9)	2030.917(26.8)
답	답	579	578	3337.008	3378.267	3	4	4.609	6.130	582	582	3341.617(44.5)	3384.397(44.7)
대	대	128	127	158.127	158.700	0	0	0	0	128	127	158.127(2.1)	158.700(2.1)
원야	산림	6	83	6.620	441.163	0	0	0	0	6	83	6.620(0.1)	441.163(5.8)
산림		78		433.303		0		0		78		433.303(5.8)	
초평	잡종지	55	56	1333.529	1338.093	0	0	0	0	55	56	1333.529(17.8)	1338.093(17.7)
잡종지		0		0		0		0		0		0	
분묘지	분묘지	61	62	212.318	213.350	0	0	0	0	61	62	212.318(2.8)	213.350(2.8)
	사사지		1		0.150		0		0		1		0.150(0.0)
계		1527	1528	7496.608	7553.463	7	8	11.810	13.307	1534	1536	7508.418(100)	7566.770(100)

• 군내면·동면·서면 합계

지목		민유지				국유지				합계			
		필수		면적		필수		면적		필수		면적(%)	
A	B	A	B	A	B	A	B	A	B	A	B	A	B
전	전	1313	1314	3606.327	3615.463	17	17	36.331	36.351	1330	1331	3642.658(23.2)	3651.814(23.6)
답	답	1373	1372	7783.036	7724.154	10	11	28.110	29.663	1383	1383	7811.146(49.8)	7753.817(50.0)
대	대	350	350	343.880	344.713	23	23	61.201	61.323	373	373	405.081(2.6)	406.036(2.6)
원야	임야	15	113	31.241	618.256	0	5	0	4.987	15	118	31.241(0.2)	623.243(4.0)
산림		99		585.716		5		4.929		104		590.645(3.8)	
초평	잡종지	137	140	2928.051	2797.509	3	3	17.427	17.480	140	143	2945.478(18.8)	2814.989(18.2)
잡종지		2		0.318		0		0		2		0.318(0.0)	
분묘지	분묘지	82	83	251.547	252.580	0	0	0	0	82	83	251.547(1.6)	252.580(1.6)
	사사지		1		0.150		0		0		1		0.150(0.0)
계		3371	3373	15530.116	15352.825	58	59	147.998	149.804	3429	3432	15678.114(100)	15502.629(100)

주: 면적 단위는 段步. 1단보는 300평.

출처: A는 부평군 시험조사보고의 결과 통계(『토지조사참고서』 4호, 「土地調査試行報告」, '調査成績表', 22-24쪽), B는 부평군 군내면·동면·서면의 『토지조사부』

전, 염전, 목장, 노전(蘆田), 시장(柴場), 황진지(荒陳地), 지소(池沼)였다.[54] 시험조사보다 훨씬 많은 지목을 설정하고 있다. 1910년 1월의 『한국토지조사계획서』에서는 단순히 경지와 택지를 대상으로 한다고 했지만, 1910년 8월의 토지조사법에서는 지목을 세 종류로 구분하여 첫째, 전, 답, 대, 지소, 임야, 잡종지, 둘째, 사사지(社寺地), 분묘지, 공원지, 철도용지, 수도용지, 셋째, 도로, 하천, 구거(溝渠), 제방, 성첩(城堞), 철도선로, 수도선로로 나누었다. 이렇게 하여 토지조사부에는 전, 답, 대, 임야, 잡종지, 분묘지, 사사지, 지소 등이 주된 조사대상으로 되었던 것이다. 〈표 6-7〉에서 볼 때 시험조사에서의 원야(原野)와 산림(山林)은 임야(林野)로 통합되고, 초평(草坪)과 잡종지(雜種地)는 잡종지로 통합된 것을 알 수 있다. 그렇다면 시험조사에서 작성된 토지신고서와 실지조사부의 지목은 수정되지 않을 수 없었을 것이다. 한편 서면의 사사지 한 필지는 토지조사법 제정 이후 새로이 등장했다.

〈표 6-7〉에서 볼 때 시험조사의 결과가 본조사에서 99% 수준까지 그대로 인정된 것을 알 수 있다. 시험조사의 결과 작성된 「토지조사시행보고」의 통계가, 본조사 실시 과정에서 수정을 거쳐 작성된 『토지조사부』에 거의 그대로 반영된 것은 놀라울 정도다. 분쟁도 거의 없다. '분쟁 제을166호'로 하동의 김수보(1909. 11. 23. 신고, 135평 대지), 이병학(1909. 11. 22. 신고, 237평, 대지), 이완서(1909. 11. 23. 신고, 78평, 대지) 세 필지에서 분쟁이 보일 뿐이다. 본조사에서 발생한 일반적인 분쟁률과 비교할 때 비정상적으로 적다. 이 결과들은 108만여 평의 미신고지는 조사원에 의해 직접 조사되었을 것이라는 점, 민석부의 이름을 지주명으

54 『度支部公報』 65호, 탁훈령 제59호 1909년 5월 26일 '탁지부소관국유지실지조사절차'.

로 사용한 비율이 현저하게 높다는 점 등과 함께 행정지도적 신고와 조사의 귀결이라고 하겠다. 이와 같은 고도의 행정지도에 의한 강제성공의 결과는 분쟁에 대한 낙관적 전망으로 이어졌을 것이다. 분쟁의 취하 또는 화해를 강제하여 해결하려 한 본조사의 입장은 시험조사의 강제성공으로부터 온 강박일지 모른다.

2) 『토지조사부』에 나타난 소유의 특징

〈표 6-7〉의 통계에서 보면 3개 면의 조사필수는 3,432필지, 면적은 15502.629단보이다. 답이 절반, 전이 4분의 1, 그리고 초평의 순이다. 전반적으로 답이 많은 평야지대임을 알 수 있다. 국유지는 1%에도 미치지 못한 민간소유 지역이다. 토지조사부를 통해 지역의 특징을 묘사해 본다면, 계양산 아래 들판과 구릉지대를 끼고 있고, 넓은 벼농사 지역, 경사진 곳의 과수원과 밭, 언덕부면의 취락, 땔감을 얻을 수 있는 작은 산림, 개간 가능성이 높은 초목지대, 그리고 관청을 낀 촌락 지역으로 구성되어 있었다고 말할 수 있겠다.

1914년 면폐합 당시 면별 호구와 면적을 살펴보면 〈표 6-8〉과 같다. 경지면적에서 볼 때 답이 전보다 2배나 많이 분포한 넓은 평야지대임을 다시 확인할 수 있다. 서울과 인천의 중간에 위치한 부평 지역에 일본인 호구의 진출이 눈에 띄는데, 이때에는 3개 면 중에서 종래 부평 도호부가 위치한 군내면에만 진출하고 있다.

부평군 3개 면 국·공유지 실태는 〈표 6-9〉와 같다. 국유지는 주로 전답과 대지로 구성되어 있다. 반면 면동리유(面洞里有)의 공유지는 주로 임야, 잡종지, 분묘지에 해당하고, 상동과 하동의 대지는 관아터이다. 부평군 향교는 전답과 대지를 보유하고 있다. 공유지는 '신고'의 대상이며, 국유지는 '통지'에 의거했다. 시험조사에서 국유지는 조사원이 일정

〈표 6-8〉 1914년 신구(新舊) 면별 호수·인구 및 경지면적 조사표

신면	구면	호수			인구			경지면적		
		일본인	조선인	계	일본인	조선인	계	전	답	계
부내면	군내면	11	241	252	28	1062	1090	50.86	134.44	185.30
	서면	0	267	267	0	1424	1424	106.84	219.28	326.12
계양면	동면	0	170	170	0	856	856	58.24	178.11	236.35
	3개 면	11	678	689	28	3342	3370	215.94	531.83	747.77
5개 면		108	3870	3978	344	20125	20469	1531.68	3360.74	4892.42

주: 1. 전답의 면적 단위는 町步, 1정보는 3,000평.
2. 부내면, 계양면에 포함된 5개의 舊面 중 시험조사 지역만 추출했다.
출처: 『郡面廢合關係書類』(국가기록원), 1914

한 신고서식에 준하여 편의(便宜) 작성했는데,[55] 본조사에서는 소관관청에서 국유지를 토지조사국에 통지하는 것으로 절차를 마련했다.[56] 공유지는 58필지, 41,397평이고, 국유지는 59필지, 44,937평으로 비슷한 규모였다. 3개 면 전체 3,432필지, 4,650,789평에 비하면 국·공유지는 필지 3.4%, 면적 1.9%에 불과했다.

다음으로 부평군 3개 면의 토지소유 현황을 살펴보면 〈표 6-10〉과 같다. 군내면·동면·서면의 『토지조사부』에 등장하는 564명의 토지소유 현황을 소유규모별로 정리해 본 것이다. 부재지주와 재지지주를 구분하지 않았고, 인접한 다른 면 및 타 군의 소유지를 합산하지 않았으므로 개인별 빈부를 확인할 수 있는 것은 아니다. 1정보 이하가 315명, 55.9%에 이르고, 반면 10정보 이상 소유자가 29명, 5.1%이다.

55 『토지조사참고서』 4호, 「土地調査試行報告」, 10쪽.

56 이영호, 앞의 논문, 2007, 356쪽.

〈표 6-9〉 부평군 군내면·동면·서면의 국·공유지 실태

• 국유지

국유	소유지	전	답	대	임야	잡종지	계	신고월	통지
국	화전리		1(165)				1(165)	1909. 01.	통지
국	박촌리	1(1,040)					1(1,040)	1909. 11.	통지
국	병방리					3(5,244)	3(5,244)	1909. 11.	통지
국	작정리	3(1,352)					3(1,352)	1909. 11.	통지
국	후정리		1(428)				1(428)	1909. 11	통지
국	상동	8(3,804)	2(1,052)	16(12,474)			26(17,330)	1909. 11.-12.	통지
국	하동	4(3,904)	5(6,008)	6(5,793)	5(1,496)		20(17,201)	1911. 11.-12.	통지
국	신대리	1(801)	2(1,246)				3(2,047)	1909. 11. -1910. 01.	신고
국	상동			1(130)			1(130)	1909. 12.	신고
계		17(10,901)	11(8,899)	23(18,397)	5(1,496)	3(5,244)	59(44,937)		

• 공유지

공유 기관	소유지	전	답	대	임야	잡종지	분묘지	계	신고월	신고
갈월리	갈월리				3(691)			3(691)	1909 .11.	신고
후정리	후정리				4(1,573)	1(408)	2(1,314)	7(3,295)	1909. 11.-12.	신고
상동	상동			1(2,488)				1(2,488)	1909. 12.	신고
하동	상동			1(442)				1(442)	1909. 12.	신고
신대리	신대리						2(878)	2(878)	1910. 01.	신고
화전리	화전리						2(1,506)	2(1,506)	1910. 06.	신고
가현리	가현리						1(262)	1(262)	1911. 01.	신고
군내면	상동 하동	1(333)			2(6,862)	2(110)	2(2,009)	7(9,314)	1909. 12.	신고
동면	임학동						1(1,203)	1(1203)	1909. 12.	신고
부평군 향교	상동 하동 도두리 방축리	22(12,255)	7(6,849)	4(2,214)				33(21,318)	1909. 12.	신고
계		23(12,588)	7(6,849)	6(5,144)	9(9,126)	3(518)	10(7,172)	58(41,397)		

주: 기재방식은 '필지수(면적 평수)'의 형식이다.
출처: 『토지조사부』 부천군 해당 동리

〈표 6-10〉 부평군 군내면·동면·서면의 토지소유 현황

구분	면적과 비율		인원과 비율	
	면적(정보)	비율(%)	인원(명)	비율(%)
0–0.5	40.54	2.6	213	37.8
0.5–1.0	72.38	4.7	102	18.1
1.0–1.5	73.91	4.8	62	11.0
1.5–2.0	49.30	3.2	28	5.0
2–3	123.88	8.1	51	9.0
3–5	148.01	9.6	38	6.7
5–10	273.69	17.8	41	7.3
10–20	232.96	15.2	18	3.2
20–50	209.65	13.7	8	1.4
50–100	144.49	9.5	2	0.3
100–170	166.48	10.8	1	0.2
계	1535.29	100	564	100

출처: 『토지조사부』 부천군 해당 동리

부재지주와 재지지주를 구분하면 〈표 6-11〉과 같다. 부재지주의 수는 전체의 13.1%, 재지지주는 86.9%인데, 그 면적은 부재지주가 28.3%, 재지지주는 71.7%로서 부재지주의 1인당 평균 소유면적이 훨씬 넓다. 부재지주는 5.88정보, 재지지주는 2.25정보로 부재지주의 평균 소유면적이 2배나 넓다. 10정보 이상 소유한 부재지주가 10명이나 된다. 재지지주의 경우 39.6%의 과소지주가 3.3%, 소지주 29.4%가 11.5%, 중지주 20.8%가 25.2%, 대지주 10.2%가 60.0%를 소유했다.[57]

57 이것은 어디까지나 3개 면의 범위 내에서일 뿐이다. 경향성을 반영하려면 좀 더 넓은 면적을 대상으로 분석해야 할 것이다.

〈표 6-11〉 부평군 군내면·동면·서면의 부재지주와 재지지주 소유 실태

• 부재지주

구분	면적과 비율		인원과 비율	
	면적(정보)	비율(%)	인원(명)	비율(%)
0-0.5	4.32	1.0	19	25.9
0.5-1.0	5.50	1.3	8	10.8
1.0-1.5	14.76	3.4	12	16.2
1.5-2.0	5.59	1.3	3	4.0
2-3	15.05	3.5	6	8.1
3-5	23.76	5.4	6	8.1
5-10	67.78	15.6	10	13.5
10-20	88.88	20.4	7	9.4
20-50	42.99	9.9	2	2.7
50-100	0.00	0.0	0	0.0
100-170	166.48	38.2	1	1.3
계	435.11	100	74	100

• 재지지주

구분	면적과 비율		인원과 비율		소유구분
	면적(정보)	비율(%)	인원(명)	비율(%)	
0-0.5	36.22	3.3	194	39.6	과소지주
0.5-1.0	66.88	6.1	94	19.2	소지주
1.0-1.5	59.15	5.4	50	10.2	
1.5-2.0	43.71	4.0	25	5.1	중지주
2-3	108.83	9.9	45	9.2	
3-5	124.26	11.3	32	6.5	
5-10	205.91	18.7	31	6.3	대지주
10-20	144.08	13.1	11	2.3	
20-50	166.66	15.1	6	1.2	
50-100	144.49	13.1	2	0.4	
100-170	0.00	0.0	0	0.0	
계	1100.19	100	490	100	

출처: 『토지조사부』 부천군 해당 동리

〈표 6-12〉 부평군 군내면·동면·서면의 10정보(3만 평) 이상 대토지 소유자

이름	면적(평)	이름	면적(평)	이름	면적(평)
松尾元之助	499,426	이승양	60,375	박선익	37,357
이종면	241,582	정행민	51,325	김희종	36,053
신인숙	191,875	管田豊次郎	45,417	공덕선	34,889
박용균	133,448	송태련	44,930	신성극	34,827
田鍋安之助	110,016	황수연	43,053	신완식	33,992
조인태	69,598	최성규	42,418	윤용식	33,604
이준용	68,201	박승조	42,109	박창선	33,592
이종선	65,226	이규룡	41,070	박희병	32,827
조용배	61,306	조구현	40,877	이도상	30,516
이종익	60,772	松永達二郎	40,028		

출처: 『토지조사부』 부천군 해당 동리

부평군 군내면·동면·서면을 합하여 대토지 소유자를 살펴보면 〈표 6-12〉와 같다. 대토지 소유자의 소유규모가 상당히 크다. 조선 후기에 이미 지주제가 발달했지만, 1910년 단계에서 지주제적 기반은 부평군의 사례를 보더라도 충분히 형성되어 있었던 점을 인정할 수 있다. 서울과 인천에서 멀리 떨어져 있음에도 불구하고 경인철도의 부평역에서 가까운 계양 지역에 일본인이 관심을 보이고 있다. 특히 마쓰오(松尾元之助)는 미간지를 포함하고 있지만 계양 지역 중심부에 가장 많은 토지를 소유하고 있다. 일본인 개인이 무려 166정보나 소유할 정도로 일본인의 토지잠식이 활발히 전개되었다.

부평군 읍내 3개 면에서 외국인의 토지소유 실태를 살펴보면 〈표 6-13〉과 같다. 일본인들은 농장을 개설하기 위해 한 지역에 집중적으로 토지를 확보하려는 전략을 취하고 있다. 기경지에서는 전보다 생산성이

〈표 6-13〉 부평군 군내면·동면·서면의 외국인 토지소유 실태

성명	거주지	소유지	전	답	대	잡종지	계	신고월	인천부 소유지
松尾元之助	경성부	도두리, 하동	-	1(75,674)	-	3(423,752)	4(499,426)	1913.09.	-
田鍋安之助	부평군	후정리	-	1(105,567)	-	5(4,449)	6(110,016)	1909.11.	-
管田豊次郎	경성부	후정리	-	4(45,417)	-	-	4(45,417)	1909.11.	11654
松永達二郎	경성부	박촌리	-	4(40,028)	-	-	4(40,028)	1909.11.	-
福田又兵衛	경성부	갈월리, 작정리, 후정리	-	16(22,497)	-	-	16(22,497)	1909.11.	-
川本逸造	인천부	병방리, 박촌리, 방축리, 하동	-	5(8,493)	-	-	5(8,493)	1914.03.	-
樋口平吾	인천부	하동	-	1(3,399)	-	-	1(3,399)	1909.11.	27367
馬場清七	인천부	하동, 화전리	2(2,488)	1(530)	-	-	3(3,018)	1909.11. 1910.06.	-
西川音吉	부평군	가현리, 상동	1(1,262)	-	1(30)	-	2(1,292)	1909.11.	-
계	-	-	3(3,750)	33(301,605)	1(30)	8(428,201)	45(733,586)	-	-

주: 토지소유는 '필지수(평수)'의 형식이다.
출처: 『토지조사부』 부천군 해당 동리

높은 답의 확보에 집중하고 있다. 경성부와 인천부에 거주하는 부재지주가 많은데, 경성부 거주자들의 투자가 훨씬 활발하다. 1899년 개통된 경인철도 부평역에서 꽤 떨어져 있는 이곳에까지 일본인의 관심이 높았다. 〈표 6-13〉에서 보면 간다(管田豊次郎)는 경성에 거주하면서 인천과 계양 지역의 토지를 사들였는데, 수도권 일대에 많은 토지를 소유했을 가능성이 높다. 히구치(樋口平吾)는 부산을 거쳐 1883년 인천으로 이주한 뒤, 잡화상, 수출상, 거류민회 상임의원, 청일전쟁 지원, 일본상업회의소 상임의원, 미두거래소 감사·이사장, 계림장업단 평의원, 조선신

탁합명회사 사장으로 토지가옥 매매와 대부업, 대곡파본원사의 인천자선회 회장 등을 역임한 인천의 유지였다.[58] 일본인 9명 중 4명이 10정보 이상 소유하고 있다. 부평 지역은 지리, 교통, 경지분포 등에서 볼 때 외국인이 선호하는 지역으로, 개항 이후 일본인의 토지집적 대상이 되었다.[59]

5. 맺음말

1909년 11월부터 1910년 2월까지 실시된 부평군 군내면·동면·서면의 토지시험조사는 일제가 1910년 8월부터 1918년까지 실시한 조선토지조사업의 실질적인 기원이었다. 약도, 신고서, 개황도, 실지조사부의 작성에까지 도달한 시험조사의 결과는 토지조사법 발포 이후 현장에서의 검사와 수정 과정을 거쳐 유효한 결과로 인정되었다.

시험조사의 경험은 토지조사사업의 본조사로 계승되었다. 토지조사사업설명회를 개최하는 등 주민 설득을 위한 홍보방침, 토지신고서의 수집 등 신고주의 조사방법, 준비조사와 실지조사의 방식 등 조사와 측량의 절차에서 시험조사와 본조사의 계승성을 볼 수 있다.

신고주의 조사방법은 대만토지조사사업의 예를 본받아 일제가 부평군 시험조사에서 시험해본 것이다. 그런데 부평의 경우 신고서의 대

58 仁川開港二十五年史紀念會, 『仁川開港二十五年史』, 1908 (『역주 인천개항25년사』, 인천광역시 역사자료관, 2008); 加瀨和三郎, 『仁川開港二十五年史』, 玉鳴館, 1908 (『역주 인천개항25년사』, 인천광역시 역사자료관, 2004) 참조.

59 李榮薰·張矢遠·宮嶋博史·松本武祝, 『근대조선 수리조합 연구』, 일조각, 1992; 이영호, 「부평의 수리조합과 지주소작관계」, 『박물관지』 16, 인하대학교 박물관, 2013 참조.

리작성을 허용한 점에서 '자율적 신고주의'라기보다는 '행정지도적 신고주의'의 개념에 더 적합한 것으로 판단된다. 그럼에도 시험조사의 결과 조사면적의 25.2%(전답 16.2%, 초전 60.2%)인 108만여 평이 신고되지 않아 별도의 조사를 진행하지 않을 수 없었다. 본조사에서는 지주총대의 대리신고를 금했지만, 행정 편의와 효율성을 도모하기 위해 동리별로 일괄 신고 작성되는 양상도 없었던 것은 아니었다.

시험조사는 본조사에 계승되었지만, 1910년 토지조사법과 1912년 토지조사령을 통해 본조사의 구체적인 절차가 마련되면서 시험조사와 본조사는 많은 차이를 낳았다. 원야와 산림을 합해 임야로 하고, 초평(草坪)을 잡종지에 통합하는 지목변경은 사소한 사안이다. 본조사에서 중시된 것은 결수연명부와 토지신고서의 대조였다. 결수연명부를 토지에 관한 공부(公簿)로 인정했기 때문에 결수연명부의 등재사항이 토지소유권의 귀속에 결정적이었다. 1909년 결수연명부가 작성되기 시작했지만, 같은 시기에 시행된 부평군 시험조사에는 대조장부로 거론되지 않았다. 아직 결수연명부에 대한 신뢰성이 인정되지 못하던 시기였다. 또 1911년 작성되기 시작한 과세지견취도도 없었으므로 시험조사에서는 개황도만으로 현장을 확인할 수밖에 없었다. 그렇지만 부평군 사정 결과의 공시는 1914년 12월부터 1915년 1월까지 이루어졌으므로, 본조사를 실시하는 과정에서 부평군 시험조사 지역의 결과를 놓고 과세지견취도의 활용, 결수연명부와의 대조 등 사정 절차를 진행했을 것으로 판단된다.

시험조사 지역의 조사 절차와 사정 과정에 차이를 보이지만, 어떤 경로를 통하든 최종적으로 토지조사부에 등재되고 지적도에 올라 사정된 토지는 소유권의 원시취득(原始取得)으로서 동일한 법적 효력을 보장받았다.

제3부

궁장토·둔토의 국유-민유 분기(分岐)

제7장

'조100두형' 둔토의 국유-민유 분쟁

경기도 안산·인천 석장둔의 사례

1. 머리말

조선 후기 궁방·아문의 장토는 성립 기원에 따라 절수·사여지(折受·賜與地), 급가매득지(給價買得地), 민결면세지(民結免稅地) 세 종류로 유형화할 수 있다. 매득지는 개인지주와 동일하게 궁방·아문이 지주가 되어 병작반수(竝作半收)의 방식으로 경영되는 장토이고, 민결면세지는 궁방·아문이 수조권(收租權)만을 할양받은 것이므로 소유권은 개인에게 귀속되어 있는 민전이다. 매득지와 민결면세지의 소유권은 궁방과 개인에게 분명하게 귀속되어 있다. 그러나 문제의 절수·사여지에는 독특한 소유관계가 형성된다. 조선 후기 토지소유 구조에 대한 연구는 바로 이 부분을 분석하는 데 집중되어 왔다.[1]

1 궁장토의 종류에 대해, 安秉玽는 永作宮屯型, 조세 200두형 또는 常稅倍徵型, 국가지급형으로 구분했다. 국가지급형은 민결면세지를 의미하고, 영작궁둔형은 그 조성 경위가 매득으로부터 사여·절수에 의한 개간 등으로 다양하지만 궁방에서 소유권을 가진 것으로 설명했다(安秉玽, 『朝鮮近代經濟史硏究』,

연구사의 성과는 장토 성립의 기원, 절수·사여의 대상, 시간적·공간적 차이, 정책과 관행의 변화 등에 따라 소유구조가 다양하다는 점을 말해 준다. 이전의 연구에서 부족한 점을 지적한다면 절수·사여지의 복잡성을 해결하기 위한 사례연구를 밀도 있게 시도하지 못했다는 점이다. 특히 장토의 기원 과정을 구체적으로 해명하지 못했다. 지역을 제한하여 시간적 변동을 추적하는 구체적 연구도 부족하다. 황해도 재령 여물평장토를 사례로 한 연구는 19세기를 다룰 뿐, 장토의 기원에까지 미치지 못했다. 장토의 기원을 해명하지 않고서는 절수·사여지의 소유관계, 그리고 거기서 비롯된 지대 또는 지세의 수준을 이해할 수 없다. 지대 또는 지세의 수준을 궁방·아문과 개간자 사이에 형성된 힘의 대결로 설명한 연구도 있는데, 이것은 기원에 대한 이해의 부족 때문이다. 절수·사여지에 존재하는 소유권의 존재 방식을 장토의 기원에서부터 시작하여 경영 방식, 생산물 분배, 소유권 이전에 이르기까지 다양한 사례를 검토하는 작업이 필요하다.

日本評論社, 1975, 64-70쪽). 이영훈은 유토면세 및 영작궁둔이 사실상 민전이라고 보았다(이영훈, 『조선후기 사회경제사』, 한길사, 1988, 제3장 「궁방전과 아문둔전의 전개과정과 소유구조」 참조). 박준성은 민결면세지, 급가매득지, 절수지로 구분하고, 절수지를 조100두형과 조200두형으로 구분한다. 그러나 급가매득지와 사패지를 영작궁둔으로 동일하게 취급한다(박준성, 「17·18세기 궁방전의 확대와 소유형태의 변화」, 『한국사론』 11, 서울대학교 국사학과, 1984). 필자는 민결면세지(무토)는 민전, 급가매득지는 궁방의 소유지로 보고, 유토면세지를 '조100두형'과 '조200두형'으로 구분하여 고찰하되, 조200두형을 '영작궁둔'으로 파악한다. 조200두형에 대해서는 이 책의 제8장 참조. 기타 관련된 연구로는 도진순, 「19세기 궁장토에서의 중답주와 항조: 재령 여물평장토를 중심으로」, 『한국사론』 13, 1985; 宮嶋博史, 『朝鮮土地調査事業史の研究』, 東京大學 東洋文化研究所, 1991, 제2장 「李朝時代における收租權的土地支配の展開過程」; 송양섭, 『조선후기 둔전 연구』, 경인문화사, 2008 참조.

이런 점을 염두에 두고 이 장에서는 장토의 기원을 분명하게 확인할 수 있는 사례로서, 무주진황지(無主陳荒地)임이 분명한 해안의 간석지(干潟地)를 선택했다. 서남 해안의 간척은 옹진반도, 강화도, 경기만, 아산만, 천수만, 현재의 새만금 지역, 신안군 도서 등지에서 활발했다.[2] 고려정부의 강화도 천도 때 간척이 이루어진 이후 조선시대, 특히 조선 후기에는 서해안 지역 개간이 매우 활발했다. 환기전(還起田)인지 신기전(新起田)인지 구별하기 어렵고, 개간 후 3년이 지나 사실상의 민전으로 전환한 것인지 민전을 투탁한 것인지 구별하기 어려운 내륙의 개간지와는 달리, 간척지(干拓地)는 신기전의 성격을 지닌 무주지(無主地)임이 확연하여 여러 가지 분석에 편리한 장점을 지닌다.

연구의 대상인 석장둔(石場屯)은 1720년부터 안산과 인천의 경계에 깊숙이 들어온 갯벌을 막아 제언을 쌓은 뒤 그 안쪽을 개간한 둔토이다. 간석지를 절수받아 석장둔으로 개간한 진휼청(賑恤廳)에서는 작답(作畓) 과정에 노동력과 자금을 투입한 사람들에게 토지소유권을 제공하고 절수 개간의 대가로 결당(結當) '조(租) 100두', 즉 미(米)로는 40두를 수취했다. 마침 이 석장둔의 양안이 남아 있고 양안상에 첨부된 상지(裳紙)에는 납세자가 기재되어 있어서 석장둔의 소유관계와 수취관계를 파악할 수 있는 양호한 조건을 지니고 있다. 이를 통해 '조100두형' 둔토의 성립과 경영의 양상을 확인할 수 있다.

문제는 이렇게 성립된 조10두형 장토인 석장둔이 갑오개혁 이후 국유지 정리 과정에서 어떤 대우를 받았는가 하는 점이다. 다양한 소유 구조를 불문하고 갑오개혁 이후 정부는 역토·둔토·궁장토를 통합하여

2 박영한·오상학, 『조선시대 간척지개발』, 서울대학교출판부, 2004, 23쪽.

일원적으로 관리하려는 지향을 보였다. 이전의 연구는[3] 장토의 성립 기원이 상이하고 기본적으로 종류가 다른 역토·둔토·궁장토를 모두 섞어, 갑오개혁 이후 정부의 정책을 지주경영의 강화로 단순하게 평가한 점에 문제가 있다. 공간적으로 파편화되고 시간적으로 분리된 사례들을 모아 종합하는 과정에서 실제와 괴리되기도 하고, 정책적 조치에 치중하여 실제 실현 여부를 확인하지 못한 경우도 적지 않았다. 동일한 지역에서 장기적으로 관찰할 수 있는 사례연구를 통해 검증하는 것이 필요하다. 구체적인 사례를 가지고 장토의 기원과 구조를 밝혀내고, 그것이 갑오개혁 이후 국가적 관리의 과정에서 어떻게 개편되고 일제의 국유지조사에서 어떠한 판정을 받았는지 추적할 필요가 있다. 석장둔은 장기변동을 추적할 수 있는 사례연구의 대상으로 적격이다.[4]

---

3 김용섭, 「한말에 있어서의 중답주와 역둔토지주제」, 『동방학지』 20, 연세대학교 국학연구원, 1978; 배영순, 「한말 역둔토조사에 있어서의 소유권 분쟁」, 『한국사연구』 25, 한국사연구회, 1979; 박찬승, 「한말 역토·둔토에서의 지주경영의 강화와 항조」, 『한국사론』 9, 1983; 박진태, 「대한제국 초기의 국유지 조사」, 『대한제국의 토지조사사업』, 한국역사연구회 토지대장연구반편, 민음사, 1995; 김양식, 『근대권력과 토지』, 해남, 2000.

4 필자는 석장둔 사례를 통해 18세기 초반부터 20세기 후반에 이르기까지 250년에 걸친 토지소유의 장기변동을 『토지소유의 장기변동』(경인문화사, 2018년 간행 예정)이라는 별도의 저서로 준비하고 있다. 그렇지만 이 책 제8장의 '조200두형' 궁장토 사례와 비교하기 위해서는 '조100두형' 둔토의 사례를 소개하지 않을 수 없다. 그래서 불가피하게 '조100두형' 석장둔 사례의 핵심적인 내용을 제7장으로 요약해 두기로 한다. 이 장은 필자의 다음 논문들을 토대로 한 것이다. 이영호, 「안산·인천 석장둔양안의 토지정보와 성격」, 『규장각』 35, 서울대학교규장각한국학연구원, 2009; 「조선후기 간척지의 소유와 운영: 경기도 안산·인천 석장둔 사례」, 『한국문화』 48, 서울대학교 규장각한국학연구원, 2009; 「한말~일제초 근대적 토지소유권의 확정과 국유·민유의 분기: 경기도 안산 석장둔의 사례」, 『역사와 현실』 77, 한국역사연구회, 2010.

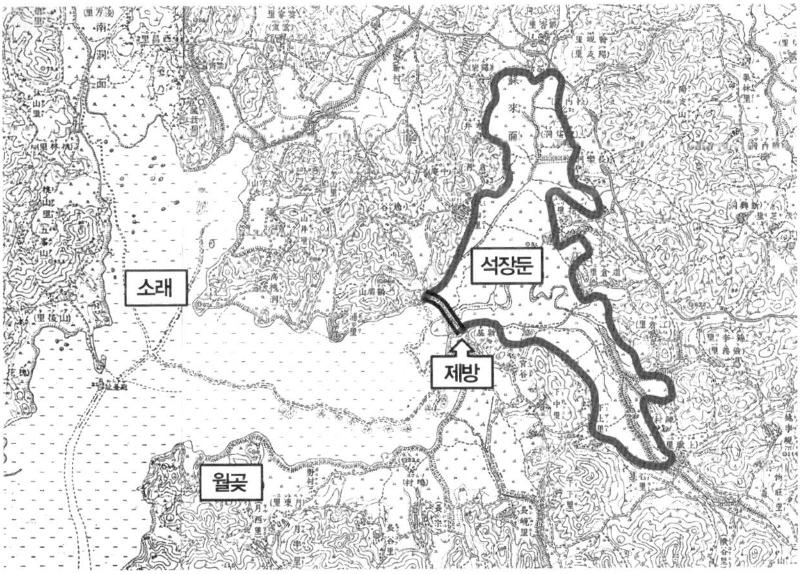

〈그림 7-1〉 1918년 석장둔 부근 지도

2. 조선 후기 석장둔의 형성과 변천

1) 석장둔 간척과 토지소유권 발생

1720년 진휼청 당상 민진원(閔鎭遠)은 재정을 확충하려는 정책의 일환으로 안산과 인천의 경계에 있는 갯벌을 간척해 석장둔을 조성하는 사업을 추진했다. 그는 강화유수로 재임할 때인 1707년 이미 강화도 선두포(船頭浦) 간척에 성공한 경험이 있어서 간척을 통한 재원의 확상방법을 익히 알고 있었다.[5] 진휼당상 민진원이 1720년 안산과 인천의 경계

5 이영호, 「강화도 船頭浦築堰始末碑의 내용과 가치」, 『박물관지』 3, 인하대학

에 대규모 간척사업을 추진한 경과는 다음 자료에 선명하게 나타나 있다.

> 이교악(李喬岳)이 진휼청의 일로 아뢰다. 진휼청의 씀씀이는 넓고 많은데 축적은 말랐습니다. 원래 세입이 없어서 경보추이(牽補推移)할 때 궁색하기가 이를 데 없습니다. 안산과 인천 두 읍의 경계에 축언작답지처(築堰作畓之處)가 있어서 감관을 따로 정하고 고군(雇軍)하여 공사를 진행해 이제 완성되었습니다. 서울에 가까운 곳에서 수백 석 전답을 얻게 된 것은 진실로 다행한 일입니다. 폐언방축자위주(廢堰防築者爲主)라는 원칙은 전후의 사목에 거듭 밝힌 바인데, 주민들이 신축언내진황지지(新築堰內陳荒之地)를 혹은 양부(量付)를 칭하고 혹은 세전(世傳)을 칭하면서 여러 가지로 핑계를 대고 진휼청에 올리고자 하지 않으니 놀라 자빠질 지경입니다. 또 경외원경자(京外願耕者)들이 분란을 일으켜 취사선택하기도 어렵습니다. 지금 도랑을 파서 안쪽에 있는 물을 빼내는 공역이 많이 남았기 때문에 원경자로 하여금 부역(赴役)하도록 하고, 그 부역의 다소를 계산하여 차등 분급하도록 하고, 인천과 안산의 향색배(鄕色輩)들이 중간에서 농간을 부리는 폐가 없도록 하기 위해 진휼청의 낭청을 급히 내려보내 친히 적간하게 한 후 (몇 자 불명: 필자주), 부역형지(赴役形止)를 살펴 차등 분급하고 영속본청(永屬本廳)하게 (몇 자 불명) 하면 어떻겠습니까? 하니 그렇게 하라고 하다.[6]

위의 기사를 통해 다음과 같은 점을 확인할 수 있다. 첫째, 간척의 목적은 진휼청의 재원 확보에 있다는 점이다. 진휼청 재원 확보를 위해

교 박물관, 2000 참조.

6 『承政院日記』 景宗 원년(1721) 12월 6일.

안산과 인천 사이에 수백 석의 경지를 만들 수 있는 축언작답지처를 발굴했다는 것이다. 민진원은 1707년 강화도 선두포에 축언하여 개간하면서 경기만 일대 간석지의 개간 가능성을 충분히 알고 있었다. 안산과 인천의 경계에 조그만 강들과 바다가 만나는 양쪽 언덕을 막으면 천 석에 가까운 경지를 언을 수 있는 곳에 대한 정보를 얻었을 것이다.

둘째, 토지소유권과 관련하여 제언 안쪽의 소금기 가득한 물을 빼내는 작업 등 작답 과정에 원경자(願耕者)를 동원하고 그 성과에 따라 토지를 차등 분급하는 원칙을 마련했다. 축언한 자가 주인이 된다는 점을 강조하고 원경자에게 차등 분급하면서도 이 토지를 진휼청에 소속시켰다.

그렇다면 진휼청은 석장둔에 대해 어떠한 권리를 가졌으며, 석장둔 개간에 참여한 사람들은 또 어떠한 권리를 얻었을까? 진휼청에서는 개간자에게 입안(立案)을 발급하여 소유권을 인정해 주었다. 그리고 개간자는 토지소재지인 안산과 인천의 지방관에게서도 입지(立旨)를 발급받아 소유권을 보장받았다. 한 가지 예로 진휼청에서 안산의 김삼창에게 발급한 입안을 소개하면 다음과 같다.[7]

(賑恤廳堂上手決踏印立案)

安山 金三昌處 立案

右立案爲成給事 本廳堰内是在 安山 天字 第十五畓 一卜三束 宇字 八畓 三卜三束 九畓 三卜 十畓 三卜四束 玄字 六十四畓 一卜一束 等庫乙 自起耕食是如乎 日後或有他人雜談之弊是去等 依節目施行爲乎旀 任放賣傳子孫事 立案成給事

賑恤廳 (手決)

乾隆十年 乙丑 十二月 日 (踏印)

---

7 『圖書文績類』(규장각 19299-52), 朴參判宅奴金太伊前明文 참조.

이 입안은 개간 작답에 성공한 김삼창의 안산 석장둔 5필지에 대해 진휼청당상이 1745년 12월 수결을 하고 도장을 찍어 발급한 것이다. 입안은 김삼창이 자기가 개간한 땅에 대한 권리를 가지고 있다는 확실한 증거였다.

개간에 성공한 최초의 소유자는 스스로 개간하여 작답에 성공한 뜻을 담은 '자기경답주(自起耕畓主)'라는 표현을 사용했다.[8] 자기경답주는 진휼청과 지방관으로부터 입안이라는 형식으로 토지소유권의 공증 또는 법인을 받음으로써 소유권의 법적 안정성을 확보하고, 이를 바탕으로 상속과 매매를 자유롭게 할 수 있었다. 이렇게 개간이 완료되어 『석장둔양안』이 작성됨으로써 '석장둔'의 명칭은 공식화되었다.[9]

2) 토지소유와 수취 관계

안산과 인천에 설치한 석장둔은 어떻게 운영되었을까? 석장둔 간척을 주도한 진휼청은 장토를 경영할 수 있는 조직을 갖추지 못한 중앙아문으로서 직접경영보다는 적절한 수준의 수세를 통해 재원을 확보하려는 소극적 입장에 있었다. 그렇기 때문에 석장둔의 작답 과정에 민간인을 대거 모집하고 그들에게 토지소유권을 부여하는 방식을 취했던 것이다. 양안은 행정구역별로 안산군과 인천도호부에서 각각 작성하여 엄격하게 구분했지만, 농장의 관리는 진휼청의 지시를 받은 둔소(屯所)에서 담당했을 것으로 짐작된다.

---

8 국사편찬위원회 소장 고문서, 乾隆 12년(1747) 丁卯 ○○ ○○○ 鄭世徵前明文(自起耕畓主 林次奉); 乾隆 13년(1748) 戊辰 3월 12일 鄭世徵 前明文(自起耕畓主 林次奉) 참조.

9 『安山石場屯量案』(규장각 18997); 『仁川石場屯量案』(규장각 18996).

진휼청이 석장둔에서 수취하려는 것은 무엇이며, 어느 정도 수준의 것이었을까? 궁장토·둔토 가운데 민결면세지, 급가매득지와 같이 소유권의 소재가 명확한 것을 제외하고, 소유관계가 종종 중층성을 형성하는 절수·사여지의 경우 지대의 양에 따라 '조200두형(租200斗型)'과 '조100두형(租100斗型)'으로 구분할 수 있다.

조200두형은 1795년 을해정식(乙亥定式)에 의하면 조 200두를 납부하는 장토로서 효종조에 사여(賜與)된 창원 용동궁장토의 사례를 기준으로 한 것이다.[10] 조200두형은 궁방이 소유권을 행사한다는 점을 강조한 '영작궁둔(永作宮屯)'의 개념으로 표현되기도 했는데, 중간지주(중답주)가 끼어 있는 경우가 많았다. 반면 조100두형은 절수·사여지 개간 과정에서 민전화되었지만 소속 궁방과 아문의 통제를 받고 지세 수준으로 납세하는, 민전에 근접한 장토이다.

지대 또는 지세수납의 수준을 기준으로 궁방과 아문의 장토를 구분하면, 결당 미 23두를 납부하는 민결면세지, 조 100두를 납부하는 장토, 조 200두를 납부하는 영작궁둔, 매득에 의해 형성된 지주적 소유지로 나눌 수 있다. 석장둔은 조100두형의 장토에 속한다. 석장둔을 소유한 개인이 토지소유권을 행사하여 자유로 매매하면서도 일반 민전의 미 23두가 아니라 미 40두에 해당하는 조 100두를 납세한다는 사실은, 석장둔의 소유자들이 일반 민전과는 달리 소유권을 행사하는 데 제약이 될 가능성을 내포한다. 그것은 장토의 소유관리 체계를 개편하는 시점에서 문제가 될 것이고, 실제 갑오개혁 이후에 그렇게 되었다.

처음 진휼청에서 관리하던 석장둔은 정조가 수원에 설치한 장용영(壯勇營)으로 이전되었다가, 정조 사후 1802년 장용영이 폐지될 때 수원

10 이 책의 제8장 참조.

부 총리영(摠理營)에 소속되었다. 갑오개혁에 이르기까지 수원부 총리영에서 석장둔에서 조 100두를 수취하여 재정에 충당했다.[11]

3. 갑오개혁 이후 토지조사와 석장둔의 위상 변화

1) 갑오개혁기 탁지부의 둔토조사와 석장둔

갑오개혁에 의해 역토·둔토·궁장토에 대한 면세조치는 철회되었고, 이에 따라 모든 토지에 결세(결전)가 부과되었다. 종전의 민결면세지는 민전으로 환원되므로 탁지부에 결세를 납부하면 되고, 급가매득지도 궁방이나 아문이 종래와 같이 토지를 소유하면서 결세를 납부하면 문제가 해결되겠지만, 조100두형과 조200두형은 복잡한 문제에 봉착하게 된다. 단순화해서 생각해 보면 탁지부에 결세를 납부하게 됨으로써 조 100두 또는 조 200두에 포함되었을 것으로 상정할 수 있는 결세 부분을 어떻게 처리할 것인가, 즉 덜어질 것인지 추가될 것인지의 문제가 발생했다. 추가될 경우 당시 광범하게 문제되었던 '일토양세(一土兩稅)'가 되는 것이었다.

출세의 문제는 납세액 문제에 그치지 않고 토지에 대한 권리의 크기 또는 소유권의 귀속과 밀접하게 관련되므로, 사실 토지소유권에 대한 사정(査定) 없이는 해결하기 어려운 문제였다. 그렇지만 갑오개혁과 그 이후 대한제국의 역토·둔토·궁장토 정책은 토지소유권 개념의 재정립 및 그에 의거한 사정을 실시하지 않았다.

11 『국유지조사서(抄)』 '총리영'.

조100두형인 석장둔도 이러한 출세의 문제에 봉착했다. 1895년 가을, 인천과 안산의 석장둔민은 민결의 예에 따라 '결전(結錢)'을 내겠다고 하면서 납세를 거부했다. 그들은 이제까지 조 100두를 호조가 아닌 진휼청이나 수원부에 납세했을 뿐, 석장둔이 민전처럼 자유롭게 매매 상속해 오던 사유지라고 판단하고, 출세조치에 따라 민결면세지처럼 결전을 납부하겠다는 입장을 지녔다. 결당 조 100두(미 40두)가 아니라 결당 미 23두에서 산정된 결전을[12] 납세할 것을 주장함으로써 석장둔의 민전화를 꾀한 것이라고 평가할 수 있다. 반면 석장둔을 관리하게 된 탁지부에서는, 민유지에 비견하면 수원부(華營)는 전주(田主)인 셈이므로 탁지부에 결세를 내더라도 전주에게도 '도조(賭租)'를 납부해야 하는데 하물며 '세미(稅米)'를 납부하지 않으려 한다고 화를 냈다.[13]

여기서 조 100두를 어떻게 해석할 것인가 하는 문제가 나온다. 간략하게 정리해 보자. 17세기 궁방의 무분별한 절수지가 폐단을 낳자, 조정에서는 절수지를 대거 폐지·정리하면서 남은 일부 절수지는 창원 용동궁장토의 예에 따라 결당 조 200두를 부과하고 이를 영작궁둔(永作宮屯)이라 했다. 영작궁둔은 궁방의 완전한 소유지라는 수사(修辭)로 사용되기도 하지만, 절수지를 폐지한 대신 설치한 급가매득지와는 기원을 달리하는, 조200두형의 장토였다. 이때 새로 설치된 민결면세지는 전세, 대동, 각종 잡비를 합하여 결당 미 23두를 납세하는 것으로 되었다. 그런데 조100두형 장토의 기원은 분명치 않다. 이전의 연구에 의하면 영작궁둔인 창원 용동궁장토의 조 200두 가운데 조 100두를 '면세조(免稅條)'라고 한 점, 결세를 정규세와 부가세를 모두 합해 조 100두(즉

12 이영호, 『한국근대 지세제도와 농민운동』, 서울대학교출판부, 2001, 79-91쪽.

13 『公文編案』(규장각 18154-9책) 1895년 11월 13일 훈령.

미 40두)에 해당한다고 보는 다산 정약용의 견해에서 볼 때 조100두형은 사실상 민전이라는 것이다.[14] 그러나 조100두형이 사실상 민전이라 하더라도 미 23두를 납세하는 민결면세지와는 분명 차이가 있다는 점을 염두에 두지 않으면 안 된다. 세액의 차이는 그만큼 장토의 위상에 영향을 미치지 않을 수 없는 것이다.

농상공부에서는 1895년 9월부터 전국 22개 관찰부에 사판위원(査辦委員)을 파견하여 역토(驛土)를 조사했다. 탁지부와 궁내부에서는 1896년 2월 소관 둔토의 조사를 농상공부에 의뢰했다. 이들 조사를 '을미사판(乙未査辦)'이라 하는데, 실결(實結)을 파악하고 경지의 작인(作人)을 조사하며 금납지대의 성격을 지닌 도전(賭錢)을 책정하여 국가에 의한 지주제적 경영을 지향한 조치로 평가된다.[15]

과연 석장둔은 이 고비를 어떻게 넘기고 있는가? 안산 석장둔의 경우 1896년 4월 인천부사판위원 이태래의 주관하에 필지별로 일일이 도조를 책정했는데, 절반 이상의 면적에서 도조를 인상 책정한 결과를 초래했다. 토지에 대한 처분이 자유로우면서 조 100두를 납세하던 석장둔에서 도조로 인식될 만큼 납세액이 상승한다면, 그것은 국가소유지가 될지 민간소유지가 될지 갈림길에서 일단 국가소유지로 기울어질 위기에 직면했음을 의미한다. 장토의 성립 기원이나 소유구조를 면밀하게 확인하지 않고, 장토를 통합하고 획일화하는 방식으로 일원적 관리를 지향했던 을미사판의 문제점이 여기서 드러난다.

그러나 석장둔의 경우 을미사판에서 책정된 도조가 실제로 수취된

---

14 박준성, 앞의 논문, 1984; 이영훈, 앞의 책, 1988, 제3장 참조.

15 배영순, 앞의 논문, 1979, 72-76쪽; 박진태, 「갑오개혁기 국유지조사의 성격」, 『성대사림』 12·13, 성대사학회, 1997, 258-265쪽; 김양식, 앞의 책, 2000, 66-71쪽.

것은 아니었다. 석장둔민이 갑오개혁과 을미사판을 거치면서 조 100두의 납세를 결세(결전) 수준으로 낮추어 민전으로 전환하는 데 성공하지 못한 것처럼, 정부에서도 도조를 인상 책정하는 데 성공하지 못했다. 종래의 납세 수준이 유지되면서 다음 단계의 소유권 사정을 기다리는 상황에 놓였다.

2) 대한제국기 내장원의 둔토조사와 석장둔

황제권의 강화를 꾀한 대한제국과 민권의 신장을 추구한 독립협회의 갈등은 결국 1898년 말 대한제국의 독립협회 탄압으로 결말이 났다. 1899년 8월 대한제국은 대한국국제(大韓國國制)를 제정하여 황제의 전제군주권을 강화하고 법제화했다. 이때 궁내부의 재정기관인 내장사(內藏司)를 내장원(內藏院)으로 승격하여 황실의 각종 재원을 여기에 모두 결집시키고, 이 재원을 황실의 운영 및 황제 중심의 개혁에 필요한 자금으로 활용하고자 했다. 궁장토는 궁내부 각 궁에 소속되면서 내장원의 통제를 받았고, 역토와 둔토·목장토는 모두 내장원으로 귀속된 후 '광무사검(光武査檢)'을 받았다.[16]

그런데 이때 석장둔은 "도지매부4승식이례(賭地每負四升式已例)"라고 하여 결당 미 40두(조 100두)를 납부했다.[17] 이것은 갑오개혁 이전 석장둔에서 수원부 총리영에 납세하던 수준 그대로다. 갑오개혁 이후 국가의 모든 토지에 대한 면세를 폐지하여 결세(결전)를 부과했음에도 불

16 배영순, 앞의 논문, 1979, 76-78쪽; 박진태, 앞의 논문, 1995; 김양식, 앞의 책, 2000, 71-80쪽.

17 『宮內府所管京畿安山郡各屯土查檢案』[궁내부 사검위원, 1899년 9월, 『經理院驛屯土成冊』(규장각 21046)에 수록].

구하고, 석장둔에 결세인 미 23두에서 비롯된 결전을 추가로 부과하지 않고 갑오개혁 이전 부과하던 결당 조 100두인 미 40두를 그대로 부과하고 있다. 조 100두 외에 별도의 결전을 부과해야 '일토양세'가 되는 것인데, 석장둔에서는 결당 미 40두만을 부과했다.

을미사판에서 석장둔의 각 필지를 상·중·하 3등으로 구분하여 도조의 책정 및 인상을 시도한 것과는 달리, 광무사검에서는 갑오개혁 이전처럼 미 40두를 납세하게 한 점을 주목해야 한다. 대한제국 광무사검의 기본 방침 중 하나는, "이전 위원이 아주 낮게 도조를 책정한 곳은 둔민을 초치 설득하여 다시 협의하여 도조를 인상할 것"이었다.[18] 이것은 장토의 성립 기원이나 거기서 비롯된 납세 관행을 무시하고 그것을 지대 수준으로 인상하도록 강제한 규정이다.

이전의 연구에서는 이러한 광무사검의 방침을 공토확대 정책이라고 평가했다. 공토로 일단 편입되면 민유지로 환급될 기회는 거의 없었다. 중답주도 인정하지 않아 궁장토, 공토의 소유권이 일방적으로 궁방, 국가기관에 귀속되어 갔다고 이해되어 왔다. 그러나 석장둔의 사례는 이와 다른 결과를 보여준다. 대한제국기에도 갑오개혁 이전과 동일한 수준의 부담을 지고 있었다. 여전히 근대적 토지소유권의 개념에 입각한 사정이 이루어질 때를 기다리고 있는 모습이다. 석장둔 사례에서는 대한제국이 공격적 공토정책을 추진하여 내장원의 둔토를 확대하고, 지대를 인상하여 지주경영을 강화한 양상을 찾을 수 없다.

18 배영순, 앞의 논문, 1979, 76-77쪽.

4. 일제의 토지조사와 석장둔 처리

1) 통감부의 역둔토 국유지 정리와 석장둔

한국의 내정을 장악한 일제는 1907년 7월 임시제실유급국유재산조사국(臨時帝室有及國有財産調査局)을 설치하여 궁내부 소관의 각종 전답과 경리원(經理院, 내장원의 후신) 소속의 역토·둔토·목장토 등을 조사하기 시작했다. 그리고 1908년 7월 탁지부에 임시재산정리국(臨時財産整理局)을 설치하고, 경리원에 소속된 모든 역토·둔토·목장토, 궁내부에 속했던 왕실의 모든 궁장토를 역둔토로 통합하여 국유지화했다. 역둔토=국유지는 탁지부 임시재산정리국에서 관장하며, 탁지부 산하의 각 지방 재무감독국에서 지세는 면제하고 역둔도(驛屯賭)를 수취하는 것으로 되었다. 이를 위해 소작인으로부터 신청을 받아 5년 이내의 소작 계약을 맺도록 했다. 계약을 맺은 소작인은 역둔토대장에 소작료의 종류, 수량 및 금액을 함께 등재하며 이를 타인에게 양도·매매할 수 없도록 했다.[19] 1908년 가을 경상도에서부터 시작된, 민유지에서의 결수신고서의 제출에 의한 결수연명부(結數連名簿)의 제작과 짝하여 자연스럽게 전국의 토지는 국유지와 민유지로 구분되었다.

이렇게 다양한 성립 기원에 의해 형성된 장토가 일괄적으로 국유지에 편입됨으로써 토지소유에 대한 다양한 권리는 무시되었다. 탁지부에서는 임시재산정리국을 통해 1909년 6월부터 1910년 9월까지 역둔토실지조사를 수행하여 토지의 국유화를 명확히 하고자 했다.[20] 1909년

---

19 大丘財務監督局, 『隆熙二年大邱財務監督局財務一斑』, 1908, 131-136쪽.
20 朝鮮總督府, 『驛屯土實地調査概要』, 1911.

5월 '탁지부소관국유지실지조사절차'를 발표했는데, 여기서 국유지는 "역둔토, 각궁장토, 능원묘(陵園墓) 부속토지 및 기타 국유지"로 규정됨으로써 역둔토와 궁장토는 '국유지'로 확정되었다.[21] 국유-민유의 여부를 가릴 수 있도록 역둔토를 종류별·필지별로 사정하는 것이 국유지 조사의 핵심이어야 했지만, 역둔토실지조사는 개별 필지에 대한 국유-민유 사정을 목적으로 하지 않고 잘못 편입된 국유지를 가려 민유화하는 조치를 하지도 않았다. 역둔토실지조사의 목적은 중답주를 제거함으로써 국가의 소유지임을 확정하고자 하는 데 있었다.

역둔토실지조사는 소유에 관련된 사람들의 저항과 국유-민유 분쟁으로 말미암아 조사를 마무리짓지 못하고 1910년 8월 토지조사법 제정 이후 토지조사사업 대상으로 넘겨졌다. 일제의 역둔토 관리 및 국유지 조사에 따라 대한제국 정부의 공토 및 궁장토 목록에 올랐던 각종 역토·둔토·목장토·궁장토를 모두 국유지 목록으로 이관했다. 일지일주(一地一主)의 근대적 토지소유권에 의한 사정 없이 이루어진 국유지 편입은 조선시대 개간 과정에서 형성된 토지소유권의 중층적 분할이나, 사적 소유권에 근접한 소유에 대한 권리를 배제하는 결과를 초래했다. 역둔토조사에서 중답주를 배제한다는 명목하에 실제 소유자를 배제함으로써 목록에 있는 것은 모두 국유지화되었다.

이 과정에 안산 석장둔도 휩쓸려 들어갔다. 역둔토 국유지에서 소작 계약을 강요받았을 때 석장둔민은 어떠한 태도를 보였을까? 석장둔민은 석장둔을 사유지로 인식하고 있었지만, 석장둔은 내장원에서 결당 미 40두의 도미(賭米)를 수취하고 있어서 내장원 관리목록에 수록되어

21 『度支部公報』 65호, 탁훈령제59호 융희 3년(1909) 5월 26일 度支部所管國有地實地調査節次.

있었다. 자연히 석장둔도 역둔토에 포함되었을 것이다. 석장둔민이 역둔토임을 인정하고 소작신고서를 제출하여 소작 계약을 맺는다면 그것은 토지소유에 대한 권리를 포기하는 것을 의미할 것이다. 결당 미 23두의 민결면세지와는 달리 결당 미 40두를 납세하던 조100두형의 장토는 갑오개혁 이후 민결로 인정받지 못하고 현상유지되다가, 일제 통감부의 역둔토 통합과 새로운 국유지 개념의 설정을 계기로 조선총독부 토지로 통합되었다. 민결로 인식되던 조100두형조차 근대적 토지소유권 개념에 입각한 민유지로 되기는 쉽지 않았다.

2) 토지조사사업에서 석장둔 분쟁과 처리

토지조사사업에 직면하여 석장둔민은 어떻게 행동했을까? 석장둔민은 자기 소유라고 토지신고서를 제출했을 것이다. 토지조사부에 의하면 이들 석장둔은 분쟁지로 기록되어 있다. 분쟁지의 신고일은 안산군 하중리의 경우 1910년 9월 21일, 하상리는 9월 22일이었다. 9월 15일에 고시하여 12월 15일까지 토지신고서를 제출하라고 했는데, 신고 시작 1주일도 안 되어 같은 날 일제히 토지신고서를 제출한 것이다. 물론 일반 민전도 같은 날 신고되었으므로 석장둔민만 조급했다고 볼 수는 없겠다. 그러나 분위기는 심상치 않았다고 여겨진다. 이 분쟁지가 바로 석장둔이다. 안산군에서 국유지를 임시토지조사국에 통지한 날은 하중리는 1911년 7월 9일, 하상리는 6월 26일이었다. 석장둔에 대한 국유지통지도 이때 이루어졌을 것이다. 안산군에서는 석장둔이 둔토로서 역둔토에 편입되어 있었으므로 절차를 밟아 국유지통지서를 제출했을 것이다.

안산군에서 국유지통지를 하기 이전에 이미 분쟁은 발생했다. 국유지의 통지는 1909~1910년 실지측량을 통해 작성된 역둔토대장에 등록된 내용을 일괄 기재하여 통지하는 것인데, 이것은 이미 평수로 측량되었고 역둔토지도를 통해 위치도 확인된 것이다. 석장둔도 이 역둔토지도와 역둔토대장에 포함되었을 것으로 보는 것이 온당할 것이다. 국유지는 소작인이 신고하는 것이 아니고, 소관관청이 스스로 소유한 장부에 기초하여 토지조사국에 통지함으로써 신고를 완료한다.

석장둔민은 소작인으로서가 아니라 토지소유자로서 토지신고서를 제출하고, 이에 맞서 안산군에서는 석장둔 국유지통지서를 토지조사국에 통지함으로써 국유-민유 분쟁이 발생했다. 분쟁 진행 과정에 관한 자료는 확인되지 않지만, 분쟁의 결과에 대한 신문의 보도는 다음과 같다.

> 이용익이 내장원경으로 재임하던 때 인천 급 안산 등지의 민유전답을 국유지로 편입하여 석장둔토라 하고 몇 년간 도조를 징출하였다. 그 땅 인민들은 그 원억함을 인하여 연래로 소관관청에 청원 환추코저 한다더니, 경기도 재무부에서는 그 실지를 조사하고 인민에게 환 출급하기로 협의 중[22]

보도는 석장둔이 내장원에 편입되어 도조를 납부하여 국유지화되었다고 했지만, 앞에서 분석해 본 바와 같이 내장원에 편입되었을 때 그것이 국유지로 된 것도 아니고, 도조를 납부한 것이 아니라 갑오개혁 이전과 마찬가지로 결당 미 40두를 납부하고 있었을 뿐이었다. 대한제국의 공격적 공토정책이라는 통설과는 달리, 석장둔의 사례를 통해서 볼 때 내장원은 둔토의 기원과 관행을 무시하고 일방적으로 도조를 인상한 것은 아니었다. 내장원과 궁내부가 관장하고 있다는 점에서 공토목록에 올라갔을 뿐이었다. 대한제국 정부는 공토목록에 올라온 역토·둔토·

---

22 『매일신보』 1911년 2월 17일 '안산 석장둔토 환급'.

궁장토를 어떤 방식으로 사정하여 일지일주의 근대적 토지소유권을 확정할 것인지 법률적 준비와 행정적 조치를 하지 못하고 있었다. 그러한 상황에서 공토목록에 등록된 장토를 원칙을 정하여 사정하지 않고 일방적으로 국유지화한 것은 일제의 역둔토 창출과 그 조사사업에서였다. 둔토나 궁장토를 관리하던 도장(導掌)에 대해서는 보상하는 반면 중답주(中畓主)는 제거한다는 원칙을 고집하면서 성립 기원을 달리하는 토지를 역둔토로 통합하고 소작신고서의 제출을 강제했던 것이다. 그때부터 분쟁은 시작되었는데, 석장둔의 경우 장토의 연원과 세미(稅米) 납부가 너무 분명했고 석장둔민들도 적극 항의했을 것인데, 그때에는 환급되지 않았다. 토지조사사업을 통해서 분쟁화된 뒤 비로소 민유지로 환원되었다.

토지조사사업의 분쟁처리를 통해 석장둔이 민유지임이 확인되어 석장둔의 각 필지는 안산군 수암면 『토지조사부』에 등재되었고, 비고란에 분쟁이 있었음도 기재되었다. 석장둔의 소유자들은 토지신고일 기준으로 소유권을 인정받았다. 민결 수준의 조100두형 둔토조차도 갑오개혁 이후 세미를 궁방이나 내장원에 납부했다는 이유로 별도의 사정 없이 역둔토 국유지에 편입되었고, 어려운 분쟁 과정을 넘어선 이후에야 겨우 소유권을 회복할 수 있었다.

5. 맺음말

이 장은 중앙아문인 진휼청에서 안산과 인천의 경계에 넓게 형성된 갯벌을 절수하여 간척한 석장둔(石場屯)을 사례로, 조100두형 둔토의 탄생과 소멸의 전 과정을 요약 정리한 것이다. 간석지 개간 과정에서 소유권이 발생하는 양상을 고찰했고, 갑오개혁 이후 둔토정책의 변화 속에서 근대적 토지소유권으로 확정되어 가는 과정을 검토했다. 중요한 결론을 정리하면 다음과 같다.

석장둔 간척은 1707년 강화도 선두포를 간척한 경험을 지닌 진휼청 당상 민진원에 의하여 추진되었다. 1720년 제방을 쌓는 것으로 간척이 시작되었지만 염분제거 등 작답의 기술적인 공정에 노동력과 시간이 많이 소요되었는데, 자금과 노동력을 제공하여 개간한 자에게 소유권을 허용함으로써 비로소 작답을 완료할 수 있었다. 개간자는 개간 토지를 진휼청과 지방관에 입안을 요청하여 소유권을 확인받았다. 최초의 개간자는 '자기경답주(自起耕畓主)'라고 하여 완전한 소유권을 획득했고, 그 토지를 자기 의사대로 상속·매매할 수 있었다. 기경자에게 입안을 주어 소유권을 부여한 법제적 원칙은 일찍이 마련되어 있었지만, 석장둔처럼 대규모 농장에서 실제로 소유권이 부여된 과정이 확인된 것은 드문 일이다.

진휼청에서 정부로부터 간석지를 절수받았지만, 민간인을 모집하여 작답한 뒤 그들에게 소유권을 부여한 사정은 석장둔의 소유와 운영에 영향을 미쳤다. 절수와 간척을 추진한 진휼청의 권리는 조 100두(미 40두)를 징수하는 수조권(收租權)으로 실현되었다. 석장둔민은 자유로운 처분이 가능한 토지소유권을 인정받았지만, 민전의 미 23두보다 높은 수준의 납세를 감당했으므로 납세 수준만큼 민전보다 소유에 대한 권리에 제한이 있었다고 보아야 할 것이다. 이것이 바로 절수·사여지의 '조100두형(租100斗型)' 장토의 정체성이다. 진휼청에서 간척을 주도한 석장둔은 절수지 유형 가운데 조100두형의 전형적인 사례였다.

갑오개혁 이후 정부에서는 역토·둔토·궁장토를 국가의 일원적인 관리체제로 편입하여 운영하고자 했다. 이를 위해 을미사판(乙未査辦)을 실시하여 작인과 도조를 조사·책정했다. 그리고 대한제국이 실시한 광무사검(光武査檢)에서는 더욱 강력한 공토확장 정책을 추진했다. 그러나 이들 조사를 통해 정부가 도조의 인상을 추진했음에도 불구하고, 석장둔의 경우 결당 '조 100두=미 40두'의 수취 수준에 전혀 변함이 없었다.

한국을 보호국화한 일제는 재정정리의 일환으로 역토·둔토·궁장토에 대한 정리에 착수하여 1908년 이들을 역둔토로 통합했다. 역둔토는 새로이 형성된 '국유지' 개념에 의해 국가의 소유지가 되었다. 역둔토=국유지 목록에 올라간 역둔토는 5년 이내의 소작 계약에 의거한 지주제로 경영되었다. 1909년에는 역둔토실지조사를 통해 중답주를 배제하고 국가의 소유권을 분명하게 했다. 역둔토에 대한 국가의 권리가 소유권인지, 수조권인지, 그 중간적 권리인지, 일지일주의 근대적 토지소유권 개념에 입각하여 사정(査定)을 한 것은 아니었다.

1720년 탄생에서부터 석장둔의 토지소유권은 국가 관리기관의 수조권(收租權)에 의해 부분적 제약을 받았지만, 갑오개혁과 대한제국의 토지정책에서도 수취 수준은 그대로 유지되었다. 그럼에도 불구하고 일제 통감부의 국유지 정책에 의해 역둔토 목록에 올라 있던 석장둔도 국유지로 되어 소작 계약을 강요받았다. 토지조사사업에서 분쟁지로 된 뒤에야 민유지로 판정되어 비로소 민간에 환급되었다. 200년 가까이 민간에서 토지소유권 매매가 이루어지던, 민전에 근접한 조100두형 장토에서조차 소유권을 인정받기까지 험난한 과정을 거쳤다. 석장둔의 사례는 근대전환기 국유지 정리의 강제성과 폭력성을 노정하고 있다.

제8장

'조200두형=영작궁둔' 궁장토 소유권의 향방

경상도 창원 용동궁전답의 사례

1. 머리말

조선 후기 궁장토·둔토에는 궁방과 아문이 완전한 소유권을 행사할 수 있는 급가매득지(給價買得地), 수조권(收租權)만을 가진 민결면세지(民結免稅地)와 같이, 토지소유권의 귀속이 명확한 경우 외에 황무지를 절수 개간한 절수·사여지(折受·賜與地)가 있다. 절수·사여지에는 투입된 자금과 노동력의 양에 따라 개간 주체들의 권리가 중층적으로 구조화되어 있는 특징이 있다. 이러한 절수·사여지의 유형으로는 결당(結當) 조(租) 100두(斗)를 수취하는 장토와 조 200두를 수취하는 장토를 대표적인 것으로 들 수 있다. '조100두형(租100斗型)' 장토의 대표적인 사례로 경기도 안산·인천의 석장둔(石場屯)이 있다.[1]

이 장에서는 '창원(昌原) 용동궁전답(龍洞宮田畓)'을[2] 대상으로 조선

1 이 책의 제7장 참조.

2 필요한 경우 '창원 용동궁전답'을 '창원전답', '용동궁전답'으로 줄여 부른다.

후기 ‘조200두형’ 궁장토(宮庄土) 발생에서 시작하여 그 소유권이 일제의 정리 과정에서 국유지로 귀결되는 과정을 추적하고자 한다. ‘창원전답’의 성격과 의미에 대한 개괄적인 검토는 이전 연구에서 이루어졌지만,[3] 그것이 조200두형으로서 ‘영작궁둔(永作宮屯)’의 모델이 된 과정과 일제에 의해 국유지로 정리되는 과정에 초점을 두고 조100두형 장토와 비교하면서 검토하기로 한다.

창원전답은 17세기 중엽인 효종조(1649~1659년)에 용동궁에 사여(賜與)되었다. 이후 점차 결당 조 200두의 수취 수준이 정착되고, 궁장토의 절수제도를 개혁한 1695년의 소위 ‘을해정식(乙亥定式)’에서 조 200두의 수취를 내용으로 하는 “창원 용동궁 영작궁둔(永作宮屯)의 예”로서 확정되었다. 그리고 그것이 1746년 『속대전(續大典)』의 규정에도 올라가 ‘조200두형=영작궁둔’의 모델이 되었다. ‘영작궁둔(永作宮屯)’이라는 표현은 궁방의 소유지라는 의미가 강한 수사(修辭)로서 궁방이 소유권을 강력하게 주장할 때 광범하게 사용되었고 이전의 연구에서도 이를 그대로 인정한 경향이 없지 않지만, 영작궁둔은 엄밀한 법률적 개념이므로 그 내용을 명확히 하지 않으면 안 된다.

영작궁둔은 궁방이 돈을 주고 사들여 완전한 소유권을 가진 급가매득지와는 전혀 다른, 사여 또는 절수, 그리고 뒤이은 개간을 통해 장토로서 성립되고, 병작반수(竝作半收)의 지대가 아닌 조 200두를 궁방에서 수취하는 독특한 구조의 궁장토였다. 창원전답은 바로 이 영작궁둔의 모델로서, 다른 궁장토의 성립 또는 분쟁 과정에서 소유권의 귀속이나 지대 수준을 결정할 때 준거가 되었다.

---

3 박준성, 「17·18세기 궁방전의 확대와 소유형태의 변화」, 『한국사론』 11, 서울대학교 국사학과, 1984.

이렇게 창원전답은 17세기 효종조에 사여된, 조 200두를 납세하는 '유토면세(有土免稅) 영작궁둔(永作宮屯)'의 대표적 모델이었다. 갑오개혁 이후 정리의 대상이 되었으며, 통감부 시기 국유와 민유가 구분될 때 국유지로 편입되었다. 석장둔에서 보듯이 절수·사여지의 조100두형이 식민지하에서 분쟁 절차를 거쳐 간신히 민전으로 인정받은 것과 달리, 창원 용동궁전답의 조200두형=영작궁둔은 지대 수준이 낮아 중층적 소유구조를 형성했을 가능성이 없지 않은데, 별다른 사정 절차를 거치지 않은 채 새로운 개념으로 탄생한 '역둔토=국유지'에 편입됨으로써 소유에 대한 개인의 권리는 완전히 소멸되었다.

2. 조선 후기 영작궁둔 궁장토의 성립과 구조

1) 창원 용동궁전답의 '영작궁둔=조200두형'

창원 용동궁전답의 기원

영작궁둔 궁장토의 모델인 창원전답의 형성 과정에 대해서는 18세기 후반의 다음과 같은 기록을 통해 살펴볼 수 있다.

> 용동궁의 수본(手本)
>
> 궁 소속의 경상도 창원부에 있는 유토면세 영작궁둔처는 효종 때 사여받은 전답으로 조정의 법령에 따라 1부(負)에 토세조(土稅條)로 1두(斗), 면세조(免稅條)로 1두씩 모두 2두를 문제없이 거두어 상납하던 것으로 아주 오래되었다.[4]

창원전답은 효종조의 '사여전답'으로서 위의 자료에서 보듯이 18

세기 후반에는 '유토면세 영작궁둔처'라고 규정되었다. 상납액은 1부에 토세조 즉 지대(地代)로서 조 1두, 그리고 면세조 즉 전세(田稅)에 해당하지만 호조가 아닌 궁방에서 수취하는 수조권(收租權)으로서 조 1두, 합하여 조 2두다. 1결(結)=100부로 계산하면 경작자는 용동궁에 대해 조 200두를 상납하는데 절반인 조 100두는 세금,[5] 나머지 절반은 소작료로 셈한 것이다. 결당 조 200두의 책정 경위와 내용에 대해서는 뒤에서 다시 논의하기로 한다.

창원전답은 효종조에 사여되었다고 하지만 정확한 시기는 알 수 없다. 최초 사여될 때 양안이 작성되었을 것이지만 현재 확인되지 않고, 대략 10~20년 지난 뒤인 1671년의 '재진물고(灾陳物故)'에 대한 조사 기록이 최초로 나온다. 이 기록은 1669년조 37석, 1670년조에는 무려 76석이 미봉(未捧)되었기 때문에 장토의 실태를 파악하고자 〈그림 8-1〉과 같이 용동궁에서 별차(別差)를 파견하여 3명의 서원(書員)과 함께 실태를 조사한 결과이다.

기재양식을 살펴보면 지역명 아래에 필지별로 자호, 지번, 토지등

4 『內需司庄土文績』(규장각 19307) 제18책, 乾隆 50년(1785년) 8월 龍洞宮手本.

5 엄밀한 의미에서 조 100두는 미 40두로 환산되므로 민전의 전세액인 결당 미 23두보다 훨씬 많다. 민간에서 납세할 경우에는 미 23두 외에 각종 지방세·부가세가 붙어 실제로 미 40두 정도에 이르므로, 사실상 양자를 동일한 것으로 간주하는 견해도 있다. 그러나 미 23두에도 이미 수취비용이 포함되어 있다 [『忠勳府謄錄』(규장각 15048의1) 康熙 34년(1695) 乙亥 정월 17일]. 그리고 『續大典』(1746년)(戶典 諸田 宮房田 조항)의 "永作宮屯處 則每負收稅租二斗 船馬價雜費 皆出其中"이라는 규정에 의하면 영작궁둔의 면세조 조 100두에도 수취비용이 포함되어 있다. 민전의 미 23두와 영작궁둔 면세조의 조 100두(미 40두) 안에는 모두 수취비용이 포함되어 있는 것이다. 따라서 영작궁둔의 면세조 조 100두는 민전 또는 민결면세지의 미 23두와 같지 않고 그것을 넘어서는 액수이다.

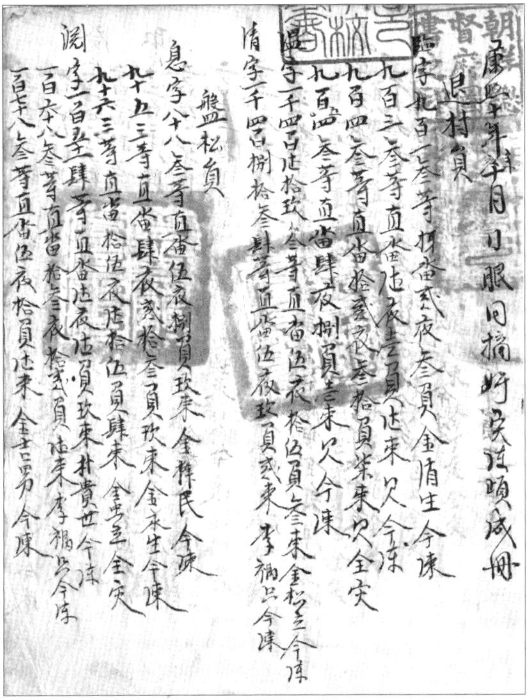

〈그림 8-1〉『昌原府龍洞宮屯田畓災陳物故作者石數懸錄成册』(규장각 18604, 1671년 10월)

주: 內題는 『康熙十年十月日眼同摘奸災陳頉成冊』(己酉條物故未捧秩, 庚戌條物故未捧秩)으로 되어 있다.

급, 토지 모양, 전답 구별, 야미수[夜味(배미)數], 결부, 인명(작인), 재진(災陳) 여부를 기록하는 방식으로 되어 있다.

1671년 재진의 실태를, 후술하는 1674년 작성된 양안과 대비하여 살펴보면 〈표 8-1〉과 같다. 1671년 조사한 재진결(災陳結)은 크게 재결(災結)과 진결(陳結)로 구분된다. 재결은 수재나 한재로 인해 그해의 농사를 망친 것으로서 망친 면적에 따라 전재(全災), 구푼재(九分災), 팔푼재(八分災), 칠푼재(七分災)로 세분화되어 있다. 칠푼재 이상, 즉 필지 단위에서 재해의 비율이 70% 이상 될 경우에는 그만큼 수취를 면제해 주

〈표 8-1〉 1671년과 1674년 창원 용동궁전답의 지역별 재진(灾陳) 실태 비교

지역	1671년						1674년					재진결(%)
	今陳	全灾	九分灾	八分灾	七分灾	재진결 계	舊陳	仍陳	今陳	진결 계	면적 총계	
退村員	372/5	307/1	–	–	–	679/6	–	–	–	–	680/6	99.9
盤松員	1312/11	841/2	–	–	–	2153/13	–	–	–	–	2890/21	74.5
龍池員	5867/69	1558/17	–	125/2	–	7550/88	475/7	1282/9	82/1	1839/17	11516/148	65.6
高山員	2595/35	15/1	42/1	88/2	881/11	3621/50	–	1990/2	104/2	2094/4	5291/82	68.4
豆應加應員	1985/23	413/5	58/1	1210/13	1388/13	5054/55	–	498/7	167/3	665/10	9325/119	54.2
一遷善員	1523/17	31/1	–	99/1	330/4	1983/23	409/7	197/2	349/2	955/11	3697/53	53.6
大把員	938/14	684/4	–	1323/7	656/6	3601/31	–	–	100/1	100/1	4479/42	80.4
南山員	679/10	383/10	304/7	229/5	1207/6	2802/38	–	–	175/2	175/2	5574/81	50.3
加應亭員	2264/34	1199/11	507/5	923/11	2130/26	7023/87	144/5	27/2	279/3	450/10	13532/234	51.9
佛母山員	–	–	–	–	–	–	–	–	–	–	384/7	0
二遷善員	1893/21	669/6	–	–	–	2562/27	134/2	691/4	101/2	926/8	16209/235	15.8
합계	**19428/239**	**6100/58**	**911/14**	**3997/41**	**6592/66**	**37028/418**	**1162/21**	**4685/26**	**1357/16**	**7204/63**	**73577/1028**	**52.6**
재결률(%)	100	100	90	80	70		100	100	100			
재진결(束數)	19428	6100	820	3198	4614	34160						

주: 1. 기재방식은 '束數/筆地數'이다. 1結=100負=1,000束이다.
2. 표의 통계는 계산상의 결과이며, 장부에 기재된 통계와 차이가 있다.
3. 1671년 장부와 1674년 양안은 필지별로 동일한 내용인데 오차가 없지 않다.
4. '재진결(%)'은 1674년 '면적총계'에 대한 1671년 '재진결 계'의 비율이다.
5. '재진결(束數)'은 九分灾, 八分灾, 七分灾의 합계면적(束數)을 '재결률'에 따라 재산정한 것이다.

출처: 『昌原府龍洞宮屯田畓灾陳物故作者石數懸錄成冊』(규장각 18604, 1671년 10월); 『慶尙道昌原府所在龍洞宮田畓改打量成冊』(규장각 18317, 1674년 10월)

려고 세심하게 배려한 것처럼 보인다. 그러나 동시에 70% 이하가 되어 면제받지 못하게 된 필지의 작인은 상대적으로 부담이 더욱 심해질 수밖에 없다.[6] 이러한 재결은 그해의 농사상황을 고려한 것이므로 다음해에는 정상적으로 경작이 가능할 수 있다. 반면 진결은 농사지을 수 없을 정도로 황폐한 면적을 말한다. 1671년에는 진결로 '금진(今陳)'만 등장하는데, 금진의 개념은 "조사 시점의 진결"을 의미하겠지만 몇 년째 묵은 구진(舊陳)을 고려하면 "조사 시점에 파악된 모든 진결"이라고 보아야 할 것이다.

재진결에 대한 섬세한 조사는 새로 사여받은 장토에 대한 용동궁의 지대한 관심과 수취 열망을 의미한다. 〈표 8-1〉에서 보면 재진결의 합계는 418필지에 37결 02부 8속에 이르며,[7] 용지원, 가응정원, 두응가응원의 순으로 진결이 많다. 1674년 총면적 73결 57부 7속에 대비하면 1671년의 재진결 37결 02부 8속은 50.3%에 이른다.(필지로 계산하면 재진결은 총 필지수의 40.7%를 차지한다.) 그 가운데 진결은 19결 42부 8속, 26.4%, 전재·구푼재·팔푼재·칠푼재를 합한 재결은 17결 60부, 23.9%를 차지한다. 절반 이상이 재진결이고, 그 가운데 진결이 절반 이상으로 재결보다 더 많다.

재진결이 경작면적의 절반 이상이고 오래 묵은 진결이 또 그 반을 차지한 상황에서 장토 운영으로 수입을 남길 것을 전망하기는 어렵다.

---

6 全災 외에 九分災, 八分災, 七分災 등 세분화된 部分 災結의 책정이 일반화된 관행인지 확인할 수 없지만, 경영의 밀도를 높이는 정책이라고 평가할 만하다.

7 재진결의 합계는 37結 02負 8束인데, 구푼재, 팔푼재, 칠푼재의 재결 부분을 재결률에 따라 計減하면 '재진결(束数)'란에서 보듯이 실제 재결은 34결 16부로 줄어든다. 장부상의 통계는 계산상의 통계와 차이가 나는 경우가 많은데 그 소개는 생략한다.

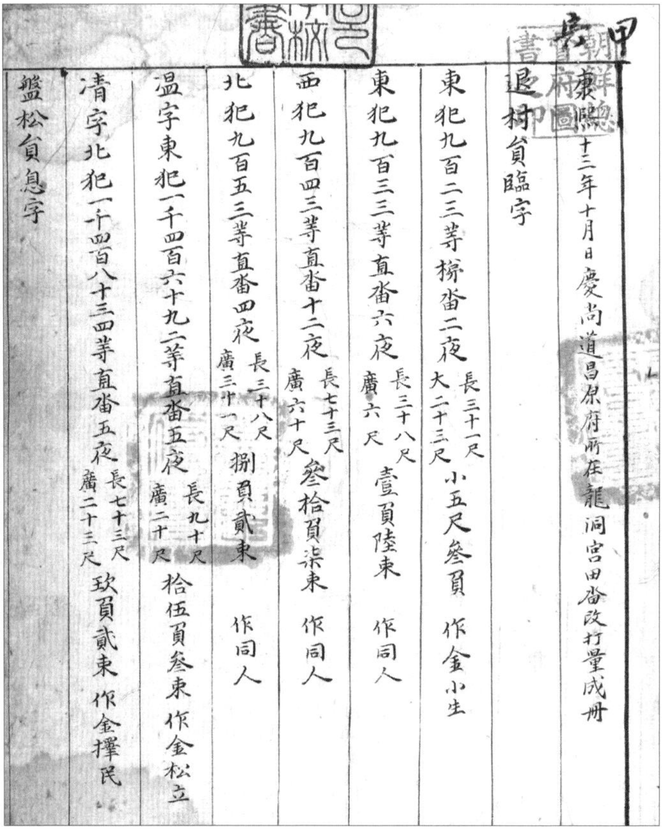
康熙十三年十月日慶尚道昌原府所在龍洞宮田畓改打量成冊
退村員臨字
東犯九百二三等梯畓二夜 長三十一尺 大二十三尺 小五尺 叁負 作金小生
東犯九百三三等直畓六夜 長三十八尺 廣六尺 壹負陸束 作同人
西犯九百四三等直畓十二夜 長七十三尺 廣六十尺 叁拾負柒束 作同人
北犯九百五三等直畓四夜 長三十八尺 廣三十一尺 捌負貳束 作同人
温字東犯一千四百六十九二等直畓五夜 長九十尺 廣二十尺 拾伍負叁束 作金松立
清字北犯一千四百八十三四等直畓五夜 長七十三尺 廣二十三尺 玖負貳束 作金擇民
盤松員息字

〈그림 8-2〉『慶尚道昌原府所在龍洞宮田畓改打量成冊』(규장각 18317, 1674년 10월)

경지개량 또는 경작방법의 개선 등 경영의 전반적인 혁신이 필요한 상황이다. 〈그림 8-2〉에서 보듯이 용동궁에서 1674년 양안을 작성한 것은 이렇게 악화된 경영환경을 타개하려는 조치였을 것이다. 진결을 재조사하고 결부를 확인하고 납세할 작인을 조사한 것은 그 때문이었다.

1674년 양안의 기재양식은 위치(지역명), 자호, 양전 방향, 지번, 토지등급, 토지 모양, 전답 구별, 야미수, 장광척수, 결부, 작(作)+인명, 그리고 해당하는 경우 진전(舊陳, 仍陳, 今陳) 확인으로 되어 있다. 제목에서 '개타량(改打量)'이라 하여 이전의 양안을 버리고 다시 측량한 것처럼 표현했지만, 1671년의 조사와 비교하면 자호와 지번이 일치하고 토지등급, 전답구별, 야미수, 결부도 같은 경우가 대부분이므로 1674년의 양안은 필지별로 재측량된 것은 결코 아니다.

〈그림 8-1〉 1671년의 조사와 〈그림 8-2〉 1674년의 양안을 놓고 볼 때, 이들의 필지등록 사항은 1634년 갑술양안(甲戌量案)에 근거했을 것으로 추정된다. 임진왜란 이후 삼남지방을 대상으로 작성된 갑술양안은 1720년 경자양안(庚子量案)에 이르기까지 삼남지방에서는 기본적인 토지대장으로 기능했다. 창원의 경우도 마찬가지라고 볼 수밖에 없는데, 〈그림 8-1〉, 〈그림 8-2〉에서 보듯이 편의상 사표(四標)를 기재하지 않은 점을 제외하면 갑술양안의 기재양식과 다르다고 볼 수 없다.[8] 이런 유사점들로 미루어 보면 최초의 창원전답 사여양안이나 1671년의 조사, 1674년의 양안이나 모두 갑술양안을 토대로 작성되었을 것으로 추정할 수 있다. 그리고 1671년의 조사와 1674년의 양안에 용동궁의 전답이 민전 사이를 뚫고 나와 자호·지번이 정상적으로 설정되어 있으므로, 이는 사여 당시 양안상에 올라 있던 토지임이 분명하다. 많은 진결이 존재함에도 불구하고 양안에 오르지 않은 황무지를 사여한 것은 아닌 것으로 판단된다.

---

8 오인택, 「조선후기의 양안과 토지문서」, 『조선후기 경자양전 연구』, 한국역사연구회 토지대장연구반, 혜안, 2008, 310-313쪽 참조. 갑술양안의 기재방식은 자호, 지번, 양전 방향, 토지등급, 토지 모양, 전답 구별, 장광척수, 결부, 사표, 진기구분, 인명 순이고, 이는 창원의 1671년 조사, 1674년 양안에서 동일하게 나타난다. 자호·지번을 부여할 때 지역 단위로 5결이 차면 자호는 바꾸지만 지번은 계속 일련하여 부여했는데, 이 점도 갑술양안의 특성이다. 1720년 경자양안에서는 자호가 바뀌면 지번은 다시 1번부터 시작되어 차이가 있다.

〈표 8-2〉 1674년 창원 용동궁전답의 토지등급과 규모

등급	전		답		계/%	
	필지	결-부-속	필지	결-부-속	필지/%	결-부-속/%
1	-	-	5	0-42-9	5/0.5	0-42-9/0.6
2	7	0-38-9	126	12-14-8	133/12.9	12-53-7/17.0
3	58	3-88-4	440	36-47-6	498/48.5	40-36-0/54.9
4	60	3-87-2	158	9-62-3	218/21.2	13-49-5/18.3
5	16	1-62-8	13	0-34-5	29/2.8	1-97-3/2.7
6	7	0-57-1	1	0-07-8	8/0.8	0-64-9/0.9
기타(內作)	6	0-11-3	131	4-02-1	137/13.3	4-13-4/5.6
계/%	154/15.0	10-45-7/14.2	874/85.0	63-12-0/86.8	1028/100	73-57-7/100

주: '內作'으로 표시된 필지의 경우 본 필지와 토지등급이 같을 수 있지만 기록되어 있지 않아 포함하지 않고 '기타(內作)'에 산정했다.

출처: 『慶尙道昌原府所在龍洞宮田畓改打量成冊』(규장각 18317, 1674년 10월)

1671년의 조사와 1674년의 양안이 갑술양안에 의거한 것이라고 인정할 수 있다면 이를 통해 사여 당시의 장토상황을 유추해 볼 수 있을 것이다. 1674년 양안에서 토지등급을 살펴보면 〈표 8-2〉와 같다.

전답의 비율을 보면 전은 15%, 답은 85%로 답이 압도적으로 많다. 토지등급은 3등급이 절반 정도를 차지하고 2, 3, 4등급이 압도적으로 많아 비교적 비옥한 논이 많았던 것을 말해준다. 이것이 전승되어 온 갑술양안의 내용이라면 어떻게 1671년의 단계에서 진재결이 2분의 1 이상, 진결이 4분의 1을 상회하는 상황에 놓이게 되었을까?

이 문제를 풀기 위해 갑술양전의 시점, 용동궁에 사여될 시점, 그리고 문제가 된 1671년의 시점을 구분하여 검토할 필요가 있다. 임진왜란과 병자호란을 겪은 후 전국의 농지는 황폐하고 경작이 매우 불안정한 상황에 놓여 있었다. 그래서 전쟁 후 전국적으로 대대적인 개간이 진행되었다.[9] 창원전답의 사여는 그 한복판에 놓여 있다. 갑술양전 당시에

는 토지등급이 높은 비옥한 논으로서 정상적인 영농이 이루어지고 결세가 부과된 기경지(起耕地)일 수 있지만, 사여받을 시점에서는 어떤 연유든 황폐해졌다고 보아야 할 것이다. 궁방에 사여되는 전답은 일반적으로 양안상무주진황지(量案上無主陳荒地), 양안외가경지(量案外加耕地)인데, 창원진답도 사여 시점에서는 양안상무주진황지, 즉 진황지가 되어 주인이 없다고 공식적으로 보고된 전답을 대상으로 했을 것이다. 소유자가 있는 땅을 국왕이 임의로 궁방에 사여할 수는 없기 때문이다. 1634년 갑술양전 당시의 토지등급과 결부가 그대로 기능하고 있지만, 현실적으로는 진황지로서 아무도 경작하지 않고 버려진 땅이었을 것이다. 적어도 공식적으로는 그래야만 했다. 양안상의 토지등급과 결부가 그대로 유지된 이유는, 비록 황폐해졌다 하더라도 군현 단위로 다시 양전하지 않는 한 수정될 수 없고, 단지 과세 과정에서 진결로 배려될 수 있을 뿐이었기 때문이다.

이와 관련하여 1693년 낙루(落漏)·진환기(陳還起)·가경(加耕)된 전답을 특별히 조사한 자료를 참조할 수 있다.[10] 이 조사는 창원전답이 사여된 이후 50년 정도 지난 일이지만, 이를 통해 사여 당시의 상황을 유추할 수 있다. 이 조사에 수록된 낙루질(落漏秩)은 1674년 양안에서 누락된 27필지, 1결 25부 7속의 전답을 찾아내어 필지별로 기록한 것이다. 1674년 양안의 '작(作)'과 동일인이 '시(時)'로 등장하는 사례가 여러 건 있는데, 이는 이 조사가 1674년 양안을 놓고 용동궁의 사여전답에서 빠

9 이경식, 「17세기의 토지개간과 지주제의 전개」, 『한국사연구』 9, 한국사연구회, 1973; 송찬섭, 「17·18세기 신전개간의 확대와 경영형태」, 『한국사론』 12, 1985 참조.

10 『慶尙道昌原府所在龍洞宮屯田畓落漏處及陳還起加耕庫員改打量成冊』(규장각 18318 또는 18319, 1693년 11월).

〈표 8-3〉 1693년 낙루(落漏)·진환기(陳還起)·가경(加耕) 전답의 실태

'主'名	필지	결-부-속	사례
舊陳無主	13	0-49-4	고산원 526번 5등 直畓 2속 舊陳無主 時閔成發
大君房	17	0-84-7	두응가응원 488번 5등 직답 2부 8속 主大君房 時朴昌業
민간인	16	0-55-2	고산원 524번 5등 1부 1속 主陳玉 時閔成發 두응가응원 92번 3등 直田 7속 主李之 時朴昌業
주명 기재 없음	2	0-50-6	일천선원 3번 3등 직답 22부 6속 時進化
합계	48	2-39-9	

출처: 『慶尙道原府所在龍洞宮屯田畓落漏處及陳還起加耕庫員改打量成冊』(규장각 18318 또는 18319, 1693년 11월)

진 필지를 일일이 대조하여 현장에서 적발한 것을 의미한다. 가경질(加耕秩)은 3필지, 80부로 1674년 양안에 등장하지 않는 인접한 전답을 용동궁 전답으로 판정하여 편입한 것이다. 진환기질(陳還起秩)은 18필지, 1결 6부 2속에 달하는데, 모두 1674년 양안에서 확인할 수 있는 것으로서 진결이 되었다가 다시 개간된 것을 의미한다. 이러한 자세한 조사는 후술하듯이 이 시기 장토의 확장과 안정적 경영을 위한 노력을 반영한다.

낙루, 진환기, 가경 세 유형은 각기 연원이 다른데도 불구하고 그것을 기록한 방식에는 전혀 차이가 없다. 이 조사에는 '주(主)'명(名)과 '시(時)'명(名)이 기록되어 있는데, 주(主)에는 '구진무주(舊陳無主)', '대군방(大君房)', 민간인 등이 등장한다. 이들 '주(主)'의 권리가 사여전답으로서 용동궁에 주어진 소유에 대한 권리와 충돌하고 있음을 의미한다. 그 실태는 〈표 8-3〉과 같다.

주명이 구진무주(舊陳無主)인데도 불구하고 민간인이 '시(時)'로 등장한 것은 민간인이 황폐한 용동궁의 전답을 개간·경작하면서 소유권을 넘보고 있는 상황을 보여주며, 대군방(大君房)이나 민간인이 주명에 등장한 것은 이들이 개간하여 자신의 소유로 확정한 뒤 작인을 두어 지주제적으로 경영한 것을 의미한다. 낙루질과 가경질은 용동궁에서 새

로 찾아낸 장토지만, 진환기질은 이미 1674년 양안에 용동궁의 전답으로 등록된 것임에도 불구하고 1693년에는 대군방이나 민간인이 개간하여 소유 및 경작하고 있고, 그것이 자료에서 보면 18필지나 되었다. 불과 20년 사이의 이러한 변화에서 유추하면 1634년 갑술양전의 시점, 그로부터 20여 년 뒤의 사여 시점, 또 20여 년 뒤인 1670년대의 재진조사 및 양안 작성의 시점, 또 20여 년 뒤인 1693년의 조사 시점 사이에 진전화(陳田化)와 개간의 반복된 과정이 일상화되어 있음을 알 수 있다. 궁방이든 민간인이든 기회가 되면 '구진무주'임을 빙자하여 토지를 개간·소유하고자 했던 것이다.

어쨌든 〈표 8-1〉에서 보듯이 1671년의 창원전답은 황무지나 다름없거나 흉년이 자주 드는 땅이 절반을 상회하고 있다. 토지등급이 책정된 갑술양전 당시에는 비교적 비옥한 토지로 판정되었는데, 1671년에는 재진결이 많은 상황이다. 30~40년 사이 기경과 재진의 기복이 심했다고 해석할 수 있다. 이와 관련하여 내작(內作)의 존재를 주목하게 된다. 내작은 개간한 곳에 새로운 필지를 부여할 수 없는 경우 인접 필지에 곁붙이는 하위 지번이다. 1674년의 양안에 총 137필지, 4결 13부 4속이 내작으로 기록되어 있는데, 그 가운데 가응정원의 내작이 103필지, 3결 11부 8속으로 75%를 차지하고 있어서 이 지역에서 개간이 활발하게 이루어졌다고 해석할 수 있다. 1674년 양안에 다수의 내작이 존재한 것은 이 시기 창원전답이 활발한 개간 과정에 놓여 있었음을 의미한다.

한편 1674년에 작성된 양안은 진기(陳起) 구별과 작인 확정, 그리고 결부 확인을 목적으로 했다고 판단된다. 다시 〈표 8-1〉로 돌아가 볼 때, 1671년의 재진결은 재결 17결 60부, 23.9%, 금진(今陳)으로 표현된 진결 21결 9부 9속, 28.7%였다. 그런데 1674년 양안에는 구진(舊陳), 잉진(仍陳), 금진(今陳) 등 진결만 소개되고 그해의 재결은 포함되어 있지 않은데, 진결은 모두 7결 20부 4속으로 총면적의 9.8%였다. 1671년의 재진결은 총면적의 절반을 상회하고 진결만도 28.7%였는데, 1674년에는 재결은 없으니까 빼고 진결만 보면 3분의 1 수준으로 줄어들었다. 3년 사이의 개간 결과라고는 믿기지 않고, 1671년의 재진결을 다시 엄격하게 점검하여 수세지를 확대한 결과일 것으로 판단된다.

개념상으로 구진은 오래된 진결이고, 잉진은 수년간 계속된 진결이며, 금진은 조사한 해의 진결이라고 보아야 하지만, 그러한 엄격한 조사의 기준은 명확하게 드러나지 않는다. 진결 63필지 가운데(구진 21필지, 잉진 26필지, 금진 16필지) 1671년의 진결이 1674년에도 인정된 것은 25필지에 불과하고, 나머지 38필지는 새로 진결로 드러난 것이다. 1671년 재진결 418필지 중에서는 28필지만이 1674년 진결로 인정되어 진결 자체가 크게 감소한 결과를 보여준다.[11] 용동궁에서 수세지의 확대를 강력하게 추진한 결과라고 해석할 수밖에 없다. 그것이 경지개량 등 개간 과정을 포함하지 않았다면 작인 부담의 급격한 증대를 의미한다. 개간 과정 없이 진재결을 실결(實結)로 판정했다면 그것은 강압적 수취에 불과하다. 어쩌면 1674년 양안에서 중시한 작인 확정과 결부 확인도 이러한 수취의 확장을 위해 필요했을 것이다. 작인 누구로부터 얼마를 수취할 것인지가 중요했다. 작인기록과 결부기록에 신경을 쓰지 않을 수 없는 일이었다.

이렇게 볼 때 용동궁으로서는 수입 확대를 위해 진결 개간 등 기경지의 확대를 꾀하는 것이 당연했겠지만, 진결임에도 불구하고 기경지로 설정된 경우가 적지 않았을 것으로 보인다. 〈표 8-4〉의 1670년부터 1677년

11 진결 63필지 가운데 구진 21필지는 1671년의 금진에서 1필지, 새로 등장한 것 20필지이고, 잉진 26필지는 1671년의 금진에서 15필지, 새로 등장한 것 11필지이며, 금진 16필지는 1671년의 全灾 3필지, 1671년의 금진 9필지, 새로 등장한 것 4필지이다. 1671년 재진결 418필지(재결 179, 진결 239필지) 중에서는 28필지(재결 3, 진결 25필지)만이 1674년 진결로 인정되었다.

〈표 8-4〉 17세기 후반 창원 용동궁전답의 수취 실태

연도	미봉조(未捧條)	비고
1670	5석 17두 6승	지징무처(指徵無處)
1671	6석 7두	〃
1672	25석 3두 6승	〃
1673	12석 5두 6승	〃
1673	무면조(無面租) 9석	전미봉(前未捧)
1674	34석 3두 6승	〃
1675	24석 15두 6승	〃
1676	24석 11두	〃
1677	32석	

출처: 『昌原府所在龍洞宮屯田畓收稅穀物數成冊』(규장각 20350, 1678년 3월)

까지의 수취 실태에서 그러한 사정을 간접적으로 살펴볼 수 있다.

1670년조의 '미봉조(未捧條)'가 앞에서 본 것처럼 1671년 10월 조사 당시 76석이었는데, 〈표 8-4〉에서 보듯이 1678년의 시점에서는 5석 17두 6승으로 줄어든 것을 보면, 1671년 이후 계속 추징하여 미봉을 줄여나가고 있었음을 알 수 있다. 남은 것은 미봉이 아니라 수취할 대상을 확인할 수 없는 경우일 것이다. 계속 추징하면서 더 이상 추징할 수 없는 것은 '지징무처(指徵無處)'로서 손실처리하지 않을 수 없었을 것이다. 〈표 8-4〉에서는 1670년부터 1673년까지 미봉된 것은 '지징무처'라고 손실처리로 결정하고, 그 이후 5년 정도는 '전미봉(前未捧)'으로 처리하여 계속 독촉하고 있는 상황을 나타내고 있다. 다른 방면으로 생각하면 10~20석의 지징무처와 20~30석의 미봉은 과도한 기경지 설정에서 기인한 것으로 해석할 수도 있다.

정리해 보면, 용동궁에서는 황폐했을 전답을 사여받은 후 개간을 추진하여 기경지를 확대해 나갔지만, 10~20년을 지나서도 절반 이상 수취할 수 없을 정도로 경영상황이 좋지 않았다. 그래서 재진의 실태를

파악하고 갑술양안에 기초하여 양안을 다시 작성함으로써 진기를 확정지으며, 수취를 독려했다고 볼 수 있다. 양안을 재작성함으로써 수취의 기본대장을 확정하고 이를 토대로 경영을 정상화하고자 했다고 장토경영 초창기의 상황을 평가할 수 있겠다.

'영작궁둔=조200두형'의 성립

17세기 궁방은 재정을 확보하기 위해 용동궁처럼 황무지를 절수하는 것이 일반적이었다. 그런데 절수제도(折受制度)가 민전을 침탈하는 폐단을 낳고 그 결과 국가의 과세지가 감소하는 결과를 초래하자 1688년 엄격한 절수금지 조치를 내리는 한편, 대신 궁방이 돈을 주고 장토를 매입하도록 하는 급가매득제를 실시했다. 그리고 1695년의 을해정식(乙亥定式)에서는 궁방절수지의 수취 규정을 다음과 같이 새로 마련했다.[12]

> 여러 궁방의 절수전답(折受田畓) 가운데 민결면세처(民結免稅處)는 민간 1결의 토지에서 1년에 납부하는 전세, 대동 및 각종 잡비의 액수를 따라 미 23두를 정식(定式)으로 삼고, 영작궁둔처(永作宮屯處)는 창원에 있는 설둔전답례(設屯田畓例)에 따라 1부에 조 2두를 정식으로 삼고, 이외에 차인(差人)·도장(導掌) 등이 과외 수취하는 폐단은 특별히 엄단하여 드러나는 대로 엄히 처벌하여 백성을 위무할 일[13]

을해정식에 의하면 궁방의 민결면세지에서는 전세, 대동 및 각종

---

12 박준성, 앞의 논문, 1984, 210-218쪽; 이영훈, 『조선후기 사회경제사』, 한길사, 1988, 168-180쪽 참조.

13 『忠勳府謄錄』(규장각 15048의1) 康熙 34년(1695) 乙亥 정월 17일.

〈표 8-5〉 1677년 창원 용동궁전답의 규모와 수취 현황

전답 및 경작 규모

- '전답 규모'(A): 元田畓 73.993 + 加現 1.819 = 75.812결
- '陳結'(B): 舊陳 3.427 + 仍陳 7.362 + 前覆沙 3.261 + 今陳 14.608 = 28.658결
- '경작 규모'(起結)(C): '전답 규모'(A) 75.812결 − '진결'(B) 28.658결 = 47.154결

수취 대상

- '면제'(D): 今灾 14.953 + 給復 3.500 = 18.453결
- 수취 대상(實結)(E): '경작 규모'(C) 47.154결 − '면제'(D) 18.453결 = 28.701결

수취액

- 捧上租(F): '稅租' 287석 − '未捧條' 32석 = 255석
- 銀子(G): 255석 × 4錢 = 1,020전 = 은자 102냥

주: 단위 1石=20斗, 銀子 1兩=10錢
출처: 『昌原府所在龍洞宮屯田畓收稅穀物數成冊』(규장각 20350, 1678년 3월)

잡비를 합한 미 23두를 국가의 호조 대신 궁방에 납부하도록 하고, 영작궁둔에서는 창원 용동궁전답을 모델로 하여 1부에 조 2두, 즉 1결에 조 200두를 납부하도록 하는 대신, 차인·도장이 과외로 수취하는 폐단을 금지하도록 했다. 이렇게 하여 영작궁둔의 수취 규정이 마련되고 이후 정부의 여러 법전류에 수록되었다.[14]

그렇다면 창원 용동궁 영작궁둔에 결당 조 200두를 부과하는 것으로 규정한 것은 어디에 근거를 둔 것일까? 앞에서 언급한 것처럼 조 200두는 '면세조' 조 100두와 '토세조' 조 100두의 합계로 개념화되었는데, 그것은 어떤 논리적 기반 위에 있었을까? 창원전답에서 그러한 수취 수준이 결정된 과정을 〈표 8-5〉의 1677년 수취 현황을 통해 증명할 수 있다.

1674년 양안에서 전답 합계는 73.993결이고, 진결은 구진 1.168결, 잉진 2.259결, 금진 1.203결로 합하여 4.630결로서, 기경지는 69.363결

14 박준성, 앞의 논문, 1984, 248-249쪽.

로 잡혀 있다.[15] 그로부터 3년 뒤인 1677년 장토의 규모는 〈표 8-5〉에서 보듯이 1.819결이 가현(加現)되어 75.812결(A)로 증가했지만, 구진 3.427, 잉진 7.362, 전복사(前覆沙) 3.261, 금진 14.608 등 진결이 28.658결(B)로 증가했다. 1674년 양안에서는 진결이 4.630결로서 기결(起結)의 비율은 94%에 이르는 셈인데, 1677년의 경우 실제로 경작하고 있는 면적(C)은 62%에 불과하다. 이것은 수년 사이에 급속하게 진결이 늘었다기보다는 1671년, 1674년, 1677년의 상황들을 비교할 때 1674년 양안에서 지나치게 진결을 인정하지 않은 것으로 판단된다. 그렇기 때문에 수취 과정에서 문제가 발생하지 않을 수 없고, 궁방에서는 수취를 위해 강제력을 동원하게 되었던 것이다.

〈표 8-5〉에서 1677년 수취 현황을 살펴볼 때, 진결 외에 재해와 복호(復戶)로 면제된 18.453결(D)까지 제외하면 실제 수취 대상(E)은 28.701결로 줄어든다. 이는 전체의 38%에 불과한 것이다. 28.701결(E)의 세조(稅租) 287석은 1석=20두로 계산하면 5,740두가 되고, 이를 결당 조 200두로 나누면 28.7결이 되어 꼭 들어맞는다. 걷지 못한 32석을 제외하고 1677년에 수취된 255석을 화폐로 환산하면 은자 102냥에 이른다. 이러한 계산에서 확인되는 것은 '진결', '면제', '미봉조'의 변동에 따라 수취액은 해마다 변동될 수밖에 없다는 점이다.

여기서 한 가지 명확하게 정리해둘 것이 있다. 궁장토의 결당 부담액을 산정할 때 범하기 쉬운 오류는 총결수와 총수취액을 산술적으로 환산하는 일이다. 창원전답의 경우 총결수 75.812결과 세조 287석을 계산하면 결당 76두에 불과하게 된다. 이렇게 결당 납세액을 잘못 산정하

15 『慶尙道昌原府所在龍洞宮田畓改打量成冊』(1674년 10월). 필지별로 합계해 본 결과는 〈표 8-1〉에서 보듯이 73.577결이었다.

면 궁장토의 성격을 잘못 판단할 수밖에 없다. 민전에 대해 결세를 부과할 때 황폐한 진결을 제외하고 그해에 망친 재결을 감면하듯이, 궁장토의 지대부과도 진결과 재결을 제외하고 산정하므로 해마다 현물로 나오는 세액은 달라질 수밖에 없다는 점을 분명히 이해해야 한다. 그래서 궁방에서는 고정된 수입을 위해 도지(賭地)를 책정한다든지, 화폐로 거둔다든지, 도장(導掌)을 두어 관리를 맡기면서 수입을 고정시킨다든지 하는 대책을 강구하게 되는 것이다. 무엇보다 장토의 성립 기원과 지대 책정의 기준을 고려하지 않고 총결수와 총수취액을 가지고 지대 수준을 산정해서는 안 된다는 점을 거듭 강조하고 싶다.

1677년 창원전답의 경작이 62%에 불과하고 그해의 재해와 복호를 제외할 때 수취 대상이 38%에 불과하다는 점은 경영상 심각한 문제였다. 그래서 사여받은 전답에서 누락된 것을 찾아 장토를 확장한다든지, 양안상의 '내작(內作)' 기록에서 보는 것처럼 개간을 확대한다든지, 진결 중에서 다시 개간된 것을 찾아 수취 대상을 확대하는 등 가능한 한 조사를 계속하지 않을 수 없었다. 1674년의 양안은 장토 전체의 대장을 새로 만들면서 그런 목적을 달성하고자 한 것이고, 1677년의 조사에서도 '가현'된 전답이 나왔다. 앞에서 언급한 것처럼 1693년에는 낙루·진환기·가경된 전답을 특별히 조사했다. 찾아낸 토지는 각지에 흩어져 있는 장토에서 샅샅이 훑어낸 느낌이 날 정도로 분산되어 있는 지편(地片)들이다. 용동궁이 장토를 확장하기 위해 얼마나 세심하게 조사했는지를 보여준다.

영작궁둔의 모델로 설정된 창원전답은 성립 이래 이렇게 누락결의 색출, 진결의 개간 등을 통해 수취 대상이 확대되었다. 그 결과는 1719~1720년 삼남지방에 실시된 경자양전(庚子量田)에서 결실을 맺었다. 현재 창원부의 경자양안(庚子量案)은 남아 있지 않지만, 용동궁에서는 창원부 경자양안에서 용동궁전답만을 발췌하여 〈그림 8-3〉과 같이

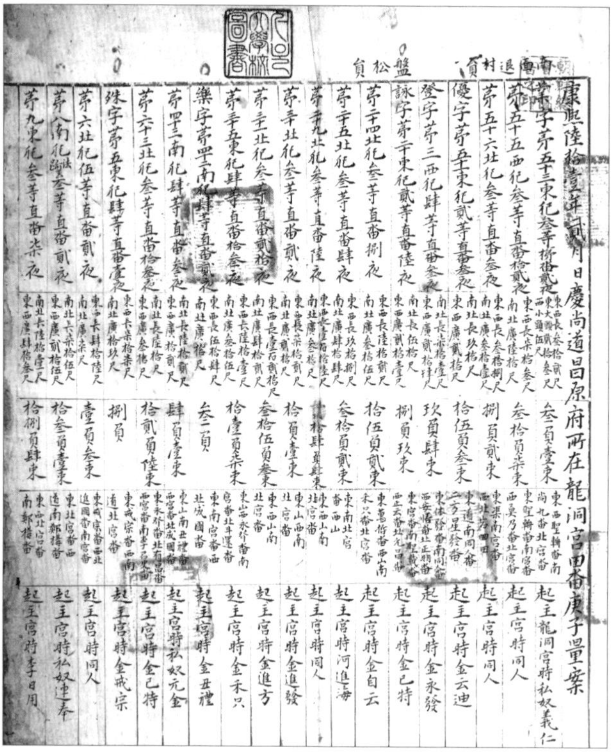
康熙陸拾壹年貳月日慶尚道昌原府所在龍洞宮田畓庚子量案

〈그림 8-3〉『慶尙道昌原府所在龍洞宮田畓庚子量案』(규장각 18324, 1722년 2월)

〈표 8-6〉 1722년 창원 용동궁전답의 토지등급과 규모

등급	전		답		대		계/%	
	필지	결-부-속	필지	결-부-속	필지	결-부-속	필지/비율	결-부-속/비율
1	–	–	6	0-45-9	–	–	6/0.5	0-45-9/0.6
2	2	0-15-7	161	15-07-0	6	0-27-1	169/14.6	15-49-8/20.0
3	50	3-29-7	567	41-10-2	11	0-37-1	628/54.2	44-77-0/57.7
4	83	4-18-8	207	10-40-0	–	–	290/25.0	14-58-8/18.8
5	26	1-18-2	30	0-67-9	–	–	56/4.8	1-86-1/2.4
6	10	0-35-2	–	–	–	–	10/0.9	0-35-2/0.5
계 /%	171 /14.7	9-17-6 /11.8	971 /83.8	67-71-0 /87.4	17 /1.5	0-64-2 /0.8	1159 /100	77-52-8 /100

출처: 『慶尙道昌原府所在龍洞宮田畓庚子量案』(규장각 18324, 1722년 2월)

별도의 양안으로 만들었다. 경자양안에 나타난 장토의 규모와 실태는 〈표 8-6〉과 같다.

경자양전에 나타난 창원전답은 〈표 8-2〉의 1674년과 비교하여 큰 차이가 없는데 대지 17필지가 새로 등장한 점이 특징이다. 작인에게 대지를 주어 거주할 수 있도록 배려를 한 것으로 보인다. 1674년에 개간의 징표로 등장한 내작은 모두 독립된 필지로 해소되었다. 그것은 경상도 경자양안의 일반적인 특징이다.[16] 면적은 전 171필지 9결 17부 6속, 답 971필지 67결 71부, 대지 17필지 64부 2속으로 모두 1,159필지 77결 52부 8속이었다.[17] 필지와 면적이 1674년에 비하여 모두 증가했다. 1674년 양안에서 진결은 4결 63부였는데, 1722년에는 진결이 90필지, 3결 64부로서 약간 줄었다. 1722년 양안에는 진결 외에 작인이 확정되지 않은 183필지, 11결 9부 4속이 있어서 장토경영이 안정적인 단계에 놓였다고 평가하기에는 한계가 있다. 그렇지만 국가의 공식적인 토지대장인 〈그림 8-3〉의 경자양안에서 보듯이 '기주(起主)'에 '궁(宮)'으로 표시하고 '시(時)'에 작인명을 기재함으로써 창원 용동궁전답은 용동궁이 소유권을 가진 하나의 궁장토 농장으로 확정되어 경영체제가 확립되었다고 평가할 수 있다. 조200두형의 영작궁둔이 확립되었음이 양안상에 명시된 것이다. 그렇지만 경자양안의 기주가 확실한 소유자일 것인가, 용동궁의 소유권이 확실한가의 문제는 별도의 논의가 필요하고, 이에 대해서는 후술할 것이다.

---

16 오인택, 앞의 논문, 2008, 301쪽.

17 장부상의 통계는 전 9.182결(陳 1.091결, 起 8.091결), 답 68.048결(진 1.807결, 기 66.241결), 합하여 77.230결(진 2.898결, 기 74.332결)로서 역시 〈표 8-6〉의 필지별 통계와 차이가 있다. 이후 창원 용동궁전답은 경자양안의 통계에 의거하여 77결 23부로 고정되었다.

2) 수취 실태와 토지소유관계

도장의 설정과 수취 관계

경자양전과 그로부터 발췌한 용동궁양안의 작성을 통해 경영의 안정화를 꾀한 용동궁에서는 뜻밖에도 1722년 9월 창원전답에 도장(導掌)을 설정하는 조치를 단행했다. 숙종의 국장으로 왕실의 재정이 궁핍해지자 용동궁에서 '각사공물례(各司貢物例)'에 의거해 도장을 판매해 버린 것이다. 노세기(盧世璣)가 최초로 200냥을 납가(納價)하고 도장권을 매득했다.[18] 노세기는 도장권을 자손에게 상속할 수도 있고 다른 사람에게 판매할 수도 있는 권리를 얻었다. 각사공물례에 의한 도장의 설정은 수세청부적 성격을 지닌 도장이었다. 그러므로 용동궁에 대해서는 정해진 납세액의 상납을 책임져야 했다. 용동궁으로서는 도장권을 팔아 200냥의 목돈을 쥐고 또 매년 결당 조 200두를 상납받을 것이므로 손해가 없고, 도장은 장토면적을 확대하여 중간이득을 취할 수 있을 것이므로 나쁠 것이 없는 거래였다. 을해정식을 만들 때 영작궁둔은 창원의 예에 따라 조 200두를 거두도록 하면서 차인과 도장의 남잡(濫雜)하는 폐단을 막도록 했는데, 결국 그 모델인 창원전답에서조차 직영을 포기하고 도장경영을 도입하는 지경에 이르렀다. 진전화와 개간의 일상적 반복으로 인한 고충에서 벗어나 안정적 수입을 확보하기 위해 용동궁은 직영을 포기하고 도장경영을 도입한 것이다. 영작궁둔이라 해서 경영방식이 직영으로 고정되었던 것은 아니었던 것이다.

창원전답 77결 23부에 대한 도장권은 이후 계속 매매되어 갔다.

---

18 『慶尙南道昌原郡所在庄土柳聖杓提出圖書類』(규장각 19302의 제3책) 導掌盧世璣處.

그 실태는 〈표 8-7〉과 같다. 매매문기상에서 도장의 명칭은 '전답도장'(1724년 문기), '77결영수세도장(77結零收稅導掌)'(1732년 문기 이후), 그리고 '77결영도장', '77결23부도장' 등으로 표현되었다. 〈표 8-7〉에서 보듯이 도장권이 형성된 초기인 17세기에는 도장권의 빈번한 매매가 이루어졌다. 도장권의 가격은 1722년 200냥에서 시작하여 1764년에 이르도록 300냥 수준에 머물렀지만, 18세기 후반 상승했으며, 19세기에는 개항 이전까지 큰 변화가 없다.

도장권 설정 이후 도장은 납가도장으로서 수세의 책임을 지게 되었다. 도장은 장토경영에도 관여하면서 용동궁에 상납하기 위해 작인들로부터 결당 조 200두를 수취했을 것이다. 그런데 도장권 설정 이전 장토 성립 초창기인 1677년의 사례에서 보았듯이 수취액 287석은 총결수 75결에서 진결·금재·복호를 제외하고 남은 28결, 즉 전체의 38%에 불과한 경작지에서 수취한 것이었다. 이러한 사실은 진결의 개간을 통해 수취 대상을 확대할 수 있는 여지를 남겨주지만, 동시에 자연재해와 경영 실패의 위험이 상존하고 있는 상황을 의미한다. 그래서 용동궁에서는 직접경영보다는 도장경영을 택했는지도 모른다.

그런데 1764~1766년경 도장 박도협이 상납액 370석 가운데 100석을 감면해 달라고 용동궁에 호소하여 감면을 받은 사실이 있다.[19] 370석은 1석=20두, 조 200두 수취를 전제하면 37결에 해당하여 총결수 77결 23부의 48%에 불과한데, 여기서 다시 100석을 줄여 270석으로 한다면 27결이 되어 경작면적은 35%에 불과하게 된다. 영작궁둔의 전형적 모델인 창원전답에서조차 종면적의 3분의 1에 불과한 곳에서만 수취가

19 『慶尙南道昌原郡所在庄土柳聖杓提出圖書類』, 乾隆 31년(1766) 박도협이 매도한 문기.

〈표 8-7〉 1722년 이후 도장권의 매매 추이

획득 연도	도장	화폐 단위	導掌價(兩)
1722	노세기	丁銀子	200
1724	이우춘	〃	300
1732	김중진	〃	200
1744, 1746	우세흥	〃	300
1749	한유량	〃	250
1754	이진창, 우세흥	〃	250
1756	정덕봉	〃	250
1760	이태현	〃	250
1760	정치경	〃	250
1762	장익추	〃	250
1764	박도협	〃	300
1766	구채주, 정재적	〃	380
1767	김성익	錢文	750
1767	김희택	丁銀子	450
1769	한필화	〃	530
–	한치경	–	상속
1800	한응	錢文	4,000
1802	장욱	〃	4,000
1816	현하규	〃	4,000
1844	전씨가	〃	4,000
?	玄召史	〃	?
1874	(유춘호)*	〃	22,000

주: 1874년 최종 구매자의 이름은 적혀 있지 않지만, 『龍洞宮捧上井間冊』(규장각 19575)에 의하면 1889년조 이후 井間의 欄外에 京導掌 柳春浩의 이름이 있다. 누군지 알 수 없는 李喆雨라는 이름도 나오지만, 통감부가 도장으로 인정한 柳聖杓는 유춘호의 아들이고 1874년 玄召史로부터 매입했다고 하므로 1874년 도장은 유춘호일 것이다[『導掌決定原案』 제6호(규장각 21669, 임시재산정리국), 導第64호 경상남도 창원군 퇴촌리 도장 柳聖杓의 '인정서' 및 1907년 9월 '청원서' 참조].

출처: 『慶尙南道昌原郡所在庄土柳聖杓提出圖書類』(규장각 19302의 제3책)

가능했다는 것은 조선 후기 유토면세결의 실태를 평가하는 데 있어서 하나의 기준이 될 수 있을 것이다. 다시 강조하지만, 장토의 외형적 규모와 실제 수취 규모에는 큰 차이가 있었던 것이다. 이때 상납액 270석을 현물로 용동궁에 상납한 것은 아닐 것이다. 이미 〈표 8-5〉의 1677년 사례에서 보듯이 현지의 관리인은 현물로 수취한 뒤 화폐로 바꾸어 상납했다.

다음 자료는 18세기 후반 창원전답의 수취 상황과 문제점을 잘 지적하고 있다.

> 임정원(林鼎遠)이 호조(戶曹)의 일로 아뢰다. 내수사(內需司)가 상주한 경상도 고성과 창원의 용동궁 유토면세의 일은 호조에 보고하여 조사 처리하도록 임금의 재가가 났습니다. ① 각 궁방 유토의 세조(稅租) 2두 규정이 속대전에 수록되어 있고, 경상감사가 조사 상주한 것과 같이 삼수량(三手糧), 선마가(舡馬價), 잡비는 모두 그 원수(元數) 가운데서 계감(計減)하는 것인데, 지금 용동궁 도장 지광계(池光啓)가 원수 외에 가렴하니 극히 놀랍습니다. 어과(魚果) 잡종(雜種)을 침범한 것은 더욱 전혀 근거가 없습니다. 이미 형조에서 법에 비추어 엄히 조사했으니 다시 논의할 필요는 없겠습니다. ② 결수를 항정(恒定)하는 일에 대해서는 풍흉이 각각 달라 기진(起陳)이 무상한데 지금 결수를 한번 고정하면 앞으로 백징(白徵)의 폐단이 반드시 일어날 것입니다. 만약 궁차(宮差)로 하여금 수기집부(隨起執負)하게 하면 연복협가(連伏挾加)의 침범을 역시 지탱하기 어렵습니다. 이것은 매년 집부할 때 해당 읍의 향색(鄕色)으로 하여금 답험하여 종실집부(從實執負)하게 하고, 만약 남집(濫執)의 폐단이 생기면 해당 읍에서 감영에 보고해 엄처하도록 해야 합니다. ③ 1두의 조(벼)를 7푼의 가격으로 정한 것은 원래 정식에 없는 것이고, 각 도의 절가(折價)를 살펴보아도 역시 해당되는 예가 없습니다. 비록 억지로 감정(減

定)하게 할 수 없다 하더라도 남가(濫加)하여 억지로 거두는 폐단은 막지 않을 수 없습니다. 이것은 곧 현물인 조로 수취하여 스스로 작전(作錢)하도록 하고 다시는 돈으로 대신 거두어 남징(濫徵)하는 폐단이 없도록 함으로써 폐단을 억지로 없애려 하지 않아도 저절로 없어지도록 경상도에 분부해야 합니다. ④ 궁차가 외읍(外邑)에서 작폐하는 일인데, 감사와 수령이 (……) 마음대로 남징하는 때를 당하여 이를 적발해 금단하지 않으면 변방의 소민(小民)이 천 리를 마다치 않고 정소하지 않을 수 없으니 이것이 어찌 은휼여상(隱恤如傷)의 뜻이겠습니까? 이후 궁차가 법령이 없는데 기탄없이 하는 것은 드러나는 대로 엄금하되, 적은 것은 본도에서 처벌하고 큰 것은 상소하여 엄히 처벌하도록 일체 신칙(申飭)해야 합니다. ⑤ 창원 둔민이 궁차를 위협한 일로 궁차가 정소한 것은 본래 믿을 만하지 못하지만, 용동궁 수본에 이것을 번거롭게 거론한 것은 극히 황당합니다. 하물며 조 대신 전을 수취하는 것은 이미 엄금했으므로 대전(代錢)의 많고 적음에 대한 불만은 논할 것 없습니다. 다만 둔민이 도장을 위협한 것은 사실의 여하를 알지 못하지만 민습(民習)에 관계되므로 그냥 둘 수 없으므로 사실을 조사해 징계하고 고치도록 분부하심이 어떠하옵니까?[20]

위의 기록은 경상도 고성과 창원 용동궁전답을 대상으로 한 기록으로 어디까지가 창원에 해당하는 것인지 분명치 않지만,[21] 창원이 아니

20 『承政院日記』, 정조 즉위년(1776년) 12월 17일.

21 이 기록에 나오는 지광계라는 사람은 고성의 도장인지 〈표 8-6〉의 창원도장 명단에는 등장하지 않는다. 그런데 고성 용동궁장토는 궁장토의 명단(『內需司及各宮房田畓總結與奴婢總口都案』, 규장각 9823, 1787년 11월)에 기록되어 있지 않아 의문이다.

라 하더라도 창원의 경우에 참조할 만한 중요한 문제들이 제기되어 있다. 첫째, 유토면세의 결당 조 200두에는 삼수미, 선마가, 잡비 등이 포함되어 있는데 도장이 더 걷는다는 것이다. 『속대전』의 규정에서 본 것처럼 영작궁둔의 조 200두 안에 수취비용이 포함되므로 실제로 용동궁에 상납되는 액수는 줄어들 수밖에 없는데, 이를 벌충하려는 듯 도장이 더 수취하고 있는 것이 문제로 지적되었다.

둘째, 수취할 결수를 고정하면 백지징세(白地徵稅)의 폐단이 발생하고 용동궁에서 궁차를 파견하여 수기집부(隨起執負)하면 결수를 확장하는 폐단이 발생하므로 지방 아전과 함께 답험하여 종실집부(從實執負)하자는 제안이다. 창원전답에서의 조 200두 수취는 이미 진결이나 재해를 입은 땅은 제외하고 경작이 이루어진 실결을 대상으로 이루어졌고, 해마다 기복이 심한 상황을 벗어나 안정적인 재정운영을 위해 용동궁에서는 도장경영을 도입한 상황이었다. 그러므로 이 지적은 창원전답의 상황을 반영한 것은 아니다.

셋째, 용동궁에서 조 1두를 7푼(分)의 화폐로 산정한 것은 과도하므로 작인이 대전(代錢)하지 말고 현물로 조를 수취한 뒤 작전(作錢)하든지 해야 한다는 제안이다. 작인에게는 화폐로 거두지 말도록 하자는 것이다. 도장이나 사음이 화폐로 납부하는 것은 상관없다. 〈표 8-5〉에서 보듯이 창원전답에서는 이미 1677년에도 용동궁에는 화폐로 바꾸어 납부했다.

넷째, 궁차가 폐단을 일으키는 것을 엄금하도록 조치해야 하고, 반대로 다섯째, 창원의 경우는 오히려 용동궁 둔민들이 궁차 또는 도장을 위협했다고 한다. 창원전답에서는 현물로 수취하지 않고 대전하는 과정에서 액수를 정하는 문제가 둔민들의 저항 배경인 것 같다.

조 200두 이외의 남징 금지, 진결은 제외하고 실결에 대한 조 200두 부과, 화폐 수취 금지, 궁차의 폐단 엄단과 둔민의 저항에 대한 경고

등의 문제가 18세기 후반 창원전답의 경영 과정에서 나타난 문제들이었다.

18세기 후반 현물과 대전을 둘러싼 갈등은 19세기에 들어 정액 화폐로 납부하는 것으로 정리되었다.[22] 『용동궁봉상정간책』에 의하면,[23] 1849년부터 1894년까지는 창원의 항목에 "둔답 77결 23부, 세전 200냥, 도장"이라는 기록이 있다. 이것은 도장이 창원전답에서 수취하여 용동궁에 200냥을 납부하면 된다는 것을 의미한다. 창원전답을 도장이 실제로 어떻게 경영하여 수익을 어떻게 올리는지는 관계없다. 1869년조의 예를 보면, 도장은 용동궁에 200냥을 납부하는 것으로 되어 있는데, 조 200두 안에 수취와 운송에 필요한 경비가 포함되어 있으므로 수취액 전문(錢文) 400냥에서 그 절반인 향미(鄕味) 200냥은 수취와 운송에 필요한 비용으로서 제외하고 200냥을 용동궁의 창고에 넣은 것으로 기록되어 있다.[24] 도장이 어떻게 경영하든 상관없이 용동궁에는 일정액을 상납하면 그만이었다. 용동궁에서는 이러한 수취가 원만하게 진행되도록 의례적으로 창원부에 공문을 보내어 도장의 수취를 지원하도록 요구할 뿐이었다.[25] 19세기 후반 창원전답의 경영과 수취는 이러한 방식으로 비교적 원만하게 이루어졌다.

이와 같이 볼 때 창원전답은 유토면세 영작궁둔으로서 용동궁에서 소유에 관한 상당한 권한을 가지고 있고, 도장이 장토를 관리하고 수세 상납의 책임과 권리를 지닌 장토였다고 평가할 수 있겠다.

22 『龍洞宮捧上冊』(규장각 19047, 19048, 19043, 19042, 1825-1907년); 『龍洞宮捧上井間冊』(규장각 19575).
23 『용동궁봉상정간책』(규장각 19575).
24 『용동궁봉상책』(규장각 19042).
25 『龍洞宮謄錄』(규장각 19573) 1852년 8월 창원.

소유권 분쟁 발생

17세기 중반 창원 용동궁전답이 사여에 의해 성립될 때, 그것은 민간인의 기경지였을 가능성을 배제할 수 없는 것이었다. 용동궁의 영작궁둔이 되어 상납액이 토세조 조 100두, 면세조 조 100두가 되고 그것이 당시 생산력 수준에서 지주제하의 지대에 비해 훨씬 헐한 것이라고 볼 때,[26] 용동궁 외에 민간인이 소유에 대한 일정한 권리를 가졌을 가능성을 배제할 수 없다. 그런 사정이 18세기 후반 창원전답에 대한 소유권 분쟁의 양상으로 표출되었다.

> 용동궁 소속의 경상도 창원부에 있는 유토면세 영작궁둔처는 효종 때 사여받은 전답으로 조정의 법령에 따라 1부에 토세조로 1두, 면세조로 1두씩 모두 2두를 문제없이 거두어 상납하던 것으로 아주 오래되었다. 정유년에 둔민 정석관(鄭碩觀), 김필서(金弼瑞) 등이 영작궁둔 면세처를 자기들 땅인 양 감히 빼앗을 계책을 세우고 둔민들의 재물을 모아 상경하여 서울(서울 용동궁일 듯: 필자주)에 정소했으나 낙송(落訟)했다. 다시 호조에 정소했지만 이치에 어긋난다고 퇴송(退訟) 당했다. 마침내 형조에 정소하니 어람양안(御覽量案), 호조양안(戶曹量案), 수조안(收租案)을 상고한 후 그들을 비리호송지죄(非理好訟之罪)로 법률에 비추어 장을 때리고 유배를 보내는 형벌을 내렸으나, 속전을 내고 석방되었다. 그런데 그들이 법을 두려워하지 않고 또 감세할 계책을 세우고 둔민을 모아 격쟁(擊錚)하고자 방금 서울 안에 머물고 있다. 이와 같이 법을 지키지 않는 간민을 엄하게 처벌하지 않는다면 막중한 사패지를 장차 잃어버릴 걱정을 면하기 어렵다. 위의 정석관, 김필서 등은 나쁜 습성을 고치지 않고 이치

26 박준성, 앞의 논문, 1984, 229쪽.

에 맞지 않게 행패를 부린 죄로 엄중한 형벌을 내리고 멀리 유배 보냄으로써 이후 이러한 일을 다시 일으키는 폐단을 경계할 것.[27]

1777년 창원의 정석관, 김필서 등이 '유토면세 영작궁둔처'를 자기들 소유지라고 하면서 용동궁에 호소했다. 용동궁에서 들어주지 않자 다시 호조에 소송했다가 퇴짜를 맞고 마침내 형조에 정소했다. 형조에서는 어람(御覽)양안 및 호조양안, 수조안을 조사한 뒤 그들을 '비리호송지죄(非理好訟之罪)'로 벌주고 추방했다. 그렇지만 그들은 굴하지 않고 1785년에 다시 감세를 꾀하기 위해 격쟁(擊錚)을 하려고 둔민을 모아 서울로 상경하는 상황이었다.

조연덕(趙衍德)이 형조의 일로 아뢰다. 지난번 동가(動駕)할 때 경상도 창원의 양인 김필서가 위외(衛外)에서 격쟁하므로 그 원정을 살펴보니 다음과 같습니다. 그들의 소경답(所耕畓) 77결 23부가 용동궁에서 절수한 것인데, 궁감 송대관(宋大觀)이 매년 내려와 공갈 늑봉하므로 용동궁 소납세전(所納稅錢)은 단지 640냥인데 송대관이 걷은 것은 772석, 색락조(色落條)로 57석 9두를 더 거두어 모두 830석 9두입니다. 가령 1석에 2냥으로 환산하면 1,600냥 9전이 되어 원상납 640냥을 제외하면 남는 것이 960냥 9전입니다. 궁감이 백성을 괴롭힌 죄를 법률에 비추어 엄히 처벌하고, 답세(畓稅)는 창원에서 호조에 수송한 뒤 용동궁에 출급하고 병신년 이후 투식(偸食)한 것은 모두 돌려주십시오라고 했습니다. 이 일은 작년 가을 신이 호조에 있을 때 내수사의 첩정에 정석관, 김필서 등이 궁

27 『內需司庄土文績』(규장각 19307의 제18책), 乾隆 50년(1785년) 8월 龍洞宮手本.

둔면세처(宮屯免稅處)를 자기들 전토라고 칭하고 감히 빼앗을 계책을 세워 둔민을 모아 격쟁하고자 하여 형배(刑配)하여 징후(懲後)한 일로 상주하여 유허를 받은 일입니다. 그러므로 정가와 김가 두 사람을 체포해 엄히 심문하니 그들의 상경이 격쟁하려는 것이 아니라고 경사에 정소하려는 데 불과한 것이라고 극구 발명하므로, 다만 신령지의(申令之義)를 따라 아울러 엄히 장을 때린 후 이후에 만약 격쟁을 일으키면 단연코 형배한다고 다짐을 받고 엄히 신칙(申飭)한 후 석방했습니다. 이제 필서가 징외(懲畏)를 알지 못하고 멋대로 명금(鳴金)하니, 비단 일이 4건이 아니요 극히 황당합니다. 그 상황을 살피면 더욱 애통합니다. 그들의 원정을 물리치고 비리작경지죄(非理作梗之罪)로 작년 다짐에 따라 엄형원배(嚴刑遠配)하는 것이 어떻겠습니까? 임금이 그렇게 하라고 했다.[28]

이렇게 김필서 등은 1786년 2월 격쟁에 성공했다. 그들은 용동궁의 궁감이 매년 내려와 증징했다고 주장했다. 830석 9두를 걷어 매석 2냥씩 1,600냥 9전이나 걷었는데, 이것은 원래의 640냥에 비해 960냥 9전을 더 걷은 것이라고 호소했다. 그러나 형조에서는 그들의 주장을 수용하지 않고 1785년에 격쟁하려던 것을 훈방했는데, 결국 다시 결행했으므로 유배를 보내는 벌을 내리는 것으로 정조의 윤허를 얻었다.[29] 소유

28 『승정원일기』 정조 10년(1786년) 2월 26일.

29 정조는 上言·擊錚의 활성화를 통해 대동사회를 실현하려는 군주였다고 평가된다. 그는 즉위하자 바로 궐내외를 불문하고 격쟁을 허용하는 조치를 내렸다. 격쟁의 내용도 강상의 윤리 문제를 넘어 1785년에는 사회경제적 비리를 고발하는 것도 허용했다고 한다(한상권, 「정조의 군주론과 왕정」, 『정조와 정조시대』, 서울대학교출판문화원, 2011, 154-156쪽). 그러나 창원전답의 소유권 문제를 둘러싼 격쟁에 대한 처리 결과는 매우 강경하게 나타나고 있어, 격쟁을 허용한 원칙과 격쟁을 처리한 현실 사이의 괴리를 볼 수 있다.

권 문제는 납세금액, 즉 지대의 수준과 밀접하게 관련되어 있다. 작인들은 소유권을 주장하고 있지만 오히려 조 200두 이상의 증세가 현실이었다. 10여 년에 걸친 작인들의 소유권 투쟁은 성공하지 못하고 말았다.

창원전답의 소유권을 둘러싼 갈등은 이때 처음으로 등장했다. 지방의 일개 민간인이 근거 없이 소송을 제기하고 격쟁을 할 수는 없었을 것이다. 앞에서 분석한 것처럼 구진무주(舊陳無主)의 토지를 민간인이 개간하여 소유하다가 1693년 사출되기도 한 점에서 볼 때, 민간인이 소유 또는 경작에 대해 일정한 권리를 주장할 근거가 없지 않았을 것으로 생각된다. 조 200두가 민전의 병작반수(竝作半收)에 비해 헐하기 때문에 경작자가 소유권을 주장할 여지는 충분히 있었다. 반면 주지하듯이 정부에서는 용동궁전답을 '유토면세 영작궁둔처'로 표현했다. 당시 내수사 및 각 궁방의 장토는 유토면세(有土免稅), 유토미면세(有土未免稅), 무토면세(無土免稅)로 구별되었다.[30] 창원 용동궁장토는 유토면세로 분류되어 있으며, 전 9.182결, 답 68.048결, 합하여 77.230결로 집계되어 있다. '왕패(王牌)'라고 기재하여 장토의 기원이 사여에서 비롯되었음을 분명히 하고 있고, 그것은 곧 작인의 권리를 인정하지 않는 것을 의미할 것이다.

1791년 창원부에서는 독자적으로 양전을 실시하는데, 이에 따라 〈그림 8-4〉에서 보듯이 용동궁에서도 새로 시행한 양전의 결과를 발췌하여 별도의 장부를 만들었다. 1791년의 양안에는 상단에 1722년 경자양안의 자호를 기재하여 국가적으로 공인된 토지대장으로서 경자양안의 권위를 계승하고 있음을 드러내고 있다. 필지별로 비교해 보면 전답, 토지등급, 결부가 동일한 경우로 확인되는 경우가 아주 많지만, 70여 년간 세월의 변화를 의미하는 듯 자호가 틀리거나 확인이 안 되는 경우

30 『內需司及各宮房田畓總結與奴婢總口都案』.

〈그림 8-4〉『昌原府所在龍洞宮田畓改量成冊』(규장각 18325, 1791년 6월)

도 적지 않다. 물론 토지등급이나 결부가 다시 책정되는 경우도 적지 않다. 기주란(起主欄)에는 '구용동궁금용동궁(舊龍洞宮今龍洞宮)'이라 일률적으로 기재했다. 경자양안에서도 용동궁 소유이고 1791년에도 변함없이 용동궁 소유라는 점을 못 박고 있다. 이 양안의 작성은 1777년에서 1786년까지 10년에 걸쳐 진행된 소유권 분쟁을 기각하고 그 소유권이 용동궁에 있음을 확정 짓는 의미를 지닌 것으로 이해된다. 경자양안과는 달리 작인은 아예 표시하지도 않았는데, 도장이나 사음(舍音)은 이 양안을 토대로 작인의 경작관계를 기록한 별도의 추수기(秋收記)를 작성해 장토경영에 활용했을 것이다.

전답의 규모를 살펴보면 〈표 8-8〉과 같다. 전 143필지 8결 25부 6속, 답 948필지 68결 42부 1속, 대지 10필지 36부 합하여 1,101필지 77결 03부 7속으로 집계되었다. 그러나 장부상에는 경자양안과 동일한 77결 23부로 기재되어 있다. 도장권을 설정했기 때문에 결부에 변화가 없는 것이 원칙이었을 것이다. 진결은 71필지 3결 90부 8속이어서 이전과 큰 변화는 없다.

〈표 8-8〉 1791년 창원 용동궁전답의 토지등급과 규모

등급	전		답		대		계/%	
	필지	결-부-속	필지	결-부-속	필지	결-부-속	필지/%	결-부-속/%
1	2	0-30-3	14	1-05-2	-	-	16/1.5	1-35-5/1.8
2	3	0-12-6	170	15-71-4	6	0-27-1	179/16.3	16-11-1/20.9
3	48	3-21-9	534	40-47-3	4	0-08-9	586/53.2	43-78-1/56.8
4	59	3-52-3	198	10-23-0	-	-	257/23.3	13-75-3/17.8
5	21	0-81-2	32	0-95-2	-	-	53/4.8	1-76-4/2.3
6	10	0-27-3	-	-	-	-	10/0.9	0-27-3/0.4
계 /%	143 /13.0	8-25-6 /10.7	948 /86.1	68-42-1 /88.8	10 /0.9	0-36-0 /0.5	1,101 /100	77-03-7 /100

출처: 『昌原府所在龍洞宮田畓改量成冊』(규장각 18325, 1791년 6월)

'영작궁둔=조200두형'은 많은 유토면세 궁장토의 모델로서 부담액과 수취방식을 둘러싼 각종 분쟁의 기준이 되었다. 그런데 영작궁둔은 궁방의 토지로 간주되면서도 "1부 2두의 세는 사가(私家)의 도지와 비교하면 원래 고중(高重)한 세가 아니다"라는 평가가 일반적이었다. 양전할 때 집등(執等), 즉 토지등급을 어떻게 책정하는가의 문제가 더 컸다. 토지등급을 1등급 쪽으로 높이면 결수가 많아져 부담이 늘어난다.[31] 따라서 영작궁둔의 수취에서 문제가 되는 것은 부담액보다는 결수 책정과 진재(陳災) 여부였다. 조 200두의 부담액이 토지소유권 행사에 미치는 영향이 무엇인가는 갑오개혁 이후 근대적 토지소유권 개념을 적용하여 사정하는 과정에서 크게 문제가 된다.

양안을 통해서 본 소유-경작관계

창원 용동궁전답의 실태를 파악할 수 있는 구체적인 장부로는 1674년, 1722년, 1791년의 양안을 확인할 수 있다. 그것은 도장권을 인정받기 위해 유성표가 통감부에 제출한 것으로 이 양안들을 통해 경작관계를 파악할 수 있다. 다만 1791년 양안에는 작인이 기재되어 있지 않아 작인 분포를 확인할 수 없다. 또 1846년에 측량되었다고 하지만 그 양안은 현재 전해지지 않는다. 한편 1904년 대한제국기 창원군에서 작성한 공토성책에도 용동궁전답이 포함되어 있어 작인의 경작 상황을 파악할 수 있다.

〈표 8-9〉를 보면 1674년의 경우 100속 이하의 경작자가 29.1%이고 500속 이하가 90.7%로 나온다. 500속 이상은 28명이고, 그중 1,000속(1결) 이상은 5명이다. 1결 이상 경작하는 작인은 〈표 8-10〉과 같다.

---

31 『版籍司謄錄』(규장각 18182) 辛丑(1721년) 정월 28일.

〈표 8-9〉 1674년 창원전답의 작인 분포

구분(束)	인원(명)/%	필지/%	면적(속)/%
1-100	88/29.1	119/12.1	4671/6.7
101-200	76/25.2	176/17.9	11030/15.8
201-300	64/21.2	184/18.8	15721/22.5
301-400	29/9.6	148/15.1	10185/14.6
401-500	17/5.6	118/12.0	7519/10.8
501-1000	23/7.6	163/16.6	14839/21.2
1001 이상	5/1.7	73/7.5	5897/8.4
계	302/100	981/100	69862/100

주: 1. 작인명에는 '이름', '성+이름', '奴+이름'의 세 가지 형태가 있는데, 동일 지역에서는 이름이 같을 경우 동일인으로 간주한다. 막생, 김막생, 奴막생, 장막생, 전막생처럼 성이 여럿일 경우도 '동일 지역'을 기준으로 동일인으로 판정했다. 동일 지역에서는 자호를 넘어 지번이 연속된다는 점을 고려한 것이다.

2. 작인이 없는 구진, 잉진은 제외했다.

3. 1結=100負=1,000束이다.

출처: 『慶尙道昌原府所在龍洞宮田畓改打量成冊』(규장각 18317, 1674년 10월)

〈표 8-10〉 1674년 창원전답의 1결 이상 경작자

이름	필지수	면적(결-부-속)	동일인 인정	타인 간주
노일발	18	1-02-0	일발	
김이성	12	1-02-4	이성	
충립	26	1-05-8		김충립
허사인	6	1-38-8	사인	
노응해	11	1-40-7	응해	

가장 많은 필지를 경작하는 자는 26필지에 이른다. 가장 넓은 면적을 경작하는 자는 노응해(응해)로서 1결 40부 7속에 이른다. 창원전답이 사방에 분산된 농장임에도 불구하고 다수의 필지와 면적을 경작하는 작인이 존재했다. 용동궁전답에 인접해 있는 토지를 소유하거나 차경한다면 이들의 경작면적은 더욱 늘어나 부농의 대열에 들어갈 수 있을 것이다.

〈표 8-11〉 1722년 창원전답의 작인 분포

구분(束)	인원(명)/%	필지/%	면적(속)/%
1-100	104/34.0	147/16.7	5667/9.1
101-200	99/32.3	207/23.5	14158/22.6
201-300	36/11.8	120/13.7	8764/14.0
301-400	22/7.2	113/12.8	7515/12.0
401-500	20/6.5	103/11.7	9176/14.7
501-1000	23/7.5	165/18.8	15122/24.2
1001 이상	2/0.7	25/2.8	2121/3.4
계	306/100	880/100	62523/100

주: 진결 및 작인이 없는 필지는 제외했다.
출처: 『慶尙道昌原府所在龍洞宮田畓庚子量案』(규장각 18324, 1722년 2월)

경자양전 당시의 분포는 〈표 8-11〉과 같다. 100속 이하의 영세 작인이 34.0%에 달하며, 200속 이하 작인을 합하면 66.3%에 이른다. 창원전답이 한 곳에 집중된 농장이 아니기 때문에 이를 가지고 작인의 경제적 실태를 논할 수는 없을 것이다. 그렇지만 1674년의 분포와 비교할 때, 작인을 설정하지 못한 필지가 많은 점을 고려해야겠지만, 그래도 영세 작인이 크게 증가한 것을 알 수 있다. 여전히 500속 이상 23명, 1,000속(1결) 이상 경작자가 2명이나 존재한 점도 주목해야 할 것이다.

대한제국에서 궁장토의 일원적 관리를 시도하면서 작성한 1904년 공토성책을 통해서 작인분포 상황을 살펴보면 〈표 8-12〉와 같다. 100속 이하 영세 작인이 1722년 34.0%에 비하여 44.8%로 압도적으로 증가했고 1,000속(1결) 이상은 한 사람도 없다. 1722년 500속 이상이 7.5%이고 1,000속(1결) 이상인 작인도 2명이나 되었던 점과 비교해 이를 하향 영세화의 양상이라고 해석하는 것은 비교의 두 시점이 너무 멀고 샘플도 부족하므로 다소 지나치지만, 반대로 집적 현상이 나타나지 않은 것은 분명하다. 창원의 여러 곳에 분산되어 있던 용동궁장토에서 농사

〈표 8-12〉 1904년 창원 용동궁전답의 작인 분포

구분(束)	인원(명)/%	필지/%	면적(속)/%
1-100	223/44.8	254/34.7	11779/16.4
101-200	163/32.7	209/28.6	23083/32.0
201-300	65/13.1	121/16.6	15776/21.9
301-400	24/4.8	61/8.3	8243/11.4
401-500	11/2.2	30/4.1	4907/6.8
501-1000	12/2.4	56/7.7	8273/11.5
계	498/100	731/100	72061/100

주: 家는 제외했다.

출처: 『慶尙南道昌原郡各面公土成冊』(규장각 17956, 1904년 음력 9월)

지으려는 사람이 크게 증가하면서 하향 영세화의 양상이 자연스럽게 나타난 모습이다.

3. 갑오개혁 이후 토지정책과 창원 용동궁전답

1) 갑오개혁의 출세조치와 창원 용동궁전답

역토·둔토·궁장토에 주어졌던 면세의 특권은 1894년 갑오개혁에서 폐지되고 모든 경지에서 납세하도록 하는 조치가 내려졌다. 민결면세지는 원래 궁방·아문의 소유지가 아니었으므로 출세조치에 의해 수조권이 소멸하자 민전, 즉 국가의 완전한 과세지로 되었고, 급가매득지는 궁방·아문에서 완전한 소유권을 확보했으므로 탁지부에 지세를 납부하면 궁방·아문의 소유지로서 지주제적으로 경영하는 데 아무런 문제가 없었다. 그러나 절수·사여지의 경우 별도의 정리 과정을 거치지 않으면 안 되었다. 장토의 기원에 따라 소유권이 분산되거나 중층적 구조를 지닐

가능성이 있었기 때문이다. 갑오개혁 이후 추구된 일지일주(一地一主) 또는 일물일권(一物一權)의 근대적 토지소유권 개념으로는 절수·사여지의 소유권 귀속을 재단하기 어려웠다.

창원 용동궁전답도 갑오개혁의 출세조치와 궁장토 정리방침의 영향을 받지 않을 수 없었다. 일단 창원전답은 탁지부의 수세 대상이 되었다. 탁지부는 일반 민전에 부과하는 방식과 동일하게 창원전답에도 '결세(結稅)=결가(結價)=결전(結錢)=지세'를 책정했다. 1894년조의 경우 창원전답에도 연분(年分)을 실시하여 재결(灾結)로 판정된 부분에 대해 결전을 감면해 주었다. 탁지부의 자료에는 창원 용동궁전답 중 재결 27결 39부 6속에 해당하는 결전 821냥 8전 8푼이 감면 처분된 것으로 기록되어 있다.[32] 갑오개혁 이후 창원전답이 일반 과세결로 편입되어 민전과 동일한 방식으로 결세가 책정되기 시작한 사실을 여기서 확인할 수 있다.

그런데 문제는 종래의 조 200두 이외에 별도로 결세를 탁지부에 납부해야 하는가 하는 점이었다. 조 200두에는 100두의 면세조가 포함되어 있으므로 작인의 입장에서는 지세 부분을 이미 용동궁에 납세하고 있었던 것으로 계산할 수 있다. 그렇게 본다면 탁지부에 결세를 납부하는 것은 이중과세가 되는 셈이었다. 이 문제는 단지 과세 문제에 그치지 않고 소유권 귀속에도 영향을 미칠 수 있는 중대한 사안이었다. 이와 관련하여 두 가지 기록을 검토해 보기로 한다.

> 사실은 본군 상남면 가음정 용동궁결 77결 23부는 결(結)은 곧 궁결(宮結)이오 토(土)는 곧 민의 사토(私土)이다. 본궁으로부터 십복(執

32 『公文編案』(규장각 18154), 1897년 2월 17일 경상남도관찰사 李恒儀의 제5호 보고.

卜)한 후 해마다 매 1부에 조 2두씩 받아가더니 지난 갑오년에 이 궁결 77결 23부를 탁지부에서 승총(陞總)하여 가져갔으니, 그 토지는 궁과는 스스로 관계가 없거늘[33]

용동궁 색장(色掌)의 고소에 의거해 보니, 본궁의 전장(田莊)이 경상도 창원군에 있는바 본래 타작하지 않고 매 부에 2두씩 수봉하여 본궁에 상납한 것이 이미 수백 년이 되었는데, 갑오승총 후 어리석은 백성이 단지 탁지부의 결수만 납부하고 궁납을 생각하지 않으니, 본군에 훈령해 그들을 엄칙하여 궁납은 이전처럼 수봉하고 결복은 궁감으로 하여금 담당하기를 청한지라. 각 궁 장토에서 이전에 정도(定賭)한 것을 승총 후 민토례(民土例)에 따라 결세와 도조를 작인이 담당하여 납부하는 것이 마땅한 규례인데, 지금 작인이 근거 없는 주장을 빙자하여 도조를 불납하고 단지 납세만 하고자 하니 어리석음이 막심하고 해괴하기 짝이 없어 이에 발훈하니, 도착하면 즉시 엄칙하여 도조는 작인이 이전처럼 응납(應納)하고 결세는 궁감이 담당케 한즉 작인이 입는 이익이 역시 많은 바이니, 이로써 신칙(申飭)하여 다시 분란을 일으키지 않도록 할 것[34]

전자는 1907년 각궁사무정리소에서 궁장토를 정리할 때 창원 용동궁전답의 작인들이 주장한 내용이고, 후자는 결세 문제에 대한 용동궁의 입장을 보고받은 탁지부에서 창원군에 내린 훈령이다. 이들 기록에는 작인의 관점과 용동궁의 관점이 대립되어 나타난다.

---

33 『前整理所指令諸案』(규장각 21937), (경상도 창원군거민들의) 訴狀(박준성, 앞의 논문, 1984, 230쪽에서 재인용).

34 『공문편안』, 1897년 11월 6일 訓令 郡守 李瑢教.

먼저 갑오개혁에서 과세결로 승총된 것에 대한 반응으로 작인들은 도조를 납부하지 않고 결세만 내겠다는 입장을 표명했다. 그 이유는 "용동궁전답 77결 23부는 결은 궁결(宮結)이지만 땅은 사토(私土)"이기 때문이라는 것이다. 즉 결당 조 200두씩 용동궁에 납부했지만 토지는 민간의 소유라는 주장이다. 갑오개혁의 출세조치에 의해 이 결수를 탁지부에서 승총해 결세를 부과했으므로 용동궁에 대한 납세의무는 없다는 것이다. 1777년 정석관, 김필서 등이 용동궁전답을 자기들 소유지라고 하면서 둔민들로부터 비용을 걷어 정부에 소송을 내고 격쟁을 한 일은 있었지만, 정부에 의해 기각당한 이후 갑오개혁에 이르기까지 조 200두를 납부하는 '유토면세 영작궁둔처'로서 유지되어 왔다. 토지에 대한 작인의 권리는 지대 수준에 의해 관념화되어 있을 뿐, 근대적 토지 소유권 개념이 작동하지 않던 시기였다. 이제 갑오개혁의 승총에 의해 지세와 지대는 명백하게 구분되는 단계로 접어들었다. 이를 계기로 작인들은 조 200두를 '지세'로 간주하면서, 오랫동안 경작해온 전답에 대해 소유권을 주장하는 단계까지 나가려 한 것이다.[35]

이런 사태에 직면하여 용동궁에서는 갑오승총 이후 단지 탁지부 결전만 납부할 뿐, 민전의 반작(半作)에 비해 오히려 배나 가벼운데도 불구하고 궁납을 거부한다고 작인들을 비난했다.[36] 일반적으로 도조 외에

35 1897년 10월에는 수세를 위해 궁내부에서 京監을 파송했는데, 이권병, 김절옥, 이사윤 등이 작인을 충동질하고 경감을 핍박하여 납세는 거론하지도 못하게 하고 오히려 경감을 쫓아낼 지경이었다고 한다[『龍洞宮公事冊』(규장각 18574), 丁酉(1897년) 12월 手本宮內府]. 8년 뒤인 1904년의 기록에 이사윤은 남산촌전평에 있는 용동궁답 1필지 3부 8속(11두락)을 경작하는 인물로 등장한다(『慶尙南道昌原郡各面公土成冊』, 1904년 음력 9월).

36 『龍洞宮公事冊』, 丁酉(1897년) 10월 手本宮內府.

탁지부 결세가 추가 부과되는 상황을 '일토양세(一土兩稅)'라 하고 작인들은 여기에 저항하게 되는데, 창원 용동궁전답에서는 작인들이 소유권을 주장하는 공세적인 입장을 취했다. 이에 후자의 기록에서 보듯이 용동궁에서는 종전처럼 납부하면 결세는 궁에서 담당하겠다는 수세적 입장으로 밀렸다. 탁지부에서는 갑오승총 이후 궁장토도 민간 지주의 전답과 마찬가지로 결세와 도조를 작인이 담당하는 것이 원칙인데, 용동궁납을 거부하고 탁지부의 결세만 내겠다고 하는 작인들의 행위를 비난했다. 탁지부는 용동궁의 타협안에 동조해 도조는 이전처럼 조 200두를 궁방에 납부하는 것으로 하고 결세는 그 가운데서 궁방이 담당하는 것으로 조치했다. 도장이 설정되어 있으므로 도장이 조 200두를 수취한 뒤 결세 부분을 창원군에 납부하면 문제가 해결되는 것이었다. 이러한 조치로 조 200두 납세액에 변함이 없게 되었다. 갑오개혁 이전의 개념과 마찬가지로 결당 조 100두는 도조로 궁에서 징수하고, 나머지 조 100두는 탁지부에서 결세로 수취하는 구조로 정착되었다.[37]

오히려 경영이 악화되자 용동궁에서는 도조 부분의 감면도 수용했다. 1898년 작인들의 호소와 저항이 계속되자 용동궁에서는 원납 중 50냥을 감면해 주었다.[38] 작인에 대한 이러한 배려로 말미암아 이 시기 도장의 납부액은 줄어들지 않을 수 없었다. 1899년에도 작인들은 감면을 요구하며 작경(作梗)했다. 궁내부에서는 주동자인 남산리 거주의 팽치

37 『導掌決定原案』 제6호(규장각 21669, 임시재산정리국), 導第64호 경상남도 창원군 퇴촌리 도장 柳聖杓의 '1910년 1월 29일 도장실지조사보고서'에 의하면, "용동궁장토는 1부에 대하여 조 1두는 도조로서 징수하고 결세는 별도로 소작인으로부터 징수함으로써 扣除할 수 있다"라고 하여 갑오개혁을 거치면서도 조선 후기 영작궁둔의 기본 구조가 유지되었음을 보여준다.

38 『용동궁공사책』, 戊戌(1898년) 7월 창원 題辭.

명, 사변정의 김사회·안민·윤덕현, 대방의 주문수, 삼정자의 강치우 등 6명을 체포하라고 지시했다.[39]

용동궁전답이 내장원으로 이속된 이후에는 내장원 파원의 징세가 문제되기도 했지만,[40] 작인의 저항도 계속되어 궁납이 또 줄어들었다.[41] 1904년에는 납세액을 새로 조사한 뒤 신조사에 의거한 수취를 위해 별도의 감관을 파견했다.[42] 1905년에는 조사를 위해 감관을 파견했을 때 사음이 협조하지 않는 상황이 벌어지기도 했다.[43] 작인들의 저항은 도장의 수취에 영향을 미치고 100여 년 정액으로 고정되어 있던 궁방 수취액에도 변화를 초래했다.

수취의 구체적인 내용을 살펴보면 〈표 8-13〉과 같다. 원래 400냥의 수취액 가운데 운반 및 잡비로서 향미(鄕味) 200냥을 지출하고 나머지 200냥이 용동궁의 회계로 들어가는 구조였다.[44] 그러나 1890년대에 들어 경영이 악화되어 1891~1893년조는 120냥밖에 들어가지 않았다. 화폐의 교환가치에 의해 가계전(加計錢)이 100%로 붙어 120냥이 추가됨으로써 화폐납의 이점을 누릴 뿐이었다. 1894~1895년조는 동학농민전쟁의 영향 때문인지 면제되었다. 1896년조는 400냥에서 280냥을 깎고 향미 60냥을 제하니 납부액은 60냥에 불과하게 되었다. 1897년 이후에도 용동궁의 수입은 정규액을 채우지 못했다. 1904년에 이르러 겨우 원래 수준을 회복했다. 1905년조는 전문 2,000냥 가운데 향미와 실납이

39 『용동궁공사책』, 己亥(1899년) 11월 5일 手本宮內府.
40 『용동궁공사책』, 癸卯(1903년) 정월 수본.
41 『용동궁공사책』, 甲辰(1904년) 9월 4일.
42 『용동궁공사책』, 甲辰(1904년) 11월 8일 창원군 首書記處.
43 『용동궁공사책』, 乙巳(1905년) 정월 22일 창원군 수서기처.
44 『용동궁봉상정간책』(규장각 19575).

〈표 8-13〉 용동궁의 창원전답 수취 실태

연조	세전문(稅錢文)	권감(權減)	향미(鄕味)	실고입(實庫入)	가계전(加計錢)
1891~1893	400	160	120	120	120
1894~1895	400			0	
1896	400	280	60	60	
1897~1902	400	192.64	103.68	103.68	
1904	400		200	200	
1905	2,000		1,000	1,000	

주: 단위=냥(兩)

출처: 『龍洞宮捧上冊』(규장각 19042), 1891~1901, 1905년조; 『龍洞宮捧上重草冊』(규장각 19043), 1902, 1904년조

각각 1,000냥씩으로 1906년 2월에 납부되었고, 이를 마지막으로 창원 용동궁전답은 통감부의 궁장토정리사업에 넘겨졌다.[45]

이상에서 볼 때 갑오개혁의 승총으로 결세를 탁지부에 내게 되면서 용동궁과 작인들은 조 200두의 납부를 둘러싸고 갈등을 빚었지만, 작인들의 결세가 조 200두 안에서 해결됨으로써 종전의 납부 수준이 그대로 유지될 수 있었다. 그렇지만 작인들의 저항으로 실제 납세액이 줄어들고 있는 상황은 표면화되지 않은 소유권의 귀속 문제가 내연하고 있는 것을 의미한다고 보아야 할 것이다.

45 창원 용동궁전답을 정리할 때 도장 유성표가 1907년 9월에 행한 진술을 보면(『導掌決定原案』 제6호, 導第64호 경상남도 창원군 퇴촌리 도장 柳聖杓의 '1907년 9월 임시제실유급국유재산조사위원장에 대한 유성표의 청원서'), 결전은 작인들이 창원군에 수납하고 상납전은 596냥씩 용동궁에 상납했는데, 1905년에는 용동궁의 당상이 상납전을 5배나 더 많은 2,980냥을 마련하여 용동궁에 납부했다고 한다. 왜 그렇게 되었는지는 확인되지 않는다.

2) 대한제국의 공토정책과 창원 용동궁전답

토지소유와 수취액을 둘러싼 갈등은 대한제국의 광무사검(光武査檢)에서 더욱 치열해졌다. 광무사검에서는 수세규정을 새로 마련하여 지대를 인상하고, 민유와의 관계를 재조사해 공토화(公土化)를 공세적으로 추진했다고 평가되고 있다.[46] 1899년 대한국국제(大韓國國制)의 반포로 전제군주제를 강화하고 왕실의 권한을 확대한 것과 결부되어, 왕실재정을 관장하던 내장원이 사검사업을 통해 공토를 최대한 확대하고 지주경영을 강화하고자 한 것으로 본다. 공토 편입을 강제하고 편입 이후에는 일체 환급하지 않는 정부의 방침이 소유권 분쟁을 촉진했다고 한다.

이와 함께 광무정권은 다양한 기원을 가진 역토·둔토·궁장토에서 중답주를 인정하지 않는 입장을 표명했다. 중답주는 장토의 성립 기원과 관련하여 낮게 책정된 지대 수준하에서 소유권의 중층적 축적에 의해 성립된 것이다. 그러나 광무정권은 중답주를 일체 인정하지 않는 방침을 세웠다. 이에 따라 공토의 소유권이 궁방 및 국가기관의 지주화에 의해 단일화되어 가고, 그 결과 지주-작인의 지주제적 경영방식이 강화되었다. 따라서 이 시기 수많은 소유권 분쟁이 발생하게 되는데, 중답주와 작인의 관계는 국가의 입장에서는 전혀 인정치 않는 사적(私的) 관계로만 유지되었다. 이처럼 갑오개혁 이후 역토·둔토·궁장토에서 지주제적 경영이 강화되면서 이제까지 다양한 장토성립 기원으로 말미암아 다양하게 책정되던 지대 수준이 소유권의 차원에서 단일화될 것을 강요받게 되었다.

창원 지방의 경우 이청답(吏廳畓)이 분쟁에 휘말려 결국 1900년 공

46 배영순, 「한말 역둔토조사에 있어서의 소유권분쟁」, 『한국사연구』 25, 1979, 85, 94쪽.

〈표 8-14〉 1904년 창원군 공토의 면적

면 이름	궁장토					역토		둔토			합계
	용동궁	명례궁	명안궁	내장원	기타	자여역	기타역	관둔	통둔	기타둔	
부내면	–	–	5.597	–	0.158	–	–	10.561	1.471	0.840	18.627
부이면	–	2.523	6.468	–	–	–	–	–	1.449	0.212	10.652
하일면	–	–	17.360	–	–	–	–	–	26.510	6.653	50.523
하이면	–	–	2.722	–	–	0.235	15.100	–	25.226	–	43.283
상삼면	33.297	–	–	18.544	–	–	6.779	–	–	–	58.620
상이면	36.298	–	–	9.488	–	0.273	–	–	20.684	–	66.743
남상일면	3.860	11.190	–	–	–	–	–	–	4.608	0.372	20.030
동일면	–	–	–	–	–	33.110	35.979	–	5.936	28.915	103.940
동이면	–	–	–	0.100	–	–	–	–	0.343	1.540	1.983
북일면	–	–	–	–	–	0.252	–	–	6.327	–	6.579
북이면	–	–	–	–	–	–	–	–	17.251	–	17.251
북삼면	–	6.914	–	–	–	–	–	–	0.981	20.783	28.678
서일면	–	–	–	9.142	14.508	–	56.052	–	–	–	79.702
서이면	–	–	–	–	–	–	–	–	5.173	–	5.173
서삼면	–	–	–	0.229	–	–	–	–	1.168	3.201	4.598
합계	73.455	20.627	32.147	37.503	14.666	33.870	113.910	10.561	117.127	62.516	516.382

주: 단위=결(結). 궁장토의 '기타'는 선혜궁·선희궁이고, 역토의 '기타역'은 안민역·신풍역·근주역이며, 둔토의 '기타둔'은 社庫屯·訓屯·兵屯·社倉屯·守禦屯, 砲屯이다. 동일면의 '기타둔'은 사창둔이 다수이고, 북삼면의 '기타둔'은 수어둔이다. 統屯에는 통영과 관련된 여러 둔이 포함되어 있다. 동이면의 '기타둔'은 倉屯이다.
출처: 『慶尚南道昌原郡各面公土成冊』(규장각 17956, 1904년 음력 9월)

토로 편입되었고, 진해의 목둔(牧屯)이 1902년 공토로 편입되었다.[47] 창원 용동궁전답도 '공토성책'에 수록되었다. 창원의 경우 1904년 각종 역토·둔토·궁장토가 모두 공토로 관리되었다. 창원군 공토의 종류와 면

47 배영순, 위의 논문, 1979, 85, 94쪽.

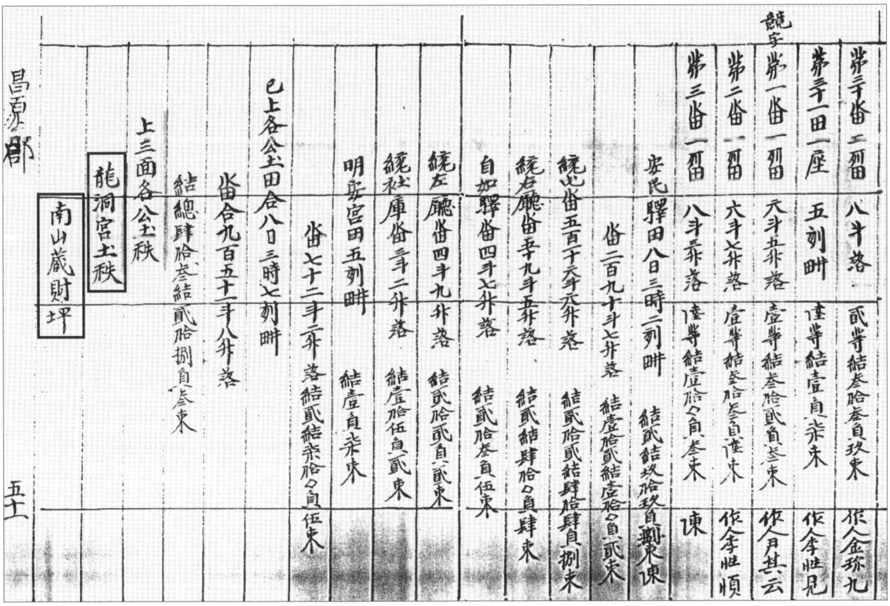

〈그림 8-5〉『**慶尙南道昌原郡各面公土成冊**』(규장각 17956, 1904년 음력 9월)

적은 〈표 8-14〉와 같다.

국가기관이 관련한 토지를 일원적으로 관리하고자 한 의지가 창원군공토성책에 드러나 있다. 창원군 공토성책의 기재방식은 〈그림 8-5〉에서 볼 수 있다. 공토성책의 기재방식은 지역 및 각 둔명 아래 필지별로 자호, 지번, 전답구분, 좌수(座數), 두락 또는 일경, 토지등급, 결부, 작인, 성명 순으로 되어 있다. 면적척수는 기재되지 않았지만 두락과 결부의 관계는 규칙성을 띠고 있어서 공토성책의 두락은 추수할 때의 실제 두락이 아니라 지계아문양안에 기재되어 있는, 면적척수에서부터 일정 비율로 계산된 두락(斗落)일 것이다.[48] 이 점에서도 공토성책의 내용은 지계아문양안에서 추출된 것이 틀림없다. 창원의 광무양전은 지계아문에서 수행했는데, 양안은 현재 남아 있지 않다. 창원군 공토의 총면적은 궁장토가 178결 39부 8속, 둔토가 190결 20부 4속, 역토가 147결 78부,

〈표 8-15〉 1904년 창원 용동궁전답의 토지등급과 규모

등급	전		답		대		계/%	
	필지	결-부-속	필지	결-부-속	필지	결-부-속	필지/%	결-부-속/%
1	4	0-22-9	150	18-88-5	23	0-63-9	177/23.3	19-75-3/27.0
2	44	1-94-4	226	27-71-1	14	0-42-0	284/37.5	30-07-5/41.2
3	26	1-16-5	182	16-56-1	1	0-21-6	209/27.6	17-94-2/24.6
4	16	0-63-1	60	4-27-0	-	-	76/10.0	4-90-1/6.7
5	4	0-13-9	4	0-13-9	-	-	8/1.1	0-27-8/0.4
6	3	0-03-6	1	0-01-0	-	-	4/0.5	0-04-6/0.1
계 /%	97 /12.8	4-14-4 /5.7	623 /82.2	67-57-6 /92.6	38 /5.0	1-27-5 /1.7	758 /100	72-99-5 /100

출처: 『慶尙南道昌原郡各面公土成冊』(규장각 17956, 1904년 음력 9월)

합하여 516결 38부 2속이었다.

창원군 공토성책 중 용동궁전답의 내용은 〈표 8-15〉와 같다. 용동궁전답은 72결 99부 5속에 이르는데, 갑오개혁 이전의 면적 77결 23부와 4결여 차이가 나지만 동일한 곳임에 틀림없다. 답의 면적이 92.6%로 압도적으로 많다. 갑오개혁 이전과 비교하면 전이 줄어드는 대신 답의 면적과 대지의 면적은 조금씩 계속 증가한 양상을 보인다.[49]

토지등급은 갑오개혁 이전에는 3등급이 절반을 상회하는데, 1904년에서는 1, 2등급의 면적이 급증했다. 그리고 필지수는 1674년 1,028개, 1722년 1,159개, 1791년 1,101개에 비해 크게 줄어든 758개로 되

48 두락과 면적 및 결부의 규칙적 상관성에 대해서는 宮嶋博史, 『朝鮮土地調査事業史の硏究』, 東京大學 東洋文化硏究所, 1991, 264-269쪽 참조.

49 『慶尙道昌原府所在龍洞宮田畓改打量成冊』(1674년 10월), 『慶尙道昌原府所在龍洞宮田畓庚子量案』(1722년 2월), 『昌原府所在龍洞宮田畓改量成冊』(1791년 6월)를 비교한 자세한 통계는 번잡하여 여기에 제시하지 않는다.

었다. 토지등급의 상향조정과 필지수의 감소는 서로 밀접한 관련이 있는 것으로 판단된다. 지계아문 측량 과정에서 필지수가 급격히 감소하면서 실제 면적도 감소했을 것인데, 1720년 경자양전 이래 77결 23부로 고정되어 있는 용동궁전답의 결수를 맞추기 위해 토지등급을 올릴 수밖에 없어 1, 2등급의 필지가 급증한 것이다. 그렇게 해서 77결 23부에 근접시키려 했지만, 그래도 4결여가 부족했던 것이다.

공토성책은 공토로 편입된 전답을 지계아문양안에서 추출해 한데 모아 공토의 성격을 강화하고 여기에 표준화된 경영을 도입하려는 의도에서 작성되었을 것이다. 토지소유권은 국가로 귀속되고 작인은 소유권과는 무관한 경작자임을 강조하여, 작인이 주장할 수 있는 토지소유에 대한 일정한 권리를 부인하려는 의도가 없지 않았겠지만, 아직 근대적 토지소유권 개념에 입각한 소유권의 사정이 이루어진 것은 아니었다.

창원 용동궁전답의 경우 공토성책에 묶이기는 했지만 면적이 확장되거나 도조가 인상되거나 하지 않았다. 공토성책을 작성하여 내장원이나 정부가 공토에서 지주제적 경영을 강화하려 했다 하더라도, 창원 용동궁전답에서는 조 200두 가운데 도조로는 100두만을 납부하고 결세를 별도로 100두 납부하던, 영작궁둔=조200두형이 여전히 유지되고 있었던 점을 주목해야 할 것이다. 근대적 토지소유권의 개념과 기준을 만들지 못한 상태에서 국가기관이 관여한 장토라고 해서 관행을 파괴하기는 어려웠다고 생각된다. 대한제국의 공토화 강화 정책에도 불구하고 창원 용동궁전답의 경영의 틀은 바뀌지 않았다.[50]

---

50 대한제국 공토화 정책의 희생물이 된 것은 주로 무토둔토, 무토역토, 공유지, 목장토 등이었다. 배영순, 앞의 논문, 1979; 김양식, 『근대권력과 토지』, 해남, 2000, 제3장 참조.

3. 일제의 국유지조사와 창원 용동궁전답

1) 창원 용동궁전답의 도장 폐지와 '국유지' 편입

갑오개혁 이후 정부기관 및 궁방과 민간인 사이에는 소유권 분쟁이 빈발했다. 그것은 장토에 대한 도장(導掌)의 권리, 중답주(中畓主)의 권리 등 중층적 토지소유의 문제가 해결되지 않은 채 근대적 토지소유권 개념에 입각한 규정과 적응을 강요받기 시작했기 때문이다. 통감부를 설치하여 한국의 토지 정리에 나선 일본은 프랑스 법전의 사용, 수익 및 처분권을 내용으로 하는 일지일주(一地一主)의 토지소유권 개념을 도입했다. 이러한 개념에 정면으로 배치되는 것이 도장권과 중답주의 존재였다.

궁장토를 정리하기 위해 일제는 1907년 2월 각궁사무정리소를 설치했다. 각궁사무정리소에서는 내수사와 7개 궁방이 관장하는 궁장토를 직할장토와 도장관리장토로 구분했는데, 1907년 6월 도장을 폐지하면서 모두 직할장토로 만들었다. 도장으로 하여금 각 궁방에서 내려준 도서문적을 비롯하여 부속문권, 양안, 추수기, 감관사음(監官舍音)명부를 1907년 6월 20일 이내에 각궁사무정리소로 반납하도록 한 뒤, 그 서류에 의거해 도장의 성질을 결정하고 그에 따라 폐지처분의 절차를 밟았다. 도장은 궁방에 대한 상납의 의무는 매우 적고 작인들로부터 수취하는 것은 지대 수준이므로 사실상 지주적 성격을 지닌 경우가 많았다. 궁방은 도장경영의 비호자로서 지대의 일부를 수취하고 있을 뿐이었다. 그래서 통감부는 도장이 장토형성에 기여한 부분, 즉 납가액(納價額)이나 출자액 또는 투탁한 토지 등을 되돌려주는 것이 정당한 것이라고 판단했다.

그렇지만 일제 통감부는 도장의 토지소유권을 인정하지 않고 채권으로 간주하여 배상하는 방식을 채택했다. 그것은 대만토지조사사업에서 실시된 대조권(大租權) 배상 방식을 모방한 것이었다. 그리하여 작도장(作導掌), 납가도장(納價導掌), 역가도장(役價導掌)이 관리하는 토지는 제실유(帝室有)로 간주하여 소유에 대한 도장의 권리를 완전히 배제하고, 도장의 1년간의 순익을 조사한 뒤 그 3개년분을 공채로 배상했다. 반면 투탁도장(投託導掌)의 토지는 모두 환급하는 조치를 했다.[51] 도장권을 인정하면 궁방의 수많은 토지가 도장의 수중으로 넘어가게 되는데, 일제는 식민정책의 수행을 위해 광대한 국유지를 필요로 하고 있었고, 도장권의 소멸은 그러한 정책에 부응하는 방향이었다.

창원 용동궁전답의 마지막 도장은 유성표(柳聖杓)라는 인물이었다. 그가 도장권을 어떻게 인식하고 있는지 1909년 7월 2일의 진술을 살펴보자.

문: 그 전답 자체를 매득한 것이 아니고 도장의 역(役)만 매득한 것인지 여하.

답: 오직 도장의 역만 매득한 것은 결코 아닙니다. 그 수입을 목적으로 하여 매득한 것이기 때문에 역시 전답을 매득한 것입니다.

문: 도장을 매득했다면 물론 그 수입을 목적으로 한 것과 다름없지만, 전답 그 자체는 필경 궁의 것이라면 비유컨대 수입을 얻지 못하면 도장을 매득한 것, 즉 전답 그 자체를 매득한 것이라고는 말하기 어려운지 여하.

51 荒井賢太郎, 『臨時財産整理局事務要綱』, 度支部, 1911, 71-75쪽; 배영순, 「한말 司宮庄土에 있어서의 도장의 존재형태」, 『한국사연구』 30, 1980.

답: 전답을 매득했다고 해도 결코 투탁이라고는 주장하지 않습니다. 전답으로부터 수확할 수 있는 것은 도장을 매득한 것입니다. 그러니까 납가도장이라고 생각합니다.[52]

유성표는 처음 도장의 역(役)이 아니라 전답(田畓) 자체를 매득한 것이며 그것은 수익을 목적으로 한 것이라고 진술했다. 조선시대의 토지소유는 생산물의 수익으로 실현되었기 때문에 토지에 대한 권리의 수준은 수익의 양에 의해 표기된다고 볼 수 있다. 그런데 그는 수익이 없다면 전답을 매득한 것이라고 말하기 어렵지 않으냐는 질문에 대해 논리적인 혼란을 보이며 토지에 대한 권리를 적극 주장하지 않고 납가도장임을 수용했다. 즉 근대적 토지소유권에 입각해 도장권을 물권(物權)인 토지소유권으로부터 분리하여 채권(債權)으로 간주하려는 통감부의 논리에 제대로 대응하지 못했던 것이다.

유성표는 도장 증거서류로 사권(私劵) 20장, 도서(圖署) 1도(度), 궁양안(宮量案) 3책, 소장(訴狀) 1도를 제출했다. 사권 20장과 도서 1도로 묶인 『경상남도창원군소재장토유성표제출도서류』와 1674년, 1722년, 1791년의 궁양안 3책은 규장각에 그대로 남아 있지만 소장은 없다. 이들 자료를 조사한 뒤 임시재산정리국에서 유성표에게 준 납가도장 인정서는 다음과 같다.

증거 기타에 의해 인정한 결과: 청원에 대해 서류를 조사한즉, 지금부터 236년 전 갑인년(강희 13년), 또 188년 전(강희 61년), 110여 년 전(건

52 『導掌決定原案』 제6호, 導第64호 경상남도 창원군 퇴촌리 도장 柳聖杓의 '청취서'.

륭 56년)에 차례로 측량한 용동궁 양안에 기간주(起墾主)에 궁이라 기입했고, 지금부터 188년 전 임인년에 궁으로부터 노세기(盧世璣)란 자에게 은자 200냥을 영수하고 전답 도장권을 영매(永賣)한 첩문을 선부(繕付)한 후 노세기로부터 그 권리를 전상매매했고, 사권(私劵)에도 용동궁속전답결77결영수세도장(龍洞宮屬田畓結七十七結零收稅導掌)이라 기재했고, 정간책(井間冊)에도 매년 예납(例納) 징수액을 기입한지라. 이상 서류에 증(證)하여 궁유토지(宮有土地)의 납가도장(納價導掌)으로 인정함.[53]

임시재산정리국에서는 궁이 '기간주(起墾主)'로 등록된 양안, 도장권 설정, 매년 징수한 증거 등을 들어 '궁유토지'임을 분명히 했고, 200냥을 납부하고 설정된 도장권을 매입하여 소유하고 있던 유성표에게는 납가도장임을 인정한 것이다.

1910년 1월 29일 보고된 도장실지조사보고서에 의하면 창원 용동궁전답의 상황은 〈표 8-16〉과 같다. 1906년조 추수기가 첨부된 점에서 보아 1907년 각궁사무정리소에서 정리를 시작하기 직전인 1906년의 상황이다. 도조총액 302석 16두 3승은[54] 17세기 장토성립기의 287석과[55] 별반 차이가 없다. 1908년 재무서에서 징수한 창원전답의 소작료는 357석 15두에 이르러 조금 더 늘어났다. '비고'는 조 200두 가운데 100두는

53 『導掌決定原案』 제6호, 導第64호 경상남도 창원군 퇴촌리 도장 柳聖杓의 '인정서'.

54 도조 총석수 가운데 "12석 11두는 定租 외에 石頭라 칭하여 소작인 1인에 대해 5두 이상 도조를 납부하는 자로부터 벼 1두를 增徵"한 것으로 差使 3인에게 分與했다. 그렇다면 실질적인 도조총액은 290석 5두 3승이 된다.

55 장토성립 초창기인 1677년의 경우, 총결수 75결에서 陳田·今灾·給復을 제외하고 남은 28결, 즉 전체의 38%에 불과한 경작지에서 287석을 수취했었다[『昌原府所在龍洞宮屯田畓收稅穀物數成冊』(규장각 20350, 1678년 3월)].

지대로, 100두는 결세로 납부하고 있음을 보이는데, 이것이 대한제국의 공토화 정책에도 불구하고 조선 후기의 토세조 100두, 면세조 100두가 내용적으로 그대로 유지되고 있음을 의미한다는 점은 앞에서 설명했다. 제시된 결세총액 549원 28전을 당시의 결당 세액 8원으로 산정해 보면 총결수는 68결 66부로 된다. 이는 도장경영의 대상인 77결 23부에는 미달하지만, 진전과 재결을 감안하면 근접한 수치라고 보아야 할 것이다.

임시재산정리국에서는 유성표를 수세도장으로 인정하면서 〈표 8-16〉의 조사 결과를 가지고 배상금을 산출했다. 도조는 302석 16두 3승으로 했지만 비용은 〈표 8-16〉의 148석 11두보다 훨씬 적은 25석으로 산정함으로써 배상 대상을 조 277석 16두 3승으로 결정했다. 그리고 조사된 조 1석당 시가(時價) 3원 50전보다 인상하여 조 1석당 4원을 적용하여 1,111.260원을 도장의 수입으로 정했다. 여기서 궁납 200원을 제외하면 순수입은 911.260원으로 되며, 그 3년분인 2,733.780원을 배

〈표 8-16〉 창원 용동궁전답의 상황

- 지목 및 두락수: 전 199두 9승락, 답 1603두 4승락, 대전(垈田) 103두 9승락
- 도조총석수: 302석 16두 3승
- 비용: 합계 148석 11두
  사음급(舍音給) 15석, 사무소수리비 3석, 고사비 5석, 고자료(庫子料) 10석, 유량(留粮) 식비 10석, 차사(差使) 3인 정급(定給) 15석, 차사 3인에게 석두(石頭) 분여(分與) 12석 11두, 도장사무소로 출장할 때 하인급(下人給) 10석, 잡비 68석
- 수확물 시가: 1,059원 85전(1906년분 302석 16두 3승, 1석당 시가 3원 50전)
- 재무서 징수: 소작료 총액 – 357석 15두
  결세 – 549엔 28전
- 비고: 용동궁장토는 1부에 대해 조 1두는 도조로서 징수하고 결세는 별도로 소작인으로부터 징수함으로써 구제(扣除)할 수 있다.

출처: 『導掌決定原案』 제6호, 導第64호 경상남도 창원군 퇴촌리 도장 柳聖杓, '1910년 1월 29일 도장실지조사보고서'

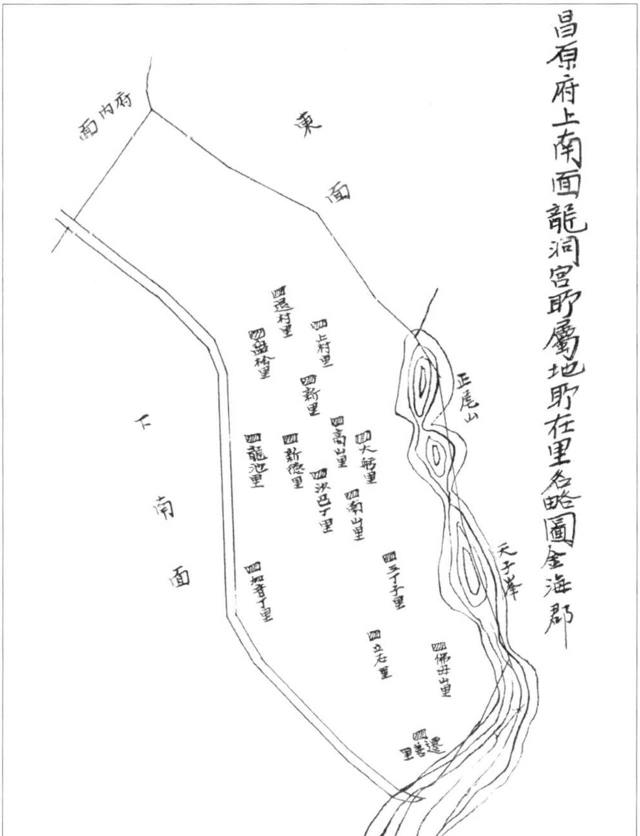

〈그림 8-6〉 慶尙南道 昌原府 上南面 龍洞宮所屬地 所在里名略圖

출처: 『導掌決定原案』 제6호, '1910년 1월 29일 도장실지조사보고서' (調製技手 李泰熙)

상액으로 결정했다.[56] 유성표는 1910년 5월 25일 〈그림 8-6〉에 보이는 지역에서 "경상남도 창원군 퇴촌리·반송리·용지리·신리·상촌리·신덕리·고산리·사파정리·대방리·남산리·가음정리·삼정자리·불모산리·천

56 『임시재산정리국사무요강』, 85쪽.

선리·입석리의 전 199두 9승락, 답 1,603두 4승락, 대전(垈田) 103두 9승락"에 대해 도장으로 인정받아 배상금 2,733원 78전을 받았다.[57]

도장이 폐지된 후 창원 용동궁전답의 소유권은 어떻게 되었을까? 앞의 인용문에서 보았듯이 1907년 각궁사무정리소에서 궁장토를 정리할 때 작인들은 "결은 궁결이지만 땅은 사토"라고 호소한 바 있다. 이미 갑오개혁 이후 토지소유권을 확보하기 위해 납세를 거부하기도 했었다. 그러나 이러한 작인들의 주장이 받아들여진 흔적을 찾을 수 없다. 소유권을 주장한 작인들은 조 200두라는 저렴한 수취 수준하에 존재한 중답주일 가능성도 없지 않지만, 명확한 증거는 없다. 지대 수준에 의해 규정되는 토지소유에 대한 권리를 일지일주의 소유권 개념으로 재편성하기 위해서는 그 개념에 적합한 사정과 보상, 매매, 양도의 절차가 필요했다. 그렇지만 대한제국 정부도 통감부도 중답주를 인정하지 않았고 그러한 절차를 밟지도 않았다.

창원 용동궁전답은 1908년 6월 궁장토가 역둔토에 포함되면서 국유지로 되었다.[58] 통감부에서는 처음 전국의 토지를 '관유지'와 '민유지' 두 가지로 구분하고 관유지를 다시 '국유'와 '제실유'로 나누었었는데, 이때 제실유를 폐지하고 그것을 국유지에 포함시킨 것이다.[59] 대한제국의 왕실소유가 극단적으로 축소되는 가운데 그것들이 국유화되었

57 『導掌決定原案』 제6호, 導第64호 경상남도 창원군 퇴촌리 도장 柳聖杓.

58 역둔토 국유지의 창출 상황을 보여주는 것으로 추정되는 『국유지조사서(抄)』(조선총독부중추원, 국사편찬위원회 소장)에 의하면, 창원 용동궁전답은 가음정 등지에 답 35石落, 54.787결이 있는 것으로 기록되어 있다. 실결을 조사한 때문인지 실제보다 적지만 국유지로 편입된 사실은 확인할 수 있다.

59 이영호, 「한말~일제초 근대적 토지소유권의 확정과 국유·민유의 분기: 경기도 안산 석장둔의 사례」, 『역사와 현실』 77, 한국역사연구회, 2010, 307-309쪽.

다. '역둔토=국유지'가 된 장토의 내역은 탁지부소관국유지대장에 등록되었으며, 소작인은 국유지소작인허증을 받아 5년 이내의 소작을 할 수 있게 되었다. 소작료는 면장이 실태를 조사해 재무서에 보고하여 정하도록 했으므로 종래의 수준을 존중하는 편이었지만, 중답주는 존재할 여지가 없었다.[60] 궁장토의 작인들은 경작에 관한 관습적 권리를 상실하고 국유지의 계약제 소작인으로 전락했다.

결세를 포함해 조 200두를 납부하던 창원 용동궁전답의 작인들도 경작하던 토지의 내역을 새롭게 신고하여 국유지대장에 등재하고 5년 계약기간의 국유지소작인허증을 받고 면장이 재무서에 보고한 소작료를 납부하지 않을 수 없었을 것이다. 종래의 소작료 수준을 존중했다 하더라도 기준을 변경시키면서 재책정한 것 자체가 장토가 성립할 당시의 소유권 분할 또는 중첩과, 그 실현으로서 책정된 수취 수준의 해체, 즉 장토성립 기원의 해체를 의미했다. 창원 용동궁전답은 '영작궁둔=조 200두형'의 정체성을 상실하고 작인은 수취 수준에 반영된, 소유에 대한 '일정한' 권리를 상실했다. 창원 용동궁전답은 인접한 다른 장토들과 함께 동질적인 국유지로 변모했다.

2) 국유지조사와 창원 용동궁전답의 운명

역둔토를 국유지화한 일제는 이를 두 가지 방향으로 활용하고자 했다. 하나는 역둔토를 탁지부에 맡겨 역둔도(驛屯賭)를 징수하여 정부재정을

60 朝鮮總督府, 『驛屯土實地調査概要』, 1911, 부록, 1908년 8월 12일 탁지부령 제27호 역둔토관리규정, 1908년 8월 6일 탁지부훈령 제178호 역둔토소작료징수규정.

확대하는 것이고,[61] 다른 하나는 일제의 이주식민을 위한 경작지로 활용하는 것이었다.

역둔도 징수를 위해 1909년 6월부터 1910년 9월까지 역둔토실지조사가 실시되었다.[62] 역둔토실지조사는 탁지부 산하 각 재무감독국에서 역둔토의 실지(實地)를 측량 조사하고 각 필지의 소작인을 확인하며 거기에 소작료를 책정하는 사업이었다.[63]

첫째, 실지조사는 면적(두락 및 일경), 위치(지도) 등 역둔토의 매 필지에 대한 실제 상황을 조사하는 것으로 했다. 둘째, 소작인 조사는 실제 소작인을 파악하는 것을 목적으로 했다. 소작인으로 하여금 이름을 적은 표항(標杭)을 세워 실지조사 때 입회하도록 하여 중간소작 또는 은토를 발견하고자 했다. 중간소작인을 배제하고 실소작인을 파악하는 것이 실지조사의 최대 역점이었다. 여기서 말하는 중간소작인이 바로 중답주이다. 일제는 중답주가 지닌 토지에 대한 권리를 소유권 차원에서가 아니라 '중간소작'이라 하여 경작권 차원에서 접근했는데, 그마저도 인정치 않는 입장이었다. 셋째, 소작료는 표준지의 수확고와 곡가의 수준을 고려하여 책정되었는데, 장토의 성립기원 및 토지에 대한 권리의 다소에 따라 다양하게 부과되던 지대 수준은 지주제하의 소작료로 획일화되는 결과를 낳았다. 그에 따라 토지에 대한 작인의 권리는 더욱 왜소

---

61 大邱財務監督局, 『隆熙二年財務一斑』, 1908, 제2편 제3장 驛屯賭에 잘 설명되어 있다.

62 박진태, 「일제 통감부시기의 역둔토실지조사」, 『대동문화연구』 32, 성균관대학교 대동문화연구소, 1997; 「통감부시기 황실재산의 국유화와 역둔토정리」, 『사림』 18, 수선사학회, 2002; 「일제의 역둔토실지조사와 분쟁지문제」, 『역사문화연구』 20, 한국외국어대학교 역사문화연구소, 2004 참조.

63 『驛屯土實地調査概要』.

해졌다. 역둔도 징수의 확대를 위한 역둔토실지조사는 실제로는 중답주를 배제하고 작인의 권리를 축소함으로써 장토의 기원에 따라 토지에 대한 다양한 권리의 존재 자체를 배제했던 것이다.

역둔토 국유화는 재정적 측면에서 역둔도의 수입 확대 외에 일본인 식민을 위한 경작지 제공에도 목적이 있었다. 이를 위해 일제는 1908년 8월 26일 국책회사인 동양척식주식회사(동척)를 설립했다. 1908년 12월 14일 제1회 자본금을 불입한 후 1913년 4월 완료했는데, 일제 통감이 장악한 한국정부는 국유지가 된 역둔토 중에서 전답 각각 5,700정보씩 출자하고 대신 6만 주의 주식을 받았다.[64] 제일 먼저 동척에 출자된 토지는 경성과 부산 부근의 것이었다. 여기에 가장 적합한 곳이 부산 인근에 있는 김해·창원의 미곡 생산지였다. 1909년 당시 창원군에서 동척이 출자받은 토지의 면적은 전 83정보, 답 238정보, 합하여 321정보였다.[65] 그것은 앞에서 살펴본 공토성책의 창원지역 역둔토 516.382결의 37%에 해당하는 것으로 추산할 수 있다.[66] 이후 동척 출자지는 더욱 증가하여 『창원군 결수연명부』에 의하면[67] 창원군 전체에서 동척이 소유한 면적은 역둔토 출자지 522.891결, 매득지 4.537결, 합하여 527.428결에 달했다.[68]

---

64 김용섭, 「재령 동척농장의 성립과 지주경영 강화」, 『한국근현대농업사연구』, 일조각, 1992, 279-282쪽.

65 동양척식주식회사, 『제2기 영업보고서』(1909년 4월-1910년 3월), 3쪽.

66 1정보=3,000평, 1결=5,000평으로 계산하면 동척 출자지 321정보는 192.6결로 산정할 수 있다.

67 최원규, 「창원군 토지조사사업 관계장부의 종류와 성격」, 『일제의 창원군 토지조사와 장부』, 한국역사연구회 토지대장연구반 편, 선인, 2011 참조.

68 이영호, 「조선토지조사사업에서 국유지의 조사와 활용: 경남 창원지역 사례를 통해서」, 『역사와 현실』 65, 2007, 370-372쪽.

궁장토가 역둔토 국유지로 되고 동척이 역둔토를 침탈하는 광풍이 부는 와중에서 창원 용동궁전답은 어떤 운명을 맞았을까? 앞에서 살펴본 〈표 8-14〉에 의하면 상삼면·상이면·남상일면에 걸쳐 공토는 145결 39부 3속이었고, 그곳은 일제 시기에 상남면으로 통합되었다. 그 가운데 용동궁전답이 73결 45부 5속이고 나머지 명례궁장토, 내장원장토, 각종 통영둔, 안민역토를 합하여 71결 93부 8속이었다. 이 가운데 동척으로 넘어간 토지를 제외하고는 모두 국유지로 되었다. 용동궁전답이 동척으로 넘어갔는지 국유지가 되었는지는 확실하지 않다.

상남면의 전체 토지는 12,421필지, 5,505,454평이고, 그 가운데 동척에 넘어가지 않고 남은 국유지는 499필지 348,446평이다.[69] 상남면에서 동척에 출자된 토지는 전 81부 1속(122두락), 답 72결 27부 3속(1,891두락), 대지 26부 8속(10두락)으로 합하여 73결 35부 2속(2,023두락), 세액은 586.824원이었다.[70] 도장 유성표가 도장권을 배상받을 때 면적은 전 199두 9승락, 답 1603두 4승락, 대전 103두 9승락이었다. 두락을 비교하면 동척 출자지는 2,023두락, 용동궁전답은 1907.2두락으로 100두락 정도밖에 차이가 나지 않아 양자가 동일한 곳으로 추정할 수 있지만, 단정할 수 없다. 상남면의 역둔토 국유지 가운데 용동궁전답이 73결 45부 5속이고 나머지가 71결 93부 8속으로 양자의 면적이 비슷한 점에서도 동척 출자지가 어느 것인지 단정하기 어렵게 한다.

1909~1910년 역둔토실지조사를 시행했지만 곧이어 시작된 토지조사사업에서도 국유지에 대한 조사를 하지 않을 수 없었다. 역둔토실지조사는 소삼각측량에 의거했지만, 1910년 6월 이후 대삼각점이 대마

69 『토지조사부등본』, 창원군 상남면.

70 『결수연명부』, 창원군 상남면 및 타 군.

도로부터 한국으로 연결되었기 때문에 대삼각측량을 통해 토지의 위치를 위도와 경도상에서 표시하는 한편, 민유지와 국유지를 연계하여 토지대장과 지적도를 작성하지 않으면 안 되었던 것이다. 국유지는 역둔토실지조사사업에 의해 작성된 역둔토대장에 등록된 내용을 소관관청에서 국유지통지서를 만들어 임시토지조사국에 통지하는 방식으로 신고가 이루어졌다. 그 역둔토대장이란 것은 이전의 양안과는 단절되고, 면적이 정확하게 평수로 측량된 내용을 수록한 새로운 장부이다. 반면 동척 출자지는 원래는 역둔토였지만 역둔토실지조사사업이 실시되기 전에 동척에 넘겨져 '동양척식주식회사'의 명의로 되어 있었기 때문에 일반 민유지와 마찬가지로 토지신고서를 제출해야 했다. 동척이 제출한 토지신고서에서는 면적을 두락 및 일경, 그리고 결수로 기록하면서 소작인을 기록하지 않은 반면, 소관관청에서 작성한 국유지통지서에서는 평수와 소작인을 기록한 점에 차이가 있다.[71]

창원군 상남면 동리별 국유지의 규모를 살펴보면 〈표 8-17〉과 같다. 토지조사부등본에 국유지로 등록된 토지와 국유지통지서의 그것을 비교한 것이다. 국유지통지서의 내용은 실지조사를 거쳐 토지조사부등본에 기재되는데, 그 과정에서 분쟁이나 모간(冒墾)한 곳 등은 국유지에 편입되며 이를 '국유경계지'라고 표현했다. 국유지통지서와 토지조사부등본을 비교해 보면, 국유지통지서의 829필지는 토지조사사업이 진행되면서 크게 줄어들어 토지조사부등본에는 499필지로 되었다. 대

71 상남면 동척 출자지의 경우 지주란에 '동양척식주식회사'의 명의를 기재한 토지신고서가 1913년 8월 30일, 9월 30일, 10월 1일에 제출되었다. 신고 시기는 민유지와 같았다. 창원군의 국유지통지는 민유지 신고서 접수완료 직후인 1913년 11월에 이루어졌다. 상남면의 국유지는 1913년 11월 4일에 마산부청에 의해 토지조사국에 대부분 통지되었다.

〈표 8-17〉 창원군 상남면 동리별 국유지 규모

동리	토지조사부등본					국유지통지서		
	전	답	대	기타	국유계	국유지통지서의 국유 확정지	'국유경계지'의 토지조사부등본 면적	계
가음정리	17/ 3,223	42/ 56,258	8/ 527	1/ 4,371	68/ 64,379	144/ 58,636	1/ 4,371	145/ 63,007
남산리	11/ 2,777	67/ 59,264	3/ 444	1/ 970	82/ 63,455	163/ 59,144	13/ 1,715	176/ 60,859
대방리	9/ 4,114	33/ 43,146	–	1/ 478	43/ 47,738	–	–	–
반송리	4/ 1,158	4/ 5,618	–	–	8/ 6,776	12/ 6,576	5 611	17/ 7,187
봉림리	1/ 169	8/ 204	–	–	9/ 373	–	18/ 373	18/ 373
불모산리	1/ 328	2/ 851	2/ 145	–	5/ 1,324	–	–	–
사파정리	14/ 3,394	53/ 27,970	6/ 1,859	3 4,945	76/ 38,168	136/ 30,293	5/ 6,833	141/ 37,126
서곡리	–	–	–	–	–	–	–	–
용동리	5/ 1,798	8/ 2,854	2/ 476	–	15/ 5,128	21/ 4,251	–	21/ 4,251
용지리	6/ 1,519	23/ 26,108		1/ 13,511	30/ 41,138	50/ 22,558	1/ 13,511	51/ 36,069
지귀리	–	–	–	1/ 704	1/ 704	–	1/ 704	1/ 704
천선리	8/ 4,048	46/ 39,037	20/ 2,546	3/ 1,364	77/ 46,995	138/ 34,538	6/ 1,735	144/ 36,273
토월리	8/ 2,130	38/ 13,731	1/ 117	1/ 2,098	48/ 18,076	58/ 13,942	16/ 4,309	74/ 18,251
퇴촌리	6/ 83	10/ 3,390	–	3/ 5,742	19/ 9,215	6/ 2,520	29/ 6,187	35/ 8,707
삼정리	7/ 2,458	11/ 2,519	–	–	18/ 4,977	6/ 2,224	–	6/ 2,224
계	97/ 27,199	345/ 280,950	42/ 6,114	15/ 34,183	499/ 348,446	734/ 234,682	95/ 40,349	829/ 275,031

주: 1. '필지수/면적평수'로 표기했다.
2. 토지조사부등본의 '기타'는 지소, 임야, 잡종지, 사사지, 분묘지인데, 그중 임야, 잡종지, 분묘지가 대부분을 차지한다.

출처: 『국유지통지서』, 창원군 상남면; 『토지조사부등본』, 창원군 상남면

대적인 필지 통합이 이루어진 것이다. 국유지통지서의 면적은 국유확정지 234,682평에 국유경계지 40,349평을 합해 275,031평에 이르는데, 토지조사부등본에서는 348,446평이어서 73,415평이 더 늘어난 것으로 된다. 국유경계지뿐 아니라 미신고지, 소유자가 없는 여러 종류의 토지가 국유지에 포함된 것으로 추측된다. 상남면의 경우 토지조사부등본의 국유지 348,446평에 대해 국유경계지가 40,349평, 11.6%, 그리고 기타 73,415평, 21.1%로 모두 32.7%, 즉 3분의 1 정도의 국유지가 늘어났다. 일제에 의한 민유지의 원시적 수탈로 볼 수는 없지만, 민유가 명확한 것 이외의 토지는 국유지로 빨려 들어가는 구조였음은 부인할 수 없다.

용동궁전답이 동척에 들어갔는지 역둔토로 넘어갔는지 알 수 없는데, 만약 후자라면 국유지통지서에 등장하는 소작인의 경작관계는 용동궁전답의 경작관계를 의미할 수 있다. 그 분포는 〈표 8-18〉과 같다. 500평 이하 소작인이 59.5%에 이르고, 그들의 소작지는 평균 228평이었다. 소작인이 경작하는 필지수는 1필지 280명, 2필지 96명으로 되어 소작지의 집적 현상은 나타나지 않았다.

2천 평 이상 경작하는 소작인은 〈표 8-19〉와 같다. 3천 평 이상 소작인이 없는 것은 역둔토 소작은 개인이 1정보(3천 평)를 초과하여 경작

〈표 8-18〉 창원군 상남면 국유지통지서에 나타난 경작관계

구분(평)	인원(명)/%	필지/%	면적(평)/%
1~500	270/59.5	345/45.2	61,481/25.8
501~1,000	125/27.5	221/28.9	88,212/37.1
1,001~2,000	49/10.8	153/20.0	65,951/27.7
2,001~3,000	10/2.2	45/5.9	22471/9.4
계	454/100	764/100	238,115/100

주: 소작인이 없는 필지는 제외했다.
출처: 『국유지통지서』, 창원군 상남면

〈표 8-19〉 창원군 상남면 국유지의 2천 평 이상 소작인

소작인 성명	전		답		대		계	
	필지	평수	필지	평수	필지	평수	필지	평수
강석인	1	80	3	1,932	–	–	4	2,012
김율기	–	–	4	2,023	–	–	4	2,023
김성범	2	608	2	1,418	–	–	4	2,026
문낙구	–	–	2	2,040	–	–	2	2,040
김경문	–	–	4	2,174	1	38	5	2,212
이권근	1	192	3	2,086	–	–	4	2,278
이종락	1	146	4	2,141	–	–	5	2,287
김달권	3	478	4	1,845	–	–	7	2,323
문낙린	–	–	7	2,576	–	–	7	2,576
김명진	–	–	3	2,694	–	–	3	2,694

출전: 『국유지통지서』, 창원군 상남면

할 수 없도록 규정되어 있었기 때문이다. 3천 평 이상 소작할 수 없었기 때문에 소작인의 분포는 〈표 8-12〉에서 볼 수 있는, 1904년 공토성책 때보다 더 평균화되었다.

그러면 이때 등장하는 '소작인'은 도대체 누구인가? 창원 용동궁전답에서 종래 조 200두를 납부하던 '작인'들의 운명은 어떻게 되었는가? 1904년 공토성책의 용동궁전답 작인과 1913년 국유지통지서의 소작인을 비교하여 동일인을 추적한 결과는 〈표 8-20〉과 같다. 동일한 성명을 쓴 사람이 24명 발견된다. 많은 수는 아니지만 동일인이 존재한다는 사실 자체가 중요하다. 두 장부를 감성적으로 대조할 때 성씨의 비율이나 이름의 유사성은 분명하게 나타난다. 1909년 조사된 민적부에 의하여, 법적 효력을 지니는 개인의 성명이 확정되고 소유자나 납세자나 모든 공적·사적 행위에는 민적부에 등록된 성명으로 하지 않으면 권리를 행사할 수 없는 상황에 놓였다. 공토성책에 등장하는 작인들은 호명이거

〈표 8-20〉 1904년 용동궁전답의 작인과 1913년 국유지통지서 소작인 중 동일인

순서	성명	1904년 공토성책		1913년 국유지통지서	
		필지	부-속	필지	평수
1	공찬옥	2	33-5	2	880
2	김갑록	3	11-0	1	330
3	김경서	1	9-1	2	514
4	김덕수	1	10-0	2	392
5	김만옥	1	0-8	1	55
6	김명원	1	15-3	1	754
7	김성준	1	4-3	3	742
8	김화율	4	42-5	4	1,460
9	문종재	1	1-5	1	180
10	박계문	1	6-4	4	1,876
11	박금룡	1	6-3	3	302
12	박성률	1	9-9	1	338
13	배득세	1	0-6	2	120
14	배상숙	4	25-0	3	671
15	배재세	1	6-3	1	354
16	안교우	2	2-5	1	194
17	유환이	2	31-3	3	1,808
18	이금심	2	6-0	1	102
19	이만수	1	17-1	1	410
20	이삼룡	2	11-0	2	624
21	이수완	1	4-3	1	248
22	이을이	1	12-0	2	548
23	최명주	1	6-3	1	462
24	황기선	2	26-1	3	809

출처: 『경상남도창원군각면공토성책』(1904); 『국유지통지서』, 창원군 상남면(1913)

〈표 8-21〉 창원군 상남면 동리별 동척 소유지의 규모

동리명(구동리명)	필지수	결-부-속	동리명(구동리명)	필지수	결-부-속
가음정리	39	7-51-9	용동리	3	0-20-9
남산리	53	7-94-3	용동리(신리)	35	3-33-0
남산리(입석리)	33	2-91-4	용지리	43	5-66-9
반송리	37	5-11-5	지귀리(서지이리)	33	3-79-3
봉림리	17	1-24-6	지귀리(신촌리)	4	0-44-7
사파정리	72	8-20-6	지귀리(두대리)	3	0-31-2
사파정리(고산리)	5	0-98-3	천선리	80	8-52-3
서곡리	61	5-65-9	토월리(고산리)	12	2-09-6
서곡리(명곡리)	26	3-11-3	토월리(신덕리)	23	2-72-5
계	579	69-80-2			

출처: 『토지신고서』, 창원군 상남면, '동양척식주식회사'

나 납세명이 많았지만,[72] 국유지통지서에는 민적부에 올린 새로운 성명으로 등재해야만 했다. 이렇게 볼 때 〈표 8-20〉에서 동일인으로 확인되는 소작인의 수효는 적지만 공토성책의 작인 중 상당수는 상남면 국유지통지서의 소작인으로, 즉 창원 용동궁전답의 '작인'은 역둔토의 '소작인'으로 전환되었다고 판단할 수 있겠다.

한편 동척으로 넘어간 상남면의 역둔토는 어떻게 되었을까? 동척 소유지를 상남면 각 동리별로 살펴보면 〈표 8-21〉과 같다. 동척 소유지 총면적은 토지신고서상에서는 69결 80부 2속으로 나타난다. 이것도 용동궁전답의 규모와 유사하다. 그렇지만 〈표 8-17〉과 〈표 8-21〉의 '동

72 1906년 추수기의 납세명에는 공토성책의 인물이 다수 등장한다. 『導掌決定原案』 제6호, 導第64호 경상남도 창원군 퇴촌리 도장 柳聖杓의 '丙午十月日龍洞宮稅租捧上冊' 참조.

리'를 창원 용동궁전답의 위치와 비교할 때 퇴촌리·대방리·삼정자리·불모산리 등이 등장한 〈표 8-17〉의 국유지가 용동궁전답일 가능성이 더 높아 보인다. 그렇지만 1908년 6월 상남면의 모든 궁장토가 역둔토 국유지로 된 이후에는 그 이전 소속기관의 표지는 사라졌으므로 동척 소유지에 창원 용동궁전답이 부분적으로 포함되었을 가능성을 완전히 배제할 수는 없다. 창원 용동궁전답의 고유한 명칭이 사라지면서 필지 단위로 국유지 아니면 동척 경영지로 분산될 수도 있었다.

국유지화된 용동궁전답에서 이제 소작인은 곡가상승을 빙자한 소작료의 지속적 인상에 의해 지주제의 병작반수에 이르는 부담을 지지 않을 수 없게 되었다. 창원 용동궁전답에서 결당 조 200두의 저렴한 지대를 부담하면서 소유의 권리까지 주장하기도 했던 작인들은 식민지지주제하에서 고율의 소작료를 부담하는 소작인으로 전락했다. 그렇지 않고 동척 출자지가 된 곳은 일본인 농업이민을 위한 농경지로 활용되었다. 용동궁전답의 작인들은 소작지조차 얻지 못하고 축출되거나 창원군 진해면 일대에 일본인에 의해 만연했던 전대소작제(轉貸小作制)의 희생양이 되었을 것이다.[73]

5. 맺음말

이제까지 조선 후기 절수·사여지 궁장토에 나타난 조200두형을 창원 용동궁전답을 사례로 하여 검토했다. 창원 용동궁전답에 나타난 조200두형 궁장토는 1695년 을해정식에서 '영작궁둔(永作宮屯)'의 모델로 규

73 이 책의 제9장 참조.

정되었으며, 이후 각종 절수·사여지의 지대 책정에 참조 기준이 되었다. 조200두형 창원 용동궁전답에서는 지대 수준이 일반 지주경영지의 병작반수보다 저렴하여 '작인'의 토지 또는 경작에 대한 권리가 상당히 컸지만, 갑오개혁 이후 근대적 사정 과정에서 작인의 권리는 부인되고 전답은 국유지에 편입되고 말았다. 연구 결과를 정리하면 다음과 같다.

첫째, 17세기 후반 창원전답에 결당 조 200두를 부과한 근거를 규명함으로써 영작궁둔의 지대 수준이 조 200두로 된 것을 확인했다. 즉 진결(陳結)과 재결(災結)을 제외하고 실결(實結)에 대해서만 결당 조 200두를 부여했다는 사실을 명확하게 밝혔다. 일반 민전에 대한 결세의 부과도 오래 황폐한 진결을 제외하고, 그해의 재결을 감면하여 주듯이 궁장토의 지대부과도 수취가 가능한 실결에 대해 이루어졌다. 창원전답의 총결수는 77결 23부에 달했으나, 실제 수취할 수 있는 전답은 3분의 1 수준에 불과했고 이 실결에 대해서만 결당 조 200두를 부과했다. 궁장토의 총결수와 총수취액을 산술적으로 환산하여 지대 수준을 파악하는 방식은 실제와 전혀 다른 결과로 된다는 점이 분명해졌다.

둘째, 창원전답에 결당 조 200두를 부과할 때 그 안에는 수취비용이 포함되어 있고, 또 200두 외에는 차인이나 도장의 과외징수를 금지했다. 그러나 진전화(陳田化)의 일상화로 수입의 불안정성을 극복하기 위해 용동궁에서는 1722년 직영(直營)을 포기하고 도장(導掌)경영을 도입했다. 도장을 설정한 이후 용동궁은 창원전답에 대해 경영상 특별한 관심을 보이지 않고 매년 200냥을 고정적으로 수취하는 데 만족했다. 용동궁이 안정적 수입을 올리기를 원했고, 지주적 경영에는 관한 관심을 두지 않은 것으로 평가할 수 있다.

셋째, 궁방의 수취액 결당 조 200두는 토세조(土稅條) 100두, 면세조(免稅條) 100두로 구성되어 있고, 토세조 100두에 지대가 실현되어 있다. 그런데 그것은 일반 지주제의 병작반수에 비하여 훨씬 헐한 것이며,

따라서 창원전답의 작인은 토지소유 또는 경작에 대한 권리가 일반 지주제하의 작인에 비해 훨씬 강했다고 볼 수 있다. 정조연간 작인들이 토지소유권 확보를 위한 소송과 격쟁에 나선 것은 이러한 사정을 배경으로 한 것이다. 효종조에 그 땅이 사여될 당시 이미 구진(舊陳)의 땅을 개간한 민간인이 존재했을지도 모르고, 그럼에도 불구하고 토지소유에 대한 권리를 인정받지 못하고 작인화되었을 가능성도 없지 않다. 조선 후기 조200두형의 궁장토에서는 작인의 권리가 제대로 인정받지 못했음을 확인했다.

넷째, 1894년 갑오개혁은 모든 경작지에서 면세를 철회하고 출세하는 조치를 했다. 창원 용동궁전답의 경우 면세가 철회되어 면세조를 탁지부에 납세하게 된다면 용동궁에는 토세조 100두만이 남게 된다. 근대적 토지소유권 개념이 법제화되지 않았지만 그것을 지향하는 상황에서 작인들은 이를 소유권 확보의 기회로 여겨 민전임을 인정받고자 했으나, 성공하지 못했다. 이전과 마찬가지로 조 200두를 납부하고 그 가운데서 탁지부 결세가 할애되었다. 대한제국의 공토화 정책에 의해 창원 용동궁전답도 둔토·역토와 함께 공토성책에 편입되었지만, 경영의 틀은 바뀌지 않았다. 아직 국유지 개념도 성립되지 않았고, 조 200두의 납세액에도 변함은 없었다.

다섯째, 일제는 1907년 각궁사무정리소를 설치하여 궁장토를 정리하기 시작했다. 도장을 폐지하고 모든 궁장토를 직할경영체제로 전환한 뒤, 1908년 6월 모두 역둔토에 편입하여 국유지화했다. 창원 용동궁전답의 작인들은 토지소유권을 주장했지만, 수용되지 않았다. 역둔토 국유지가 된 용동궁전답의 '작인'들은 소유와 경작에 관한 모든 권리를 상실하고 계약제 '소작인'으로 전락했다. 영작궁둔 조200두형의 창원 용동궁전답의 정체성은 소멸하고 다른 국유지와 등질화되었다. 그리고 조 200두의 저렴한 수취구조하에서 존재할 가능성이 없지 않았던 중답주의 권리는 배제되고, 결국 역둔토실지조사 과정에서 최종적으로 소멸했다.

여섯째, 국유지가 된 창원 용동궁전답은 국유지로 경영되거나 동양척식회사에 출자되거나 두 가지 가능성이 있었다. 국유지 소작인은 식민지 지주제의 고율소작료에 노출되었다. 조 200두의 기원은 완전히 사라졌다. 동척에 넘겨진 토지는 일본인 이주식민을 위해 활용되었다. 용동궁전답의 작인들은 경작에서 배제되거나 일본인에 의한 불법적인 전대소작제(轉貸小作制)의 피해를 입었을 것으로 보인다. 국유지든 동척경영지든 창원 용동궁전답의 작인들은 조 200두의 저렴한 지대를 납부함으로써 토지에 대한 일정한 소유의 권리를 주장할 여지를 가지고 있었지만, 그런 기회를 박탈당한 채 식민지 지주제의 대상으로 전락했다.

조선 후기 절수·사여지 가운데 조100두형은 사실상 민전임에도 불구하고 국가기관과 연루된 사실 자체만으로도 일제의 역둔토 국유지에 편입되어 지난한 분쟁 끝에 소유권을 되찾는 상황이었다면, 지대보다 훨씬 저렴한 부담을 지던 조200두형의 전답은 근대적 토지소유권 개념을 적용한 법적 사정을 받아보지 못한 채 국유지로 편입되거나 동척에 출자되어 식민정책의 대상이 되었던 사실을 창원 용동궁전답의 사례를 통해 확인할 수 있었다.

제9장

조선토지조사사업에서 국유지조사와 활용

1. 머리말

한국 근대의 토지조사는 국가기관의 토지와 민간의 토지 모두를 대상으로 하여 1894년 갑오개혁에서부터 시작되었다. 역토·둔토·궁장토에 대한 조사사업이 진행되는 한편 광무양전지계사업(光武量田地契事業)이 추진되었다. 통감부 시기 1908년에는 국유재산의 국유지 가운데 역둔토에 대한 신고조사가 이루어지고, 1909~1910년에는 역둔토실지조사(驛屯土實地調査)를 통해 국유지의 대부분에 대한 측량조사가 실시되었다. 1910~1918년의 조선토지조사사업(朝鮮土地調査事業)에서는 이미 조사된 국유지를 포함하여 산림을 제외한 토지에 대한 전면적인 측량조사를 실시했다.

국유지조사에 대한 연구는 역둔토 정리 과정, 국유지 분쟁, 국유지 불하를 중심으로 상당히 축적되었다.[1] 그렇지만 토지조사사업에서 국유

1 주요 연구성과는 다음과 같다. 權寧旭, 「日本統治下の朝鮮における所謂驛屯

지가 구체적으로 어떻게 조사되었는지에 대한 연구는 거의 없다. 역둔토실지조사와 토지조사사업에 의한 국유지의 확대창출을 강조하거나,[2] 국유지 확대 문제보다 국유-민유 구분의 최종적 확정에 의한 근대적 토지소유제도의 확립을 강조한 연구가 있을 뿐이다.[3] 또한 이들 연구는 주로 토지조사사업의 전말을 최종적으로 정리한 『조선토지조사사업보고서』(조선총독부임시토지조사국, 1918)에 의존하고 있어서 구체적인 상황에 밀착하여 논의되지 못한 한계도 지닌다.

이 장에서는 두 가지 과제를 설정했다. 하나는 국유지조사의 구체적인 방법과 절차를 살펴 국유지의 확정 과정을 추적하는 것이다. 종래의 국유지에 대한 논의가 분쟁과 수탈의 문제를 중심으로 이루어진 것에서 벗어나, 명백한 국유지이거나 민유와 국유의 경계에 있지만 공공

土問題の實體」,『朝鮮近代史料研究集成』3, 財團法人友邦協會 朝鮮史料研究會, 1960; 배영순,「한말 역둔토조사에 있어서의 소유권분쟁」,『한국사연구』25, 한국사연구회, 1979; 배영순,「일제하 역둔토불하와 그 귀결」,『사회과학연구』2-2, 영남대학교 사회과학연구소, 1982; 배영순,「조선토지조사사업 기간의 국유지분쟁과 소유권 정리방향」,『일제의 한국식민통치』, 정음사, 1985; 조석곤,「조선토지조사사업에 있어서 소유권 조사과정에 관한 연구」,『한국근대농촌사회와 농민운동』, 열음사, 1989; 박진태,「일제 통감부시기의 역둔토실지조사」『대동문화연구』32, 성균관대학교 대동문화연구소, 1997; 김양식,『근대권력과 토지: 역둔토 조사에서 불하까지』, 해남, 2000; 조석곤,「일제하 역둔토불하에 관한 연구」,『경제사학』31, 경제사학회, 2001; 박진태,「통감부시기 황실재산의 국유화와 역둔토정리」,『사림』18, 수선사학회, 2002; 박진태,「일제의 역둔토실지조사와 분쟁지문제」,『역사문화연구』20, 한국외국어대학교 역사문화연구소, 2004; 조석곤,「토지조사사업 국유지분쟁의 유형화를 위한 시론」,『대동문화연구』50, 2005.

2 신용하,「일제하의 조선토지조사사업과 국유지(역둔토) 창출 및 조사」,『경제논집』17-4, 서울대학교 경제연구소, 1979(『조선토지조사사업연구』, 지식산업사, 1982 재수록).

3 宮嶋博史,『朝鮮土地調査事業史の研究』, 東京大學 東洋文化研究所, 1991.

적 성격이 강하여 국유지 설정이 불가피한 토지가 국유지로서 확정되는 일반적 과정을 고찰하고자 한다. 1909~1910년 작성된 역둔토대장의 기재내용이 실지조사와 측량 과정을 거쳐 토지조사부에 등재되는 과정을 추적하고자 하는 것이다. 역둔토대장에 등재된 토지가 중답주가 있는 토지이거나 분쟁의 소지가 있는 것이거나 민유지가 편입된 것이거나 하는 문제는 논외로 한다.[4]

다른 하나는 국유화된 역둔토가 일제의 식민토지 경영과 연관하여 활용되는 양상을 창원군의 사례에서 검토하는 것이다. 동양척식주식회사(동척)에 출자된 국유지의 내용과 경영, 그리고 중답주의 소멸과는 별도로 소작관행적 차원에서 발생한 전대소작제(轉貸小作制)의 파행적 양상에 대해 검토하고자 한다.

국가기록원에 소장되어 있는 경상남도 창원군 토지조사사업 관계자료, 즉 『결수연명부(結數連名簿)』, 『국유지통지서(國有地通知書)』, 『실지조사부(實地調査簿)』, 『토지조사부등본(土地調査簿謄本)』, 『토지대장집계부(土地臺帳集計簿)』의 자료를 이용한 사례연구로 진행한다.[5] 창원군 전체를 대상으로 하면서도 특별히 상남면과 진해면의 사정을 구체적으로 분석하여 국유지조사의 전 과정을 필지 단위에서까지 확인하고자 한다.

---

4 창원군 토지분쟁 및 일본인의 토지집적과 관련해서는 한국역사연구회 토지대장연구반, 『일제의 창원군 토지조사와 장부』, 선인, 2011; 『일제의 창원군 토지조사사업』, 선인, 2013 참조.

5 장부의 내용에 대한 해설은 최원규, 「창원군 토지조사사업 관계장부의 종류와 성격」, 『일제의 창원군 토지조사와 장부』, 한국역사연구회 토지대장연구반, 선인, 2011 참조.

2. 국유지조사

1) 국유지통지 절차의 확정 과정

한국을 보호국화한 일제는 황실재산과 국유재산에 대한 정리에 착수했다. 1907년 10월 탁지부에서 역둔토 및 각 궁장토의 도조를 수취하게 되면서 지적대장(地籍臺帳) 작성의 필요성을 인식하고,[6] 그것이 1908년 4월 역토와 둔토를 대상으로 '역둔토대장' 제작에 착수하는 것으로 발전했다.[7] 1908년 6월 25일 궁장토가 역둔토에 포함됨으로써 '역둔토대장'은 궁장토까지 포함하게 되었다. 이때의 역둔토대장은 소작신고서와 대조하여 작성된 것일 뿐, 실지조사를 결여함으로써 이전의 기재방식을 그대로 수용한 임시적인 것이었다. 토지면적을 일본에서 통용되는 평수(坪數)로 파악하지 못했고, 토지의 위치를 확인할 수 있는 지도도 가지고 있지 않았다. 실지조사를 통한 역둔토대장과 지도의 제작은 1909년 6월부터 1910년 9월까지 실시된 역둔토실지조사에 의해 이루어졌다.

역둔토실지조사는 민중의 저항과 국유-민유 분쟁 때문에 마무리되지 못하고 1910년 8월 토지조사법의 제정 이후 토지조사사업의 대상으로 넘겨졌다. 그런데 1910년 8월 23일 제정한 법률 제7호 토지조사법에서는 토지조사의 대상을 전·답·대 등 지목별로 구분하여 규정할 뿐, 역둔토를 포함한 국유지조사는 어떻게 할 것인지 규정하지 않았다. 국

6 大邱財務監督局, 『隆熙2年 財務一斑』, 1908, '驛屯土及各宮田畓園林收租徵收內規', 107-110쪽; 『財務週報』 제34호 1907년 11월 26일 '驛屯土等徵稅方內訓의 件: 驛屯土及各宮田畓園林收租徵收內規問答書', 439-446쪽.

7 『재무주보』 제52호, 탁지부훈령 제103호 1908년 4월 1일 '역둔토대장조제규정', 237-241쪽.

유지조사는 실무자의 손에 맡겨진 상황이었다. 토지조사국 조사과장은 1910년 8월 26일 산하 각 반장에게 "국유지는 토지조사국에서 통지(通知)할 것이므로 필요한 경우에만 각 관청에 나아가 조사하여도 지장 없다"고 지시했다.[8] 1909년 11월부터 1910년 2월에 걸친 부평군 토지시험조사에서 "국유지에 관하여는 별도로 신고책임자가 없으므로 출장원은 일정한 신고서식에 준하여 편의적(便宜的)으로 작성"하도록 한 전례도 있었다.[9] 부평에서처럼 조사원이 소관청에 가서 조사해도 좋을 것이지만, 이제 전국에 걸친 국유지를 조사해야 하므로 토지조사국에서 일괄하여 '통지'하는 방식을 강구하고 있었던 것이라 하겠다.

1910년 11월 27일 토지조사국에서는, "국유지로서 소관청의 통지가 없는 것은 소관청의 장부에 등록된 것이 명확한 것이라 하더라도 통지 없는 것으로서 취조서를 작성할 것인가"라는 질문에 대해, "소관청의 장부에 등록되어 있지 않아 국유지인 것을 인지하지 못해 통지를 할 수 없는 것에 대해서는 취조서를 작성하고, 장부에 등록되어 있는 것은 가능한 통지를 받는 것에 힘쓸 것"이라고 정리했다. 그리고 이에 따른 무신고지 및 통지 없는 국유지조서의 작성방식을 구체적으로 제시하고 있다.[10] 이로써 국유지 신고와 처리방침의 윤곽이 드러났다. 즉 국유지는 소작인이 신고하는 것이 아니고 소관청이 스스로 소유한 장부에 기초하여 토지조사국에 통지함으로써 민유지의 지주신고에 대신하는 것

---

8 『臨時土地調査局局報』 제2호, 융희 4년 8월 26일 토조발 제33호 각 반장에 대한 조사과장 통첩 '토지조사에 관한 통지의 건'.

9 度支部, 『土地調査參考書』 제4호, '土地調査試行報告'(1910년 4월 28일 임시재산정리국장관 荒井賢太郎의 탁지부대신 高永喜에 대한 보고), 10쪽.

10 『임시토지조사국국보』 제1호, 명치 43년 11월 17일 '局議決定 조사사항', 제44문, 제45문.

이다. 그리고 신고가 없거나 통지가 없는 국유지조사 방식에 대해서도 원칙을 정해둔 것이다.

국유지의 통지는 1909~1910년 실지측량을 통해 작성된 '역둔토대장'에 등록된 내용을 지역별로 일괄 기재하여 통지하는 것인데, 이 역둔토대장은 1909년 이전 역둔토의 구대장과는 완전히 단절된 것은 물론이고 민유지와도 연락이 되지 않는다. 단지 역둔토지도를 통해 주변 민유지와의 관련 및 위치를 확인할 수 있을 뿐이다. 면적은 결부나 두락·일경을 배제하고 평수로 측량한 것으로서 역시 구대장 및 일반 민유지와는 연락이 닿지 않는다.[11] 국유지의 이러한 고립된 처지는 토지조사사업의 실지조사 과정에서 민유지와 연락하여 가지번을 붙이고 민유지와 함께 새로이 측량하게 됨으로써 해소된다. 민유지뿐만 아니라 국유지도 토지조사사업의 대상인 것은 분명하다.

새로 부여된 가지번과 '국유지대장'의[12] 지번을 연결지우기 위해 국유지조사 방법으로서 제시된 것이 '국유지대조표=역둔토대장'의 작성이다. 역둔토실지조사에 의해 조사된 이전의 국유지에 대해 1911년 4월 지번을 대조하여 동리 단위로 대조표를 작성하도록 한 것이다. 국유지대조표는 가지번, 전(前) 감독국이 조사한 지번과 동명, 적요로 구

---

11 역둔토실지조사는 모든 지역에서 이루어지지 못한 채 중단되었기 때문에 측량되지 못한 곳의 국유지통지는 구대장에 의거할 수밖에 없었을 것이다. 또한 규정대로 통지가 이루어졌는지는 확인이 필요하다. 창원군 구산면 가포리의 경우 국유지통지서의 면적은 두락으로 표시되고 평수는 기재하지 않았는데, 원칙이 지켜지지 않은 것이다. 최원규, 앞의 논문, 2011, 57쪽 참조.

12 국유지대장은 역둔토대장과 개념이 다르지만, 국유지 대부분이 역둔토로 통합되었고 당시의 자료에도 양자가 혼용되었기 때문에 본 장에서도 병용하기로 한다. 역둔토실지조사 단계에서는 '역둔토대장', 토지조사사업 단계에서는 자료에 명시된 것처럼 '국유지대장'이라는 표현을 사용하기로 한다.

성되는데, 적요에는 예컨대 "국유지에 의심 있으므로 조서를 별도로 작성한다"와 같은 특별한 사정을 기록하도록 했다.[13] 국유지대조표의 작성은 가지번 부여와 누락지 발견에 초점이 있었다. 동리마다 일련된 국유지대장의 지번과, 실지조사 과정에서 민유지와 함께 어울어진 가지번 사이에 연락을 꾀하는 한편, 그 과정에서 누락된 국유지를 추출해 내고자 한 것이다.

민유지의 신고에 비견되는 국유지의 신고를 보관관청의 통지에 의하는 것으로 명확하게 규정한 것은 1912년 8월의 토지조사령에서이다. 그동안 실무자에 의해 이루어진 편의시행의 방법이[14] 법령에 규정된 것으로 보인다.

한편 창원군의 토지신고는 1913년 6월부터 개시되었고 8~10월 임시토지조사국에 토지신고서가 접수되었다.[15] 국유지통지는 민유지 토지신고서 접수완료 직후인 1913년 11월에 이루어졌다. 그러나 창원군 중 진해면의 경우는 양상이 다르다. 진해면은 1906년 이래 일본 해군성 군용지로 수용된 지역으로 군항지 및 군사용지 외에 나머지는 소작제로

13 『임시토지조사국국보』 제7호, 1911년 4월 12일 토조발 제152호 '국유지대조표 조사의 건'; 제11호, 1911년 7월 20일 토조발 제253호 '국유지대조조사에 관한 건'; 제19호, 1911년 12월 4일 토조발 제462호 '국유지대조표에 관한 건'.

14 "사업 창시에는 토지조사규정 및 토지측량규정을 발표하지 않고 또 각종 사정에 관하여 考究할 필요가 적지 않음으로써 이 시대에는 실시규정의 제정을 하는 것은 오히려 일에 적합하지 않은 것이 있는 것을 고려하여 대부분 훈령 등의 엄격한 형식으로써 하지 않고 便宜施行의 方法을 취하여 그것에 의거하도록 했다. 그것을 草案이라고 칭한다. 후에 그 실적에 비춤으로써 각종 규정을 제정했다"라는 지적(『測地課業務顚末書』 제1편 제5장 예규)에서 토지조사국 실무자들 선에서 편의시행의 방법이 광범하게 이루어졌음을 짐작할 수 있다.

15 이세영, 「1913-1945년 경상남도 창원군 내서면의 농지소유분화」, 『일제의 창원군 토지조사사업』 참조.

경영되고 있었다. 1912년 말, 해군성에서 소작 주던 토지를 조선총독부에 관리권을 넘기게 됨으로써 이 토지는 역둔토와 함께 취급받게 되었다.[16] 이때 "진해 기타 각지에 산재한 해군용지 답 1428.4정보, 전 874.1정보, 기타 약간의 잡지가 조선총독부 소관으로서 인계"되었고,[17] 그래서 역둔토의 개념은 "구(舊)역토, 각종의 둔토 외에 구한국(舊韓國) 각 궁사 소속의 장토, 그리고 제국 해군용지 중에서 인계를 받은 전답 등 수익을 목적으로 하는 토지 및 보(洑)를 총칭한다"라고 재규정되었다.[18]

1912년 말 조선총독부로 인계된 진해면 국유지의 경우, 『창원군 진해면 토지신고서』에 편철된 '국유지통지서'에 의하면 국유지 4천여 필지 중 해군성 부지는 1913년 1월 15일에 임시토지조사국에 통지되었고, 나머지는 모두 1913년 1월 8일에 통지되었다.[19] 무엇보다 주목되는 것은 다른 면에서와는 달리 진해면의 모든 민유지도 1월 8일 동시에 신고되었다는 점이다. 이렇게 진해면의 국유지와 민유지가 동시에 신고된 것은 지주에 의한 개인적이고 자발적인 신고라고 보기 어렵고, 적어도 지주총대가 신고서를 수합하여 일률적으로 신고한 것을 의미한다.

민유지의 신고서와 국유지통지서의 내용은 상이하다. 민유지의 신고서는 구대장의 자호지번, 결수, 두락·일경 등이 기록된 『결수연명부』에서 지주의 동리별 소유지를 모아 일련하여 작성되는 데 반하여, 국유

16 『동아일보』 1923년 11월 30일 '관권발호와 일인 暴威下 진해작인의 血跡痛史'.

17 『朝鮮總督府施政年報』, 1912년도판, 122쪽.

18 『조선총독부시정연보』, 1915년도판, 127쪽.

19 『창원군 진해면 토지신고서』. 宮嶋博史는, 1913년 2월 10일 정무통감의 통첩에 의해 종래의 역둔토지도의 등사에 의한 국유지통지 방식이 역둔토대장의 등본을 통보하는 방식으로 전환되었다고 했다(앞의 책, 470-472쪽). 그러나 그 이전인 1913년 1월에 통지된 '창원군 진해면 국유지통지서'를 보면 이미 소관청의 통지에 의해 국유지가 정리되고 있음을 알 수 있다.

지통지서는 국유지에만 별도로 붙여진 동리별 지번, 평수, 소작인을 기록한 '국유지대장'의 것을 지번 순서대로 그대로 옮겨 적은 것이었다. 장부체계상에서 보면 토지조사사업은, 상이한 양식에 상이한 내용을 담은 '결수연명부 → 토지신고서'와 '국유지대장 → 국유지통지서'가 동일한 양식과 내용의 토지조사부 및 토지대장에 통합되는 과정이었다.

2) 국유지 관련 장부체계의 변동과 의미

국유지 관련 대장에 기입한 항목의 변화를 통해 국유지가 토지대장상에서 어떻게 위치하게 되는지를 살펴보면 〈표 9-1〉과 같다.

국유지 관련 대장의 변천에서 주목할 점은 첫째, 지번의 변화에 나타난 역둔토의 위상 변화, 둘째, 역둔토 명칭의 소멸과 소유자로서 '국(國)'의 등장, 셋째, 야미(夜味)의 소멸과 필지의 분합, 넷째, 면적 단위로서 '평'이라는 일본에서 사용하는 절대면적 단위의 등장 등이다.[20] 하나씩 살펴보기로 한다.

첫째, 새로 등장한 지번은 호적의 이름이나 주민등록번호와 같이 한 필지의 국유지에 붙여진 고유한 번호이다. 이전의 자호지번은 역둔토대장의 단계에서 이미 소멸했다. 역둔토대장의 지번은 동 단위로 붙인 일련번호에 불과하며 역둔토로서의 이전 주소는 사라진 것이다.[21]

---

20 기재항목을 살펴보면 1, 5, 6, 7, 8번의 장부는 한 라인에 한 필지씩 기재한 형식을 취하고 있는 반면, 2, 3, 4번의 역둔토대장은 한 필지를 한 장에 기재하는 방식을 취하여 장부 형식에 차이가 있다. 또 공토성책과 역둔토대장은 역둔도의 수취를 목적으로 하기 때문에 소작관계 기록을 포함한 반면, 5~8번은 토지조사사업 과정에서 국유지를 조사한 것이기 때문에 소유관계에 집중되어 있어 장부의 계통이 다르다.

〈표 9-1〉 국유지 관련 대장의 기재항목

번호	대장	소재	명칭	지번	지목	사표	면적	등급	소작인	소유자	기타 기재사항
1	공토성책 (1904)	면	공토의 각종 명칭	자호 지번	있음	–	두락 일경 결부	6등	씨명	–	야미
2	역둔토대장 (1908.4)	동리	역둔토의 구명칭	지번	〃	있음	두락 일경	–	주소 씨명	–	소작료등급 納料총대인
3	역둔토대장 (1908.7)	동리	역둔토의 구명칭	지번	〃	–	두락 일경	–	주소 씨명	–	소작료액 소작기간
4	역둔토대장 (1909.6)	동리	역둔토의 구명칭	지번	〃	있음	평수	3등	주소 씨명	–	實納소작료 詮定소작료
5	국유지 통지서	동리	보관 관청명	통지번호 가지번	〃	–	평수	3등	주소 씨명	–	통지일
6	실지조사부	동리	–	가지번 지번	〃	–	진해면에만 있음	–	–	國	통지일
7	토지조사부 등본	동리	–	지번 가지번	〃	–	평수	–	–	國	–
8	토지조사부	동리	–	지번 가지번	〃	–	평수	–	–	國	통지일

출처: 『경상남도창원군각면공토성책』(규장각 17956, 1904년 음력 9월); 『재무주보』 제52호, 탁지부훈령 제103호 1908년 4월 1일 역둔토대장조제규정; 『한말근대법령자료집』 7, 탁지부령 제27호 1908년 7월 29일 역둔토관리규정, 123-124쪽; 『탁지부공보』 제65호, 1909년 5월 26일 탁훈령 제59호 탁지부소관국유지실지조사절차; 창원군의 『토지신고서』, 『실지조사부』, 『토지조사부등본』, 『토지조사부』

번호의 변화 과정을 정리해 보면, 구대장의 자호지번이 역둔토대장에서 동 단위의 일련번호로 바뀌고 그것이 국유지통지서에 그대로 등재되지

21 역둔토실지조사 과정에서 전주재무감독국은 구지번, 구두락수, 결부수, 야미수를 국유지대장 연혁란에 기록하여 구대장과의 연락을 꾀하자는 제안을 했지만, 탁지부에서는 대장은 일정한 양식을 갖추어야 한다고 기각했다(『財務彙報』 제20호, 1909년 6월 25일 사세국보고, '국유지실지조사에 관한 시설' 및 별지 2. '탁지부소관국유지실지조사심득').

만, 토지조사사업의 실지조사 과정에서는 개황도나 지적원도의 조사순에 의해 민유지와 혼합되어 가지번(假地番)으로 붙여지고, 토지조사부에서 비로소 동리 단위로 붙여진 일련된 지번 속에 자리 잡게 된다. 가지번은 토지대장에서는 탈락된다.

둘째, 탁지부의 일원적인 관리체제하에 제작된 역둔토대장에서 역둔토의 과거 명칭은 무의미했지만, 당시에는 과거와의 완전한 단절을 단행하기에는 역둔토의 구명칭이 쓸모 있을 것으로 보아 그대로 남겨두었었다. 그렇지만 국유지통지서에서는 역둔토의 구명칭을 전연 배제하고 보관관청의 이름을 기록함으로써 역둔토의 과거는 어디서도 찾을 수 없이 세탁되었다. '석장둔'이나 '용동궁전답' 등 농장의 고유한 명칭은 사라졌다. '보관관청'이란 명칭은 국유지를 임대하여 사용하거나 관리하고 있는 부서를 의미한다. 창원군 상남면의 국유지 보관관청은 대부분 마산부청이었고, 진해면에서는 조선총독부탁지부, 해군성, 진해학교조합, 내무부토목국, 체신국 등 다양하게 등장한다. 국유지통지서를 가지고 실지조사하는 단계에 접어들면 보관관청명도 의미 없어진다. 강계와 면적, 소유권을 조사하는 토지조사사업에서는 이제 국가의 소유라는 의미의 '국(國)'이라고만 표기될 뿐, 다른 어떤 신분이나 처지를 확인하는 것은 불필요하게 여겨졌다. 국유지는 민유지와 마찬가지로 국가의 소유임을 확인하는 것으로 충분했던 것이다. 민유지에 소작관계를 기록하지 않듯이 국유지에도 소작관계는 생략함으로써 단지 국가의 소유임을 확인하는 것에 그쳤다. 국유-민유는 구별되기보다는 토지소유권의 측면에서 동일하게 취급되었다고 말할 수 있겠다.

셋째, 토지조사사업 과정에서는 일필지의 개념을 지목의 구별과 소유권의 분계를 확정하는 것으로 보고, 지주 및 지목이 동일하면서 인접한 토지는 일필지로 통합하는 원칙을 세웠다.[22] 일제는 군동면리의 통폐합과 같이 필지의 통폐합을 효율적인 것이라고 판단했다. 실지조사를 하면서

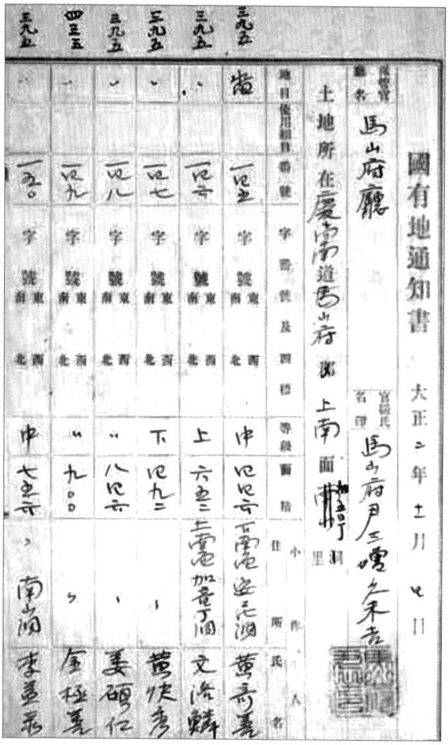

國有地通知書

〈그림 9-1〉 창원군 상남면 가음정리 국유지통지서

주: 상단에 가지번 395번이 표시되어 있고 통지번호 145~150번이 보인다.

출처: 『창원군 상남면 가음정리 토지신고서』

필지를 통합해 가지번을 부여하는데, 역둔토의 경우 소작인이 상이한데도 같은 필지로 통합한 점이 주목된다. 〈표 9-2〉는 창원군 상남면 가음정리 국유지에서 일어난 필지통합의 한 예이다.

무려 25필지 12,844평의 토지가 가지번 395번지의 한 필지로 통합되었다. 그 외에 가음정리 147필지 가운데 2필지를 통합한 경우는 20건, 3필지 5건, 5필지 2건, 6필지 2건, 7필지 1건, 9필지 1건 등으로 나타난다. 소작인이 다른데도 불구하고 지목이 동일한 인접한 필지를 대거 통합한 것이다.

1917년 7월부터 1918년 12월에 걸쳐 실시한 역둔토분필조사는,[23] 토지대장에 '국(國)'으로 등록된 역둔토 한 지번의 토지를 소작인별로 분할하는 것이 주목적이었다. 토지조사사업에서는 소유권의 확인을 위해 필지를 통합했지만 역둔토의 경영을 위해서는 소작인의 파악이 필수적이었기 때문에, 새로 작성된 토지대장에 준하여 소작인을 중

22 朝鮮總督府 臨時土地調査局, 『朝鮮土地調査事業報告書』, 1918, 93쪽.

23 조선총독부 임시토지조사국, 『조선토지조사사업보고서 추록』, 1919년 5월.

〈표 9-2〉 창원군 상남면 가음정리 가지번(假地番) 395번의 예

번호	면명	동리명	통지일	보관 관청	가 지번	통지 번호	지목	면적 (평)	소작인 주소		소작인 성명
1	상남면	가음정리	131104	마산부청	395	135	답	788	상남면	가음정리	강달준
2	상남면	가음정리	131104	마산부청	395	136	답	160	상남면	가음정리	강달준
3	상남면	가음정리	131104	마산부청	395	137	답	472	상남면	가음정리	나기숙
4	상남면	가음정리	131104	마산부청	395	138	답	530	상남면	가음정리	이우룡
5	상남면	가음정리	131104	마산부청	395	139	답	824	상남면	가음정리	송경현
6	상남면	가음정리	131104	마산부청	395	140	답	468	상남면	가음정리	강달문
7	상남면	가음정리	131104	마산부청	395	141	답	42	상남면	가음정리	정두응
8	상남면	가음정리	131104	마산부청	395	142	답	110	상남면	가음정리	정두응
9	상남면	가음정리	131104	마산부청	395	143	답	152	상남면	가음정리	정두응
10	상남면	가음정리	131104	마산부청	395	144	답	724	상남면	가음정리	김성범
11	상남면	가음정리	131104	마산부청	395	145	답	446	하남면	안민리	황기선
12	상남면	가음정리	131104	마산부청	395	146	답	452	상남면	가음정리	문낙린
13	상남면	가음정리	131104	마산부청	395	147	답	492	상남면	가음정리	황쾌수
14	상남면	가음정리	131104	마산부청	395	148	답	846	상남면	가음정리	강석인
15	상남면	가음정리	131104	마산부청	395	150	답	756	상남면	남산리	이익록
16	상남면	가음정리	131104	마산부청	395	151	답	540	상남면	가음정리	김달권
17	상남면	가음정리	131104	마산부청	395	152	답	792	상남면	가음정리	이권근
18	상남면	가음정리	131104	마산부청	395	153	답	500	상남면	가음정리	유환이
19	상남면	가음정리	131104	마산부청	395	154	답	924	상남면	가음정리	강석인
20	상남면	가음정리	131104	마산부청	395	155	답	400	상남면	남산리	김화율
21	상남면	가음정리	131104	마산부청	395	156	답	980	상남면	가음정리	권종석
22	상남면	가음정리	131104	마산부청	395	157	답	224	상남면	가음정리	임정규
23	상남면	가음정리	131104	마산부청	395	158	답	542	상남면	가음정리	강인수
24	상남면	가음정리	131104	마산부청	395	159	답	348	상남면	가음정리	김유원
25	상남면	가음정리	131104	마산부청	395	160	답	332	상남면	가음정리	임종렬
계								12,844			

주: 통지일의 '131104'는 1913년 11월 4일을 뜻한다.
출처: 『창원군 상남면 토지신고서』, 가음정리 국유지통지서

심으로 한 필지 단위의 역둔토조사가 필요하게 된 것이다. 토지대장상의 역둔토 지번을 조사한 뒤, 역추적하여 토지조사부, 실지조사부, 국유지통지서를 대조해 소작인별 필지를 확인하지 않으면 안 되었다. 그리고 소작인별 필지를 다시 측량하고 토지대장의 지번(地番)과 연관지어 지번(枝番)을 붙이는 작업으로 진행되었다. 소작인 및 소작지 조사를 놓고 보면 1909~1910년 역둔토실지조사와 비슷한 조사를 다시 하게 되어 비용을 낭비하는 결과를 초래하고 말았다.

여기서 역둔토실지조사의 성과와 토지조사사업의 관계에 대해 간단히 정리해 두기로 한다. 역둔토실지조사가 측량조사임에도 불구하고 역둔토실지조사가 채 끝나기도 전에 토지조사사업이 실시되어 민유지와 함께 역둔토도 또다시 측량되고, 지번도 다시 부여되며, 동일 지목의 인접한 필지가 대거 통합됨으로써 역둔토대장과 무관하게 전 국토 위에 민유지와 어울어진 역둔토의 좌표를 다시 찍는 이중적인 작업이 진행된 것에서 볼 때, 역둔토실지조사의 목적이 토지조사사업을 전제한 국유지의 우선적 조사에 있었던 것은 아닌 듯하다. 역둔토실지조사를 계승하여 토지조사사업의 국유지조사가 시행된 것은 아니라는 것이다. 역둔토실지조사의 목적은 첫째 중답주를 제거하고 은토를 찾아내어 역둔토를 확대하려는 것, 둘째 후술하듯이 동양척식주식회사에 출자할 토지의 정리가 시급한 것에 있었다.[24] 이러한 이유로 구대장과의 연락을 차단한 채 새롭게 필지별로 측량 조사하여 역둔토대장을 작성했지만, 토지조사사업의 기초를 제공하지는 못했던 것이다.

넷째, 국유지대장의 변천에서 주목되는 것은 국가의 과세 및 지주제 경영에 사용되던 결부와 두락·일경이 측량을 통해 절대면적 단위인

24 동양척식주식회사, 『제1기 영업보고서』(1908년 12월-1909년 3월), 4쪽 참조.

평으로 바뀌었다는 점이다. 평수의 사용은 절대면적 단위로서 의의를 지니지만 미터법을 쓰지 않았다는 점에서 일본의 선택이며 식민체제의 기초적 인프라가 되었다고 하겠다.

3) 면적 측량과 창원군 국유지 규모의 변동

토지조사사업에서는 국유지, 민유지 가릴 것 없이 삼각측량법에 의거하여 전면적인 측량을 시행해 면적을 모두 평수로 산출했다. 창원군 상남면 가음정리의 일부 예를 살펴보면 〈표 9-3〉과 같다.

국유지통지서의 면적은 역둔토실지조사에 의해 산출되어 역둔토

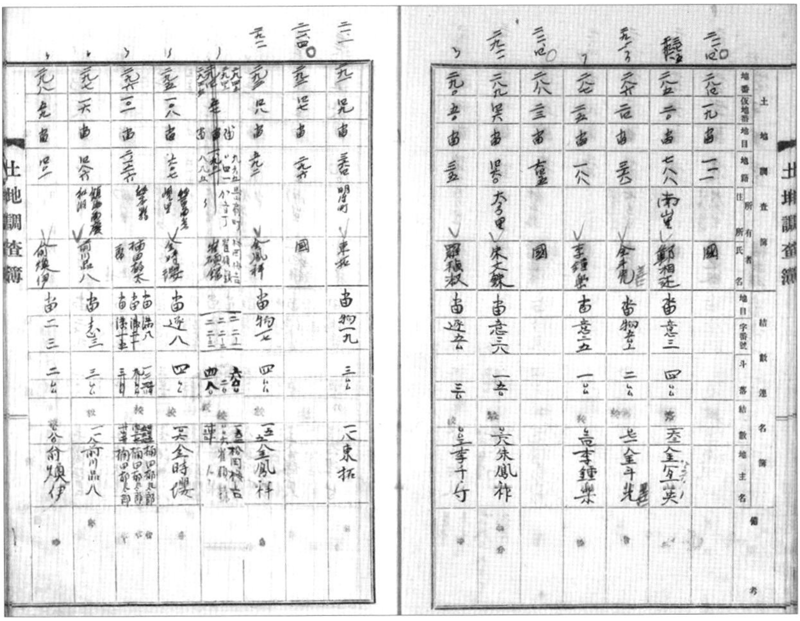

〈그림 9-2〉 창원군 상남면 가음정리 토지조사부등본

주: 가지번 19, 23, 47 세 필지의 국유지가 나타나 있다.

출처: 『창원군 상남면 가음정리 토지조사부등본』

〈표 9-3〉 창원군 상남면 가음정리 국유지통지서와 토지조사부등본의 면적 비교

번호	국유지통지서										토지조사부등본	면적증감
	동리	통지일	보관관청	가지번	통지번호	지목	면적(평)	소작인 주소		소작인 성명	면적(평)	
1	가음정리	131104	마산부청	3	1	답	584	상남면	대방리	성의교	1,758	5
2	가음정리	131104	마산부청	3	11	답	362	상남면	가음정리	박학수		
3	가음정리	131104	마산부청	3	12	답	488	상남면	대방리	이지조		
4	가음정리	131104	마산부청	3	13	답	319	상남면	가음정리	이동개		
5	가음정리	131104	마산부청	16	14	답	255	상남면	가음정리	박학수	257	2
6	가음정리	131104	마산부청	19	10	답	103	상남면	가음정리	권종석	111	8
7	가음정리	131104	마산부청	22	2	답	187	상남면	대방리	주문수	207	20
8	가음정리	131104	마산부청	23	3	답	265	상남면	가음정리	김기영	645	135
9	가음정리	131104	마산부청	23	4	답	245	상남면	가음정리	이종락		
10	가음정리	131104	마산부청	26	15	답	450	상남면	가음정리	박연백	465	15
11	가음정리	131104	마산부청	33	7	답	636	상남면	가음정리	유환이	2,823	−540
12	가음정리	131104	마산부청	33	8	답	266	상남면	가음정리	박주문		
13	가음정리	131104	마산부청	33	9	답	387	상남면	가음정리	김달권		
14	가음정리	131104	마산부청	33	16	답	648	상남면	가음정리	강재화		
15	가음정리	131104	마산부청	33	17	답	450	상남면	가음정리	이우룡		
16	가음정리	131104	마산부청	33	18	답	976	상남면	가음정리	이권근		
17	가음정리	131104	마산부청	43	19	답	670	상남면	가음정리	김봉상	2,734	705
18	가음정리	131104	마산부청	43	20	답	1090	상남면	가음정리	이종락		
19	가음정리	131104	마산부청	43	102	답	269	상남면	가음정리	이동개		
20	가음정리	131104	마산부청	47	5	답	265	상남면	가음정리	박학수	296	31
21	가음정리	131104	마산부청	51	24	답	541	상남면	대방리	김기찬	3,044	−26
22	가음정리	131104	마산부청	51	25	답	1074	상남면	가음정리	황하수		
23	가음정리	131104	마산부청	51	26	답	422	상남면	가음정리	박연백		
24	가음정리	131104	마산부청	51	27	답	561	상남면	가음정리	유병권		
25	가음정리	131104	마산부청	51	28	답	472	상남면	가음정리	최석록		

〈표 9-3〉 계속

번호	국유지통지서										토지조사부등본	면적증감
	동리	통지일	보관관청	가지번	통지번호	지목	면적(평)	소작인 주소		소작인 성명	면적(평)	
26	가음정리	131104	마산부청	65	33	답	216	상남면	가음정리	강재화	929	173
27	가음정리	131104	마산부청	65	34	답	540	상남면	가음정리	이동영		
28	가음정리	131104	마산부청	72	43	답	205	상남면	가음정리	문낙린	1,499	12
29	가음정리	131104	마산부청	72	78	답	586	상남면	가음정리	이종락		
30	가음정리	131104	마산부청	72	171	답	696	상남면	가음정리	최중업		
31	가음정리	131104	마산부청	73	77	답	180	상남면	가음정리	강대명	158	−22
32	가음정리	131104	마산부청	80	79	답	220	상남면	가음정리	이종락	227	7
33	가음정리	131104	마산부청	84	41	답	282	상남면	남산리	백남순	257	−25
34	가음정리	131104	마산부청	90	35	답	666	상남면	가음정리	나기숙	698	32
							15,576				16,108	532

주: 통지일의 '131104'는 1913년 11월 4일을 뜻한다.
출처: 『창원군 상남면 토지신고서』; 『창원군 상남면 토지조사부등본』

대장=국유지대장에 기재되어 있는 것이고, 토지조사부등본의 면적은 토지조사사업 실지조사 및 측량의 결과 산출된 것이다. 국유지통지서에 기록된 면적, 즉 역둔토실지조사에 의해 측량된 면적은 그대로 차용되지 않고 토지조사사업 과정에서 전면적으로 재측량되었다. 역둔토실지조사에서는 측판법을 활용하여 측량하고, 토지조사사업에서는 삼각측량법을 도입했다. 필지마다 모두 재측량하여 면적을 재산정했는데, 그래서 국유지통지서의 면적과 토지조사부등본의 면적에는 크고 작은 증감이 있다. 1912년 8월 토지조사령 발령 이후 국유지에도 소작인으로 하여금 표항을 건설하게 한 것은 국유지의 경계를 분명히 할 뿐 아니라 이와 같은 재산정을 위한 조치였다고 생각된다. 면적이 크게 증감한 것은 경계가 완전히 달라졌기 때문일 것이다. 측량법의 차이에 의한 면적의 증감은 크지 않았다. 삼각측량법(三角測量法)에 의해 기준을 다시 잡은 것에 의미가 있고, 측판법(測板法)에 의해 측량된 면적과 큰 차이가 있다고 보기는 어렵다. 총 34필지의 토지가 16필지로 줄어들면서 15,576평의 면적이 16,108평으로 되어 532평의 증가를 보인다.

가음정리 전체를 조사해 보면 국유지통지서는 총 143필지, 62,017평, 토지조사부등본에서는 66필지, 64,255평으로 되어 필지는 절반 이하로 줄어들고 면적은 2,238평이 증가한 것으로 된다. 면적은 개별 필지의 재측량에서 약소한 증가추세를 보인다. 가음정리 국유지통지서의 필지가 토지조사부등본에서 나타나지 않는 경우는 8건, 5,185평, 반대로 국유지통지서에는 없는데 토지조사부등본에서 등장한 경우는 6건, 2,976평이다. 이렇게 된 이유를 정확히 알 수 없지만 행정적인 절차의 문제, 동리 경계의 변동 등의 원인을 생각해 볼 수 있다. 어쨌든 역둔토실지조사의 결과인 국유지통지서의 기재내용이 실지조사 과정에서 교정 확정되어 간 것이라 할 수 있다.

1909~1910년 역둔토실지조사에서 이미 국유지에 포함된 전·답·대 등의 토지는 토지조사사업의 실지조사 과정에서도 거의 그대로 확정된다.[25] 언급한 것처럼 강계와 면적의 확정은 새로운 측량을 통해 이루어졌다. 문제는 국유화해야 할 토지이다. 분쟁의 결과 국유지가 된 것은 물론이지만, 민유가 아닌 토지는 모두 국유화하는 방향으로 나아갔다. 창원군 상남면에서 그렇게 국유화의 경계에 있는 토지를 살펴보면 〈표 9-4〉와 같다.

25 역둔토실지조사로 만든 역둔토대장에 등재된 국유지가 사실상의 국유지인지, 분쟁의 소지가 있는지 없는지, 중답주가 있는 토지는 아닌지 하는 문제는 거론하지 않는다.

〈표 9-4〉 창원군 상남면 국유·민유 '경계토지'

<table>
<tr><th>구분</th><th>위치</th><th>보관관청</th><th>통지일</th><th>지목</th><th>필지</th><th>면적(평)</th><th>소작인</th></tr>
<tr><td rowspan="3">하천부지
冒墾</td><td rowspan="3">남산리, 반송리, 봉림리, 토월리, 퇴림리</td><td rowspan="3">–</td><td rowspan="3">1914.10.5,
10.10,
10.26.</td><td>전</td><td>9</td><td>1,505평</td><td rowspan="3">각
필지에
있음</td></tr>
<tr><td>답</td><td>25</td><td>919평</td></tr>
<tr><td>대</td><td>2</td><td>225평</td></tr>
<tr><td rowspan="5">편의작성
또는
누락지</td><td rowspan="5">토월리, 남산리, 반송리, 봉림리, 사파정리, 지귀리, 퇴림리</td><td>국 또는 없음</td><td rowspan="5">1913.11. 5.
～
1914.10.26.
사이</td><td>전</td><td>11</td><td>580평(3필지) +
2.3두락(7필지)
+ 1필지</td><td rowspan="5">봉림리
9필지에
있음</td></tr>
<tr><td>국 또는 없음</td><td>답</td><td>27</td><td>161평(5필) +
2.8두락(10필지)
+12필지</td></tr>
<tr><td>없음</td><td>대</td><td>2</td><td>1.5두락</td></tr>
<tr><td>농상공부</td><td>임야</td><td>9</td><td>11,250평
+3필지</td></tr>
<tr><td>경상남도청</td><td>지소</td><td>1</td><td>2,000평</td></tr>
<tr><td>관청부지</td><td>토월리</td><td>경무총감부</td><td>1913.6.11.</td><td>부지</td><td>1</td><td>50평</td><td>주재소</td></tr>
<tr><td>지소</td><td>용지리</td><td>경상남도청</td><td></td><td>지소</td><td>1</td><td>12,100평</td><td>없음</td></tr>
<tr><td>임야 진전</td><td>천선리,
사파정리</td><td>마산부청</td><td>1913.11.4.</td><td>황진
임야</td><td>8</td><td>590평</td><td>2필지에
있음</td></tr>
<tr><td>민유화</td><td>가음정리</td><td></td><td></td><td>임야</td><td>2</td><td>9,300평</td><td>있음</td></tr>
<tr><td rowspan="2">합계</td><td colspan="4">국유</td><td>96</td><td>29,380평 +
6.6두락(19필지)
+16필지</td><td></td></tr>
<tr><td colspan="4">민유</td><td>2</td><td>9,300평</td><td></td></tr>
</table>

주: '경계토지'는 필자가 붙인 개념이다.

출처: 『창원군 상남면 토지신고서』 내 '국유지통지서', '신고 없는 국유지통지서조서' 등

상남면의 '경계토지'는 29,380평과 6.6두락 및 16필지의 토지로 구성되어 있다. 경계선의 토지는 국유지통지서 및 조서상에 나타나 있는데, 이들 토지는 실지조사 과정에서 재정리된 뒤 토지조사부등본을 통해 국유지로 편입되었다. 편의작성한 누락지는 '민유가 아닌' 토지이다. 하천부지의 개간을 국유로 확정한 것에서처럼 관습조사를 통해 정책적

으로 국유를 규정하기도 했다. 민유를 입증하지 못하면 국유로 되는 토지조사방침에 의해 민유 이외의 것은 국유경계지로서 취급되어 국유화되어 갔다.[26] 이러한 방식으로 국유지가 소소하게 증가되었다.

2. 국유지의 식민지적 활용

1) 동양척식주식회사 출자지(出資地)

동양척식주식회사는 1908년 8월 26일 한국척식을 위해 자본금 1천만 엔의 주식회사로서 설립되었다. 12월 14일 제1회 자본금 불입을 실시하고 1913년 4월 완료했다.[27] 역둔토 중에서 전답 각각 5,700정보씩을 출자하고 그 300만 엔의 가치에 대해 동척에서 6만 주를 한국정부에 제공했다. 동척으로 넘어간 토지 중 분쟁이 된 것은 178건, 740필지에 달했다.[28]

동척은 "집단지로서 관리에 편한 것 및 회사 장래의 사업경영상 유리한 방면"을 미리 선정하는데, 제1회 출자는 경성·부산 부근의 유리하고 편리한 곳을 비롯해 경상남도, 황해도, 평안도 중 적당한 곳을 지정했다. 관리와 수입에 유리한 답(畓)을 중심으로 하고, 특히 좋은 땅인 궁장토를 출자토지의 선택 범위에 포함시켰다.[29] 여기에 가장 적합한 곳이 부산 인근의 김해·창원 등지였다. 마산미·창원미는 품질이 뛰어나기로 소문이 나 있었고 경부선과 마산항을 통해 수송도 편리했기 때문에,

26 이 책의 제4장 참조.

27 동양척식주식회사, 『동양척식주식회사20년지』, 1928 참조.

28 『조선토지조사사업보고서』, 180쪽.

29 동양척식주식회사, 『제1기 영업보고서』(1908년 12월-1909년 3월), 4-5쪽.

동척에서는 창원 지역의 토지를 수용하여 일본인 농업이민을 적극 추진했다.

1909년 당시 창원군에서 동척이 출자받은 토지의 면적은 전 83정보, 답 238정보, 합하여 321정보였다고 한다.[30] 321정보의 내용을 확인하는 것은 불가능하고, 창원군 『결수연명부』를 통해 창원군 각 면별로 동척 출자지의 내역을 살펴보면 〈표 9-5〉와 같다.

표를 보면 창원군 전체에서 동척이 소유한 면적은 527.428결에 달한다. 1909년 동척에 출자한 321정보보다 훨씬 많은 양이 동척에 출자된 것으로 볼 때 제2, 3회 출자 과정에서 창원군의 장토가 대거 동척에 흘러들어간 것을 알 수 있다. 동척이 매득한 토지는 극히 미미하고 대부분 한국정부가 출자한 토지이다. 1904년 공토성책 면적 631.948결에서[31] 그것과 동일한 지역, 즉 〈표 9-5〉에서 대산면·구산면·진북면을 제외한 지역에서 매득지를 제외한 동척 출자지는 360.140결로 추정되는데, 이는 공토 전체의 57%에 이르는 면적이다. 창원 지역 역둔토의 절반 이상이 동척으로 귀속된 것이다. 출자지 522.891결 가운데 전은 79.869결 5.3%, 답은 422.404결 80.8%에 달하여 답이 압도적으로 많다. 상남면과 웅남면은 답의 비율이 유난히 더 높다. 필지를 살피면 상남면의 경우[32] 총 579필지 가운데 답 523필지, 전 49필지, 대 6필지, 잡종지 1필지로 답이 압도적으로 많다.

동척에서 출자한 토지는 일본인 농업이민을 위한 농경지로 활용되었다. 1909년 제1회 이주민 가운데 창원군 상남면에 정착한 일본 도쿠

---

30 동양척식주식회사, 『제2기 영업보고서』(1909년 4월-1910년 3월), 3쪽.

31 『慶尙南道昌原郡各面公土成冊』(규장각 17956, 1904년 음력 9월).

32 『창원군 상남면 토지신고서』.

〈표 9-5〉 동양척식주식회사의 창원 지역 소유지 면적

지역	전	답	대	기타	합	비고
내서면	22.956	55.910	2.993	0.010	81.869	
동면	9.260	89.107	8.213	–	106.580	
	–	0.435	–	–	0.435	1916년 매득
북면	2.027	–	–	–	2.027	1912년 매득
대산면	19.286	2.808	0.788	–	22.882	동척 명의
	0.433	0.597	–	–	1.030	1912년 동척 명의 매득
	3.204	–	0.010	0.140	3.354	대표자 명의 변경
상남면	0.811	72.273	0.268	–	73.352	
	0.082	5.900	–	0.010	5.992	웅남면, 부내면에서 소관 변경
	–	1.045	–	–	1.045	1916년 매득
웅남면	0.795	89.951	1.601	–	92.347	
구산면	13.278	37.479	2.710	–	53.467	
진북면	10.197	68.976	3.875	–	83.048	
계	79.869	422.404	20.458	0.160	522.891	출자지
	2.460	2.077	–	–	4.537	매득지
총계	82.329	424.481	20.458	0.160	527.428	

주: 1. 단위=결(結)
2. 『결수연명부』에는 1912년 새로 작성한 이후 계속 추가 기재되어 1916년까지의 상황이 기록되어 있다.
3. 대산면의 경우 대표자 명의가 동양척식주식회사와 古澤良武 두 명의로 되어 있다.
4. 대부분 旣證明, 1916년에는 所有權證明이 되어 있다.
5. 진해면, 천가면, 웅읍면, 부내면, 웅동면, 진동면, 진전면 등은 확인되지 않거나 없다.
출처: 『결수연명부』 창원군 각 면의 동양척식주식회사 부분 합계

시마현(德島縣) 출신 하치만(八幡) 단체이주 10호의 경우 〈표 9-6〉과 같은 농업경영 실적을 보여주고 있다.[33] 쇼노(庄野猪之五郎)는 단체이주민으로서 이주 후 곧 분배받은 동척 소작지 외에 수년 만에 무려 5결 10부에 해당하는 넓은 면적을 소유할 정도로 농업이민에 성공한 모습을 보

〈표 9-6〉 창원군 상남면 일본이주민 실태

일본이주민	동척 소작지	결수연명부			
	면적(정보)	필지	면적(결)	토지 위치	비고
庄野猪之五郎	1.548	1	0.055	웅남면	매득
		60	5.100	사파정리	매득과 매도
古川虎五郎	1.563				
湯淺利平	1.781	8	0.386	사파정리	매득
西本猪之五郎	1.845				
岡田喜助	1.649	1	0.015	토월리	매득
鈴木政吉	1.667	3	0.233	사파정리	매득
松田辰藏	1.709				
鈴木八十二	1.918	5	0.145	사파정리, 신덕리	매득과 매도
川野猪九郎	1.553	8	0.182	사파정리	매득
馬淵六太郎	1.574	1	0.007	사파정리	
계	16.807				

주: 동척 소작지 면적은 1909년경 조사된 것으로 추정되며, 결수연명부 면적은 1916년까지 계속해서 추가 기재된 것이다.

출처: 동양척식주식회사, 『식민사업각지방별성적』, 1915년 12월조, 6쪽; 『결수연명부』 창원군 상남면

여준다. 유아사(湯淺利平)도 소작지 외에 소유지를 38부 6속이나 소유하여 상당한 성공을 거두었다고 할 수 있다. 니시모토(西本猪之五郎)와 가와노(川野猪九郎)는 명치기념척식박람회에 미곡을 출품하여 포상을 받았고, 대정박람회에 니시모토는 소두를, 가와노는 대두를 출품하여 포상

33 동양척식주식회사, 『식민사업각지방별성적』, 1915년 12월조, 마산출장소식민성적, 1-22쪽.

받아 농업경영에서 성공한 모습을 보여주었다. 니시모토는 경상남도 제1회 물산공진회에서 나맥(裸麥)을 출품하여 일등상을 받았다. 가와노는 시정5년기념 조선물산공진회에 곡량도(穀良都)를 출품하여 포상을 받았다.[34] 이들 이주민은 동척의 지도를 받아 농업생산 증대의 성과를 올렸고, 그 결과 축적한 자금으로 창원군의 토지를 사들이고 있었다.

이렇게 하여 창원 지역의 일본인 인구는 급속히 확대되었다. 1912년 말 현재 마산부의 일본인은 13,057명, 조선인은 125,194명, 기타 외국인은 43명, 합계 138,294명이었다. 일본인 비중은 경성부 50,291명, 부산부 28,109명에 이어 세 번째로 인천부보다 많았다.[35]

2) 일본이주민의 파행적 전대소작제(轉貸小作制)

국유지조사의 핵심은 국가의 소유 여부를 가리는 것이다. 일제는 민유가 아닌 것은 국유라는 관점에 서는 한편, 민유와 국유의 중간적 처지에 있던 중답주(중간소작인)는 인정하지 않았다. 중답주는 일지일주(一地一主)의 근대적 토지소유권 개념에 적용할 수 없는 전근대적 성격을 지녔고, 대한제국 정부도 중답주를 인정하지 않는 입장이었다.

1909~1910년 역둔토실지조사에서 소작인 조사는 실제의 소작인을 파악하는 것을 목적으로 함으로써 중답주를 배제하고자 했다. 소작인으로 하여금 이름을 적은 표항을 세워 실지조사 때 입회하게 하는 방법으로 중답주를 배제하는 한편, 은토를 찾아내고자 했다. 중답주가 지

34 동양척식주식회사, 위의 책, 1915년 12월조, 마산출장소식민성적, 10-14쪽.

35 『임시토지조사국국보』 제20호(1913년 6월 5일 발행), 부군별인구표(1912년 말 현재).

주권을 행사하는 경우도 은토로 간주되었다. 탁지부소관국유지실지조사절차 제12조는 "실납소작료는 타조 및 정도(定賭)의 구분, 평년에 있어서 실제 소작인이 납부하던 소작료의 종류 및 수량을 조사함이 가함"으로, 제13조는 "소작인은 실제의 토지경작인을 사핵함이 가함"으로, 제59조는 "조사한 결과로 원소작(종래 도장·사음·중답주 등과 같은 자)을 발견하거나 소작인을 변경할 필요 있다고 인정한 때는 그 사유를 갖추어 재무감독국장에게 보고함이 가함"으로 규정하고 있다.[36] 1909년 10월 25일 제12조를 수정하여[37] "원소작인(元小作人)이 있는 토지 또는 은토에 대해서는 실소작인(實小作人)으로부터 원소작인 또는 사식자(私食者)에게 급부한 실소작료를 사핵함이 가함. 전항의 실소작료는 타조 또는 정도의 구분, 소작료의 종류 및 평년에 있어서 수량을 조사함이 가함"으로 되어, 중답주의 조사와 배제 방향을 분명히 했다. 1909년 11월 11일 대구재무감독국의 탁지부소관국유지실지조사세칙 제23조는 "동일 소작인으로서 2천 평 이상을 경작하는 자가 있을 때는 중간소작이 아닌 여부를 조사함이 가함"으로 규정하고 있다.[38]

토지조사사업에서 국유지통지, 실지조사, 토지조사부등본 대조의 절차를 통해 국유지를 확정하고 국유-민유 분쟁을 처리한 과정은 중답주를 배제하는 과정이기도 했다. 1917~1918년 역둔토분필조사에서도 중간소작을 배제하는 원칙은 그대로 유지되었다.[39] 소작인의 조사는 신

36 『度支部公報』 제65호, 1909년 5월 26일 탁훈령 제59호 '탁지부소관국유지실지조사절차'.

37 『탁지부공보』 제109호, 1909년 10월 25일 탁훈령 제111호 '국유지실지조사절차 중 개정건'.

38 『탁지부공보』 제121호, 1909년 11월 11일 '탁지부소관국유지실지조사세칙'(대구재무감독국장).

고주의 방식을 취했는데, 전소작인, 중간소작인(소작의 인허를 받고 다시 타인으로 하여금 소작하게 하는 자) 또는 장래 소작하려는 자 등으로부터 신고한 예도 적지 않았다. 이것이 소작권 분쟁의 불씨가 되었다. 그래서 토지조사국에서는 소작인허증의 씨명이나 인허증 유무를 불문하고 모두 현재의 소작인으로 하여금 신고하게 하고, 민적부에 등록된 씨명을 사용하도록 했다. 이렇게 하여 중답주는 제도상으로 완전히 소멸했다. 일본민법을 적용한 조선민사령은 일지일주의 소유만을 인정함으로써 중답주는 법제적으로 존재할 수 없게 되었다.

중답주가 법제적으로는 소멸되었지만 동시에 소작 관행의 형태는 다양한 방식으로 재등장하고 있었다.[40] 그 파행적인 한 모습을 진해면의 전대소작제도에서 볼 수 있는데,[41] 그 전말을 살펴보면 다음과 같다.

진해면은 1906년 군항이 설치되어 일본 해군성에서 일대의 민유지를 전 1평에 7전, 답 1평에 11전을 보상하고 수용했다. 해군성 부지를 제외한 경지는 다시 전 1평에 5리, 답 1평에 1전씩 소작료를 받고 민간에 소작을 주었다. 그런데 2년 거듭 흉년이 들면서 소작료가 체납되자, 해군성에서는 수십만 평의 소작지를 회수한 뒤 이를 창원 지역의 일본인 이주민에게 대부했다. 조선인 소작지를 빼앗아 일본이주민에게 대부한 것이다. 그런데 그 넓은 소작지를 일본인들이 다 경작할 수 없으므로 그것을 다시 조선인에게 전대(轉貸)하는 일이 발생했다. 해군성은 일본이민을 보호하기 위해 역둔토 소작권 매매양도를 묵인했다. 해군성 부지가 1912년 말 조선총독부로 넘어가 역둔토에 포함되어 경영되면서도

39 조선총독부 임시토지조사국, 『조선토지조사사업보고서 추록』, 1919 참조.

40 朝鮮總督府, 『朝鮮의 小作慣行』 上, 1932 참조.

41 김양식, 앞의 책, 2002, 334쪽 참조.

마찬가지였다. 역둔토실지조사 및 토지조사사업을 통해 중답주를 대대적으로 축출하는 법제적인 조치가 진행되던 같은 시기에 다른 한편에서는 불법적인 전대소작제에 의해 변형된 중답주의 모습이 재등장하고 있었던 것이다. 일시 1인당 3천 평 이상 소작지를 보유하지 못하도록 조치했으나, 일본인들은 명의를 바꾸는 수법으로 소작권을 집적하여 소위 전대소작제가 창원 지역에 대대적으로 유행하게 되었다. 역둔토는 소작인허 유무를 불구하고 현 소작인으로 하여금 지적을 신고하게 했지만, 일본인 명의의 소작지는 예외였다. 조선인과 일본인에 대한 대우는 전혀 상반되어 조선인의 역둔토 소작권 매매와 양도, 3천 평 이상의 보유는 인정하지 않았었다. 일본인은 관헌의 힘을 믿고 전대소작료를 벼농사에는 6할로 인상하고 이모작 보리농사에는 5할을 부과했고, 이에 항의하는 조선인 소작인을 곤봉과 총기로 위협했다. 경찰도 일본인을 보호하고 조선인 소작인을 체포 검속했다.

이상은 대체로 1912~1916년 사이에 일어난 일인데, 국유지조사의 기본원칙과 역둔토 경영의 현실은 이처럼 크게 괴리된 상황이었다. 1922년 4월 군용상 쓸모없는 역둔토를 매각할 때에는 실제로 경작한 조선인 소작인은 제외하고 인허명의를 가진 일본인을 연고자로 하여 불하했다.

전대소작제 문제에 대처하기 위해 조선인 소작인들은 1923년 6월 18일 진해소작회를 창립했고, 이에 맞서 일본인 지주 및 역둔토 명의자들은 지주회를 창립했다. 소작인들은 소작료불급동맹을 조직하고 지주회는 차압으로 맞섰다. 결국 1923년의 소작료를 5할 내지 5.5할로 합의했지만, 1924년 봄 다시 이모작 보리농사의 소작료를 둘러싸고 소작인은 납부를 거부하고 지주와 역둔토 명의자는 가차압을 하는 등 대립이 심화되었다.[42]

1924년 3월 말 역둔토 대부기간 만료로 경상남도청에서는 역둔토의 실경작자에게만 소작을 주라고 지시했지만, 창원군과 진해면에서는 조선인 실경작자의 대부신청서는 휴지로 취급하고 종래의 일본인 명의자 것만을 접수하는 횡포를 부렸다. 중간소작지 30만 평 중에 10만 평만 겨우 실경작자에게 돌아갔다. 이에 진해면의 조선인 소작인들은 역둔토 30여만 평의 중간소작 철폐운동을 전개하기 시작했다. 일본인들은 자작한다는 명분 아래 조선인 소작인에게 소작권 해제를 통지했다. 1924년 가을부터 재향군인회를 동원하고 지주회에서 참모부, 유격대를 조직하여 조선인 소작인을 공격, 소작지를 탈취했다. 소작인 측에서는 소작료는 주요 농산물만 5할로, 부산물은 소작인 측이 갖는 것으로 타협하고자 했지만, 지주 측에서는 부산물 있는 토지는 5.5할로 해야 한다고 하여 그러한 미세한 조정도 결렬될 정도로 대립이 심화되었다.[43]

1925년 3월 경상남도 도청, 창원군, 진해면 사이의 조정에 의해, 국유지대부규정에 따라 실지 소작자가 아닌 소작인 명의자와, 1호에 2인 이상이 소작권을 가진 자는 소작권을 취소하고 실지 소작인에게 매호 1인씩 소작권을 주기로 합의했지만, 일본인의 보호에만 몰두하는 당국자는 그 실시를 차일피일 미루었다.[44] 이후 국유지의 대대적 불하에도 불구하고 진해국유지 소작 문제는 일제 시기 내내 지속되었다.[45]

지방관청의 비호하에 일본인 이주민에 의해 파행적으로 도입된 전

42 『동아일보』 1924년 11월 30일 '관권발호와 일인 暴威下 진해작인의 血跡痛史'; 『조선일보』 1924년 8월 15일 '일천이백명의 사활문제인 진해국유지의 소작권'.

43 『시대일보』 1925년 1월 5일 '經年한 진해소작쟁의'; 『조선일보』 1924년 11월 30일 '사활의 관문인 대부문제: 봉화든 소작쟁의'.

44 『동아일보』 1925년 11월 23일 '국유지소작처분은 차일피일로 至於今'; 『조선일보』 1925년 11월 8일 '활로를 잃은 진해작인 4천여명'.

45 『조선일보』 1936년 5월 30일 '진해만의 국유지 소작조합 마침내 해산'.

대소작제는 합법적인 것은 아니었지만, 일지일주의 근대적 토지소유권 제도에 의해 국유화된 역둔토에서 경영적·관행적 측면에서 국유지 소유권에 충격을 주지 않을 수 없는 것이었다. 병작반수의 절반에 불과한 조 200두를 납부하던 창원 용동궁장토와 같은 역둔토를, 일본인 소작인이 대여받아 병작반수 이상 고율지대를 부과하여 차액을 착복하다가 소유권까지 불하받았던 것이다.

4. 맺음말

토지조사사업의 국유지조사는 장부체계상에서 보면 '국유지대장 → 국유지통지서'의 내용이 토지조사부 및 토지대장에 통합되는 과정이었다. 보관관청의 통지에 의해 국유지대장의 내용이 민유지의 토지신고서와 함께 국유지통지서에 실려 토지조사국에 통보되었다. 처음에는 법률적 지침 없이 부평군의 시험조사 경험을 살려 실무자들이 편의에 따라 보관관청에 출장을 나가서 역둔토대장과 지도를 조사했다. 그 뒤 1912년 8월 토지조사령에서 보관관청의 국유지통지 의무가 명확하게 규정되었다. 진해면과 같은 군사 지역에서는 일률적인 통제하에 국유지의 통지가 이루어지고, 아울러 민유지도 같은 날 동시에 신고되는 특별한 모습이 나타나기도 했다. 지주의 주체성이나 자발성에서 신고가 이루어진 것으로 보기 어려운 측면이 있다.

토지조사국에서는 실지조사를 거쳐 토지대장에 등재할 내용을 정밀하게 정리해 갔다. 국유지는 과세의 대상이 아니라 탁지부에서 별도로 관리하면서 역둔도를 수취했기 때문에 결수연명부가 존재하지 않고, 따라서 민유지에서 중시된 결수연명부와 토지신고서 사이의 대조와 같은 작업은 불필요했다. 소유의 주체로서 종전 역둔토의 구체적인 명칭은 사라지고 대신 해당 필지에 단지 '국(國)'으로만 표시되었다. 국가의 소유지인 것만을 드러낼 뿐 그 토지의 기원이나 지위는 전혀 표시되지 않았다. 이런 점에서 국유지는 민유지와 구별된 것이라기보다는 민유지와 동등한 소유권으로 성립된 것이라고 해석할 수 있다.

지주 및 지목이 동일하면서 인접한 토지는 일필지로 한다는 원칙에 따라 국유지도 지목이 동일하고 인접한 필지들은 통합되었다. 역둔토대장상에서 소작인이 수십 명이 되는 수십 필지도 토지조사사업에서는 한 필지로 통합되었다. 그런데 소작인을 대상으로 한 역둔토 경영을 하게 되자 소작인에 따라 다시 필지를 분할 측량하는 역둔토분필조사(1917~1918년)를 하지 않을 수 없었다. 1909~1910년의 역둔토실지조사가 실지측량을 통해 면적을 확인하고 또 지도를 작성하여 토지의 위치를 확인하는 성과를 거두었지만, 뒤이은 토지조사사업에서 민유지와 함께 다시 측량하여 지적도를 작성하는 이중적인 작업에 포함하지 않을 수 없었는데, 이제 다시 1909~1910년의 역둔토실지조사와 같은 역둔토분필조사를 하게 된 것이다. 이런 점에서 역둔토실지조사와 토지조사사업은 연속된 것이 아니라 단절된 측면을 보인다. 역둔토실지조사는 토지조사의 일환이면서도, 토지조사사업을 전제로 한 국유지의 우선적 조사는 아니었다.

국유지의 측량 과정에서 필지별로 면적의 증감이 있는데 증가 경향이 강하다. 민유가 아닌 토지, 신고되지 않은 토지, 하천 부지의 개간지나 임야, 진전의 경우에는 모두 국유지에 편입되었다. 국유-민유 분쟁이 아니더라도 이와 같은 방식으로 국유지의 면적은 변화하고 상당히 증가했다. 그런데 창원군의 경우 국유지가 동양척식주식회사에 대거 출자되었던 점이 주목된다. 일본과 가까운 위치에 비옥한 농지를 지닌 창원군에서는 국유지가 일본의 이주농업식민에 크게 기여했다. 토지조사사업을 통해 일지일주의 근대적 토지소유권이 등기되었지만, 창원군 진해면의 사례에서 보면 역둔토 경영에 있어서 이주일본인이 소작허가를 받은 뒤 다시 조선인에게 소작을 주는 전대(轉貸)소작제가 유행했다. 중답주를 배제함으로써 중층적 토지소유를 소멸시키고자 한 토지조사사업의 근대적 토지소유권 규정에 균열을 가하는 파행적·퇴행적 특징을 보인다. 이는 식민지의 제도적 근대성이 관행적 전근대성을 완전 불식시키지 못하고 동반하고 있는 현상으로 볼 수 있다.

제4부

일본제국의 식민지 토지조사

제10장

일본제국의 식민지 토지구관조사 비교

1. 머리말

일본제국주의와 그 식민지에 대한 연구는 최근 '식민지적 근대(colonial modernity)'의 내용과 의미를 포착하려는 경향을 보인다. 식민지적 근대의 성취를 인정하고 그 특징을 파악하며, 나아가 식민지로부터 독립한 이후의 역사 및 사회·경제와의 관련성을 확인하는 방향으로 향하고 있다.[1] 그런데 식민지적 근대를 위해 '전통'은 어떻게 취급되었는지에 대해서는 의외로 무관심하다. 식민지의 전통은 식민지 근대의 대척점에서 철폐의 대상으로 인식되는 경향이 농후하다. 때로는 제국주의의 식민지 통치를 위해 의도적으로 온존(溫存)된 전통조차 그 식민지의 역사와 문

1 Ramon H. Myers & Mark R. Peattie, eds., *The Japanese Colonial Empire, 1895-1945*, Princeton, N.J.: Princeton University Press, 1984; Gi-Wook Shin & Michael Robinson, eds., *Colonial Modernity in Korea*, Cambridge, Mass. & London; Harvard University Press, 1999(신기욱·마이클 로빈슨 엮음, 도면회 옮김, 『한국의 식민지 근대성』, 삼인, 2006).

화에서 유래한 낡은 것이라거나 근대화의 지체로 이해하기까지 한다.

이 장에서는 식민지적 근대의 결과에만 매몰되지 않고 전통에 대한 처리방침이 식민지적 근대의 성격을 규정할 수 있다는 관점을 취하고자 한다. 구체적으로는 토지 관행을 대상으로 삼는다. 일본제국의 식민지 토지조사 과정에서 전통으로서의 구관(舊慣) 토지제도는 어떻게 인식되고 처리되었는지 비교사적으로 살펴보고자 한다.

일본은 근대국가로 성장하면서 본토에서 토지개혁을 실시한 것은 물론이고, 이후 제국의 형성과 팽창 과정에서 획득한 식민지에서도 대부분 토지조사를 실시했다. 일본 본토의 토지개혁은 대체로 근대법적 토지소유권의 확립과 등기(登記)제도의 수립을 그 내용으로 하는 것으로 이해되고 있다.[2] 반면 식민지 토지조사에 대해서는 일제의 수탈적·침략적 성격을 강조한 연구가 한편에 있고,[3] 다른 한편에는 근대적 성격을 강조한 연구가 있어서[4] 대립적 양상을 보인다. 식민지 토지조사에 대한 상반된 평가에도 불구하고, 식민지에서도 토지조사사업의 결과 토지

---

2 丹羽邦男, 『明治維新の土地變革』, 御茶の水書房, 1962; 福島正夫, 『地租改正の研究』(增訂版), 有斐閣, 1970; 宮川澄, 『日本における近代的所有權の形成』(改裝版), 御茶の水書房, 1978; 田村貞雄, 『地租改正と資本主義論爭』, 吉川弘文館, 1981; 김용덕, 『明治維新의 토지세제개혁』, 일조각, 1989; 『福島正夫著作集』 第3卷 土地制度, 第4卷 民法(土地·登記), 勁草書房, 1993; 北條浩, 『地劵制度と地租改正』, 御茶の水書房, 1997.

3 신용하, 『조선토지조사사업연구』, 지식산업사, 1982; 江丙坤, 『臺灣地租改正の研究: 日本領有初期土地調査事業の本質』, 東京大學出版會, 1974.

4 宮嶋博史, 『朝鮮土地調査事業史の研究』, 東京大學 東洋文化研究所, 1991; Ramon H. Myers and Yamada Saburo, "Agricultural Development in the Empire," *The Japanese Colonial Empire, 1895-1945*, Ramon H. Myers & Mark R. Peattie, eds., Princeton, N.J.; Princeton University Press, 1984; Edwin H. Gragert, *Landownership Under Colonial Rule Korea s Japanese Experience, 1900-1935*, Honolulu: University of Hawaii Press, 1994.

소유자가 확정되고 토지대장에 등록된 토지에 대한 권리의 득상(得喪)에 대해 등기제도가 실시된 것은 사실이다. 이로써 토지의 소유와 그 자유로운 이동이 가능하게 되었고, 그것은 자본주의적 상품화폐경제에 적합한 체제였다.

그러나 식민지에서의 제도적 근대화는 식민지에 대한 일본제국의 시혜적 근대화 정책에 의해 단선적으로 이루어진 것은 아니다. 일본제국의 입장에서는 신영토의 토지조사는 제국의 행정력의 실현 과정 또는 제도의 통합 과정으로서, 철도와 도로를 신설하는 것과 같이 그 지역을 제국의 판도로 확실하게 장악하는 의미를 지니고 있다. 내용적으로는 일본의 근대화 과정 자체가 전통과의 갈등을 딛고 형성된 '서구의 번안'이므로 식민지의 근대화는 '번안된 서구'의 강요로 나타날 수밖에 없다. 그런데 일본제국의 이러한 입장과는 달리 식민지는 편입의 시기, 식민지의 위상, 역사적 전통과 조건에 따라 상이한 처지에 놓여 있다. 구관 토지제도도 식민지마다 다르다. 따라서 일제가 식민지에 구축하려한 토지제도는 구관 토지제도의 처리 방식과 밀접하게 관련될 수밖에 없다. 일본제국의 각 식민지에서 구관 토지제도가 어떻게 처리되었는지 그 과정과 상호 간의 차이를 확인해 보고자 하는 것이 이 장의 첫 번째 목표이다.[5]

5 식민지 토지조사사업의 성격을 비교한 논문으로는 宮嶋博史, 「동아시아에서의 근대적 토지변혁: 구일본제국의 지배지역을 중심으로」, 『경제사학』 17호 별책, 경제사학회, 1993(中村哲 編, 『東アジア資本主義の形成』, 青木書店, 1994 수록)이 있다. 대만의 구관 토지제도에 대해서는 福島正夫, 「岡松參太郎博士の臺灣舊慣調査と華北農村慣行調査における末弘嚴太郎博士」, 『東洋文化』 25, 東京大學 東洋文化研究所, 1958(『福島正夫著作集』 第6卷 比較法, 勁草書房, 1995 수록); 戴國煇, 「日本人による臺灣研究: 臺灣舊慣調査について」, 『季刊東亞』 4, 霞山會東亞學院, 1968年 8月; 山根幸夫, 「臨時臺灣舊慣

이렇게 하여 식민지에서의 전통과 근대성의 관계를 이해하고, 나아가 토지조사의 결과에 대한 이분법적 평가도 극복할 수 있는 단서를 얻을 수 있을 것이다.

그런데 주지하듯이 일제는 동화주의(同化主義)와 식민지주의(植民地主義)를 놓고 어떤 방향으로 식민지를 통치할지 갈등했다. 정치세력 사이에 이 문제를 둘러싼 갈등도 격심했다. 구관 토지제도의 처리 또한 이 통치방침의 갈등 속에 놓여 있었다. 구관 토지제도의 처리가 일본제국 식민지 통치방침과 어떻게 연관되며, 식민통치 과정에서 어떤 변천 과정을 밟아 가는지 확인하는 것이 이 장의 두 번째 목표이다.[6]

調査會の成果」, 『論集 近代中國と日本』, 山川出版社, 1976; 春山明哲, 「臺灣舊慣調査と立法構想」, 『臺灣近現代史研究』 6, 臺灣近現代史研究會, 綠蔭書房, 1988; 春山明哲, 「法學博士 岡松參太郎と臺灣」, 『臺灣近現代史研究』 6, 1988이 있다. 한국의 토지구관에 대해서는 김태웅, 「1910년대 전반 조선총독부의 취조국·참사관실과 '구관제도조사사업'」, 『규장각』 16, 서울대학교 규장각, 1993; 이승일, 「일제의 관습조사와 전국적 관습의 확립과정 연구」, 『대동문화연구』 67, 성균관대학교 대동문화연구원, 2009; 배성준, 「통감부시기 관습조사와 토지권 관습의 창출」, 『사림』 33, 수선사학회, 2009가 있다. 동아사아 구관조사의 비교로는 Lee, Young-ho, "Colonial Modernity and the Investigation of Land Customs: A Comparison of Japan, Taiwan, and Korea," *Korea Journal* Vol. 44 No. 2 Summer 2004, Korean National Commission for UNESCO; 이승일, 「일제의 동아시아 구관조사와 식민지 법 제정 구상: 대만과 조선의 구관 입법을 중심으로」, 『한국사연구』 151, 한국사연구회, 2010이 있다. 이 장은 필자(Lee, Young-ho)의 위의 논문을 번역 수정한 것이다.

6 청국 지배지역으로서 일본의 식민지가 된 대만·관동주·만주에서 구관을 처리한 방식과, 국민당 지배하에 있던 중국 본토에서 식민지와는 다른 방식으로 서구법의 비판적 수용을 통해 구관을 개혁한 양상은 식민지 지배의 결과와 성격을 이해하는 데 좋은 대조와 시사를 준다(Philip C. C. Huang, *Code, Custom, and Legal Practice in China: The Qing and the Republic Compared*, Stanford, California: Stanford University Press, 2001). 그뿐만 아니라 청국 지배지역으로서 영국의 조차지가 된 홍콩에서 토지구관이 영국의 토지법제와 긴장하

본론에 들어가기에 앞서 먼저 일본의 식민지 확보 과정 및 토지조사 상황에 대해 간단히 개관해 두기로 한다.[7]

일본은 1868년 메이지유신(明治維新) 이후 토지개혁을 단행하여 근대국가의 물질적 기초를 확보했다. 토지개혁은 1872년 지조개정(地租改正)으로부터 시작하여 일련의 법제화 과정을 거쳐 1898년 7월 민법을 공포함으로써 완결되었다. 그러면 식민지에서는 어떠한 토지제도를 실시할 것인가? 일본의 토지제도를 이식할 것인가, 식민지의 전통을 존중할 것인가 선택하지 않으면 안 되었다.

일본은 메이지유신 이후 북쪽으로 홋카이도(北海道)를 본격적으로 개척하기 시작하여 거기에 일본 본토의 토지제도를 시행했다. 1879년에는 남쪽의 류큐(琉球)왕국을 일본 영토로 편입하여 오키나와(沖繩)현을 설치하고, 1899~1903년 토지조사를 실시했다. 홋카이도와 오키나와현은 모두 근대 이후 일본에 편입된, 일본의 '내국식민지(內國植民地)'로서 일본의 토지제도를 이식하는 방향으로 토지개혁이 이루어졌다고 볼 수 있다.

일본은 청일전쟁의 결과 1895년 대만(臺灣)을 최초의 '해외식민지(海外植民地)'로서 획득한 뒤 1898~1904년 토지조사를 실시했다. 러일전쟁의 결과 1905년 요동반도(遼東半島)의 관동주(關東州)와 남 사할린(樺太, Karafuto, South Sakhalin)을 확보한 뒤 관동주에는 1914~1924년 토지조사를 실시했고, 남 사할린에서는 실시하지 않았다. 한국에서는 1906

면서 포섭되는 양상은 일본제국의 구관처리와는 다른 경로의 가능성을 제시한다(Patrick H. Hase, *Custom, Land and Livelihood in Rural South China: The Traditional Land Law of Hong Kong's New Territories, 1750-1950*, Hong Kong University Press, 2013).

7 『岩波講座 近代日本と植民地』第1巻 植民地帝國日本, 岩波書店, 1992 참조.

년부터 보호국으로 지배하다가 1910년 병합한 때부터 1918년까지 토지를 조사했다. 1914년 제1차 세계대전이 발발하자 남태평양의 독일령을 점령한 일제는 이를 남양군도(南洋群島)로 묶어 통치하면서 1924~1932년 관유지(官有地)를 조사했다. 여기까지 일본은 일차적으로 일본제국을 완성하는데, 식민지로 확보한 지역에서 대부분 토지조사를 실시하고 있는 것을 볼 수 있다.

1931년 일제는 만주사변(滿洲事變)을 일으켜 중국 동북부 지역에 일본의 괴뢰국으로서 만주국(滿洲國)을 세우고 1932년부터 토지조사를 했지만, 1945년 패전 때까지 완료하지 못했다. 또한 일제는 1937년 중일전쟁, 1941년 태평양전쟁을 일으켜 중국과 동남아시아 여러 국가를 공격하여 영역을 확대했지만, 중국 점령지에서의 부분적인 '농촌관행조사(農村慣行調査)' 외에 토지조사를 할 겨를은 없었다.

1945년 일본의 패전과 함께 해외식민지는 모두 그 이전 상태로 되돌려졌고, 내국식민지로 인식된 홋카이도는 완전한 일본 영토로 되고, 오키나와는 미군에 의해 점령되었다가 1972년 일본으로 반환되었다. 일본과 남한, 대만에서는 자본주의적 농지개혁이 이루어지고, 북한과 만주를 포함한 중국 지역에서는 사회주의적 토지개혁이 이루어졌다.[8]

이상에서 일본제국이 식민지를 확대하고 거기서 토지조사를 한 경과를 간단히 살폈는데, 이들 식민지를 어떻게 계열화하여 고찰하면 좋을까? 일본제국의 지배 지역은 식민지화 과정, 자연적 조건, 역사적 차이 등에 의하여 구분해 볼 수 있지만,[9] 토지구관의 문제는 일본 본토 및

8 유용태 엮음, 『동아시아의 농지개혁과 토지혁명』, 서울대학교출판문화원, 2014.

9 식민지화 과정 및 국제적 위상에서 보면, 홋카이도와 오키나와는 내국식민지, 대만·사할린·한국은 해외식민지, 관동주는 조차지, 남양군도는 위임통치지, 만

오키나와, 구 청국 지배지역, 한국의 세 부분으로 구분하여 보는 것이 유용하다고 생각한다. 오키나와는 내국식민지로서 점차 일본의 완전한 영토로 변해가므로 일본 본토와 함께 살피는 것이 좋을 것이지만, 여기서는 생략한다. 구 청국 지배지역은 식민지 대만, 조차지 관동주, 그리고 일본의 괴뢰국인 만주국인데, 이들 지역은 일본제국 내에서의 위상은 상이하지만 모두 이전에 청국의 제도와 법률이 실현되었던 지역이므로 토지구관에 있어서도 상당한 공통성이 엿보이고, 따라서 함께 묶어서 보는 것이 편리하다. 다만 만주국은 식민지와는 다른 독립국의 외양을 취했으므로 여기서는 제외한다. 그리고 한국은 일본·중국과는 다른 독자적인 토지구관을 가지고 있을 뿐 아니라 보호국의 단계를 거쳐 식민지가 된 특징을 보이고 있어 별도로 살피는 것이 필요하다. 홋카이도와 남 사할린, 남양군도는 원주민이 적거나 미개척지로서 구관토지 문제가 거의 나타나지 않아 논의에서 제외한다.

2. 일본의 토지개혁

일본은 메이지유신을 단행하여 봉건적 영유제를 철폐하고 근대적 토지소유제를 수립하고자 했다. 막부(幕府)와 번(藩)의 영주로부터 토지에

주국은 괴뢰국, 중국 일부와 동남아시아는 군사점령지로서의 위상을 갖는다. 자연적 조건에서 보면 오키나와·대만·한국·중국은 기경지, 홋카이도·사할린은 미간지, 남양군도는 열대우림지, 관동주·만주는 기경지와 미경지가 혼합된 특징을 지닌다. 역사적 차이에서 보면 류큐(오키나와)와 한국은 군주제 국가, 대만·관동주·만주는 청국의 지방, 사할린은 러시아 통치 지역, 홋카이도·남양군도는 소수인종 사회를 형성하고 있다.

대한 지배권을 환수하여 경작하는 농민에게 분배함으로써 근대국가의 물적·인적 기반을 마련하고자 했다. 토지조사를 한 뒤 이를 새로이 분배하기에는 시간적 여유가 없어, 영주의 소유는 배제하고 농민의 점유(占有=所持)를 인정하는 지조개정을 단행했다. 즉 1872년 모든 지소(地所)의 점유자에게 지권(地券)을 발행하여 소유권을 인정해 주고 그 지권소유자로부터 지조(地租)를 수취하기로 한 것이다. 지권에는 지가(地價)·지조·지주(持主)를 기재했는데, 지주로부터 정률의 금납지조(金納地租)를 걷기 위한 것이었다. '지주(持主)'란 지권을 가진 자로서 지조부담자인데, 그 지주에게 토지의 소유자임을 인정했다. 토지를 매매할 때에는 지권을 주고받게 하고 이를 지권대장(地券臺帳)에 기록했다. 지권의 발행과 수수(授受)는 토지소유권의 확인 및 매매 이전의 등기라는 두 가지 기능을 포함하는 것이었다.[10]

지권의 뒷면에는 "일본인민으로 이 권장(券狀)을 가진 자는 그 토지를 적의(適意)로 소유(所有)하거나, 토지를 소유할 수 있는 권리가 있는 자에게 매매(賣買)·양도(讓渡)·질입(質入)·서입(書入)할 수 있다"라고 쓰여 있다. 이 규정은 여러 가지 의미를 함축하고 있다. 첫째, 일본인민이 아니면 토지를 소유할 수 없다는 점, 둘째, 소유의 개념이 등장한다는 점, 셋째, 매매·양도에 의한 소유의 처분과 질입·서입에 의한 토지소유의 활용 및 제한이 규정되어 있다는 점 등이다. 질입은 채권자가 담보를 점유하는 형태, 서입은 담보를 점유하지 않은 것을 의미한다. 지권이 토지소유권을 확인해 주고 그것을 이전할 수 있는 기능을 지니고 있음을 잘 표현하고 있다. 여기서 자본주의 상품화폐경제에 적합한 토지상품화의 조건이 마련되기 시작한다. 일본의 근대법적 토지소유제의 형성

10 宮川澄, 앞의 책, 1978, 제5장 참조.

에 지권은 그 원형과 방향을 보이고 있다고 할 수 있다.

지권제도는 1869년 간다(神田孝平)가 처음 주장한 뒤 대장성(大藏省)이 이를 수용함으로써 실시되었다. 그 형식은 일본 구관의 고권(沽券)에서 기인하고, 내용은 토런스 제도와 유사한 것으로 이해된다.[11] 막부의 토지거래 금지조치에도 불구하고 실질적으로 이루어지던 토지거래에 대해 영주적 공증(公證)과 공인(公認)을 통해 토지소유권을 확인해 주던 고권제도와, 지권을 발행하여 토지소유자가 한 부를 가지고 나머지 한 부를 지권대장으로 철하며 토지매매 시에 그것을 교부하는, 남부 호주의 토런스 제도를 결합 계승한 것으로 이해된다. 이처럼 메이지 정부의 토지개혁은 구관의 기반 위에서 외국법 수용의 자세가 기본 패턴이었다고 볼 수 있다.

지권의 발행과 거래는 1871년 9월 4일 전답에 미곡 이외의 다른 품종의 경작도 허용되고, 1872년 2월 15일 토지의 매매가 허용된 조치를 전제로 하고 있다. 경작제한의 폐지는 토지의 사용 및 수익에 대한 자유, 토지매매 금지의 해제는 토지를 처분할 권리를 허락한 것을 의미한다.[12] 따라서 지권의 발행은 그 소지자에게 토지소유권을 인정한 의미를 지니는데, 그 소유권은 사용·수익·처분의 권리를 포함하는 일지일주(一地一主)의 소유권으로서 성립되고 있는 것이다.

토지의 사용·수익·처분의 권리를 토지소유권의 내용으로 이해해 가는 이러한 인식은 어디서 비롯된 것일까?

메이지 초기에는 당시 최고의 성문법 형태를 띠고 있던 프랑스 법전이 큰 영향을 미쳤다. 이미 메이지유신 이전부터 일본의 프랑스 사절

11 福島正夫, 앞의 책, 1970, 56-58쪽 참조.

12 宮川澄, 앞의 책, 1978, 65쪽.

단을 통해 프랑스의 나폴레옹 법전이 소개되었고, 1871년에는 『불란서법률서민법(佛蘭西法律書民法)』 전 16책이 번역되었다. 이렇게 일본에 소개된 프랑스 민법의 소유권에 대한 개념은 로마법에 기원을 둔, 사용·수익 및 처분할 권리, 모든 사람에게 대항할 수 있는 절대적 권리로서 규정되었다. 일본은 1870년 가을부터 프랑스 민법을 거의 '번역'한 수준의 민법 편찬을 시도했는데,[13] 이 과정에서 지권에 보이는 토지소유권의 개념, 즉 사용·수익·처분권으로서의 토지소유권 개념이 수용된 것으로 이해된다. 토지소유권의 이러한 개념은 일본 민법의 제정 과정에서 그 법적 성격이 분명해진다.

일본의 민법 제정은 프랑스 법전의 영향을 받아 일찍부터 착수되었다. 초창기 민법 초안이 프랑스 법전의 번안에 그치고 있는 한계를 극복하고자 일본의 사법성(司法省)은 1876~1877년에 걸쳐 전국의 민사관습을 조사하는 중요한 조치를 내렸다. 이때 편찬된 『전국민사관례유집(全國民事慣例類集)』(1877, 1880년)에 의하면 메이지유신 이전의 구관에서도 토지에 대한 소유권은 존재했던 것으로 조사되었다. 즉 촌역장(村役場)에 있는 전답의 검지장(檢地帳)에 조세총액이 기록되고, 명기장(名寄帳)에 조세액과 면적 그리고 '지주(持主)'의 이름이 기록된 사실을 지주의 '소유권(所有權)'을 인정한 것으로 파악한 것이다.[14] 아니, 반대로 이미 메이지유신에 의해 영주의 소유권(사실상 징세권)이 부인된 상태이므로 토지를 점유하여 경작하면서 공조(貢租)를 부담하던 백성의 토지에 대

13 『民法決議』(明治文化全集 第13卷 法律篇, 日本評論新社, 1957年 改版); 手塚豊, 『明治初年の民法編纂: 江藤新平の編纂事業とその草案』, 司法資料 別冊 第21號, 司法省 秘書課, 1944; 石井良助, 『民法典の編纂』, 創文社, 1979.

14 司法省, 『全國民事慣例類集』, 1880(明治文化全集 第13卷 法律篇, 1957年 改版, 日本評論新社, 284쪽).

한 권리를 '소유권'으로서 추인하는 태도를 가지고 관습을 판정한 것일 수 있다. 어쨌든 근대법적 토지소유권이 구관에 보이는 지주(持主)의 소유권과 객관적으로 연결되고 있거나, 아니면 주관적으로 그 연결이 의식되고 있는 것이다.

『전국민사관례유집』의 편찬이 민법 편찬의 재료를 제공하기 위한 것이었음에도, 정작 1878년 완성된 민법 초안은 여전히 프랑스 민법의 번안에 머물고 일본의 관습을 거의 고려하지 않았다고 평가되었다. 그래서 1880년부터 프랑스 법학자 보아소나드(Boissonade de Fontarabie)를 중심으로 새로운 민법 편찬이 개시되었고, 무려 10여 년을 준비한 민법 수정안은 1890년 공포된 후 1893년에 시행될 예정이었다. 그러나 이 민법도 일본의 구관을 무시했다는 반대에 부딪쳐 시행이 보류되었다. 총리대신 이토(伊藤博文)는 1893년 3월 도쿄대학 법학교수 호쓰미(穗積陳重), 도미이(富井政章), 우메(梅謙次郎)를 위원으로 하는 법전조사회를 조직하여 구관을 고려한 새로운 민법을 기초하도록 했다. 결국 일본의 구관을 기초로 프랑스 민법뿐만 아니라 독일 민법도 수용하여 마련된 '일본 민법'은 1898년 7월 공포되었다.[15] 이처럼 구관에 대한 인식이 강조된 것은 이 시기 일본이 헌법을 제정하고 의회를 개설하는 등 근대국가로서의 면모를 갖추게 되었다는 자부심과 국수의식(國粹意識)의 영향이었다. 청일전쟁에서의 승리와 열강과의 불평등 조약의 철폐 협상은 그러한 의식의 국제화를 가져왔다.

1890년 민법에 의하면 "소유권은 자유로 물(物)을 사용 수익 및 처분을 할 권리를 말한다. 이 권리는 법률 또는 합의 또는 유언으로써 하

15 福島正夫, 「舊民法と慣行の問題」, 1966(福島正夫著作集 第4卷, 勁草書房, 1993) 참조.

지 않으면 그것을 제한할 수 없다"(민법 재산편 제30조)라고 하고, 1898년 7월 시행된 일본 민법에서는 "소유자는 법령의 제한 내에 있어서 자유로 그 소유물의 사용 수익 및 처분을 할 권리를 가진다"(제206조)라고 규정하고 있다. 자유로운 처분권의 보장과 함께 법률 또는 법령에 의한 제한, 즉 공익을 위한 제한 규정을 두었는데, 소유권 개념에 있어서는 두 민법에 큰 차이가 없다. 이미 사용·수익·처분권으로서의 소유권 개념은 프랑스 민법의 개념을 수용하여 구관과의 관계에 구애받지 않고 인정되고 있었다. 구관에서 자주 보이는 중층적(重層的) 토지소유권도 민법 제정 과정에서 소멸되어 가는 양상을 보인다. 민법의 소유권 개념과 중층적 소유권은 양립할 수 없는 것이었다. 1890년 민법에서는 임차권(賃借權)을 물권(物權)으로 인정했지만, 1898년 민법에서는 채권으로 보았고, 1890년 민법에서 물권으로 인정한 영소작권(永小作權)도 지주나 소작인 어느 한쪽에서 협의 매수하여 영소작권을 소멸시키는 방향을 취함으로써 일지일주의 소유권 제도로 나아갔던 것이다.[16] 여기서 근대법적 토지소유권의 형성이 법제적으로 완료된다.

한편 소유권의 변동에 대해서는 메이지 초기에는, 촌락 차원에서 채무에 따르는 담보를 공증하던 구관을 계승하여 지방관리가 토지담보를 공증하다가, 지조개정이 완료되어 토지소유권이 토지대장에 등록된 뒤에는 등기제도를 실시하는 것으로 되었다.[17] 즉 1886년 등기법을 마

16 小倉武一, 『土地立法の史的考察』, 農林省農業總合硏究所, 1951, 118-119, 166-167, 225쪽; 福島正夫 編, 『日本近代法體制の形成』 下, 日本評論社, 1982, 88-98쪽; 雄谷開作, 『日本の近代化と土地法』, 日本評論社, 1988, 107-116쪽.

17 지권으로부터 부동산등기제도의 수립에 이르기까지의 사정에 대해서는 福島正夫, 「旧登記法の制定とその意義」(1940), 「日本における不動産登記制度の

련하여 지방관리의 공증을 재판소의 등기로 전환하고 소유권·저당권(mortgage)을 등기하도록 했다. 이 일본의 등기법은 공증제도라는 구관의 토대 위에서 서양의 제도, 즉 독일법의 형식(등기부양식)과 프랑스법의 기능(대항요건주의)를 결합한 특징을 지녔다.

그리고 1898년 7월 일본 민법이 제정 시행됨에 따라 그와 연관하여 등기법의 체제를 개정했다. 일본 민법에 의하면 "부동산에 관한 물권의 득상(得喪) 및 변경은 등기법이 정하는 바에 따라 그 등기를 하지 않으면 제3자에게 대항할 수 없다"(제177조)라고 규정하고 있기 때문이다. 이에 따라 1899년 6월 1일 새로운 부동산등기법을 제정 시행함으로써 부동산에 관한 소유권·저당권 외에 영소작권·임차권 등 민법상의 여러 권리도 등기할 수 있도록 되었다. 일본의 근대법적 부동산등기제도는 여기서 완비된다.

일본의 근대법적 토지소유권 제도와 등기제도는 일본의 전통인 구관제도를 기반으로 하면서 프랑스법과 독일법을 번안하여 짜깁기한 것이다. 처음에는 지권제도와 공증제도라는 구관의 틀에 서구법에서 기인하는 소유권 개념, 등기의 방식을 담았다가, 그 틀 자체도 서구법에 근거한 헌법과 민법의 틀로 교체했다. 그러면서도 그것이 서구법의 단순한 수용이 아닌 구관에 기초했다는 외양을 취하고 있다. 메이지유신 이후 1890년대 말에 이르기까지 서구문물 수용의 추세가 일본의 국수주의적 국체 형성과 맞물리면서 일본 구관과 서구법제는 상호 긴장과 갈등을 거듭했다. 그럼에도 불구하고 이렇게 구관과 서구의 교차, 교직으로 형성된 일본의 토지법제는 식민지에 있어서는 경전과 같은 금과옥조

歷史」(1952), 「わが國における登記制度の變遷」(1974), 『福島正夫著作集』 第4卷; 福島正夫, 『日本資本主義の發達と私法』, 東京大學出版會, 1988 참조.

로서 경직된 규정력을 행사하게 된다.

3. 일본 식민지의 토지구관

1) 구 청국 지배지역

대만

1895년 4월 17일 청일전쟁의 강화조약이 체결되어 일본은 대만을 영유하게 되었다. 대만은 일본이 해외에서 처음으로 획득한 식민지였다. 일본제국의 헌법이 미치지 않는 대만을 어떠한 방식으로 통치할 것인가, 대만의 토지와 인민을 어떻게 장악할 것인가 하는 것이 일본제국의 과제로 등장했다.

1896년 4월 군정에서 민정으로 이양하면서 일본은 대만총독이 법률 효력을 가지는 명령인 율령(律令)을 발(發)할 수 있도록 함으로써,[18] 대만을 일본 내지(일본의 헌법이 미치는 일본 본토, 홋카이도, 오키나와를 포함한 지역)와는 구별되는, 일본제국의 헌법이 미치지 않는, 일본의 '식민지(植民地)'로서 통치하기 시작했다. 그렇게 된 이면에는 대만은 일본과는 다른 사회라는 점, 대만 민중의 저항이 지속되고 있다는 점이 놓여 있었다. 따라서 대만 민중을 자극하지 않고 또 일본과는 상이한 대만 사회를

18 日本外務省 條約局法規課, 『臺灣の委任立法制度』, 1959, 7-18쪽; 春山明哲, 「明治憲法體制と臺灣統治」, 『岩波講座 近代日本と植民地』 4, 岩波書店, 1993; Tay-sheng Wang, *Legal Reform in Taiwan under Japanese Colonial Rule, 1895-1945*, Seattle and London: University of Washington Press, 2000, Chapter 2. Reception of Western Law in Colonial Legislation.

통치하기 위해서는 전통과 구관을 존중한 법제의 제정이 필요할 것으로 인식되었으며, 이를 위해 구관조사가 요구되었다.

그러나 현안에 밀려 체계적인 조사가 이루어지지 못하다가,[19] 1898년 3월 부임한 민정장관 고토(後藤新平)가 구관조사의 필요성을 적극 주장하고, 여기에 1898년 7월 일본 민법의 발효, 그리고 동시에 시작된 대만 토지조사사업에 의해 구관조사는 더욱 시급한 것으로 되었다.

일본 민법이 발효되면서 그것을 대만 및 대만에 거주하는 일본인에게 어떻게 적용할 것인가가 문제로 되었다. 그래서 1898년 7월 일본의 민법, 상법, 형법 및 그 부속법을 대만에 시행하지만, 아울러 대만인 상호 간의 민사 및 상사(商事)에 관한 사항은 대만의 관습을 따르는 것으로 정하고, 토지에 관한 권리도 일본 민법의 물권규정을 따르지 않고 대만의 구관을 따르는 것으로 했다. 여기서 대만의 구관은 무엇인가 하는 현실적 문제가 제기되어 구관조사의 필요성이 더욱 부각되었다.

토지조사와 관련해서도 구관조사는 시급한 문제였다. 임시대만토지조사국 감독과에서 '구관조사에 관한 사항'을 관장하도록 함으로써 토지제도의 수립에 구관을 참작하도록 했지만, 토지의 소유권에 필적하는 중국 고유의 '업주권(業主權)'의 존재를 확인하는 데 그쳤다.[20] 따라서 업주권 이외의 토지에 대한 권리를 포함한, 사법(私法)의 범위를 포괄하는 보다 체계적이고 전문적인 구관조사의 필요성이 제기되었다.

이에 고토는 1899년 12월 교토대학 법학부 교수 오카마쓰(岡松參太郎)에게[21] 위촉하여 대만구관조사를 체계적이고 과학적으로 실시하도

19 梅陰子, 「臺灣舊慣調査事業沿革資料」, 『臺灣慣習記事』 第4卷 3號, 臺灣慣習硏究會, 1904年 3月, 249-252쪽.

20 鶴見祐輔, 『後藤新平』 第2卷, 勁草書房, 1965, 394-395쪽.

21 오카마쓰는 대만토지조사사업의 실질적 실무자인 나카무라(中村是公)의 도쿄

록 했다. 그는 1900년 11월 『대만구관제도조사일반(臺灣舊慣制度調查一斑)』(*Provisional Report on Investigation of Laws and Customs in the Island of Formosa*)을 간행했는데,[22] 이 책은 토지에 관한 구관제도에 한정해 우선 대만 통치에 제공하기 위하여 시험적으로 간략하게 조사한 결과이다. 이후 구관조사는 당면한 토지조사사업에 부응하기 위한 토지구관 조사에서부터 시작하여 민법 적용 문제에 부응할 수 있는 사법의 범위로까지 크게 확대되었다.[23]

한편 구관조사와 병행하여 1898~1904년 토지조사사업이 실시되어 토지소유권이 법인(法認)되었다.[24] 신고된 토지의 소유권은 지방토지

대학 법대 1년 후배였다. 그는 대학을 다닐 때 일본 민법을 제정하기 위해 구성된 법전조사회에서 穗積陳重, 富井政章, 梅謙次郎를 도와 보조위원으로서 법제의 조사 입안에 종사한 경험을 지니고 있었고, 1896년부터 약 3년간 민법 및 國際私法 연구를 위해 독일 등지에 유학했다. 귀국한 뒤 교토대학 법학부를 창설하면서 대만구관조사를 담당하게 된 것이다. 戴國煇, 「日本人による臺灣研究: 臺灣舊慣調查について」, 『季刊東亞』 4, 1968年 8月, 76쪽; 小林英夫, 「後藤新平と滿鐵調查部」, 『近代日本と滿鐵』, 吉川弘文館, 2000; 春山明哲, 「法學博士·岡松參太郎と臺灣」, 『臺灣近現代史研究』 6, 1988; 片山秀太郎, 「岡松博士と臺灣の立法」, 『臺灣時報』 제31호, 臺灣總督府, 1922年 2月號 참조.

22 臨時臺灣舊慣調查會, 『臺灣私法』(第1部 調查, 第3會 報告書) 第1卷 上, 1910年 2月, 敍言; 臨時臺灣土地調查局, 『臺灣舊慣制度調查一斑』, 1901年 1月 序文(Santaro Okamatsu, *Provisional Report on Investigation of Laws and Customs in the Island of Formosa*, compiled by order of the Governor-General of Formosa, Printed at the Kobe Herald Office, 1902로 번역).

23 『臺灣舊慣制度調查一斑』, 序文; 『臺灣私法』 第1卷 上, 敍言; 福島正夫, 앞의 논문, 1958년 3월; 戴國煇, 앞의 논문, 1968년 8월, 76쪽; 山根幸夫, 앞의 논문, 1976; 春山明哲, 「臺灣舊慣調查と立法構想」, 『臺灣近現代史研究』 6, 1988.

24 臨時臺灣土地調查局, 『臺灣土地調查事業概要』, 1905; 臨時臺灣土地調查局, 『事業報告書』, 1-5回 참조.

조사위원회에 의해 사정(査定)이 이루어지며, 이에 대해 불복하는 자는 60일 이내에 고등토지조사위원회에 신립(申立)하여 재결(裁決)을 구하고, 재결을 거친 사항은 소송을 제기할 수 없도록 되었다. 사정 및 재결에 의해 민유지의 소유권은 '업주권(業主權)'으로서 창출되었다. 일본의 경우 세법개정을 위한 지권제도의 도입으로부터 시작하여 토지정리가 마무리된 뒤 토지에 대한 권리가 헌법·민법에 규정됨으로써 근대법적 토지소유권이 법제적으로 확립된 것과는 달리, 대만에서는 토지조사사업, 즉 '신고-사정' 또는 '신고-사정-불복-재결'이라는 행정 절차의 결과 근대법적 소유권이 창출되었다. 구관에 의하면 업주권이 토지에 대한 최고의 권리이지만 일본 민법의 소유권과는 똑같지 않은데,[25] 토지조사사업 결과 이전의 업주권과는 전혀 다른 '근대법적 소유권으로서의 업주권'이 창출된 것이다. 대만의 구관을 존중하여 토지에 대한 최고의 권리를 업주권으로 표현했지만, 개념상으로는 일본의 근대법적 소유권과 다르지 않았다.

원래 대만의 토지에는 여러 가지 권리가 중복되어 있었다. '국가(國家)-대조호(大租戶)-소조호(小租戶)-전인(佃人)'의 구조하에서 국가는 대조호로부터 공조를 수취하고, 대조호는 소조호로부터 대조를 수취하며, 소조호는 소작료인 소조를 수취하는 수취구조를 형성하고 있는데, 청 말기에 이미 대조호가 수취하는 대조를 줄이면서 대신 소조호가 국가의 공조를 부담하는 방향으로 개혁되었고, 이는 일본의 식민지가 되어서도 계승되었다. 대만총독부는 토지조사사업을 통해 그 대조권을 유상으로 소멸시키고 소조호에게 납세의 의무와 함께 일지일주의 소유권

25 『臺灣舊慣制度調查一斑』, 24-25쪽(Santaro Okamatsu, *Provisional Report on Investigation of Laws and Customs in the Island of Formosa*, pp. 29-30).

으로서 업주권을 인정했던 것이다.[26]

1904년 2월 토지조사가 완료되어 업주권이 창출되고 토지에 관한 복잡한 권리들이 전권(典權)·태권(胎權)·복경권(贌耕權)의 물권으로 단순하게 정리되었다. 전권은 원래 토지를 매매한 뒤 돌려받을 수 있는 것을 약조한 것을 말하는데, 1899년 대만부동산등기규칙 발포 이래 채권자에게 먼저 변제하도록 담보의 효력을 강화함으로써 채무자의 권리를 점유·사용·수익할 수 있는 일본의 부동산 질권(質權)과 유사한 권리로 변질시켰다. 태권도 채권자에게 먼저 변제하는 선취권을 부여함으로써 일본의 저당권(抵當權)과 유사하게 변질되었다. 복경권은 경작, 목축, 기타 농업을 목적으로 토지를 임대한 것인데, 일본의 영소작권 개념으로 변질되었다.[27] 구관의 권리들이 형식적으로는 존중되었지만, 내용적으로는 일본 민법상의 물권의 개념에 비견되어 변질된 특징을 보인다.

근대법적 토지소유권의 확인과 병행하여 소유권의 이전·득상의 방식에 대한 법제화도 시도되었다. 일본인의 토지소유가 크게 증가함에 따라 그 거래의 안전을 도모할 필요성이 생겼다. 그래서 토지조사사업이 끝나기 전에는 지방법원에 의한 공증의 방식을 채용하다가, 1905년 5월 대만토지등기규칙을 제정했다. 대만등기제도의 특징은 등기를 제3자에게 대항력을 갖는 공시방법으로 삼는 일본과는 달리, 등기를 법률행위 효력의 발생요건으로 하는 강제등기 제도를 채용한 데 있다. 즉 토지대장에 등록된 4종의 권리의 설정, 이전, 변경, 처분의 제한 또는 소멸

26 『臨時臺灣土地調査局 第5會 事業報告書』, 1905年 5月, 第3章 大租權 處分, 98-120쪽.

27 千島兵次郎 編, 『臺灣制度大要』, 臺法月報發行所, 1910年 6月(1911年 1月 再版), 142-148쪽.

은 등기를 하지 않으면 그 효력을 갖지 않는 것으로 했다.[28] 이처럼 강제등기에 의해 모든 토지의 설정과 이전은 등기에 의하는 것으로 됨으로써 토지금융이 활성화되고, 따라서 일본인의 토지획득을 목적으로 한 토지담보도 크게 증가했다.

대만의 토지에 관한 권리는 일본과는 다른 형식과 개념을 취함으로써, 1908년의 대만민사령에서도 대만인 사이에는 일본 민법을 따르지 않고 구관을 따를 것, 토지에 관한 권리에 대해서는 일본인·대만인을 불문하고 일본 민법의 물권규정을 따르지 않고 구관에 따를 것 등 예외를 규정했다. 이것은 구관을 존중하는 원칙이 계속 지켜지고 있음을 보여준다.

그러나 토지에 관한 권리의 명칭만 구관을 채용할 뿐, 내용적으로는 이미 일본 민법의 물권 규정 및 개념에 비견되어 있었다. 일본인의 토지에 대한 권리획득에 유리한 환경이 조성되어 있었다. 형식만 바꾸면 일본 민법을 적용하지 않을 이유가 없도록 법제화가 진전되어 있었다. 1922년 일본의 민법, 부동산등기법 등을 대만에도 그대로 시행하게 한 내지연장(內地延長)의 조치는 이미 대만의 제도가 일본의 제도에 근접해 있었기 때문에 가능했다. 구관에 의한 업주권·전권·태권·복경권은 모두 일본 민법에 규정된 소유권·질권·저당권·영소작권으로 변경되고, 이들 권리의 등기도 제3자에 대항하는 공시방법, 즉 일본의 등기제도로 변경되었다.[29]

이렇게 하여 대만에서의 토지소유권의 확인과 그 득상에 관한 법제는 일본 내지와 완전한 일치를 보게 되었다. 토지구관조사를 통해 대

28 千島兵次郎 編, 위의 책, 101-103쪽.

29 大園市藏, 『臺灣施政四十年史』, 日本植民地批判社, 1935, 98쪽.

만에 특별한 법제를 시행한다는 식민지주의는 이미 처음부터 개념상 구관을 따를 뿐 내용적으로는 일본법제에 순응하는 것이었는데, 그것이 1922년에 이르러 일본의 법제에 완전히 통합된 것이다.

만주 지역

대만구관조사는 대만인이 이주해 온 청국 남부의 푸젠성(福建省), 광둥성(廣東省)의 관습조사로 확대되고, 나아가 중국 전체에 대한 구관조사로 확대되었다.[30]

그런데 이러한 구상은 러일전쟁 이후 다른 방향으로 진전된다. 러일전쟁 결과 일본은 러시아가 가지고 있던 관동주의 조차권과 만주에 대한 권리를 확보했고, 그 후방을 보호국이 된 한국의 지배를 통해 보장하게 된 것이다. 관심은 만주를 거쳐 중국의 다른 지방과 몽고지방으로까지 확대되기 시작했다. 여기서 성립된 것이 남만주철도주식회사(滿鐵)였다. 1906년 11월 대만총독부 민정장관 고토(後藤新平)가 만철의 초대총재를 맡게 되자, 그는 대만에서와 같이 구관조사를 비롯한 각종 조사를 위한 기구의 필요성을 인정하여 1907년 4월 조사부를 설치했다. 대만토지조사사업의 실질적 책임자였던 나카무라(中村是公)를 만철의 부총재에 앉히고 대만구관조사사업을 담당했던 오카마쓰(岡松參太郎)를 조사부장에 임명함으로써 대만구관조사팀은 완벽하게 만주로 이주했다.[31] 대만에서 경험을 쌓은 실무자가 만주구관조사에 참가하기도 했다.[32]

---

30 「中國舊慣の調査について: 天海謙三郎氏を中心にした座談會」, 『東洋文化』 25, 1958; 『臺灣私法』 第1卷 上, 敍言.

31 小林英夫, 「後藤新平と滿鐵調査部」, 『近代日本と滿鐵』, 小林英夫編, 吉川弘文館, 2000.

32 「中國舊慣の調査について: 天海謙三郎氏を中心にした座談會」, 『東洋文化』

그래서 발간된 만주에 대한 조사보고서도 대만과 '이동(異同)'을 조사한 '대만보고서의 보유(補遺)' 정도로 평가되었다.[33]

만철의 구관토지제도에 관한 조사는 1913~1915년에 걸쳐 일반민지(一般民地)·몽지(蒙地)·황산(皇産)·내무부관장지(內務府官莊地) 등의 여러 지목에 대한 연혁적 조사 및 전권(典權)·압권(押權)·조권(租權)의 권리관계 조사로 진행되었고 그 결과가 간행되었다.[34] 만주의 전권은 대만의 전권, 일본의 질권에 유사하고, 압권은 대만의 태권, 일본의 저당권에 유사하며, 조권은 대만의 복경권, 일본의 영소작권에 유사한 것으로 정리되었다. 토지에 관한 권리로서 가장 중요한 업주권(業主權)은 조사되지 못했다.[35]

왜 업주권은 미루어지고 전권·압권·조권에 대한 조사가 먼저 진행되었을까? 그것은 만주에서는 일본이 통치권을 가지고 있지 않았기 때문이다. 일본인은 만주 지역에서 치외법권을 누리고 있었지만, 토지소유권을 확보하는 데에는 제한이 있었으며, 전·압·조의 권리를 행사하는 경우가 많았다. 그래서 만주국이 수립되기 이전에는 이 제도에 관심이 집중된 것이다. 특히 일본인은 조권(상조권)을 많이 확보했는데, 1915년 5월 중국에 대한 일본의 21개조 요구에 의해 이 권리를 인정받았고, 1931년 만주국이 건설된 이후 소유권으로 소급하여 인정받았다.

한편 요동반도의 관동주는 1905년 9월 러일강화조약 이후 조차지

25, 1958.

33 南滿洲鐵道株式會社 調查課 宮內季子, 『滿洲舊慣調查報告書』 後編 第1卷 典ノ慣習, 凡例, 1913.

34 『滿洲舊慣調查報告書』 全 9冊.

35 「中國舊慣の調查について: 天海謙三郎氏を中心にした座談會」, 『東洋文化』 25, 1958; 福島正夫, 앞의 논문, 1958년 3월.

로서 일본에 영유되었다. 이곳에 1906년 9월 관동도독부(關東都督府)가 설치되어 관동주 및 남만주 철도선로의 보호를 담당했다.[36]

관동주의 토지조사는 1914년부터 1924년까지 실시되었다. 토지조사사업을 실시하기 위해 만주의 토지구관에 대한 이해가 필요한 것은 당연했다. 만철 조사부 구관조사반원들은 관동도독부 민정부 임시토지조사부의 촉탁으로 되어 『관동주토지구관일반(關東州土地舊慣一斑)』을 편찬했다.[37] 이 책은 마치 대만에서 토지조사를 실시하면서 오카마쓰가 바로 집필한 『대만구관제도조사일반』을 연상시킨다. 그리고 만철뿐만 아니라 관동주 임시토지조사부에서도 구관조사를 별도로 실시했다.[38]

만철의 조사에 이어 관동주 당국에서도 토지조사를 위해서는 구관을 파악해야 한다는 논리가 대만에서와 마찬가지로 강조된다.[39] 관동주에서 토지구관을 특히 조사하지 않으면 안 되는 것은, 1908년 9월 칙령 제213호 '관동주재판사무취급령'에 의해 일본 민법이 관동주에 시행되지만 토지에 관한 권리는 종전의 관례에 따르고 그 권리의 등기도 당분간 하지 않는 것으로 규정되어 있었기 때문이다.[40] 따라서 토지조사에 의해 사정하게 되는 '토지소유자'는 일본 민법에 규정된 토지소유권자인 것은 아니고, 대만과 마찬가지로 토지의 업주권을 소유한 자로 해석되는데,[41] 이 업주권을 비롯한 토지에 대한 권리의 존재를 파악하지 않

---

36 日本外務省 條約局法規課, 『關東州租借地と南滿洲鐵道附屬地』, 1966 참조.

37 關東都督府 臨時土地調査部, 『關東州土地舊慣一斑』, 1915.

38 그 결과는 『關東州土地慣行』(關東都督府 臨時土地調査部, 1914), 『關東州土地舊慣提要』(關東都督府 臨時土地調査部, 1918)로 간행되었다.

39 『關東州土地舊慣提要』, 序.

40 關東廳 臨時土地調査部, 『關東州土地調査事業報告書』, '慣習調査'; 『關東州租借地と南滿洲鐵道附屬地』, 218-228쪽.

41 『關東州土地調査事業報告書』.

으면 안 되었던 것이다. 소유권으로 해석하게 된 업주권은 사용·수익·처분의 권리를 가지는, 일본 민법의 소유권과는 관습적으로 다른 권리이다. 사용·수익을 중심으로 한 경영적 개념을 지닌 것으로서 처분의 권리를 핵심적으로 포함하는 물주권(物主權)과는 구별되는데, 그럼에도 불구하고 관동주의 토지제도를 일본 민법에 가깝게 편성하려는 의도에서 소유권으로 취급했던 것이다.[42] 대만에서와 마찬가지로 소유권으로서의 업주권의 재탄생이다.

관동주의 토지에 대한 권리는 업주권(業主權)·전권(典權)·압권(押權)·조권(租權)으로 구별되었는데, 이것은 만주구관조사에서 확인된 것과 동일한 것이다. 만주구관조사는 주로 펑톈성(奉天省)을 중심으로 이루어졌고, 관동주는 펑톈성에 소속되어 있던 지역이었다.

대만 및 만주 지역은 중국 내에서나 식민지에서의 위상의 차이에도 불구하고 구관 토지제도의 양상은 유사하게 나타나고, 그것을 개편하기 위한 구관조사 및 토지조사의 방식도 일본 토지제도에 준거하여 통일되어 가는 양상을 보인다.

2) 한국

청일전쟁의 결과 일본은 대만을 식민지로 삼았지만, 사실 차지하려는 목표는 오히려 한국이었다. 일본의 한국에 대한 지속적 관심과 한국에서의 이익 확보를 위한 외교적·무력적 정책은 1904년 러일전쟁 이후 1906년 한국의 보호국화, 그리고 1910년 식민지화로 귀결되었다.

42 杉本吉五郎, 『關東州土地制度論』(부제: 關東州土地制度改正に際し慣習法の尊重を望むの論), 大連, 滿蒙文化協會, 1922, 23-26쪽.

일본이 한국에서 우위를 확보하는 데 따라 일본인의 한국 진출도 확대되었다. 일본은 1901년 자국민이 자유롭게 한국에 건너갈 수 있는 법적 조치를 취했다. 이후 일본인의 한국 진출이 급격히 증가하고, 한국에서 '토지소유권'을 획득하는 자들도 크게 늘었다. 여기서 두 가지 문제가 발생한다. 하나는 한국에서 토지에 대한 권리는 무엇인가, 사적 소유권이 존재하는가 하는 문제이고, 또 하나는 외국인의 토지소유는 금지되어 있었기 때문에 일본인의 토지소유는 불법이라는 문제였다.

일본이 한국을 보호국으로 만들어 실질적인 통치에 나설 때 일본인의 불법적인 토지소유를 어떻게 처리할 것인가 하는 문제가 당면과제로 부각되었다. 통감 이토(伊藤博文)는 일본인의 토지소유를 보장하기 위한 임시적인 토지법 및 나아가 민법을 비롯한 법제의 제정을 위해 1906년 6월 일본 민법 기초자의 한 사람이자 도쿄대학 법학교수인 우메(梅謙次郎)를 초빙했다.[43] 이토의 지시에 따라 우메는 부동산법조사회(不動産法調査會)를 조직하여 한국의 부동산에 관한 조사에 착수했고, 조사 결과 '토지소유권'은 확실하게 존재하는 것으로 파악되었다. 설문에 응한 지방관들이 이구동성으로 한국에는 일찍이 토지소유권이 존재했다고 증언했다. 평양관찰사는 "인민의 소유권은 개벽(開闢) 이래 인정된다"고 극단적으로 답하기도 했다.[44] 우메도 "나와 직원의 조사에 의거하면 한국에서는 소유권(所有權)을 인정하고 있다"고 분명하게 표현했

43 金正明編, 『日韓外交資料集成』 第6券 上, 巖南堂書店, 1964, 256-257쪽. 우메는 프랑스에서 법학을 공부하고 이토가 총재로 있던 법전조사회에서 일본 민법을 제정한 위원의 한 사람이었는데, 동시에 당시 일본 帝室制度調査局 총재인 이토를 도와 궁정제도 개혁을 담당하고 있던 중이었다. 그의 약력은 『人事興信錄』, 第2版 上, 1908, 人事興信所, 760쪽 참조.

44 不動産法調査會, 『韓國不動産ニ關スル調査記錄』, 1906년 8월, 24-25쪽.

다.[45] 우메가 생각하는 소유권이 일본 민법에 규정된 사용·수익·처분권으로서의 소유권을 의미하는 것은 물론이다. 그리고 우메는 한국에는 채권관계에서 비롯된, 저당권에 가까운 전당권(典當權)도 존재한다고 보았다.[46]

이처럼 한국에는 토지소유권이 확고하게 존재하고 있고, 전당의 제도도 존재하는 것으로 인정되었다. 이러한 토지구관에 대한 조사를 바탕으로 우메는 1906년 10월 16일 법률 제16호로 반포된 '토지건물의 매매·교환·양여·전당에 관한 법률'을 기초했는데, 여기에서는 한국의 토지소유권이 일본 민법에 비추어도 손색이 없는 사적 토지소유권으로서 인정되었다.[47]

그러나 이토는 우선 임시적으로 일본인의 토지거래의 안전을 위해 증명(證明)제도를 도입할 것을 지시했다. 즉 한국인이 문권(文券)을 위조하여 일본인에게 매매 또는 질입(質入)하는 폐단을 막기 위해 "매매·질입할 때는 이 문권을 군수에게 제출하여 그 정확 여부를 증명하는 것으로 하면 위조의 폐해를 예방할 수 있을 것"이라고 했다.[48] 그래서 우메가 기초한 법률 제16호는 시행해 보지도 못한 채 폐기되었고, 1906년 10월 26일 외국인의 토지소유권 및 전당권의 허용, 그리고 그 거래의 증명을 주 내용으로 하는 '토지가옥증명규칙'이 공포되었다. 토지가옥증명

45 梅謙次郎, 「韓國の法律制度に就て(上)」, 『東京經濟雜誌』 1512號, 經濟雜誌社, 1909년 10월 16일, 701쪽.

46 梅謙次郎, 위의 글(상), 7쪽; 『韓國不動産ニ關スル調査記錄』.

47 최원규, 「대한제국과 일제의 토지권법 제정과정과 그 지향」, 『동방학지』 94, 연세대학교 국학연구원, 1996 참조.

48 『日韓外交資料集成』 第6巻 上, 1906年 7月 23日 '韓國施政改善ニ關スル協議會 第9回', 298-299쪽.

규칙은 소유권과 전당권 두 가지에 한정해 그 계약의 내용을 조사한 뒤 증명을 해주는 제도이다. 계약서에 하층 지방관리인 동장의 인증을 거친 후 군수가 증명함으로써 거래의 완전한 증거로 삼았다.[49] 이것은 등기제도가 성립되기 전인 메이지 초기 일본의 지방관리가 토지거래를 증명해 주던 제도를 연상시킨다.

그런데 토지가옥증명규칙 이전에 일본인이 획득한 토지의 소유권을 어떻게 할 것인가도 일제 통감부 당국의 입장에서는 매우 중요한 문제였다. 해외 일본인의 재산권에 관한 문제였다. 이 문제를 해결하기 위해 통감부는 1908년 7월 '토지가옥소유권증명규칙'을 제정했다. 2개월 이상 공시하여 이의가 없을 때 공시자의 소유권을 인정하는 제도였다.

토지가옥증명규칙, 토지가옥소유권증명규칙에 의해 일본인의 부동산 소유권과 전당권이 합법화되었다. 한국에서의 구관조사는 이와 같이 일본인 토지소유의 합법화와 그 거래의 안전을 위한 법제의 마련에 봉사했다. 이렇게 하여 부동산의 소유권과 전당권에 대한 증명제도는 완성되었지만, 그러나 그것이 제3자 대항권을 갖거나 국가로부터 재산권을 보장받은 것은 아니었다. 그것은 헌법과 민법의 제정을 통해 비로소 가능한 일이었다.

1907년 고종을 폐위시키고 일본이 내정에 직접 관여하기 시작하면서 법제의 제정은 더욱 시급하게 되었다. 우메는 1908년 1월부터 법전조사국(法典調査局)을 중심으로 민법, 민사소송법을 기초하고자 했다.[50] 이를 위해 민사관습의 조사가 시급했고, 그래서 206개의 조사항목을 정

49 早川保次, 『朝鮮不動産登記の沿革』, 大成印刷社出版部, 1921, 15-16쪽.

50 梅謙次郎, 「韓國の法律制度に就て(下)」, 『東京經濟雜誌』 1514號, 1909년 10월 30일, 9쪽.

해 1908년 5월부터 민사관습 조사에 착수했다. 조사는 주로 일본 민법과의 '이동(異同)'을 조사하는 방식으로 진행되었다. 1910년 말 조사를 종료하여 민법의 기초에 착수할 예정이었는데, 1910년 일본의 한국병합으로 중지되고 말았다. 법전조사국의 조사는 1910년 9월 법전조사국이 폐지될 때에는 거의 완성되어 『관습조사보고서(慣習調査報告書)』(1910년 12월)로 편찬 보고되었다.[51]

『관습조사보고서』는 토지에 관한 권리의 종류로서 소유권·차지권·지역권·입회권·선취특권·전당권을 들고 있다. 일본 민법에 규정된 토지에 대한 권리를 그대로 인용하여 조사한 것이다. 소유권에 대해서는 "종전에 있어서는 소유권이라는 말을 사용하지 않아도 토지를 소유하는 것은 일찍이 인정되어 소유자는 법령 또는 관습으로 말미암은 제한의 범위 내에서 그 토지를 사용·수익하고 또 처분할 수 있다. 또 그 위에 권리를 설정하거나 그 토지를 양도할 수 있다"라고 평가했다.[52]

『관습조사보고서』는 한국에는 토지를 사용·수익·처분할 수 있는 소유권이 확실하게 성립되어 있음을 인정하고 있다. 문제는 그 법적 확인이었다. 토지가옥증명규칙 등은 거래사실의 증명일 뿐이고, 토지소유권을 비롯한 물권의 성격을 법적으로 확인해 주는 것은 아니었다. 우메는 관습조사에 기초하여 독자적 법전 제정의 필요성을 인정하고 한국에서 독자적인 민법을 제정하려고 했다.[53] 그가 민법조사에서 기준으로

51 이후 조선총독부 取調局에서는 추가 조사를 실시하여 1912년 3월 『慣習調査報告書』를 조선총독에게 보고했다. 이 『관습조사보고서』는 조선 각지의 관습과 신구법령을 참조하여 편찬한 것이다. 朝鮮總督府 中樞院, 『朝鮮舊慣制度調査事業概要』, 1938, 17-19쪽; 이승일, 앞의 논문, 2009 참조.

52 『慣習調査報告書』(1912), 第1篇 民法, 第2章 物權, 第22 土地ニ關スル權利ノ種類如何, 62-64쪽.

삼은 것은 단연코 일본 민법이었음에도 불구하고 한국에 독자적인 민법전을 제정하려 했던 것이다. 그러나 우메는 1910년 8월 25일 서울에서 사망하여 민법 제정의 시도가 중단되었기 때문에,[54] 그 민법전의 내용이 어떻게 일본과 다르며, 특히 토지관행에 대하여 어떤 규정을 마련했는지, 대만과 같이 구관을 인정했을 것인지, 토지소유권이 확고하게 존재하므로 일본 민법을 적용했을 것인지는 단정하기 어렵다.

그런데 당시 한국에서 독자적인 민법을 제정하려는 시도를 비판하고 일본 민법의 적용을 촉구한 사람도 있었다.[55] 그래서 당시 한국에서 민법을 새로 제정할 것인지, 일본 민법을 적용할 것인지의 전망은 대립되고 있었다.[56] 그러나 한국을 병합한 이후에는 새로 민법을 제정하지 않고 일본 민법을 한국에 적용하는 방향으로 나아갔다.

1912년 조선민사령(朝鮮民事令)이 반포되어 조선에서 민사의 거래는 일본 민법을 준용하는 것으로 되었다. 조선민사령은 기본적으로 일본의 민법·상법·민사소송법 등을 식민지 조선에 그대로 '인용(引用)'하는 것으로 했다. 일본의 민법이 조선에 그대로 적용된 것이다. 따라서 『관습조사보고서』를 비롯한 구관제도는 무시되었다. 어쩌면 조선의 구관이 사실상 일본 민법의 규정에서 크게 벗어나지 않으므로, 또 통감부 이래로 일본 민법을 참조한 법률 제정의 과정을 밟아왔으므로, 구관제도를 무시하고 일본 민법과 동일한 단계로 나아가도 무방한 법적 현실

53 梅謙次郎, 앞의 글(하), 10쪽; 李英美, 『韓國司法制度ト梅謙次郎』, 法政大學出版局, 2005(김혜정 옮김, 『한국사법제도와 우메 겐지로』, 일조각, 2011) 참조.

54 鄭鍾休(Jeong Jong-Hyu), 『韓國民法典の比較法的研究』, 創文社, 1989, 42-43쪽.

55 某君談, 「朝鮮の法典調査」, 『東京經濟雜誌』 1346號, 1906년 7월 21일, 14-15쪽.

56 정종휴, 앞의 책, 1989, 90-91쪽.

에 놓여 있었다고 볼 수도 있다.

조선민사령이 일본 민법을 인용함으로써 토지소유권 개념은 일본 민법의 개념에 기초하는 것으로 되었다. 토지조사사업에 의해 법인받은 토지소유권은, 사실상 이전의 사적 토지소유를 거의 그대로 인정했다 하더라도 법적인 측면에서 볼 때에는 일본 민법에 규정된 소유권의 개념에 의해 유일한 배타적 소유권으로 확정되었다고 보아야 한다. 사정(査定)에 의해 확정된 소유권은 행정처분이면서도 법률과 판결로서도 부정할 수 없는 절대성을 부여받았다. 사정 전의 소유권과 완전히 단절되어 근대법적 소유권이 '창설(創設)'된 것이다.[57] 사정에서 확정된 소유권은 이전의 소유권과는 단절된 소위 '원시취득'으로[58] 되었다. 토지조사사업의 결과 한국의 전 토지는 일본 민법 체계 안에서 일지일주(一地一主)의 배타적 소유권을 인정받게 된 것이다. 부동산에 관한 물권의 득상(得喪)·변경(變更)도 일본의 부동산등기법을 인용한 등기제도에 의하여 보장되었다. 일본의 등기제도가 조선에 그대로 적용됨으로써 일본인 지주와 자본가의 토지투자는 일층 편리하게 되고, 자본주의적 상품화폐경제에 적합한 토지상품화가 활성화되었다.

4. 구관 존중의 역설: '문명적 학정'

식민지의 근대법적 토지제도는 번안된 서구로서의 일본적 근대가 이식된 것이기 때문에 제도상에 공통점이 많다. 초기에는 식민지의 구관을

57 淺見倫太郎, 『朝鮮法制史稿』, 巖松堂書店, 1922, 396-398쪽.

58 早川保次, 앞의 책, 1921, 56쪽.

인정하다가 점차 파괴하여 제도적 일치화의 방향으로 나아가는 특징이 나타난다. 또한 식민지에서 일본인의 권리를 최우선적으로 보장한 반면, 식민지 주민에게 정치적 권리를 허용하지 않은 점도 두드러진다. 다시 말하면 토지제도상에서는 획일적인 경향을 띠는데, 그 획일성과 인간이 결합될 때에는 그 인간이 제국의 인민인지 식민지의 인민인지에 따라 차별성이 드러난다.

이 장에서는 일본제국의 국민이 식민지에서 우대를 받았다는 점은 덮어두고, 구관의 존중에서부터 어떻게 하여 구관이 탈색되고 파괴되는 데로 이르렀을까 하는 점을 살펴보고자 한다. 구관은 유지해야 할 것인가, 폐지해야 할 것인가? 구관의 온존과 철폐의 논리는 무엇인가?

메이지유신 이후 일본은 서구, 특히 프랑스와 독일의 영향하에 헌법과 민법 등을 제정하여 근대국가의 면모를 갖추었다. 이를 바탕으로 서구 열강과의 사이에 체결되어 있는 불평등 조약의 개정을 꾀했다. 1894년 청일전쟁은 일본이 열강과 대등한 국제관계를 형성할 수 있는 국가적 위신을 마련했음을 내외에 과시한 사건이었다. 청일전쟁의 결과 일본은 대만을 식민지로 영유하게 되었다. 아직 불평등 조약은 개정되지 않았지만 비로소 제국주의 열강의 대열에 합류하여 식민지를 경영하게 되었고, 대만 통치는 과연 일본은 식민지를 경영할 수 있는 능력이 있는지를 가늠하는 시금석이 되었다.

대만 통치방식에 대한 논의는 대만을 프랑스식의 동화주의로 통치할 것인가, 영국식의 식민지주의로 통치할 것인가 두 가지로 대립되었다.[59] 구관 문제와 관련하여 살펴볼 때, 당시의 대만 당국자는 이 문제를

59 대만 통치의 방식을 둘러싸고 동화주의는 原敬, 식민지주의는 後藤新平로 대표되어 대만 통치 초기부터 1920년대에 이르기까지 상호 정치적으로 대립되었

다음과 같이 정리했다.

> 첫째, 대만도민(臺灣島民)에 대해 일본제국의 법률을 강행하고 또 도민의 습관풍속을 파괴함으로써 전적으로 일본화(日本化)하는 방향
>
> 둘째, 대만도민의 습관풍속을 자연적인 개량에 방임하고 정부는 그것에 간섭하지 않고 법률도 도민의 상황에 따라 설정하는 방향[60]

일본제국의 법과 제도가 식민지와 어떻게 다른가 하는 문제가 식민지통치에서 중요한 문제로 부각되며, 그 처리방식이 구관 문제의 핵심이다. 첫째는 동화주의, 둘째는 식민지주의라고 할 만하다.

대만총독부 민정장관 고토는 대만을 메이지유신 이전의 일본 상황에 빗대어, 메이지유신의 법제를 그대로 이식하여 일본화해야 한다는 동화주의의 입장을 경솔한 것이라고 비판했다.[61] 대만은 독자적인 제도와 관행을 지닌 상당히 발달한 사회이기 때문에, 우선적으로 구관을 조사하여 그 결과를 보아 일본의 법률을 적용할지 여부를 결정해야 한다고 주장했다. 그의 이러한 주장은 '정치의 생물학적 원칙'이라고 해석된다.[62] 일본이 성공했기 때문에 그 제도를 모방하여 대만에 그대로 적용해야 한다는 주장은 '법률적 두뇌'에서 나오는 것이고, '생물학적 두뇌'

다. 春山明哲, 앞의 논문, 1993 참조

60 梅陰子, 「臺灣舊慣調査事業沿革資料」, 『臺灣慣習記事』 第4卷 1號, 臺灣慣習硏究會, 1904년 1월, 55쪽.

61 『東京日日新聞』 '臺灣經營上舊慣制度の調査を必要とする意見', 1901年 1月 1日 8771號, 1月 6日 8773號(『臺灣慣習記事』 第1卷 5·6號, 1901年 5·6月, 東京, 東亞硏究所, 1940, Reprint).

62 鶴見祐輔, 『後藤新平』 第2卷, 勁草書房, 1965, 393쪽.

로는 인정과 풍속이 다른, 식민지의 옛 관습·제도 등을 연구하여 거기에 가장 적합한 법률을 정해야 한다는 것이다. 그래서 그는 '도미의 눈과 가자미의 눈' 비유를 즐겨 사용한다. 도미의 눈은 머리 양쪽에 있는데 반해, 가자미의 눈은 한쪽에 몰려 있다. 가자미의 눈이 보기 우습다고 양쪽으로 나누어 붙일 수는 없다. 한쪽에 두 눈이 붙어 있는 것은 생물학상의 필요에서 나온 것이고, 이와 마찬가지로 사회의 습관이나 제도도 모두 오랫동안 필요에서 생긴 것으로서 상당한 이유가 있는 것이며 그것을 알지 않으면 안 된다는 것이다.[63] 여기서 그 사회의 구관을 조사 연구하여 그에 적합한 법제를 실현해야 한다는 논리가 나오게 된다.

고토가 대만 통치를 식민지주의로 방향을 잡은 이유는 대만이 일본과는 현격하게 다른 관행을 지닌 사회라고 인식했기 때문이다. 대만의 주민이 원주민뿐만 아니라 청국 남부의 푸젠성 및 광둥성 출신으로 구성됨으로써 생기는 종족과 언어와 출신지의 차이가 심각하며, 대만으로의 이주 시기 및 이주 동기의 차이로 관습이 달라지고, 또 청국 지배를 받은 200여 년간 대만 역사와 문화 속에서 독자적인 관습이 형성 발달되었다는 점에 주목했다.[64] 그중 토지구관 문제에 대해 그는 다음과 같이 말한다.

> 명치(明治) 31년 7월 율령 제14호로써 대만토지조사규칙을 발포하여 토지조사에 종사한바, 그간 이례이습(異例異習)이 존재하고 있어서 당국자는 그 취급에 관해 여러 가지 곤란에 조우했다. 그중 토지에 관한 권

63 鶴見祐輔, 위의 책, 1965, 398-399쪽.

64 『臺灣舊慣制度調査一斑』, 1901, 序文; 大園市藏, 앞의 책, 1935, 89-90쪽; 『臺灣私法』 第1卷 上, 1910, 敍言; 石阪莊作編, 『臺嶋踏査實記』(增訂再版), 臺灣日日新報社, 1904, 63쪽 참조.

> 리 의무 및 친족관계에서 생기는 권리의 득상(得喪) 등에 대해서는 도저히 그것을 일본 법률 및 구미 제법(諸法)에 준거하여 판단할 수 없는 사실임으로써, 토지조사국에서는 특히 구관조사라는 것을 두어 토지의 조사에 앞서 미리 토지에 관한 지방적 관습을 조사하게 하고, 그런 후 실지조사(實地調査)를 할 방침을 취했다.[65]

대만의 토지제도가 일본과는 아주 상이하다는 것이다. 대만에 일본 본토의 법제를 그대로 실시하기는 어렵다고 판단했다. 구관조사를 실시하고 그에 바탕을 둔 법제의 실현을 꾀하지 않을 수 없다고 본 것이다.

그러나 구관에 바탕을 둔 법제의 제정은 기본적으로 식민지를 일본 내지와 구별하는, 나아가 차별하는 정책이기도 하다. 식민지를 일본과 구별하는 차별은 물리적인 강압과 규율로 나타날 것이다. 따라서 구관존중의 자세라는 것도 어디까지나 지배의 엄격한 규율을 전제로 하여 나온 것으로 되지 않을 수 없다.

남만주철도주식회사 총재가 된 고토는 대만에서와 마찬가지로 만주에서도 구관조사의 필요성을 강조한다. 대만구관조사의 팀을 거의 그대로 만주로 옮겨간 것은 앞서 말한 바와 같다. 그는 만주 경영과 관련하여 '문장적(文裝的) 무비론(武備論)'이라는 개념을 제시한다. "문장적 무비란, 한마디로 말하면 문사적(文事的) 시설을 가지고 타일(他日)의 침략에 대비하고, 일단 유사시가 되면 무단적 행동을 조장하는 편익을 아울러 강구하여 두는 일"이라고 규정했다.[66] 연구소, 병원, 철도, 항만, 교

65 鶴見祐輔, 앞의 책, 1965, 394-395쪽에서 재인용, '臺灣經營上舊慣制度調査に關する意見'.

66 中村哲 解題, 『後藤新平, 日本植民政策一斑·日本膨脹論』, 日本評論社, 1944, 78쪽

육 등의 인도적 시설을 유사시 군사적으로 활용할 수 있도록 계획 설비하여 둘 것을 강조한 전략이다. 그것은 '학술적·경제적 관계의 침략주의'라고도 할 수 있는 개념이다.[67] 구관조사는 그 문사적 시설의 대표적인 것으로 인식되었다. 그러므로 고토의 구관조사 의도는 침략적 의도, 일본제국의 팽창을 목표로 하는 전략적 의미를 지니고 있었던 것이다. 만철 조사부를 중심으로 한 구관조사는 만주의 경영 및 침략과 밀접한 관련을 지니고, 후에 만주국 성립과 운영에 크게 기여하는 것으로 된다.

고토는 도미와 가자미의 비유에서 구관조사를 하지 않고 "미개국에 문명국의 문화와 제도를 실시하려고 하는 것은 문명의 역공(逆攻)"이라고 구관조사의 필요성을 강조했지만, 거기에는 대만을 미개국으로 보고 일본 문명국과의 격차가 존재하며 일본의 제도와 법률을 그대로 적용하는 것을 거부하는 의식이 자리 잡고 있다. 그것을 '문명의 역공'이라고 표현한 것이다.[68] 그는 식민지의 통치에 있어서는 식민지의 "주민이 이해할 수 없는 형식으로써 압박하여 그들의 습관, 풍속에 반(反)하는 내지의 제도를 그대로 적용하는" 개념으로서의, '문명적(文明的) 학정(虐政)'에 빠지지 않도록 해야 한다고 주장했다.[69] '문명의 역공', '문명적 학정'을 피할 수 있는 방법이 구관조사라고 그는 보았다.

그러나 가자미의 눈을 어떻게 도미의 눈과 같이 바꿀 것인가, 구관조사를 하면 그것을 바꿀 수 있는가, 그가 수용한 다윈의 진화론에 의해[70] 문명의 역공, 문명적 학정을 피하고 가자미의 눈을 도미의 눈으로 바꿀 수 있는가? 거기에 그의 논리의 모순이 있다. 가자미의 눈을 도미의 눈

67 中村哲 解題, 위의 책, 1944, 129쪽.

68 鶴見祐輔, 앞의 책, 1965, 399쪽.

69 立石駒吉編, 『後藤新平論集』, 東京堂, 1911, '臺灣の統治'(1905年 10月), 165쪽.

70 中村哲 解題, 앞의 책, 1944, 8-10쪽.

으로 바꾸기 위해서는 오히려 문명의 역공, 문명적 학정이 요구된다. 가자미의 눈이 도미의 눈으로 진화할 수는 없기 때문이다.

고토의 구관존중의 태도는 오히려 문명적 학정을 통해 구관을 파괴하려는 것이었다. 그의 구관존중 방침은 사실상 구관을 깨뜨리는 순서를 정하는 방법을 찾기 위한 것과 다르지 않았다. 그는 다음과 같이 말한다.

> 이와 같이 개량의 길도 유일한 일로는 가지 않는다. 여러 개의 요소가 모두 조화를 이루어 가지 않으면 안 되지만, 아울러 일시적으로 그것을 할 수는 없다. 때문에 미리 여러 관계를 살피고 종래의 관습을 깨뜨리는 순서를 정하고 서서히 가지 않으면 안 된다. 거기에는 종래의 관습이 분명하게 되지 않으면 그 사이의 순서를 정하는 것에 미쳐 유책(遺策) 없음을 보장하지 못한다.[71]

구관존중이라는 것도 궁극적으로는 점진적인 방법에 의해 동화를 추구하는 것이므로 그것은 곧 구관을 파괴하는 것과 다름없다는 것이다. 고토는 식민지주의를 취하면서도 궁극적으로는 동화를 추구했다. 다만 동화주의와는 그 방법에 차이가 있었을 뿐이다.

구관무시는 '급진적 동화주의', 구관존중은 '점진적 동화주의'라고 할 수 있다. 토지 문제에 관한 한 일제는, 조선에서는 급진적 동화주의의 방향, 중국 전통의 기반을 지닌 대만 및 만주 지역에서는 점진적 동화주의의 방향을 취했다. 대만은 수십 년간 구관존중에 기반을 둔 점진적 동화주의의 성과를 토대로, 급진적 동화주의를 추구한 하라(原敬)가

71 『東京日日新聞』, '臺灣經營上舊慣制度の調査を必要とする意見'.

일본제국의 수상이 되었을 때, '내지(內地)의 연장(延長)'으로 되어 1923년부터 일본의 민법·상법 등이 대만에 그대로 시행되는 데 이르렀다. 결국 대만에서는 식민지주의의 훈련을 거쳐 동화주의로 돌아간 것이라고 평가할 수 있다. 식민지주의의 동화주의로의 전환이라기보다는 일본 식민정책상의 식민지주의는 사실상 '점진적 동화주의'에 불과한 것이었다.[72]

일본제국이 식민지배 방침으로서 동화주의를 취한 것은 일본제국주의의 경제체제가 일본 본토만을 가지고 성립되기 어려운 취약점을 안고 있기 때문이다. 일본이 제국으로 성장하기 위해서는 그러한 약점을 보완하지 않으면 안 되는데, 그 역할이 바로 식민지에 주어졌던 것이다. 일본이 식민지와 밀접한 경제적 연관성 위에 구축되지 않으면 안 되었다. 식민지를 제국의 판도 안에 포섭하기 위한 정책으로 가장 적합한 것이 동화정책이었다.

일본제국의 식민통치 방침이 동화정책이라 하더라도 일본 본토와 식민지가 완전히 일치할 수는 없었다. 역사적·문화적 체제를 달리하여 왔기 때문에 완전한 동화에는 많은 시간이 필요했다. 일본은 이러한 조건 때문에 동화정책을 추구하면서도 단계적으로 차별적인 체제의 존재를 용인할 수밖에 없었다. 거기에 구관이 기반을 두고 있다. 식민지의 주민이 일본에 완전히 동화되고 그 민족성이 탈색될 때까지 구관에 기반을 둔 차별체제는 불가피하다고 본 것이다.

72 당시의 신문기사를 보면, '문명적 학정'을 피하고 대신 구관을 존중하도록 요구하면서 그것이 "과도시대에 있어서 동화정책의 지주"라고 지적하고 있는데(『臺灣慣習記事』 第5卷 1號, 1905년 1월, 86-87쪽), 구관존중을 과도적 동화정책이라고 본 것이다.

5. 맺음말

식민지 통치의 대상은 크게 보면 인간과 토지이다. 인간을 어떻게 다룰 것인가, 토지를 어떻게 확보할 것인가가 중요한 문제이다. 인간은 사유를 하며 그 결과를 서로 공유하고 거기서 문화와 역사를 가지게 되기 때문에 식민지 주민의 생각을 식민통치에 굴종하도록 바꾸는 데는 많은 시간이 필요하며, 마음이 조급한 식민통치자들은 성급하게 탄압정책에 이끌리게 마련이다. 거기서 저항이 일어나고 식민통치는 곤란에 직면하게 된다. 반면 토지는 고정불변하며 이용의 대상으로서 존재한다. 생각하는 주체가 되지 못하며 대상으로 존재할 뿐이다. 그러나 고정불변한 토지에 생기를 불어넣는 것은 인간이다. 토지와 인간의 결합에 의해 그 관계는 역동성을 지니게 된다.

중세에는 인간(노동)과 토지의 결합이 사회체제의 바탕이 되었지만, 근대에 이르러 특히 토지조사사업에 의해 인간과 토지의 결합은 해체된다. 토지의 상품화에 의해 그것은 더욱 촉진되며, 그러한 자본주의적 분리와 동시에 식민지적 분리가 실현된다. 그리고 토지에 대한 착취는 더욱 가속화된다. 인간에 대해서는 동화와 차별 또는 배제의 선택지가 존재하지만, 토지에 대해서는 그럴 필요가 없다. 인간과 토지의 결합의 해체로서 충분하며 그 해체의 방법은 토지조사였다.

일본제국의 경우 식민지의 토지제도는 일본 내지의 그것과 유사할수록 식민지 통치에 유리하다고 판단했다. 일본인의 토지소유 확보와 일본 자본주의 발전에 유리하고, 식민지 정책의 수행 및 제국의 형성에 유리했다. 그러므로 전반적으로 토지조사는 식민지의 역사적 조건이 고려되면서도, 식민지의 관습이 존중되면서도, 제국의 것을 적용하는, 식민지마다 동질적인 제도와 법을 적용하는 방향을 취했던 것이다.

구관의 의미는 일본에서, 식민지 대만과 만주에서, 그리고 한국에서 각각 달랐다. 일본에서는 계승되어야 할 근대의 토대로서, 대만에서는 점진적 동화를 위해, 만주에서는 토지매입 또는 일본인의 토지에 대한 권리의 확보를 위해, 한국의 경우 보호국 단계에서는 일본인의 토지 확보, 병합으로 가면서는 일본과 동일한 법제의 시행을 위해 조사·검토되었다. 달리 말하면 궁극적으로는 번안된 서구로서의 일본의 토지제도와, 동질적인 법제를 마련하기 위해 대만 및 만주에서는 식민지주의의 방향에서, 조선에서는 동화주의의 방향에서 구관토지제도가 조사·처리되었다. 일본제국의 식민통치에 있어서는 사실 식민지주의와 동화주의는 동전의 양면이며 동일한 귀결의 양상을 보인다. 궁극적으로는 동화주의를 지향하면서 그 방법적인 측면에서 구관조사와 그에 입각한 법제의 단계를 지나 점진적으로 일본제국의 법제를 실현해 나가는 방향이 바로 식민지주의이고, 그것은 곧 점진적 동화주의인 셈이다.

제11장

일본제국의 식민지 토지조사 비교

1. 머리말

토지제도는 호구제도와 함께 국가통치의 근간을 형성한다. 근대 국민국가의 성립과 같은 국가형태의 전환 과정에 있어서는 토지와 인민의 장악 여하가 통치의 성패를 좌우한다. 제국주의의 식민지 통치에 있어서도 마찬가지다.

이 장은 일본제국의 식민지 토지조사사업, 즉 일본이 식민지를 포함하는 제국의 수립 과정에서 어떻게 토지를 확보하고 파악하며 활용하려 했는가 하는 문제에 대한 연구성과를 점검하고 문제점을 포착하여 연구의 방향을 모색해 보는 데 목적이 있다.

일본은 근대국가로 성장하면서 본토에서 토지개혁을 실시한 것은 물론이고, 이후 제국의 형성과 팽창 과정에서 확보한 식민지에서도 대부분 토지조사 및 토지개혁을 단행했다. 일본 및 식민지에 실시된 토지조사사업을 연구하는 데 문제가 되는 것은, 일본 본토에서 시행한 토지개혁 및 조사와 식민지의 그것 사이에 어떠한 공통점과 차이점이 존재하는가, 근대국가의 내적 발전 과정에서 필연화된 근대적 토지개혁 및 조사와, 이민족의 땅 식민지를 지배하기 위해 추진한 토지조사 사이에 어떤 관련성과 차별성이 존재하는가, 그것은 본질적으로 식민통치의 성격을 어떻게 반영하는가 하는 점이라고 생각한다. 비교사적 연구의 진전을 위한 전제로서 이 장에서는 먼저 그동안의 연구성과를 점검하고자 한다.

비교의 준거는 '일본의 토지개혁'이 될 것이다. 일본은 메이지유신(明治維新) 이후 중앙집권체제를 구축하면서 그 물질적 기초로서 토지개혁을 추진하는데, 일제는 그것을 식민지에서 어떻게 구현하려 했는지 일본의 그것과 비교하지 않으면 안 될 것이다. 그래서 일본의 토지개혁에 대한 연구사적 정리가 우선될 필요가 있다. 오키나와(沖繩)는 '내국식민지(內國植民地)'로서 점차 일본의 완전한 영토로 변해 가므로 일본본토와 함께 살피는 것이 좋을 것이다. 대만(臺灣)·관동주(關東州)·만주국(滿洲國)은 청국의 제도와 법률이 실현되었던 지역으로서 토지제도에 있어서도 상당한 공통성이 엿보이므로 함께 묶어서 보기로 한다. 반면 한국은 일본·중국과는 다른 독자적인 토지제도를 지니고 있었을 뿐 아니라 보호국 단계를 거쳐 식민지가 된 특징을 보이고 있어 별도로 검토한다. 기타 홋카이도(北海道)는 개척을 위해 토지정리를 한 뒤 일본 본토의 토지제도를 순차적으로 적용했기 때문에 비교검토의 대상에서 제외하고, 남양군도(南陽群島)에서는 1924~1932년 관유지를 조사했지만 이들 지역에는 원주민이 적거나 미개척지가 많기 때문에 논의에서 제외한다.[1]

1 이 장은 「일본제국의 식민지 토지조사사업에 대한 비교사적 검토」, 『역사와 현실』 50, 2003을 수정 보완한 것인데, 최근의 연구성과를 수용하고자 노력했지만 충실하게 증보하지는 못했다. 그렇지만 연구사의 기본적인 골격을 이해하는 데는 어려움이 없을 것으로 생각한다

2. 일본 및 오키나와

1) 일본

일본은 메이지유신 이후 토지개혁을 단행하여 근대국가의 물질적 기초를 확보했다. 지조개정(地租改正)을 비롯한 토지에 대한 일련의 개혁은 1898년 7월 민법 시행에 의해 완결되었다.

일본의 토지개혁은 몇 가지 계열로 구성되어 있다. 첫째, 근대적 토지소유권의 수립과 등기제도의 시행 과정, 둘째, 지조개정에 의한 세법의 개정, 셋째, 토지측량과 대장의 작성이 그것이다. 식민지에서는 이 세 가지 과정이 동시적으로 수행되었기 때문에 일본의 경우도 세법개정을 핵심으로 한 지조개정만을 가지고 토지개혁을 말할 수는 없고, 이 세 가지 측면의 일련의 과정을 포괄하여 이해해야 할 것이다.[2] 일본의 토지개혁에 대한 연구성과는 워낙 방대하여 이를 소화하기는 매우 어렵다. 그래서 연구성과에 기초하여 세 가지 계열의 토지개혁이 진행된 과정을 간략히 소개하고, 식민지와 비교하여 어떤 특징이 있는지 주목하는 데 그치기로 한다.

첫째, 근대적 토지소유권의 확립은 1868년 메이지유신 이래 1898년 민법의 제정에 이르는 30여 년간의 법제정 과정에 의해 완료된다.[3]

---

2 일본의 토지개혁에 대해서는 지조개정, 지적조사, 토지정리사업 등의 용어가 사용되고, 토지조사사업이라는 용어는 사용되고 있지 않다. 오키나와와 만주국에서는 '지적정리사업', 대만·한국·관동주에서는 '토지조사사업'이라는 용어가 사용되고 있다.

3 宮川澄, 『日本における近代的所有権の形成』, 御茶の水書房, 1978; 福島正夫, 『福島正夫著作集』 第3巻 土地制度, 第4巻 民法(土地·登記), 勁草書房,

메이지유신 이후 경작의 자유, 토지매매의 자유가 허용되고 지조개정에 의해 지권(地券)이 발급되었다. 지권에는 지가(地價)·지조(地租)·지주(持主)를 기재했다. 지권(地券)을 가진 자, 지주(持主)가 곧 토지소유자로 되었다. 지권을 가진 자는 이전에는 공조(貢租)를 부담하던 자이고, 지조개정에 의해 역시 지세를 부담하게 된 자인데, 이들에게 토지의 소유권을 인정한 것이다. 지권의 뒷면에는 "일본인민으로 이 권장(券狀)을 가진 자는 그 토지를 적의(適意)로 소유(所有)하거나, 토지를 소유할 수 있는 권리가 있는 자에게 매매(賣買)·양도(讓渡)·질입(質入)·서입(書入)할 수 있다"라고 쓰여 있어서, 지권을 가진 자에게 사용·수익·처분의 권리를 내용으로 하는 근대적 토지소유권이 인정된 것을 알 수 있다. 사용·수익·처분의 권리를 내용으로 하는 근대적 토지소유권은 로마법에 기원을 두는 프랑스 민법의 소유권 개념을 수용한 것이다. 이 개념을 기초로 하는 한편 일본의 구관과 독일의 민법을 참조하여 일본은 1898년 7월 새로운 민법을 제정했다. 1890년과 1898년의 민법에는 공히 소유권은 자유로이 그 소유물을 사용·수익·처분할 수 있는 권리로 규정되어 있고, 다만 공익을 위해 법령에 의한 제한은 가능하도록 되었다. 그리고 이러한 소유권은 1886년의 등기법과 1899년의 부동산등기법에 의해 등기하도록 되었고, 이 외 민법상의 권리도 등기를 통해 제3자에게 효력을 발할 수 있는 것으로 되었다.

둘째, 지조개정은 막부(幕府)체제에서 중앙집권적인 통일국가의 형태로 전환된 메이지 정부의 일본이 근대국가로 발돋움하는 데 있어서 필요한 재정의 안정적 확보를 위한 조치였다.[4] 조세수취는 재정의 압도

1993; 北條浩, 『地券制度と地租改正』, 御茶の水書房, 1997 참조.

4 福島正夫, 『地租改正の研究』, 有斐閣, 1962·1970; 林健久, 『日本における租

적인 부분을 차지했으므로 구공조(舊貢租) 수준으로라도 일단 이를 안정적으로 확보하는 것이 시급했다. 그래서 지조개정을 단행하여 전국에 일률적으로 지권에 기재된 지가에 대해 3%의 금납지조를 걷었다. 그렇지만 지역적 편차 때문에 불만을 품게 된 농민들의 반발로 말미암아 지조를 2.5%로 하향하는 조치를 하지 않을 수 없었다. 일본의 지조개정은 근대국가의 재정적 기반을 확립하는 것이 일차적 목적이었고, 그것은 납세자 농민의 입장을 충분히 고려한 타협적인 것이었다.

셋째, 토지측량과 대장 작성의 과정이다.[5] 1872년 7월 모든 토지에 대해 지권을 교부할 때에는 토지측량을 하지 않고 지주(持主)가 옛 검지장(檢地帳)이나 명기장(名寄帳)을 참고하여 토지의 면적과 지가를 신고하도록 했고, 검지장 등의 면적보다 적은 신고를 한 경우에만 실측검사를 하도록 했다. 이러한 신고를 바탕으로 새로운 지적도를 작성했다. 그러나 소유자의 신고가 부정확하고 옛 검지장과 일치하지 않은 경우가 많았다. 지조개정을 위해서는 필지를 분명하게 할 지압(地押)조사와 면적을 정확하게 할 장량(丈量), 즉 측량이 요구되었다. 그래서 촌마다 일련번호를 주어 필지를 부과하고 당시의 기술 수준에 맞게 토지측량도 실시했다. 그러나 정부에서 직접 통일적으로 지압측량을 하지 않고 지주나 농민대표들이 스스로 측량하여 신고했으므로 측량이 부정확한 곳이 많을 뿐 아니라, 실제로 측량되지 않은 곳도 많았다. 또한 지역마다 단위가 일치하지 않은 문제도 있었고, 검사도 한 촌에서 3, 4필지만을 표본으로 했기 때문에 토지조사의 성과를 충분히 올릴 수는 없었다.[6] 이

稅國家の成立』, 東京大學出版會, 1965; 김용덕, 『明治維新의 土地稅制改革』, 일조각, 1989.

5 塚田利和, 『地租改正と地積調査の研究』, 御茶の水書房, 1986; 佐藤甚次郎, 『明治期作成の地籍圖』, 古今書院, 1986.

렇게 된 이유는 우선 지조개정의 목표가 토지조사보다는 지세의 부과에 있었기 때문이다. 지조개정을 통해 통일정부의 물질적 기반을 확고히 하는 것이 시급한 과제였던 것이다. 그러나 지세를 부과할 장부체제가 불완전했기 때문에, 1884년 12월 대장성(大藏省)은 지조의 근본대장을 정비하기 위해 '지조에 관한 제 장부양식'을 제정했고, 1885년 2월 다시 지압조사에 착수하여 4년에 걸쳐 조사를 완료했다. 이것은 제2의 지조개정이라고 할 정도의 대규모 토지측량조사사업이었다. 이 사업의 결과 1889년 3월 지권 및 지권대장을 폐지하고 대신 토지대장규칙(土地臺帳規則)을 제정하여 지세에 관한 일체의 사항을 토지대장에 등록하도록 하고, 토지대장에 등록된 지가를 기준으로 토지소유자로부터 지세를 징수하는 것으로 되었다.

이처럼 일본은 근대국가 성립 과정에서 요구되는 시대적 과제에 따라 토지·지세제도의 개혁을 추진했다. 전국에 걸쳐 통일적인 지세제도를 구축하여 조세수입의 절대다수를 차지하는 지세수입을 확정짓는 한편, 영주적 토지소유를 부정하고 농민적 토지소유를 인정함으로써 집권적 중앙정부의 물질적 기반을 확립했다. 말하자면 일본에서는 근대 국민국가의 물질적 기반을 형성하는 방향에서, 먼저 분권적 영주체제하에 금지되어 있던 토지매매 금지조치를 풀어 자유화함으로써 토지상품화를 가능케 했다. 그리고 이를 위해 소유권의 성격을 분명히 하고 이를 보장할 지권을 발행한 것이다. 나아가 금납화, 지가에 대한 과세 등의 지조개정으로 수취체계를 확립했다. 그리고 지압조사를 통해 토지대장

---

6 有尾敬重, 『本邦地租の沿革』, 日本勸業銀行, 1914, 73-78쪽; 江丙坤, 『臺灣地租改正の研究: 日本領有初期土地調査事業の本質』, 東京大學出版會, 1974, 110쪽; 김용덕, 앞의 책, 1989, 57-58쪽.

과 지도를 마련하는 방향으로 나아갔다. 이처럼 토지측량사업이 우선적으로 진행되지 못한 것은, 아직 근대법적 구조가 형성되지 못한 상황에서 집권화와 근대화의 걸림돌만 제거하는 방향으로 토지개혁이 점진적이고 순차적으로 진행되었기 때문이다.

그런데 여기서 한 가지 검토하지 않으면 안 되는 사항은, 이와 같은 근대적 토지변혁을 꾀하는 데 있어서 어떠한 준거틀이 작용했을까 하는 점이다. 근대적 토지소유권의 개념, 즉 사용·수익·처분권을 내용으로 하는 일지일주(一地一主)의 소유권 개념은 로마법에 기원을 둔 프랑스 민법의 도입으로 마련되었지만, 그것을 담은 그릇은 막말(幕末) 고권(沽券)에서 유래한 지권의 형식 및 호주 남부의 토런스 제도의 내용을 수용하여 지권 및 지권대장의 형태로 마련되었다. 물론 지권과 지권대장은 과도적 형태였고 토지측량 이후 토지대장과 등기부로 교체되지만, 일본의 구관이 고려되었던 점을 주목해야 할 것이다.

일본은 민법을 제정하는 과정에서 전국의 민사관습을 조사했다.[7] 이것은 후에 식민지에서 구관을 조사하는 모범이 된다. 또 1890년 마련된 민법이 일본의 관행을 무시했다는 이유로 폐기된 것도 주목된다. 이처럼 일본에서는 구관을 근거로 하여 서구의 근대법과 제도를 도입하는 방식으로 토지법과 제도를 개혁했다. 그러나 기본적으로는 서구법을 수용한 것이고, 따라서 구관에 대한 관심과 연구는[8] 적은 편이다.

식민지의 경우와 비교해 볼 목적으로 일본의 토지개혁을 살펴보면 다음과 같은 특징이 나타난다. 첫째, 토지소유권의 규정과 등기, 지조개

7 司法省, 『全國民事慣例類集』, 1877年, 1880年(『明治文化全集』 第13卷 法律篇, 1957年 改版, 日本評論新社).

8 福島正夫, 「舊民法と慣行の問題」, 『福島正夫著作集』 第4卷, 1993 참조.

정, 토지측량, 장부작성 등이 토지조사사업을 위한 전체적인 계획하에 종합적으로 추진된 것이 아니라는 점이다. 일본 근대국가 수립 과정에서 국가의 요구, 신민(臣民)의 대응이 어울어져 내재적 발전 과정으로서 진행된 것이다. 둘째, 전통의 기반 위에서 서구를 수용했다는 점이다. 메이지유신 초기에는 서구를 적극 수용하려는 자세를 견지하면서 전통을 고려했다면, 1890년대에 들어가 민족적 자부심이 강해지고 국가적 위신을 드러내려는 상황에서는 전통을 더욱 강조하면서 그 기반 위에서 서구를 수용하고자 했다. 이러한 특징들은 식민지 토지조사사업과는 다른 양상이다.

2) 오키나와

류큐(琉球)는 16세기 초 왕국을 이룬 후 청국과 일본에 양속적(兩屬的) 처지에 있었다. 그런데 1874년 일본의 대만출병을 계기로 일본이 류큐에 대한 영유권을 강화한 뒤 1879년 소위 류큐처분(琉球處分)을 통해 오키나와(沖繩)현이라는 일본의 한 지방으로 편입했다. 그러나 류큐 문제를 둘러싼 청·일의 갈등은 그 이후에도 지속되다가 청일전쟁에서 일본이 승리함으로써 해소된다.

오키나와는 형식적으로는 일본의 한 지방이 되었지만, 초기에는 이전의 통치방식이 그대로 유지되었다. 즉 구관온존(舊慣溫存) 정책이다. 1889년 일본제국의 헌법이 제정되고 1890년 제국의회가 개설되었지만, 오키나와의 통치에는 적용되지 않았다. 오키나와인은 일본제국 신민의 권리를 행사하지 못하고 의원을 선출하거나 지방의회를 개설하지 못하는 처지에 놓였다. 식민지도 아니고 완전한 일본 영토도 아닌 '내국식민지(內國植民地)'의 처지로 '특별대우'를 받은 셈이었다.

1892년 나라(奈良原) 지사의 부임 이후 지방제도의 개정을 꾀했지만, 토지의 소유권이 확정되지 않고 따라서 개인별 납세액이 정해지지 않아 개인별 납세액에 따라 규정된 공민(公民)의 자격과 권리가 존재하지 않았기 때문에 효과를 거둘 수 없었다. 그래서 지방제도의 개정을 위한 준비작업이 시작되었고, 그 귀결이 '토지정리사업' 및 그에 근거한 지조개정이다.[9]

이와 같이 오키나와의 토지정리는 구관온존의 문제와 밀접하게 관련이 있다. 구관온존은 다른 한편에서 보면 차별의 유지를 의미하는 것이고, 역으로 구관의 폐지는 차별의 폐지, 동화와 내지 연장을 의미할 것이다. 오키나와의 토지조사 연구는 구관온존의 문제에서부터 출발하지 않으면 안 된다. 실제로 오키나와의 토지조사사업에 대한 연구보다는 구관온존에 대한 논의가 풍성하다. 일본에 의한 구관온존 정책의 배경과 내용과 의도를 어떻게 볼 것인가 하는 점에 논의가 집중되어 치열한 논쟁이 전개되었다.

류큐처분 이후 청일전쟁에 이르는 시기의 정책에 대해 그것을 구관온존 및 오키나와 차별로 보는 관점과, 이를 비판하는 시각으로 구분하여 볼 수 있다. 니시사토(西里喜行)는 구관온존의 차별적·수탈적 성격을 강조한다. 구관이란 토지제도[地割제도], 조세제도, 지방제도를 결합한 체제를 의미하는데, 오키나와에서 최대한의 수탈을 보장하기 위해

9 1898년 7월 임시토지정리사무국관제가 제정되고 1899년 3월 沖縄縣土地整理法이 발포됨으로써 토지정리가 시작되었다. 다양한 종목의 토지를 법률 규정에 따라 누구에게 귀속시킬 것인가만을 규정하는 법제적 방식으로 토지소유권의 귀속이 확정되었다. 그 뒤 1903년 1월 각 필지를 측량하여 지가를 정하고 이를 근거로 지조조례 및 국세징수법을 시행하면서 일본 내지와 동일한 지세를 부과하는 지조개정이 이루어졌다. 臨時沖縄縣土地整理事務局, 『沖縄縣土地整理紀要』, 1903; 大藏省, 『明治財政史』 第5卷, 1927; 勝正憲, 『日本稅制改革史』, 千倉書房, 1938 참조.

그러한 구관을 유지했다는 것이다. 구관의 조세가 가혹한데 이를 개혁하면 감세하지 않을 수 없기 때문에 구관을 온존했다고 본다. 결국 오키나와 각지의 민중이 특히 인두세 폐지운동을 중심으로 한 구관 폐지운동을 전개했기 때문에 구관을 개혁하지 않을 수 없게 되었다고 결론지었다. 반면 아라키(安良城盛昭)는 메이지 정부는 오키나와의 경영에 적자를 보아 부담이 되었기 때문에 오키나와를 본토와 동등하게 수탈하기 위해 구관을 폐지할 의사를 가졌지만, 대청관계의 긴장이나 오키나와의 구지배계급의 저항이 격렬했기 때문에 구관을 그대로 두고 최대한의 세입을 확보하려 했다고 본다. 구관온존은 메이지 정부의 의도가 아니고 불가피한 결과이며, 수탈을 강화하기 위해서는 오히려 구관을 폐지하는 방향으로 가야만 했다는 것이다. 니시사토는 '내국식민지'에서의 수탈과 차별을 강조한 것이고, 아라키는 차별의 문제에서 벗어나 근대국가의 수탈 문제를 살핀다.

오키나와는 제2차 세계대전 이후 미국의 군사기지로 사용되다가 1972년 일본에 반환되었다. 100여 년 전 청과 일본에의 양속적 상황에서 일본이 제국주의적 침탈을 감행한 류큐처분에 의해 일본의 영토로 되었던 오키나와가, 제2차 세계대전 후 미국에 점령되었다가 다시 일본에 반환되는 소위 제2의 류큐처분에 직면하여, 오키나와에서는 일본에 복귀하여 일본과 내면적 관계를 유지하면서 새로운 조국의 창조를 꾀하는 것이 옳다는 시각과, 일본과의 관계를 단절하고 독립의 방향으로 나아가야 한다는 시각이 대립되어 나타났다. 그러한 관점은 역사해석에도 투영되어, 류큐처분을 일류동조론적(日琉同祖論的) 관점에서 근대적 민족통일 또는 계급해방으로 보는 견해와, 국가적 존재를 말살한 침략적 병합이라고 보는 견해의 차이로도 표출되었다.[10] 구관온존을 차별적·수탈적으로 보는 견해가 오키나와의 독자성과 정체성을 보다 강조하는 편이지만, 그렇다고 그것이 오키나와 독립론의 방향으로까지 나아간 것은

아니었다.[11]

오키나와의 토지정리는 구관 문제와 밀접하게 관련되고, 구관의 폐지를 위한 핵심적인 조치가 곧 토지정리였다. 그래서 1890년대에는 구관 폐지를 위해 구관에 대한 조사를 진행한다.[12] 일본 민법의 제정 과정에서도 구관습의 고려가 제기되었었다. 또 해외식민지로 처음 영유하게 된 대만에서도 구관 문제가 대두하고 있었다. 1890년대 일본에서는 대내외적으로 구관의 조사와 처리가 근대적 법과 제도를 수립하는 데 전제가 되는 중요한 과제로 부각되고 있었다. 오키나와에서의 구관 문제 해결은 특히 해외식민지에 있어서는 시금석이 되는 것이기도 했다. 따라서 오키나와의 구관 문제도 식민지의 그것과 밀접히 관련지어 고찰할 필요가 있다고 생각한다.

오키나와의 토지정리에 대한 연구성과를 살펴보자. 다미나토(田港朝昭)는 토지정리사업은 지조개정이지만 당시의 정치·경제적 동향과 맞물리고 민중의 개혁요구도 강하여, 조세제도의 개혁에만 그치지 않고 지방 재정·행정제도 개혁을 위한 기초작업으로 출발했다는 점을 중시한다. 구관온존책의 폐지가 불가피해진 상황을 토지정리사업의 실시 상황으로 본다. 사업의 결과 구관토지조세제도가 폐지되고 근대적 토지 소유·조세제도가 시행되어 자본주의 경제발전의 기초가 마련되고, 지

10 西里喜行, 『沖繩近代史研究: 舊慣溫存期の諸問題』, 沖繩時事出版, 1981, 57쪽; 我部政男, 『明治國家と沖繩』, 三一書房, 1979, 15쪽.

11 金城正篤·西里喜行, 「沖繩歷史研究の現狀と問題點」, 『歷史學研究』 357號, 歷史學研究會, 1970年 2月.

12 오키나와 구관조사의 개략을 소개하면 『沖繩縣舊慣租稅制度』(1893), 『沖繩舊慣地方制度』(1893), 『沖繩舊慣地制』(1893) 등이 있다(琉球政府, 『沖繩縣史』 21, 1968 수록).

방의 정치·행정·재정제도의 기초가 닦였다고 보았다. 그렇지만 토지정리사업에 의해 국세부담이 급격히 증대하여 주민의 대항 움직임도 나타났다. 또한 지방제도의 개혁을 위해 토지정리사업이 필요하다는 정부의 선전에도 불구하고 그 시행은 훨씬 뒤로 미루어졌으며, 따라서 정부는 오로지 국세징수를 제일의 목표로 삼은 결과가 되었다는 점도 지적한다. 토지정리사업 이후 그 이전의 지배층과 자산가층이 새로운 국가 지배 체제에 재편되었다는 측면에서는 구관온존책의 연장이며, 국가적 업무의 지방적 실현을 위한 재정제도의 기반을 마련하고 있다는 점에서 새로운 국가에의 수탈체계를 마련한 측면이 없지 않다고 본다.[13]

니시하라(西原文雄)는 토지정리의 배경을 농민적 토지보유의 강화, 구관세제의 모순, 일본 자본주의의 요청을 주된 것으로 보고, 기타 인두세 폐지운동이나 징병제 실시, 지방제도 개혁 등 정치적 동기도 놓치지 않는다. 토지정리사업에 대한 그의 평가는 다음과 같다. 토지소유권은 경지의 경우 영소작권(永小作權)을 인정하는 한편 기득권을 인정하여 소유권을 보장하는 방향으로 정리되었지만, 소마야마(杣山)는 모두 관유로 결정되어 이로 말미암아 관유지는 47%에 이르게 된 점을 강조하고 비판한다. 지가의 결정은 사정방법이 공표되지 않고 비밀리에 사정되어 자의의 여지가 많고 계급적 왜곡의 가능성도 있었다고 비판한다. 지세의 부담은 전체적으로 4만 엔 정도 감액된 것처럼 보이지만, 청일전쟁 후의 증세, 러일전쟁 시의 비상특별세, 지방세 등으로 부담이 훨씬 증가하여, 토지정리사업이 수탈체계를 근대적으로 재편·강화한 데 불과한 것이라고 평가한다. 토지정리의 결과 정치적 진출의 가능성이 열리게

---

13 田港朝昭,「土地整理事業」,『沖繩縣史』第2卷, 1970; 田港朝昭,「土地整理事業」,『沖繩縣史』第3卷, 1973.

된 지배층은 환영하지만 민중은 냉담한 편인 것으로 파악한다. 토지정리의 의의는 "봉건적 유대가 형식적으로 단절되고 본격적으로 일본 자본주의 체제에 강행적으로 편입되었던" 것으로 보았다.[14]

토지정리사업에 대한 연구성과는 토지소유관계의 근대화, 지방제도의 개정 등을 목표로 하고 있음에도 불구하고 전반적으로 지조부담의 강화, 관유지의 확대 등 수탈적 측면이 있었음을 주목하고 있다. 이러한 이해는 앞서 살펴본 구관온존 정책을 오키나와에 대한 수탈과 차별이라고 보는 시각의 연장선상에 있다고 볼 수 있다. 여기에 구관온존 정책에 대한 평가와 토지정리사업에 대한 평가 사이에 논리적 결함이 표출된다. 구관온존 정책이 수탈적이라면 구관폐지의 핵심인 토지정리사업은 개혁적이어야 하는 것이 아닌가? 구관온존 정책이나 토지정리사업이나 일본의 오키나와 정책은 모두 수탈적인가? 이러한 의문이 들 수 있다. 다른 한편 메이지유신의 개혁을 새로운 수탈체계로 보아 구관온존이 개혁보다 덜 수탈적일 수 있다고 주장한[15] 아라키의 경우 토지정리에 대한 견해는 제시하고 있지 않다.

오키나와에서의 토지정리는 식민지 토지조사의 시작이었다. 거의 같은 시기에 대만에서 토지조사사업이 시작되고, 이후 한국·관동주·만주국 등지로 이어졌다. 따라서 오키나와의 토지정리사업과 이후의 식민지 토지조사사업은 서로 어떠한 관련성을 지니는지 여러 각도에서 비교검토하는 것이 필요하다고 생각한다.

오키나와에서의 구관 문제 및 토지조사의 방향이 식민정책과는 어

---

14 西原文雄, 1970「土地整理に關する一考察」,『近代沖縄の歷史と民衆』, 沖縄歷史研究會編, 至言社, 1977; 西原文雄,「土地整理と首里·那覇」,『那覇市史』通史篇 第2巻 近代史, 1974.

15 安良城盛昭,『新·沖縄史論』, 沖縄タイムス社, 1980, 229쪽.

떠한 관련을 가지는가 하는 문제도 중요하다. 이전의 연구는 오키나와를 일본 내지의 한 지방으로 간주하기 때문에 오키나와를 식민정책의 관점에서 파악하는 관점을 결여하고 있다. 그러나 오키나와의 전신인 류큐는 청과 일본에 양속적 처지에 있었고, "지리적·인종적·언어적·문화적으로 동일 민족이라고 하는 것은 아니었으며",[16] 류큐처분 과정에서도 두 개 섬을 중국에 떼어주려는 의사를 일본정부가 가지기도 했고, 1908년 오키나와를 식민지 대만에 병합하여 남양도(南洋道)를 설치하려는 시도도 있었던 것을 보면, 오키나와 통치를 식민통치와 연관시켜 보는 관점이 근거가 없는 것은 아니다. 오키나와를 내지의 지방으로 인정하여 지방자치제를 실시하게 되는 것은 토지정리사업이 끝나고서도 훨씬 뒤의 일이다. 오키나와인은 국세를 징수당하고 징병에 응하면서도 식민지 조선이나 대만과 같이 취급된다는 불만을 지녔다.[17]

일본제국 식민지의 토지 문제를 비교사적으로 고찰하고자 한다면 오키나와에 대한 정책을 일본 국내 문제, 지방제도의 문제로만 치부할 필요는 없다. 오키나와에 대한 일본의 정책이 구관을 온존하여 일본 본토와는 구별되는 지역으로 통치하려 한 것인가, 같은 민족으로 인정하여 내지의 연장으로 삼으려 한 것인가? 일본은 홋카이도의 아이누족에게 일본어와 일본 관습을 교육함으로써 일본민족으로 동화시키는 정책을 추진했고, 오키나와에서도 일류동조론(日琉同祖論)이 나오는 등 류큐인의 동화를 꾀했다. 이러한 종족이나 민족의 동화는 대만이나 조선에서도 식민정책의 일환으로 추진되었다. 역사와 문화를 크게 달리하는

16 遠山茂樹, 「日本近代史における沖縄の位置」, 『歴史學研究』 382號, 1972年 3月, 50쪽.

17 遠山茂樹, 위의 논문, 1972년 3월, 54쪽.

조선에서도 일선동조론(日鮮同祖論)이 동화정책의 이념으로서 제시되었다. 따라서 구관 문제 및 토지정리사업 문제는 오키나와에 대한 지배정책·식민정책과 관련지어 고찰하는 것이 필요하다.

참고문헌

仲吉朝助,「琉球の地割制度」,『史學雜誌』39-5, 6·8號, 史學會, 1928.

井上清,「沖繩」,『岩波講座 日本歷史』16, 岩波書店, 1962.

田港朝昭,「土地整理事業」,『沖繩縣史』第2卷, 各論編 1 政治, 琉球政府 編, 1970.

西原文雄,「土地整理に關する一考察」,『近代沖繩の歷史と民衆』, 沖繩歷史硏究會 編, 至言社, 1970.

田港朝昭,「土地整理事業」,『沖繩縣史』第3卷, 各論編 2 經濟, 琉球政府 編, 1973.

中江淳一,「明治前期沖繩封建農業の構成: 戰前沖繩における農業土地問題」,『土地制度史學』63, 土地制度史學會, 1974.

中江淳一,「土地整理と商品生産農業の展開: 戰前沖繩における農業土地問題」,『土地制度史學』64, 土地制度史學會, 1974.

西原文雄,「土地整理と首里·那覇」,『那覇市史』通史篇 第2卷 近代史, 那覇市歷史博物館, 1974.

安良城盛昭,『新·沖繩史論』, 沖繩タイムス社, 1980.

西里喜行,『沖繩近代史硏究: 舊慣溫存期의 諸問題』, 沖繩時事出版, 1981.

西里喜行,『論集·沖繩近代史: 沖繩差別とは何か』, 沖繩時事出版, 1981.

주요 자료

臨時沖繩縣土地整理事務局,『沖繩縣土地整理紀要』, 1903.

『沖繩法制史』(附錄 土地整理法及施行法, 沖繩地割制度), 荒木書店, 1933.

琉球政府 編,『沖繩縣史』第12, 13, 14, 21卷, 1966-1968.

沖繩縣農林水産部,『戰間期の沖繩農地制度資料: 沖繩縣土地整理事業關係』, 1997.

3. 대만 및 만주 지역

1) 대만

일본은 청일전쟁의 결과 1895년 대만(臺灣, Taiwan, Formosa)을 최초의 '해외식민지'로 획득했다. 일본은 1896년 법률 제63호를 발포하여 대만 총독이 법률의 효력을 가지는 명령, 즉 율령(律令)을 발할 수 있는 권한을 갖게 함으로써 대만을 '식민지'로서 통치하기 시작했다. 대만이 일본과 관습을 달리하여 동일한 법령을 적용할 수 없다고 본 때문이다. 따라서 일본과 관습을 달리하는 대만의 구관이 어떤 것인지 조사하는 일은 대만 식민통치의 전제가 되었다.[18]

1896년 대만총독부 민정국 참사관실에 임시조사괘(臨時調査掛)가 설치되어 '구규관례(舊規慣例)'의 조사 및 일본과의 대조를 시작했지만, 체계적으로 진행되지 못하고 안건이 생길 때마다 조사하는 데 그쳤다. 그런데 1898년 7월 일본에서 민법이 발효되어 대만에 거주하는 일본인에게 이를 어떻게 적용할 것인가의 문제가 대두하고, 9월에는 임시대만토지조사국이 설치되어 토지조사를 시작하게 됨으로써 구관조사를 더 이상 미룰 수 없게 되었다.

대만총독부 민정장관 고토(後藤新平)는 1899년 12월 교토대학 법학부 교수 오카마쓰(岡松參太郎)를 초빙하여 대만구관조사를 담당하도록 했다. 오카마쓰는 1900년 2월부터 '채풍문속(採風問俗)'에 종사하여

18 梅陰子, 「臺灣舊慣調査事業沿革資料」, 『臺灣慣習記事』 第4卷 3號, 臺灣慣習硏究會, 1904년 3월.

1900년 11월 『대만구관제도조사일반』을 편성하여 공개했다.[19] 이 책은 토지에 관한 구관을 간략하게 조사한 것에 불과하지만, 이후 이를 토대로 부동산, 동산, 인사, 채권, 상사 등 재산관계, 인간관계, 거래관계 등에 걸치는 방대한 구관조사사업이 추진되었다.

이처럼 대만에서는 1898~1904년의 토지조사와 병행하여 구관조사사업이 실시되었다. 따라서 대만에서의 토지조사사업에 대한 연구는 그 전제로서 실시된 구관조사사업에 대한 문제를 포함하지 않으면 안 된다. 사실 토지조사사업 자체보다도 구관조사사업에 대한 연구에 관심이 더 많다. 구관조사사업에 대한 연구는 그 주도자였던 오카마쓰의 활동과 업적, 구관조사사업의 과정과 내용, 구관조사의 결과가 입법에 미친 영향을 밝히는 것들이다. 특히 구관조사의 결과가 민법 또는 통치법과 어떤 관련이 있는가의 측면에 이르면 구관조사가 토지 문제에 그치지 않고 식민통치의 방식과 밀접한 관련이 있음을 보여준다.

대만의 토지조사사업에 대해서는 일찍이 종합적인 연구성과가 제시되어 있다. 지양(江丙坤)의 연구가 바로 그것이다. 그는 대만토지조사사업의 본질을 토지조사의 측면보다는 '지조개정'의 측면에서 보았다. 대만 재정의 자립을 목표로 지조의 증수와 대량의 토지수탈 및 관유·민유 구별을 꾀하여 대만 식민지 체제의 강화를 추구했다고 보았다. 물론 정확한 지적의 확립과 토지소유제도 확립의 의의도 인정하고 있지만, 기본적으로 대만토지조사사업이 토지수탈 및 지조증징의 목적을 추구함으로써 식민지 체제의 강화에 기여했다고 보는 관점을 취한다.[20] 대만

19 『臺灣舊慣制度調查一斑』은 1902년 *Provisional Report on Investigation of Laws and Customs in the Island of Formosa*로 영역되었다.

20 江丙坤, 『臺灣地租改正の研究: 日本領有初期土地調查事業の本質』, 東京大學出版會, 1974.

국민중학역사교과서에 보면, 대만토지조사사업을 "토지제도의 개혁; 경지면적을 명확히 하고 새로이 토지소유권을 확정하여 전부(田賦)의 세수(稅收)를 크게 증가시켰다"라고 간단하게 설명하고 있는데,[21] 대체로 그러한 연구성과의 통설화라고 할 수 있겠다.

연구의 전체적인 흐름은 대만토지조사사업의 수탈성 문제가 제기된 후 구관조사사업에 대한 연구가 뒤를 잇는 양상이다. 대만인의 연구는 수탈성, 식민성의 문제를 제기하는 데 반해, 일본인의 연구는 구관조사 및 그로 인한 대만 사회에 대한 이해의 증진이라는 효과, 그리고 구관조사와 입법의 관계에 관심이 있어서 관심의 초점과 입장의 차이를 드러낸다.

그렇지만 최근에는 대만에서도 토지조사사업의 근대성에 대한 연구가 증가하고 있다. 아울러 대만토지조사사업이 대만의 전통사회의 변화, 자본주의 발전에 끼친 영향에 대한 관심도 증가하고 있다.[22]

참고문헌

戴國煇,「日本人による臺灣研究: 臺灣舊慣調查について」,『季刊東亞』4, 霞山會東亞學院, 1968年 8月.

江丙坤,『臺灣地租改正の研究: 日本領有初期土地調查事業の本質』, 東京大學出版會, 1974.

連溫卿(戴國煇 校註),「日本帝國主義の臺灣における土地收奪の過程」1·2,『史苑』,

21 臺灣國民中學歷史教科書,『認識臺灣』(蔡易達·永山英樹 譯,『臺灣を知る』, 雄山閣, 2002, 82쪽).

22 최근의 연구로는 다음과 같은 논문들이 있다. Mi-cha Wu, "Launching the land revolution: Taiwan land survey in the early twentieth century"; Wen-kai Lin, "Two land investigations in modern Taiwan: What made the Japanese survey different from the Qing dynasty's?," Sui-Wai Cheung, eds., *Colonial Administration and Land Reform in East Asia*, Routledge: New York, 2017.

第37卷 1號(1976年 12月), 第39卷 1號(1978年 11月), 立教大學史學會.
山根幸夫, 「臨時臺灣舊慣調查會の成果」, 『論集 近代中國と日本』, 山川出版社, 1976.
春山明哲, 「臺灣舊慣調査と立法問題」, 『新沖繩文學』 60, 沖繩タイムス社, 1984.
春山明哲, 「臺灣舊慣調査と立法構想」, 『臺灣近現代史研究』 6, 臺灣近現代史研究會, 綠蔭書房, 1988.
春山明哲, 「法學博士 岡松參太郎と臺灣」, 『臺灣近現代史研究』 6, 臺灣近現代史研究會, 綠蔭書房, 1988.
陳秋坤·許雪姬 主編, 『臺灣歷史上的土地問題』, 中央研究院 臺灣史田野研究室, 1993.
林淑美, 「日本領臺初期的土地改革與其資本在臺發展之關聯—以漢人系臺灣人之土地所有狀況之變化爲考察對象」, 『現代學術研究』 6, 現代學術研究基金會, 1994年 5月.
陳照銘, 「淺釋日據時期臺灣土地調查」, 『現代地政』 第20卷 6·7·8, 現代地政雜誌社, 2000年 6·7·8月.
鄭政誠, 「臨時臺灣舊慣調查會初創之際的籌劃與運作」, 『臺灣文獻』 第53卷 1期, 2002年 3月, 國史館臺灣文獻館.
鄭政誠, 『臺灣大調查: 臨時臺灣舊慣調查會之研究』, 博揚文化, 2005.
西英昭, 『臺灣私法の成立過程』, 九州大學出版會, 2009.
Sui-Wai Cheung, eds., *Colonial Administration and Land Reform in East Asia*, Routledge: New York, 2017.

주요 자료

『臺灣土地調查始末稿本』.
臨時臺灣土地調查局, 『臺灣臨時土地調查局 事業報告書』 1-5回, 1898-1903.
臨時臺灣土地調查局, 『土地調查局報』 1-30, 1900.
臨時臺灣土地調查局, 『臺灣舊慣制度調查一斑』, 1901.
臨時臺灣土地調查局, 『臺灣土地慣行一斑』, 1905.
臨時臺灣土地調查局, 『臺灣土地調查事業概要』, 1905.
臨時臺灣舊慣調查會, 『臺灣私法』 第1-3卷, 1910-1911.
臨時臺灣舊慣調查會, 『臺灣舊慣調查事業報告』, 1917.
經濟安定本部總裁官房國土調查室, 『臺灣·南洋群島における土地調查』, 1952.

2) 관동주 및 만철 부속지

일본은 러일전쟁에서 승리를 거두어 1905년 요동반도의 관동주(關東州)와 사할린섬 남쪽 지역(樺太, Karafuto, South Sakhalin)을 확보했다. 관동주의 토지조사는 1914~1924년 실시되었고, 사할린에서는 실시되지 않았다.

대만의 구관조사를 담당했던 오카마쓰(岡松參太郎)는 구관조사사업이 대만에 그치지 않고 대만인의 주된 출신지인 청국 남부의 푸젠성(福建省), 광둥성(廣東省)의 관습을 알지 않으면 안 된다고 생각하여 이에 대한 조사를 추진하고, 나아가 중국 전체에 대한 관행조사도 추진했다. 교토제국대학 오다(織田萬) 교수가 청국행정법을 조사하게 된 것도 오카마쓰의 주선에 의한 것이었다. 그런데 러일전쟁 이후 일본은 관심을 만주에 집중했다. 이때 남만주철도주식회사(滿鐵)가 설립되었다. 1906년 11월 만철 총재에 임명된 대만총독부 민정장관 고토(後藤新平)는 대만에서와 마찬가지로 만주에서도 조사가 당면한 과제라고 생각했다. 그는 1907년 4월 만철 조사부를 설치하고 그 부장에 오카마쓰를 임명하여 구관조사를 담당하게 했다. 대만의 토지구관에 대한 조사연구가 만주로 연장된 것이다.

만철 조사부에서는 펑톈성(奉天省)을 주 대상으로 부동산의 종류와 권리관계를 조사하여 1913~1915년 『만주구관조사보고서(滿洲舊慣調査報告書)』 9책을 간행했다. 그것은 대만구관조사를 토대로 특유한 사항을 추가하여 조사하는 방식으로 진행되어 '대만보고서의 보유(補遺)'라고 할 만한 수준이었다. 그만큼 대만의 구관조사에 바탕을 두고 있었다. 그러나 여기에는 소유권에 맞먹는 토지에 대한 가장 중요한 권리인 업주권(業主權)은 조사되어 있지 않다.

한편 관동주에는 1906년 9월 관동도독부(關東都督府)가 설치되어 관동주 및 남만주 철도선로의 보호를 담당했다. 만철의 조사원들이 관동도독부에 파견되어 토지구관을 조사했다.[23] 관동주에서도 토지조사사업에 앞서, 그리고 병행하여 토지구관조사를 활발히 한 것이다.

이처럼 관동주 토지조사사업은 구관조사를 전제로 하고 있지만 이에 대한 연구성과는 거의 없고, 구관조사에 참가했던 아마미(天海謙三郎)의 증언이 있을 뿐이다.[24] 관동주의 토지조사사업에 대한 연구도 적어서 에나쓰(江夏由樹)의 연구 정도이다. 그는 전권(典券)을 정리하지 못하고 지세의 과세도 하지 못함으로써 관동주의 토지조사사업은 실패했다고 주장한다.

관동주의 경우 토지조사사업의 목적과 방법, 전개 과정에 대한 기초적 연구조차 되어 있지 않은데, 그러한 연구의 진전 위에서 '실패'의 의미도 재검토되어야 할 것이다. 그리고 역시 구관의 조사가 토지조사사업에 구체적으로 어떻게 수용되었는지 파악하는 것도 중요하다고 생각된다.

참고문헌

「中國舊慣の調査について: 天海謙三郎氏を中心にした座談會」,『東洋文化』25, 東京大學 東洋文化硏究所, 1958.

江夏由樹,「關東都督府及び關東廳の土地調査事業について: 傳統的土地慣習法を廢棄する試みとその失敗」,『一橋論叢』第97卷 3號, 一橋大學一橋學會, 1987.

江夏由樹,「旧錦州官莊の莊頭と永佃戶」,『社會經濟史學』54-6, 社會經濟史學會, 1989.

23 만철에서『關東州土地舊慣一斑』(1914년에 출판한 뒤 1918년『關東州土地舊慣提要』로 요약출판 됨)을 편찬하고, 관동주 임시토지조사부에서『關東州土地慣行』(1914)을 편찬했다.

24「中國舊慣の調査について: 天海謙三郎氏を中心にした座談會」,『東洋文化』25, 東京大學 東洋文化硏究所, 1958.

주요 자료

日本 外務省, 『關東州土地調査一件』, 1913.
關東都督府 臨時土地調査部, 『關東州土地慣行』, 1914.
關東都督府 臨時土地調査部, 『關東州土地舊慣一班』, 1915.
關東都督府 臨時土地調査部, 『關東州土地舊慣提要』, 1918.
杉本吉五郎 編, 『關東州土地制度論』, 滿蒙文化協會, 1922.
關東廳 臨時土地調査部, 『關東州事情』, 1923.
關東廳 臨時土地調査部, 『關東州土地調査事業報告書及附錄』, 1924.

3) 만주국

일본은 제1차 세계대전이 발발한 틈을 이용하여 1915년 중국에 대해 군사적 위협을 동반하면서 21개조의 요구조건을 제시했다. 그 가운데 핵심적인 사안이 '남만주 및 동부 내몽고에 관한 조약'으로 귀결되었다. 이 조약은 관동주의 조차 기간을 99년으로 연장하고, 일본인이 토지 상조권(土地商租權)을 획득할 수 있을 뿐 아니라, 만주에서 잡거·영업할 수 있는 자유를 가지는 것을 허용했다. 상조권에 대해서는 "일본국 신민은 남만주에 있어서 각종 상공업상의 건물을 건축하기 위해 또는 농업을 경영하기 위해 필요한 토지를 상조할 수 있다"라고 규정하고 있다. 이것이 만몽(滿蒙)에서 일본이 누릴 특수한 권익의 핵심이었다. 상조권에 대해서는 중국 측에서는 이를 임대차권(賃貸借權) 또는 조차권(租借權)으로 이해한 반면, 일본 측에서는 소유권 또는 영대차권(永代借權)으로 이해했다.

만주의 토지에는 업주권(業主權)·전권(典權)·압권(押權)·조권(租權) 등의 권리가 있는데, 일본은 업주권은 소유권, 전권은 질권(質權), 압권은 저당권(抵當權), 조권은 영소작권(永小作權)과 유사한 권리로 정리해 갔다. 중국의 토지구관을 일본의 토지개념에 적응시키고자 한 것이다. 만주로 건너간 일본인들이 토지와 건물을 확보할 때 얻은 권리는 '조권'

인 셈인데, 이것은 일정한 대가를 지불하고 조차하는 것을 말하며, '상(商)'이란 상량(商量), 즉 당사자 간의 협의(자유계약)를 의미한다. 그래서 '상조(商租)'는 30년의 장기에 걸쳐서 조차하는 것을 의미하는 것으로 규정된다. 이것은 만주의 구관에도 없고 일본의 민법에도 없는 권리이다.

일본인의 상조권 설정에 대해서는 중국정부의 금지령 등 법제적 제한이 끊임없이 설정되기도 하고 중국인의 실력 저항도 있었다. 그래서 일본인의 상조권 설정은 극히 위축되었다. 그러나 1931년 일본이 만주사변(滿洲事變)을 일으키고 1932년 중국 동북부 지역에 일본의 괴뢰국으로서 만주국(滿洲國)을 세우면서 상황은 달라졌다. 만주에서 이미 획득한 일본인의 상조권이 토지소유권으로 인정되는 조치가 나왔다. 그것이 바로 상조권정리사업이다. 이 사업은 토지조사사업보다 중요한, 일본제국에 있어서는 '성업(聖業)'이었다. 일본인의 상조권은, 첫째, 1915년 이전 일본인이 만주에서 취득한 토지권리, 둘째, 조약에 의해 1915년 이후 일본인이 토지상조권이라는 이름으로 획득한 토지권리, 셋째, 만주국 성립 이후 일본인이 취득한 토지권리 등으로 구분되는데, 이들 권리가 대부분 토지소유권으로 심정(審定)되었다.

이러한 과정을 아사다(淺田喬二)는 일본제국주의의 식민지적 토지수탈이라고 규정한다. 상조권 설정에도 불구하고 중국 관민의 저항에 의해 사실상 공권화(空權化)된 상조권이, 만주국의 성립 이후 상조권정리사업에 의해 토지소유권으로 인정되었다는 것이다.

만주국에서는 1932년부터 토지조사를 실시했지만, 1945년 패전 때까지 완료하지 못했다. 만주국의 토지조사사업은 토지소유권의 확립과 등기제도의 수립, 지적의 정리, 지세제도의 확립 등의 문제와 함께 만주개척을 위해 일본인 및 조선인의 만주 이민을 위한 기초작업이란 의미도 강하다. 이에 대하여도 아사다의 연구가 있다.

만주 구관토지제도에 대한 조사는 이미 만철과 관동주에서 시행한 바 있지만, 만주국에서도 지속적으로 진행했다. 이에 대해서는 아마미(天海謙三郎)의 증언이 있다. 기타 이타쿠라(板倉眞五)가 구관조사를 종합적으로 분석 비판한 연구와, 시미즈(淸水金二郎)가 만주 지권제도의 연원과 현황을 분석한 연구도 있다.

일본은 1937년 중일전쟁을 일으켜 중국 대륙의 많은 지방을 점령했다. 점령지에서는 자원수탈에 집중했기 때문에,[25] 통치의 기초공사인 토지조사를 할 겨를은 없었다. 다만 화북지방에서는 '농촌관행조사'를 실시했고, 거기에서는 토지제도보다는 토지관행에 대한 조사가 핵심적인 자리를 차지했다.[26]

참고문헌

板倉眞五, 『滿洲土地法論』, 大阪屋號書店, 1932.

淸水金二郎, 『滿洲地券制度の硏究』, 人文書林, 1946.

「中國舊慣の調査について: 天海謙三郎氏を中心にした座談會」, 『東洋文化』 25, 東京大學 東洋文化硏究所, 1958.

福島正夫, 「岡松參太郎博士の臺灣舊慣調査と華北農村慣行調査における末弘嚴太郎博士」, 『東洋文化』 25, 東京大學 東洋文化硏究所, 1958(『福島正夫著作集』 第6卷 比較法, 勁草書房, 1995에 수록).

淺田喬二, 『日本帝國主義と旧植民地地主制: 臺灣·朝鮮·滿洲における日本人大土地所有の史的分析』, 御茶の水書房, 1968(增補版, 龍溪書舍, 1989).

25 淺田喬二編, 『日本帝國主義下の中國: 中國占領地經濟の硏究』, 樂游書房, 1981 참조.

26 조사의 결과는 中國農村慣行調査刊行會 編, 『中國農村慣行調査』 1-6卷(岩波書店, 1952)으로 간행되었다. 『中國農村慣行調査』 1卷, 序論; 福島正夫, 「岡松參太郎博士の臺灣舊慣調査と華北農村慣行調査における末弘嚴太郎博士」, 『東洋文化』 25, 東京大學 東洋文化硏究所, 1958(『福島正夫著作集』 第6卷 比較法, 勁草書房, 1995 수록); 「中國舊慣の調査について: 天海謙三郎氏を中心にした座談會」, 『東洋文化』 25 참조.

淺田喬二,「滿洲における土地商租權問題」,『日本帝國主義下の滿洲』, 滿洲史研究會, 御茶の水書房, 1972.
淺田喬二,『日本帝國主義下の民族革命運動』第4章, 未來社, 1973.
相澤美香,「南滿洲における土地商租權問題: 滿洲事變發生要因についての一考察」,『國史學』第135號, 國史學會, 1988年 5月.
白榮塤,「間島商埠地における中日交涉」,『東アジア硏究』第29號, 大阪經濟法科大學アジア硏究所, 2000年 8月.
손춘일,『해방전 동북조선족 토지관계사 연구』, 吉林人民出版社 延辺教育出版社, 2001.
馬場明,「南滿洲における土地商租問題」,『國學院雜誌』第103卷 3號, 國學院大學, 2002年 3月.

주요 자료

南滿洲鐵道株式會社,『滿洲舊慣調査報告書』1-9冊, 1913-1915.
滿洲帝國政府 土地局,『土地局彙報』, 1-6號, 1934-1935.
地籍整理局,『滿州帝國民政部土地局史』, 1937.
地籍整理局,『滿洲國土地制度の現狀と土地政策』, 1937.

4. 한국

조선토지조사사업에 대한 연구는 식민지 시대 당시부터 많은 연구가 이루어져, 현재는 실증적으로도 상당한 수준에 도달해 있다. 그러나 일일이 정리하기 어려울 뿐만 아니라 이 책에서도 중심 주제로 삼아 다각도로 검토하고 있으므로 여기서는 간략하게 소개하는 데 그친다.

이재무는 일제가 신고주의라는 방식을 이용하여 극히 애매한 당시 토지제도하에서 큰 혼란과 폭력적인 토지약탈을 야기하고 그 결과 식민지 지주제가 형성되었다고 주장했다. 이 연구 이래 특히 일제의 토지약탈이란 측면이 부각되었고,[27] 이것이 소위 수탈론의 핵심으로 자리잡게 된다.

그런데 1980년대 이후 토지조사사업에 의한 토지수탈이란 측면에 대한 비판이 제기되었다. 그것은 경상남도 김해에서 토지조사사업의 일차 사료가 발견되면서였다. 토지조사사업 일차 사료는 매우 정치한 과정을 거쳐 토지소유권의 사정이 이루어졌음을 보여주었다. 그리하여 토지조사사업에서 신고주의에 의해 기존의 토지소유관계를 무시한 토지 약탈의 가능성은 거의 없었다는 주장이 나오게 되었다.[28]

토지조사사업을 둘러싼 논쟁은 주로 수탈 여부에 집중되었다. 토지조사사업에서 일제가 추구한 목표는 여러 가지이지만, 논쟁은 일제가 폭력적인 방식으로 토지를 약탈했는가 아닌가라는 점에 몰려 있다. 어떤 측면에서는 실증을 통해 해결될 수준의 문제이기도 하다. 그럼에도 불구하고 이 문제가 결국은 식민지 근대화 논쟁으로까지 비화되었다.

토지조사사업에 의한 토지수탈의 문제는 이전의 수탈론을 비판함으로써 수탈이 없었다는 결론으로 내려질 것은 아니고, 여러 가지 각도에서 수탈의 문제를 검토해야 한다고 생각한다. 토지수탈의 통로는 국유지의 창출과 불하, 그리고 무엇보다도 한말 이래 일본인의 불법적인 토지획득과 그 합법화를 위한 증명 과정 및 토지조사사업에 의한 법인 과정, 국유미간지의 창출과 불하, 산림의 국유화와 불하 등 다양했다.[29]

---

27 李在茂, 「朝鮮における土地調査事業の實體」, 『社會科學硏究』 7-5, 東京大學, 1955; 김용섭, 「수탈을 위한 측량」, 『한국현대사』, 신구문화사, 1969; 신용하, 『조선토지조사사업연구』, 지식산업사, 1982.

28 배영순, 『한말 일제초기의 토지조사와 지세개정에 관한 연구』, 서울대학교 국사학과 박사학위논문, 1988(배영순, 『한말 일제초기의 토지조사와 지세개정』, 영남대학교출판부, 2002); 이영훈, 「조선토지조사사업의 수탈성 재검토」, 『역사비평』 22, 역사문제연구소, 1993년 가을; 조석곤, 『조선토지조사사업에 있어서의 근대적 토지소유제도와 지세제도의 확립』, 서울대학교 경제학과 박사학위논문, 1995(조석곤, 『한국근대 토지제도의 형성』, 해남, 2003).

토지조사 과정에서의 신고주의에 의한 수탈 여부만이 문제가 되는 것은 아니다.

한국의 경우 통감부 시기 일본인의 토지소유권을 보장해 주기 위한 법제가 시행된 점을 주목해야 할 것이다. 이를 위해 통감 이토(伊藤博文)는 도쿄대학 민법학자 우메(梅謙次郎)를 초빙하여 부동산법조사회, 법전조사국을 설치하고 토지소유권의 존재방식에 대한 구관조사를 실시했다. 한국에서는 토지조사사업을 위해서가 아니라 일본인의 토지소유를 보장해 주기 위해 조사한 특징이 드러난다.[30] 토지구관에 대한 연구는 더욱 진전되어야 한다고 생각한다.

또한 토지조사사업에 의한 근대적 소유권의 창출 내지는 법인, 이를 기반으로 한 토지상품화와 자본주의 경제체제의 형성 등의 측면도 무시할 수 없는데, 이것을 '식민지 체제의 형성'이란 측면에서 조명할 필요가 있을 것이다. 이 문제를 해명하기 위해서는 일본이 본국에서 실시한 토지개혁, 그리고 식민지에서 실시한 토지조사사업, 식민지 상호간의 영향과 공통점 및 차이점, 세계 각국의 사례 등을 종합하는 것이 필요하다고 생각한다. 이 장은 그러한 문제제기의 출발점에 있다.

특기할 점은 한국역사연구회 토지대장연구반에서 지속적으로 나온 연구성과이다. 광무양전지계사업을 '토지조사사업'으로 규정하는 등 일제의 토지조사사업 이전에 토지제도의 주체적·내재적 성장 과정을 해

29 이영호, 「일제의 식민지 토지정책과 미간지문제」, 『역사와 현실』 37, 한국역사연구회, 2000 참조.

30 鄭鍾休, 『韓國民法典の比較法的硏究』, 創文社, 1989; 최원규, 『한말 일제초기 토지조사와 토지법 연구』, 연세대학교 사학과 박사학위논문, 1994; 李英美, 『韓國司法制度ト梅謙次郎』, 法政大學出版局, 2005(김혜정 옮김, 『한국사법제도와 우메 겐지로』, 일조각, 2011).

명한 데 이어, 경상남도 마산·창원의 토지조사사업 관련 장부 자료들을 발굴하여 실증에 기초한 작업의 성과를 제시했다. 일제가 실시한 토지조사사업의 근대성·구체성·정밀성을 확인하고 자본주의 발전의 토대가 되었음을 확인했다. 그렇지만 일제가 조선에서 실시한 토지조사사업이 다른 식민지와 어떻게 다른지, 조선의 특징은 무엇인지 비교사적 검토는 별도의 과제로 남아 있다.

참고문헌

李在茂,「朝鮮における土地調査事業の實體」,『社會科學研究』7-5, 東京大學, 1955.

김용섭,「수탈을 위한 측량」,『한국현대사』, 신구문화사, 1969.

宮嶋博史,「土地調査事業の歷史的前提條件の形成」,『朝鮮史研究會論文集』12, 朝鮮史研究會, 1974.

宮嶋博史,「朝鮮土地調査事業研究の新たな前進のために」,『東洋史研究』38-2, 京都大學, 1977.

신용하,『조선토지조사사업연구』, 지식산업사, 1982.

조석곤,「조선토지조사사업에 있어서 소유권조사과정에 관한 한 연구」,『경제사학』10, 경제사학회, 1986.

배영순,「조선토지조사사업에 있어서 김해군의 토지신고와 소유권 사정에 대한 실증적 검토」,『인문연구』8-2, 영남대학교, 1987.

宮嶋博史,「量案から土地臺帳へ」,『朝鮮民族運動史研究』5, 朝鮮民族運動史研究會, 1988.

鄭鍾休,『韓國民法典の比較法的研究』, 創文社, 1989.

宮嶋博史,『朝鮮土地調査事業史の研究』, 東京大學 東洋文化研究所, 1991.

이영훈,「조선토지조사사업의 수탈성 재검토」,『역사비평』22, 역사문제연구소, 1993년 가을.

김태웅,「1910년대 전반 조선총독부의 취조국·참사관실과 '구관제도조사사업'」,『규장각』16, 서울대학교 규장각, 1993.

최원규,『한말 일제초기 토지조사와 토지법 연구』, 연세대학교 사학과 박사학위논문, 1994.

한국역사연구회 토지대장연구반,『대한제국의 토지조사사업』, 민음사, 1995.

김홍식 외,『조선토지조사사업의 연구』, 민음사, 1997.

배영순, 『한말 일제초기의 토지조사와 지세개정』, 영남대학교출판부, 2002.
조석곤, 『한국근대 토지제도의 형성』, 해남, 2003.
李英美, 『韓國司法制度ト梅謙次郎』, 法政大學出版局, 2005(김혜정 옮김, 『한국사법제도와 우메 겐지로』, 일조각, 2011).
이승일, 「일제의 관습조사와 전국적 관습의 확립과정 연구」, 『대동문화연구』 67, 성균관대학교 대동문화연구원, 2009.
배성준, 「통감부시기 관습조사와 토지권 관습의 창출」, 『사림』 33, 수선사학회, 2009.
한국역사연구회 토지대장연구반, 『대한제국의 토지제도와 근대』, 혜안, 2010.
한국역사연구회 토지대장연구반, 『일제의 창원군 토지조사와 장부』, 선인, 2011.
한국역사연구회 토지대장연구반, 『일제의 창원군 토지조사사업』, 선인, 2013.

주요 자료

不動産法調査會, 『韓國ニ於ケル土地ニ關スル權利一斑』, 1906.
不動産法調査會, 『韓國不動産ニ關スル慣例』, 1906.
不動産法調査會, 『韓國不動産ニ關スル調査記錄』, 1906.
法典調査局, 『不動産法調査報告要錄』, 1908.
度支部, 『土地調査參考書』, 1909.
臨時土地調査局, 『局報』, 1910-1916.
日本外務省, 『朝鮮土地調査法關係一件』, 1912.
朝鮮總督府, 『慣習調査報告書』, 1912.
朝鮮總督府, 『朝鮮土地調査事業報告書及追錄』, 1918-1919.
和田一郎, 『朝鮮土地地稅制度調査報告書』, 宗高書房, 1920.
朝鮮總督府, 『舊慣制度調査事業概要』, 1938.

5. 식민지 토지조사의 비교와 상호 관련

일본제국이 영유한 식민지 토지조사사업을 비교사적 관점에서 검토하여 그 공통적인 특징을 찾아낸 것은 미야지마(宮嶋博史)의 작업이 유일하다.[31] 미야지마의 연구는 일본제국 식민지의 토지조사의 성격을 비교 검토한 것으로서 일본 본토와 식민지 사이에, 그리고 식민지 상호 간에 나타나는 공통점과 차이점, 그리고 특징을 잘 지적하고 있다. 그의 연구의 핵심은, 첫째, 여러 가지 차이점과 특징점에도 불구하고 일본 본토를 포함하여 일본제국의 식민지에서 추진된 토지조사사업이 모두 동일한 근대적 토지변혁의 성격을 지니고 있고, 그리고 그것이 단기간에 철저하게 이루어졌다는 것이다. 둘째, 유럽의 경험을 배울 수 있는 일본의 후발성이라는 외적 요인과 함께, 동아시아 내부에 전근대 지배층의 토지영유권이 미약한 반면, 소농사회가 성립되어 있는 공통적 특징이 일본과 그 식민지의 근대적 토지변혁이 가능하게 된 조건이었다는 것이다. 다시 말하면 일본 및 일본 식민지에서의 토지조사의 특징으로서 근대성과 동일성(획일성), 신속성과 철저성을 지적하고, 그렇게 될 수 있는 공통적 배경으로 소농사회가 존재했음을 주장한 것이다. 그 공통적 배경은 최근의 동아시아, 특히 대만과 한국의 경제발전의 토대로서도 간주된다.

식민지 토지조사의 성격을 비교 검토한 것은 그 자체로 큰 성과인데, 문제는 근대성의 측면에만 초점이 맞추어져 있다는 점이다. 식민지에서의 근대성은 본토에서의 그것과 큰 차이가 있음은 주지하는 바일 뿐 아니라 그 근대성의 성취가 획일성·신속성·철저성, 달리 말하면 효율성을 동반하고 있다는 지적은, 사실상 식민지적 강제성을 분식한 데 불과하다. 또 동아시아 사회의 공통성은 토지제도에 관한 한 오히려 일본제국의 토지조사를 통해 초래된 것이고, 제국의 해체는 그 공통성의 상실로 보아야 하지 않을까? 신속하고 철저하고 획일적인 '근대성'의

31 宮嶋博史, 「동아시아에서의 근대적 토지변혁: 구일본제국의 지배지역을 중심으로」, 『경제사학』 제17호 별책, 경제사학회, 1993(中村哲 編, 『東アジア資本主義の形成』, 青木書店, 1994에 수록).

토대라고 지적한 공통적인 사회기반은 전통사회 구관에 대한 분석을 동반해야 한다고 생각된다.

그리고 동아시아 토지제도의 근대적 전환이 공통적인 전통기반과 공통적 식민지라는 틀 속에서 일본적 경로가 필연적이었는지에 대해서도 의문을 제기할 수 있다. 이 점에서 홍콩 섬과 구룡(九龍)반도, 신계(新界) 지역이 순차적으로 영국의 조차지가 되면서 영국식 식민지 토지법제에 포섭되어 가는 과정에 대한 연구는[32] 제국주의의 성격과 정책에 따라 근대적 토지전환이 다양한 경로를 밟아갔을 가능성을 시사해 준다.

사사카와(笹川裕史)는[33] 미야지마의 연구에 동의하면서 일본이 지배한 대만·조선·구만주국 등 동아시아 제 지역에 있어서 일본 본토의 지조개정과 똑같은 성격을 가진 제 사업(토지·지세제도의 근대화)이 전근대적인 구 지배체제의 기초를 무너뜨리고 자본주의적 경제발전을 촉구하는 전제로 된 것이 재확인되고, 그 사업 전개의 신속성·철저성이 주목되고 있다고 평가하고 있다. 일본의 토지개혁의 경험이 식민지에서도 토지·지세제도의 근대화를 신속하고 철저하게 성취시킨 동인이었음을 지적하여 일본 토지개혁의 선구적이고 선진적인 성격을 강조하고 있다. 그리고 그것을 "토지·지세제도의 근대화에 있어서 일본 모델"이라고 규정한다. 즉 "일본 모델이란 근대일본이 일본 본토 및 그 지배 지역에서 실시한 토지·지세제도의 근대화를 신속하고 철저하게 또 전국 통일적인 사업으로서 수행하려고 하는 방침을 가리킨다"라고 정리한다.

32 Patrick H. Hase, *Custom, Land and Livelihood in Rural South China: The Traditional Land Law of Hong Kong's New Territories, 1750-1950*, Hong Kong University Press, 2013.

33 笹川裕史, 「中華民國時期の土地行政と日本」, 『近代中國と日本』, 曾田三郎 編著, 御茶の水書房, 2001.

이러한 관점에서 그는 일본 및 일본 식민지의 토지개혁이 중국에 끼친 영향에 주목하고 있다. 즉 중국의 북경정부(1912~1928년)가 1915년 일본 및 일본 식민지의 토지조사사업을 참조하여 토지개혁을 추진하려 했던 구상을 거론했다. 아시아에 있어서 일본 모델의 확산 과정을 확인하고자 한 것이다. 그렇지만 그는 오히려 일본 모델과는 다른 중국 모델의 가능성을 드러낸 것은 아닐까?

이상 두 사람의 유사한 견해를 놓고 볼 때 일본과 중국 내부에서는 점진적이고 소극적이며 내적 연관을 충분히 고려한 토지개혁이 추진되었다고 볼 수 있다. 그렇지만 식민지에서는 강압적인 측면이 더 강하지 않았을까? 신속성과 철저성이라는 토지조사 수행 절차상에서 나타난 효율성은 식민권력의 억압성이라는 권력적 관계를 은폐하는 표현이다. 식민지의 구관을 조사하고 있음에도 불구하고 실제로는 식민지의 구관이나 조건에 구애받지 않고 일본 모델로의 전일화 과정을 밟아가고, 그 과정에서 자행된 재산권 유린, 인권 유린에 대해서는 문제의식을 가지지 않는 것을 의미한다.

한편 구관조사사업을 비교한 논문도 있다. 먼저 후쿠시마(福島正夫)는 일찍이 오카마쓰가 담당한 대만구관조사와 스에히로(末弘嚴太郎)가 추진한 화북농촌관행조사를 비교했다.[34] 중일전쟁 이후 일본이 점령한 화북 농촌지방에서 실시한 관행조사의 결과가 전후 1950년대 중반에 『중국농촌관행조사』로 발간되는데, 이 자료는 그 사업에 참여했던 후쿠시마가 이 사업의 전말을 정리하는 한편 대만의 구관조사사업과 비교한 것이다. 대만구관조사는 식민지 입법 및 행정에 적절한 자료를 수집 정

34 福島正夫, 「岡松參太郎博士の臺灣舊慣調査と華北農村慣行調査における末弘嚴太郎博士」, 『東洋文化』 25, 東京大學 東洋文化研究所, 1958.

리하여 식민지 통치에 봉사하는 데 목적이 있었고, 따라서 관헌의 강제력, 즉 권력형 조사라는 한계를 지닌다고 보았다. 화북농촌관행조사도 중국에 대한 침략과 점령지 통치를 목표로 한 것이고 대만구관조사를 모범으로 한 것도 분명하지만, 대만구관조사처럼 입법 내지 행정의 참고자료를 얻는 것이 목적이 아니라 중국 사회에서 행해진 법적 관행의 조사를 목적으로 한 점에서 차이가 있다고 보았다. 중국 민중이 어떠한 관행하에서 생활하고 있는가 하는 것, 즉 조사대상은 살아 있는 법, 현실적으로 생활하고 있는 사람들 사이에 행해지고 있는 관행을 여러 각도에서 파악하려 한 것이라고 평가했다. 구관(舊慣)이 아니라 관행(慣行)을 조사하는 데 초점을 두었다는 것이다. 그러나 이 장에서 검토하고 있는 토지조사사업은 현실의 관행보다는 구관제도와 더 밀접한 관련이 있다. 그런 점에서 화북농촌관행조사와 구관조사 사이에 차이가 있다.

하루야마(春山明哲)는 일본에서 근대법 제정 과정에서 부딪친 구관의 문제를 살핀 후, 대만의 오카마쓰, 조선의 우메가 실시한 구관조사 또는 부동산조사를 간략히 검토한 뒤 구관조사가 입법에 미친 영향을 비교 평가하고 있다. 그는 "대만·조선의 실증적 비교 외에 메이지기 일본의 구관과 법전 편찬사업의 관계, 특히 오키나와에 있어서 구관온존기의 문제, 만주·화북에 있어서의 관행조사, 열강의 식민지 정책 등 근대세계의 식민지에 있어서 구관과 법의 전체까지 시야를 확대할 필요가 있다"고 주장했다.[35]

최근에는 한국의 이영호와 이승일도 일제의 동아시아 식민지 구관을 비교한 연구성과를 제시했다.[36] 구관이 제국주의 본국인 일본에서는

35 春山明哲, 「植民地における舊慣と法」, 『季刊三千里』 41, 三千里社, 1985년 봄.
36 Lee, Young-ho, "Colonial Modernity and the Investigation of Land Customs:

계승되어야 할 근대의 토대였지만, 식민지에서는 일본인의 토지확보나 식민지 토지법제의 수립을 위한 조사대상이었다. 구관은 존중하기보다는 식민지 정책에 활용되기 위해 조사되었음을 확인했다.

이렇게 식민지 여러 나라의 토지조사는 상호 밀접한 관련을 가지는 데도 불구하고 이에 대한 연구는 드물다. 일본제국은 여러 식민지 통치를 어떤 방식으로 실시할 것인지 조율해 나가고 있었고, 토지조사사업에 대해서도 마찬가지였다고 생각된다. 그렇지만 구체적으로 어떻게 조율되었는지 잘 확인되지 않는다. 토지조사 실시기관은 식민지 임시기관으로 설치되어 관계문헌이 체계적으로 남아 있지 않고, 제국 차원에서 토지조사를 조율하는 주무부처인 일본 대장성의 관계문헌도 확인 또는 공개되고 있지 않기 때문이다.

식민지 토지조사의 상호 관련성은 여러 가지 측면에서 찾을 수 있다. 먼저 인적 관련성에서 볼 때, 대만의 구관조사팀인 고토 민정장관, 나카무라(中村是公) 임시토지조사국장, 오카마쓰 임시구관조사부장 등은 고토 만철 총재, 나카무라 만철 부총재, 오카마쓰 만철 조사부장으로 그대로 만주로 이전했다. 일본 구관을 조사하여 민법에 반영할 책무를 지닌 법전조사국의 우메는 그 책임자였던 이토 통감의 초빙에 응해 부동산조사를 위해 한국으로 왔다. 오키나와의 토지조사과장이던 다와라(俵孫一)는 병합 직전 토지조사국 부총재, 그리고 조선총독부 임시토지조사부장에 임명되었다. 실무자 선에서 보더라도 대만구관조사에 종사하던 미야우치(宮內季子)가 만철 조사원으로 가고, 대만 관리 나카세

A Comparison of Japan, Taiwan, and Korea," *Korea Journal* Vol. 44 No. 2, Summer 2004, Korean National Commission for UNESCO; 이승일, 「일제의 동아시아 구관조사와 식민지 법 제정 구상: 대만과 조선의 구관입법을 중심으로」, 『한국사연구』 151, 한국사연구회, 2010.

이(中成三太郎)는 우메 밑에서 한국의 부동산을 조사했으며, 만철의 구관 조사원이던 스기모토(杉本吉五郎)는 만주국 토지국의 고문이 되어 토지국 지정(地政)에 관한 조사의 전체 기획입안을 지도했고, 역시 만철의 구관조사원이던 아마미(天海謙三郎)도 스기모토를 따라 만주국 임시토지제도조사위원회 위원이 되어 만주의 지적과 황산(皇産)을 조사했다. 조선토지조사사업의 실무책임자였던 와다(和田一郎)도 만주국 토지국 고문에 임명되었다.

조사 과정의 유사성도 찾아볼 수 있다. 비교사적으로 볼 때 유사한 측면이 있을 뿐 아니라, 구체적으로도 식민지 상호 간에 영향을 미치고 있다. 만주국 토지조사 시에 참고한 문헌을 살펴보면, 만주 지역에 관련된 자료 이외에 『중화민국 지정회의 개요』, 『조선총독부 토지조사에 관한 시행(試行)』, 『대만토지조사보고서 발췌』, 『조선에 있어서 토지조사사업의 개요』, 『명치유신(明治維新) 토지제도개혁의 일고찰』, 『대만 및 조선에 있어서 토지조사사업의 개요에 대하여』, 『대만대조권 처분 개요』, 『관동주토지조사령』, 『조선토지조사령』, 『대만토지조사규칙』, 『남양군도 토지조사에 대하여』 등이 있고, 이들 자료를 프린트하여 집무상의 참고자료로 배부했다고 한다.[37] 이 목록에서 뒷 시기의 토지조사는 앞 시기의 것을 충분히 고려하고 있음을 알 수 있다.

참고문헌

福島正夫, 「岡松參太郎博士の臺灣舊慣調査と華北農村慣行調査における末弘嚴太郎博士」, 『東洋文化』 25, 東京大學 東洋文化硏究所, 1958.

田中愼一, 「朝鮮における土地調査事業の世界史的位置」, 『社會科學硏究』 29-3, 30-2, 東京大學, 1976.

37 地籍整理局 編, 『滿洲帝國民政部土地局史』, 1937, 55-59쪽.

宮嶋博史,「朝鮮土地調査事業研究序說」,『アジア經濟』19-9, 1978(『한국근대경제사 연구』, 사계절, 1983).
春山明哲,「植民地における舊慣と法」,『季刊三千里』41, 三千里社, 1985년 봄.
宮嶋博史,「比較史的 視點에서 본 朝鮮土地調査事業: 이집트와의 비교」,『근대조선의 경제구조』, 비봉출판사, 1989.
宮嶋博史,「동아시아에서의 근대적 토지변혁: 구일본제국의 지배지역을 중심으로」,『경제사학』 제17호 별책, 경제사학회, 1993(中村哲 編,『東アジア資本主義の形成』, 青木書店, 1994에 수록).
宮嶋博史,「東アジア小農社會の形成」,『アジアから考える』6, 東京大學出版會, 1994.
笹川裕史,「中華民國時期の土地行政と日本」,『近代中國と日本』, 曾田三郎 編著, 御茶の水書房, 2001.
Lee, Young-ho, "Colonial Modernity and the Investigation of Land Customs: A Comparison of Japan, Taiwan, and Korea," *Korea Journal* Vol. 44 No. 2, Summer 2004, Korean National Commission for UNESCO.
이승일,「일제의 동아시아 구관조사와 식민지 법 제정 구상: 대만과 조선의 구관입법을 중심으로」,『한국사연구』151, 한국사연구회, 2010.
Sui-Wai Cheung, eds., *Colonial Administration and Land Reform in East Asia*, Routledge: New York, 2017.

6. 맺음말

토지조사사업에 대한 평가는 1980년대 이전에는 제국주의의 수탈성 및 폭력성이 강조된 데 비해, 1980년대 이후에는 근대성이 강조되는 양상을 보인다. 수탈성을 강조한 연구는 대만에 대해 지양(江丙坤), 만주 지역에 대해 아사다(淺田喬二), 한국에 대해 신용하의 연구가 있고, 오키나와(沖繩)에서 구관온존 정책을 수탈과 차별로 보는 인식이 같은 계열에 있다고 볼 수 있을 것이다.

일본에서도 그러한 흐름이 일찍이 존재했다. 대표적으로 후쿠시마(福島正夫)의 견해를 들 수 있다. 그의 견해는 연구의 결과로서 나온 것이 아니라 지양의 저작에 대한 서평에서 간단히 언급된 것이지만, 1980년대 이전 일본인 연구자의 입장을 확인할 수 있다. 그는 "일본의 식민지 경영은 이처럼 구래의 토지제도를 변혁하여 일본형(日本型) 사적 토지소유권으로 개조하는 것을 시초로 한다. 이것은 토지관계의 황화(皇化)정책이라고 말해도 좋을까? 황화는 그러나 식민지 착취의 수단, 특히 가혹한 방법이다. 서구 열강의 아시아 식민지 경영은 그렇지는 않았다. 영국은 인도에서 자민다리제를 하고 네덜란드는 인도네시아에서 아닷트법을 존중했다. 함부로 강권을 구사하여 토지제도를 본국화, 혹은 그것에 근사한 것으로 개편하려고 한 것은 일본 식민지 통치의 특징이라고 하여 좋다"라고 했다. 그렇지만 지양이 전통적 토지제도를 연구하기 위해 식민지에서 구관조사를 실시했음을 상기한 것에 대해서는 긍정적으로 평가하고 있다.[38] 어떻게 보면 구관조사는 그러한 강권적 식민통치의 면죄부 역할을 한 것인지도 모른다.

이러한 흐름에 대한 비판적 견해는 1980년 이후 나타나기 시작한다. 오키나와에서는 구관온존론에 대한 비판이 있고, 대만에서는 구관조사사업이 대만 입법에 미친 영향을 연구하는 방향으로, 한국에서는 수탈성을 비판하는 방향으로, 만주 지역에서도 제국주의적 침략적 의도를 외면하는 방향에서의 연구가 진행되고 있다. 이러한 경향을 총괄적으로 정리한 것이 미야지마(宮嶋博史)의 연구이고, 중국을 대상으로 사사카와(笹川裕史)의 연구가 보조를 같이하고 있다.

전반적으로 볼 때 토지조사사업에 대한 연구는 그 중요성에 비해

38 福島正夫, 「書評 『臺灣地租改正の硏究』(江丙坤, 東京大學出版會, 1974)」, 『土地制度史學』 67, 토지제도사학회, 1975(『福島正夫著作集』 第8卷, 勁草書房, 1995).

연구의 양적 축적이 많은 편은 아니다. 연구는 개별 국가나 지역 단위로 이루어지는 경향이 많고, 일본의 토지개혁에 대한 연구는 물론 방대하고, 식민지의 경우는 한국이 많은 편이다. 비교사적 연구는 많지 않다.

식민지 토지조사의 비교는 제국주의 본토 및 식민지 각각에서 진행된 토지조사, 그리고 상호 간의 관련 및 비교사적 특징을 규명하는 것으로 충분하지는 않다. 토지조사의 방법과 의의가 식민정책의 성격과도 연결되므로 선진 자본주의 국가들의 식민정책 및 토지조사와도 연관되어야 할 것이다. 미야지마가 한국과 이집트의 경우를 비교 분석한 것은 선구적이다.[39] 선진 자본주의 국가들이 후진 지역을 식민지·반식민지로 영유하면서 실시한 각종 기초조사, 특히 토지조사의 방식과 성격을 검토하여 이를 일본제국의 경우와 비교 평가하는 것이 필요할 것이다. 일국사적 범위나, 일본제국 식민지의 범위를 넘어서서 제국주의-식민지 시대의 전체 구조를 거시적으로 살피고, 그 가운데 토지조사사업을 위치 지우는 것이 필요하다고 본다.[40] 그러나 이 작업은 매우 방대하고 힘겨운 것이 될 것이다.

근대국가로의 이행에 있어서나 새로운 식민지의 통치에 있어서나 토지와 함께 인민의 장악이 통치의 관건이 된다. 그래서 일본은 토지제도의 변혁과 동시에 호적제도의 개편을 추진했다. 토지조사는 구관을

---

39 宮嶋博史, 「比較史的 視點에서 본 朝鮮土地調査事業: 이집트와의 비교」, 『근대조선의 경제구조』, 비봉출판사, 1989.

40 農政調査會, 『アジヤの土地問題』, 1956; 大和田啓氣 編, 『アジアの土地改革』 1·2, アジア經濟研究所, 1962-1963; 石井章 編, 『ラテンアメリカの土地制度と農業構造』, アジア經濟研究所, 1983; 中村哲, 『近代世界史上の再構成』, 青木書店, 1991(안병직 역, 『세계자본주의와 이행의 이론: 동아시아를 중심으로』, 비봉출판사, 1991) 참조.

조사하여 이를 그대로 적용할 것인가를 두고 고민하면서 청국 통치 지역에서는 구관을 일부 인정하고, 한국에서는 구관이 일본의 소유권 규정에 유사하다고 보는 등 차이가 있지만, 그래도 전반적으로 일지일주(一地一主)의 토지소유권 규정으로 통일해 가는 양상을 보인다. 그러나 호적의 경우에는 구관의 조사에 기초하여 구관을 대체로 인정했다. 토지는 소유의 대상으로서 일본의 법제에 통합되는 것이 유리했지만, 인민은 통치의 대상이기 때문에 통치방침을 어떻게 정하는가에 달려 있었다. 일본민적과는 별도로 조선민적, 대만민적을 따로 두고 만주국은 독립국의 외양을 취한 것처럼 인민을 장악하기 위한 방법은 달랐다. 즉 토지와 인민을 장악·통치하는 방법에 차이가 있었다. 이같이 볼 때 토지조사사업 연구는 식민지 통치를 위해 식민지에서 시행한 여러 다른 기초조사와 결합하여 고찰할 필요가 있다. 따라서 토지조사, 호적조사, 기타 기초조사는 식민정책과의 관련 속에서 평가되어야 할 것이다.

참고문헌

1. 자료*

연대기·정기간행물·법령·외교문서(유형별)

『日省錄』; 『承政院日記』; 『高宗實錄』; 『舊韓國官報』

『皇城新聞』; 『時事叢報』; 『대한매일신보』; 『동아일보』; 『조선일보』; 『시대일보』; 『매일신보』; 『東京日日新聞』; 『大韓自强會月報』; 『大韓協會會報』; 『韓國中央農會報』; 『朝鮮農會報』; 『財務週報』; 『財務彙報』; 『度支部公報』; 『韓國財務經過報告』; 『臨時土地調査局局報』; 『朝鮮總督府統計年報』; 『朝鮮總督府施政年報』

『續大典』; 『韓末近代法令資料集』; 『統監府法令資料集』; 『結戶貨法稅則』(규장각 古15127-10, 규장각 想白古8351.71-G989)

『駐韓日本公使館記錄』; 『日本外交文書』; 『日韓外交資料集成』; 『韓日外交未刊極秘史料叢書』

공문서(유형별)

『忠勳府謄錄』(규장각 15048의1); 『龍洞宮謄錄』(규장각 19573); 『龍洞宮公事冊』(규장각 19574); 『版籍司謄錄』(규장각 18182); 『牧場色謄錄』(규장각 19561)

『公文編案』(규장각 18154); 『訓令編案』(규장각 17876, 탁지부); 『訓令照會存案』(규장각 19143, 內藏院); 『宮內府來去案』(규장각 20054); 『統監府來去案』(규장각 17850); 『統監府來文』(규장각 17849); 『度支部各部院等公文來去文』(규장각 17877-제24책, 量地衙門); 『度支部內部公文來去牒』(규장각 17881); 『漢城府去來案』(규장각 17984); 『平理院來去文』(규장각 17813, 외부); 『農商工部來去文』(규장각 17782); 『宮內府案』(규장각 17801); 『照牒』(규장각 17277의11); 『訓謄冊』(규장각 古5120-149); 『京畿各郡報告』(『各司謄錄』 2, 국사편찬위원회); 『前

* 자료는 먼저 유형별로 구분하고 유형 안에서 지역별로 구분했다. 또한 연도순으로도 정리했다.

整理所指令諸案』(규장각 21937); 『各官廳公文原本』(규장각 17272); 『完北隨錄』(규장각 古5121-1); 『中樞院獻議』(국사편찬위원회 中B13G-89. 목록의 제목은 『田案式』임)

『司法稟報』 甲(규장각 17278); 『司法稟報』 乙(규장각 17279); 『소장』(규장각 17281-18책, 법부); 『京畿各郡訴狀』(『各司謄錄』 3, 국사편찬위원회); 『各道各郡訴狀』(규장각 19164)

『면목리 국유초생지가 국유미간지이용법에 해당하는지 여부에 관한 내각청의서』(규장각 24526, 1910년 2월 24일); 『내각회의(東大門外 면목리 국유초생지 매각에 관한 건)』(규장각 24527, 1910년 2월); 『국유초생지매각청의서』(규장각 24557, 1910년 2월 9일)

『交河農桑社節目』(1885년 2월, 규장각 古4256-44, 1885년 2월); 『農桑會社章程』(규장각 15322, 1894년 10월)

장부 (지역별)

『義城郡北部面第一起手』(규장각 20876, 1900년, 帿竹員, 上城洞); 『義城郡北部面第二』(규장각 26311, 帿竹員); 『義城郡北部面中里第三』(규장각 20993, 中里); 『義城郡北部面野學第十五』(규장각 20994, 道吐洞); 『義城郡北部面九習坪野草第十六』[『明禮宮秋收冊』(규장각 21913에 수록); 『未詳地量案』[『明禮宮秋收冊』(규장각 21913에 수록)

『龍仁郡量案』 (규장각 17644); 『龍仁郡量案抄』(규장각 17645, 1900년)

『京畿安山郡量案』(규장각 17654, 양지아문, 1900년); 『安山石場屯量案』(규장각 18997); 『仁川石場屯量案』(규장각 18996); 『宮內府所管京畿安山郡各屯土査檢案』[궁내부 사검위원, 1899년 9월, 『經理院驛屯土成冊』(규장각 21046)에 수록]; 『龍洞宮安山草山面下上里秋收冊』(1869년 9월, 규장각 20558, 舍音 安再祿)

『沙川面新草梁員田畓行審』(규장각 18110의2, 동래부, 1871년 9월); 『慶尙南道東萊郡沙中面量案』(규장각 18111의1, 지계아문, 1904년 5월); 『慶尙南道東萊郡量案』(규장각 18111); 『慶尙南道東萊郡家戶案』(규장각 17947)

『慶尙南道昌原郡各面公土成冊』(규장각 17956, 1904년 음력 9월); 『昌原府龍洞宮屯田畓灾陳物故作者石數懸錄成冊』(규장각 18604, 1671년 10월); 『慶尙道昌原府所在龍洞宮田畓改打量成冊』(규장각 18317, 1674년 10월); 『昌原府所在龍洞宮屯田畓收稅穀物數成冊』(규장각 20350, 1678년 3월); 『慶尙道昌原府所在龍洞宮屯田畓落漏處及陳還起加耕庫員改打量成冊』(규장각 18318 또는 18319, 1693년 11월); 『慶尙道昌原府所在龍洞宮田畓庚子量案』(규장각 18324, 1722년 2월);

『昌原府所在龍洞宮田畓改量成冊』(규장각 18325, 1791년 6월); 『慶尙南道昌原郡所在庄土柳聖杓提出圖書類』(규장각 19302의 제3책); 『導掌決定原案』 제6호(규장각 21669, 임시재산정리국)

『陰竹郡所在龍洞宮屯田畓打量行審冊』(규장각 18296); 『京畿陰竹郡量案』(규장각 17659); 『龍洞宮秋收冊』(규장각 22041)의 11번째 책 『龍洞宮栗屯稅井冊』(1900년); 『陰竹屯秋收成冊』(규장각 20784, 1907년); 『龍洞宮陰竹屯打賭稅冊』(규장각 19297, 전 4책, 1876-1879년); 『龍洞宮陰竹屯秋收成冊』(규장각 20323, 1893년); 『龍洞宮陰竹屯秋收成冊』(규장각 20324, 1896년); 『陰竹屯秋收冊』(규장각 20563, 1897년); 『龍洞宮陰竹屯秋收成冊』(규장각 20337, 1898년); 『陰竹屯秋收冊』(규장각 20569, 1901년); 『龍洞宮陰竹屯秋收成冊』(규장각 20317, 1905년); 『陰竹郡屯田打賭稅成冊』(규장각 26482, 1906년); 『陰竹屯秋收成冊』(규장각 20784, 1907년); 『龍洞宮栗屯稅井冊』(규장각 22041, 1900년); 『陰竹郡所在龍洞宮屯田畓打量行審冊』(규장각 18296, 1900년 5월)

『忠淸南道溫陽郡量案』(규장각 17667, 양지아문, 1900년, 18책); 『忠淸南道溫陽郡量案』(규장각 17667, 1900년) 중초책 제7·8·9책(일북면); 『忠淸南道溫陽郡量案』(규장각 17666, 1901년); 『충청남도아산군양안』(규장각 17664, 양지아문, 1900년); 『忠淸北道忠州郡量案』(규장각 17682, 양지아문, 1900년); 『江原道杆城郡田畓量案』(규장각 17692, 지계아문, 1903년)의 제11책 『江原道杆城郡家舍案』.

『大韓帝國田畓官契』(국립중앙도서관 古6741-2); 『大韓帝國田畓官契』(규장각 20990); 『大韓帝國田畓官契』(규장각 20814)

『春川所在田畓量案』(규장각 18588, 1857년); 『寶城郡栗於面上下道新量案』(고려대학교 신암문고 B8-A142, 1909년 6월 3일)

『陽城郡鐵道犯入田畓成冊』(규장각 16348, 1904년 5월); 『果川郡鐵道犯入田畓成冊』(규장각 16357, 1906년 12월); 『始興郡鐵道犯入田畓成冊』(규장각 16353, 1905년 5월); 『富平郡鐵路犯入田畓斗落結卜查執成冊』(규장각 16347, 1899년 12월); 『高陽郡境內鐵道犯入成冊』(규장각 16354, 1905년 12월); 『交河郡鐵路犯入田畓成冊』(규장각 16350, 16355. 전자는 1904년 11월, 후자는 1906년 1월); 『長湍郡鐵道犯入田畓成冊』(규장각 16349, 1904년 11월); 『豊德郡鐵路犯入田畓成冊』(규장각 16351, 1905년 1월); 『平安北道定州郡鐵路犯入田畓斗落耕數及結負與作人姓名成冊』(규장각 16453, 1905년 1월); 『漢城府軍用鐵道犯入成冊』(규장각 16358, 16359. 전자는 1904년, 후자는 1905년); 『開城府軍用鐵道犯入田畓成冊』(규장각 16352, 1905년 4월); 『鐵道用地明細書』(규장각 19478)

『南川面小名成冊』(규장각 27076, 金山郡, 1897년); 『代項面各洞小名成冊』(규장각

27075, 金山郡, 1897년); 『潭陽郡各面類草』(규장각 27468); 『襄陽郡改所耕衿記』(국립중앙도서관 한80-27)

『內需司及各宮房田畓總結與奴婢總口都案』(규장각 9823, 1787년 11월); 『明禮宮新買新屬田畓收稅摠案』(內別置)(규장각 19580); 『內藏院各道公土案』(규장각 19614-제11책); 『京畿管下四府三十四郡收租成冊』(규장각 17899); 『京畿管下三府三十五郡收租成冊』(규장각 17900)

『內需司庄土文績』(규장각 19307); 『圖書文績類』(규장각 19299); 『江原道春川郡北內面所在庄土明禮宮提出圖書文績類』(규장각 19304의 제13책); 『忠淸南道平澤郡所在庄土朴弘來提出圖書文績類』(규장각 19300의 제7책); 『忠淸南道平澤郡南面所在庄土明禮宮提出圖書文績類』(규장각 19300의 제39책); 『忠淸南道平澤郡所在庄土朴弘來提出圖書文績類』(규장각 19300의 제7책)

『龍洞宮捧上冊』(1825-1907년, 규장각 19047, 19048, 19043, 19042); 『龍洞宮捧上井間冊』(규장각 19575); 『龍洞宮捧上重草冊』(규장각 19043) 『龍洞宮捧上井間冊』(규장각 19575) 제6책(1869-1878년)

『土地調査簿』(국가기록원, 용인군, 부천군, 안산군, 창원군)

창원군 『국유지통지서』, 『토지신고서』, 『토지조사부등본』, 『결수연명부』, 『실지조사부』

한국 관련 간행물 (연도순)

統監府 財政顧問部, 『韓國歲計計劃案(參考資料)』, 1906年 6月.

不動産法調査會, 『韓國不動産ニ關スル調査記錄』, 1906年 8月.

內閣不動産法調査會, 『土地及建物ノ賣買贈與交換及典當ノ證明ニ關スル規則及指令等要錄』, 1907.

不動産法調査會, 『韓國ニ於ケル土地ニ關スル權利一斑』, 1907年 6月.

仁川開港二十五年史紀念會, 『仁川開港二十五年史』, 1908(『역주 인천개항25년사』, 인천광역시 역사자료관, 2008); 加瀨和三郞, 『仁川開港二十五年史』, 玉鳴館, 1908(『역주 인천개항25년사』, 인천광역시 역사자료관, 2004).

大丘財務監督局, 『隆熙二年財務一斑』, 1908.

梅謙次郞, 『韓國立法事業担任當時ニ於ケル起案書類』, 日本 法政大學 圖書館; 梅謙次郞, CD1-4.

『朝鮮慣習調査報告一括』 第15卷 『地劵制度案』, Harvard-Yenching Library.

『藤田家文書』, 日本國會圖書館.

『地稅例規綴』(국가기록원), '光武新量按調製沿革調査書'.

東洋拓殖株式會社, 『제1기 영업보고서』, 『제2기 영업보고서』.

川上常郎,『土地調査綱要』, 1909年 2月.
度支部,『土地調査參考書』, 1909.
統監府地方部,『土地建物證明ニ關スル諸法令及實例要錄』, 1909年 11月.
度支部,『韓國土地調査計劃書』, 1910年 1月.
朝鮮總督府 臨時土地調査局,『土地調査事業の說明』(팸플릿).
內部 警務局,『民籍事務概要』, 1910.
荒井賢太郎,『韓國財政施設綱要』, 度支部, 1910.
山口精,『朝鮮産業誌』, 寶文館, 1910.
『朝鮮土地調査法關係一件』(일본국립공문서관 아시아역사자료센터 소장).
『測地課業務顚末書』.
朝鮮總督府 臨時土地調査局,『臨時土地調査局局報』(한국역사연구회 편,『국보』, 국학자료원, 2004).
『三角測量作業結了報告』(저자 불명, 이진호 역주, 우물, 2001).
『國有地調査書(抄)』.
朝鮮總督府,『驛屯土實地調査概要』, 1911.
荒井賢太郎,『臨時財産整理局事務要綱』, 度支部, 1911.
山縣伊三郎,『土地調査事業現況報告書』, 1911年 6月.
朝鮮總督府,『慣習調査報告書』, 1912.
朝鮮總督府,『舊韓國地方行政區域名稱一覽』, 1912.
『郡面廢合關係書類』(국가기록원), 1914.
東洋拓殖株式會社,『植民事業各地方別成績』, 1915년 12월조, 마산출장소식민성적.
越智唯七 編纂,『新舊對照朝鮮全道府郡面里洞名稱一覽』, 1917
朝鮮總督府 臨時土地調査局,『朝鮮土地調査事業報告書』, 1918.
朝鮮總督府 臨時土地調査局,『朝鮮土地調査事業報告書 追錄』, 1919年 5月.
和田一郎,『朝鮮土地地稅制度調査報告書』, 宗古書房, 1920.
田尻稻次郎,『生きるの道』, 東亞堂, 1920.
早川保次,『朝鮮不動産登記の沿革』, 大成印刷社出版部, 1921.
淺見倫太郎,『朝鮮法制史稿』, 巖松堂書店, 1922.
朝鮮總督府殖産局,『朝鮮の灌漑及開墾事業』, 1922.
東洋拓殖株式會社,『동양척식주식회사20년지』, 1928.
朝鮮總督府,『朝鮮の小作慣行』, 1932.
朝鮮總督府中樞院,『朝鮮舊慣制度調査事業概要』, 1938.
松本重威,『男爵 目賀田種太郎』, 男爵目賀田種太郎編纂會, 1938.

朝鮮總督府 中樞院, 『朝朝鮮田制考』, 1940.
서울역사박물관, 『1908 한성부 지적도』, 2015.

일본 · 대만 관련 간행물 (연도순)

『全國民事慣例類集』, 明治文化全集 第13卷 法律篇, 1880.
『民法決議』, 明治文化全集 第13卷 法律篇, 日本評論新社(1957年 改版).
臨時臺灣土地調査局, 『臨時臺灣土地調査局 第1回事業報告』, 1902.
石阪莊作 編, 『臺嶋踏査實記』(增訂再版), 臺灣日日新報社, 1904.
梅陰子, 「臺灣舊慣調査事業沿革資料」, 『臺灣慣習記事』 第4卷 3號, 臺灣慣習研究會, 1904年 3月.
東鄕實, 『日本殖民論』, 文武堂藏版, 1906.
千島兵次郎 編, 『臺灣制度大要』, 臺法月報發行所, 1910年 6月(1911年 1月 再版).
臨時臺灣舊慣調査會, 『土地登記トルレンス氏制度』, 東洋印刷株式會社, 1910
立石駒吉 編, 『後藤新平論集』, 東京堂, 1911.
持地六三郎, 『臺灣殖民政策』, 富山房, 1912.
東鄕實, 『臺灣農業殖民論』, 富山房, 1914.
片山秀太郎, 「岡松博士と臺灣の立法」, 『臺灣時報』 第31號, 臺灣總督府, 1922年 2月號.
臺灣總督府殖産局, 『臺灣に於ける母國人農業植民』, 1929.
片山敬次, 『北海道拓殖誌』, 北海道廳拓殖部開墾科, 1931.
大園市藏, 『臺灣施政四十年史』, 日本殖民地批判社, 1935.
拓殖銀行調査科, 『我國特に北海道に於ける耕地擴張及改良事業に就て』, 調査要錄 63號, 1940年 3月.
手塚豊, 『明治初年の民法編纂: 江藤新平の編纂事業とその草案』, 司法資料 別冊 第21號, 司法省 秘書課, 1944.
中村哲 解題, 『後藤新平, 日本植民政策一斑 · 日本膨脹論』, 日本評論社, 1944.
日本外務省 條約局法規課, 『臺灣の委任立法制度』, 1959.

2. 저서

(가나다순)

김양식, 『근대권력과 토지: 역둔토 조사에서 불하까지』, 해남, 2000.
김용덕, 『明治維新의 토지세제개혁』, 일조각, 1989.

김용섭, 『한국근대농업사연구』(증보판) 상·하, 일조각, 1984.
김용섭, 『한국근현대농업사연구』, 일조각, 1992.
김현숙, 『근대한국의 서양인 고문관들』, 한국연구원, 2008.
김홍식 외, 『대한제국기의 토지제도』, 민음사, 1990.
김홍식 외, 『조선토지조사사업의 연구』, 민음사, 1997.
리진호 외 엮음, 『사진으로 엮은 측량의 역사』, 우물, 2006.
박병호, 『韓國法制史攷』, 법문사, 1974.
박영한·오상학, 『조선시대 간척지개발』, 서울대학교출판부, 2004.
박흥수, 『도량형과 국악논총』, 박흥수선생화갑기념논문집간행회, 1980.
배영순, 『한말 일제초기의 토지조사와 지세개정』, 영남대학교출판부, 2002.
서영희, 『대한제국 정치사 연구』, 서울대학교출판부, 2003.
송양섭, 『조선후기 둔전 연구』, 경인문화사, 2008.
신영우 편, 『광무양안과 진천의 사회경제 변동』, 혜안, 2007.
신영우 편, 『광무양안과 충주의 사회경제구조』, 혜안, 2010.
신용하, 『조선토지조사사업연구』, 지식산업사, 1982.
왕현종, 『한국근대 토지제도의 형성과 양안: 지주와 농민의 등재 기록과 변화』, 혜안, 2016.
왕현종, 『대한제국의 토지조사와 토지법제』, 혜안, 2017.
유용태 엮음, 『동아시아의 농지개혁과 토지혁명』, 서울대학교출판문화원, 2014.
이영미, 『韓國司法制度ト梅謙次郞』, 法政大學出版局, 2005, 67-86쪽(김혜정 옮김, 『한국사법제도와 우메 겐지로』, 일조각, 2011).
이영호, 『한국근대 지세제도와 농민운동』, 서울대학교출판부, 2001.
이영훈, 『조선후기 사회경제사』, 한길사, 1988.
李榮薰·張矢遠·宮嶋博史·松本武祝, 『근대조선 수리조합 연구』, 일조각, 1992.
정연태, 『식민권력과 한국농업』, 서울대학교출판문화원, 2014.
鄭鍾休(Jeong Jong-Hyu), 『韓國民法典ノ比較法的硏究』, 創文社, 1989.
조석곤, 『한국근대 토지제도의 형성』, 해남, 2003.
최원규, 『한말 일제초기 토지조사와 토지법 연구』, 연세대학교 사학과 박사학위논문, 1994.
한국역사연구회 토지대장연구반, 『대한제국의 토지조사사업』, 민음사, 1995.
한국역사연구회 토지대장연구반, 『조선후기 경자양전 연구』, 혜안, 2008.
한국역사연구회 토지대장연구반, 『대한제국의 토지제도와 근대』, 혜안, 2010.
한국역사연구회 토지대장연구반, 『일제의 창원군 토지조사와 장부』, 선인, 2011.

한국역사연구회 토지대장연구반, 『일제의 창원군 토지조사사업』, 선인, 2013.

Edwin H. Gragert, *Landownership Under Colonial Rule: Korea's Japanese Experience, 1900-1935*, Honolulu: University of Hawaii Press, 1994.

Gi-Wook Shin & Michael Robinson, eds., *Colonial Modernity in Korea*, Cambridge, Mass. & London; Harvard University Press, 1999(신기욱·마이클 로빈슨 엮음, 도면회 옮김, 『한국의 식민지 근대성』, 삼인, 2006).

Patrick H. Hase, *Custom, Land and Livelihood in Rural South China: The Traditional Land Law of Hong Kong's New Territories, 1750-1950*, Hong Kong University Press, 2013.

Philip C. C. Huang, *Code, Custom, and Legal Practice in China: The Qing and the Republic Compared*, California: Stanford University Press, 2001.

Ramon H. Myers & Mark R. Peattie, eds., *The Japanese Colonial Empire, 1895-1945*, Princeton, N. J.: Princeton University Press, 1984.

Tay-sheng Wang, *Legal Reform in Taiwan under Japanese Colonial Rule, 1895-1945*, Seattle and London, University of Washington Press, 2000(Chapter 2. Reception of Western Law in Colonial Legislation).

(연도순)

矢內原忠雄, 『植民及植民政策』, 有斐閣, 1926.

安田泰次郎, 『北海道移民政策史』, 生活社, 1941.

津下剛, 『近代日本農史研究』, 光書房, 1943.

小倉武一, 『土地立法の史的考察』, 農林省農業總合研究所, 1951.

丹羽邦男, 『明治維新の土地變革』, 御茶の水書房, 1962.

鶴見祐輔, 『後藤新平』, 勁草書房, 1965.

福島正夫, 『地租改正の研究』(增訂版), 有斐閣, 1970.

淺田喬二, 『日本帝國主義下の民族革命運動』, 未來社, 1973.

江丙坤, 『台灣地租改正の研究: 日本領有初期土地調査事業の本質』, 東京大學出版會, 1974.

安秉玲, 『朝鮮近代經濟史研究』, 日本評論社, 1975.

馬場昭, 『水利事業の展開と地主制』, 御茶の水書房, 改裝版, 1978.

宮川澄, 『日本における近代的所有權の形成』(改裝版), 御茶の水書房, 1978.

石井良助, 『民法典の編纂』, 創文社, 1979.

田村貞雄, 『地租改正と資本主義論爭』, 吉川弘文館, 1981.

福島正夫編,『日本近代法體制の形成』, 日本評論社, 1982.
塚田利和,『地租改正と地積調査の研究』, 御茶の水書房, 1986.
佐藤甚次郎,『明治期作成の地籍圖』, 古今書院, 1986.
福島正夫,『日本資本主義の發達と私法』, 東京大學出版會, 1988.
雌谷開作,『日本の近代化と土地法』, 日本評論社, 1988.
淺田喬二,『增補 日本帝國主義と舊植民地地主制: 臺灣·朝鮮·滿洲における日本人大土地所有の史的分析』, 龍溪書舍, 1989.
宮嶋博史,『朝鮮土地調査事業史の研究』, 東京大學 東洋文化研究所, 1991.
『岩波講座 近代日本と植民地』第1卷 植民地帝國日本, 岩波書店, 1992.
『福島正夫著作集』第3卷 土地制度, 第4卷 民法(土地·登記), 勁草書房, 1993.
福島正夫,『福島正夫著作集』第4卷, 勁草書房, 1993.
北條浩,『地券制度と地租改正』, 御茶の水書房, 1997.

3. 논문

(가나다순)
권태억,「1904-1910년 일제의 한국침략 구상과 '시정개선'」,『한국사론』31, 서울대학교 국사학과, 1994.
김건태,「광무양전의 토지파악방식과 그 의미」,『대동문화연구』84, 성균관대학교 대동문화연구원, 2013.
김건태,「광무양전과 조선후기 양전의 관계: 경기도 용인 오산리 사례」,『대동문화연구』92, 성균관대학교 대동문화연구원, 2015.
김소라,「광무양안과 토지대장을 통해본 광무양전의 성격: 충남 한산군 창외리와 경북 경주군 구정동 사례를 중심으로」,『한국사론』60, 서울대학교 국사학과, 2014.
김용섭,「광무년간의 양전사업에 관한 일연구」,『아세아연구』11-3, 고려대학교 아세아문제연구소, 1968(「광무연간의 양전·지계사업」,『한국근대농업사연구』증보판 하, 일조각, 1984 수록).
김용섭,「수탈을 위한 측량: 토지조사」,『한국현대사』4, 신구문화사, 1969.
김용섭,「한말에 있어서의 중답주와 역둔토지주제」,『동방학지』20, 연세대학교 국학연구원, 1978.
김용섭,「갑신·갑오개혁기 개화파의 농업론」,『한국근대농업사연구』증보판 하, 일조각, 1984.

김용섭,「재령 동척농장의 성립과 지주경영 강화」,『한국근현대농업사연구』, 일조각, 1992.
김용섭,「일제의 초기농업식민책과 지주제」,『한국근현대농업사연구』, 일조각, 1992.
김재훈,「한말 일제의 토지점탈에 관한 연구: 국유미간지이용법(1907년)을 중심으로」, 한국정신문화연구원 경제학 석사학위논문, 1983. 12.
김태웅,「1910년대 전반 조선총독부의 취조국·참사관실과 '구관제도조사사업'」,『규장각』 16, 서울대학교 규장각, 1993.
도진순,「19세기 궁장토에서의 중답주와 항조: 재령 여물평장토를 중심으로」,『한국사론』 13, 서울대학교 국사학과, 1985.
宮嶋博史,「광무양안의 역사적 성격」,『대한제국기의 토지제도』, 민음사, 1990.
宮嶋博史,「동아시아에서의 근대적 토지변혁: 구일본제국의 지배지역을 중심으로」,『경제사학』 17 별책, 경제사학회, 1993.
宮嶋博史,「광무양안과 토지대장의 비교분석: 충남 논산군의 사례」,『조선토지조사사업의 연구』, 민음사, 1997.
박성준,「대한제국기 내장원의 역둔토 경영의 성격」,『조선시대사학보』 6, 조선시대사학회, 1998.
박준성,「17·18세기 궁방전의 확대와 소유형태의 변화」,『한국사론』 11, 서울대학교 국사학과, 1984.
박진태,「갑오개혁기 국유지조사의 성격」,『성대사림』, 12·13, 성균관대학교사학회, 1997.
박진태,「일제 통감부시기의 역둔토 실지조사」,『대동문화연구』 32, 성균관대학교 대동문화연구원, 1997.
박진태,「통감부시기 황실재산의 국유화와 역둔토정리」,『사림』 18, 수선사학회, 2002.
박진태,「일제의 역둔토실지조사와 분쟁지문제」,『역사문화연구』 20, 한국외국어대학교 역사문화연구소, 2004.
박찬승,「한말 역토·둔토에서의 지주경영의 강화와 항조」,『한국사론』 9, 서울대학교 국사학과, 1983.
배성수,「호조방죽(진청제언)의 축조와 석장둔」,『시흥시사』 2, 시흥시사편찬위원회, 2007.
배성준,「통감부시기 관습조사와 토지권 관습의 창출」,『사림』 33, 수선사학회, 2009.
배영순,「한말 역둔토조사에 있어서의 소유권분쟁」,『한국사연구』 25, 한국사연구회, 1979.
배영순,「한말 司宮庄土에 있어서의 도장의 존재형태」,『한국사연구』 30, 한국사연구회, 1980.
배영순, 「일제하 역둔토불하와 그 귀결」, 『사회과학연구』 2-2, 영남대학교 사회과학연구소, 1982.
배영순, 「조선토지조사사업 기간의 국유지분쟁과 소유권 정리방향」, 『일제의 한국식민통치』, 정음사, 1985.
송규진, 「구한말·일제초(1904-1918) 일제의 미간지 정책에 관한 연구」, 『사총』 39, 고려사학회, 1991.
송찬섭, 「17·18세기 신전개간의 확대와 경영형태」, 『한국사론』 12, 서울대학교 국사학과, 1985.
신용하, 「일제하의 조선토지조사사업과 국유지(역둔토) 창출 및 조사」, 『경제논집』 17-4, 서울대학교 경제연구소, 1979.
양선아, 「생산과 경제」, 『시흥시사』 5, 시흥시사편찬위원회, 2007.
왕현종, 「대한제국기 한성부의 토지·가옥조사와 외국인 토지침탈 대책」, 『서울학연구』 10, 서울시립대학교 서울학연구소, 1998.
왕현종, 「경남 창원지역 토지조사의 시행과정과 장부체계의 변화」, 『역사와 현실』 65, 한국역사연구회, 2007.
유재곤, 「일제통감 伊藤博文의 대한침략정책(1906-1909)」, 『청계사학』 10, 한국정신문화연구원, 1993.
윤대성, 「대한제국의 광무양안에 의한 근대적 소유권의 확립」, 『법사학연구』 24, 한국법사학회, 2001.
윤병석, 「일제의 황무지개척권 요구에 대하여: 1904년 長森명의의 위임계약기도를 중심으로」, 『역사학보』 22, 역사학회, 1964.
이경식, 「17세기의 토지개간과 지주제의 전개」, 『한국사연구』 9, 한국사연구회, 1973.
이상찬, 「일제침략과 왕실재정정리」(1), 『규장각』 15, 서울대학교 규장각, 1992.
이승일, 「일제의 관습조사와 전국적 관습의 확립과정 연구: 『관습조사보고서』의 편찬을 중심으로」, 『대동문화연구』 67, 성균관대학교 대동문화연구원, 2009.
이승일, 「일제의 동아시아 구관조사와 식민지 법 제정 구상: 대만과 조선의 구관입법을 중심으로」, 『한국사연구』 151, 한국사연구회, 2010.
이영학, 「개항기 조선의 농업정책」, 『한국근현대의 민족문제와 신국가건설』, 지식산업사, 1997.
이영학, 「갑오정권의 농업정책」, 『이화사학연구』 52, 이화사학연구소, 2016.
이영호, 「강화도 船頭浦築堰始末碑의 내용과 가치」, 『박물관지』 3, 인하대학교 박물관, 2000.

이영호, 「부평의 수리조합과 지주소작관계」, 『박물관지』 16, 인하대학교 박물관, 2013.
이영훈, 「광무양전의 역사적 성격: 충청남도 연기군 광무양안에 관한 사례연구」, 『근대 조선의 경제구조』, 비봉출판사, 1989.
이영훈, 「광무양전에 있어서 時主 파악의 실상: 충청남도 연기군 광무양안의 사례분석」, 『대한제국기의 토지제도』, 민음사, 1990.
이영훈, 「광무양전에 있어서 時主 파악의 실상: 경기도·충청남도 광무양안 사례분석」, 『省谷論叢』 23, 성곡학술문화재단, 1992.
이영훈, 「토지조사사업의 수탈성 재검토」, 『역사비평』 22, 역사문제연구소, 1993년 가을.
이종범, 「1908-09년 일제의 과세지조사에 관한 실증적 검토: 전라남도 구례군 토지면 오미동 사례」, 『역사와 현실』 5, 한국역사연구회, 1991.
정연태, 「대한제국후기 일제의 농업식민론과 이주식민정책」, 『한국문화』 14, 서울대학교 한국문화연구소, 1993.
정연태, 「대한제국 후기 부동산 등기제도의 근대화를 둘러싼 갈등과 그 귀결」, 『법사학연구』 165, 한국법사학회, 1995.
조석곤, 「조선토지조사사업에 있어서 소유권조사과정에 관한 한 연구」, 『경제사학』 10, 경제사학회, 1986.
조석곤, 「조선토지조사사업에 있어서 소유권 조사과정에 관한 연구」, 『한국근대농촌사회와 농민운동』, 열음사, 1989.
조석곤, 「일제하 역둔토 불하에 관한 연구」, 『경제사학』 31, 경제사학회, 2001.
조석곤, 「토지조사사업 국유지분쟁의 유형화를 위한 시론」, 『대동문화연구』 50, 성균관대학교 대동문화연구원, 2005.
최원규, 「조선후기 서원전의 구조와 경영」, 『손보기박사정년기념한국사학논총』, 1988.
최원규, 「일제의 초기 한국식민책과 일본인 농업이민」, 『동방학지』 77·78·79, 연세대학교 국학연구원, 1993.
최원규, 「대한제국과 일제의 토지권법 제정과정과 그 지향」, 『동방학지』 94, 연세대학교 국학연구원, 1996.
최원규, 「19세기 후반 지계제도와 가계제도」, 『지역과 역사』 8, 부산경남역사연구소, 2001.
최원규, 「일제초기 토지조사 법규정비와 토지신고서」, 『역사문화연구』 17, 한국외국어대학교 역사문화연구소, 2002.
최원규, 「일제의 토지조사사업에서 경남 창원지역의 토지소유권 분쟁: 自如驛 倉屯 사례」, 『지역과 역사』 21, 부경역사연구소, 2007.

최원규, 「한말 일제초기 공토정책과 국유민유 분쟁」, 『한국민족문화』 45, 부산대학교 한국민족문화연구소, 2012.
최창희, 「황무지개척권 반대운동」, 『한국사』 43, 국사편찬위원회, 1999.
한상권, 「정조의 군주론과 왕정」, 『정조와 정조시대』, 서울대학교출판문화원, 2011.

(연도순)
「中國舊慣の調査について: 天海謙三郎氏を中心にした座談會」, 『東洋文化』 25, 東京大學 東洋文化研究所, 1958年 3月.
福島正夫, 「岡松參太郎博士の臺灣舊慣調査と華北農村慣行調査における末弘嚴太郎博士」, 『東洋文化』 25, 東京大學 東洋文化研究所, 1958年 3月.
權寧旭, 「日本統治下の朝鮮における所謂驛屯土問題の實體」, 『朝鮮近代史料研究集成』 3, 財團法人友邦協會 朝鮮史料研究會, 1960.
田中喜男, 「明治後期 朝鮮拓殖への地方的關心: 石川縣農業株式會社の設立お通して」, 『朝鮮史研究會論文集』 4, 朝鮮史研究會, 1968.
戴國煇, 「日本人による臺灣研究: 臺灣舊慣調査について」, 『季刊東亞』 4, , 霞山會東亞學院, 1968年 8月.
黑瀨郁二, 「日露戰爭後の朝鮮經營と東洋拓殖株式會社」, 『朝鮮史研究會論文集』 12, 朝鮮史研究會, 1974.
山根幸夫, 「臨時臺灣舊慣調査會の成果」, 『論集 近代中國と日本』, 山川出版社, 1976.
君島和彦, 「日露戰爭下朝鮮における土地略奪計劃とその反對鬪爭」, 『朝鮮歷史論集』 下, 龍溪書舍, 1978.
宮嶋博史, 「量案から土地臺帳へ」, 『朝鮮民族運動史研究』 5, 靑丘文庫, 1988.
春山明哲, 「臺灣舊慣調査と立法構想」, 『臺灣近現代史研究』 6, 臺灣近現代史研究會, 綠蔭書房, 1988.
春山明哲, 「法學博士·岡松參太郎と臺灣」, 『臺灣近現代史研究』 6, 臺灣近現代史研究會, 綠蔭書房, 1988.
春山明哲, 「明治憲法體制と臺灣統治」, 『岩波講座 近代日本と植民地』 4, 岩波書店, 1993.
小林英夫, 「後藤新平と滿鐵調査部」, 『近代日本と滿鐵』, 小林英夫 編, 吉川弘文館, 2000.

찾아보기

韓国の近代転換期における土地政策と土地調査

李榮昊

本稿では、1894年の甲午改革の後から1910年代の植民地に至るまでの土地政策と土地調査の進行経路をさぐることを目指す。同時期の土地政策は二段階に分けることができるが、韓国政府により推進されたものと日帝当局によって執行されたものである。韓国政府は、1894年の甲午改革の後、駅土･屯土･宮庄土の調査(1894-1904年)と、光武量田地契事業(1899-1904年)を通して土地制度の改革を図る一方、韓国を保護国にした日帝は不動産の慣習調査を実施し、国有と民有とを仕分けて国有地調査(1908-1910年)と民有地調査(1909-1918年)を実施した。

本稿の基本的な観点は以下の二つに纏めることができる。まず、韓国政府による土地政策と日帝による土地政策とを連続的な観点で取り扱う。これまで、同時期における土地政策については、朝鮮後期から大韓帝国に至るまで、土地所有権が進化し、韓国政府が主体的に土地改革を推進していたという見方と、日帝により韓国の土地制度が近代化されたという見方が拮抗してきた。本稿では、このような対立的な観点を超えるべく、日帝による土地調査と植民地土地法制は、韓国政府による主体的土地改革の成果を選択又は排除して推進されたという点に注目したい。連続性とは、選択と排除の方式によるものだと思われる。本稿の第1部においては、韓国政府による主体的土地制度改革の意義を評価する論文を紹介し、第2部及び第3部においては、日帝による土地法制及び土地調査の特徴について取り上げる論文を収録している。

第二に、土地制度の近代化は、必ずしも日本の制度を植えつける方式への帰結を前提にする必要はないという点を強調したい。日本の内国植民地である北海道と沖縄、海外植民地である中国地域の台湾･関東州･満洲及び韓国などに日本の土地制度が一方的に植えつけられ、専一化されたものとみる傾向が強いが、専らそれが土地制度の近代化への唯一の道とはいえない。日本の植民地ではない中国地域において進められた土地制度の改革や中国地域に属しながらも、イギリス式で土地制度の改革が行われた香港に照らしてみると、尚更明からである。さらに、第2次世界大戦の後、中国と台湾や韓国と北朝鮮において、それぞれ異なる形で土地改革が行われた点からも、日本式のみが土地制度の近代化への唯一の道ではなかったことが分かる。土地制度の近代化における多様性を認めるならば、伝統と植民地との関係を断絶や継承の二者対立としてとるのではなく、伝統や慣習が如何に取り扱われ、近代や植民地と結び付くのかさぐることが肝心である。東アジアにおける土地旧慣に関する検討と比較を通して、同じく日本の植民地になったとしても、土地制度の近代化の様相に現われる違いについて検討し、これにより近代化路線の多様性を把握することが必要である。選ばれざる道についても比較史の見方で包容する必要がある。このような観点で、土地旧慣及び土地調査に関し、比較史的に検討した論文を本稿の第4部に収録している。

上述の観点から本稿は総論と4つの部分からなっている。総論では、甲午改革から植民地に至るまで、土地調査と土地法制の変化過程を概観した上、筆者の見方をまとめることとした。韓国政府は、主体的に土地制度の改革を進めたものの、個人の経済的主体性が確立されず、土地所有権の法認には至らなかった点を指摘している。一方、日帝は、本邦と植民地で行った土地制度の改革の経験に基づいて韓国殖民化の方向に鑑み、まず国有地から整理して王室の財政的な基盤を弱体化させ、その次に民有地を調査して資本主義の経済体制に相応しい土地制度を構築していた。本稿の各章において取り上げるテーマは、韓国政府及び日帝当局が用意し、実施した各種の土地政策と土地調査において重要な争点をなすものである。

第1部は、「大韓帝国による土地調査と所有構造」である。光武量田地契事業に関する研究は早くから多岐にわたって行われてきたが、本稿では、事業の結果、作成された『光武量案』を活用した。第1章においては、光武量田地契事業は、地税収入の拡大に向けて既耕地を対象に調べた量田事業と、土地所有権の証書としての地契を発行するために、陳田まで調べた地契事業であり、段階的に展開されたという点に注目した。第2章では、光武量田の結果に不服して民乱が起こり、二回にわたって量田を行わざるを得なかった京畿道龍仁における二つの光武量案を比較分析することで、量田事業と地契事業との相違について具体的に確認した。第3章では、国有地の整理においてカギとなる重層的土地所有、すなわち、中畓主という存在が、光武量案において否定されていることを確認している。

第2部は、「日帝による土地政策と土地調査」である。日帝は、統監府を設置して財政を整理し始めた。これまで、駅土·屯土·宮庄土を駅屯土=国有地にして収奪したという点で、日帝の侵略性をさぐる既往研究がなくはなかったが、第4章では、1907年7月に制定された「国有未墾地利用法」が、「国有地」の概念を創出し、日本人による耕地拡大への道を切り開いたという点で、侵略性を内包していると主張しているのである。第5章では、日帝による土地政策は、証明制度から登記制度への移行過程の途上に地券制度があったことを新しい資料を掘り出して解明した。証明制度は日本人による土地所有の合法化のために臨時的に導入したもので、地券制度及び登記制度は日本資本の活動を保障するために、どっちが有利かを秤にかけて設けられたものであることを確認した。第6章では、土地調査事業を施行する前に韓国住民の反応を確認するため、1909年11月から1910年2月まで京畿道富平郡郡内面·東面·西面において土地試験調査を実施しており、これが朝鮮土地調査事業の実質的な起源であることを主張している。

第3部は「宮庄土·屯土の国有-民有の分岐」である。甲午改革の後、統監府に至るまで国有地整理の中核は、折受·賜与地で生じた重層的土地所有の処理問題である。第7章では、京畿道安山·仁川境界の干拓地の石場屯において、「租100斗型」の屯土が誕生した様相について検討し、甲午改革以降の国有-民有の紛争を経って、その所有権が個人に帰属された過程を追っている。第8章では、慶尚道昌原の竜洞宮田畓から始まっている「租200斗型=永作宮屯」の発生と運営過程を明らかにし、日帝の統監府により「租100斗型」とは異なって、容赦なく国有地に帰属された様相について検討している。第9章では、土地調査事業において国有地調査が如何に行われたか、その具体的な手続を解き明かした。尚、日帝が国有地において中畓主を排除したにもかかわらず、慶尚道昌原郡では、移住日本人が国有地の小作権を確保し、これを再び朝鮮人に小作してもらうといった、跛行的かつ退行的な‘転貸小作制’が流行っていたことを呈している。

第4部は、「日本帝国による植民地土地調査」である。日本は、近代国家として成長し、本邦における土地改革はもちろん、植民地である沖縄(1899-1903年)、台湾(1899-1904年)、朝鮮(1910-1918年)、関東州(1914-1924年)、満洲(1932年-)などにおいても土地調査を実施した。第10章では、日本帝国植民地において旧慣土地制度が如何に処理されたか、その過程を各植民地で比較している。日本では受け継がれるべき近代の土台として、台湾では漸進的な同化のために、満洲では土地買い入れ又は日本人の土地に対する権利の確保のために、韓国では、保護国段階では日本人による土地確保、併合してからは日本と等しい法制の施行のために、旧慣が調査され検討されたという点を主張する。第11章では、日本帝国が植民地において実施した土地調査事業に関する研究成果や資料現況について概括的に点検·比較することで、研究の方向付けを探っている。

今後、植民地における土地調査研究の課題は、日本帝国主義の本邦及び植民地で行われた土地調査事業の相互関連性や比較史的な特徴を具体的に解明する作業になるだろう。それは日本帝国植民地の範囲を超え、帝国主義-植民地時代の全体構造についてマクロ的に検討し、そのなかで、土地調査事業を位置づける作業へまで進められなければならない。

韩国近代转变时期土地政策与土地调查

李榮昊

本文旨在1894年甲午改革后至20世纪10年代殖民地为止，跟踪土地政策和土地调查的渠道。在此时期，土地政策可分为根据韩国政府的推进和由日本帝国当局执行的两阶段。韩国政府自1894年甲午改革后，通过驿土·屯土·宫庄土调查(1894-1904年)和光武量田地契事业(1899-1904年)试图改革土地制度，而将韩国作为保护国的日本帝国实施了不动产惯习调查，区分了国有与民有，并实施了国有地调查(1908-1910年)和民有地调查(1909-1918年)。

本文的基本观点可以概括为两点。第一，以连续性观点看待韩国政府的土地政策和日本帝国的土地政策。关于一直以来对这一时期的土地政策，引发了就韩国政府为自主推进土地改革的观点和根据日本帝国才得以韩国土地制度近代化主张的两派对立。本文为超越这一对立观点，需要关注根据日本帝国的土地调查和殖民地土地法制，是否在选择或排斥韩国政府自主性土地改革的成果下推进的。连续性的含义似乎取决于选择和排斥的方式。本文第一部分是评价韩国政府自主性土地制度改革意义的论文，第二部分和第三部分收录了诠释日本帝国土地法制及土地调查特点的论文。

第二，在这里我想强调，土地制度的近代化无需以日本式制度移植方式作为前提归结。由于日本式土地制度单方面的移植到日本内国殖民地的北海道和冲绳，海外殖民地的中国台湾·关东州·满洲及韩国等地，所以较倾向于专一化，然而仅其内容无法视为土地制度近代化的唯一渠道。我们从非为日本殖民地的中国地区所推进的土地制度改革，或者所属中国地区却以英国式土地制度改革的香港来看，这一主张显得更加确切。而且，第二次世界大战以后在中国·台湾或南·北韩各有不同的土地改革，这一点也显示了日本式并非是土地制度近代化的唯一渠道。在承认土地制度近代化的多元化时，重要的应该是传统与殖民地之间的关系不视为断绝或继承的两派对立，如何对待传统与惯习并探究近代与殖民地的接轨。关于东亚土地旧贯的审视与比较，在同一成为日本殖民地时也需要查看呈现在土地制度近代化的不同点，以此掌握近代化路线的多样性。即使未涉足的部分，也需要以比较式的观点涵盖其多元化。针对这一点，关于土地旧贯及土地调查以比较式研究的论文摘录到本文的第四部分。

本文从以上观点共以总论和四个部分构成。总论阐述了甲午改革以后到殖民地为止，纵观土地调查和土地法制的变迁过程，整理了笔者的观点。韩国政府虽以自主推进了土地制度的改革，但因未能确立个人的经济自主性，没能达到土地所有权法认。然而，日本帝国在以本国和殖民地执行的土地制度改革经验作为奠基，又考虑韩国殖民化的方向优先着手整理了国有地，以此削弱了王室的财政基础，接着调查民有地建立符合资本主义经济体制的土地制度。本文各章收录的主题均以韩国政府和日本帝国当局筹备并实施的各项土地政策与土地调查中，由重要争议内容所构成。

第一部分是“大韩帝国的土地调查和所有结构”。关于光武量田地契事业的研究早已从全面展开，而在本文采用了经事业结果拟定的《光武量案》。第一章中需要关注的是，逐次展开光武量田地契事业为扩大地税收入针对既耕地调查的量田事业，以及为签发土地所有权证明的地契连陈田都调查的地契事业。第二章，因不服光武量田的结果引起了民乱，通过比较分析两次量田的京畿道龙仁两种光武量案，具体确认了量田事业和地契事业的差异。第三章，国有地整理关键是中畓主，即确认了在光武量案中否认中畓主的存在。

第二部分是“日本帝国的土地政策与土地调查”。日本帝国设立统监府开始了财政整理。其间，将驿土·屯土·宫庄土转为“驿屯土=国有地”并掠夺中不无查到日本帝国侵略的研究。第四章，主张的是1907年7月制订的“国有未垦地利用法”创造了“国有地”概念，日本人在扩大耕地之路一点已涵盖了侵略性。五章，是发掘和阐明了日本帝国的土地政策从证明制度转换为登记制度的过程中已有地券制度的新资料。从中已确认，证明制度是为日本人的土地所有合法化而临时引进的，而地券制度和登记制度是为确保日本的资本活动而衡量有利的一方。第六章，是施行土地调查事业前为确认韩国居民的反映，于1909年11月至1910年2月在京畿道富平郡郡内面·东面·西面实施了土地试验调查，并主张这就是朝鲜土地调查事业的实质性起源。

第三部分是“宫庄土·屯土的国有-民有分歧”。甲午改革后到统监府，国有地整理的重点是处理在折受·赐与地中发生的中层土地所有问题。第七章中，观察在京畿道安山·仁川境界围垦地石场屯诞生“租100斗型”屯土的迹象，跟踪甲午改革后经过国有-民有纠纷将所有权归属于个人的过程。第八章中，揭示在庆尚道昌原龙洞宫田畓起源的“租200斗型=永作宫屯”的发生及运营过程，审视了根据日本帝国统监府与“租100斗型”不同完全归属国有地的情况。第九章，阐明了在土地调查事业中开展国有地调查的具体步骤。同时，揭露了尽管日本帝国在国有地排斥了中畓主，却在庆尚道昌原流行移居日本人确保国有地的佃权后再佃给朝鲜人的跛行和退行的转贷小作制。

第四部分是“日本帝国的殖民地土地调查”。自从日本发展成近代国家后，在本土实施了土地改革，且在殖民地的冲绳(1899-1903年)，台湾(1899-1904年)，朝鲜(1910-1918年)，关东州(1914-1924年)，满洲(1932年-)等地也实施了土地调查。第十章，旧贯土地制度如何在日本帝国殖民地处理的其过程在各殖民地做了比较。主张了为在日本成为继承的近代基础，在台湾的渐进式同化，在满洲购置土地或确保对日本人土地的权利，使韩国成为日本的保护国，以此日本人谋求确保土地， 合并后为与日本实施同一法制而进行调查和审查旧贯。第十一章，概括的审查和比较日本帝国在殖民地对土地调查事业实施的研究成果与资料情况，以此谋求研究方向。

今后，关于殖民地土地调查研究的课题，将是具体阐明在日本帝国主义本土及殖民地开展的土地调查事业相互关联性与比较式特点的作业。研究作业应进展到超越日本帝国殖民地的范围，宏观的察看帝国主义-殖民地时代的整体结构，其中删掉土地调查事业地位的作业。

Abstract

Land Policies and Surveys During the Modern Transitional Period of Korea

Lee, Young-ho

This book aims to trace the implementation process of land policies and land surveys in Korea from the Reform of 1894 (Gabo gaehyeok) to the Annexation of Korea in 1910. The land policies of this period are divided into those enforced by the Korean government and those carried out by the Japanese colonial authorities. Since the Reform of 1894, the Korean government had attempted land reforms through surveys on *yeokto* (post-station lands), *dunto* (public office lands), and *gungjangto* (royal palaces lands) (1894-1904) and the Gwangmu Yangjeon Jigye Saeop (Gwangmu Land Survey and Land Ownership Deed Issuance Project, 1899-1904). After subjecting Korea as its protectorate, Japan conducted a research of property customs and divided all the lands of Korea into state lands and private lands. They also carried out two subsequent surveys on both types of lands: the one on state lands from 1908 to 1910 and the other on private lands from 1909 to 1918.

The major themes of this book can be summarized as follows. First, the Korean government's land policies and those of Japan are discussed in the aspect of continuity. There have been two confronting views about the land policies of this period. One sees that land ownership had been developed since the late Joseon Dynasty until the Great Han Empire, and that the Korean government autonomously led land reforms. The other asserts that the Korean land system was modernized by Japan. Breaking away from these two opposed views, this book sheds light on how the Japanese colonial authorities' land surveys and legislation were implemented through the use or exclusion of the achievements of the Korean government's autonomous land reforms. Here, the meaning of continuity is determined by how the choice or exclusion was executed. In this book, Part 1 includes articles evaluating the significance of the Korean government's autonomous land reforms. Parts 2 and 3 contain articles identifying the characteristics of the Japanese colonial authorities' land legislation and surveys.

Second, this book emphasizes that discussions on the modernization of the Japanese colonies' land systems do not necessarily come down to the transplantation of the Japanese system. There has been a strong tendency to see that the Japanese land system was unilaterally transplanted into Hokkaido and Okinawa, which are the internal colonies of Japan, and Taiwan, Kwantung, and Manchuria in China, and Korea, which are overseas colonies. However, this is not the only way leading to the modernization of land systems. This is evident in the cases of the land reforms carried out in Chinese regions that were not Japanese colonies; and Hong Kong, where implemented land reforms were modeled on the English system although it belonged to China. Also, the fact that different land reforms were achieved in China, Taiwan, South and North Koreas after World War II suggests that the transplantation of the Japanese system is not the only way to the modernization of the land systems. As diversity in land system modernization is greater recognized, it becomes more important to explore how traditions and customs were handled and combined with modernity and colonization, rather than dichotomize the relationship between tradition and colonization into disconnection or succession. It is necessary to examine the differences in the modernization of land systems among these countries of East Asia, even if they were all under the Japanese colonial rule, through the examination and comparison of the old land customs. This observation facilitates the understanding of the diversity in the course of modernization. It is also necessary to consider the modernization process that Korean land systems have not followed in comparison with the cases of other countries. From this point of view, articles reviewing the old land customs and land surveys of East Asia were included in Part 4 of this book.

From this perspective, this book consists of an introduction and four parts. In the introduction, the land surveys and the transition process of the land legislation since the Gabo gaehyeok to the Annexation were outlined and the author's viewpoint was summarized. It points out that although the Korean government had propelled autonomous land reforms, it did not reach the legal recognition of land ownership due to its failure in establishing the individual identity as an economic actor. On the other hand, the Japanese colonial authorities' established a land system suitable for the capitalistic economy partially based on the experiences of the land reforms carried out in the home country and its other colonies. At the same time, having the colonization of Korea in mind, it first investigated state lands to weaken the financial base of the Korean royal family and subsequently surveyed private lands. The topics covered in each chapter of this book are important issues encompassing the various land policies and surveys prepared and conducted by the Korean government and Japanese colonial authorities.

Part 1 is titled "The Great Han Empire's Land Surveys and Ownership Structure". There have been several studies on the Gwangmu Yangjeon Jigye Saeop from various perspectives, and this book refers to "Gwangmu Yangan (Gwangmu Land Register)" which is a result of the project. Chapter 1 focuses on the fact that the project was carried out in two phases. First, the *yangjeon* project surveyed the existing farmland for the expansion of land tax revenue. In the subsequent *jigye* project, both farmland and wasteland were investigated for the issuance of land ownership deeds as land ownership certificates. Chapter 2 compares the two Gwangmu Yangan in Yongin, Gyeonggi Province, which conducted the land survey (*yangjeon*) twice because of the people's disagreement about the results of the survey and their uprising. It also clarifies the difference between *yangjeon* and *jigye*. Chapter 3 confirms that the presence of the multi-layered land ownership or *jungdapju* (intermediary land owners), which was the key issue of the state land investigation, was denied in Gwangmu Yangan.

Part 2 is "Land Policies and Land Surveys conducted by Japanese colonial authorities." With the installation of the Japanese Residency-General in Korea, the fiscal investigation was launched. Some studies have proved the aggressive intent of the Japanese colonial land reforms, pointing out that Japan integrated *yeokto*, *dunto*, and *gungjangto* into *yeokdunto* (state lands). Chapter 4 argues that the "Act on the Use of State-Owned Uncultivated Lands" enacted in July 1907 created the notion of "state lands" and opened the way for the Japanese to expand their ownership of arable lands. Chapter 5 demonstrates that the land ownership deed (*jigwon*) system existed in the transition process from the land certification (*jeungmyeong*) system to the land registration (*deunggi*) system under the Japanese colonial land policies. The chapter established that the certification system was introduced temporarily to legalize the land ownership of the Japanese. It was also ensured that the land ownership deed and registration systems were designed to find a more favorable system to guarantee the activities of Japanese capitalists. Chapter 6 introduces the pilot land surveys conducted from November 1909 to February 1910 in Bupyeong-gun, Gyeonggi Province to predict the response of Korean residents before the implementation of the nationwide land surveys. It also suggests that the survey was the actual beginning of Japan's land survey project in Korea.

Part 3 is "State-Private Land Classification of Gungjangto and Dunto." The main purpose of the state land investigation carried out from the Gabo gaehyeok to the establishment of the Japanese Residency-General in Korea was to resolve the problems of the multi-layered land ownership. Chapter 7 explores the process of the development of the rough rice 100 *du* type public office land (a territory with a land tax of 1800 liter-rice) in Seokjang-dun, a reclaimed land on the Ansan-Incheon boundary in Gyeonggi Province. It traces the process in which individuals obtain land ownership throughout the state-private land dispute after the Gabo gaehyeok. Chapter 8 explains the development and operation of the rough rice 200 *du* type royal land (*yeongjakgungdun*) (a territory with a land tax of 3600 liter-rice) of Yongdong-gung in Changwon-gun, Gyeongsang Province. The chapter also sheds light on the process in which these lands became vested in the Japanese Residency-General in Korea, unlike the rough rice 100 *du* type lands. Chapter 9 introduces concrete procedures for the investigation of state land in the land survey project. In addition, it shows that despite the exclusion of the *jungdapju* system in the operation of state lands by the Japanese colonial authorities, many Japanese immigrants gave the lands that they rented to Koreans for tenant farming in the Changwon-gun. The chapter points out this premodern and regressive tenant farming prevailed under the connivance of the Japanese colonial authorities.

Part 4 is "Japanese Colonial Land Surveys". Japan propelled land reforms not only in the home country in its modernization process, but also in its colonies such as Okinawa (1899-1903), Taiwan (1899-1904), Korea (1910-1918), Kwantung (1914-1924), Manchuria (1932 -), etc. Chapter 10 compares the modernization or colonization process of the old land customs in Japan and its colonies. In Japan, the old land customs was examined as the foundation of modernization to be inherited. It was examined for incremental assimilation in Taiwan, and for the purchase of lands or the securing of the land ownership of the Japanese in Manchuria. In the case of Korea, the old land customs was investigated and reviewed for the purpose of securing the lands ownership of the Japanese at the protectorate stage, and for the enforcement of the same legal system as that of Japan after the Annexation. Chapter 11 explores the direction of prospective research by reviewing and comparing the results of studies and data on the land surveys conducted by Japanese imperialism in its colonies.

The objective of future studies on the Japanese colonial land surveys will be to clarify the interrelationships and comparative characteristics of the land survey projects conducted in Japan and its colonies. It should evolve into a macro-examination of the entire structure of the imperialist-colonial era, extending beyond the limited Japanese Imperialism-colonies structure, in order to locate the land survey projects within the expanded framework.

이영호(李榮昊/Lee, Young-ho)

서울대학교 국사학과 대학원 졸업(문학박사)
한국역사연구회 회장 역임
한국근대사회경제사, 한국근대민중운동사, 지역사 분야에서 연구
현재 인하대학교 사학과 교수

저서:
『한국근대 지세제도와 농민운동』(서울대학교출판부, 2001)
『동학과 농민전쟁』(혜안, 2004)
『개항도시 제물포』(민속원, 2017)